Uwe Israel/Josef Matzerath

Geschichte der sächsischen Landtage

Studien und Schriften zur Geschichte
der sächsischen Landtage

Herausgegeben von Uwe Israel und Josef Matzerath
Band 5

Uwe Israel/Josef Matzerath

Geschichte der sächsischen Landtage

JAN THORBECKE VERLAG

Dieses Buch basiert auf im Rahmen des Graduiertenkollegs „Geschichte der sächsischen Landtage" der Graduiertenakademie der Technischen Universität Dresden gewonnenen Forschungsergebnissen. Buch und Graduiertenkolleg wurden mit Mitteln des Sächsischen Landtags gefördert.

Für die Verlagsgruppe Patmos ist Nachhaltigkeit ein wichtiger Maßstab ihres Handelns. Wir achten daher auf den Einsatz umweltschonender Ressourcen und Materialien.

Bibliografische Information der Deutschen Nationalbibliothek
Die Deutsche Nationalbibliothek verzeichnet diese Publikation in der Deutschen Nationalbibliografie; detaillierte bibliografische Daten sind im Internet über http://dnb.dnb.de abrufbar.

Alle Rechte vorbehalten
© 2019 Jan Thorbecke Verlag
Verlagsgruppe Patmos in der Schwabenverlag AG, Ostfildern
www.thorbecke.de

Umschlaggestaltung: Finken & Bumiller, Stuttgart
Umschlagabbildungen: Auf der Vorderseite: Revers Kurfürst Friedrichs II. und Herzog Wilhelms III. zum ersten Landtag von 1438 (Ausschnitt). Stadtarchiv Leipzig, O.U. 67,2; Plenarsaal des Sächsischen Landtags, der von dem Architekten Peter Kulka entworfen und ausgeführt wurde. Foto: Ralf Roletschek / roletschek.at. Auf der Rückseite: Wappen mit Meißner Kurschwertern und Kursächsisches Wappen mit Rautenkranz unter Kurhut. Detail vom Titelblatt der Tabellen derer gesamten Herren Stände bey dem Landtage zu Dresden, [Dresden 1799], SLUB Dresden, Hist. Sax.I.0548.b; Rückseite einer Medaille auf die Verfassung von 1831. Diese Seite zeigt eine Verfassungsrolle mit der Aufschrift „AM 4 SEPTBR. 1831" und der Umschrift: „* VEREINTEN SICH MIT DEN GETREUEN STÄNDEN ZU NEUER VERFASSUNG DES STAATS". Foto: Berlin-George. Die Vorderseite der Verfassungsmedaille zeigt Portraits von König Anton von Sachsen und seinem Mitregenten Prinz Friedrich August von Sachsen, dem späteren König Friedrich August II. Auf dieser Seite der Medaille findet sich die Umschrift: „ANTON KOENIG UND FRIEDRICH AUGUST MITREGENT VON SACHSEN".
Satz und Repro: Schwabenverlag AG, Ostfildern
Druck: Memminger MedienCentrum, Memmingen
Hergestellt in Deutschland
ISBN 978-3-7995-8465-4

Inhalt

Geleitwort
Die Wiedergeburt demokratischer Repräsentation in Sachsen
(Matthias Rößler, Präsident des Sächsischen Landtags) 7

Vorwort
(Uwe Israel/Josef Matzerath) 15

Einleitung
Methodisch-konzeptionelle Überlegungen zur diachronen Parlaments-
geschichtsschreibung
(Josef Matzerath) 17

I. Sächsische Ständeversammlungen des Mittelalters und ihre Vorgeschichte
(Uwe Israel) 31

    1. Vor den Landtagen 33

    Exkurs: Landdinge und Bedeverhandlungen 35

    2. 1438–1485: Die Formierung der Landtage 43

    3. 1485–1547: Ständeversammlungen der albertinischen und der
       ernestinischen Wettiner 51

    Exkurs: Essen und Trinken 66

II. Kursächsische Ständeversammlungen der Frühen Neuzeit
(Josef Matzerath) 89

    1. 1547–1622: Die Territorialisierung und die Verfestigung
       des Tagungsmodus 91

    Exkurs: Die Einführung von Diäten 105

    2. 1622–1728: Die institutionelle Verselbstständigung des Landtags 112

    Exkurs: Der Landtag im residenzstädtischen Flair 128

    3. 1728–1831: Von der Landtagsordnung bis zum Ende der Frühen Neuzeit 135

III. Varianten des Zweikammerparlaments im Königreich Sachsen 1833–1918
(Josef Matzerath) 175

    1. 1833–1848: Von der konstitutionellen Verfassung zum Wahlrecht vom Dezember 1848 177

    2. 1849–1850: Der erste Versuch einer Parlamentarisierung 204

    3. 1850–1866: Das reaktivierte Parlament 213

    4. 1868–1918: Der Norddeutsche Bund und das Kaiserreich 222

    Exkurs: Landtagstafeln im Dresdner Schloss 234

IV. Einkammerparlamente des 20. Jahrhunderts
(Josef Matzerath) 263

    1. 1918/19–1933: Die Weimarer Republik 265

    2. 1946–1952: Die SBZ/DDR 279

    3. 1990–1994: Die Bundesrepublik Deutschland 295

    Exkurs: Dresdner Landhaus – Dresdner Ständehaus – Dresdner Landtag . 306

Anhang
Auswahlbibliografie 319
Abkürzungsverzeichnis 338
Namensindex 339
Abbildungsverzeichnis 344
Die Autoren 346

Geleitwort

Die Wiedergeburt demokratischer Repräsentation in Sachsen

Dr. Matthias Rößler, Präsident des Sächsischen Landtags

Der Parlamentarismus in Sachsen ist nichts Künstliches, nichts „Aufgepflanztes". Er ist in Wesen und Struktur langhin gewachsen, hat sich Stück für Stück transformiert und schließlich demokratisiert. Für Jahrhunderte tagten die Ständeversammlungen Kursachsens als eine Art frühneuzeitliche „Parlamente". Seit 1831 ist Sachsen ein Verfassungsstaat, in dem zunächst ein konstitutioneller Landtag in Form eines Zweikammerparlaments die Gesetzgebung mit beeinflusste. Dies ermöglichte erstmals ein gewisses Maß an öffentlicher Exekutivkontrolle. Von einer verfassten parlamentarischen Demokratie, wie wir sie heute kennen, war Sachsen damals aber noch weit entfernt. Erst mit dem vorläufigen Grundgesetz des Jahres 1919 und der republikanischen Verfassung des Freistaates Sachsen von 1920 gelangte der demokratische Parlamentarismus zum Durchbruch. Der Landtag bestand fortan aus einer direkt vom Volk gewählten Kammer und wurde als die gesetzgebende Gewalt festgeschrieben. Nach Jahrzehnten der Wahlrechtskämpfe und eines in seinem Einfluss beschränkten Parlaments hatte sich erstmals ein demokratisches Institutionensystem mit einer wirksamen Volksvertretung herausgebildet.

Diese freiheitliche Ordnung war jedoch, so bitter es klingen mag, ihrer Zeit voraus. Gesellschaftlich wurde sie wegen ihrer vermeintlich geringen Leistungsfähigkeit von vielen geschmäht. Gewichtige politische Gruppen wie Akteure bekämpften sie, während andere für sie stritten und den leichten Weg der unversöhnlichen Polarisierung mieden. So gelang es zum Beispiel den Fraktionen im Landtag immer wieder, lagerübergreifende Regierungskoalitionen zu bilden und damit das parlamentarische System arbeitsfähig zu halten. Die erste parlamentarische Demokratie in Sachsen war also durchaus eine Erfolgsgeschichte. Sie hatte aber von Beginn an einen schweren Stand, weil zu wenige für sie einstanden. Am 23. Juni 1930 titelte daher die Dresdner Neueste Nachrichten: „Der Bankrott des Länderparlamentarismus". Bei der Landtagswahl am Vortag hatten die Wähler den Landtag zersplittert. Aus einer Regierungskrise und zerbrochenem Vertrauen zwischen den Landtagsfraktionen entsprang Unregierbarkeit. Es waren frühe Vorboten des kommenden Endes der noch jungen parlamentarischen Demokratie in Sachsen. 60 Jahre sollten bis zur nächsten freien Landtagswahl vergehen.

Künstlich, nachgerade widernatürlich waren hingegen die beiden zentralistischen Diktaturen des 20. Jahrhunderts. Sie zerschlugen das aus sich heraus Entstandene, indem sie die politische Selbstbestimmung komplett auslöschten und an ihrer Stelle ein totalitäres Herrschaftssystem platzierten. So endete die sächsische Landtagsgeschichte der Weimarer Republik 1933 mit einem Ermächtigungsgesetz, das alle Macht auf die Exekutive übertrug. Nach dem Untergang des Nationalsozialismus gab es zwar seriöse Bestrebungen zurück zu einem demokratischen Parlamentarismus in Sachsen, sie hatten jedoch nie eine Chance. Die Sowjetunion betrieb in dem von ihr besetzten Teil Deutschlands zusammen mit den kommunistischen Kadern von Anfang an eine gezielte „Diktaturdurchsetzung", so Rainer Behring und Mike Schmeitzner. Ihr ging es um den Aufbau einer kommunistischen Herrschafts- und Gesellschaftsordnung. Die politische Gleichschaltung geschah dabei unter der Ägide der Sozialistischen Einheitspartei Deutschlands (SED). Schließlich riss erneut jede Form des demokratischen Parlamentarismus mit der Selbstliquidation der Landesparlamente 1952 ab. Wahlen dienten in der DDR fortan als Akklamationen, die rituell die Einheit zwischen Volk und Staatspartei demonstrierten. Die Macht lag fest bei der SED und ihren polit-administrativen Strukturen. Volkskammer und Bezirkstage spielten kaum eine Rolle.

Der tschechische Dissident und Diplomat Jiří Gruša schrieb einst über das überwundene Sowjetsystem: „Für uns war dieser Sozialismus eine äußerst schlechte Idee, äußerst effektiv verwirklicht". Das galt auch und besonders für die politische Mitbestimmung, die politische Freiheit der Menschen. Der Ruf nach freien Wahlen, mit dem sich immer die Forderung nach einem demokratischen Parlamentarismus verband, prägte dementsprechend von Beginn an das Aufbegehren gegen die Diktatur – in allen Ländern Mitteleuropas. Ob beim Volksaufstand 1953 in der DDR, beim Freiheitskampf der Ungarn 1956, 1968 beim „Prager Frühling" oder der 1980 gegründeten Solidarność in Polen, es gab gesellschaftliche Gegenwehr, die aber stets niedergeschlagen wurde. Der vormundschaftliche Staat unterdrückte im Sozialismus jede noch so kleine Regung der Freiheit. Diese totale Vereinnahmung der Menschen ließ bei vielen über die Jahre Kräfte des Widerstands wachsen, schuf aber auch Angst.

Friedliche Revolution 1989

Mit Blick auf das Widerstehen in der kommunistischen Diktatur hat der im vogtländischen Reichenbach geborene DDR-Dissident und Schriftsteller Jürgen Fuchs einmal gesagt: „Das Wichtigste war das Verlieren der Angst." Was in der DDR vor 1989 nur Einzelne fertigbrachten, das Verlieren der Angst in einem Regime der realen Gefahr, sollte im Revolutionsjahr 1989 Vielen gelingen. Angst, die gerade in der frühen Phase der Herbstrevolution ein ständiger Begleiter der Demonstranten war, verwandelte sich durch Mut Stück für Stück in Selbstsicherheit. Ihr musste sich das SED-Regime am Ende geschlagen geben.

Im Herbst 1989 holten sich die Menschen zwischen Plauen, Görlitz und Torgau, zwischen Leipzig, Karl-Marx-Stadt und Dresden, schließlich überall in der DDR, ihr Land zurück. Sie nutzten die Gunst der historischen Stunde, trugen ihre Forderungen nach Freiheit und Demokratie auf die Straßen und Plätze. Sie errangen neben der Freiheit vor allem Demokratie und Rechtsstaat, später die Einheit der deutschen Nation. Sie schrieben Weltgeschichte in einem Zeitenbruch, in dem sich ganz Mitteleuropa befreite. Die friedliche Revolution von 1989, die in Sachsen mutig ihren Anfang nahm, war ein zentraler Teil der mittel- und osteuropäischen Demokratie- und Freiheitsbewegung. Was in Polen mit der Solidarność-Bewegung begonnen und was Mitte des Jahres 1989 Ungarn erfasst hatte, das forderte im Herbst 1989 die Machthaber in der DDR heraus. Hunderttausende brachen die Eisdecke der Diktatur auf und ließen dem Geist der Freiheit die Tat der Freiheit folgen. Sie trieb neben dem Wunsch nach Wohlstand und Reisefreiheit vor allem die Sehnsucht nach Selbstbestimmung. Die große Mehrheit der DDR-Bürger wollte leben wie jene im freien Teil ihres geteilten Vaterlandes. Die friedliche Revolution von 1989 war die erste demokratische Freiheitsrevolution in der deutschen Geschichte, die gelang und die keine Diktatur, keinen Bürgerkrieg nach sich zog.

Der entscheidende Wendepunkt im Herbst 1989 wird immer mit dem 9. Oktober in Leipzig verbunden sein. Beim Demonstrationszug der 70 000 über den Leipziger Ring entschied sich, dass diese Revolution als eine friedliche in die Geschichte Einzug halten sollte. Nicht in Berlin, sondern in Leipzig, der „Heldenstadt", gelang es den Demonstranten, sich auf friedliche Weise gegen die SED-Diktatur durchzusetzen. Anders als 1953 blieben die russischen Panzer in den Kasernen. Leipzig war aber nur ein Zentrum der friedlichen Revolution in Sachsen. Ein weiteres war Dresden, wo am 8. Oktober, nach Tagen der Gewalt zwischen Demonstranten und Polizei, ein erster Dialog zwischen SED-Machthabern und Volk, vertreten durch die aus einer Demonstration heraus gebildeten „Gruppe der 20", in Gang kam. Oder am 7. Oktober im vogtländischen Plauen, als über 10 000 Demonstranten aufbegehrten und sich zur größten Protestkundgebung in der DDR nach 1953 versammelten. Diese Tage im Oktober 1989 nehmen zu Recht einen Ehrenplatz in der Chronik der friedlichen Revolution und damit in der Geschichte Sachsens ein. Es waren Entscheidungstage.

In der Folge entstanden basisdemokratische Gruppierungen und Parteien. In Städten und Gemeinden wurden Ende 1989 und Anfang 1990 Runde Tische ins Leben gerufen, an denen alte und neue Kräfte um die politische Zukunft, die Reform der gesamten Gesellschaft und den Weg in die Demokratie rangen. Mit dem Fall der Berliner Mauer am 9. November 1989 nahm die friedliche Revolution eine national-föderative Wende. Die Losung „Wir sind das Volk" wandelte sich zu „Wir sind ein Volk". Neben der deutschen Einheit wurde die Wiedererrichtung der Länder und damit verbunden die demokratischer Institutionen, allen voran eines sächsischen Parlaments, eine der wichtigsten Forderungen der friedlichen Revolution in Sachsen. Selbst wenn das Land Sachsen nicht mehr existierte, so fühlten sich viele Bürger in ihrer Identität doch ungebrochen als Sachsen. Auch deshalb erwies sich Sachsen bei der friedlichen Revolution wie bei der deutschen Einheit als „Vorreiter" (Eckhard Jesse).

Neugründung der parlamentarischen Demokratie

Nicht nur die Freiheit war 1989/1990 eine zentrale Errungenschaft, auch die Wiedergeburt des demokratischen Parlamentarismus fällt in diese Zeit. Die Länderneubildung und die Wiederbelebung der parlamentarischen Demokratie brachten den entscheidenden Systemwechsel im Deutschland des 20. Jahrhunderts. Sachsen kehrte, wenn man so will, zur historischen Normalität einer sächsischen Staatlichkeit zurück. Am 27. Oktober 1990 kam in der Dresdner Dreikönigskirche erstmals wieder ein frei gewählter Landtag zusammen. Der Ort dieser Zusammenkunft war schon deshalb symbolisch, weil aus den Kirchen heraus die Revolution ihren Ausgang genommen hatte. Er war ferner ein Ausweis für die restlose Tilgung alles Parlamentarischen in der DDR-Diktatur. Ein Landtagsgebäude als politischer Zentralort, wie er über Jahrhunderte bestanden hatte, musste erst wieder geschaffen werden. Dasselbe galt für den Landtag als Institution und Verfassungsorgan.

In dieser vorparlamentarischen Phase der friedlichen Revolution, geprägt von Runden Tischen sowie Gremien und Foren zur Länderbildung, ging es zwischen den alten und neuen Kräften von Anfang an um nichts Geringeres als um die Macht – nicht im Sinne des Machtbegriffs in unserer heutigen parlamentarischen Demokratie, sondern im Sinne des Kampfes um eine parlamentarische Demokratie überhaupt. Es gelang den neuen Kräften, also den Repräsentanten des Neuen Forums, der „Gruppe der 20", der Bürgerbewegung, des Demokratischen Aufbruchs, der SDP/SPD, der DSU und reformerischer Kräfte in der CDU, mittels der Runden Tische und des Koordinierungsausschusses zur Bildung des Landes Sachsen Schritt für Schritt die Führungsrolle zu übernehmen. Sie erstritten sich Macht und gestalteten so erkennbar die Wiederbegründung Sachsens. Die alten Kräfte, die Vertreter des Ancien Régime, leisteten indes erheblichen Widerstand, gerieten aber mehr und mehr ins Hintertreffen. Sachsen wurde so ganz im Geiste der friedlichen Revolution von unten nach oben wiedererrichtet. Die (Re-)Föderalisierung hatte hier ihre eigene „revolutionäre" Geschichte.

Die Geburtsstunde des Runden Tisches des Bezirkes Dresden schlug am 8. Dezember 1989, nur einen Tag nach der Bildung des zentralen Runden Tisches in Berlin. Zunächst stand der Runde Tisch, moderiert vom späteren Präsidenten des Sächsischen Landtags, Erich Iltgen, noch unter erheblichem Einfluss des Rates des Bezirkes. Die alten Machthaber beschäftigten die Vertreter der Bürgerbewegung mit Detailfragen, während sie ihre Positionen zu stabilisieren suchten. Es gab allerdings ein Thema, das sich von Beginn an wie ein roter Faden durch die Gespräche zog: die Wiedererrichtung des Landes Sachsen. Und besonders hier ging es den neuen Kräften darum, den Räten der Bezirke die Macht zu nehmen. So scheiterte im April 1990 deren Versuch, einen Verfassungsentwurf für ein Land Sachsen zu statuieren und so das Land „von oben" zu gründen, am Widerstand der Dresdner „Gruppe der 20" um Arnold Vaatz. Parallel setzten sich die neuen Kräfte in der Gemischten Kommission Sachsen/Baden-Württemberg, einem Gremium mit zehn Arbeitsgruppen für unterschiedliche Politikfelder, mehr und mehr durch. Zusammen mit Experten aus Baden-Württemberg arbeiteten sie hier an der Bildung des Landes Sachsen. Am 18. März 1990 fanden schließlich in der DDR freie Wahlen zur Volkskammer statt. In der Folge tagte der Runde Tisch des Bezirkes Dresden in einer an die Wahlergebnisse angelehnten Zusammensetzung. Die Volkskammerwahl hatte so sichtbare Auswirkungen im Sinne der parlamentarischen Demokratie auf den Runden Tisch. Der Einfluss der alten Kräfte schwand dort fortan.

Für die wirksame Fortsetzung einer eigenen sächsischen Landesbildung auch nach Auflösung der Runden Tische wurde am 3. Mai 1990 der Koordinierungsausschuss zur Bildung des Landes Sachsen eingerichtet. Unter dem Vorsitz von Arnold Vaatz beendete er das „mehrgleisige" Vorgehen der alten und neuen Akteure und gab den neuen Kräften die Leitfunktion bei der Landesbildung. Der zentralistische Weg der Länderbildung der DDR-Regierung von Lothar de Maizière, der vor allem auf die bisherigen Räte der Bezirke als Akteure setzte, stieß damals überall dort auf Proteste, wo die Gefahr gesehen wurde, dass eigenständige regionale Entwicklungen gestoppt oder gar rückgängig gemacht würden. Aus Dresdner Sicht war entscheidend, sich einzumischen und die Bildung Sachsens nicht der Berliner Zentralregierung zu überlassen. Es ging um die Wiedergründung Sachsens auf demokratischer Grundlage, also „von unten". Vorgaben aus Berlin wurden kaum noch akzeptiert. Dies galt insbesondere bei Vorschlägen, die mit den eigenen Ausarbeitungen kollidierten oder darauf hinausliefen, DDR-Strukturen samt Personal zu bewahren. Aus den Arbeitsstäben des Koordinierungsausschusses heraus entstanden daher mit bayerischer und baden-württembergischer Hilfe die späteren Ministerien. Auch der Sächsische Landtag wurde als politische Institution auf diese Weise entwickelt. Es „vollzog sich die Landesbildung in Sachsen im spannungsreichen Verhältnis zwischen einer von der Bundesregierung unterstützten, zentralistisch angelegten Länderbildungspolitik der DDR-Regierung und dem von Baden-Württemberg und Bayern unterstützten Bemühen um eine Landesbildung durch neue politische Kräfte Sachsens." So resümiert es Michael Richter, der die grundlegende Studie zur Bildung des Freistaates Sachsen verfasst hat. Flankiert wurde der sächsische Koordinierungsausschuss dabei vom Sächsischen Forum, einer Art Nachfolgegremium der Runden Tische, das, geleitet von Erich Iltgen, alle Schritte zur Bildung des Landes begleitete, diskutierte und der Öffentlichkeit bekannt machte.

In einem einzigartigen Befreiungs- und Staatsbildungsprozess fanden die Menschen mit der Wiedergründung des Landes Sachsen am 3. Oktober 1990 auf der Albrechtsburg zu Meißen zurück in eine gesamtdeutsche Demokratie. Die Rückkehr des Freistaates Sachsen war, wie Mike Schmeitzner treffend schreibt, „kein Anflug sächsischen Größenwahns oder billige Nachahmung eines bayerischen Vorbildes […], sondern die sehr konkrete Bezugnahme auf die durchaus verheißungsvollen Anfänge sächsischer Freistaatlichkeit nach 1919". Und es war ein Anknüpfen an die Geschichte, denn Sachsen kehrte auch in das historische und neue Zentrum Europas zurück, nach Mitteleuropa.

Als die Bürger in Sachsen am 14. Oktober 1990 ihr Landesparlament wählten, lag die letzte freie Landtagswahl sechs Jahrzehnte zurück. Anders gewendet hieß das, die Sachsen mussten Demokratie damals erst wieder leben lernen, ob nun als Wähler oder als Abgeordnete. Schließlich braucht eine parlamentarische Demokratie neben Freiheit und einer soliden institutionellen Gestalt vor allem Verstehen, Vertrauen und Verantwortung – auf allen Seiten. Am 27. Oktober 1990 kam endlich wieder ein frei gewählter Landtag zusammen und erfüllte sofort seine Funktionen. Die Abgeordneten wählten mit großer Mehrheit einen Ministerpräsidenten, Kurt Biedenkopf, und verabschiedeten ein sogenanntes „Vorschaltgesetz", das wegen des Fehlens einer Verfassung nötig war und die wichtigsten staatlichen Strukturen und Prozesse regelte. Die parlamentarische Demokratie begann zu arbeiten, die Konsolidierungsphase des Landes setzte ein. Zwei Jahre später beschloss der Landtag als verfassungsgebende Versammlung, was zuvor langhin erarbeitet und breit öffentlich diskutiert wurde: die Sächsische Verfassung. Auch sie ist ein Kind der friedlichen Revolution und der Menschen, die damals politisch und gesellschaftlich zu neuen Ufern aufbrachen. Das Plenum des Landtags nahm den Verfassungstext in der Schlussberatung am 26. Mai 1992 mit der überwältigenden Mehrheit von 132 zu 15 Stimmen bei vier Enthaltungen an und schloss so Sachsens staatliche Wiedergründung erfolgreich ab.

Der Sächsische Landtag

Der Sächsische Landtag ist heute eine der wichtigsten demokratischen Errungenschaften der friedlichen Revolution. Er ist ein offenes, ein erlebbares Parlament. Er ist ein frei gewähltes Parlament, in dem Abgeordnete verantwortungsvoll Politik für Sachsen gestalten. Ohne die friedliche Revolution und die deutsche Einheit würde es all das nicht geben – nicht den Freistaat Sachsen, nicht die Sächsische Verfassung, nicht den Sächsischen Landtag. Der neu gebaute Plenarsaal, der am 3. Oktober 1993 erstmals für die Bürger seine Tore öffnete, war und ist „Ausdruck eines demokratischen Neubeginns", wie es Erich Iltgen einst nannte. Der Sächsische Landtag bildet das lebendige Herz unserer parlamentarischen Demokratie, die in der sächsischen Geschichte mehr als einmal mühsam erkämpft werden musste.

Das Aufnehmen des parlamentarischen Fadens war sowohl historisch begründet, als auch den politischen Gegebenheiten geschuldet. Keinesfalls war es eine bloße Angleichung an das bundesdeutsche System, sondern vielmehr die Wiederaufnahme früherer Landestraditionen. Dabei galt es, das neue Land in das komplexe politische Gefüge eines geeinten Deutschlands zu integrieren, Strukturen und Prozesse passfähig zu machen. In dieser Mischung aus gewachsener Tradition und selbstbestimmter Innovation ist Sachsen heute eine parlamentarische Demokratie modernen Zuschnitts, das heißt mit einer vom Volk gewählten Vertretung und einer dem Parlament verantwortlichen Regierung. Der Sächsische Landtag wählt den Ministerpräsidenten, kontrolliert die Regierung und beschließt die Gesetze. Dieser Dreiklang, hinter dem sich die komplexe Arbeits- und Aufgabenwelt eines Vollparlaments verbirgt, macht den Sächsischen Landtag zu dem was er ist – das Parlament der Sachsen.

Zu diesem Buch

Die Leserinnen und Leser erwartet auf den nachfolgenden Seiten eine Reise durch 800 Jahre organisiertes politisches Beratschlagen, Debattieren, Repräsentieren und Entscheiden in Sachsen. Die Geschichte der Ständeversammlungen und der vordemokratischen Landtage ist zwar längst vergangen, wiewohl sie nicht vergessen ist. Das heutige Wissen um die sächsischen Landtage ist umfangreich, aber nicht umfassend genug. Mit der vorläufigen Niederlage der Demokratie 1933 in Sachsen war auch die freie historische Forschung weithin zum Erliegen gekommen. Wenn Geschichte in Diktaturen ideologisch überformt und deterministisch interpretiert wird, dann fällt vieles aus ihrer Perspektive heraus. Es verwundert daher nicht, dass sich seit 1990 die Geschichtswissenschaft in Sachsen wieder verstärkt mit dem Landesparlament und seinen Ahnen, den kursächsischen Landständen, befasst hat. Der Nachholbedarf war groß, zumal Sachsen eine lange Geschichte seiner Landtage vorzuweisen hat. Viel Wissen ist schon durch freie Forschung dem Vergessen entrissen worden. Noch mehr tritt in diesem Buch zutage.

Der Sächsische Landtag unterstützt diese Geschichtsforschung nach Kräften. In der Parlamentszeitschrift Landtagskurier werden seit jeher Persönlichkeiten und Episoden aus Sachsens Parlamentsgeschichte vorgestellt. Parallel erinnern seit den 1990er Jahren diverse Ausstellungen an die Geschichte der sächsischen Landtage. Die Buchreihe „Aspekte sächsischer Landtagsgeschichte" vermittelt ein sehr gutes Bild von der Rolle der Ständeversammlungen und Landtage bei der Gestaltung der sächsischen Politik vom 16. Jahrhundert an. 2013, genau 575 Jahre nach Einberufung des ersten kursächsischen Landtags durch Kurfürst Friedrich II. und seinen Bruder Herzog Wilhelm III., nach der sogenannten „Leipziger Einung", riefen der Sächsische Landtag und die Technische Universität Dresden das Graduiertenkolleg „Geschichte der sächsischen Landtage" ins Leben. Über einen Zeitraum von fünf Jahren hinweg wurden bisher unbeleuchtete historische Abschnitte der sächsischen Landtage erforscht. Der Sächsische Landtag vergab hierfür fünf Dissertationsstipendien. Die gewonnenen Forschungsergebnisse flossen neben anderen in das vorliegende Handbuch zur Geschichte der sächsischen Landtage ein. Sachsen verfügt damit über eine weithin geschlossene Darstellung seiner Parlamentsgeschichte von den Anfängen im Mittelalter bis in die Gegenwart.

Den Professoren Uwe Israel und Josef Matzerath danke ich für die geleistete Arbeit. Sie haben auf Basis jahrelanger Studien ein beachtliches Kompendium geschaffen. Den Mitgliedern des Graduiertenkollegs danke ich dafür, dass sie mit ihrer Forschung zentrale Aspekte der sächsischen Landtagsgeschichte zutage befördert haben. Sie schrieben die Geschichte von den Institutionen und Menschen auf, die ihrerseits unsere sächsische Geschichte schrieben. Damit die

Nachgeborenen erfahren können, wie es einst war und weshalb es heute so ist. Auf der Kenntnis um die Herkunft unserer politischen Selbstbestimmung basiert auch das Verständnis für unsere heutige repräsentative Demokratie. Wir können dieses Verständnis in der Abgrenzung wie in der Zuordnung zu dem Gewesenen erzeugen. Der sächsische Fall macht es hierbei konkret, macht es greifbar, geht es doch um die politische Repräsentation und Mitbestimmung in unserem Land – damals wie heute. Ich wünsche den Leserinnen und Lesern auch in diesem Sinne eine aufschlussreiche Lektüre.

Vorwort

Wie sehr die Geschichte der sächsischen Landtage einer Würdigung bedarf, offenbart sich symptomatisch im heutigen Dresdner Stadtmuseum. Das Gebäude wurde 1775 als Landhaus fertiggestellt und war das erste eigene Haus der frühneuzeitlichen Landstände in Kursachsen. Es lag an einer der wenigen Straßen, die aus der befestigten Residenzstadt herausführten und präsentierte sich den Passanten als ein Palais mit sachlichem Kanzleihauscharakter. Hinter einer schlichten Rustika, die über die beiden unteren Stockwerke hinwegreichte, befanden sich die Steuerverwaltung der Ständeversammlung und das Archiv des Landtags. Die zwei darüber liegenden Etagen charakterisierte die Fassade durch ionische Pilaster als Bauwerk von sachlicher Nüchternheit. Über dem Eingang, vor dem glatte toskanische Säulen standen, zeichnete ein schmaler Balkon den wichtigsten Raum des Gebäudes aus. Im Saal hinter diesem Altan tagte von 1775 bis 1831 der Engere Ausschuss der Ritterschaft, das einflussreichste Gremium des frühneuzeitlichen sächsischen Landtags. Im Innern des Gebäudes führte eine schlossartige zweiflügige Treppe zu diesem Sitzungssaal hinauf. Seit der ersten geschriebenen Verfassung Sachsens übernahm die Zweite Kammer des konstitutionellen Parlaments den architektonisch so hervorgehobenen Raum des Dresdner Landhauses. Am 28. Januar 1833 debattierte an dieser Stelle zum ersten Mal das Unterhaus des sächsischen Landtags vor einer anwesenden Öffentlichkeit. Demonstrativ waren für Zuschauer zwei Tribünen eingebaut worden. Trotz Pressezensur wurde durch Gesetz die freie Rede der Landtagsmitglieder garantiert und konnte das im Plenum Gesagte ungehindert publiziert werden. Bis zum Umzug in das Ständehaus an der Brühlschen Terrasse im Jahr 1907 fanden die öffentlichkeitswirksamsten Debatten des Parlaments im Saal der Zweiten Kammer des Dresdner Landhauses statt.

Heute ist dieser Ort, der über 130 Jahre ein Zentrum der sächsischen Landtagsgeschichte war, ein Treppenhaus. Obwohl das Landhaus seit 1966 das Dresdner Stadtmuseum beherbergt, das Gebäude 2005/06 saniert und zeitgleich die Ausstellung grundlegend überarbeitet wurde, findet sich nicht einmal eine Gedenktafel, die darauf hinweist, dass an dieser Stelle lange Zeit ein zentraler gesellschaftlicher Diskurs stattgefunden hat. Die Geschichte der sächsischen Landtage ist im öffentlichen Gedächtnis unzureichend präsent.

Umso wichtiger war es, dass der heutige Sächsische Landtag die Erforschung der Geschichte der sächsischen Landtage durch ein Graduiertenkolleg und eine Buchreihe gefördert hat, ohne die das vorliegende Überblickswerk nicht hätte geschrieben werden können. Vor allem der Präsident des Sächsischen Landtags, Dr. Matthias Rößler, aber auch der Rektor der Technischen Universität Dresden, Prof. Dr. Hans Müller-Steinhagen, und der Prorektor für Forschung, Prof. Dr. Gerhard Rödel, haben das Gesamtvorhaben von Anfang an mit großem Interesse verfolgt und tatkräftig unterstützt. Besonderen Dank möchten wir als Leiter des Graduiertenkollegs neben dem Sächsischen Landtag als Hauptförderer auch der Graduiertenakademie der TU Dresden für ihre zusätzliche Unterstützung unserer Vorhaben abstatten.

Für Ihre wertvollen Beiträge zur inhaltliche Diskussion aller Dissertationen und Publikationen, die im Graduiertenkolleg und dessen Umfeld entstanden sind, danken wir an erster Stelle Dr. Silke Marburg, die zudem gemeinsam mit Dr. des. Edith Schriefl durch ihre konzeptionelle Publikation „Die politische Versammlung als Ökonomie der Offenheiten" zur programmatischen Ausrichtung des vorliegenden Buches beigetragen hat. Auch PD Dr. Axel Flügel hat uns durch seine Forschungen zur Geschichte der Parlamentshistoriografie einen Grundstein für die methodische Auseinandersetzung mit der Geschichte der sächsischen Landtage an die Hand gegeben. Darüber hinaus lieferten die Workshops, die am 28. März 2012 und vom 28. bis 30. Oktober 2015 im Dresdner Ständehaus sowie am 15./16. Februar 2017 in der Evangelischen Akademie Meißen stattfanden, durch den Austausch mit der aktuellen Forschung zu anderen deutschen Parlamenten bzw. Ständeversammlungen wichtige Impulse. Für ihre Anregungen sind wir besonders verbunden: Dr. Gabriele Annas, Prof. Dr. Werner Greiling, Prof. Dr. Johannes Helmrath, Prof. Dr. Raj Kollmorgen, Jochen Lengemann, Dr. Guntram Martin, Prof. Dr. Peter Rückert, Prof. Dr. Uwe Schirmer, Prof. Dr. Alois Schmid, Prof. Dr. Andreas Schulz, Prof. Dr. Barbara Stollberg-Rilinger und Dr. Andrea Wettmann. Der International Commission for the History of Representative and Parliamentary Institutions (ICHRPI) sind wir dankbar dafür, dass Resultate der Forschungen zu sächsischen Landtagen auf Tagungen in Wien (2014) und London (2015) vorgestellt und diskutiert werden konnten.

Ohne die Unterstützung des Sächsischen Staatsarchivs sowie der vielen anderen Archive, die in Sachsen, Thüringen und Sachsen-Anhalt Quellen zur Geschichte der sächsischen Landtage aufbewahren und für die Forschung zugänglich machen, hätten weder dieses Buch noch die weiteren Bände der Buchreihe zustande kommen können. Nicht zuletzt danken wir auch Christine Jäger, Ronny Steinicke und Roberto Rink für ihr Korrekturlesen und die Zuarbeiten beim Index und den Abbildungsvorlagen. Abschließend danken wir dem Präsidenten des Sächsischen Landtags, Herrn Dr. Matthias Rößler, für sein erweitertes Geleitwort mit seiner biografisch gebundenen Sicht als Beteiligter der friedlichen Revolution von 1989 und Akteur des bundesrepublikanischen Landtags in Sachsen.

Dresden im April 2019

Uwe Israel/Josef Matzerath

> „In Sachsen allein ist [...]
> die Rechtscontinuität
> zwischen der alten und der
> neuen Landesvertretung zu
> vollem Ausdruck gelangt."[1]
>
> Cäsar Dietrich von Witzleben

Einleitung

Methodisch-konzeptionelle Überlegungen zur diachronen Parlamentsgeschichtsschreibung

Dieses Buch ist aus mehreren Perspektiven und absichtlich unzeitgemäß. Die aktuelle Forschung zu Parlamenten arbeitet vor allem synchron vergleichend oder epochenspezifisch europäisch mit einer Tendenz zur Globalität. Gerade in den methodisch reflektierten Studien wird strikt nach frühneuzeitlichen Ständeversammlungen und modernen Parlamenten unterschieden. Dem vorliegenden Band liegt stattdessen ein diachrones Konzept zugrunde, das die Geschichte der Landtage Sachsens vom späten Mittelalter bis zum Ende des 20. Jahrhunderts rekonstruiert.

Das Thema „Landtage" als eine Geschichte zu konzipieren, die zudem zeigt, wie über historische Epochen hinweg von den Ständeversammlungen bis zur parlamentarischen Demokratie nach wechselnden Modalitäten zeichenhaft ein Ganzes konstituiert wurde, ruft aktuell wenig öffentliches Interesse hervor. Denn die immer ausdifferenziertere Gesellschaft der Gegenwart zerfällt zunehmend in selbstreferentielle Kommunikationsräume (Internetblasen).[2] Der Hinweis auf Funktionalität und Nutzen von gesellschaftlichen Zentralorten – wie Landtage es waren und sind – erscheint da störend deplatziert und ist doch ein erforderliches Gegenmittel für den fortschreitenden Verlust von gesamtgesellschaftlichen Diskursen.

Schließlich folgt die vorliegende Geschichte der sächsischen Landtage auch nicht dem historiografischen Muster einer teleologischen Geschichtsschreibung, die die eigene Gegenwart der parlamentarischen Demokratie als Maßstab für die Landtage anderer Zeiträume heranzieht. Denn die Moderne ist nicht das Ziel der Geschichte, an dem sich jegliche Form der Vergangenheit messen lassen muss. Ebenso wenig wird sozialen Gruppen wie dem Adel oder dem Bürgertum ein irrationaler oder rationaler Weltzugang unterstellt, den Landtagsmitglieder dieser Sozialformationen als Agenten ihrer Herkunftsgruppen im Parlament umgesetzt hätten. Ohne durch eine axiomatische Typologie des historischen Wandels, wie sie zum Beispiel Karl Marx, Max Weber, die Modernisierungstheorie, Niklas Luhmann etc. vorgelegt haben, prädisponiert zu werden, müssen Landtage zwar in Kenntnis der marktgängigen Modelle geschichtlicher Entwicklung, aber dennoch zunächst aus sich selbst heraus begriffen und der Gegenwart verständlich gemacht werden. Erst die Bereitschaft, über eingefahrene Deutungskonzepte hinaus Quellenbefunde ernst zu nehmen, weitet den Blick für plausible Rekonstruktionen von Vergangenheit. Deshalb verweist der Plural im Titel des Buches darauf, dass mit historischem Wandel kalkuliert werden muss.

Auch wenn nicht von einem, sondern von mehreren epochenspezifisch unterschiedenen sächsischen Landtagen ausgegangen wird, stellt sich die Frage, inwiefern die Kontinuitätserzählung, die es in einem Teil der bisherigen historiografischen Forschung durchaus gab,[3] oder auch die Traditionsbehauptung, die sächsische Landtage immer wieder aufgestellt haben,[4] mit Grund Geltung beanspruchen können. Sowohl Selbstwahrnehmungen sächsischer Parlamente als auch Geschichtsentwürfe von Historikern kalkulieren mit einer epochenübergreifenden langen Dauer der sächsischen Landtage. Eine solche Kontinuitätsbehauptung ist gerade für die sächsischen Landtage durchaus mit einer Typologie kompatibel, die von den frühneuzeitlichen Ständeversammlungen über die Honoratiorenparlamente der konstitutionellen Parlamente bis zu den Landtagen, die durch Parteien geprägt waren bzw. sind, reicht.[5] Aus institutionentheoretischer Perspektive[6] lassen sich Parlamente ebenfalls als Ordnungsarrangements verstehen, die dauerhaft Geltung beanspruchen.[7] Das geschieht unter anderem durch den Verweis auf eine besondere Tradition oder andere Selbstsymbolisierungen (Wappen, Gebäude, Rituale, Texte etc.), die eine Leitidee des Ordnungsarrangements Landtag zum Ausdruck bringen. Aus dieser Perspektive bildet die Eigengeschichte von Institutionen, inklusive der in sie eingeschriebenen Traditionen, eine besonders bedeutsame Symbolisierungsleistung. Historische Kontinuität ergibt sich demnach nicht aus substanziellen diachronen Übereinstimmungen, sondern aus Geltungsbehauptungen, die jeweils mehr oder weniger erfolgreich sein können. Auf der Basis institutionentheoretischer Zugriffe lassen sich daher historiografisch sowohl die Selbstsymbolisierungen als auch die Leitideen, aus denen diese hervorgehen, in ihrem Wandel betrachten. Bis 1831 bemühten sich Landtagsteilnehmer, die über ihre Standeszugehörigkeit definiert wurden, in Übereinstimmung mit dem souveränen Fürsten um Sinnstiftungen für das große Ganze. Während der konstitutionellen Monarchie setzten fast durchgängig Repräsentanten unterschiedlich definierter Vermögensgruppierungen gemeinsam mit dem König und seiner Regierung Geltungsbehauptungen für die Gesamtgesellschaft in Kraft. Seit der Weimarer Republik übernahmen es prinzipiell parteiensozialisierte Parlamentarier, die weltanschaulich differente Konzepte präferierten, für die Gesamtheit Sinn zu stiften.[8]

Parlamente erzeugen Ordnung für einen Weltbereich. Ihr Zusammentreten konstituiert sinnvolle Handlungszusammenhänge. Daher haben Landtagsmitglieder sich in allen Epochen nicht allein darum bemüht, politische Entscheidungen zu treffen bzw. kontroverse Debatten zu führen oder sich durchzusetzen. Als Akteure politischer Anwesenheitsversammlungen stellten sie zugleich

Ordnung her oder wollten Ordnungskonzepte installieren und auf Dauer stellen. Parlamentarier begriffen ihr Zusammenkommen daher auch als sinnkonstituierendes Handeln, das eine Gegenwelt des Absurden, Sinnlosen oder Ungeordneten wie in einer „Unterwelt" latent hielt.[9] Auf Landtagen sicherte ein komplexes Zusammenspiel kultureller Operationen wie Normative (Landtagsordnungen), Symbole (Hierarchien von Sitzordnungen) oder Rituale (Abstimmungszeremonien) die Unverfügbarkeit von Ordnungen ab. Rituale von Ständeversammlungen verbrämten, kaschierten bzw. vermittelten daher nicht, wie die Forschung zur Frühen Neuzeit weithin annimmt, einen symbolischen Ausdruck von etwas, was aufgrund von Verstrickungen keinem offenen Entscheidungsverfahren entsprach oder andernorts entschieden wurde,[10] sondern die auf einer politischen Versammlung leiblich Anwesenden stabilisieren durch den performativen Vorgang eines Rituals eine sinnhafte Ordnung.[11]

Um Arrangements für das große Ganze aufrechtzuerhalten, müssen die Akteure von politischen Versammlungen ihre unverfügbar gestellten Geltungsbehauptungen gegen konkurrierende Konzepte valide bzw. die Gegenwelt des Ungeordneten latent halten. Dazu bedarf es eines komplexen Zusammenspiels bzw. Verweisungsgeflechts kultureller Operationen, die einen Sinnhaushalt konstituieren und stabil halten. Bei Anwesenheitsversammlungen wie Landtagen ergibt sich die Sinnstiftung aus der leiblichen Präsenz. Im zeitlichen Verlauf werden Performanzen vollzogen, in die Symbole integriert sind, die als Fluchtpunkte des Handelns verstanden werden. Die Zeichen stehen für Axiome – für etwas, das als unverfügbar gehalten wird. Gesetzt werden solche Fluchtpunkte durch Verfassungen, Geschäftsordnungen, Verweise auf das Herkommen, Architektur etc. Politisches Handeln erklärt sich daher nicht allein aus Entscheidungen, sondern auch daraus, eine Geltungsbehauptung von Ordnung zu legitimieren und stabil zu halten.[12] Der Sinn des sozialen Handelns, der nur durch kulturelle Operationen (Symbole, Riten, Mythen, Narrative, Normative etc.) hergestellt werden kann, bleibt immer prekär, weil sinnvolle und stabile Verweisungszusammenhänge stets durch Uneindeutigkeiten[13] bedroht sind.

In den Einheiten der politischen Gesamtstruktur, in denen das kulturell geformte Selbstbildnis einer Gesellschaft geschaffen oder aufrechterhalten wird, finden zentrale Stabilisierungsleistungen statt. Es entstehen Institutionen, die durch Symbolisierungen auf Dauer gestellt werden. Denn der Sinn, den eine Institution erzeugt, besteht nach ihrer Entstehung nicht ohne weiteres fort, sondern muss durch zeichenhafte Mechanismen immer wieder realisiert werden, um Permanenz zu erreichen.[14] Gerät eine Gesellschaft in eine Krise, entstehen zunehmend Uneindeutigkeiten. Solche Offenheiten können durch zeichenhafte Veränderungen den Wandel der Sinnsetzung sichtbar machen.[15] Parlamente stellen sich aus dieser Perspektive als zentrale Einrichtungen einer Gesellschaft dar, bringen Sinnstiftungen für das Ganze hervor und behaupten deren Geltung. Mittels kultureller Operationen werden solche Sinnbehauptungen immer wieder reproduziert und in ihrer Veränderung dokumentiert.

Derartige Prozesse zu untersuchen, macht es möglich, die Zäsur zwischen vormodernen Ständeversammlungen und den Parlamenten der Moderne aus anderer Perspektive zu betrachten, als dies weithin üblich ist. Modernen Parlamenten wird immer wieder zugeschrieben, dass sie als Institution oder ihre einzelnen Parlamentarier für das Staatsvolk handeln. Dies ist nur eine Möglichkeit, auf das große Ganze Bezug zu nehmen. Denn der Anspruch, dass Parlamentarier ein Staatsvolk repräsentieren, war weder in der Vormoderne noch in der Moderne durchgängig gegeben.[16] Ein Landtag konnte als Leitidee auch eine andere Beziehung zum Ganzen haben, zum Beispiel eine paternalistische oder eine angeblich antifaschistische.

Landeshistorische Positionen zur Geschichte der sächsischen Landtage

Die Geschichtsforschung zu Sachsen hat sich seit dem 18. Jahrhundert mit Landtagen befasst. Das kann hier nicht im Einzelnen durchgängig behandelt werden.[17] Zuletzt hat Karlheinz Blaschke 1994 in einer Begleitpublikation zur Ausstellung „700 Jahre politische Mitbestimmung in Sachsen" einen Abriss über die Geschichte der sächsischen Landtage publiziert. Mit Rückgriff auf ein verfassungshistorisches Konzept, das für Europa ein „Ringen zwischen Herrschaft und Genossenschaft" als typisch ansetzt und mit „den despotisch regierten Reichen Vorderasiens und des Fernen Ostens" kontrastiert,[18] sieht Blaschke die Geschichte der politischen Mitbestimmung in Sachsen in einer Tradition, die auf das antike Athen und Rom sowie auf eine germanische, bis ins Mittelalter hineinreichende Volksfreiheit zurückgeht. Ein „Spannungsverhältnis von Fürst und Ständen" glaubt Blaschke schon im 13. Jahrhundert erkennen zu können.[19] Da er Landstände als „Inhaber öffentlicher Gewalt auf einer Ebene unterhalb der fürstlichen Landesherrschaft" definiert, die „von den schaffenden Menschen in Stadt und Land unmittelbar abhängig" gewesen seien und deshalb dazu tendiert hätten, „eher die Interessen von Land und Leuten" zu vertreten, „als es bei manchem Fürsten der Fall" gewesen sei,[20] steht der Institutionalisierungsprozess des Landtags selbst nicht im Fokus des Zugriffs. Daher kann jeder Beratungsakt bereits als ständische Mitbestimmung aufgefasst werden. Aus einer solchen Perspektive reduziert sich dann die Einung, die die Stände der Wettiner im Jahr 1438 schlossen, „zu einer festen Formierung der Landstände", in der sie sich lediglich als „selbständige Körperschaft" organisierten.[21] Denn der Schwurgemeinschaft wird kein konstituierender Akt für die Genese der Ständeversammlung zugesprochen. Diese Sichtweise steht in einer Tradition landeshistorischer Landtagsforschung in Sachsen.[22]

Für Blaschke verschafften auch bereits die Stände des 15. Jahrhunderts dem Land ein eigenes „Bewußtsein", weil sie sich „gegen eine allein durch den Fürsten verkörperte Landesherrschaft" erhoben und so „Machtausübung nach Art der Despotie oder Diktatur" verhinderten.[23] Gemeinsam mit dem abschließenden Appell des 1994 erstmals publizierten Textes,[24] die Abgeordneten des 1990 gewählten Sächsischen Landtags sollten „der jahrhundertealten Tradition […] der verantwortlichen Mitbestimmung von Land und Leuten eingedenk" sein[25], empfiehlt Blaschke eine Sinnstiftung, die bis ins Mittelalter zurückgreift und sich von der DDR abwendet.

Für den „sächsische[n] Ständestaat" hat nach Blaschke um 1500 eine „ungeschriebene Landesverfassung" bestanden, die dem Landtag Mitspracherechte einräumte. Allerdings hätten die wettinischen Fürsten je nach Persönlichkeit diese Macht der Stände auf unterschiedliche Weise akzeptiert.[26] Die Kurfürsten Moritz, Christian I. und August der Starke hätten versucht, den Einfluss der Landtage als „Interessenvertreter von Land und Leuten" zurückzudrängen.[27] Als letztem kann nach Blaschkes Ansicht Kurfürst Friedrich Christian, der eine vom aufgeklärten Absolutismus geprägte Person gewesen sei, noch eine wirkmächtige Individualität zugewiesen werden, obwohl er im Jahr 1763 nur wenige Monate regierte.[28] Ansonsten kalkuliert Blaschke seit der einsetzenden Industrialisierung mit dem Bürgertum als „führende[r] Kraft" und blendet die Persönlichkeit des jeweiligen Landesherrn aus.[29] Das konstitutionelle Zweikammerparlament, das durch die Verfassung von 1831 installiert wurde, betrachtet Blaschke als eine Anpassung, die die Regierenden „aus Einsicht in die Notwendigkeit in Gang setzten".[30] Die Erste Kammer bildete den „traditionellen Teil", während die Zweite Kammer zwar noch nicht „bürgerliche […] Gleichheit" umsetzte, aber einen „bemerkenswerten Fortschritt […] gegenüber der vorangegangenen Zeit" erzielt hätte.[31]

Das Wahlrecht vom 15. November 1848 betrachtet Blaschke als Fortschritt. Seine Rücknahme im Sommer 1850 habe einen mühsamen Prozess eingeleitet, der erst in der Weimarer Republik ein allgemeines und gleiches Wahlrecht, das sich jetzt auch auf die Frauen erstreckte, hervorbrachte. Die Öffentlichkeit der sächsischen Kammerverhandlungen garantierte stets eine Kontrolle der Regierungsmacht, obwohl vor allem das Dreiklassenwahlrecht von 1895 bis 1909 nicht zuließ, dass die Wähler der Sozialdemokratie im Parlament angemessen repräsentiert wurden.[32]

Aus Blaschkes Perspektive machte erst das parlamentarische Regierungssystem der Weimarer Republik den sächsischen Landtag zum „Mittelpunkt der Landespolitik". In diesem Parlament bestimmten Koalitionen des linken Lagers, der (M)SPD und der linksliberalen DDP, später noch weiterer liberaler und konservativer Parteien das Bild, während durch eine zunehmende Radikalisierung der KPD und der NSDAP dem Landtag immer mehr Missachtung entgegengebracht wurde.[33] Nacheinander haben nach Blaschke die Nationalsozialisten nach 1933 und die Kommunisten nach 1952 den sächsischen Landtag als „Forum demokratischer Willensbildung auf Landesebene abgeschafft" und damit die „gewachsene Eigenständigkeit des Landes Sachsen auf gewalttätige Art und Weise" zugunsten einer Zentralregierung, die „preußische Staatstraditionen" fortgeführt habe, beendet.[34] Blaschkes landespatriotische Instrumentalisierung der Landtagsgeschichte für die parlamentarische Demokratie, die er nicht für „die ideale Staats- und Gesellschaftsform" hält, der er aber zuspricht, „unter den gegebenen Bedingungen die beste Art und Weise [zu sein], um eine dauerhafte Ordnung der Gesellschaft zu gewährleisten",[35] belässt den verschiedenen Varianten politischer Mitbestimmung vom Mittelalter bis ins 20. Jahrhundert trotz ihrer Indienstnahme für die Gegenwart auch einen Stellenwert für die jeweils eigene Epoche. Diese zeitspezifischen Aspekte von Blaschkes Sichtweise eröffnen daher Zugänge für historiografische Rekonstruktionen, die nicht mit der Gegenwart als Ziel der Geschichte kalkulieren.

Die Geschichte der sächsischen Landtage wird auch in Handbüchern und Überblicksdarstellungen zur Geschichte Sachsens berücksichtigt. Von dieser wissenschaftlichen Literatur können hier nur die aktuellen daraufhin untersucht werden, welchen Stellenwert sie der Ständehistorie bzw. Parlamentsgeschichte zugestehen.[36]

Katrin Keller gliedert ihre „Landesgeschichte Sachsen"[37] epochenweise nach Politik, Wirtschaft und Kultur. Von diesen drei Dimensionen nimmt die Verfasserin an, dass sie die historische Entwicklung tragen.[38] Für die Zeit vor der Mitte des 13. Jahrhunderts geht sie davon aus, dass „die exekutive Gewalt für das Territorium […] durch das Landding realisiert wurde".[39] Dabei stellt sich die Frage, ob der Markgraf seine Herrschaft tatsächlich grundsätzlich hier autorisieren lassen musste. Keller bezeichnet den „Landtag von 1438 […] als die Geburtsstunde der Landstände mit ihren drei Kurien (Geistlichkeit, Ritterschaft, Städte) wie des landesherrlichen Steuerwesens", was nicht überzeugend begründet wird.[40] Von den spätmittelalterlichen und frühneuzeitlichen Ständeversammlungen hat Keller ein eher dualistisches Verständnis, demzufolge die Landtage das Interesse des Landes und der Bewohner gegenüber dem Fürsten zur Geltung brachten.[41] Beim Übergang zum konstitutionellen Zweikammerparlament stellt sie die retardierenden Kontinuitäten der Ersten Kammer dem moderneren Element des Unterhauses gegenüber.[42] Die parlamentarische Handlungsebene der Revolution von 1848, die sich bis in den Sommer 1850 erstreckte, wird nicht als Auseinandersetzung um die Parlamentarisierung Sachsens, sondern als Teilkonflikt um die Herrschaft im zu konstituierenden Nationalstaat gesehen.[43] Nachdem ein Staatsstreich 1850 das Parlament aus der Zeit vor der Wahlrechtsreform von 1848 restituiert und ein Rollback verursacht hatte, brachte seit dem Beitritt Sachsens zum Norddeutschen Bund 1866 die Dominanz der Liberalen im Landtag eine aktive Reformpolitik der Kammern hervor. Sobald im Kaiserreich die Konservativen die Zweite Kammer majorisierten, begann nach Keller eine wenig innovative Politik.[44] Die SPD wurde durch die verschiedenen sächsischen Wahlrechte bis zum Ende des Kaiserreichs unterschiedlich stark benachteiligt.[45] Das Weimarer Landesparlament sieht Keller in Sachsen vom Lagerdenken der Linken und Bürgerlichen beherrscht.[46] Die NSDAP reüssierte wegen der Weltwirtschaftskrise und der „groteske[n] Zersplitterung" und „weitgehende[n] politische[n] Passivität" des bürgerlichen Lagers. Das Scheitern von lagerübergreifenden Koalitionsverhandlungen ab 1929 wird von Keller nicht reflektiert. 1933 lösten die Nationalsozialisten das Parlament auf.[47] Dass nach dem Zweiten Weltkrieg bei der Landtagswahl 1946 die SED 49 Prozent der Stimmen erhielt, nimmt Keller als Beleg dafür, dass die Mehrheit der Sachsen eine „linkspolitische Alternative" als Perspektive gesehen habe.[48] Eine veränderte Debattenkultur und gewandelte Kompetenzen im Vergleich zu Weimar diskutiert die Verfasserin nicht. Die Zentralisierung in der DDR führte zum Bedeutungsverlust der Landtage und mit der Auflösung der Länder 1952 zu ihrem Ende.[49]

Reiner Groß hat seine „Geschichte Sachsens"[50] nach den Regierungszeiten der Wettiner bzw. der modernen Ministerpräsidenten und Machthaber gegliedert. Weil der Verfasser das „Schwergewicht der Darstellung [...] auf die politische Geschichte Sachsens und den Anteil der Wettiner" legte[51], bietet ihm die Landtagsgeschichte keine Anhaltspunkte für Zäsuren, sondern wird selbst nach Herrschern periodisiert. Groß geht davon aus, dass bereits in den Jahren „nach 1430 der wettinische Ständestaat" entstanden sei und „Behördenorganisation und landesherrliche Verwaltung" ausgebaut worden seien.[52]

Für Groß gilt als Modell der vormodernen Ständeversammlung in Kursachsen die Regierungszeit des Kurfürsten August, als sich die Interessen von Landesherrn einerseits und Adel sowie Stadtbürgertum andererseits „auf wirtschaftlichem wie auf außenpolitischem Gebiet" getroffen hätten. Kurfürst August betrieb nach Groß' Ansicht für sein Territorium eine erfolgreiche Arrondierungs- und Machtpolitik, die auf einer soliden wirtschaftlichen Lage aufsattelte.[53] Wie jeden Machtzuwachs der Dresdner Wettiner begrüßt Groß auch, dass Johann Georg III., der Begründer des stehenden Heeres in Sachsen, oder August der Starke den Einfluss der Landtage eingedämmt und beschnitten hätten. Denn dies habe den Absolutismus befördert, der eine „progressive gesellschaftliche Entwicklung" gewesen sei. Auch sei „Kursachsen mit Polen tatsächlich in den Rang einer europäischen Großmacht" aufgestiegen.[54] Ernsthafte Meinungsverschiedenheiten der frühneuzeitlichen Ständeversammlung mit den Landesherren benennt Groß ebenso wenig wie er Verdienste der Landtage um die Festigung des Territoriums würdigt. Der Anteil landständischer Mitwirkung an innen- wie außenpolitischen Entwicklungen wird fast durchweg nicht erwähnt. Das gilt etwa für den Beginn des Dreißigjährigen Krieges, als die Stände von einer Parteinahme abrieten, oder für die Einrichtung der Sekundogenituren, die Verhandlungen mit dem schwedischen König Karl XII. in Altranstädt und die Sanierung der Staatsfinanzen nach 1763. Dass im Jahr 1817 der Oberlausitzer Landtag in die kursächsische Ständeversammlung integriert wurde, übergeht Groß.

Auch in der Moderne, als sich für das sächsische Fürstenhaus keine Optionen auf Machtzuwachs mehr ergaben, sieht Groß Könige und Regierungen als Hauptakteure des historischen Prozesses. Schon für die Verfassung von 1831 stellt der Autor die geringen Änderungen heraus, die der Landtag am Entwurf des Geheimen Rates vornahm, statt den ungewöhnlichen Vorgang zu betonen, dass die Konstitution von der frühmodernen Ständeversammlung konsentiert wurde. Parlamentsinterne Prozesse sind aufgrund von Groß' Darstellung oft schwer nachvollziehbar. Für den Vormärz ist von einer „Parteigruppenbildung von Demokraten und Liberalen neben den Konservativen" die Rede.[55] Das Juste Milieu als größte Gruppierung wird nicht erwähnt. Das gesamte Reformprogramm der 1830er Jahre scheint nach Groß' Darstellung ohne eine Beteiligung des Landtags an den Gesetzen ausgekommen zu sein. Es entsteht der Eindruck, die Regierung habe die Gesetze allein gemacht.[56] Für die Revolution von 1848/49 sind nach Groß die jeweilige Regierung und die politische Bewegung im Volk die entscheidenden Akteure gewesen. Die programmatische Positionierung der Märzminister, die sich als eine Regierung verstanden, die nur mit der Rückendeckung durch eine parlamentarische Mehrheit agieren wollte, bleibt unerwähnt. Dass die Regierung von Beust im September 1849 nach dem Wahlrecht von 1848 wählen lassen musste, um einen verfassungskonformen Haushalt erstellen zu können, übergeht Groß genauso wie die Turbulenzen nach der staatsstreichartigen Restituierung des vormärzlichen Landtags im Sommer 1850. Obwohl die Eröffnungsrede König Johanns zum Landtag 1866 ausführlich zitiert wird[57] bleibt der Leser ohne Information darüber, dass der König und nach ihm auch sein Minister Friedrich Ferdinand von Beust unmittelbar vor dem Deutsch-Deutschen Krieg dem Parlament eine bewaffnete Neutralität in Aussicht stellten, de facto aber schon ein Bündnis mit Habsburg eingegangen waren. Die Wahlrechtsbenachteiligungen der SPD im kaiserzeitlichen Sachsen benennt Groß, ebenso die Versuche einer Parlamentsreform ab 1917, die die schwierige innenpolitische Lage während des Ersten Weltkriegs stabilisieren sollte.

Für den sächsischen Landtag der Weimarer Republik fokussiert Groß die Lager der linken sowie der liberalen und konservativen Parteien.[58] Dabei übergeht er, dass das Gros der Regierungen von lagerübergreifenden Koalitionen getragen wurde. Alle Reformen, die von der Monarchie in ein republikanisches Staatswesen überleiteten, verhandelt Groß als Aktivitäten der Regierung. Für die Verfassung heißt es, dass die sächsische Volkskammer des Jahres 1919 sie in 19 Ausschusssitzungen beriet und im Plenum einstimmig annahm.[59] Kaum erklärt wird auch der Landtag, der von 1946 bis 1952 in der SBZ/DDR tagte. Zwar werden die Mehrheitsverhältnisse benannt und die zweite Wahl von 1950, die nach einer Einheitsliste stattfand, als Votum ohne Alternative charakterisiert.[60] Es fehlen aber der anfängliche Bezug des Parlaments zum Landtag der Weimarer Republik, der Verweis auf Benachteiligungen der nichtsozialistischen Parteien bei der ersten Wahl im Jahr 1946, die Darstellung der Säuberungswelle im Jahr 1950 und eine Erklärung für die kurzen Debatten sowie die einstimmigen Voten des Parlaments.

Auch für Frank-Lothar Kroll treten in seiner „Geschichte Sachsens"[61] die Landtage als Motor der historischen Entwicklung hinter die Fürsten und ihre Verwaltungen zurück. In der Vormoderne, konstatiert Kroll, habe es zwischen Fürst und Ständen in Sachsen eher „Konsens, Kooperation und Kompromiss" als „Kampf" gegeben.[62] Für das 19. Jahrhundert referiert er die konstitutionellen Rechte, „bei der Gesetzgebung und der Verabschiedung des Staatshaushaltes" mitzuwirken,[63] die Dominanz der demokratischen Linken nach der Einführung des Wahlrechts von 1848,[64] nicht aber das Bemühen um eine parlamentarische Regierungsform. Dem Rollback von 1850, das die vormärzlichen Kammern reaktivierte,[65] kontrastieren aus Krolls Sicht keine liberalen Gesetze nach 1866, mit denen die Gesellschaft seit dem Beitritt zum Norddeutschen Bund modern eingehegt wurde. Für das Kaiserreich steht die Wahlrechtsbenachteiligung der Sozialdemokratie im Fokus, die in Sachsen im Vergleich zu den Reichstagswahlen im Landtag kaum Mandate erobern konnte.[66] Für die Weimarer Republik spielen Krise und Ende der Demokratie eine größere Rolle[67] als die geglückten Koalitionen, die aus der Mitte des Parlaments getragen wurden. Die Bedeutung der Institution Landtag der SBZ/DDR wird kaum reflektiert. Stattdessen steht der Machtkampf der Parteien bzw. die Durchsetzungsstrategie der SED im Vordergrund der Darstellung.[68]

In der Summe offerieren die historiografischen Zugriffe seit den 1990er Jahren ein unterschiedliches Erklärungspotenzial für die Geschichte der sächsischen Landtage, dem vielfach die Erzählmuster kaum aufrechtzuerhaltender und teils widersprüchlicher Positionen älterer Geschichtsschreibung zugrunde liegen. Ein methodisch reflektierter Neuzugriff auf das Thema kann daher nicht nur der allgemeinen Diskussion über Landstände und moderne Parlamente, sondern auch der landeshistorischen Forschung von Nutzen sein.

Quellendichte und Forschungsvorleistungen

Die vorliegende Geschichte der sächsischen Landtage basiert auf einer sehr unterschiedlichen Dichte der Quellenüberlieferung für die einzelnen Epochen. Dennoch haben sich Archivalien in einer solchen Breite erhalten, dass sie von einem einzelnen Forscher nicht komplett gesichtet werden können. Auch das Durchdringungspotenzial und die Aussagekraft geschichtswissenschaftlicher Analysen zu verschiedenen sächsischen Landtagen differieren erheblich. Obwohl im Rahmen des Graduiertenkollegs „Geschichte der sächsischen Landtage" bzw. in Verbindung mit dieser Forschungsgruppe neue grundlegende Erkenntnisse gewonnen werden konnten und zuvor bereits andere Historiker wesentlich zum Wissen über die Parlaments- und Ständegeschichte in Sachsen beigetragen haben, bleibt das Erklärungspotenzial der historiografischen Studien je nach Zeitraum unterschiedlich aussagekräftig. Das vorliegende Buch ist daher auf einer uneinheitlichen Grundlage geschrieben und kann schon deshalb kein abschließendes Ganzes bieten. Es rekonstruiert den Wandel politischer Versammlungen, die von den Zeitgenossen ab einem gewissen Zeitpunkt als „Landtag" bezeichnet wurden und die Funktion von gesellschaftlichen Zentralorten einnahmen. Für die Einteilung der Kapitel wurden Zäsuren aus der Geschichte der Landtage genutzt und nicht Regierungszeiten von Herrschern herangezogen, womit der Perspektive der Institutionengeschichte vor der der Herrschaftsgeschichte der Vorzug gegeben wurde.

Der zeitliche Horizont spannt sich vom Entstehungsprozess landständischer Versammlungen im Spätmittelalter bis zum Sächsischen Landtag der Jahre 1990 bis 1994. Spätere Wahlperioden wurden nicht mehr berücksichtigt, weil das ein geschichtliches Handbuch, das mehr als acht Jahrhunderte überblicken will, zu sehr an tagespolitische Kontroversen herangeführt hätte. In zwei Exkursen wird auf die Geschichte von zwei mittelalterlichen Typen politischer Versammlungen, das Landding und die Bedeverhandlungen, zurückgeschaut, die von der älteren Forschung mitunter in anachronistischer Weise unter dem Begriff Landtag subsumiert wurden.

Der Einzugsbereich, aus dem vom späten Mittelalter bis heute Mitglieder zu sächsischen Landtagen kamen, änderte sich geografisch und auch in der Verfasstheit, die ihn zusammenhielt.[69] Aus einem Konglomerat von Herrschaftsbeziehungen des Hauses Wettin wurde ein frühneuzeitlicher Fürstenstaat mit zunehmend territorial vereinheitlichten Ansprüchen bis hin zum modernen politischen Raum, für den nicht nur Gesetze eines Nationalstaates, sondern auch die der Europäische Union gelten. Eingebunden in ein größeres politisches Gebilde waren die Mark Meißen, das Herzogtum, Kurfürstentum bzw. Königreich Sachsen sowie der Freistaat Sachsen durchgängig. Man gehörte bis 1806 zum (Heiligen) Römischen Reich (deutscher Nation), bis 1813 zum Rheinbund und stand von der Leipziger Völkerschlacht bis 1815 unter russischem und später preußischem Gouvernement. Nach dem Wiener Kongress war das Königreich Sachsen Teil des Deutschen Bundes, musste nach der Niederlage im Preußisch-Österreichischen Krieg 1866 dem Norddeutschen Bund und 1871 dem Deutschen Kaiserreich beitreten. Nach dem Ende der Monarchie wurde der Freistaat Sachsen 1918 Teil der Weimarer Republik, 1933 des Dritten Reiches, 1945 der Sowjetischen Besatzungszone, 1949 der DDR und 1990 der Bundesrepublik Deutschland.

Anmerkungen

1   Von Witzleben, Cäsar Dietrich: Die Entstehung der constitutionellen Verfassung des Königreichs Sachsen. Zur Feier des 50-jährigen Bestehens der Verfassungsurkunde vom 4. September 1831, Leipzig 1881, S. 15.
2   Vgl. Lanchester, John: Über Facebook. Du bist das Produkt. www.deutschlandfunk.de/ueber-facebook-du-bist-das-produkt-1-2.1184.de.html?dram:article_id=410030#teil2, Zugriff: 2.4.2018: „Die Mission, sich ‚zu vernetzen', so stellt sich heraus, bedeutet in der Praxis also vor allem, sich mit den Leuten zu vernetzen, die deiner Meinung sind. Wir können nicht beweisen, wie gefährlich diese ‚Filterblasen' für unsere Gesellschaften sind, aber es ist klar, dass sie gravierende Auswirkungen auf unser zunehmend zersplittertes Gemeinwesen haben. Unser Verständnis vom ‚Wir' wird immer enger."
3   Vgl. z. B. für Sachsen Blaschke, Karlheinz: Landstände, Landtag, Volksvertretung. 700 Jahre politische Mitbestimmung im Lande Sachsen. In: Ders. (Hg.): 700 Jahre politische Mitbestimmung in Sachsen, Dresden 1994, S. 7–16; für Württemberg: Grube, Walter: Der Stuttgarter Landtag 1457–1957. Von den Landständen zum demokratischen Parlament, Stuttgart 1957; Schlögel, Daniel: Stationen des Parlamentarismus in Bayern. Ein Überblick. In: Ziegler, Walter (Hg.): Der Bayerische Landtag vom Spätmittelalter bis zur Gegenwart, München 1995, S. 19–31; Rausch, Heinz: Die geschichtlichen Grundlagen der modernen Volksvertretung. Die Entwicklung von den mittelalterlichen Korporationen zu den modernen Parlamenten, Darmstadt 1974.
4   Für den Übergang von der frühneuzeitlichen Ständeversammlung zum konstitutionellen Zweikammerparlament vgl. Matzerath, Josef: „Wenn sie auch nicht mehr ferner proprio jure hier sein konnten". Kontinuitäten ständischer Repräsentation im konstitutionellen Parlament am Beispiel des sächsischen Landtags. In: Gehrke, Roland (Hg.): Aufbrüche in die Moderne. Frühparlamentarismus zwischen altständischer Ordnung und modernem Konstitutionalismus. Schlesien – Deutschland – Mitteleuropa 1750–1850, Köln/Weimar/Wien 2005, S. 119–139. Zu Kontinuitäten vom Kaiserreich in die Weimarer Republik vgl. Pastewka, Janosch: Koalitionen statt Klassenkampf. Der sächsische Landtag in der Weimarer Republik (1918–1923), Ostfildern 2018, S. 84–87, 120–122 und 190 f. Auf den Anschluss des sächsischen Landtags der SBZ an parlamentarische Strukturen der Weimarer Republik verweist Schriefl, Edith: Parlamentskonzepte nach dem Zweiten Weltkrieg. Der sächsische Landtag 1946–1952, Manuskript Diss.,

Dresden 2018, S. 215. Dass der heutige Sächsische Landtag ein Graduiertenkolleg zur Geschichte der sächsischen Landtage finanzierte, darf man wohl auch als Anspruch auf Tradition verstehen.

5   Zu dieser Typologie, die den Wandel anhand der Bedeutung von Askription und Wahl entwickelt und für die Zeichenhaftigkeit von Architektur, Tagungsmodi und Ordnungen der Mitglieder während eines Landtags verknüpft vgl. Denk, Andreas/Matzerath, Josef: Die drei Dresdner Parlamente. Die sächsischen Landtage und ihre Bauten: Indikatoren für die Entwicklung von der ständischen zur pluralisierten Gesellschaft, Wolfratshausen 2000, insbesondere S. 199–201.

6   Vgl. Rehberg, Karl-Siegbert: Institutionen als symbolische Ordnungen. Leitfragen und Grundkategorien zur Theorie und Analyse institutioneller Mechanismen. In: Göhler, Gerhard (Hg.): Die Eigenart der Institutionen, Baden-Baden 1994, S. 47–84; ders.: Die stabilisierende ‚Fiktionalität' von Präsenz und Dauer. Institutionelle Analyse und historische Forschung. In: Blänkner, Reinhard/Jussen, Bernhard (Hg.): Institution und Ereignis. Über historische Praktiken und Vorstellungen gesellschaftlichen Ordnens, Göttingen 1998, S. 381–407.

7   Für sächsische Landtage vgl. hierzu: Matzerath, Josef: Landtage als gesellschaftliche Zentralorte. In: Dialog. Dresdner Gesprächskreise im Ständehaus. Graduiertenkolleg „Geschichte sächsischer Landtage" vom 28. bis 30. Oktober 2015, hg. vom Sächsischen Landtag, Dresden 2016, S. 12–17.

8   Vgl. Denk/Matzerath: Dresdner Parlamente, wie oben, Anm. 5, 17 f., 90–96, 159 f., 199–201.

9   Vgl. Giesen, Bernhard: Latenz und Ordnung. Eine konstruktivistische Skizze. In: Schlögl, Rudolf/ Giesen, Bernhard/ Osterhammel, Jürgen (Hg.): Die Wirklichkeit der Symbole. Grundlagen der Kommunikation in historischen und gegenwärtigen Gesellschaften, Konstanz 2004, S. 75 f. Ein historiografisches Konzept, das die methodischen Ansätze von Karl-Siegbert Rehberg und Bernhard Giesen verknüpft nutzbar macht, findet sich bereits: Marburg, Silke/Matzerath, Josef: Vom Obenbleiben zum Zusammenbleiben. Der Wandel des Adels in der Moderne. In: Schmitz, Walter/Stüben, Jens/Weber, Matthias (Hg.): Adel in Schlesien und Mitteleuropa. Literatur und Kultur von der Frühen Neuzeit bis zur Gegenwart, München 2012, S. 299–311.

10 Vgl. hierzu die Konzepte von Krischer, André: Inszenierung und Verfahren auf den Reichstagen der Frühen Neuzeit. Das Beispiel der Städtekurie und ihres politischen Verfahrens. In: Peltzer, Jörg/ Schwedler, Gerald/Töbelmann, Paul (Hg.): Politische Versammlungen und ihre Rituale. Repräsentationsformen und Entscheidungsprozesse des Reichs und der Kirche im späten Mittelalter, Ostfildern 2009, S. 181–205; Neu, Tim: Zeremonielle Verfahren. Zur Funktionalität vormoderner politisch-administrativer Prozesse am Beispiel des Landtags im Fürstbistum Münster. In: Haas, Stefan/Hengerer, Mark (Hg.): Im Schatten der Macht. Kommunikationskulturen in Politik und Verwaltung 1600–1950, Frankfurt a. M./New York 2008, S. 23–50; ders.: Die Erschaffung der landständischen Verfassung. Kreativität, Heuchelei und Repräsentation in Hessen (1509–1655), Köln/Weimar/Wien 2013, und Flaig, Egon: Die Mehrheitsentscheidung – ihre multiple Genesis und ihre kulturelle Dynamik. In: Ders. (Hg.): Genesis und Dynamiken der Mehrheitsentscheidung, München 2013, S. VII–XXXII; ders., Die Mehrheitsentscheidung. Entstehung und kulturelle Dynamik, Paderborn 2013, S. 147 f. Zur Einordnung vgl. Marburg, Silke/Schriefl, Edith: Die politische Versammlung als Ökonomie der Offenheiten. In: Dies. (Hg.): Die politische Versammlung als Ökonomie der Offenheiten. Kommentierte Quellen zur Geschichte der sächsischen Landtage vom Mittelalter bis in die Gegenwart, Ostfildern [voraussichtlich 2019]. Eine Einordnung der älteren Forschung bietet Flügel, Axel: Landständische Verfassung. Anmerkungen zur Forschungsgeschichte. In: Ders.: Anatomie einer Ritterkurie. Landtagsbesuch und Landtagskarrieren im kursächsischen Landtag in der ersten Hälfte des 18. Jahrhunderts, Ostfildern 2017, S. 449–531. Vgl. auch den Forschungsüberblick bei Stollberg-Rilinger, Barbara: Vormünder des Volkes? Konzepte landständischer Repräsentation in der Spätphase des Alten Reiches, Berlin 1999, S. 1–21.

11 Mit Rückbezug auf Bernhard Giesen vgl. hierzu Marburg/Schriefl: Die politische Versammlung als Ökonomie der Offenheiten, wie oben, Anm. 10.

12 Vgl. Marburg/Schriefl: Die politische Versammlung als Ökonomie der Offenheiten, wie oben, Anm. 10; Schriefl: Parlamentskonzepte, wie oben, Anm. 4, S. 14–19. Es ist plausibler von „zeichenhafter Konstituierung eines Ganzen durch eine Anwesenheitsversammlung" auszugehen, als die Repräsentanz von Parlamenten jeglichen Typs zur „Fiktion" bzw. zum Abbild der Struktur der sozialen Welt, d. h. deren Theatralisierung, zu erklären wie z. B. Stollberg-Rilinger: Vormünder des Volkes?, wie oben, Anm. 10, S. 16 f., mit Bezug auf Morgan, Edmund S.: Government by Fiction. In: Yale Review 72, 1983, 321–339; Luhmann, Niklas: Politische Verfassungen im Kontext des Gesellschaftssystems. In: Der Staat 12, 1973, S. 1–22, 165–182; Bourdieu, Pierre: Die politische Repräsentation. In: Berliner Journal für Soziologie, Heft 4, 1991, S. 489–515.
13 Bernhard Giesen spricht von „Zwischenlagen"; Marburg/Schriefl: Die politische Versammlung als Ökonomie der Offenheiten, wie oben, Anm. 10, nennen das Phänomen „Offenheiten".
14 Vgl. Rehberg: Institutionen als symbolische Ordnungen, wie oben, Anm. 6, S. 47–84.
15 Nach Giesen, Bernhard: Das Außerordentliche als Grund der sozialen Wirklichkeit. Eine theoretische Einführung. In: Ders.: Zwischenlagen. Das Außerordentliche als Grund der sozialen Wirklichkeit, Weilerswist 2010, S. 27–29, eröffnen Krisen durch Uneindeutigkeiten das Potenzial zur Veränderung von Sinnsetzungen.
16 Vgl. Marburg/Schriefl: Die politische Versammlung als Ökonomie der Offenheiten, wie oben, Anm. 10.
17 Vgl. z. B. Wabst, Christian Gottlob: Historische Nachricht von des Churfürstenthums Sachsen und derer dazu gehörigen Lande jetziger Verfassung der hohen und niedern Justiz, aus authentischen Urkunden abgefasset, Leipzig 1732; Schreber, Daniel Gottfried: Ausführliche Nachricht von den Churfürstlich-Sächsischen Land- und Ausschußtägen von 1185. bis 1728. auch wie die Steuern und Anlagen nach einander eingeführt und erhöhet worden Nebst einem vierfachen Anhange, Halle 1769; ders.: Ausführliche Nachricht von den Churfürstlich-Sächsischen Land- und Ausschußtägen von 1185–1787, 3. Auflage Dresden 1793; von Witzleben: Verfassung, wie oben, Anm. 1. Unter dem Titel „Nachricht von den Land- und Ausschußtägen von 1185–1679" findet sich eine Liste der kursächsischen Landtage bereits bei Weck, Anton: Der Chur-Fürstlichen Sächsischen weitberuffenen Residentz- und Haupt-Vestung Dresden Beschreib- und Vorstellung, Nürnberg 1680 (Dresden 1679), S. 434–453.
18 Blaschke: Landstände, Landtag, Volksvertretung, wie oben, Anm. 3, S. 7. Bezugspunkte solcher Deutungsmuster sind von Gierke, Otto: Das deutsche Genossenschaftsrecht, 4 Bde., Berlin 1868, 1873, 1881, 1913, und Tönnies, Ferdinand: Gemeinschaft und Gesellschaft. Abhandlung des Communismus und des Socialismus als empirischer Culturformen, Berlin, 1887. Neuerlich aufgegriffen wurden solche Sichtweisen von Schulz-Nieswandt, Frank: Herrschaft und Genossenschaft. Zur Anthropologie elementarer Formen sozialer Politik und der Gesellung auf historischer Grundlage, Berlin 2003.
19 Vgl. Blaschke: Landstände, Landtag, Volksvertretung, wie oben, Anm. 3, S. 7.
20 Ebd., S. 8.
21 Ebd., S. 9.
22 Vgl. Hausmann, Friedrich Karl: Beiträge zur Kenntniß der Kursächsischen Landesversammlungen, 1. Bd., Leipzig 1798, S. 7; von Witzleben: Verfassung, wie oben, Anm. 1, S. 17–31. Für einen Beginn der Landtagsgeschichte mit dem Treffen in Leipzig 1438 plädierte hingegen von Langenn, Friedrich Albert: Herzog Albrecht der Beherzte, Leipzig 1838, S. 306 f.
23 Blaschke: Landstände, Landtag, Volksvertretung, wie oben, Anm. 3, S. 9 f.
24 Wieder abgedruckt unter dem Titel „Landstände, Landtag, Volksvertretung. 700 Jahre politische Mitbestimmung im Land Sachsen". In: Beiträge zur Verfassungs- und Verwaltungsgeschichte Sachsens. Ausgewählte Aufsätze von Karlheinz Blaschke aus Anlaß seines 75. Geburtstages, Leipzig 2002, S. 229–254.
25 Ebd., S. 16.
26 Vgl. ebd., S. 9 f.
27 Vgl. ebd., S. 10 f. Das Zitat findet sich ebd., S. 11.
28 Vgl. ebd.

29 Ebd., S. 12.
30 Ebd., S. 13.
31 Vgl. ebd.
32 Vgl. ebd., S. 13 f.
33 Vgl. ebd., S. 14 f.
34 Ebd., S. 16.
35 Ebd.
36 In den Passagen zur inneren Entwicklung Sachsens basiert weithin auf Landtagsakten: Weiße, Christian Ernst: Geschichte der Chursächsischen Staaten, 7 Bde., Leipzig 1802–1812. Aus der liberalen Perspektive des 19. Jahrhunderts vgl. Gretschel, Karl Christian Kanis/Bülau, Friedrich: Geschichte des sächsischen Volkes und Staates, Bd. 1–2, Leipzig 1843–1847. Böttiger, Karl Wilhelm: Geschichte des Kurstaates und Königreiches Sachsen, 2 Bde., Hamburg 1830/31; Böttiger, Karl Wilhelm/Flathe, Theodor: Geschichte des Kurstaates und Königreiches Sachsen, Hamburg 1873. Mit Schwerpunkt auf der Exekutive als treibende Kraft der politischen Entwicklung vgl. Kötzschke, Hellmut/Kretzschmar, Rudolf: Sächsische Geschichte, Dresden 1935. Aus marxistischer Perspektive vgl. Czok, Karl (Hg.): Geschichte Sachsens, Weimar 1989.
37 Keller, Katrin: Landesgeschichte Sachsen, Stuttgart 2002.
38 Das Konzept bedient sich des Zugriffs der Gesellschaftsgeschichte von Hans-Ulrich Wehler.
39 Keller: Landesgeschichte Sachsen, wie oben, Anm. 37, S. 59.
40 Ebd., S. 63.
41 Vgl. ebd., S. 63, 137 f. und 152 f.
42 Vgl. ebd., S. 256.
43 Vgl. ebd., S. 260.
44 Vgl. ebd., S. 263 und 285 f.
45 Vgl. ebd., S. 264 f. und 287–290.
46 Vgl. ebd., S. 268–273 und 292 f.
47 Vgl. ebd., S. 273.
48 Vgl. ebd., S. 277.
49 Vgl. ebd., S. 279.
50 Groß, Reiner: Geschichte Sachsens, Leipzig 2001.
51 Vgl. ebd., S. 5.
52 Ebd., S. 27.
53 Vgl. ebd., S. 83.
54 Vgl. ebd., S. 129.
55 Vgl. ebd., S. 222.
56 Vgl. ebd., S. 205–212.
57 Vgl. ebd., S. 232.
58 Vgl. ebd., S. 256, 259 und 267.
59 Vgl. ebd., S. 256 f.
60 Vgl. ebd., S. 287 f.
61 Kroll, Frank-Lothar: Geschichte Sachsens, München 2014.
62 Vgl. ebd., S. 39.
63 Vgl. ebd., S. 81.
64 Vgl. ebd., S. 89.
65 Vgl. ebd., S. 90.
66 Vgl. ebd., S. 93–96.
67 Vgl. ebd., S. 108 f.
68 Vgl. ebd., S. 115 f.
69 Vgl. die kartografischen Darstellungen in: Blaschke, Karlheinz: Politische Geschichte Sachsens und Thüringens, München 1991, S. 14: Die wettinischen Länder 1378; ebd., S. 38: Der mitteldeutsche Raum 1547–1815; Sächsische Akademie der Wissenschaften (Leipzig) Philologisch-Historische Klasse (Hg.): Atlas zur Geschichte und Landeskunde von Sachsen, Blaschke, Karlheinz: Karte C III 1, Die wettinischen Länder von der Leipziger Teilung 1485 bis zum

Naumburger Vertrag 1554, Leipzig/Dresden 2010; ebd., Blaschke, Karlheinz/Stams, Werner: Karte C III 5, Das Kurfürstentum Sachsen am Ende des Alten Reiches 1790–1806, Leipzig/Dresden 2007; ebd., Schröder, Wolfgang: Karte D IV 3, Landtagswahlen im Königreich Sachsen 1869 bis 1895/1896. Mit einem Exkurs zum Dreiklassen- und Pluralwahlrecht 1896/1897 bis 1909/1918, Leipzig/Dresden 2004; Donath, Matthias: Grenzveränderungen des Königreiches Sachsen zwischen 1807 und 1818. In: Richter, Birgit (Hg.): Der Wiener Kongress 1815 und die Folgen für Sachsen, Halle/Saale 2015, S. 30 f.; Matzerath, Josef/Jäschke, Uwe Ulrich: Aspekte sächsischer Landtagsgeschichte. Die Mitglieder und Wahlbezirke der sächsischen Landtage (1833 bis 1952), Teil III: Wahlbezirke und Raumbezüge, Dresden 2011; Freistaat Sachsen, Wahlkreiseinteilung für die Wahl zum Sächsischen Landtag 2014, Zugriff 2.5.2018, www.landtag.sachsen.de/de/landtag/wahlen-gesetzgebung/wahlkreissuche.cshtml.

I.
Sächsische Ständeversammlungen des Mittelalters und ihre Vorgeschichte

Vor den Landtagen

Sucht man nach Vorläufern des sächsischen Landtags, kommt man nicht umhin, etwas stärker allgemeinhistorische Aspekte anzusprechen und auch auf die Entwicklung im Reich zu schauen. Hier wurde Mitbestimmung bei monarchischen Entscheidungen bereits im 13. Jahrhundert zum festen Bestandteil der politischen Ordnung, was zu allgemeinen Tendenzen in anderen Regionen Europas passt: so schon 1188 im Königreich León mit der Carta Magna Leonesa, so 1215 in England mit der Magna Carta Libertatum und so 1222 in Ungarn mit der Goldenen Bulle.[1] Bekannt war das Prinzip allerdings schon länger aus dem geistlichen Bereich, wo ein Bischof bei wichtigen Entscheidungen auf das Einverständnis seines Domkapitels angewiesen war, und aus den Verfahren der sich emanzipierenden Kommunen, wo in der Selbstverwaltung dem Bürgermeister ein Rat beigesellt war oder er in existentiellen Fragen eine Bürgerversammlung einzuberufen hatte.[2] Als Vorbild für Institutionalisierungstendenzen organisierter politischer Willensbildung auf Reichs- wie Landesebene können überdies auch kirchliche Konzile angesehen werden, bei denen es schon lange sogar geheißen hatte: „Was alle angeht, muß von allen gebilligt werden."[3] Dieser Gedanke findet sich auch in einem bis weit in die Neuzeit hinein prägenden politischen Prinzip wieder, das als „konsensuale Herrschaft" bezeichnet wurde:[4] Es steht für Politik als kommunikativer Prozess, was gerade auch für die Geschichte der Landtage wichtig ist.[5] Das Verhältnis zwischen Landesherrn und „Landschaft", also Ständen auf Landesebene, war häufig von einem Miteinander gekennzeichnet – wenn auch von deren Gleichberechtigung nicht die Rede sein konnte.[6]

Die deutschen Landesherren des späten Mittelalters waren aber keine absoluten Herrscher, sie waren in vielen Fällen auf die Zustimmung der Mächtigen und Reichen im Land angewiesen, die sie in Verhandlungen für sich gewinnen mussten. Das wird bereits im sogenannten Wormser Reichsspruch von 1231 erkennbar, in dem König Heinrich (VII.) mit Zustimmung der Fürsten entschied, dass weder diese noch andere Verordnungen oder neue Gesetze machen dürften, es sei denn sie hätten zuvor den Konsens der „meliorum et maiorum terrae", der „Besseren" und „Größeren" des Landes, erlangt.[7] Diese Personenkreise sollte man allerdings nicht mit Ständen gleichsetzen; diese formierten sich erst im 14. Jahrhundert.[8] Die Verhandlungen zur Konsensfindung gaben aber Gelegenheit zur Bildung von Interessengemeinschaften, die später als Stände die Landtage formten und sich dort als Corpora und Consilia zusammenschlossen. Das Konzept einer Teilung der Gesellschaft in die drei Kategorien Kleriker, Adlige und Bauern ist aber älter und wurde bereits um das Jahr 1000 unter Geistlichen entwickelt; es blieb aber ein Ideal.[9] Heinrichs in Worms ausgestelltes Dokument ist in unserem Zusammenhang auch deshalb wichtig, weil hier erstmals explizit von den „domini terrae", also den Landesherren die Rede ist und weil sich die späteren Stände von den Fürsten immer wieder verbriefen ließen, dass aus einer Billigung der von ihnen geforderten Abgaben keinesfalls eine Gewohnheit oder gar ein neues Gesetz werden dürfe, dass also weiterhin ihr Zustimmungsvorbehalt gelte.[10] Für die wettinischen Lande wird eine Mitbestimmung Adliger im Jahre 1293 mit dem Vertrag von Triptis sichtbar, als Markgraf Diezmann im Streit mit seinem Vater Albrecht II. (dem Entarteten) von diesem Anteil an der Regierung in Thüringen, wie es in der Quelle heißt, mit Gunst und Willen „der heren und des landis gemeine" zugesprochen erhielt, also der Herren und wohl der Gemeinschaft der ritterlichen Vasallen, die vom Fürsten als Berater hinzugezogen worden waren und zugestimmt hatten.[11]

In den wettinischen Herrschaften kamen neben dem Fürsten und seinen Räten grundsätzlich folgende Personenkreise als Beteiligte an der Landespolitik in Betracht (sie finden sich allerdings nicht alle in den Ständen wieder):[12] 1. Der weltliche Adel, der in sich nicht homogen war; zu ihm zählten einmal die Herren, das heißt ursprünglich reichsunmittelbare große Landbesitzer aus teils gräflichen Familien, die Grafen; zum anderen die Vasallen des Fürsten, die ab etwa 1250 Ritterschaft genannt wurden. Später, seit den 40er Jahren des 15. Jahrhunderts, kam es bei den Rittern zur Unterscheidung zwischen Schriftsassen, also vom Fürsten berufenen und daher direkt angeschriebenen Adligen, und Amtsassen, die über die Vorsteher der Ämter zu politischen Versammlungen geladen wurden; die Amtsassen der sächsischen Kur- und Erblande brauchten nicht alle persönlich zu erscheinen: Von den Ämtern wurden je ein bis drei landtagsfähige Deputierte entsandt.[13] 2. Die teils ebenfalls adlige Geistlichkeit, und zwar insbesondere die hohen Prälaten wie Bischöfe, die zwischen Reichs- und Landstandschaft changierten, Äbte und Äbtissinnen, aber auch andere Kleriker.[14] 3. Die Bürger der unmittelbar dem Fürsten unterstehenden Städte.[15] 4. Erst ab Mitte des 16. Jahrhunderts erlangten Angehörige der Universitäten Leipzig, gegründet 1409, und Wittenberg, gegründet 1502, Landstandschaft.[16] 5. Die Bauern galten in Sachsen als vom Grundherrn vertreten und konnten wie unterbäuerliche und unterbürgerliche Schichten nicht als Stand auftreten, obwohl sie doch zusammen mit diesen die überwiegende Zahl der Bevölkerung ausmachten; die Position, die sie im alten gesellschaftlichen Gliederungsschema innegehabt hatten, nahmen die inzwischen reich gewordenen Bürger ein.[17] 6. Den sächsischen Juden wurde als nichtchristlicher Minderheit ebenfalls keine Landstandschaft gewährt.[18]

Für die Vormoderne, das heißt die Zeit vor der Französischen Revolution von 1789, sieht es die Forschung heute nicht mehr als gerechtfertigt an, von einem „dualistischen Ständestaat" zu sprechen, in dem Landesherr und Stände sich antagonistisch gegenüberstehend staatliche Strukturen ausgefüllt hätten.[19] Das war lange Zeit eine Rückprojektion der Zustände des 19. Jahrhunderts.[20] Bei allen vermuteten oder tatsächlichen Ansätzen von Staatlichkeit im Mittelalter sollte man die Landstände jedenfalls nicht mit gewählten Volksvertretern verwechseln oder den Landtag als „Parlament" titulieren –[21] es sei denn in einem eingeschränkten, auf die rhetorische Praxis bezogenen Sinn.[22] In Bezug auf die Stände muss überdies bedacht werden, dass von einer politischen Repräsentation der Landesbewohner im modernen Sinn noch nicht gesprochen werden kann.[23] Sie wurden nicht von der Bevölkerung gewählt, sondern vom Fürsten geladen. Allerdings stellten die Landtage innerhalb des sich formierenden Landes Sachsen von Anfang an einen gesellschaftlichen Zentralort dar.

Exkurs: Landdinge und Bedeverhandlungen

Landdinge

Die ältere Forschung subsumierte gelegentlich in anachronistischer Weise unter dem Begriff Landtag einen älteren Typ politischer Versammlungen, das Landding, das im sächsischen Raum vom Ende des 12. bis Mitte des 13. Jahrhunderts unter dem lateinischen Begriff „placitum provinciale", „Provinzversammlung", gelegentlich auch mit dem deutschen Namen dokumentiert ist.[24] Von diesen wiederholt an einigen wenigen Orten abgehaltenen Zusammenkünften, die schon im Namen einen räumlichem Bezug verraten, sind andere Treffen zu scheiden, wie etwa die im Jahre 1214 zwischen Landsberg und Brehna abgehaltene „Versammlung des Herren Markgrafen".[25] Heute gehen wir nicht mehr so weit wie der kurfürstlich-sächsische Rat Anton Weck, der in seiner Chronik Dresdens von 1680 das erste, im Jahre 1185 in der Mark Meißen nachgewiesene Landding zu Collm bei Oschatz und weitere derartige Versammlungen ganz selbstverständlich als „Landtag" bezeichnete und in den Teilnehmern Ständevertreter sah.[26] Diese Einschätzung passt gut zu Tendenzen späterer Darstellungen des deutschen Ständewesens, insbesondere aus dem 19. Jahrhundert, als man sich eifrig darum bemühte, Versammlungsformen des 15. Jahrhunderts zu archaisieren und sie möglichst auf ältere „Stammesversammlungen" zurückzuführen.[27] Damit sollten die Anfänge ständischer Vertretung aus dem eher negativ bewerteten Spätmittelalter in die als glorreich verehrte hochmittelalterliche Kaiserzeit zurückverlagert werden, auch um den damaligen Parlamenten eine vermeintlich größere Würde durch hohe Ancienität und damit mehr Bedeutung zu verleihen.[28]

Und doch verweist schon Weck auf Umstände, die es bezweifeln lassen, in den Landdingen bloße Gerichtsversammlungen zu sehen, wie dies in formalistisch-rechtspositivistischer Sichtweise noch in der Zeit nach dem Zweiten Weltkrieg geschah.[29] So erwarteten beispielsweise im Jahre 1216 die Bischöfe Albert von Magdeburg und Ekkehard von Merseburg von Markgraf Dietrich (dem Bedrängten), dass er einen unter anderem von ihnen ausgehandelten Vergleich mit der Stadt Leipzig auf künftigen Landdingen zu Collm und Schkölen verkünde; so predigte im Jahre 1233 Bischof Konrad von Hildesheim in Collm das Kreuz gegen die Ketzer:[30] beides klare Indizien dafür, dass auf diesen Versammlungen mehr als nur Recht gesprochen wurde. In einer Zeit, als von einer Gewaltentrennung noch nicht die Rede sein konnte, gehörten Herrschaft und Gerichtsbarkeit jedenfalls eng zusammen und beides realisierte sich ohne Zweifel auf den Landdingen.[31] Auch wenn nur wenig bekannt ist über die Themen, die auf den Landdingen neben den Gerichtssachen verhandelt wurden, und wir kein Gesamtbild der Teilnehmer der Versammlungen haben, ist es kaum vorstellbar, dass in Zeiten einer vormodernen Anwesenheitskommunikation dort nicht auch politische Fragen besprochen wurden.[32]

Es lassen sich in der Zeit von 1185 bis 1259 an den drei Orten Collm, Delitzsch und Schkölen durchschnittlich etwa alle drei Jahre insgesamt 25 Landdinge nachweisen. Außer dem, was sich aus den wenigen diesbezüglich ausgestellten Urkunden entnehmen lässt, wissen wir kaum etwas von diesen Treffen, die vermutlich öfter abgehalten wurden. Es lässt sich kein Turnus feststellen. Im Jahre 1224 wurde am 2. Mai in Delitzsch gedingt und am 15. Juni in Schkölen, also nach sechs Wochen; im Jahre 1233 fanden im Abstand von nur vier Wochen gleich zwei Treffen in Collm statt. Nach dem in der ersten Hälfte des 13. Jahrhunderts in Ostmitteldeutschland geschriebenen Sachsenspiegel, dem wichtigsten mittelalterlichen Rechtsbuch, sollte alle 18 Wochen ein ungebotenes gräfliches Ding stattfinden, also etwa dreimal im Jahr, was sich in dieser Regelmäßigkeit und Häufigkeit für die wettinischen Landdinge nicht nachweisen lässt.[33] Da die Fürsten damals noch keine feste Residenz hatten, mithin kein zentralisiertes Regiment führten, waren die Landdinge wechselnde Stationen auf einem fortwährenden Umritt im Rahmen der damals üblichen Reiseherrschaft.[34] Sie boten dem Fürsten einerseits die Möglichkeit, in verschiedenen Zonen seiner Lande regelmäßig Präsenz zu zeigen, andererseits, für die ihm unterstellten Personen nahbar zu sein.

Landdinge fanden an unterschiedlichen Orten statt, die jeweils nur für einen bestimmten Landesteil der Wettiner standen. Das „Land" als territoriale Einheit sollte sich überhaupt erst im Verlaufe des Spätmittelalters herrschaftlich verdichten, der Territorialstaat gar erst im 16. Jahrhundert seinen Namen verdienen.[35] Neben dem am meisten besuchten Ort an der weithin zu sehenden Landmarke Collmberg für die Mark Meißen mit 15 urkundlich nachgewiesenen Treffen von 1185 bis 1259 versammelte man sich mindestens siebenmal in Schkölen bei Naumburg für die Grafschaft Groitzsch von 1197 bis 1256 und dreimal in Delitzsch für die Ostmark von 1207 bis 1224.[36] In der zweiten Hälfte des 13. Jahrhunderts kam das Landding außer Gebrauch. Die Gründe dafür sind nicht eindeutig geklärt. Vermutlich übernahmen das fürstliche Hofgericht und der sich neu konstituierende Hofrat seine Aufgaben.[37] Die gelegentlichen überlieferten Zusammenkünfte, die nun nicht mehr an den alten Dingstätten, sondern etwa in Lommatzsch, Dresden, Grimma und Hohenwussen bei Mügeln stattfanden, sind nun deutlicher als Gerichtsversammlungen auszumachen.[38]

Zu den Landdingen kam, wer Rang und Namen hatte, sie fanden grundsätzlich unter dem persönlichen Vorsitz des Markgrafen statt, was beides den herausgehobenen Charakter der Versammlungen unterstreicht. Die Zeugenlisten der anlässlich der Landdinge angefertigten Urkunden nennen zwar immer nur einen kleinen Teil der tatsächlich Anwesenden, doch erfahren wir so immerhin etwas über die Sozialgruppen, die gewöhnlich an den Treffen teilnahmen.[39] Dies waren vor allem Männer ritterlichen Standes, Edelfreie und Ministeriale. Schöffen werden nicht genannt, das heißt das markmeißnische Landding war kein Schöffengericht. Nach dem Urkundeninhalt ging es bei den Treffen meist um Besitzfragen, aber auch um Vergleiche und Friedensschlüsse.

Strafwürdige Sachen wurden nicht hier, sondern auf markgräflichen Hofgerichten ohne feste Dingstätten verhandelt. Bei einem reinen Markgrafengericht wäre die Anwesenheit von Burggrafen auch aus anderen Landesteilen nicht notwendig gewesen; sie werden aber regelmäßig herausgehoben an der Spitze der Zeugenlisten aufgeführt und waren wohl wegen ihrer Stellung als Richter des Burggrafendings anwesend.[40]

Neben Adligen aus den verschiedenen Herrschaften der Markgrafen, ihren Notaren und Schreibern besuchte teilweise auch die höhere Geistlichkeit, Domherren und Äbte, die Versammlungen, gelegentlich auch Bischöfe, so im Jahre 1197 der Naumburger in Schkölen, in den Jahren 1200 und 1259 der Meißener in Collm und im Jahre 1207 der Merseburger in Delitzsch. Auch konnten auswärtige Gäste hinzutreten wie im Jahre 1224 der Sohn des Königs von Böhmen beim Landding zu Delitzsch.[41] Im Jahre 1218, bei einem Treffen zu Schkölen, wird ein Amtmann aus Leipzig als Zeuge genannt; im Jahre 1233 zu Collm sogar mehrere Bauern, teilweise mit slawischen Namen.[42] Bürger und Bauern waren zwar nicht dingpflichtig, aber offenbar bei den Versammlungen auch nicht grundsätzlich ausgeschlossen. Die bei vielen Zeugen der Zusammenkünfte in Collm, Schkölen und Delitzsch angegebene oder zu ermittelnde Herkunft zeigt zwar an, dass die meisten von ihnen jeweils aus der Umgebung der entsprechenden Dingstätten stammten.[43] Gleichwohl fanden sich in jedem der drei Orte auch Personen ein, die aus dem Einzugsgebiet der beiden anderen kamen. Dies spricht dafür, dass hier keine strikte räumliche Trennung der Teilnehmerkreise etwa nach Zuständigkeit der Versammlungsorte etwa im Sinne von modernen Gerichtsbezirken anzunehmen ist.

Dass immer auch Personen aus anderen wettinischen Herrschaften zugelassen waren, macht die Treffen zwar noch nicht zu „Landesversammlungen" im eigentlichen Sinne. Wie auch die soziale Zusammensetzung ist es allerdings ein Argument dafür, dass die Zusammenkünfte den Charakter von erweiterten Hoftagen annehmen konnten.[44] Abgesehen vom unterschiedlichen Charakter der Landdinge und der Landtage spricht allein schon der zeitliche Abstand von bald zwei Jahrhunderten, die zwischen dem letzten Landding und ersten Landtag lagen, gegen die These von einer Kontinuität der beiden Versammlungstypen. Gleichwohl boten auch die Landdinge zu ihrer Zeit wichtigen Entscheidungsträgern aus den wettinischen Herrschaften regelmäßig Gelegenheit zum kommunikativen Austausch. Sie stellten daher wie die späteren Landtage neben dem markgräflichen Hof einen gesellschaftlichen Zentralort dar.[45]

Das früheste Zeugnis für ein Landding im meißnischen Raum liegt mit einer lateinischen Urkunde Markgraf Ottos (des Reichen) vor (Abb. 1).[46] Auch wenn in der Quelle bei „placitum" der Zusatz „provinciale" fehlt, deutet der Ort Collm, auf dem die meisten Landdinge stattfanden, und weitere in der Urkunde genannte Umstände darauf hin, hier den Anfang zu sehen. Otto trifft nach Verhandlungen mit Abt Witlieb von Altzelle am 2. August 1185 Bestimmungen zu den Landbesitzungen des Klosters, der markgräflichen Grablege, insbesondere aber bezüglich der dort entdeckten und vermuteten Silbererzvorkommen, denen er nicht zuletzt seinen Reichtum und späteren Beinamen verdankte.[47] Sie war vom Empfänger selbst, also dem Kloster Altzelle, ausgefertigt

Abb. 1: Urkunde Markgraf Ottos zum Landding von 1185

worden – ein zu dieser Zeit, als der Fürst noch über keine eigene Kanzlei verfügte, durchaus üblicher Vorgang.[48] Am Ende erklärt Otto, dass er nach Beschluss des Landdings einen festen Frieden für die genannten Besitzungen verkündet habe und anwesende geeignete Zeugen namentlich anführen lasse, damit die Bestimmungen rechtskräftig und unverrückbar blieben.[49]

Durch den Verweis auf das „Urteil" der Versammlung, gemäß dem der Landfrieden verkündet wurde, erkennt man in dieser ein Forum mit einer gewissen Beschlusskompetenz. Das Urteil ergänzt nämlich den Spruch des Fürsten, geht diesem, gemäß dem Wortlaut der Urkunde, zeitlich voraus und bindet ihn vielleicht sogar. Jedenfalls wird der gefundene Konsens für die Rechtskraft und Dauerhaftigkeit des Spruchs für wesentlich angesehen, was die stattliche Zahl und der Rang der im Folgenden aufgelisteten Zeugen nur noch unterstreicht. Die namentliche Nennung von mehr als 60 Handlungszeugen beschließt die Urkunde.[50] Das angekündigte und ursprünglich vorhandene markgräfliche Siegel, das wichtigste Beglaubigungsmittel einer mittelalterlichen Urkunde, ging verloren.

Bedeverhandlungen

Im Gegensatz zum Landding, von dem aus kein direkter Weg zu den Anfängen der sächsischen Landtage führt, fanden Bedeverhandlungen in seinem zeitlichen Umfeld statt.[51] Im Grunde genommen war der Gedanke, der bei dieser Konsenssuche des Fürsten um finanzielle Unterstützung zum Ausdruck kam, in der feudalen Welt schon lange vorgeprägt: Der Herr hatte Schutz und Schirm zu gewähren, also den inneren und äußeren Frieden zu garantieren, wofür ihm nach der dem Lehenswesen inhärenten vasallitischen Treuepflicht Rat und Hilfe zustand, also politische wie militärische – und in Zeiten der sich entwickelnden Geldwirtschaft zunehmend finanzielle Leistungen.[52] Allerdings waren Adel wie Klerus grundsätzlich von ordentlichen Steuern befreit. Dies hieß, dass der Fürst nur außerordentliche Leistungen erwarten konnte, also eine Beisteuer erbitten musste, was in der Vormoderne „Bede", im Lateinischen „precaria" genannt wurde. Das Wort Bede ist denn auch verwandt mit Bitte, konnte im Mittelhochdeutschen aber auch Wunsch und Aufforderung bedeuten.[53] Schon kurz vor 1270 konnte man in einem Zusatz zum Sachsenspiegel lesen, dass ein Fürst einem „lant" keine Bede auferlegen und kein neues Recht erlassen dürfe, es sei denn das „Land" stimme zu, ein Prinzip, das ähnlich schon im Wormser Reichsspruch von 1231 ausformuliert worden war.[54]

Damit war allerdings noch nicht gesagt, welche Personen oder Personenkreise das Land ausmachten und wie es seine Zustimmung artikulieren sollte – es gab ja noch keinen institutionalisierten Landtag. Erst über zwei Jahrhunderte später findet man in Sachsen ein derartiges Ordnungsarrangement mit dem Landeswohl als stabilisierender „Leitidee", um die gegebenen strukturellen „Offenheiten" auf Dauer zu beherrschen bzw. die darin verborgene Unordnung latent zu halten.[55] Steuern wurden noch lange Zeit als extraordinär angesehen und sollten jeweils nur für einen bestimmten Bedarf, vornehmlich in einem Notfall und keineswegs regelhaft und auf Dauer auferlegt werden, was sich die Betroffenen vom Fürsten immer wieder aufs Neue versprechen ließen, obwohl doch beiden Seiten klar gewesen sein musste, dass dies eine Illusion war. Gerade in diesem ritualisierten Verhalten aber könnte ein zeichenhafter Sinnstabilisator liegen, der später mit dazu beitrug, die Institution Landtag zu konstituieren und zu verstetigen.[56]

Dieser Mechanismus wird schon bei der ersten für den sächsischen Raum bekannten Bede deutlich, die aus einer Urkunde Markgraf Ottos aus der Zeit zwischen 1156 und 1170 hervorgeht, in der er den Bürgern der Stadt Leipzig verspricht, keine erneute Sondersteuer zu erheben, es sei denn er müsse demnächst dem Kaiser in Italien Hilfe leisten.[57] Hilfe für König und Reich wurde von den Fürsten auch im Weiteren regelmäßig als Begründung für weitere Forderungen vorgebracht. Während diese um 1200 allerdings noch anlassbezogene Ausnahmen waren, lassen es die Markgrafen spätestens seit den 1330er Jahren zur Gewohnheit werden, Sondersteuern zu verlangen.[58] Wie die meisten anderen Fürsten kam es auch bei den Wettinern seit dem späteren Mittelalter zu gravierenden Engpässen bei der Finanzierung der für die fürstliche Reputation als notwendig erachteten kostspieligen Hofhaltung und des vor allem durch die Stellung von Söldnern immer teurer werdenden Kriegswesens.[59] Die vor allem Naturaleinkünfte einbringenden fürstlichen Domänen und Regalien, also delegierte Königsrechte, warfen nicht immer genug Bares ab, seit Mitte des 14. Jahrhunderts versiegten überdies zusehends die traditionellen Silbererzvorkommen im Freiberger Revier, was erst im letzten Drittel des nächsten Jahrhunderts mit der Entdeckung neuer Vorkommen im Westerzgebirge ausgeglichen werden konnte.[60]

Die Notwendigkeit der Beden zur Vermeidung eines Bankrotts verweist auf die fortschreitende Geldwirtschaft und „Kommerzialisierung" von Herrschaft im sächsischen Raum.[61] Auch Verpfändungen und Verkäufe von Herrschaftsrechten und -gebieten konnten das Anwachsen und Überhandnehmen von Schulden aber nicht immer verhindern.[62] Hier lag der Gedanke an Sondersteuern nahe, die mit momentanen Notlagen begründet und auf kurze Laufzeiten versprochen zunächst von den kapitalkräftigen Handelsstädten im Land erwartet, dann aber auch an den Adel und die Geistlichkeit herangetragen wurden. Der Landesherr war im Laufe der Zeit in Finanzfragen also immer mehr auf die Unterstützung der Stände angewiesen, die ihm umgekehrt bei nachvollziehbaren Begründungen seine „Bitten" kaum abschlagen konnten. Hier wird ein Institutionalisierungsmechanismus sichtbar, der später auch zur Entstehung und Stabilisierung von Landtagen beitrug. In der Diskussion um Akzeptanz der Beden und in Verhandlungen um die Modalitäten ihrer Gewährung fanden die einzelnen Stände zueinander, wenn auch stets Einzelinteressen und vor allem beim Adel das Wohl der jeweiligen Familie entscheidend blieben. Es gelang den Ständen aber allmählich, ihre Spannungen untereinander mit Bezug auf die ausgegebene Leitidee des „Landeswohls" zu überwinden und dem Fürsten im Gegenzug zu ihren Finanzleistungen bestimmte Zugeständnisse abzutrotzen – am Ende auch das Recht der selbständigen Versammlung. Steuern konnten geradezu zum Zugehörigkeitsattribut für die Stände werden.[63]

Bedeverträge, in denen die Modalitäten der Erhebung festgehalten wurden, waren im Reich schon seit der zweiten Hälfte des 13. Jahrhunderts zu finden.[64] In Sachsen hat sich für das Amt Torgau aus dem Jahre 1314 ein erstes lokales Bedeverzeichnis mit detaillierten Summen erhalten.[65] Im Jahre 1356 gaben die Städte den Brüdern Friedrich III. (dem Strengen) und Balthasar eine förmliche Bewilligung für eine Sondersteuer zum Abbau ihrer Schulden;[66] im Jahre 1376 gingen die gemeinsam regierenden Markgrafen Friedrich, Balthasar und Wilhelm I. (der Einäugige) dann zusätzlich auch den Adel und die Geistlichkeit um eine außerordentliche Schatzung in der Vogtei Meißen an; dies war das erste Mal, dass alle drei Stände eine Steuererhebung akzeptierten.[67] Anton Weck sieht in beiden Fällen wieder voreilig Belege für Landtage, obwohl in den erhaltenen Urkunden nicht einmal von Zusammenkünften die Rede ist.[68] Allerdings verweist die gemeinsame Ansprache der drei Stände in der Urkunde von 1376 darauf, dass die Markgrafen in ihnen zumindest in Sachen Steuern nun einen gemeinsamen Ansprechpartner sahen – eine Etappe auf dem Weg zu einem gesamtständischen Entscheidungsgremium. Über die Existenz oder den Charakter eventuell voraufgegangener gemeinsamer Verhandlungen oder Versammlungen der Stände erfahren wir aber auch aus diesem Dokument nichts.[69] Parallel zur organisatorischen Entwicklung politischer Versammlungen ist in dieser Zeit eine Verwaltungsgenese im Land zu beobachten: Seit 1333 gibt es in Sachsen lückenlos Kanzleivorsteher, um 1350 verfasste man für Friedrich III. ein Lehnbuch, 1378 legte man ein Verzeichnis der Einkünfte der Markgrafen von Meißen und Landgrafen von Thüringen an, eine Voraussetzung für die Chemnitzer Teilung des Jahres 1382.[70] Überhaupt nahm die Schriftlichkeit in dieser Zeit erheblich zu.

Von der ersten Bedeforderung an die Stände des gesamten Machtbereichs eines Markgrafen wissen wir durch eine deutschsprachige Pergamenturkunde des Markgrafen Wilhelm I. vom 12. März 1385 (Abb. 2).[71] Sie richtete sich dem Wortlaut der Urkunde nach an Personenkreise aus Adel, Geistlichkeit und Städten, also wiederum den maßgeblichen drei Ständen, aus allen Herrschaften, das heißt aus dem Wilhelm drei Jahre zuvor bei der Chemnitzer Teilung zugefallenen meißnischen Landesteil.[72] Auch diesmal ist nicht explizit von einer Versammlung die Rede. Die gemeinsame Ansprache in der Urkunde be-

Abb. 2: Revers Markgraf Wilhelms I. zur Bedeforderung von 1385

deutet auch hier noch keine Institutionalisierung einer Gesamtheit des Landes in Steuerfragen. Bei späteren Ersuchen um finanzielle Unterstützung wandte sich der Fürst beispielsweise wie schon zuvor teils wieder separat an einzelne Stände.[73] Bei dem „Revers" handelt es sich um die fürstliche Bestätigung der Vereinbarung mit den Ständen, mithin eine Verpflichtungserklärung Wilhelms. Darin verspricht er seinen Mannen, der Geistlichkeit und den Bürgern seiner Lande, welche ihm die Erhebung eines halben gewöhnlichen Jahreszinses von allen ihren Gütern erlaubt haben, eine derartige Steuer in Zukunft nicht wieder zu verlangen, es sei denn – da Gott vor sei – er erleide einen Schaden wegen Kriegsläuften.[74] Er gelobt mit diesem Dokument zusätzlich, dass er die aktuelle „bete unde türe" nach keinerlei Recht zur Regel werden lasse.

Indem der Fürst mit diesem Versprechen wieder einmal zusichert, keinen Präzedenzfall schaffen zu wollen, vielmehr die Stände im Falle eines Falles erneut um ihre im Grunde freiwillige Unterstützung angehen werde, erkennt er deren Kompetenz in Sachen Steuerbewilligung auch für die Zukunft an und bedient damit zugleich den bereits eingespielten stabilisierenden institutionellen Mechanismus. Zum Zeugnis und zur Erhöhung der Sicherheit habe er sein Siegel, das damals wichtigste Beglaubigungsmittel, anbringen lassen. Es hängt auch heute noch mit einem Pergamentstreifen der Originalurkunde an. Dass die Forderung von den Betroffenen akzeptiert und auch tatsächlich gesteuert wurde, belegen neben den eigentümlicherweise schon vor dem Datum des Reverses ausgegangenen Appellen des Bischofs Nikolaus von Meißen und der Herzogin Agnes von Schweidnitz-Jauer an ihre jeweiligen Lehensleute zu steuern eine erhaltene Quittung vom 4. Juni 1385 für den Abt von Altzelle über die Zahlung von 100 Schock, also 6.000 Groschen Freiberger Münze, den halben von diesem zu erwartenden Jahreszins.[75]

Die Zusicherung des Fürsten in seiner Verpflichtungserklärung verweist darauf, dass es im Vorfeld der Vereinbarung offenbar Verhandlungen um die Bewilligung der Bede gab, womit unter den Ständen ein Bewusstsein für Zusammengehörigkeit gewachsen sein dürfte, was auch die Begriffsgeschichte nahelegt: Nur zwei Jahre später, im Jahre 1387, wird in einer Urkunde Kurfürst Wenzels I. von Sachsen-Wittenberg, Herzog Stefans II. von Bayern und Burggraf Friedrichs V. von Nürnberg, die als Schiedsrichter in einem Streit zwischen Landgraf Balthasar von Thüringen und Landgraf Hermann II. von Hessen berufen waren, mit der Aufzählung von „graven, herren, freyen, dinstlewte, ritter, knechte, stete und gemeiniclichen alles sein lande" eine Formel gebraucht, die für Adel und Städte in Sachsen erstmals auf eine gemeinsame Landstandschaft verweisen dürfte – vom Klerus ist hier allerdings nicht die Rede.[76]

1438–1485: Die Formierung der Landtage

Der Landtag, von dem in Sachsen seit 1438 gesprochen werden kann, ist als Teil der landständischen „Verfassung" anzusehen.[77] Landständische Verfassungen finden sich in weiten Teilen Europas über Epochengrenzen hinweg bis ins 19. Jahrhundert. Verfassung heißt in der Vormoderne allerdings nicht schriftlich niedergelegtes Grundgesetz, sondern gelebte Ordnung, die sich nur zum Teil in kodifizierten Rechtsnormen wiederfindet. Die erste verschriftete Landesordnung in den Herrschaften der Wettiner findet sich erst im Jahre 1446 für Thüringen.[78] Als Herzog Wilhelm (der Tapfere) wegen des Konfliktes mit seinem Bruder dringend die Unterstützung der Landstände brauchte, wurde sie unter deren maßgeblicher Beteiligung auf einer Versammlung zu Weißensee bei Sömmerda vereinbart und sollte ihnen weitgehende Teilhaberrechte an der Herrschaftsausübung im Land gewähren; sie wurde allerdings nie umgesetzt.[79] Lange lag in Deutschland kein spezielles Regelwerk zu den Versammlungen der Stände vor, die Beratungen fanden an wechselnden Orten, in unterschiedlicher Besetzung und nicht kontinuierlich statt.[80] Eine Geschäftsordnung gab sich ein sächsischer Landtag erst in der zweiten Hälfte des 16. Jahrhunderts.[81]

Die Landständische Verfassung hat mehr als eine historische Wurzel.[82] Man kann diese in den genossenschaftlich verwalteten Landgemeinden – also in Dörfern und Städten – suchen, in den Hoftagen – also in sich kasual zusammenfindenden Versammlungen der Großen am Herrscherhof –, in den Hofräten – also in sich verfestigenden Beratergremien eines Herrschers – oder in den seit Ende des 13. Jahrhunderts auf Landesebene zu beobachtenden korporativen Einungen und Unionen. Vor 1438 gab es in wettinischen Landen weder besondere Adels- oder Städtebünde, die anderswo – etwa in Brandenburg – den Herren schwer zu schaffen machten, noch sonstige politische Einungen der Stände.[83] Lediglich Zusammenschlüsse zur Wahrung des Landfriedens kamen zustande; hier saßen allerdings Vertreter des Landesherrn bei.[84] Der Hofrat, der seit dem 13. Jahrhundert an Einfluss gewann und seit dem 14. Jahrhundert in der Markgrafschaft Meißen als der eigentliche Träger der Verwaltungsgeschäfte angesehen werden muss, war als Werkzeug des Fürsten kein Ständegremium.[85] Das galt natürlich auch für den Hof des Herrschers selbst.[86] Während sich hier die Großen einer Region versammelten, sich insbesondere während der Hoftage um ihn scharten, wofür die persönlichen, oft verwandtschaftlichen Verbindungen konstitutiv waren, versuchten die Stände auf den Landtagen mehr Eigenständigkeit zu erreichen. Allerdings realisierte sich das nur selten, denn die Landtage fanden zunächst fast ausschließlich auf Einladung des Fürsten und unter dessen Vorsitz statt, womit er maßgeblich bestimmen konnte, welche Stände geladen und über welche Materien gehandelt wurde.[87]

In finanzieller Hinsicht waren die Gestaltungsmöglichkeiten des Landesherrn weiterhin ohne die Stände durchaus begrenzt: Nur wo er über direkte Ämter, beispielsweise über Vögte verfügte, hatte er unmittelbare Zugriffsmög-

Abb. 3: Revers Kurfürst Friedrichs II. und Herzog Wilhelms III. zum ersten Landtag von 1438

lichkeiten, in anderen Fällen aber konnte er nur indirekt, eben über die Stände, an wichtige, vor allem monetäre Ressourcen herankommen; noch gab es keinen institutionalisierten Flächenstaat, sondern eine Vielfalt sich oftmals überlappender Ansprüche und Rechte.[88] Hier schlug die Stunde der landständischen Bewegung. Zusammenkünfte zu Bedeverhandlungen, das zähe Ringen zwischen Fürst und Ständen um außerordentliche Finanzleistungen, gingen dem eigentlichen Landtag zeitlich vorauf.[89] Aber auch in dessen Anfangszeit verhandelte man fast immer auch oder ausschließlich über Fragen der Steuerbewilligung. Dabei war das gemeinsame Interesse der Stände aber schon gelegentlich über die bloße Steuerfrage hinausgegangen, so bei einer Versammlung im April des Jahres 1428. Bei diesem nach dem Tod des Kurfürsten Friedrich I. (der Streitbare) anlässlich der Huldigung seiner Nachfolger anberaumten Treffen beschwerten die Stände sich wegen Beeinträchtigungen ihrer Gerichtsbarkeit durch landesherrliche Amtsleute und hatten Erfolg damit, weil dies in Zukunft abgestellt werden sollte.[90] In jenem Jahr war auch die Geistlichkeit anwesend.

Der erste Landtag im Jahre 1438

Zur Leipziger Versammlung vom 30. Januar 1438 haben sich unter anderem die „Proposition" erhalten, also die Begründung für die Zusammenkunft mit Nennung der Verhandlungsgegenstände, die üblicherweise zu Beginn verlesen wurde, wie auch der spät ergangene „Revers" vom 9. Juni, also der Abschied mit den Ergebnissen und einer fürstlichen Selbstverpflichtung (Abb. 3).[91] Der Proposition kann man entnehmen, dass sich die Fürsten schon im Vorfeld der Leipziger Zusammenkunft mit einzelnen Ständen ausgetauscht hatten. Dass in Leipzig überhaupt eine Versammlung zur Verhandlung mit den Ständen stattgefunden hat, kann man nur erschließen, denn in den beiden Dokumenten wird dies nicht direkt gesagt. Die Bezeichnung „Landtag" taucht in den Quellen überhaupt erst im Jahre 1462 für eine politische Versammlung in Weißensee auf, während davor und auch noch danach regelmäßig von „handlung" oder „tag" gesprochen wird.[92]

In ihrer Proposition kehrten der damals 25jährige Kurfürst Friedrich II. (der Sanftmütige) und sein erst 12jähriger Bruder, Herzog Wilhelm III. , die Not des Landes und die Einmaligkeit der geforderten Bede eindringlich hervor. Sie verweisen auf die große Verschuldung, wobei sie in erster Linie ihren verstorbenen Vater verantwortlich machen, der 1423 zum Kurfürsten erhoben worden war; die Verschuldung sei aber auch angewachsen, weil Ausgaben zur Auslösung von Verpfändungen und zum Gebietserwerb „zcu gute sterkunge und eynickeit unsir lannde" notwendig gewesen seien sowie für die Mitgift ihrer Schwester Anna.[93] An den beiden zuletzt genannten Argumenten erkennt man unschwer, dass die Fürsten Ausgaben für den Erhalt des Landes und für den der Dynastie in eins setzten. Überdies führen sie den Rückgang der Bergwerksertäge, Hochwasser und die hohen Aufwendungen zu Verteidigungs- und Kriegszwecken an. Tatsächlich waren die seit 1420 andauernden sogenannten Hussitenkriege noch nicht überstanden; ein Ende sollte erst der Sieg Friedrichs vor Brüx (Most) im August 1438 bringen.[94] Es sollte also nach Wegen gesucht werden, „wie welchirwiese und womitt solche scheden und vorterblichkeit unsir und unsir lande als vorberurt ist, vorczukomen", also wie das Landeswohl zu erhalten sei.[95]

Wie der Revers zeigt, einigten sich Fürsten und Stände auf den Kompromiss einer „Akzise" genannten Verbrauchssteuer, und zwar in Höhe des 30. Pfennigs von jeglichem Verkauf im Land auf zwei Jahre.[96] Die Fürsten konnten sich mit höheren Steuern und einer doppelt so langen Laufzeit, die sie ursprünglich in der Proposition vorgeschlagen hatten, nicht durchsetzen.[97] Überdies gestanden sie den Ständen einen Ausschuss von acht Mitgliedern zu, die sogenannten Zisemeister, die regelmäßig auf fürstliche Kosten zusammentraten und über Eingang und Verwendung der Steuern wachen durften.[98] Die Fürsten gewährten ihren Ständen also wichtige Kontrollbefugnisse über ihre Finanzen, die für sie ja zugleich auch die des Landes waren. Der Ausschuss sollte paritätisch mit je einem Ritter und einem Bürger aus je einer Stadt der vier beteiligten Landschaften, nämlich aus Torgau für Meißen, aus Wittenberg für Sachsen, aus Leipzig für das Osterland und einem Bürger aus Franken, besetzt werden, wozu noch vier fürstliche Räte als Oberste Zisemeister traten.[99] Man erkennt aus den Ergebnissen der Verhandlungen klar die Abhängigkeit der Landesherren von einer Zustimmung der Stände in einer Krisensituation – aber auch die Kompromissbereitschaft auf beiden Seiten.[100]

Der Leipziger Landtag von 1438 war keine Versammlung sämtlicher Stände Kursachsens gewesen[101]. Die Geistlichkeit war, obwohl geladen, in Leipzig nicht präsent; sie nahm erst am nächsten Treffen im Jahre 1445 neben Adels- und Städtevertretern teil. Die Grafen und Herren waren sicher präsent und werden zwar in einer im Umfeld des Landtages geschlossenen Einung, nicht aber in diesem wie in späteren Steuerreversen genannt.[102] Vertreter der 1409 gegründeten Universität Leipzig und Bauern waren nicht berufen worden. Gleichwohl erklärten die Fürsten in ihrem gemeinsam gesiegelten Revers, die Akzise sei von „alle unser erbarmanne, stete und undirtane unsir lande Sachssen, Missen, Francken, Osterland und Voitland" bewilligt worden.[103] Diese Formulierung bedeutet, dass die nicht angeführten Prälaten, Grafen und Herren von der Steuer ausgenommen waren. Die Landstände Thüringens, die Landgraf Friedrich IV. (dem Friedfertigen) unterstanden, waren wegen der Teilung der wettinischen Lande in zwei Bereiche nicht dabei und traten überhaupt erst nach dem Tod des Landgrafen während der kurzen territorialen Einheit von 1440 bis 1445/51 bei derartigen Treffen hinzu.[104]

Das Wegweisende an der Leipziger Versammlung von 1438 war nicht allein die Ladung der für die Steuererhebung maßgeblichen Stände aus allen Landesteilen der Fürstenbrüder, vielmehr das Zugeständnis der Landesherren an diese, unter bestimmten Umständen auch ohne gesonderte fürstliche Einberufung gemeinsame Beratungen abhalten zu dürfen.[105] Im Revers heißt es in der standardmäßigen Beteuerung dazu: Die Fürsten würden nach der vorgesehenen Laufzeit von zwei Jahren Steuern gleich unter welchem Namen „zcu ewigen kunftigen gezciten nymmermehr gefordern ader nehmen"; das grundlegend Neue aber war, dass sie hinzufügten, falls aber doch, „das got beware", dann dürften die Stände „von sollicher ungewonlicher sture und nuwekeit, und nicht anders", zusammenkommen und sich gegen ein solches Ansinnen verwehren.[106] Das war die bedingte Freigabe des selbständigen Versammlungsrechts für die Stände und zugleich das Eingeständnis der Fürsten, dass sie sehr wohl mit der Möglichkeit einer erneuten Steuerforderung rechneten, die das gegenteilige Versprechen von vornherein als ein Element zur institutionellen Stabilisierung des entstandenen Landtags entlarvte, das ja bereits bei den Bedeverhandlungen fest etabliert war.

Konstitutiv für den Landtag war überdies die landesherrliche Privilegierung einer schon zuvor gegründeten ständischen Einung. Die Fürsten waren nämlich bereit, die von den Ständen mit „unserm und unser rete wissen, willen und gunst", also nicht etwa in geheimer, gar revolutionärer Absicht über ihre Einung zur Abwehr neuer Steuerforderungen verfasste Gründungsurkunde in ihren Revers zu inserieren, sie also wörtlich in den Text einzufügen, und das Bündnis so zu sanktionieren.[107] Damit war es im Jahre 1438 zu einer anerkannten Korporation, mehr noch zu einer „landständischen Genossenschaft" gekommen.[108] Die anwesenden Stände sahen sich ebenfalls als das gesamte Land an, was in der Intitulatio der inserierten Gründungsurkunde der Einung zum Ausdruck kommt: „Wir graven, herren, ritter, knechte, stete und inwoner gemeynlichin und alle der lande Sachsen, Missen, Francken, Osterland und Voitland".[109] Allerdings bedeutete diese Institutionalisierung ständischer Mitbestimmung nicht etwa, dass fortan regelmäßig autonome Treffen ohne spezielle Bewilligung und fürstliche Einladung zusammengetreten wären.[110] Bis 1697 machten die Stände wohl nur ein einziges Mal, nämlich im Krisenjahr 1445, von ihrem Versammlungsrecht Gebrauch, und selbst dies ist in der Forschung umstritten;[111] dabei wurden von ihnen trotz aller Zusicherungen in den Folgejahren noch wiederholt neue Beden verlangt.[112]

So wichtig das Leipziger Treffen von 1438 für die Konstituierung dessen war, was wir Landtag nennen, ist es doch abzulehnen, die diesbezüglichen Dokumente, das heißt den ständischen Bundesbrief zur Leipziger Einung und den landesherrlichen Revers, in den er inseriert ist, als „die konstituierenden Urkunden der landständischen Verfassung in den meißnisch-sächsischen Landen" zu bezeichnen, wie dies Herbert Helbig in seiner Habilitationsschrift von 1955 „Der wettinische Ständestaat. Untersuchungen zur Geschichte des Ständewesens und der landständischen Verfassung in Mitteldeutschland bis 1485" tat.[113] Der Sache nach kann man nämlich schon früher von einer landständischen Verfassung sprechen, die, schon allein weil sie ungeschrieben war, überhaupt keine „konstituierenden Urkunden" kannte, der vielmehr prozessualer Charakter zugesprochen werden muss. Der Begriff „Ständestaat" für die von Helbig behandelte Zeit bis 1485 ist im Übrigen anachronistisch. Es gibt zwar, wie gezeigt, bereits im Spätmittelalter Ansätze zur Staatswerdung, doch wiesen die wettinischen Herrschaftsgebiete, abgesehen vom fluktuierenden „Staats"gebiet und „Staats"volk, im Mittelalter auch keine rechtliche Einheit auf. Die Stände lebten nach ihrem je eigenen Recht: der Adel nach Lehn- und Landrecht, der Klerus nach Kirchenrecht, die Städte nach Weichbildrecht, wie es etwa durch das „Meißner Rechtsbuch" aus der zweiten Hälfte des 14. Jahrhunderts belegt ist. Zu einer Vereinheitlichung in rechtlicher Hinsicht kam es etwa im albertinischen Sachsen erst mit den Konstitutionen von 1576. Selbst Helbig schreibt:[114] „Erst damit war der Ausgleich zwischen den mannigfach voneinander abweichenden ländlichen und städtischen Rechtsgewohnheiten und den sonstigen Sonderrechten hergestellt und eine allgemein verbindliche Rechtsbasis geschaffen."

Teilungskompetenz im Jahre 1445

Die Stände hatten von Herrschaftsteilungen oft Nachteile, konnten doch in einer Zeit, in der es meist überlappende Rechtsansprüche gab, die Zugehörigkeiten selten klar geschieden werden.[115] So war schon die Chemnitzer Teilung von 1382 nicht mit Rücksicht auf die in Meißen, Thüringen und Osterland eingesessenen Stände vorgenommen worden, sondern nach fürstlicher Willkür;

nicht einmal die Mitwirkung von Räten wird bei diesem Teilungsakt in den Quellen hervorgehoben.[116] Später konnten die Fürsten solche Entscheidungen aber nicht mehr so leicht und ohne Beteiligung der Stände durchsetzen. Das erkennt man bereits bei einer Versammlung im Jahre 1437 zur Nutzungsaufteilung zwischen Friedrich und Wilhelm, die notwendig wurde, weil ihr Bruder Sigismund sich vom Regiment zurückzog, um Bischof von Würzburg zu werden.[117] Hier wurden neben den Räten der Adel und die Städte zur Beratung geladen.[118] Der Wortlaut der in jenem Jahr am 25. Februar in Jena ausgestellten Urkunde zeigt klar an, dass diese beiden Stände bei der durchgeführten „Örterung" direkt beteiligt waren. Die Vereinbarung sollte zunächst nur auf drei Jahre geschlossen werden und dann wiederum nur nach Rat von Adel und Städten erneuert werden dürfen.[119]

Über die aus dynastischen Gründen vorgenommenen Nutzungs- und Landesteilungen hinaus waren die Regenten in Zeiten zunehmender Geldwirtschaft wegen der strukturellen Unterfinanzierung ihrer noch vornehmlich auf feudalen Abgaben aufruhenden Landesherrschaft häufig zur Kommerzialisierung und Mobilisierung ihrer Länder gezwungen, also zu Verpfändung, Tausch und Verkauf von Herrschaften – auch an auswärtige Fürsten –, was oft tradierte Strukturen auseinanderriss.[120] Demgegenüber war die Landeseinheit, die man in etatistischer Perspektive gewöhnlich mit einem Herrschernamen assoziiert, im späten Mittelalter eigentlich mehr die Sache der sich formierenden Landstände als die des Fürsten.[121] Insofern geht die Territorialisierung gerade auch von den Landständen aus, die mit ihren Treffen einen definierten Kommunikations- und Handlungsraum beschrieben. Es kam mithin zu einem intensivierten raumbezogenen Institutionalisierungsprozess, der seit langem bereits an anderen Stellen zu beobachten war: in den Städten, wo sich die Bürger in Pfarreien, Nachbarschaften und Weichbilden organisierten, oder bei den religiösen Orden, wo sich die einzelnen Häuser in Verwaltungsbezirken zusammenfanden wie in Zirkarien bei den Kanonikerorden, in Balleien bei den Ritterorden oder in Provinzen bei den Bettelorden.[122]

Direkte Teilhabe an der Entscheidung über eine anstehende Landesteilung gelang den Ständen in Sachsen bei einer Zusammenkunft und Vereinigung im Jahre 1445.[123] Die Brüder Wilhelm und Friedrich hatten sich bei den Verhandlungen über die vorzunehmende Herrschaftsteilung nach der Altenburger Teilung vom 10. September 1445 zunächst nicht einvernehmlich über die Wahl des jeweiligen Landesteils einigen können. Es stand zu befürchten, dass der Konflikt zwischen ihnen eskalieren und es zu kriegerischen Handlungen kommen würde. Von bewaffneten Konflikten innerhalb des Landes wären natürlich insbesondere die Stände direkt betroffen gewesen. Nachdem verschiedene Treffen mit Räten zu keiner Lösung geführt hatten, sollten daher die Landstände oder ein landständischer Ausschuss bei der Teilung raten. Es ist hier zu sehen, dass die Fürsten in einer Situation, in der sie untereinander zu keinem Einvernehmen kommen konnten, bereit waren, die Landschaft in ihre Entscheidung einzubinden, um vielleicht auf diesem Wege aus der Konfrontation herauszukommen und doch noch ihre jeweiligen Interessen durchsetzen zu können. In diesem Zusammenhang kam es, wie schon sieben Jahre zuvor, Ende November

1445 in Leipzig zu einem wohl „freiwilligen", also ungerufenen emanzipatorischen Zusammenfinden der landsässigen Stände ohne Vorwissen der Fürsten und einer ständischen Einung.[124] Die Stände Friedrichs schlossen sich damals nämlich sicherheitshalber zu einem Landfriedensbund zusammen, um sich gegen mögliche spätere „rachsal", also Rache der beiden Fürsten, zu schützen, sollte ihr Rat oder Schied nicht „gefellig" sein.[125] Es verbanden sich neben den Bischöfen von Meißen, Merseburg und Naumburg mit ihren Kapiteln die Äbte der wichtigsten in deren Diözesen gelegenen Klöster sowie zwölf Herren, über 100 andere Adlige und 37 Städte der Länder Meißen, Osterland, Vogtland und des wettinischen Frankens, nicht aber des Kurfürstentums Sachsen und Thüringens.[126]

Adel, Geistlichkeit und Bürger verschworen sich also gemeinsam in einem Verteidigungsbund gegen die zerstrittenen Fürsten, von denen sie nichts Gutes erwarteten. Auf Druck der Stände kam es dann schließlich am 11. Dezember 1445 zum sogenannten Halleschen Machtspruch dreier fürstlicher Schiedsrichter, des Erzbischofs Friedrich von Magdeburg, des Markgrafen Friedrich von Brandenburg und des Landgrafen Ludwig von Hessen. Der Schied brachte dem widerspenstigen Herzog Wilhelm allerdings nicht das Gewünschte; er sah sich zu Recht benachteiligt. Der Schied hatte aber trotz des fünfjährigen Krieges zwischen den wettinischen Brüdern, den Wilhelm ab dem folgenden Jahr vom Zaun brach, auf Dauer Bestand.[127] Die Stände hatten also durchaus maßgeblichen politischen Einfluss bei der Ausgestaltung der ja gerade sie unmittelbar betreffenden Herrschaftsteilung ausgeübt, was aber nicht verhindern konnte, dass zunächst doch die Waffen sprachen. Das Selbstbewusstsein der Stände war im Jahr der Altenburger Teilung im Widerstreit der Fürstenbrüder allerdings gewachsen, wofür die Zusammenkunft in Leipzig ebenso ein Beleg ist wie die damalige ständische Einung und schon sehr bald auch ihr Verhalten bei erneuten fürstlichen Steuerersuchen.

Finanzfragen

Als Friedrich II. trotz aller früheren Beteuerungen und Versicherungen im Kriegsjahr 1446, also nur acht Jahre nach dem ersten Landtag, erneut eine Bede verlangte, forderten die Stände von ihrem Landesherrn mit Erfolg die Abkehr von fürstlichen Räten aus Thüringen, die sie für den ausgebrochenen Bruderkrieg mit Herzog Wilhelm mitverantwortlich machten.[128] Als im Jahre 1451 wiederum eine Steuer notwendig wurde, erreichten sie die Einrichtung einer rein ständischen Deputation von 18 Personen, die künftig über die Verwendung der Steuergelder wachen sollte; sie setzte sich aus zwölf Rittern, sechs Bürgern und zwei Angehörigen des geistlichen Standes zusammen.[129] Die Finanzkontrolle der Stände gegenüber dem Fürsten intensivierte sich also noch einmal.[130] Im Jahre 1454 stimmten erstmals auch die Prälaten einem neuen Steuermodus zu: Statt einer Grund- oder Konsumtionssteuer sollte nun eine Kopfsteuer von zwei Groschen erhoben werden, egal von welchem Stand und

Vermögen der Betroffene sei; das bedeutete, dass auch die Geistlichkeit und deren Angehörige herangezogen werden konnten. Nun kam es allerdings zu einem Kontrollausschuss, der sich nur aus Rittern zusammensetzte: je zwei aus Sachsen, Meißen, dem Osterland und dem Vogtland. Im Jahre 1458 und erneut im Jahre 1466 ließen sich die Stände bei erneuten Geldhilfeforderungen von Kurfürst Friedrich II. sogar ein Mitspracherecht in Fragen von Krieg und Frieden zusichern – allerdings hielt er sich nicht an diese Zusage, wie er sich nicht an die wiederholten Versprechen gehalten hatte, niemals wieder Steuern zu verlangen, ohne dass ihm das zum Vorwurf gemacht wurde. Die Stände mussten sich mit dem einen wie dem anderen abfinden, fielen also nicht aus ihrer Rolle im Zusammenspiel mit dem Fürsten in der „Ökonomie der Offenheiten", die die politischen Versammlungen weithin kennzeichnete.[131] Um die Finanzverwaltung zu effektivieren, wurde immerhin im Jahre 1469 mit der Ernennung von Johann Mergenthal das neue Amt des Landrentmeisters eingerichtet, was zwar den Beginn für einen gewissen „Emanzipationsprozeß der Finanzverwaltung" darstellte, aber nicht bedeutete, dass nun keine Geldhilfen mehr notwendig waren: Schon im Jahre 1470 mussten sich die Stände zu einer Getränkesteuer bereitfinden und 1481 zusätzlich zu einer Abgabe für weitere Lebensmittel, jeweils auf sechs Jahre.[132]

Neben den Versammlungen zur Erhebung von Steuern und Abgaben wurden die Stände immer wieder auch zur Gestaltung des für die Finanzwirtschaft des Landes entscheidenden Münzwesens zusammengerufen. Die Fürsten hatten dieses als ein vom Königtum abgeleitetes Regalrecht grundsätzlich entweder selbst in Händen oder delegierten es.[133] Verhandlungen zur Findung einer verbindlichen Münzordnung mit Festlegung von Münzsorten und Wechselverhältnissen fanden in den wettinischen Herrschaften häufig statt, doch erlauben die Quellen nicht immer zu entscheiden, ob es sich dabei lediglich um Konsultationen von fürstlichen Räten mit einzelnen Ständen oder übergreifende sogenannte Münztage handelte.[134] Im Jahre 1470 konnten bei einem solchen Treffen in Rochlitz wegen zu geringer Teilnehmerzahl keine verbindlichen Ergebnisse erzielt werden, weswegen das Thema auf die Tagesordnung eines Landtags gesetzt werden sollte.[135] Die fürstlichen Brüder kündigten für den 7. November einen „gemeinen lant tag" in Oschatz an. Aber auch hier vermieden die Stände eine Entscheidung, verwiesen auf die Verantwortlichkeit der Fürsten in allgemeinen Münzangelegenheiten, so dass das Problem in der Schwebe gehalten wurde.[136] Das Thema sollte die politischen Versammlungen in Zukunft noch häufig beschäftigen, gerade auch nach der Leipziger Teilung Sachsens in die Länder der ernestinischen und der albertinischen Linie.[137]

1485–1547: Ständeversammlungen der albertinischen und der ernestinischen Wettiner

Mit der am 11. November 1485 in Leipzig ausgestellten Urkunde sollte nicht etwa das noch nicht im Sinne eines modernen Flächenstaates existierende „Land Sachsen", sondern wie bei den voraufgegangenen Teilungen lediglich Herrschaftsrechte unter den beiden Fürstenbrüdern Kurfürst Ernst und Herzog Albrecht (dem Beherzten) aufgeteilt werden.[138] Auch wenn Fürsten in dieser Zeit generell eine Tendenz zur Umgestaltung ihrer Lande über die Bündelung einzelner Rechtstitel zur flächendeckenden Gebietsherrschaft zeigten, kann doch noch nicht von einem spätmittelalterlichen Territorialstaat gesprochen werden.[139] Wie nicht zuletzt die Altenburger Teilung von 1445 gezeigt hatte, war das Prozedere der Herrschaftsteilung schon lange ganz allgemein üblich, um mehreren Dynasten einer Generation eine standesgemäße Ausstattung zu ermöglichen.[140] Lediglich Kurfürstentümer sollten nach den Bestimmungen der Goldenen Bulle von 1356 von Teilungen ausgenommen sein.[141] Eine Aufteilung konnte mit mehr Angehörigen einer Herrscherfamilie im Regiment auch zu einer intensivierten Herrschaftsdurchdringung führen. Teilungen konnten also durchaus effektiv sein, sofern die Familie Disziplin wahrte und nicht gegeneinander arbeitete. Es kam zu Teilungen in den Jahren 1263, 1291, 1382, 1410, 1415, 1445 und eben 1485.[142] In den über 100 Jahren seit der Chemnitzer Teilung von 1382 hatte es eine wettinische Gesamtherrschaft überhaupt nur nach dem Anfall der Landgrafschaft Thüringen während der wenigen Jahre von 1440 bis 1445 und nach dem Aussterben der Thüringer Seitenlinie von 1482 bis 1485 gegeben.[143]

Wie sich zeigte, war im Jahre 1438 keine feste Institution Landtag etabliert worden. Vielmehr blieb es bei einer Vielfalt an Ständeversammlungen, die in unterschiedlicher Zusammensetzung unregelmäßig zusammenkamen oder vom Fürsten einberufen wurden, darunter die Landtage. Zur Offenheit und Varietät trugen die veränderten Verhältnisse in den Ländern nach den Teilungen der Jahre 1445 und 1485 zusätzlich bei. Dass die Leipziger Teilung von 1485 das albertinische und ernestinische Sachsen dauerhaft voneinander trennen würde, was am Ende zu den heutigen Bundesländern Sachsen und Thüringen führte, konnte damals keiner ahnen. Zwar trafen sich die Stände der beiden Landesteile fortan regelmäßig separat, doch kamen noch mehrere Jahrzehnte lang auch gemeinsame Absprachen und Landtage zustande, beispielsweise bei den großen Treffen im Jahre 1498 in Naumburg und im Jahre 1525 in Zeitz. Die Entwicklungen, die 1485 ihren Ausgang nahmen, führten am Ende aber dann doch dazu, dass die Landstände der beiden Gebiete auf Dauer getrennte Wege gingen. Zur territorialen Verfestigung und der Etablierung dauerhaft separater Landtage kam es allerdings erst im Verlaufe des 16. Jahrhunderts, v. a. mit Verwaltungsreformen, die die Territorien in Ämter und Kreise einteilten.[144] Seitdem blieben Zahl und Umfang der Landesteile, aus denen die Stände zu den

Landtagen entsandt wurden, für zweieinhalb Jahrhunderte, bis zu den großen Gebiets- und Bevölkerungsverlusten nach dem Wiener Kongress im Jahre 1815, nahezu unverändert.[145]

Von einem geradlinigen Fortschritt hin zu immer mehr Bedeutung und Verantwortung der Stände für das Land kann nicht gesprochen werden, denn sie traten im Gegensatz zur Altenburger Teilung von 1445 bei der Leipziger Teilung von 1485 nicht markant in Erscheinung; die Städte scheinen nicht einmal zu Beratungen geladen worden zu sein.[146] Nachdem die Landstände bei der für sie unmittelbar wichtigen Steuerfrage seit langem und immer wieder vehement ein Mitspracherecht verlangt hatten, scheinen sie an der in den Augen einiger späterer Beobachter so wichtigen Frage der Integrität des „Landes" im Jahre 1485 nur wenig Anteil genommen zu haben, patriotische Aufwallungen sucht man jedenfalls vergebens.[147] Doch ist es verfehlt, hierin ein Desinteresse oder Versäumnis zu sehen, denn ihre Einbindung in Entscheidungsfindungen hing eben in erster Linie vom fürstlichen Willen ab, und es stand ihnen ja nicht ein moderner Flächenstaat, gar nationaler Prägung vor Augen, den man hätte herbeiführen oder bewahren müssen. Vielmehr waren dynastisch begründete Landesteilungen für die Zeitgenossen eben das Gewöhnliche. Überdies bestand für die Stände die Gefahr, in fürstlichen Erbauseinandersetzungen aufgerieben zu werden.[148]

Steuern und Münzen

Auch nach der Leipziger Teilung von 1485 wurden im Herzogtum Erhebungen von Sondersteuern erforderlich, nun weil Albrecht seit 1488 Herrschaftsambitionen in den Niederlanden militärisch durchfechten wollte, was hohe Kriegskosten verursachte.[149] Sein dortiges Engagement hatte insofern Erfolg, als er im Jahre 1498 zum erblichen Gubernator von Friesland ernannt wurde, es verschlang aber Unsummen und endete damit, dass sein Nachfolger, Herzog Georg (der Bärtige), im Mai 1515 die Rechte an den habsburgischen Erzherzog Karl von Burgund abtreten musste. Damit kamen die Hoffnungen auf eine wettinische Herrschaft in Norddeutschland an ihren Endpunkt. Zuvor hatten die Stände auf einem „gmeynen landtage" zu Leipzig Anfang März 1506 und dann wieder Anfang Mai 1514 sowie erneut Anfang Januar 1515 für die Kämpfe in Friesland erhebliche Hilfen gewährt. Sie hatten die letzte Zusage aber mit der offenen Forderung nach einem Ende der kostspieligen friesischen „kriegshendel" verbunden und sich im fürstlichen Revers neben den üblichen Zusagen, keine weiteren Steuern erheben zu wollen, ein weiteres Mal das bedingte Selbstversammlungsrecht bestätigen lassen. Auch wenn von diesem kaum einmal Gebrauch gemacht worden war, hatte man die emanzipatorische Ermächtigung also nicht vergessen. Das Potential, das in der Anerkenntnis lag, genügte offenbar zur Austarierung des seit 1438 gewandelten Verhältnisses zwischen Fürst und seinen Ständen und trug in seiner Offenheit zur institutionellen Verstetigung der Landtage mit bei, selbst wenn es nicht realisiert wurde.

Für die Fürsten der beiden sächsischen Landesteile war die Unterstützung der Stände in Währungsfragen immer wieder essentiell, was zu mehreren Ausschuss- und Landtagen führte, ohne dass eine bleibende Lösung gefunden werden konnte. Das Eindringen „schlechten" Geldes und das Abwandern des „guten", also edelmetallreicheren, führten wiederholt zu Münzkrisen und entsprechend konzertiertem Handlungsbedarf. So wurden die Stände der beiden wettinischen Fürstentümer beispielsweise am 9. Juli 1498 in Naumburg „der gulden und silbern müncz halben" zu einem gemeinsamen Landtag zusammengerufen, da die Probleme allgemeiner Natur und „lantkundig", also im ganzen Land virulent seien.[150] Dauerhafte Abhilfe konnte aber auch mit diesem Treffen nicht erzielt werden. Im Juli 1511 suchte man wiederum in Naumburg, nun bei einem Rätetreffen der beiden Herrschaften, eine Lösung im Verbot jeglicher fremder Münze. Solche Rätetreffen gab es sonst regelmäßig im Vorfeld von Landtagen zu deren Vorstrukturierung.[151] Aber die unterschiedlichen Interessen der Stände und Fürsten untereinander, insbesondere aber die Bedürfnisse der Handelsstädte, vorneweg der Messestadt Leipzig, ließen das Verbot nicht wirksam werden.

Da sich die Lage zunehmend verschärfte, wurden die Ständevertreter beider wettinischer Linien schließlich am 26. August 1525 mit einem bei größeren Versammlungen üblichen Vorlauf von einem Monat zum 26. September zu einem Landtag nach Zeitz berufen.[152] Der Text der Proposition der beiden Fürsten Johann und Georg macht deutlich, dass man Münzfragen grundsätzlich als eine allgemeine Landesangelegenheit auffasste, in der „ewer auch ander unnser unterthanen unnd land schad unnd verderb, nutz oder gedeyen mit waltet", in der also nach alter Gewohnheit der „landschafft […] rath und bedengken darin auch gehort" werden solle.[153] Die ausdrückliche Betonung der ständischen Mitverantwortung deutet auf zu erwartende Reserven der Stände hin. Bei früheren Gelegenheiten hatten sie in Münzangelegenheiten klar die Fürsten in der Pflicht gesehen.[154] Auch diese Beratschlagung führte denn wegen der unterschiedlichen Einschätzungen und Interessen nicht zu einer wirksamen Münzreform.[155] Am Ende konnten die ernestinischen Stände nicht einmal mit einem den Vorstellungen Johanns entsprechenden Vorschlag für einen erneuten gemeinsamen Landtag zur Lösung des Interessenkonflikts durchdringen.[156] Georg glaubte offenbar nicht mehr an eine gemeinsame Lösung unter Einbeziehung der Stände. Am 4. Juli 1528 erklärte er einseitig eine Münztrennung für die Lande der beiden Linien, die dann tatsächlich fünfeinhalb Jahre währte.[157] Auch nach Ablauf dieser Zeit blieben Münzfragen noch regelmäßig Gegenstand politischer Versammlungen im sächsischen Raum. Das Beispiel zeigt, wie die politische Macht auch in ökonomischen Fragen zwischen Ständen und Fürsten tatsächlich verteilt war. Noch immer war der Landtag ein fürstliches Instrument, das er nutzen oder wie hier beiseitelassen konnte – allerdings war er in anderen Belangen davon abhängig, dass die Stände seine Beschlüsse in Stadt und Land umsetzten, so dass er sie nicht einfach ignorieren konnte.[158]

Land und Reich

Im Reich hatten sich seit dem sogenannten Interregnum, also seit in der zweiten Hälfte des 13. Jahrhunderts eine Reihe von Königen auf den Thron gelangten, die im Verhältnis zu mächtigeren Landesfürsten schwach waren, politische Versammlungen mit zunehmenden Befugnissen entwickelt, die sich dann im letzten Drittel des 15. Jahrhunderts mit den Reichstagen als Institution verstetigten.[159] Wie bei Landtagen waren auch bei Reichstagen Landfrieden und vor allem Finanzen zentrale Themen. Nach dem Beschluss einer ersten Geldsteuer für die Reichsangehörigen im Jahre 1427 in Frankfurt gelang König Maximilian I. auf dem Wormser Reichstag von 1495 mit dem „Gemeinen Pfennig" der Plan zur Errichtung eines Finanzwesens, mit dem „Ewigen Landfrieden" der Anspruch auf die dauerhafte Zurückdrängung der Fehde im gesamten Reich.[160] Die Umsetzung allerdings folgte im einen wie dem anderen Fall nur schleppend.

Auf vormodernen politischen Versammlungen in Sachsen kamen Reichsangelegenheiten immer wieder zur Sprache.[161] In diesem Feld wird besonders deutlich, dass die Fürsten ihre Politik bei bestimmten Fragen nur in Abstimmung mit ihren Ständen betreiben wollten. Das geht beispielsweise aus einem Propositionskonzept Albrechts zu einem „gemeinen landtage" am 21. Januar 1495 in Leipzig und der Antwort der Landschaft darauf hervor.[162] Damals wurde ein Mandat Maximilians verlesen, das einen Reichstag in Worms und einen Romzug zur Erlangung der Kaiserkrone sowie einen Kriegszug gegen die Osmanen ankündigte, woran sich insbesondere auch die Reichsfürsten beteiligen sollten. Auf dem Landtag sollten die Stände raten, wie sich der Herzog in dieser Sache dem König gegenüber verhalten solle. Albrecht wollte sich für seine Entscheidung offenbar einerseits bei der Landschaft Rückendeckung verschaffen, war sich andererseits aber auch im Klaren darüber, dass er die von ihm erwarteten Hilfen nicht ohne die Stände aufbringen konnte.

Die als vier Stände angeführten Gruppen, das heißt die „prelaten, grafenn, ritterschafft unnd stete", erklärten als erstes, dass sie hofften, dass dem Fürsten wegen seiner beträchtlichen Verdienste für das Reich die persönliche Teilnahme am Romzug erlassen werde, dass sie ihn aber auch im gegenteiligen Fall gebührend unterstützen würden.[163] Bei einer so wichtigen Sache, die die Reputation des Fürsten und mit ihm die des Landes anging, wollten sich die Versammelten ihren Verpflichtungen offenbar nicht entziehen. Was die Beteiligung am Krieg gegen die Osmanen angehe, solle der Fürst, da es den heiligen Christenglauben betreffe, gar nicht erst um Erlass bitten, vielmehr wollten sie nach Kräften beisteuern, wenn durch das Heilige Reich etwas Wirksames gegen die Türken unternommen werden solle. Diese Haltung hatte damals bereits eine längere Tradition. Schon früher hatte man sich in wettinischen Landen willig gezeigt, der Bitte von Reichsseite um „Türkenhilfe" nachzukommen, jedenfalls verbal. So hieß es bei einer Versammlung der kurfürstlichen Stände in Leipzig im Dezember 1471, man stimme einer solchen Steuer zu, schließlich sei jeder „schuldyk unde phlichttigk", seinen Teil zu „hulff und bystand" des

Reiches zu tun; desgleichen bewilligte ein Jahrzehnt später, Anfang 1481, eine als Landtag bezeichnete Versammlung zu Dresden eine sogenannte „Turckenmuntze".[164] Zu einem Kreuzzug gegen die expansiven Osmanen kam es allerdings auch nach dem Wormser Reichstag von 1495 nicht. Selbst als die Gefahr um 1500 deutlich näher rückte, nachdem die Osmanen in Reichsitalien in die Poebene eingefallen waren, kam die notwendige finanzielle Unterstützung zur Gegenwehr nicht in ausreichendem Maße zusammen.[165]

Auf dem Augsburger Reichstag im Sommer 1500 wurde erneut insbesondere von den Landesherren Hilfe erbeten. Während es im ernestinischen Teil zu keiner größeren Versammlung in dieser Hinsicht kam und auch die Erhebung des Gemeinen Pfennigs kaum erfolgte, billigen die albertinischen Stände auf einem zum 14. Juni 1501 anberaumten Landtag zu Leipzig eine spezielle „steuer widder die feynd Cristenheiths".[166] Das Treffen war notwendig geworden, nachdem Herzog Georg im April Mahnungen von König und Reichsregiment erhalten hatte, „bis zum 25. Juli die Steuern der Geistlichen und die Einwohnerverzeichnisse seiner Pfarreien, aus denen sich die zu erwartenden Steuerbeträge ergäben, nach Nürnberg einzusenden". In den vagen Worten Georgs in der Einladung an die Stadt Dresden lautet der Anlass: „Uns sein sachenn furgevallen, dovonn unnser nottorfft mit gemeyner unser lanndtschafft zu handeln irfordert".[167] Der Fürst berief sich also wieder auf eine Notlage, um mit der Landschaft zusammenzukommen, ohne vorab aber schriftlich schon Näheres mitzuteilen.

Nur vier Tage nach dem Landtag, am 18. Juni 1501 also, ließ er von Leipzig aus ein Ausschreiben an seine Landstädte ergehen, das in gedruckter Version versandt wurde (Abb. 4). Es ist das einzig erhaltene konkrete Zeugnis für die Verhandlungen mit den albertinischen Ständen auf der Versammlung. Hier wird das Exemplar für Leipzig gezeigt, an dem man noch die für den Versand nötigen Faltungen des Papiers erkennen kann. Der Herzog erinnert seine „liben getrawen" daran, dass ihnen auf dem „itzund gehalten landtage" das mahnende königliche Mandat und der entsprechende Brief des Reichsregiments verlesen wurden und dass sie nach seinen Verhandlungen „mit gemeiner unser landtschafft" den darin festgehaltenen Forderungen zugestimmt hätten. Es ginge, wie jüngst auf dem Augsburger Reichstag beschlossen, um das „gelt tzu hulffe gemeyner Cristenheit, heiligen reiche und deutscher nation". Daher fordert er nun die Ratsherren auf, ein Verzeichnis der ihnen in Stadt und Umland unterstehenden steuerpflichtigen Personen mit den für eine spätere Veranschlagung notwendigen Details anzulegen und ihm bis Maria Magdalena, also bis zum 22. Juli, zukommen zu lassen.[168] Der Rat sollte nach dem Subsidiaritätsprinzip selbst die Steuerlast für jeden einzelnen festlegen, „nach dem ir derselben vermogen am besten wissen tragt". Am Erfolg der Schatzung muss allerdings trotz der fünf erhaltenen Registerbände „Türkensteuer" aus dem sächsischen Herzogtum mit etwa 75.000 Namen gezweifelt werden; es gibt jedenfalls keine Belege dafür, dass tatsächlich auch Zahlungen erfolgten.[169]

Den im Jahre 1512 auf dem Reichstag zu Köln beschlossenen Gemeinen Pfennig lehnte der auf Einladung Georgs zusammengekommene Leipziger Landtag von Anfang Dezember 1513 dann mit dem Argument ab, dass das Er-

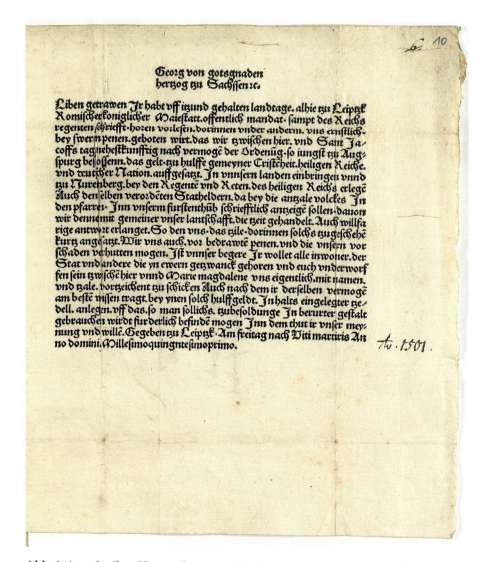

Abb. 4: Ausschreiben Herzog Georgs an die Räte seiner Landstädte von 1501

suchen von Kaiser und Reichsständen „inn diesen landenn eyn neuerung unnd vormals nye geubtt addir gebrauchtt sey".[170] Mehr Erfolg hatte ein Ersuchen um Türkenhilfe auf dem ernestinischen Landtag zu Jena von 1518, wo Kurfürst Friedrich „der landschaft" vorbrachte, „was allenthalben auf dem reichstag den turkenzug belangent beschlossen" worden sei.[171] Auch auf dem albertinischen Landtag von 1522 in Leipzig erklärte die „gemeine lantschafft", die Sonderabgabe nicht verweigern zu wollen, weil das Geld „zu hanthabe der Cristenheit" gereichen solle.[172] Allerdings führte die Bereitschaftserklärung gleichzeitig zur Einrichtung eines gemeinsamen Ausschusses von Räten und Ständevertretern zur Abwicklung der „Türkensteuer", womit bestehende Institutionalisierungstendenzen verstärkt wurden, die allerdings wegen der Zusammensetzung des Gremiums nicht vorschnell im Sinne eines fürstlich-ständischen Dualismus zu deuten sind.[173] Auch spätere albertinische wie ernestinische Landtage sagten weitere Hilfsgelder für den Kampf gegen die Osmanen zu, insbesondere im Angesicht der verlorenen Schlacht von Mohács im Jahre 1526 und der Belagerung Wiens im Jahre 1529.[174]

Im November 1526 wurde der albertinische Ausschuss bekräftigt, im Oktober 1537 beschloss er, die Verfügungsgewalt über die entsprechenden Steuern an sich zu ziehen. Nach Bekanntwerden des Falls der Festung Ofen wurde Anfang 1542 ein Steuerersuchen des Kurfürsten Johann Friedrich I. (der Großmütige) auf dem ernestinischen Landtag zu Weimar davon abhängig gemacht, dass die Gelder nur zur Abwehr der Osmanen eingesetzt würden. Den Chemnitzer Landtag von 1546 rief Herzog Moritz ein, weil es, wie es heißt, die „höchste notturft erfordert", dass alle Christen sich „wider den Erbfeindt" wenden. Die Bereitschaft der im Barfüßerkloster versammelten Teilnehmer war groß:[175] Sie erklärten, „leib und leben und alles, was wir haben […] zu beschutzung und zu beschyrmung unser lanndt und leuthe" einsetzen zu wollen.[176] Mit dem Schmalkaldischen Krieg drohten aber noch andere Gefahren, denen begegnet werden sollte, indem dem Herzog von einem eigens eingerichteten Ausschuss zunächst Sondermittel für 300 Reiter und 4.000 Knechte auf drei Monate bewilligt wurden, was nach den damaligen Besoldungssätzen etwa 58.800 Gulden entsprach.[177] Die Unterstützung wurde auf einem weiteren Landtag im Oktober 1546 in Freiberg erweitert. Der siegreich verlaufene Krieg gegen Kurfürst Johann Friedrich führte schließlich zur Verleihung der Kurfürstenwürde an Herzog Moritz am 4. Juni 1547 durch Kaiser Karl V.

Verfahrensfragen

Durch zwei detaillierte Berichte des Dresdner Bürgermeisters Peter Biener können wir genauere Einblicke in den Ablauf von Landtagen der 1530er Jahre nehmen. Die Informationen sind insbesondere deshalb interessant, weil sie nicht die offizielle Lesart der fürstlichen Seite, sondern die Sicht eines ständischen Teilnehmers bieten, der aus erster Hand eindrücklich auch die Schwierigkeiten hervorhebt, die im Verfahrensablauf eines Landtages aufkommen konnten. Der erste Bericht Bieners handelt vom Leipziger Landtag im Mai 1534.[178] Biener schreibt, wie üblich seien die Teilnehmer sonntags angereist, also bereits am Tag vor dem eigentlichen Verhandlungsbeginn. Tags darauf, am Montag, den 11. Mai, sei die Zusammenkunft in Gegenwart Herzog Georgs und seiner Söhne Johann und Friedrich im Leipziger Schloss um sechs Uhr in der Früh offiziell eröffnet worden. Einen Gottesdienst zur Eröffnung, den man gerade bei diesem Landtag erwarten würde, erwähnt Biener nicht. Offenbar war dies damals nicht üblich, denn die Quellen schweigen auch sonst darüber.[179] Georg habe als erstes die Religionsfrage angesprochen, und zwar in eigener Person, wie Biener betont.[180] Bei anderen Versammlungen wurde die Proposition nicht vom Fürsten selbst, sondern von einem Rat vorgetragen. Weil „itzundt in diesen ferlichen getzeitthen die nawen lerer alle frey sein" und weder auf die geistliche noch weltliche Obrigkeit hören wollten, sei viel „mordens, blutvorgissen und offruher" geschehen. Damit erinnerte Georg sicher besonders an die Bauernkriege des vergangenen Jahrzehnts, wovon ja gerade auch Thüringen tangiert worden war.[181] Demgegenüber habe es „beym Hauß von Sachssen" seit langem Frieden gegeben, wonach er auch weiterhin trachten und seine Söhne dementsprechend anhalten wolle, „domit solcher fride und aynigkayt bleybe". Nachdem der Fürst erklärt habe, gleich seinen Vorfahren beim alten Glauben bleiben zu wollen, hätten ihm die versammelten Stände dies auch ihrerseits zugesichert. Der Landesherr nutzte also die Landtagsversammlung, um in dieser für den Zusammenhalt im Land so entscheidenden Frage von vornherein einen Schulterschluss mit seinen Ständen zu erreichen.

So wichtig ihm auch die Religionsfrage persönlich gewesen sein mag, konkret ging es bei den Verhandlungen dann aber, wie so oft, um die Gewährung weiterer Steuerzahlungen, die die Stände auf sechs Jahre zusagten – wenn Gleichheit beachtet werde. Es wurde darüber geklagt, dass die „kretzschmar" genannten Landkrüge und der „adell uffm lande" beim Ausschank die Getränkesteuer umgingen und die Städte dafür über Gebühr herangezogen würden. Der Fürst habe zugesagt, dies abzustellen, und auch das Versprechen abgegeben, die Steuer nach Ende der Laufzeit nicht wieder zu erheben. Am Ende hätten die Stände Georg ihre Unterstützung zugesagt, falls er sie im Falle militärischer Auseinandersetzungen wegen der angespannten Lage im Reich in Anspruch nehmen müsse. Es sollte also nicht bei Lippenbekenntnissen bleiben, sondern der Treuebekundung gegebenenfalls Taten folgen. Die Beschlüsse sind nach Biener allesamt Montagnachmittag getroffen worden, also noch am selben Tag. Am Abend hätten die Stände dann einen „ausschoß" gebildet, bei dem es um die Gerechtigkeitsfrage in Bezug auf den Getränkezehnten gegangen sei. Die Initiative zeigt, dass die Stände während eines Landtages nicht nur in separaten Gremien ihre einzelnen Standpunkte, sondern auch in einer konzertierten Aktion getrennt von Fürst und Räten gemeinständische Positionen suchten. Weil auch im ernestinischen Teil entsprechende Probleme vorlägen, habe man beschlossen, den Kurfürsten zu informieren, in der Hoffnung, dass es wegen der Sache zu einer gemeinsamen Versammlung mit dessen Ständen käme. Es ist bemerkenswert, dass die Initiative zu einer die wettinischen Teilfürstentümer übergreifenden Versammlung von den Ständen ausging, die sich in ökonomischen Fragen offenbar nicht auseinanderdividieren lassen wollten.

Dienstag früh sei den Ständen dann ihr „abschiedt haym zw zciehen" gewährt worden. Diese Bemerkung zeigt, dass nicht nur die Einberufung, sondern auch die Auflösung eines Landtags üblicherweise in fürstlicher Hand lag. Gleichwohl hätten die Städtevertreter von Osterland, Meißen und Thüringen dem Fürsten dienstags vormittags noch unter Bezugnahme auf die Landesordnung ihre Beschwerden gegen die Prälaten, Ritter und Landadligen vorgetragen, worauf der Herzog zusicherte, gemeinsam mit dem Kurfürsten nach einer

Lösung zu suchen. Auch dem Fürsten scheint also klar gewesen zu sein, dass in den anstehenden, die Wirtschaft der wettinischen Länder insgesamt betreffenden Fragen, landesübergreifende Absprachen zu treffen waren – vor allem, wenn er ein oppositionelles Zusammengehen der Stände beider Landesteile vermeiden wollte.

Von den Verhandlungen über eine erneute Türkensteuer auf dem Landtag zu Meißen vom 6. Februar 1537 hat sich ebenfalls ein Bericht Peter Bieners erhalten.[182] Gemäß der herzoglichen Ladung seien Städtevertreter aus Annaberg, Chemnitz, Dresden, Hain (Großenhain), Meißen, Mittweida, Pirna und Rochlitz am Vortag der Eröffnung des auf einen Tag angesetzten Landtags erschienen. Am Versammlungstag selbst, einem Dienstag, hätten sie sich zunächst die Verlesung der „Instruktion", also der Proposition Georgs sowie der Forderungen König Ferdinands angehört, worauf die Bürger wie auch die Prälaten und die Ritter zunächst gesondert darüber beraten hätten.[183] Hier wird deutlich, dass zu diesem Zeitpunkt auf Landtagen nicht allein ein Plenum von Fürsten, Räten und Ständevertretern tagte, sondern zur Vorbereitung einer Entscheidungsfindung auch anders zusammengesetzte Gremien zusammentraten, die sich dann im weiteren Verlauf des 16. Jahrhunderts als Kurien verfestigten.[184] Die Städtevertreter, schreibt Biener, hätten bei ihrer Beratung die aus der herzoglichen Instruktion hervorgehenden Forderungen für angemessen erachtet und sie bewilligt – aber nur unter der Bedingung, dass sie von allen Ständen gleichmäßig erfüllt würden.

Danach sei es wegen verschiedener Verfahrensfragen zu längeren Diskussionen gekommen. Nachdem keine Einigkeit darüber erzielt worden sei, ob die Ritter ihren Beschluss zuerst den Städtevertretern mitzuteilen hätten oder umgekehrt, sei erst einmal die „moltzeitt" dazwischengeschaltet worden. Wie aus einer Tischliste des Leipziger Landtags von 1523 hervorgeht speisten die Vertreter einzelner Stände wohl üblicherweise getrennt an speziellen Tafeln, die teils in eigenen Räumen beieinanderstanden, teils sogar in unterschiedlichen Gebäuden.[185] Hier ließ sich beim gemeinsamen Mahl im engeren Kreis weiterreden und gemeinsame Standpunkte anbahnen. Nach der „essenszceitt" hätten die Ritter angekündigt, ihren Beschluss direkt den herzoglichen Räten mitzuteilen, was sie auch von den Städtern erwarteten. Darauf habe Biener „under viler rede gesagt, dass das wider den gebrauch und ordenung der lanttage" wäre: Immer hätten sich zunächst die Ritter mit den Bürgern verständigt, was im Anschluss daran dann den Prälaten mitgeteilt worden sei. Hier wird eine aus Gewohnheit abgeleitete ungeschriebene Landtagsordnung erkennbar, die einer der Teilnehmer für verbindlich erklärte und dementsprechend einfordern konnte. Man könnte auch sagen, Biener leitete aus einer in der Vergangenheit offenbar wiederholt geübten Praxis eine Normativierung ab, die zur Latenzsicherung des grundsätzlich Beliebigen im Ablauf solcher Versammlungen beitragen konnte, indem das zur „Ordnung" erklärte Verfahren unverfügbar gestellt wurde.[186]

Am Ende der Diskussionen seien die Bürger bereit gewesen, ihren Ratschlag als erstes den Rittern mitzuteilen. Diese hätten nun drei Stunden separat darüber beraten und in ihrem Beschluss für sich Ausnahmen erwirken wollen, die die Bürger aber nicht für gerecht erachteten. Die Ritterschaft habe argumentiert, dass ihre Angehörigen durch das Vorhalten von Rüstung und persönlichen Einsatz bei militärischen Auseinandersetzungen bereits ausreichend Leistungen im Hinblick auf die erbetene Türkenhilfe aufbrächten, weswegen sie bei Geldsteuern begünstigt werden müssten. Darauf sei es zu keiner Einmütigkeit gekommen, sondern nun hätten die Städter ihren Beschluss gesondert angezeigt in der Hoffnung, dass der Herzog Ritter und Prälaten gemäß seiner Instruktion zu einer gleichen Steuer wie die Bürger heranziehen werde. Der Ausgang der Verhandlungen zeigt eine Offenheit im Verfahren an, die zunächst nicht geschlossen werden konnte.[187] Ohne eine gemeinverbindliche Entscheidung der Stände blieb die Forderung neuer Steuern zwar noch nicht eingelöst, doch konnte der Fürst den Landtag gleichwohl als Erfolg ansehen, denn abgesehen davon, dass ihre Notwendigkeit akzeptiert worden war, wurde ihm die Lösung der innerständischen Konflikte anheimgestellt.

Gravamina

Gerechtigkeitsfragen wie die zwischen Rittern und Städtern diskutierte um eine angemessene Türkenhilfe wurden bei Landtagsverhandlungen immer wieder thematisiert, wovon zahlreiche Beschwerdebriefe der einzelnen Stände zeugen.[188] Eine wichtige Funktion des Landtages lag darin, eine kommunikative Plattform zur Artikulation von solchen Gravamina zu bieten, um damit möglichst zum Ausgleich unterschiedlicher Interessen und Standpunkte der Stände untereinander und gegenüber der Herrschaft zu kommen.[189] Beschwerden wurden während der Versammlungen mündlich oder schriftlich vorgebracht und zunächst in der fürstlichen Kanzlei beraten. Antworten wurden teils noch während der Versammlungen vom Hofrat oder speziellen Ausschüssen vorbereitet und als fürstliche Resolutionen verkündet. Die Fürsten zeigten allerdings nicht immer Verständnis für die Beschwerden, wenn sie in ihren Augen etwa lediglich Quisquilien darstellten oder Vorgänge, die auch auf direktem Wege außerhalb politischer Versammlungen gelöst werden konnten.[190] Übergehen konnten sie Gravamina aber nicht einfach. So entschuldigte sich beispielsweise Herzog Johann am 8. Dezember 1523 brieflich bei Kurfürst Friedrich, nicht früher seine Bedenken gegen die von der Landschaft übergebenen Beschwerden mitgeteilt zu haben. Er schreibt: „So ist doch des dinges vil und manigfaltig, auch zum teilh untereinander widerwertig und sunst also gestalt, daß wirs nit haben gnugsam vorstehen mugen". Das weitere Vorgehen legte er vertrauensvoll in die Hände seines älteren Bruders, „dieweil ewer lieb wissen, was an der sache gelegen".[191] Gelegentlich wurden zur Behandlung der Beschwerden auch spezielle Tage mit einzelnen Ständen und Räten anberaumt. Bei schwirigen Materien konnte sich die Aushandlung sogar über mehrere Jahre und mehrere Landtage erstrecken und entweder mit einer gütlichen Einigung unter den Kontrahenten oder mit einem Machtspruch des Fürsten enden.

Konfessionalisierung

Seit Ausbreitung der reformatorischen Bewegung hing die akzeptierte Konfessionszugehörigkeit der Bewohner eines Landes oft vom persönlichen Bekenntnis des jeweiligen Fürsten ab. Freilich hatte es von fürstlicher Seite schon früher Eingriffe in kirchliche Belange gegeben.[192] So hatten die Landesherren beider wettinischer Fürstentümer beispielsweise am 16. Juli 1499 einen Tag in Naumburg anberaumt, um mit allen „bischove und prelaten, so in yrer gnaden furstenthumen wonhafftig und jurißdiction" hatten, über die „gebrechen geistlicher ordenung zu handeln", damit insbesondere im ordensgeistlichen Bereich eine Kirchenzucht nach ihren Vorstellungen durchgesetzt werde.[193] Während im Kurfürstentum Sachsen im Jahre 1527 unter Johann (dem Beständigen) die Reformation förmlich eingeführt wurde, blieb das Herzogtum zu Lebzeiten Georgs bis 1539 altgläubig, jedenfalls offiziell.[194] Im Herzogtum hatte Georg im Frühsommer 1519 gegen den Willen der Leipziger Universität eine Disputation zwischen Eck und den Wittenberger Reformatoren ermöglicht und ihr zeitweise sogar persönlich beigewohnt.[195] Luther stellte sich damals gegen die Papstkirche, Georg wurde zum Gegner der Reformation.

Im Kurfürstentum war die neue Lehre auf dem Landtag zu Jena im Dezember 1518 noch nicht Verhandlungsgegenstand gewesen, doch kam es auf dem nächstfolgenden, fünf Jahre später einberufenen Landtag zu Altenburg im Mai 1523 zum Durchbruch der Reformation.[196] Die albertinischen Stände wurden erstmals auf dem Leipziger Landtag vom Mai 1522 mit den Auswirkungen der Reformation im Land befasst. Georg habe das Wort ergriffen, heißt es in einem anonymen Bericht an die Ernestiner, und um Zustimmung gebeten zu seinem Ausschreiben vom 10. Februar des Jahres, in dem er die Stände gewarnt habe „vor den falschen propheten, den man zu dieser zeit, die solchen irtomb einfuren wurden, nicht glouben geben" solle, und sie aufgefordert, selbst beim traditionellen Glauben zu bleiben und „ausgetreten mönch des irtombs und anderer priester, so iren obirsten ungehorsam sein", zu ermahnen und einen Widerspenstigen „in straf ze nemen, dadurch der zu gehorsam bracht werde".[197] Die Grafen hätten nach Beratung geantwortet, es wolle sich in dieser Hinsicht „yder, sovil zu gottes ere dynet, als eyn cristlicher graf aller pillicheit ze halten wissen", was keine eindeutige Zusage war und eine Stellungnahme für oder gegen den neuen Glauben vermied. Intensiver wurde über die Luthersache dann auf dem ebenfalls in Leipzig abgehaltenen Landtag vom 16. Juni 1523 gehandelt, der eigentlich wegen der osmanischen Bedrohung anberaumt worden war.[198] Nachdem der Reichsabschied und das Mandat verkündet worden waren, die man Anfang März in Nürnberg gegen Luther erlassen hatte, bezeichneten die Prälaten, Edelleute und Städte Luthers Reformgedanken als „vorkerte lehre"; die Grafen und Herren vermieden wieder eine eindeutige Positionierung, und sagten lediglich zu, sich als fromme Christen verhalten zu wollen.[199]

Der eifrige Reformationsgegner Georg machte im weiteren allerdings sowohl sein Ringen mit der Person Luther wie auch mit seinen ernestinischen

Verwandten in Konfessionsfragen nicht mehr zum Gegenstand größerer politischer Versammlungen; er bemühte sich aber weiter, die christliche, und das hieß für ihn die altgläubige Ordnung aufrechtzuerhalten. Beim Leipziger Landtag vom Mai 1534 sicherten die Stände Georg erneut zu, beim alten Glauben bleiben zu wollen.[200] Im Mai 1537 bestätigten sie sogar das Erbrecht für Georgs zweiten Sohn und damit die Hoffnung auf eine altgläubige Sukzession; allerdings bedangen sie sich aus, dem vermutlich geistig Behinderten einen Ausschuss von 24 Mitgliedern an die Seite zu stellen.[201] Ritter Christoph von Taubenheim erklärte in einem Schreiben an Johann Friedrich I. über die ständische Bereitschaft zu dieser Bestätigung: „tat die religion nicht wennigk darzu".[202] Friedrich (der Blöde) starb allerdings bereits am 26. Februar 1539, so dass auch der letzte Sohn als Nachfolger ausfiel. Gleichwohl legte Georg den Ständen auf einem Tag zu Meißen im März 1539 noch einmal eindringlich auf, den Einzug der Reformation auch nach seinem Tod abzuwehren. Es hieß auf der Versammlung, gegebenenfalls sei dafür ein Landtag einzuberufen. Der Herzog setzte seine Hoffnung also darauf, dass mit Hilfe der versammelten Stände, die ihm ja in Religionsfragen zum Teil mehrfach ihre Loyalität zugesichert hatten, der alte Glauben auch über seine Zeit hinaus im Land bewahrt werden könnte.[203]

Damit überschätzte er allerdings die Möglichkeiten und die Bereitschaft der Stände. Nach Georgs Tod am 17. April 1539 trat sein Bruder Heinrich V. (der Fromme) das Erbe an, der sich bereits zuvor zur Reformation bekannt hatte. Er führte nun auch im Herzogtum rasch die evangelische Lehre ein, ohne allerdings in Bezug auf diese, für die Menschen doch so wesentliche, Entscheidung dafür eigens einen speziellen Landtag abzuhalten.[204] Der Souverän sah sich in Religionsfragen aus eigener Machtvollkommenheit entscheidungsbefugt.[205] Ständischen Diskussionen sollte hierbei jedenfalls kein Raum gegeben werden. Auf einem Landtag, den er im November 1539 in Chemnitz halten ließ, führte er vor den Ständen allerdings Klage über die prekäre Finanzlage, die er vorgefunden habe: 128.393 Gulden Hinterlassenschaft stünden mehr als 500.000 Gulden Schulden gegenüber – die Stände wussten hier zunächst keine Lösung.[206] Weiter teilte Heinrich mit, dass Klostergüter zwar nicht entfremdet, mit der Landschaft Rat hinfort aber nur noch zum Landeswohl gebraucht werden sollten. Für die Beschlüsse zu Visitationen und Sequestration der Klostergüter wurden die Stände zunächst aber nicht eigens einberufen, obwohl sie zur Verwaltung der geistlichen Güter eigentlich gebraucht wurden, was Heinrich ihnen im August 1540 auch bestätigte.[207] Er erklärte aber noch kurz vor seinem Tod auf dem Dresdner Ausschusstag vom 1. August 1541, wegen eventueller neuer Verhandlungen in Bezug auf die Verwaltung der geistlichen Güter müsse man nicht ein jedes Mal einen Landtag einberufen, das sei teuer und ein „stattlicher" Ausschuss genüge bei „Sachen, so gar wichtig nicht sind".[208]

Heinrichs Sohn und Nachfolger Moritz brachte in der Absicht, die finanziellen Ressourcen der geistlichen Einrichtungen besser für sich nutzbar zu machen, auf seinem ersten Landtag Ende Dezember 1541 in Leipzig die Sequestration dann aber doch auf die Agenda. Es wurde ein spezieller Ausschuss eingerichtet, der sich mit der Sache befassen sollte.[209] Von fürstlicher Seite bestand vielleicht die Erwartung, auf Ausschüsse mehr Einfluss nehmen zu können, als auf einen allgemeinen Landtag.[210] Verstärkt wurden Tendenzen fürstlicher Einflussnahme auf Religionssachen dann mit der lediglich in Ausschüssen beratenen „Neuen Landesordnung" vom 21. Mai 1543, die begrifflich allerdings bewusst in die Rechtstradition der älteren wettinischen Ordnungen von 1446 und 1482 gerückt wurde.[211] Mit dem zunehmenden Hervortreten von Ausschüssen stellt sich die Frage nach der Bedeutung von Landtagen im Konzert der verschiedenen Varianten politischer Versammlungen.

Der Landtag als gesellschaftlicher Zentralort

Im 15. Jahrhundert, genauer in den sechs Jahrzehnten zwischen 1438 und 1499 fanden im sächsischen Raum wohl nicht viel mehr als ein Dutzend gerufene Landtage statt, also durchschnittlich nur etwa alle fünf Jahre eine größere politische Versammlung mit fürstlichen und Vertretern mehrerer Landstände. Gleichwohl boten gerade diese Treffen, sicher mehr noch als andere Typen politischer Versammlungen, Gelegenheit zu einem intensiven, ständeübergreifenden kommunikativen Austausch auf Landesebene. Das lässt es gerechtfertigt erscheinen, den Landtag als einen wichtigen gesellschaftlichen Zentralort zu bestimmen.[212] Die Quellenlage zu diesen frühen Versammlungen ist insgesamt nicht gut, selten hat sich das fürstliche Ausschreiben mit der von der Kanzlei ausgeführten förmlichen Ladung erhalten, für die erst nach 1500 auch gedruckte Formulare verwendet wurde,[213] kaum einmal der Abschied in Form eines Reverses, immerhin einige mal die Proposition mit den Verhandlungsgegenständen.[214]

Durch eine günstige Überlieferung haben sich aus dem Zeitraum von 1438 bis 1539 immerhin 66 fürstliche Ladungsschreiben zu politischen Versammlungen an den Rat der Stadt Dresden erhalten.[215] Nicht jede dieser Versammlungen aber kann Landtag genannt werden. Die genaue Zahl der Landtage lässt sich nicht ohne weiteres bestimmen, denn die Einordnung hängt stets von dessen Definition ab. Überdies wurden einige Landtage zwar ausgeschrieben, aber es ist nicht sicher, ob sie tatsächlich stattfanden. Auch ein zeitliches Verschieben war möglich, wie das Beispiel des für 1530 angesetzten, aber nicht in jenem Jahr abgehaltenen Altenburger Tages zeigt. Blickt man auf den gesamten wettinischen Herrschaftsbereich, gab es von 1438 bis 1547 über 145 politische Versammlungen, zu denen neben den Landtagen auch Ausschusstage und Treffen mit einzelnen Ständen zu rechnen sind.[216] Von diesen Treffen werden in den zeitgenössischen Dokumenten nur etwa 50 „Landtag" genannt, angefangen mit einer Zusammenkunft in Weißensee im Jahre 1462. Der Begriff war eben nicht klar definiert, Form, Zusammensetzung, Dauer und Ort der Zusammenkünfte waren noch offen. Eine stabilisierende Wirkung für gesellschaftliche Problemlagen, die von Dauer und Präsenz oder deren Fiktion ausgehen, konnte sich daraus noch nicht entfalten.[217] Im Jahre 1531 war für Herzog Georg immerhin klar: Soll eine „Landschaft" vollständig sein, „so mußen prelaten, graven, ritterschaft und stette dabei versamelt sein".[218]

Es sind Konjunkturen mit einer Häufung von Landtagen und weiteren Versammlungen unterschiedlichen Typs in angespannten politischen Situationen zu beobachten, so in den 1440er Jahren während des wettinischen Bruderstreits, so 1507/08 beim Konflikt um die Nutzung von Straßen und Bergwerken oder so um 1514 während der Frieslandkrise. In solchen Zeiten suchten die Fürsten offenbar intensiver die Aussprache mit ihren Ständen und waren darauf angewiesen, ein breiteres Forum zur Lösungsfindung zusammenzurufen. Grundsätzlich bestand die Pflicht, einer Ladung zum Landtag nachzukommen, wofür zahlreiche Entschuldigungsschreiben an die Fürsten sprechen.[219] Als Austragungsort der Treffen überwiegt klar die Handelsstadt Leipzig mit 49 Zusammenkünften, wonach mit deutlichem Abstand die Bischofsstadt Naumburg mit 14 und die wettinischen Residenzstädte Altenburg mit zehn sowie Dresden mit sieben Treffen folgen.[220] Leipzig mit seinem Schloss und einem großen Rathaus bot sich als reiche Handels- und seit 1497 überdies königlich privilegierte Messestadt wegen der guten Versorgungs- und Unterbringungsmöglichkeiten gerade für größere Zusammenkünfte in besonderem Maße an.[221]

Schon die am Anfang eines Landtags stehende Verkündung der vom Fürst und seinen Räten entworfenen Proposition diente der Vermittlung von wesentlichen Informationen für die Gestaltung der Versammlung wie auch der weiteren Landespolitik. Denn die auf den Landtagen zusammenkommenden Ständevertreter waren nicht nur Ratgeber und Verhandlungspartner, sondern auch Multiplikatoren, die die Nachrichten und Entscheidungen in ihren Herkunftsorten verbreiteten. Es gab aber auch Informationen, die nicht breitgetreten werden sollten. So wurden im Jahre 1523 in Altenburg den Landtagsteilnehmern zwar ausführlich die Gründe für die Finanzprobleme des Kurfürsten dargelegt, der genaue Schuldenstand aber wurde nur dem Finanzausschuss mitgeteilt, weil hier eher Verschwiegenheit auferlegt werden konnte.[222] Umgekehrt konnte es aber auch unumgänglich sein, präzise Instruktionen zu geben, wenn man die Stände für eine finanzielle Unterstützung gewinnen wollte. Das war Herzog Georg bewusst, als er die Stände auf dem Leipziger Landtag von Anfang 1515 genau über die aktuelle Kriegslage in Friesland unterrichten ließ. Ein Mittelweg wurde eingeschlagen, wenn, wie im Jahre 1490 in Leipzig, über eine auswärtige Angelegenheit wie die Prager Verhandlungen, die zu einem Bündnis mit Böhmen geführt hatten, nicht die gesamte Landtagsöffentlichkeit, sondern lediglich die Räte, Grafen und Herren instruiert wurden. Der Informationsfluss auf dem Landtag ging aber nicht nur in eine Richtung. So wollte Herzog Georg im März 1539 auf dem Landtag zu Meißen von seinen Ständen in Erfahrung bringen, wie sie sich nach seinem Ableben zu dem gegen die Ausbreitung der Reformation geschlossenen Nürnberger Bund verhalten wollten.

Reichstage sind in jüngerer Zeit verstärkt als Kommunikationsphänomen interpretiert worden, bei dem die persönliche Interaktion das Entscheidende war.[223] So wurde postuliert, dass sie die „Reichsöffentlichkeit schlechthin" darstellten.[224] Ähnlich wie Reichstage können auch Landtage besser verstanden werden, wenn man sie nicht rechtspositivistisch als starres Verfassungsorgan, sondern im Sinne einer Kulturgeschichte des Politischen in ihrer jeweils aktuellen Praxis betrachtet, die sich gerade auch in symbolisch-rituellen Handlungen vor und mit einer Landesöffentlichkeit realisierte.[225] Die Quellenlage erlaubt allerdings in der frühen Zeit kaum und auch später oft nur eingeschränkt, ein plastisches Bild vom konkreten Landtagsgeschehen zu rekonstruieren. Nicht immer kam es bei Landtagen zu konkreten Beschlüssen. Sowohl für den Reichstag als auch für den Landtag der Vormoderne kann die These aufgestellt werden, dass der persönliche Informationsaustausch und eine integrativ ausgleichende, deliberative Kommunikationsprozedur an sich schon einen Erfolg der politischen Versammlung darstellte, selbst wenn keine klaren Entscheidungen zustande kamen.[226] Eine Sachlage konnte zu komplex oder noch nicht reif für eine Lösung sein oder ein Vorteil in der Nichtentscheidung liegen, so dass es sich empfahl, die Dinge in der Schwebe zu halten und dilatorisch vorzugehen. Die Vermeidung von Entscheidungen bei schwierigen Materien, das damit oft einhergehende Offenhalten von Handlungsoptionen gehörten geradezu zum Strukturprinzip vormoderner politischer Versammlungen.[227] Funktional verstanden war das begleitende Zeremoniell, das solche Lagen ermöglichen oder kaschieren konnte, daher kein überflüssiges und zu vernachlässigendes Beiwerk zu den „eigentlichen" Entscheidungshandlungen, sondern rückt in den Mittelpunkt des Interesses.[228]

Exkurs: Essen und Trinken

Zum Zeremoniell auf vormodernen Versammlungen gehörte insbesondere auch das ritualisierte gemeinschaftsstiftende Mahl.[229] Im vorliegenden Fall saßen die Fürsten und ihre Räte sowie die Ständevertreter in der Regel zweimal am Tag für längere Zeit zusammen, wenn auch zum Teil getrennt voneinander an besonderen Tischen und teils in besonderen Räumen und Gebäuden. Das Speisen bedeutete nicht nur Ritual und Befriedigung menschlicher Bedürfnisse oder Vergnügen und Zeitvertreib, sondern es war auch Anerkenntnis und Entschädigung für die Mühen und Opfer, die das Anreisen und die Abwesenheit von heimischen Verpflichtungen für die Teilnehmer bedeutete. Die vom Fürsten beim Ausrichten eines Landtags aufzubringenden „Zehrungskosten" konnten erheblich sein. Sie scheuten hierin offenbar keine Kosten und Mühen, wie zahlreiche Anordnungen und Spezifizierungen belegen. Um die Dimensionen besser abschätzen zu können, die diese kulinarischen Posten um 1500 haben konnten: Für den albertinischen Landtag zu Leipzig im Jahre 1495 werden Verpflegungskosten von 438 Gulden vermerkt –[230] das noch heute erhaltene repräsentative Dürerhaus in Nürnberg kostete im Jahre 1509, also nur wenige Jahre später, 553 Gulden.[231]

Für den gemeinsamen Naumburger Landtag des Jahres 1498, zu dem die Stände aus beiden wettinischen Landesteilen am 9. Juli anreisten, haben sich detaillierte Informationen zur Versorgung der Teilnehmer erhalten. Zur Vorbereitung hatte sich der Amtmann von Jena, Hans Mönch, an den Tagungsort zu begeben und dort „auf 700 Pferde" je vier Mahlzeiten vorzubereiten, wobei wie üblich nur ein Morgen- und Abendmahl gereicht werden sollte.[232] Zur Versorgung waren nach der fürstlichen Anordnung unter anderem Lebensmittel aus den Ämtern Jena, Roßla, Torgau und Weimar zu schicken, die teils in erheblicher Entfernung von der Stadt lagen, Torgau beispielsweise ca. 100 km Luftlinie:[233]

> „grünes" (rohes/ungeräuchertes) Rindfleisch und gesalzenes Wildbret, 50 Schöpse, 4 Bratschweine, 10 Seiten Essefleisch (Räucherfleisch), 4 Seiten Speck, 1 Schock (60 Stück) feiste Gänse, 4 Schock Hühner, 1 1/2 Tonnen Butter, 1 Tonne Käse. Vor Ort waren zu kaufen: 1 Schock Vögel groß und klein, 15 Schock Eier, Gemüse als Kraut, Rüben, Zwiebeln nach Bedarf. Es waren auch Küchenutensilien und Brennmaterial herbeizuschaffen. Für den Keller waren zu kaufen: 1 Fuder guter alter Wein, 2 Fuder Most, 8 Fass Bier; für die Speisekammer: 140 Schock Schwarzbrot und Brot zu Scheibenbroten wie nötig. Überdies war ein Bäcker zu bestellen, um Weißbrot zu backen. Schließlich für die Kammer: 1/2 Zentner Kerzen und Futter für 700 Pferde.

Wie der Vergleich mit anderen Listen zeigt, sind die Angaben unpräzise und nicht vollständig, bei Rind- und Wildfleisch fehlt die Mengenangabe, Fisch wird gar nicht erwähnt. Auch lässt sich nicht feststellen, wie hoch die Zahl der

Teilnehmer am Ende tatsächlich war. Noch mehr Personen als in Naumburg reisten sicher im August des Jahres 1511 zum Landtag nach Jena. Vermutlich war dies einer der am besten besuchten Landtage vor 1547. Im Jahre 1511 wurde eine Musterung der verfügbaren Streitkräfte vorgenommen, weil man in Sorge wegen der von der Stadt Erfurt ausgehenden Gefahr war, mit der man im Konflikt stand.[234] Die Geladenen sollten in Jena auf das „sterckst woll gerüstet" erscheinen, wie es in der Ausschreibung hieß.[235] Es ist hochgerechnet worden, dass bei diesem „bewaffneten Landtag" wohl mehr als 900 Personen erschien, darunter auch Vertreter mehrerer Dörfer wie Baldestedt, Friemar, Köstitz, und Liebesgrün, die nicht als Ständevertreter kamen, aber heeres- und steuerpflichtig waren.[236]

Konkretere, weil auf der Zahl namentlich genannter Personen beruhende Berechnungen lassen sich anhand von Ladungs- und Teilnehmerlisten anstellen. Aus der Zeit von 1445 bis 1537 haben sich für über 20 Treffen unterschiedlichen Typs solche Listen erhalten. Man kann mit ihrer Hilfe insgesamt knapp 450 verschiedene Personen identifizieren: Geistliche, Grafen/Herren, Schriftsässige Edelleute, Amtsvertreter und Städtevertreter.[237] Zu diesen Treffen kamen neben dem oder den Fürsten und ihren Zugehörigen, die also jeweils noch hinzuzuaddieren wären, zwischen elf und 556 Personen. An diesen Zahlen erkennt man die Bandbreite der Beteiligten an politische Versammlungen im wettinischen Raum. Beträchtlich konnte auch die Zahl der Pferde sein, die ja ebenfalls zu versorgen waren. Nach einer Futterliste für den Weimarer Landtag von 1542 beispielsweise waren es 1.037 Stück.[238]

Genaue Angaben zur Lebensmittelversorgung und deren Kosten liegen für den für die reformatorische Bewegung so wichtigen Leipziger Landtag von Anfang Mai 1523 vor. In einer religionspolitisch so hochbrisanten Situation konnte Herzog Johann zu Recht eine rege Teilnahme erwarten. Allein 52 Städte waren geladen, wobei vermutlich wie üblich mindestens zwei Vertreter je Stadt kamen.[239] Johann teilte seinem Bruder, Kurfürst Friedrich III. (dem Weisen), im Vorfeld mit, was voraussichtlich für die acht geplanten Mahlzeiten auf dem viertägigen Landtag gebraucht würde. Die beiden Fürsten zeichneten für den Tag gemeinsam verantwortlich, denn in Kursachsen war es 1513 zur „Mutschierung" gekommen, das heißt zu einer „Landes- und Verwaltungsteilung, ohne die Einheit des gesamten Territoriums sowie der landständischen Verfassung aufzugeben".[240] Johann rechnete mit 600 zu versorgenden Personen:[241]

> 200 Kälber, 300 Lämmer, 40 Schock Hühner alt und jung (also zehnmal so viele wie in Naumburg 1498), 1 1/2 Schock Kapaunen, 400 Schock Eier (das waren 24.000 Stück), 3 Tonnen geschmolzene Butter, 2 Tonnen ungeschmolzene Butter, 40 Seiten Essefleisch, 10 Seiten Speck, 6 Scheffel Salz, 1 Tonne Käse, 1 Zentner Reis, 1 1/2 Zentner Hirse, 3 Scheffel Erbsen, Sauerkraut, Äpfel, Birnen; an Fisch: Hechte, Karpfen, Forellen, Schmerlen, Krebse, Barben, wenn man sie denn bekomme; an Wildbret: „grünes" und gesalzenes Wildbret, wenn verfügbar; an Gewürzen: 1 Pfund Safran, 10 Pfund Ingwer, 2 Pfund Nelken, 1/2 Pfund Zimt, 1/2 Pfund Muskatblüten, 10 Pfund Pfeffer, 50 Pfund Zucker, 1 Korb große, 1 Zentner kleine Rosinen, 25 Pfund Mandeln, 10 Pfund Kapern,

200 Limonen, 1 Pfund Zitronat, 1 Fass Bier-, 3 Eimer Weinessig; für den Keller: 130 Eimer Wein sowie verschiedene Gefäße; für die Speisekammer: 500 Schock Brot, schwarzes und weißes, sowie Scheibenbrot, Brotkörbe, „Almosenfässer" (Schüssel zum Sammeln von Brocken für die Armen) und andere Gefäße; für die Kammer: Unschlitt, Kerzen würde man auch in Altenburg bekommen.

Zubereitungsweisen sind nicht überliefert, so dass sich darüber das Speiseniveau nicht ermitteln lässt. Allerdings wird an den exotischen Gewürzen, die teils aus Indien, Ceylon und den Banda-Inseln kamen, oder den Zitrusfrüchten, die aus dem Mittelmeerraum oder Orangerien stammten, ersichtlich, dass hier Speisen angeboten wurden, die für einfache Esser unerschwinglich waren. Die Angaben machen deutlich, dass man nicht erwartete, alle Lebensmittel besorgen zu können. In Zeiten eingeschränkter Kühlungs- und Transportmöglichkeiten war die Küche immer stark saisonabhängig. Der Vergleich mit der späteren Abrechnung zeigt, dass hier flexibel verfahren wurde und die tatsächlich konsumierten Sorten und Mengen teils erheblich vom Anschlag abwichen, was auch daran lag, dass über die Planungen hinaus vom 3. bis 8. Mai nicht nur 600, sondern 705 Personen in der Stadt verpflegt werden mussten.[242] Insgesamt wurden auf dem Leipziger Landtag von 1523 an „morgenmahl und nachtmahl" 5.507 Essen ausgegeben.[243] Kurfürst Friedrich und sein Sohn Johann Friedrich reisten bereits am Freitag, den 1. Mai 1523, zur Abendmahlzeit an. Sonntag kamen die Ständevertreter hinzu, die teilweise die ganze Woche über bis Freitag blieben. Die Verhandlungen selbst begannen wie üblich am Montagmorgen und dauerten bis Donnerstag.[244] Der Landtag kostete nach der Abrechnung in Küche, Keller, Speisekammer, Kammer sowie für Extraausgaben 876 Gulden. Im Einzelnen wurde folgendes verbraucht[245]:

222 Kälber, 250 Kalbsköpfe, 4 Schöpse, 43 Lämmer, 7 junge Ziegen, 29 Spanschweine, 1 Hase, 82 1/2 Pfund Speck, 140 Kapaune, 751 Hühner, 603 junge Hühner, 536 junge Tauben, 27.215 Eier, gesalzene Butter, 2 Schock alte, 1/2 Tonne und zwei Kreuzkäse, 8 Lachse, Krebse, Fische, 26 Flackfische (zarter Stockfisch), 1 Pfund Konfektkörner,[246] 1 Korb (97 Pfund) große Rosinen, 1 Zentner Reis, 1 Fässlein Honig, 11 Schock Äpfel, 2 Schock Birnen, 60 Kannen dicke Milch, 307 Kannen dünne Milch, frische Butter, grünes Kraut, Salat, Kresse, junge Zwiebeln, Wachholderbeeren, Feldkümmel, 1 1/2 Tonnen Sauerkraut, 3 1/2 Scheffel alte Zwiebeln, 73 Maß Weizenmehl, 2 Maß Roggenmehl für Pasteten, 8 Stücke Salz, 16 Fuder Korn, 4 Kannen Weinessig, 362 Kannen Bieressig, 2 Maß Hirse, 1 Schock Brot, 1 Scheffel Gerstengraupen, 1 Scheffel Hafermehl, Küchenutensilien, Löhne; aus dem Vorrat: 15 Ochsen, 18 Seiten Räucherfleisch, 8 Seiten Speck, 12 Rehe, 12 „wilde" Schinken, 14 Seiten Wildfleisch, 16 Fässlein gesalzenes Wildbret, 5 Fässlein gedörrtes Wildbret, 6 Birkhühner, 47 grüne Forellen, 1 gedörrter Lachs, 40 Flackfische, 4 Pfund 4 Lot Safran, 10 Pfund 24 Lot Ingwer, 10 1/2 Pfund Pfeffer, 3 Pfund 8 Lot Nelken, 2 Pfund 24 Lot Zimt, 1 Pfund 8 Lot Muskat, 70 Pfund Zucker, 50 Pfund Mandeln, 26 Pfund kleine Rosinen, 6 Pfund Zwiebeln, 8 Pfund Kapern, 6 Fass flüssige Butter,

1 Fässlein Olivenöl, 4 Fässlein Apfelmus, 1 Scheffel Hafer, 3 Eimer Essig, 5 Eimer Weinessig; aus dem Keller: 10 Kannen Wein, 69 Eimer Jenischer Wein, 91 1/2 Eimer Wein, 4 Fässer Bier, 2 1/4 Fässer Wurzener Bier, 55 Fässer Altenburger Bier, 1 Fass Einbecker Bier, 1/2 Fass Orlamünder Bier, Gerätschaften, Löhne; Speisekammer: 233 Schock Semmeln, Brot, 70 1/2 Scheffel Korn, an Futter 767 Scheffel Hafer, 99 Pfund Kerzen, Utensilien, Löhne, Stallmiete.

Für den Leipziger Landtag hat sich auch eine Liste erhalten, wie die 64 Tische auf dem Schloss an den vier Tagen nach Sonntag Kantate, also von Montag bis Donnerstag, vom 4. bis 7. Mai 1523, besetzt waren:[247]

In der Kanzleistube: 1 Tisch für die persönlich anwesenden Fürsten und die Herren, 7 Tische für die Prälaten, Komture und Pröpste; im Saal: 24 Tische für die Ritterschaft; in der unteren Hofstube: 6 Tische für das Hofgesinde, die wohl zeitlich vor den anderen aßen, da die Rubrik mit „erst niedersizens" überschrieben ist; ohne genaue Ortsangabe: 1 Tisch „Hirsfelt" (nicht eindeutig zu lokalisieren) und „Greffendorff" (wohl Gräfendorf bei Torgau), 1 Tisch für den jungen Herrn Türknecht mit anderen Kammerdienern, 1 Tisch für die Schosser und Amtsverweser, 1 Tisch in der Kanzlei, 1 Tisch für die Botschaft des Königs von England; 18 „nachessertisch" für Personen, die nicht gleichzeitig mit den andern essen konnten, weil sie beispielsweise auftrugen oder andere Aufgaben hatten: 2 Truchsesstische, 13 Tische in der Hofstube, 1 Tisch im Keller, 1 Tisch in der Küche, 1 Tisch in der Bratküche. „Hinaus gespeist": 1 Tisch dem Amtsverweser, 1 Tisch der „Zschöpperitzin" (Hofmeisterin aus Zschöpperitz bei Altenburg),[248] 1 Tisch im Geleitshaus für den Futtermeister und Schosser.

Die Auflistung zeigt, dass neben den eigentlichen Landtagsteilnehmern noch eine Vielzahl an unterschiedlichen Personen zu versorgen waren, die für die praktische Durchführung eines solchen Großereignisses gebraucht wurden. Es wurde nicht nur im Schloss, sondern auch im Leipziger Rathaus gespeist, wo 18 Tische standen, jeweils mit 9 Personen besetzt, also wohl 162 Städtevertreter beisammensaßen. Dazu kamen dort noch 7 Tische für sogenannte „nachesser".

Das sogenannte Zehrungsbuch hält fest, was Fürst Georg für sich und seinen Hofstaat auf der Reise zu einer Ständeversammlung in Leipzig im Sommer 1538 verbrauchte (Abb. 5).[249] Die abgebildete erste Seite zeigt den zeitgenössischen Titel des Heftes:

„Zcerunge meines gnädigen Herrn gegen Leiptzk uff den gehaldenen Landtag mit den Bischoffen, Äbten und andern Geistlichen prelathen etc. Trinitatis 1538"

Daneben sind archivalische Vermerke und Aufkleber aus späteren Zeiten zu sehen. Das Treffen wird in der Quelle Landtag genannt, dabei war lediglich die höhere Geistlichkeit, darunter die Bischöfe von Meißen und Merseburg, geladen, wenn auch aus dem gesamten albertinischen Herrschaftsbereich. In anderen Quellen der Zeit wird die Versammlung zutreffender als „handlung" oder „tag" bezeichnet. Es zeigt sich also, dass die Zeitgenossen es auch noch im

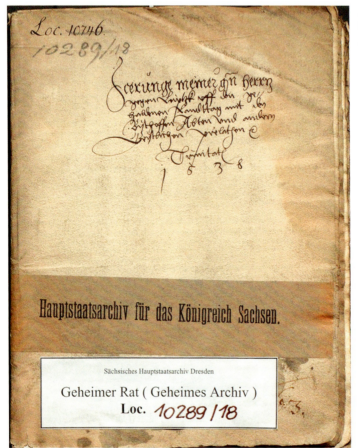

Abb. 5: Das Zehrungsbuch Herzog Georgs von 1538

zweiten Drittel des 16. Jahrhunderts nicht für nötig erachteten, trennscharfe Denominationen für die politischen Versammlungen zu gebrauchen. In Leipzig sollte nach Wegen gesucht werden, wie eine konfessionelle Spaltung des Herzogtums Sachsen verhindert und dem fortwährenden reformatorischen Druck aus dem benachbarten ernestinischen Kurfürstentum begegnet werden könnte. Besonders wichtig war Georg ein starkes Klosterwesen. Schon in früheren Jahren hatte er hier durch Visitationen reglementierend eingreifen lassen. Auf dem Leipziger Landtag von 1537 hatte er in dieser Hinsicht allerdings keine befriedigende Einigung erreichen können, weshalb er nun die Vertreter der Geistlichkeit erneut und gesondert zusammentreten ließ, auch diesmal aber ohne durchschlagenden Erfolg.

Die Reise des Herzogs nach Leipzig dauerte nach dem Ausgabenbuch insgesamt zwölf Tage, die Versammlung selbst sieben, von der Ankunft am Montagabend, dem 29. Juli, bis zur Abreise am Sonntag, dem 4. August, nach dem Morgenmahl. Neben Georgs Sohn, Herzog Friedrich, nahmen von fürstlicher Seite an dem Treffen teil der Kanzler Simon Pistoris, die Berater Otto von Dieskau, Hans von Kitzscher, Hans von Schönberg, Heinrich von Bünau und der Graf Hoyer von Mansfeld, Georgs Leibarzt Dr. Heinrich Stromer von Auerbach, der Rechtsgelehrte und Domherr zu Meißen Dr. Wolfgang Lüttichau sowie der für die fürstlichen Finanzen zuständige Kammermeister. Man erfährt aus dem 32seitigen papierenen Ausgabenbuch Details wie die Entlohnung eines Fuhrmanns in Höhe von 80 Groschen für den Transport von drei Hirschen von Schellenberg nach Leipzig oder die Kosten für eine Küchenmagd und eine Schüsselwäscherin. Es wurden nicht allein Lebensmittel herangeschafft, es sind auch Ausgaben für Arzneimittel oder zwei Schachteln Pfauenfedern für 42 Groschen vermerkt. Insgesamt wurden erhebliche Aufwendungen für die Reise in Höhe von ca. 1.000 Gulden festgehalten. Das waren 126 Gulden mehr, als der der große Leipziger Landtag von 1523 nach der erhaltenen Abrechnung gekostet hatte.[250]

Anmerkungen

1. Vgl. Krüger, Kersten: Die landständische Verfassung, München 2003, S. 1. Das folgende ohne Anm. teilw. in: Israel, Uwe: Die mittelalterlichen Anfänge der sächsischen Landtage. In: Sächsischer Landtag (Hg.): Sächsische Landtagsgeschichte im Vergleich, Dresden 2012, S. 34–37.
2. Schubert, Ernst: Steuer, Streit und Stände. Die Ausbildung ständischer Repräsentation in niedersächsischen Territorien des 16. Jahrhunderts. In: Niedersächsisches Jahrbuch für Landesgeschichte 63, 1991, S. 1–58, hier 34.
3. Vgl. Congar, Yves M.-J.: Quod omnes tangit, ab omnibus tractari et approbari debet. In: ders.: Droit ancien et structures ecclésiales, London 1982 (zuerst 1958), III, S. 210–259.
4. Schneidmüller, Bernd: Konsensuale Herrschaft. Ein Essay über Formen und Konzepte politischer Ordnung im Mittelalter. In: Heinig, Paul-Joachim u. a. (Hg.): Reich, Regionen und Europa in Mittelalter und Neuzeit. FS Peter Moraw, Berlin 2000, S. 53–87.
5. Vgl. Flügel: Anatomie einer Ritterkurie, wie Einleitung, Anm. 10, S. 449–531.
6. Vgl. Schneider, Joachim: Der Begriff der Landschaft in historischer Perspektive. In: Felten, Franz J./Müller, Harald/Ochs, Heidrun (Hg.): Landschaft(en). Begriffe – Formen – Implikationen, Stuttgart 2012, S. 9–24; Press, Volker: Vom „Ständestaat" zum Absolutismus. 50 Thesen zur Entwicklung des Ständewesens in Deutschland. In: Baumgart, Peter (Hg.): Ständetum und Staatsbildung in Brandenburg-Preussen. Ergebnisse einer internationalen Fachtagung, Berlin 1983, S. 319–326.
7. 1231 Mai 1, Worms: „requisito consensu principum, fuit taliter diffinitum: ut neque principes neque alii quilibet constituciones vel nova iura facere possint, nisi meliorum et maiorum terre consensus primitus habeatur". Constitutiones et acta publica imperatorum et regum. Ed. Ludwig Weiland, Hannoverae 1896, Nr. 305.
8. Gegen den „Hang zur Voreiligkeit", die Stände schon im 13. Jh. beginnen zu lassen, argumentiert Schubert: Steuer, wie oben, Anm. 2, S. 2. Vgl. Flügel: Anatomie einer Ritterkurie, wie Einleitung, Anm. 10, S. 478 f.
9. Vgl. Oexle, Otto Gerhard: Die funktionale Dreiteilung als Deutungsschema der sozialen Wirklichkeit in der ständischen Gesellschaft des Mittelalters. In: Schulze, Winfried (Hg.): Ständische Gesellschaft und soziale Mobilität, München 1988, S. 19–51.
10. Moraw, Peter: Art. „Herrschaft" im Mittelalter. In: Geschichtliche Grundbegriffe 3, 1982, S. 5–13, hier 13. Vgl. Schuler, Peter-Johannes: Reichssteuer und Landstände. Zum Problem des Steuerbewilligungsrechts der Vorderösterreichischen Landstände. In: Schau-ins-Land 97, 1978, S. 39–60.

11 Blaschke, Karlheinz: Geschichte Sachsens im Mittelalter, 2. Aufl. München 1991, S. 299. 1293 Sept. 28, Triptis: „Wa wir (sc. Diezmann) sin zu unsis vater (sc. Albrecht) lantingin an in oder bi sime lantfride da, her nicht en kumen mac noch en wolle, swaz wir da tun und machen, daz unseme vater und sime lande und deme lantfride nutze und gut ist, daz sal unse vater stete halde und sal uns dar zu beholfen sin mit ganzen truwen, wen her uns och vore dar zu gekorn hatte mit gunst und willin der heren und des landis gemeine". Ficker, Johannes: Die Überreste des deutschen Reichs-Archives zu Pisa, Wien 1855, Nr. 18. Das Abkommen wurde von Albrecht missachtet, die Landgrafschaft Thüringen 1294 an König Adolf verkauft. Schlesinger, Walter: Zur Geschichte der Landesherrschaft in den Marken Brandenburg und Meißen während des 14. Jahrhunderts. In: Patze, Hans (Hg.): Der deutsche Territorialstaat im 14. Jahrhundert, Bd. 2, 2, unv. Aufl. Sigmaringen 1986 (zuerst 1971), S. 101–126, hier 114; Schmale, Franz Josef: Eine thüringische Briefsammlung aus der Zeit Adolfs von Nassau. In: Deutsches Archiv für Erforschung des Mittelalters 9, 1952, S. 464–512, hier 475 f. Vgl. zur Geschichte Thüringens im Mittelalter Patze, Hans/Schlesinger, Walter (Hg.): Geschichte Thüringens, Bd. 2: Hohes und spätes Mittelalter, 2 Bde., Köln 1973–74; Klein, Thomas: Politik und Verfassung von der Leipziger Teilung bis zur Teilung des ernestinischen Staates (1485–1572). In: ebd., Bd. 3, Köln 1967, S. 146–294 und 313–334.

12 Folz, Robert: Die Ständeversammlungen in den deutschen Fürstentümern (Vom Ende des 13. bis zum Beginn des 16. Jahrhunderts). In: Rausch, Heinz (Hg.): Die geschichtlichen Grundlagen der modernen Volksvertretung, Bd. 2, Darmstadt 1974 (zuerst frz. 1962/63), S. 181–210, hier 189–193. Räte: „Sie bildeten gewissermaßen das Rückgrat der politischen Veranstaltung der Landesherren und garantierten auch über lange Zeiträume teils bemerkenswerte personale Kontinuitäten. Sie erscheinen tatsächlich als die landesherrlichen Funktionseliten und waren für die geregelten Abläufe von Versammlungen von besonderer Bedeutung." Kopietz, Matthias: Ordnung, Land und Leute. Politische Versammlungen im wettinischen Herrschaftsbereich von 1438 bis 1547, Ostfildern 2019, S. 390.

13 Flügel: Anatomie einer Ritterkurie, wie Einleitung, Anm. 10, S. 73 f.; Blaschke: Geschichte Sachsens, wie oben, Anm. 11, S. 312. Vgl. zur Rolle der Grafen, Herren und Ritter auf den Landtagen Kopietz: Ordnung, wie oben, Anm. 12, S. 249–255. Haug-Moritz, Gabriele: Reichstag, schmalkaldische Bundestage, ernestinische Land- und Ausschußtage der 1530er Jahre als ständische Institutionen. Eine vergleichende Betrachtung. In: Neu, Tim/Sikora, Michael/Weller, Thomas (Hg.): Zelebrieren und Verhandeln. Zur Praxis ständischer Institutionen im frühneuzeitlichen Europa, Münster 2009, S. 37–60, hier 45, kann Grafen und Herren nur bis 1533 auf landständischen Versammlungen nachweisen. Vgl. allg. Rogge, Jörg/Schirmer, Uwe (Hg.): Hochadelige Herrschaft im mitteldeutschen Raum (1200 bis 1600). Formen – Legitimation – Repräsentation, Leipzig 2003. Vgl. Schneider, Joachim: Schriftsassen und Amtssassen. In: Schattkowsky, Martina (Hg.): Adlige Lebenswelten in Sachsen. Kommentierte Bild- und Schriftquellen, Köln 2013, S. 181–208; ders.: Spätmittelalterlicher deutscher Niederadel. Ein landschaftlicher Vergleich, Stuttgart 2003, S. 181–208; Schirmer, Uwe: Der Adel in Sachsen am Ende des Mittelalters und zu Beginn der Frühen Neuzeit. Beobachtungen zu seiner Stellung in Wirtschaft und Gesellschaft. In: Keller, Katrin/Matzerath, Josef (Hg.): Geschichte des sächsischen Adels, Köln 1997, S. 53–70.

14 Vgl. Streich, Brigitte: Die Bistümer Merseburg, Naumburg und Meißen zwischen Reichsstandschaft und Landsässigkeit. In: Schmidt, Roderich (Hg.): Mitteldeutsche Bistümer im Spätmittelalter, Lüneburg 1988, S. 53–72.

15 Vgl. zur Rolle der Bürger auf den Landtagen Kopietz: Ordnung, wie oben, Anm. 12, S. 256–261.

16 Vgl. Walter, Philipp: Universität und Landtag (1500–1700). Akademische Landstandschaft im Spannungsfeld von reformatorischer Lehre, landesherrlicher Instrumentalisierung und ständischer Solidarität, Köln 2017; Walter, Philipp: Die Universität Leipzig als kursächsischer Landstand des 16. und 17. Jahrhunderts. In: Döring, Detlef (Hg.): Leipzigs Bedeutung für die Geschichte Sachsens. Politik, Wirtschaft und Kultur in sechs Jahrhunderten, Leipzig 2014, S. 125–156.

17 Vgl. Dunken, Gerhard: Deutsche Bauern in den Landständen des 14. und 15. Jahrhunderts. In: Wissenschaftliche Annalen. Zur Verbreitung neuer Forschungsergebnisse 5, 1956, S. 155–163; Klein, Thomas: Kursachsen. In: Jeserich, Kurt G. A. (Hg.): Deutsche Verwaltungsgeschichte, Bd. 1: Vom Spätmittelalter bis zum Ende des Reiches, Stuttgart 1983, S. 803–843, hier 831–835.
18 Vgl. Keller, Katrin: Des Markgrafen Kammerknechte. Aspekte einer Geschichte der Juden in Sachsen im Mittelalter. In: Zwahr, Hartmut/Schirmer, Uwe/Steinführer, Henning (Hg.): Leipzig, Mitteldeutschland und Europa. FS Manfred Straube und Manfred Unger, Beucha 2000, S. 275–285.
19 „Unsere bisherigen Ausführungen laufen auf eine Relativierung des sogenannten ‚dualistischen Ständestaates' hinaus." Schubert, Ernst: Die Umformung spätmittelalterlicher Fürstenherrschaft im 16. Jahrhundert. In: Rheinische Vierteljahrsblätter 63, 1999, S. 204–263, hier 253. Vgl. Flügel: Anatomie einer Ritterkurie, wie Einleitung, Anm. 10; ders.: Bürgerliche Rittergüter. Sozialer Wandel und politische Reform in Kursachsen 1680–1844, Göttingen 2000; Lange, Ulrich: Der ständestaatliche Dualismus. Bemerkungen zu einem Problem der deutschen Verfassungsgeschichte. In: Blätter für deutsche Landesgeschichte 117, 1981, S. 311–334.
20 Prominenter Vertreter der älteren Auffassung: Rachfahl, Felix: Der dualistische Ständestaat in Deutschland. In: Jahrbuch für Gesetzgebung, Verwaltung und Volkswirtschaft im Deutschen Reich 26, 1902, S. 1063–1117.
21 Groß spricht in Bezug auf das 15. Jh. vom „Landtag, einer frühen Form des Parlamentes"; allerdings wenig später: „Für vierhundert Jahre sollte der kursächsische Landtag Bestand haben, ehe er von einem Parlament ersetzt wurde." Groß, Reiner: Überlegungen zu einer Edition der Landtagsakten in Sachsen – Geschichte, Notwendigkeit und Aufgaben. In: ders. (Hg.): Landtage in Sachsen 1438–1831, Chemnitz 2000, S. 6–20, hier 8 f.
22 Vgl. Feuchter, Jörg/Helmrath, Johannes (Hg.): Parlamentarische Kulturen vom Mittelalter bis in die Moderne. Reden – Räume – Bilder, Düsseldorf 2013.
23 Vgl. Stollberg-Rilinger, Barbara: Was heißt landständische Repräsentation? Überlegungen zur argumentativen Verwendung eines politischen Begriffs. In: Zeitsprünge. Forschungen zur frühen Neuzeit 4, 2000, S. 120–135. Von „Repräsentationsfiktion" in der Vormoderne spricht dies.: Ständische Repräsentation – Kontinuität oder Kontinuitätsfiktion? In: Zeitschrift für Neuere Rechtsgeschichte 28, 2006, S. 279–298, hier 280; von einer „Identitätsrepräsentation", d. h. einer verkörpernden (darstellenden) und vertretenden (herstellenden) Repräsentation geht aus Feuchter, Jörg: Oratorik und Öffentlichkeit spätmittelalterlicher Repräsentativversammlungen. Zu zwei Diskursvorgaben von Jürger Habermas, Otto Brunner und Carl Schmitt. In: Kintzinger, Martin/Schneidmüller, Bernd (Hg.): Politische Öffentlichkeit im Spätmittelalter, Ostfildern 2011, S. 183–202, hier 195.
24 1228 Jan. 15, Collm: „in lantingo, quod celebratum est Colmiz". CDS (Codex Diplomaticus Saxoniae, http://codex.isgv.de) I A 3, Nr. 405. Vgl. Rink, Roberto: Die Landdinge. In: Marburg/Schriefl (Hg.): Quellen, wie Einleitung, Anm. 10; ders.: Politische Partizipation im obersächsisch-meißnischen Raum vom 12. bis zum Beginn des 15. Jahrhunderts, Dresden, Univ., Diss. phil., masch. (vorauss. 2019).
25 1214 Nov. 9: „placitum domini marchionis". CDS I A 3, Nr. 196. Vgl. zur Offenheit des Begriffs „politische Versammlungen" Kopietz: Ordnung, wie oben, Anm. 12, passim.
26 „im Jahr 1185. den 2. Augusti Marggraff Otto zu Meißen/ einen Landtag zu Culmitz gehalten/ darbey sich deßen Herr Sohn Marggraff Albrecht/ und neben demselben die Burggrafen von Dewen/ Leißnig/ Donin/ vier Herren von Kittlitz/ und viel andere Stände befunden." Weck: Dresden, wie Einleitung, Anm. 17, S. 435.
27 Schubert, Ernst: Fürstliche Herrschaft und Territorium im späten Mittelalter, 2. Aufl. München 2006 (zuerst 1996), S. 93. Vgl. schon Hausmann, Friedrich Karl: Beiträge zur Kenntniß der Kursächsischen Landesversammlungen, 3 Bde., Leipzig 1798–1800, Bd. 1, S. 15 f. Folgerichtig fängt seine Tabelle der Landtage mit 1185 an. Ebd., Bd. 2, S. 106. Anders Tittmann, Friedrich Wilhelm: Geschichte Heinrichs des Erlauchten, Markgrafen zu Meißen und im Osterlande, und Darstellung der Zustände in seinen Landen, Bd. 1, 2. Ausg. Leipzig 1850 (zuerst 1845), S. 133: „Die späteren Landtage haben nicht ihren Ursprung in dem Landdinge; sie waren nicht

Fortsetzung des Landdings. Sie hatten ihre Bestimmung nur in der Steuerbewilligung, das Landding nur in gerichtlichen Angelegenheiten." Zu Landdingen ebd., S. 115–133.

28 Von einer verstärkten „Ahnensuche nach demokratisch-parlamentarischen Vorformen in der europäischen Geschichte" im Ständewesen nach dem Zweiten Weltkrieg spricht Oestreich, Gerhard: Ständetum und Staatsbildung in Deutschland. In: Rausch (Hg.): Die geschichtlichen Grundlagen, wie oben, Anm. 12, S. 47–62, hier 47.

29 „Während der Zeit, in der überhaupt von dem Landding sichere Nachrichten vorliegen, tritt es als rein gerichtliche Institution entgegen, von der in der Hauptsache Akte der freiwilligen Gerichtsbarkeit vollzogen, Prozesse um Grundbesitz und Freiheit geführt wurden und geschlossene Verträge zur öffentlichen Kenntnis kamen." Helbig, Herbert: Der wettinische Ständestaat. Untersuchungen zur Geschichte des Ständewesens und der landständischen Verfassung in Mitteldeutschland bis 1485, 2., unveränd. Aufl. Köln 1980 (zuerst 1955), S. 389 f. Zu Landdingen ebd., S. 351 f. und 388 f. Anders schon Posern-Klett, Carl Friedrich von: Zur Geschichte der Verfassung der Markgrafschaft Meissen im 13. Jahrhundert. Vorstudien zu einer sächsischen Landes- und Rechtsgeschichte, Leipzig 1863, S. 29: „Man darf nie aus den Augen verlieren, daß das Landding einen Vereinigungspunkt für die Vornehmsten des Landes bildete, daß der Markgraf zuweilen Wochenlang zu Collm Hof hielt, und gewiß nicht nur zu Gericht saß." Zu Landdingen ebd., S. 24–52. Anders auch Schlesinger, Walter: Zur Gerichtsverfassung des Markengebiets östlich der Saale im Zeitalter der deutschen Ostsiedlung. In: Jahrbuch für die Geschichte Mittel- und Ostdeutschlands 2, 1953, S. 1–93, hier 47: „Ich halte vielmehr das Landding der Mark für ein landesherrliches Gericht, oder, wenn man lieber will, für die Vorform eines solchen und zugleich für eine Landesversammlung." Zu Landdingen ebd., S. 38–49.

30 1216 Jul. 20: „Hanc nostram ordinationem marchio in provincialibus placitis suis Chulme et Zcolin […] roborabit". CDS II 8, Nr. 3; 1233 Sept. 19: „In provinciali placito nostro Cuolme facta sunt haec eodem loco et die episcopo Cuonrado Hildensheimensi verbum crucis contra Kattaros promovente". CDS II 4, Nr. 401.

31 Blaschke: Geschichte Sachsens, wie oben, Anm. 11, S. 158 f.

32 Vgl. Schlögl, Rudolf: Vergesellschaftung unter Anwesenden. Zur kommunikativen Form des Politischen in der vormodernen Stadt. In: Ders. (Hg.): Interaktion und Herrschaft. Die Politik der frühneuzeitlichen Stadt, Konstanz 2004, S. 9–62.

33 „Over achten weken scal de greve sin ding ut leggen buten den bundenen dagen to echter dingstat, dar de sculteite unde scepen unde vrone bode si". Ssp Ldr III 61, § 1. Repgow, Eike van: Eike van Repgow, Sachsenspiegel. Landrecht. Ed. Karl August Eckhardt, 2. Aufl. Göttingen 1955, Nr. 163. Der Autor des Sachsenspiegels, Eike von Repgow, trat bei Landdingen selbst als Zeuge auf. 1218 Okt. 29, Schkölen: „Heiko de Ripchowe". CDS I A 3, Nr. 254; 1224 Mai 2, Delitzsch: „de Ribecowe". Ebd., Nr. 325. Vgl. Lieberwirth, Rolf: Entstehung des Sachsenspiegels und Landesgeschichte. In: Schmidt-Wiegand, Ruth (Hg.): Die Wolfenbütteler Bilderhandschrift des Sachsenspiegels. Aufsätze und Untersuchungen. Kommentarband zur Faksimile-Ausgabe, Berlin 1993, S. 43–61, hier 45.

34 Vgl. Streich, Brigitte: Zwischen Reiseherrschaft und Residenzbildung. Der Wettinische Hof im späten Mittelalter, Köln 1989.

35 Vgl. Schubert: Die Umformung, wie oben, Anm. 19, S. 204–263. Vgl. Moraw, Peter: Von offener Verfassung zu gestalteter Verdichtung. Das Reich im späten Mittelalter 1250 bis 1490, Frankfurt a. M. 1989 (zuerst 1985), bes. S. 183–194; Bünz, Enno: Das Land als Bezugsrahmen von Herrschaft, Rechtsordnung und Identitätsbildung. Überlegungen zum spätmittelalterlichen Landesbegriff. In: Werner, Matthias (Hg.): Spätmittelalterliches Landesbewußtsein in Deutschland, Ostfildern 2005, S. 53–92; Schubert, Ernst: Der rätselhafte Begriff „Land" im späten Mittelalter und in der frühen Neuzeit. In: Concilium medii aevi 1, 1998 (zuerst 1995), S. 15–28.

36 Vgl. Riehme, Erich: Markgraf, Burggraf und Hochstift Meißen. Ein Beitrag zur Geschichte der Entwicklung der sächsischen Landesherrschaft. In: Mitteilungen des Vereins für Geschichte der Stadt Meißen 7, 1909, S. 161–255 und 429–483, hier 191–194 und 213–217; ebd., S. 214: Tabelle zu Landdingen 1185–1259 und weiteren Treffen 1267–92.

37 Helbig: Ständestaat, wie oben, Anm. 29, S. 392 f. Vgl. Hesse, Christian: Amtsträger der Fürsten im spätmittelalterlichen Reich. Die Funktionseliten der lokalen Verwaltung in Bayern-Landshut, Hessen, Sachsen und Württemberg 1350–1515, Göttingen 2005.
38 Vgl. Schlesinger: Gerichtsverfassung, wie oben, Anm. 29, S. 39.
39 Die Zeugenlisten werden regelmäßig mit Formeln als nicht abschließend gekennzeichnet. So endet die Auflistung von 1185: „et quam plures alii". CDS I A 2, Nr. 510. Vgl. unten, Anm. 50.
40 Schlesinger: Gerichtsverfassung, wie oben, Anm. 29, S. 42.
41 1224 Mai 2, Delitzsch: „Wrczlaus filius regis Boemie". CDS I A 3, Nr. 325.
42 1218 Okt. 29, Schkölen: „Giselherus villicus de Lipz". CDS I A 3, Nr. 254; 1233 Aug. 21, Collm: „Sifridus villicus de villa Chrobere" (Gröbern bei Meißen), „Arnoldus, Hermannus, Rotzlav, Johannes, Burchardus, Primuzil cives villae eiusdem". CDS II 4, Nr. 399.
43 Vgl. die Karte „Die Zeugen der wettinischen Landdingurkunden 1185–1259" bei Schlesinger: Gerichtsverfassung, wie oben, Anm. 29, S. 93.
44 Ähnliche Entwicklung bei den ernestinischen Landtagen der beginnenden 1530er Jahre. Haug-Moritz: Reichstag, wie oben, Anm. 13, S. 49. Ähnliche Wandlungen sind auch auf der Reichsebene zu beobachten, wo sich der hochmittelalterliche Hoftag allmählich zum „ständisch-korporativ organisierten Reichstag" des 16. Jh. wandelt. Annas, Gabriele: Hoftag – Gemeiner Tag – Reichstag. Studien zur strukturellen Entwicklung deutscher Reichsversammlungen des späten Mittelalters (1349–1471), 2 Bde., Göttingen 2004, Bd. 1, S. 18.
45 Mey, Josephine: Die Landdinge der Mark Meißen als gesellschaftlicher Zentralort. In: Landtagskurier. Freistaat Sachsen 3, 2016, S. 22 f.
46 1185 Aug. 2, Collm: „Acta sunt hec in placido Chulmice". CDS I A 2, Nr. 510.
47 Vgl. Thieme, André: Kloster Altzelle und die Besiedlung im mittleren Erzgebirgsvorland. In: Schattkowsky, Martina/ders. (Hg.): Altzelle. Zisterzienserabtei in Mitteldeutschland und Hauskloster der Wettiner, Leipzig 2002, S. 101–139, hier 130–135. Die Pergamenturkunde wird als die „älteste Urkunde des sächsischen Bergbaus" angesehen und gehört in die direkte Vorgeschichte Freibergs. Schellhas, Walter: Die älteste Urkunde des sächsischen Bergbaus. In: Bergbau und Bergleute. Neue Beiträge zur Geschichte des Bergbaus und der Geologie, Berlin 1955, S. 15–25; Text mit Übersetzung: Krenkel, Paul: Zu der Urkunde des Markgrafen Otto vom 2. August 1185. In: ebd., S. 26–34.
48 Blaschke, Karlheinz: Kanzleiwesen und Territorialstaatsbildung im wettinischen Herrschaftsbereich bis 1485. In: Archiv für Diplomatik, Schriftgeschichte, Siegel- und Wappenkunde 30, 1984, S. 282–302, hier 286.
49 „Ut autem rata hec et inconvulsa permaneant, eisdem possessionibus ex placiti iudicio pacem firmam pronunciavimus et testes ydoneos, qui presentes erant, subscribi fecimus, quorum hec sunt nomina". CDS I A 2, Nr. 510.
50 Angeführt von Ottos Sohn Albrecht (dem Stolzen), dem markgräflichen Kaplan Magister Rudolf, den Burggrafen von Döben, Leisnig bei Grimma und Dohna, dem Vogt der Kirche zu Meißen sowie einer Reihe von Edelfreien, Ministerialen und anderer Personen. Vgl. zu den Zeugen Schieckel, Harald: Herrschaftsbereich und Ministerialität der Markgrafen von Meißen im 12. und 13. Jahrhundert. Untersuchungen über Stand und Stammort der Zeugen markgräflicher Urkunden, Köln 1956, S. 8.
51 Vgl. Rink: Politische Partizipation, wie oben, Anm. 24; ders.: Die Bedeverhandlungen von 1376–1438. In: Marburg/Schriefl (Hg.): Quellen, wie oben, Anm. 24; ders.: Zu Rat und Hilfe verpflichtet. Die erste Bedeverhandlung der Stände der gesamten Markgrafschaft Meißen im Jahre 1385. In: Landtagskurier. Freistaat Sachsen 7, 2017, S. 22 f.
52 Auf die Pflicht ihrer Mannen, Rat zu erteilen, beriefen sich die Landesherren immer wieder, so in der Proposition von 1438. Von Witzleben: Die Entstehung der constitutionellen Verfassung, wie Einleitung, Anm. 1, S. 306. Vgl. Bosl, Karl: Schutz und Schirm, Rat und Hilfe als Voraussetzung von Steuer, Abgabe und Dienst im Mittelalter. In: Schremmer, Eckart (Hg.): Steuern, Abgaben und Dienste vom Mittelalter bis zur Gegenwart, Stuttgart 1994, S. 43–51.
53 Mittelhochdeutsches Wörterbuch (http://www.mhdwb-online.de), s.v. bëte, bët.

54 „He ne mut ok nen gebot, noch herberge, noch bede, noch denest, noch nen recht oppe't lant setten, it ne willekore dat lant". Ssp LdR III 91 § 3. Eike van Repgow: Sachsenspiegel. Landrecht. Ed. Karl August Eckhardt, 2. Aufl. Göttingen 1955, S. 269 Nr. 180. Vgl. ebd., S. 25. Vgl. oben, Anm. 7.
55 Vgl. Marburg/Schriefl: Politische Versammlungen, wie Einleitung, Anm. 10; Giesen: Zwischenlagen, wie Einleitung, Anm. 15; ders.: Latenz und Ordnung, wie Einleitung, Anm. 9, S. 73–100; zur Leitidee bes. Rehberg: Institutionen als symbolische Ordnungen, wie Einleitung, Anm. 6, S. 65–70. Vgl. unten, bei Anm. 130.
56 Vgl. allg. Althoff, Gerd: Die Macht der Rituale. Symbolik und Herrschaft im Mittelalter, Darmstadt 2003.
57 „A civibus vero eiusdem civitatis (sc. Lipz) se nullum petitionis munus requirere promisit, nisi necessitate superveniente ad imperatoris transmontana iturus esset". CDS II 8, Nr. 2. Vgl. Falke, Johannes: Die Steuerbewilligung der Landstände im Kurfürstentum Sachsen bis Anfang des 17. Jahrhunderts. In: Zeitschrift für die gesamte Staatswissenschaft 30, 1874, S. 393–448, und 31, 1875, S. 114–182, hier 395 f.
58 Schirmer, Uwe: Grundriß der kursächsischen Steuerverfassung (15.–17. Jahrhundert). In: ders. (Hg.): Sachsen im 17. Jahrhundert. Krise, Krieg und Neubeginn, Beucha 1998, S. 161–207, hier 164.
59 Nach Schätzungen machten im 15. Jh. die Kosten für die Hofhaltung 90 % aller fürstlichen Ausgaben aus, am Ende des 16. Jh. nur noch etwa 50 %. Droege, Georg: Die finanziellen Grundlagen des Territorialstaates in West- und Ostdeutschland an der Wende vom Mittelalter zur Neuzeit. In: Vierteljahrschrift für Sozial- und Wirtschaftsgeschichte 53, 1966, S. 145–166, hier 155.
60 Vgl. Atlas zur Geschichte und Landeskunde von Sachsen, wie Einleitung, Anm. 69, F,III,3: Historische Bergbaureviere (2007), Beiheft: Otfried Wagenbreth (2006); Laube, Adolf: Studien über den erzgebirgischen Silberbergbau 1470 bis 1546. Seine Geschichte, seine Produktionsverhältnisse, seine Bedeutung für die gesellschaftlichen Veränderungen und Klassenkämpfe in Sachsen am Beginn der Übergangsepoche vom Feudalismus zum Kapitalismus, 2. Aufl. Berlin (Ost) 1976.
61 Schlesinger: Geschichte der Landesherrschaft, wie oben, Anm. 11, S. 111. Vgl. Schirmer, Uwe: Grundzüge, Aufgaben und Probleme einer Staatsbildungs- und Staatsfinanzierungsgeschichte in Sachsen. Vom Spätmittelalter bis in die Augusteische Zeit. In: Neues Archiv für Sächsische Geschichte 67, 1996, S. 31–70.
62 Vgl. dens.: Die Institutionalisierung fürstlicher Schulden in Sachsen im 15. und 16. Jahrhundert. In: Lingelbach, Gerhard (Hg.): Staatsfinanzen – Staatsverschuldung – Staatsbankrotte in der europäischen Staaten- und Rechtsgeschichte, Köln 2000, S. 277–292, hier 284. Vgl. die Einschätzung: „Der Fürst war von Schuldnern bedrängt, Schulden gehören zur Geschichte des deutschen Territorialstaats um die Wende vom Mittelalter zur Neuzeit. Schulden begleiten auch seine weitere Geschichte […] Die Schulden des Fürsten waren schließlich als Schulden des Landes definiert worden […] Schuldenmachen gehörte zur Herrschaftspraxis […] Anwachsen des Schuldenberges und landständische Entwicklung gehörten unmittelbar zusammen." Schubert: Steuer, wie oben, Anm. 2, S. 9–12.
63 Vgl. bezüglich des Landes ebd., S. 21: „Die neuen Steuern sind verfassungsgeschichtlich bedeutsam, weil sie für das ganze Land gelten, ja dieses eigentlich erst als Untertanenverband definieren."
64 Krüger: Die landständische Verfassung, wie oben, Anm. 1, S. 4.
65 Registrum dominorum marchionum Missnensium = Verzeichnis der den Landgrafen in Thüringen und Markgrafen zu Meissen jährlich in den Wettinischen Landen zustehenden Einkünfte 1378. Ed. Hans Oskar Beschorner, Leipzig 1933, Nr. 1.
66 1356 Jun. 9, Altenburg: Revers für Leipzig. CDS II 8, Nr. 48; entspr. für Dresden. CDS II 5, Nr. 57.

67 1376 Jun. 1, o.O.: „alle unsere man, hern, rittere, knechte, phaffen, clostere und burgere, dy in dem gerichte zcu Myßen gut haben, uns eynen halbin zcyns von allen iren gutin zcu unser nöt zcu eyner bete zcu nemen erlaubet han". CDS II, 2, Nr. 642.
68 „Anno 1350. ward ein Landtag zu Leipzig gehalten/ darauf den Fürsten zu Abkommung ihrer Schulden/ von der Landschafft eine Steuer bewilliget wurde/ Worüber Sie den fürnehmsten Städten/ jeder absonderliche Revers-Brieffe gegeben." Weck: Dresden, wie Einleitung, Anm. 17, S. 437. Diese Stelle, die sich offenbar auf das Jahr 1356 beziehen muss, wurde in der Literatur als Beleg für eine erste Ständeversammlung im Jahr 1350 genommen, obwohl dazu offenbar kein Quellenbeleg vorliegt. Vgl. z. B. Blaschke: Kanzleiwesen, wie oben, Anm. 48, S. 288.
69 Helbig: Ständestaat, wie oben, Anm. 29, S. 395, geht ohne hinreichenden Quellenbeleg davon aus, dass bereits um die Mitte des 14. Jh. „die Vertreter der Städte zusammen in das Hoflager des Markgrafen entboten" worden seien „und nach gemeinsamer Verhandlung die Höhe der Steuer festgesetzt" hätten.
70 Blaschke: Kanzleiwesen, wie oben, Anm. 48, S. 289. Das Lehnbuch Friedrichs des Strengen, Markgrafen von Meissen und Landgrafen von Thüringen 1349–1350. Ed. Woldemar Lippert/ Hans Beschorner, Leipzig 1903; Registrum, wie oben, Anm. 65. Vgl. Beschorner, Hans: Die Chemnitzer Teilung der Wettinischen Lande von 1382. In: Neues Archiv für Sächsische Geschichte 54, 1933, S. 134–142.
71 CDS I B 1, Nr. 142.
72 Vgl. allg. Leisering, Eckhart: Die Wettiner und ihre Herrschaftsgebiete 1349–1382. Landesherrschaft zwischen Vormundschaft, gemeinsamer Herrschaft und Teilung, Halle 2006.
73 Helbig: Ständestaat, wie oben, Anm. 29, S. 401.
74 „alle unser man, hern, rittere, knechte, phaffin, clostir unde burgere, die in unsern gerichten unde lande obiral gut habin, uns eynen halbin czins von allen iren gutern czu unser nod czu eyner bete czu nemen irloubt habin". CDS I B 1, Nr. 142.
75 1385 Jan. 19, Stolpen. CDS II 2, Nr. 690; vgl. CDS I B 1, Nr. 137; 1385 Jan. 26, Landeshut. CDS I B 1, Nr. 138. Vgl. das Regest bei Beyer, Eduard: Das Cistercienser-Stift und Kloster Alt-Zelle in dem Bisthum Meissen geschichtliche Darstellung seines Wirkens im Innern und nach Außen, nebst den Auszügen der einschlagenden hauptsächlich bei dem Haupt-Staats-Archive zu Dresden befindlichen Urkunden, Dresden 1855, Nr. 485.
76 1387 Jul. 2, Forchheim: „desselben fursten und herren (sc. Balthasar resp. Hermann), der dasselbe also getan hette, graven, herren, freyen, dinstlewte, ritter, knechte, stete und gemeiniclichen alles sein lande in dheinen stucken und punden mit dheinen sachen in nicht gewarten, sunder dasselbe lande solte der andern partey in allen sachen dienen und gewarten, als lang biz dieselben newen gemechte und brife, die also gegeben weren, vollkommenlichen getotet und abgenommen wurden". CDS I B 1, Nr. 221. Der Vertrag ist nicht in Kraft getreten. Vgl. Helbig: Ständestaat, wie oben, Anm. 29, S. 397.
77 Vgl. zum Begriff den Art. Land(es)tag. In: Deutsches Rechtswörterbuch 8, 1991. Vgl. Neu: Die Erschaffung der landständischen Verfassung, wie Einleitung, Anm. 10; Matzerath, Josef: Landstände und Landtage in Sachsen 1438 bis 1831. Zur Entstehung, Gewichtung und Tagungsweise der sächsischen Ständeversammlungen in vorkonstitutioneller Zeit. In: Blaschke (Hg.): 700 Jahre politische Mitbestimmung, wie Einleitung, Anm. 3, S. 17–34.
78 Sie ist nicht die älteste im Reich, wie früher angenommen. Moraw, Peter: Über Landesordnungen im deutschen Spätmittelalter. In: Duchhardt, Heinz/Melville, Gert (Hg.): Im Spannungsfeld von Recht und Ritual. Soziale Kommunikation in Mittelalter und Früher Neuzeit, Köln 1997, S. 187–201, hier 190. Vgl. Müller, Gerhard: Die thüringische Landesordnung vom 9. Januar 1446. In: Zeitschrift des Vereins für Thüringische Geschichte 50, 1996, S. 9–35; Richter, Gregor: Die Ernestinischen Landesordnungen und ihre Vorläufer von 1446 und 1482, Köln 1964. Vgl. allg. zu den Landesordnungen der zweiten Hälfte des 15. und ersten Hälfte des 16. Jh. Kopietz: Ordnung, wie oben, Anm. 12, S. 139–156.
79 Schirmer, Uwe: Der landständische Einfluß auf die Politik der Herzöge und Kurfürsten von Sachsen von 1541 bis 1586. In: Junghans, Helmar (Hg.): Die sächsischen Kurfürsten während

des Religionsfriedens von 1555 bis 1618, Leipzig 2007, S. 263–278, hier 266; Rogge, Jörg: Herrschaftsweitergabe, Konfliktregelung und Familienorganisation im fürstlichen Hochadel. Das Beispiel der Wettiner von der Mitte des 13. bis zum Beginn des 16. Jahrhunderts, Stuttgart 2002, S. 170 und 205 f. Vgl. Lingelbach, Gerhard: Herzog Wilhelm III. von Sachsen – der Tapfere – und der Landtag zu Weißensee im Jahr 1446. In: Grupp, Klaus/Hufeld, Ulrich (Hg.): Recht – Kultur – Finanzen. FS Reinhard Mußgnug, Heidelberg 2005, S. 531–542.

80 Schubert, Ernst: Einführung in die deutsche Geschichte im Spätmittelalter, 2., bibliogr. aktualisierte Aufl. Darmstadt 1998 (zuerst 1992), S. 205. „Es ist eben die Eigenart dieser landständischen Verhältnisse, daß jeder Landtag eine andere Physiognomie hatte, die der Landesherr selbst durch seine Wahl veranlaßte." Burkhardt, Carl August Hugo: Die Landtage von 1487–1532, Jena 1902, S. VI.

81 Vgl. Bergmann, Jan: „anstellung eines Landtags". Eine erste sächsische Landtagsordnung aus der zweiten Hälfte des 16. Jahrhunderts. In: Landtagskurier. Freistaat Sachsen 10, 2014, S. 22 f. Vgl. unten Teil II, Anm. 17.

82 Vgl. Reden-Dohna, Armgard von: Landständische Verfassungen. In: Handwörterbuch zur deutschen Rechtsgeschichte 2, 1978, Sp. 1578–1585. Verspätet im Norden Deutschlands. Vgl. Schubert: Steuer, wie oben, Anm. 2, S. 4 f.: „Verfassung bedarf der Kontinuität, zumindest aber wiederholbarer Regeln. Insofern ist für unseren Untersuchungsraum um 1500 noch nicht von einer ‚landständischen Verfassung' zu sprechen. Zwar gibt es bereits die im Begriff der Landschaft zusammengefaßten Stände, aber noch keine verfassungsbildende Periodizität, geschweige denn Permanenz ständischer Aktivitäten."

83 Helbig: Ständestaat, wie oben, Anm. 29, S. 472. Vgl. Hahn, Peter-Michael: Landesherrliche Ordnung und dynastisches Machtstreben. Wettiner und Hohenzollern im 15. Jahrhundert. In: Beck, Friedrich/Neitmann, Klaus (Hg.): Brandenburgische Landesgeschichte und Archivwissenschaft. FS Lieselott Enders, Weimar 1997, S. 89–107.

84 Vgl. Vollmuth-Lindenthal, Michael: Landfrieden im Bereich der sächsischen Städte (1346–1595). In: Puhle, Matthias (Hg.): Hanse – Städte – Bünde. Die sächsischen Städte zwischen Elbe und Weser um 1500. Ausstellungskatalog (Magdeburg 1996), Bd. 1, Magdeburg 1996, S. 97–111.

85 Helbig: Ständestaat, wie oben, Anm. 29, S. 393 f. Vgl. Butz, Reinhardt: Die Stellung der wettinischen Hofräte nach Ausweis der Hofordnungen des ausgehenden Mittelalters. In: Kruse, Holger/Paravicini, Werner (Hg.): Höfe und Hofordnungen 1200–1600, Sigmaringen 1999, S. 321–336.

86 Vgl. die Hofordnung vermutlich Georgs von 1502. Goerlitz, Woldemar: Staat und Stände unter den Herzögen Albrecht und Georg 1485–1539, Leipzig 1928, Aktenbeilage 6.

87 Vgl. zur „Figur des Fürsten als prägendem Faktor" Kopietz: Ordnung, wie oben, Anm. 12, S. 392–395.

88 Blaschke: Geschichte Sachsens, wie oben, Anm. 11, S. 299 f.

89 Vgl. zur frühen Landtagsgeschichte Kopietz: Ordnung, wie oben, Anm. 12; ders.: Konfliktlösung durch Variabilität? Ständeversammlungen im wettinischen Herrschaftsbereich 1438–1539. In: Sächsischer Landtag (Hg.): Graduiertenkolleg „Geschichte sächsischer Landtage", Dresden 2016, S. 23–28.

90 Ders.: Ordnung, wie oben, Anm. 12, S. 65.

91 Edition: von Witzleben: Verfassung, wie Einleitung, Anm. 1, S. 305–308 (ohne Datum) und 308–311. Vgl. Matzerath, Josef: Der erste Landtag in Sachsen. In: ders. (Hg.): Aspekte Sächsischer Landtagsgeschichte, Dresden 1998, S. 8–14, mit dem Text von Proposition und Revers. Vgl. zu weiteren Aktenstücken in diesem Zusammenhang Helbig: Ständestaat, wie oben, Anm. 29, S. 415 f. Anm. 19; zur Sache und Datierung ebd., S. 415–425. Mit falscher Auflösung der Datierung am „nestin dornstage fur unsir liben frawen tage lichtmesse" als „2. Februar". Ebd., S. 418 mit Anm. 31. Am 25. Februar wurden die Stände in Leipzig erneut zusammengerufen, um Details zu besprechen.

92 Kopietz: Ordnung, wie oben, Anm. 12, S. 406 Anm. 1708. Vgl. zum Ablauf der Landtagsverhandlungen allg. ebd., S. 297–312.

93 Von Witzleben: Verfassung, wie Einleitung, Anm. 1, S. 305.
94 Rogge, Jörg: Die Wettiner. Aufstieg einer Dynastie im Mittelalter, unveränd. Nachdr. mit einem bibliogr. Nachtr. Ostfildern 2009 (zuerst 2005), S. 157–159. Vgl. Hilsch, Peter: Die Kreuzzüge gegen die Hussiten. Geistliche und weltliche Macht in Konkurrenz. In: Bahlcke, Joachim u. a. (Hg.): Konfessionelle Pluralität als Herausforderung. Koexistenz und Konflikt in Spätmittelalter und Früher Neuzeit. FS Winfried Eberhard, Leipzig 2006, S. 201–215.
95 Von Witzleben: Verfassung, wie Einleitung, Anm. 1, S. 306.
96 Vgl. Falke, Johannes: Bete, Zise und Ungeld im Kurfürstentum Sachsen bis zur Teilung 1485. In: Mittheilungen des Königlich-Sächsischen Alterthumsvereins 19, 1869, S. 32–59.
97 Vgl. Kopietz, Matthias: Die Beschlüsse des ersten Sächsischen Landtags 1438. In: Landtagskurier. Freistaat Sachsen 3, 2014, S. 18 f.
98 Vgl. dens.: Ordnung, wie oben, Anm. 12, S. 283. Vgl. zu Ausschüssen der Landstände ebd., S. 235–243; Lange, Ulrich: Landtag und Ausschuß. Zum Problem der Handlungsfähigkeit landständischer Versammlungen im Zeitalter der Entstehung des frühmodernen Staates. Die welfischen Territorien als Beispiel (1500–1629), Hildesheim 1986.
99 Helbig: Ständestaat, wie oben, Anm. 29, S. 415 Anm. 19 c) und 421 f.
100 Vgl. zum grundsätzlichen Aushandlungscharakter von Landtagsergebnissen Kopietz: Ordnung, wie oben, Anm. 12, S. 314–323. Ähnlich wie in Sachsen geschah zwei Jahrzehnte später auch in Württemberg der Auftakt der Landtagsgeschichte während einer Herrschaftskrise. Im Jahre 1457 berief der bedrängte Graf Ulrich V. Vertreter der Ritterschaft und Landschaft erstmals zu einem Landtag ein, um sie für eine Unterstützung gegen den mächtigen Nachbarn, Kurfürst Friedrich I. von der Pfalz, zu gewinnen, gegen den ein Krieg unmittelbar bevorstand. Rückert, Peter: Zur Landtagsgeschichte in Baden-Württemberg. Anfänge der politischen Partizipation in Württemberg. In: Sächsischer Landtag (Hg.): Sächsische Landtagsgeschichte im Vergleich, Dresden 2012, S. 10–15. Vgl. Grube: Der Stuttgarter Landtag 1457–1957, wie Einleitung, Anm. 3.
101 Landtagsfähig waren Mitte des 15. Jh.: 1. Die Prälaten, Grafen, Herren, 2. Der schriftsässige Adel, 3. Die schriftsässigen Städte. Schirmer: Der landständische Einfluß, wie oben, Anm. 79, S. 265. Vgl. oben, bei Anm. 12.
102 Keine Nennung in den im Leipziger Stadtarchiv aufbewahrten Steuerreversen von 1438, 1458, 1488, 1499, 1506, 1513, 1515, 1516, 1526, 1534, 1539. Kopietz: Ordnung, wie oben, Anm. 12, S. 250 Anm. 1056.
103 Von Witzleben: Verfassung, wie Einleitung, Anm. 1, S. 308.
104 Schirmer: Der landständische Einfluß, wie oben, Anm. 79, S. 264.
105 Wiederholt von Herzog Georg für Kursachsen im Steuerrevers vom Januar 1515. Goerlitz: Staat und Stände, wie oben, Anm. 86, S. 442.
106 „so mogen sich dieselbin unsir lande von sollicher ungewonlicher sture und nuwekeit wegin und nicht anders miteinander vertragen, zcusamen seczen und sich eyns solichin gein uns ader unsern erben ader nachkomen schuczen und ufhalden". Von Witzleben: Verfassung, wie Einleitung, Anm. 1, S. 309.
107 Ebd., S. 310.
108 Helbig, Herbert: Ständische Einungsversuche in den mitteldeutschen Territorien am Ausgang des Mittelalters. In: Album Helen Maud Cam, Bd. 2, Louvain 1961, S. 185–209, hier 200.
109 Von Witzleben: Verfassung, wie Einleitung, Anm. 1, S. 310.
110 Schirmer: Der landständische Einfluß, wie oben, Anm. 79, S. 265. Vgl. zur weiteren Entwicklung Schirmer, Uwe: Mitbestimmung der Untertanen oder Alleinherrschaft der Funktionseliten? Zur politischen Paritzpation und landständischen Verfassung in den Lausitzen, Kursachsen, Brandenburg und Schlesien (1500–1650). In: Bahlcke, Joachim (Hg.): Die Oberlausitz im frühneuzeitlichen Mitteleuropa. Beziehungen – Strukturen – Prozesse, Stuttgart 2007, S. 59–91.
111 „1445 kamen die Stände in Leipzig ohne kurfürstliche Genehmigung und Einberufung zusammen." Groß: Überlegungen, wie oben, Anm. 21, S. 14, ohne Quellenbeleg. „Es trifft auch nicht zu, daß die Versammlung von 1445 auf den freien Entschluß der Stände zurückgegangen

sei, sie war ebenso von den Fürsten berufen worden wie alle anderen, von denen wir Kunde haben." Helbig: Ständestaat, wie oben, Anm. 29, S. 473, ohne Quellenbeleg. Allerdings: „berief der Ausschuß der noch in Leipzig versammelten Stände diese zu einem Landtag für den 25. November dorthin ein. Das geschah ohne Zustimmung der Fürsten." Ebd., S. 437. Vgl. unten, bei Anm. 123 und Teil II, bei Anm. 159.

112 1446, 1451, 1458 und 1466. Ebd., S. 454.
113 Ebd., S. 425. Ähnlich ders.: Ständische Einungsversuche, wie oben, Anm. 108, S. 202.
114 Ders.: Ständestaat, wie oben, Anm. 29, S. 466. Vgl. ebd., S. 468.
115 Auf dem Altenburger Tag im Sommer 1515 etwa wurde die Frage gestellt, „welch ort das Osterlandt heist und wie weyt sich das erstreckt, ob Weyda und Arnshaugk auch darein mogen geczogen werden; dieselben sollen Vodtlender sein". Kopietz: Ordnung, wie oben, Anm. 12, S. 227 Anm. 939.
116 Helbig: Ständische Einungsversuche, wie oben, Anm. 108, S. 189; ders.: Ständestaat, wie oben, Anm. 29, S. 403 und 474.
117 Vgl. Rogge: Herrschaftsweitergabe, wie oben, Anm. 79, S. 141–145.
118 Helbig: Ständestaat, wie oben, Anm. 29, S. 413 f.
119 1437 Feb. 25, Jena: „Als seindt wir darüber unser und unser beyder partheyen landte und leuthe/ zu friede/ nutz und frommen/ auch gemeinen nutzen und rath/ unser aller grafe und herren/ räthe/ manne/ und städte einer freundlichen vertragung/ zu nutzlicher verweisung derselben unserer landte/ einträchtiglichen eins worden/ von dato dieses briefes an zu gehen/ und drey jahr nechst nach einander folgende zu wehren [...] also/ daß wir uns dann furder uf ein neues entsetzen/ oder vereinigen sollen/ nach rath und erkentniß unserer freunde/ grafen/ herren/ räthe/ mann und städte/ wie dann noth sein wurde/ nach unser und unser beyder lande nutz/ frommen und besten/ ohne gefehrde". Lünig, Johann Christian: Des Teutschen Reichs-Archivs Partis Specialis Continuatio II, Leipzig 1712, S. 214–216. Vgl. Rogge: Herrschaftsweitergabe, wie oben, Anm. 79, S. 157–159; Kopietz: Ordnung, wie oben, Anm. 12, S. 114 f.
120 Vgl. oben, bei Anm. 62.
121 Vgl. Härtel, Reinhard: Über Landesteilungen in deutschen Territorien des Spätmittelalters. In: Ebner, Herwig (Hg.): FS Friedrich Hausmann, Graz 1977, S. 179–205.
122 Vgl. allg. Rau, Susanne (Hg.): Raumkonzepte – Raumwahrnehmungen – Raumnutzungen (Mittelalter – Frühe Neuzeit), Paris 2011.
123 Vgl. Naumann, Martin: Die wettinische Landesteilung von 1445. In: Neues Archiv für Sächsische Geschichte und Altertumskunde 60, 1939, S. 171–213. Vgl. allg. Straub, Theodor: Bayern im Zeichen der Teilungen und Teilherzogtümer (1347–1450). In: Spindler, Max/Kraus, Andreas (Hg.): Handbuch der Bayerischen Geschichte, Bd. 2: Das Alte Bayern. Der Territorialstaat vom Ausgang des 12. Jahrhunderts bis zum Ausgang des 18. Jahrhunderts, 2. Aufl. München 1988, S. 196–287; Härtel: Über Landesteilungen in deutschen Territorien, wie oben, Anm. 121.
124 Kopietz: Ordnung, wie oben, Anm. 12, S. 126–132; Volkmar, Christoph: Landesherrschaft und territoriale Funktionseliten um 1500. Württemberg und Sachsen im Vergleich. In: Lorenz, Sönke/Rückert, Peter (Hg.): Auf dem Weg zur politischen Partizipation? Landstände und Herrschaft im deutschen Südwesten, Stuttgart 2010, S. 45–62, hier 51. Wie weit ständische Emanzipation gehen konnte, zeigte sich einige Jahrzehnte später während einer Regierungskrise in Württemberg, als es den Ständen sogar gelungen war, kurzfristig die Macht im Land zu übernehmen. Am 14. März 1498 hatte man auf einem Landtag zu Stuttgart den unfähigen Herzog Eberhard II. kurzerhand für abgesetzt erklärt und ein ständisches Regiment beschlossen, das immerhin fünf Jahre währte. Vgl. Lorenz/Rückert (Hg.): Auf dem Weg zur politischen Partizipation?, wie oben, in dieser Anm.
125 1445 Nov. 29, Leipzig. Edition: Schirmer, Uwe: Adliges Selbstbewusstsein und landständische Herrschaft (Die Einung der meißnischen und osterländischen Stände vom November 1445). In: Schattkowsky (Hg.): Adlige Lebenswelten, wie oben Anm. 13, S. 233–239, hier 233–236. Unter dem Titel: „Der Landschafft Vereinigung in dem Bruder-Kriege zwischen Churfürst

Friderico II. und Hertzog Wilhelm zu Sachsen de Anno 1445" bei von Witzleben: Verfassung, wie Einleitung, Anm. 1, Aktenbeilage 3.
126 Vgl. das „Namensverzeichnis der Theilnehmer an ‚der Landtschafft Vereinigung'": ebd., S. 317–320.
127 Rogge: Herrschaftsweitergabe, wie oben, Anm. 79, S. 167 f. Vgl. Salisch, Marcus von: Der sächsische Bruderkrieg. Ein mittelalterlicher Konflikt im Spannungsfeld zwischen europäischer Dimension und persönlicher Fehde. In: Fiedler, Uwe (Hg.): Des Himmels Fundgrube. Chemnitz und das sächsisch-böhmische Gebirge im 15. Jahrhundert, Chemnitz 2012, S. 98–109.
128 Vgl. Helbig: Ständestaat, wie oben, Anm. 29, S. 441–443.
129 Zum folgenden Kopietz: Ordnung, wie oben, Anm. 12, S. 93, 270, 326 f.
130 Vgl. oben, bei Anm. 98.
131 Vgl. zum Konzept Marburg/Schriefl: Politische Versammlungen, wie Einleitung, Anm. 10. Vgl. oben, Anm. 55.
132 Kopietz: Ordnung, wie oben, Anm. 12, S. 93–95 und 328. Vgl. zu Mergenthal Schirmer, Uwe: Kursächsische Staatsfinanzen (1456–1656). Strukturen – Verfassung – Funktionseliten, Stuttgart 2006, S. 67–70, Zitat 68.
133 Goerlitz: Staat und Stände, wie oben, Anm. 86, S. 303–348.
134 Vgl. Krug, Gerhard: Die meißnisch-sächsischen Groschen 1338 bis 1500, Berlin 1974, passim.
135 Kopietz: Ordnung, wie oben, Anm. 12, S. 162 f.
136 Helbig: Ständestaat, wie oben, Anm. 29, S. 460 f.
137 Vgl. unten, bei Anm. 149.
138 Vgl. zu diesem und dem folgenden Thieme, André: Die Leipziger Teilung der Wettinischen Lande 1485. In: Eigenwill, Reinhardt (Hg.): Zäsuren sächsischer Geschichte, Markleeberg 2010, S. 69–93; Kälble, Mathias: Die Leipziger Teilung von 1485. In: Bünz, Enno (Hg.): Geschichte der Stadt Leipzig, Bd. 1, Leipzig 2015, S. 269–273.
139 Vgl. oben, bei Anm. 35.
140 Vgl. Rogge: Herrschaftsweitergabe, wie oben, Anm. 79; Volkert, Wilhelm: Entstehung der Landstände in Bayern. In: Ziegler, Walter (Hg.): Der Bayerische Landtag vom Spätmittelalter bis zur Gegenwart. Probleme und Desiderate historischer Forschung, München 1995, S. 59–80. Vgl. oben, Anm. 115.
141 Vgl. allg. Hohensee, Ulrike u. a. (Hg.): Die Goldene Bulle. Politik – Wahrnehmung – Rezeption, 2 Bde., Berlin 2009.
142 Vgl. Auert, Stefan: Die Teilungen der Wettiner von 1382 und 1445 unter besonderer Berücksichtigung der Leipziger Teilung 1485. In: Auf den Spuren der Wettiner, Bd. 1, Halle a.d. Saale 2006, S. 39–53; Blaschke: Geschichte Sachsens, wie oben, Anm. 11, passim.
143 Thieme: Die Leipziger Teilung, wie oben, Anm. 138, S. 73.
144 Vgl. Schirmer, Uwe: Die ernestinischen Stände von 1485–1572. In: Landstände in Thüringen. Vorparlamentarische Strukturen und politische Kultur im Alten Reich, Weimar 2008, S. 23–50; Vgl. allg. Jeserich, Kurt G.A. (Hg.): Deutsche Verwaltungsgeschichte, Bd. 1: Vom Spätmittelalter bis zum Ende des Reiches, Stuttgart 1983.
145 Vgl. Einleitung, bei Anm. 69.
146 Vgl. Kopietz: Ordnung, wie oben, Anm. 12, S. 133 f.; Rogge: Herrschaftsweitergabe, wie oben, Anm. 79, S. 345.
147 Von Landständen, „die allerdings 1445 auch 1485 zu schwach waren, um die Landesteilung zu verhindern" spricht Bünz, Enno: Die Kurfürsten von Sachsen bis zur Leipziger Teilung. In: Kroll, Frank-Lothar (Hg.): Die Herrscher Sachsens. Markgrafen, Kurfürsten, Könige 1089–1918, München 2007, S. 39–54, hier 47; nach Helbig: Ständestaat, wie oben, Anm. 29, S. 473, war sogar „der politische Einfluß der Stände […] bei der wettinischen Hauptteilung schon nahezu völlig beseitigt".
148 Press, Volker: Formen des Ständewesens in den deutschen Territorialstaaten des 16. und 17. Jahrhunderts. In: Baumgart, Peter (Hg.): Ständetum und Staatsbildung in Brandenburg-Preussen. Ergebnisse einer internationalen Fachtagung, Berlin 1983, S. 280–318, hier 289. Vgl. Hänsch, Ernst: Die wettinische Hauptteilung von 1485 und die aus ihr folgenden Streitig-

keiten bis 1491, Univ. Leipzig, Diss. phil. 1909. Für Helbig: Ständestaat, wie oben, Anm. 29, S. 463, begaben sich die Stände allerdings damals, weil sie keine weitergehenden politischen Forderungen erhoben, selbst der Möglichkeit, „zu einem neben dem Landesfürstentum gleichberechtigten, den Staat mittragenden Faktor zu werden": ein anachronistischer Vorwurf; „das Interesse der Landstände an den allgemeinen Landesangelegenheiten erlahmt". Ebd., S. 462; ähnlich ders.: Fürsten und Landstände im Westen des Reiches im Übergang vom Mittelalter zur Neuzeit. In: Rheinische Vierteljahrsblätter 29, 1964, S. 32–72, hier 72, und ders.: Königtum und Ständeversammlungen in Deutschland am Ende des Mittelalters. In: Rausch (Hg.): Die geschichtlichen Grundlagen, wie oben, Anm. 12, S. 94–122, hier 118. Vgl. demgegenüber: „Indes gewann der landständische Formationsprozess nach der Leipziger Teilung von 1485 neuerlich an Dynamik, haben doch die Stände – nunmehr besonderes und vor allem der schriftsässige Niederadel – die Herausbildung und Festigung landesherrschaftlicher Gewalt und somit auch die Entfaltung frühmoderner Staatlichkeit entscheidend mit vorangetrieben. Mit den Schlagworten Steuern und öffentliche Finanzen, Landfrieden und Sicherung der öffentlichen Ordnung, Herrschaftsverwirklichung und Herrschaftsverdichtung sowie Mitsprache bei der allgemeinen Landesgesetzgebung können die wichtigsten Beratungs- und Tätigkeitsfelder der Stände umschrieben werden. Im Zuge der Reformation sollten schließlich noch die Aufsicht über die Universitäten und das Schulwesen sowie die Sorge um die Kirchenzucht hinzukommen." Schirmer: Die ernestinischen Stände, wie oben, Anm. 144, S. 58 f. Kopietz spricht davon, dass von der Teilung „geradezu eine katalysierende Wirkung" auf die Tage ausgegangen sei: „Die anhaltenden Konflikte zwischen den verwandten Ernestinern und Albertinern ließen die Anzahl der Versammlungen deutlich ansteigen", was einer zunehmenden Institutionalisierung des Landtages Vorschub geleistet habe. Kopietz: Ordnung, wie oben, Anm. 12, S. 372.

149 Vgl. zu diesem und dem folgenden ebd., S. 80–87, 162–168, 170–172 und 281. Zu den Steuererhebungen im Kurfürstentum ebd., S. 87–92. Vgl. auch Schirmer: Kursächsische Staatsfinanzen, wie oben, Anm. 132, S. 208–231 und 249–425; ders.: Die finanziellen Einkünfte Albrechts des Beherzten (1485–1500). In: Thieme, André (Hg.): Herzog Albrecht der Beherzte (1443–1500). Ein sächsischer Fürst im Reich und in Europa, Köln 2002, S. 144–176; Baks, Paul: Albrecht der Beherzte als erblicher Gubernator und Potestat Frieslands. Beweggründe und Verlauf seines friesischen „Abenteuers". In: ebd., S. 103–142.

150 Vgl. Kopietz: Ordnung, wie oben, Anm. 12, S. 165 f.; Burkhardt: Landtage, wie oben, Anm. 80, Nr. 63–68.

151 Vgl. zur Rolle der Hofräte im Zusammenhang mit den Landtagen Kopietz: Ordnung, wie oben, Anm. 12, S. 240–245.

152 Für die größeren, gemeinen Landtage waren mehrere Wochen, zumeist ein guter Monat Vorlaufzeit die Regel. Kleinere Versammlungen, v. a. mit regionalem Bezug, wurden kurzfristiger, mitunter binnen weniger Tage angesetzt. Man sollte sie dann aber nicht Landtage nennen. Vgl. ebd., S. 145–147, 198 f. und Anlage 3; Burkhardt: Landtage, wie oben, Anm. 80, Nr. 317.

153 Goerlitz: Staat und Stände, wie oben, Anm. 86, Nr. 12. Ähnlich Herzog Heinrich in der Proposition zum Chemnitzer Landtag des Jahres 1539: „Das es bei unsern vorfaren also herkommen und gehalten ist worden, das in sachen darinnen euer lieben und euer, auch ander unser underthane landschadt und vorterbnus ader gedeyen mit waltet, nichts gehandelt und zuvorderst beschlossen so sey, dan der landtscahfft ader je den furnembsten als euer lieben und euch von prelaten, graven, hern und den wegersten von der ritterscahfft und stetten zuvorn angesetzt, euer lieben, ewer und der andern rath und bedencken darinnen auch gehort". Kopietz, wie oben, Anm. 12, S. 350.

154 Vgl. oben, bei Anm. 139.

155 Vgl. Goerlitz: Staat und Stände, wie oben, Anm. 86, Nr. 11–18; Burkhardt: Landtage, wie oben, Anm. 80, S. 317–333.

156 Kopietz: Ordnung, wie oben, Anm. 12, S. 173 f.

157 Goerlitz: Staat und Stände, wie oben, Anm. 86, S. 333.

158 Vgl. Kopietz: Ordnung, wie oben, Anm. 12, S. 174–178.

159 Vgl. Annas: Hoftag, wie oben, Anm. 44; Moraw, Peter: Versuch über die Entstehung des Reichstags. In: Schwinges, Rainer C. (Hg.): Über König und Reich. Aufsätze zur deutschen Verfassungsgeschichte des späten Mittelalters, Sigmaringen 1995 (zuerst 1980), S. 207–242.

160 Vgl. Angermeier, Heinz: Der Wormser Reichstag 1495 – ein europäisches Ereignis. In: Historische Zeitschrift 261, 1995, S. 739–768; Moraw, Peter: Art. Reichstag (ältere Zeit). In: Handwörterbuch zur deutschen Rechtsgeschichte 4, 1990, Sp. 781–786.

161 In den Jahren 1471, 1481, 1501, 1518, 1520, 1522, 1526, 1529, 1530, 1531, 1532, 1537 sowie mehrfach in den 1540er Jahren ging es bei politischen Versammlungen in den wettinischen Landen um eine Beteiligung an der Reichshilfe, was als Grund für Sonderleistungen in der Regel akzeptiert wurde, die zumeist auch aufgebracht wurden. Vgl. Kopietz: Ordnung, wie oben, Anm. 12, Anlage 1.

162 Goerlitz: Staat und Stände, wie oben, Anm. 86, Aktenbeilage 5; zu Reaktionen auf ähnliche Forderungen Karls V. beim Leipziger Landtag vom 6. Mai 1522: ebd., Aktenbeilage 10. Vgl. Kopietz: Ordnung, wie oben, Anm. 12, S. 178–181.

163 Vgl. zum Reichsdienst Albrechts Rogge: Herrschaftsweitergabe, wie oben, Anm. 79, S. 247–252.

164 Kopietz: Ordnung, wie oben, Anm. 12, S. 198.

165 Vgl. Israel, Uwe: Ab vom Kurs. Venedig und die atlantische Expansion des 15. und 16. Jahrhunderts. In: Archiv für Kulturgeschichte 94, 2012, S. 313–340, hier 325.

166 Kopietz: Ordnung, wie oben, Anm. 12, S. 9, 187 und 195–206; Zit. 199 Anm. 814.

167 Goerlitz: Staat und Stände, wie oben, Anm. 86, S. 355, mit Reaktion der Geistlichen; Quellenzit. ebd., S. 433 Anm. 7. Vgl. zur Reaktion der Grafen ebd., S. 238 f.

168 Das Schreiben erhielt den Betreff „Stewer widder die feynd Cristenheit". Vgl. Kopietz, Mathias: „Wider die Feinde der Christenheit". Ein Landtag im Sommer 1501. In: Landtagskurier. Freistaat Sachsen 8, 2017, S. 22 f.

169 „Belege, dass die Zahlungsmoral der Stände nicht sehr groß war, finden sich über den gesamten Untersuchungszeitraum"; 1523 hielten die sächsischen Räte im Vorfeld des Altenburger Landtags fest, dass durch die vormalige Steuerbewilligung zu wenig Geld eingegangen sei: „etwas unstatlich, wenig getragen, mergliche außgaben darueben zugefallen". Ders.: Ordnung, wie oben, Anm. 12, S. 330 und 339. Vgl. Burkhardt: Landtage, wie oben, Anm. 80, Nr. 260.

170 Ebd., S. 438 f. Anm. 7.

171 Kopietz: Ordnung, wie oben, Anm. 12, S. 200.

172 Ebd., S. 201 nach einem Bericht wahrscheinlich vom Bornaer Geleitsmann.

173 Vgl. ebd., S. 273–276.

174 Ebd., S. 200–206. Goerlitz: Staat und Stände, wie oben, Anm. 86, Aktenbeilage 27 f.

175 Zum Ort Kopietz: Ordnung, wie oben, Anm. 12, S. 229.

176 Ebd., S. 177.

177 Schirmer: Kursächsische Staatsfinanzen, wie oben, Anm. 132, S. 548–550.

178 Edition: Goerlitz: Staat und Stände, wie oben, Anm. 86, Aktenbeilage 29. Vgl. ebd., S. 457–459; Akten und Briefe zur Kirchenpolitik Herzog Georgs von Sachsen. Ed. Felician Gess, 2 Bde., Leipzig 1905–17 (ND Köln 1985), Nr. 2470. Vgl. Kopietz, Matthias: Bericht des Dresdner Bürgermeisters Biener über die Geschehnisse auf dem Landtag in Leipzig am 11. und 12. Mai 1534. In: Marburg/Schriefl (Hg.): Quellen, wie oben, Anm. 24.

179 Kopietz: Ordnung, wie oben, Anm. 12, S. 301. Vgl. zu Gottesdiensten in späterer Zeit unten Teil II, bei Anm. 103, 254, 288 sowie 314.

180 Vgl. zur Rolle der Fürsten auf den Landtagen Kopietz: Ordnung, wie oben, Anm. 12, S. 237–240.

181 Vgl. Blickle, Peter: Der Bauernkrieg. Die Revolution des Gemeinen Mannes, 5. Aufl. München 2018.

182 Edition: Goerlitz: Staat und Stände, wie oben, Anm. 86, Aktenbeilage 30. Vgl. den Bericht der Räte Georgs ebd., Aktenbeilage 31.

183 Georg konnte persönlich nicht anwesend sein. Kopietz: Ordnung, wie oben, Anm. 12, S. 334 f. Anm 1401.
184 Vgl. unten, Teil II, bei Anm. 304.
185 Vgl. unten bei Anm. 247 und Teil III, Exkurs: Landtagstafeln im Dresdner Schloss, bei Anm. 735.
186 Vgl. Giesen: Latenz und Ordnung, wie Einleitung, Anm. 9, bes. S. 94–98.
187 Marburg/Schriefl: Politische Versammlungen, wie Einleitung, Anm. 10. Nach Giesen: Zwischenlagen, wie Einleitung, Anm. 15, S. 17, sind „Störungen, Zwischenlagen und Ambivalenzen […] konstitutiv für die soziale und kulturelle Ordnung". Er geht von „essenziellen Uneindeutigkeit kultureller Ordnung" aus. Ebd., S. 18.
188 Vgl. bspw. Beschwerden von neun meißnischen Städten, dem Herzog am 17. Aug. 1506 zu Dresden übergeben; nach dem Landtag Nov. 1516 dem Herzog übergebene Beschwerden der Ritterschaft und Georgs Antwort darauf. Goerlitz: Staat und Stände, wie oben, Anm. 86, Aktenbeilage, 8 und 9. Georgs Antwort vom 12. Dez. 1516: „Ir habt uns nach ausgangk leczstgehaltens landtags etliche artickel von unserer gnaden ritterschafft beyder landt Doringen und Meyssen sampt abschrifft unser vorfaren vorschreibungen vorgetragen", die wir jetzt nach gründlicher Erwägung beantworten. „Ihr könnt es der Ritterschaft, wenn die einmal auff unser erfordern bey einander vorsamelt sein werden", mitteilen.
189 Vgl. Kopietz: Ordnung, wie oben, Anm. 12, S. 355–369.
190 Es heißt in den Akten des Landtags zu Altenburg 1523: Der Kurfürst „verwundere sich ob diesem haben, was doch die leut verursacht hat, solchs auf gemainem landtage furzutragen, als were sunst bey iren fürstlichen gnaden kain einsehung zu erlangen gewesen". Burkhardt: Landtage, wie oben, Anm. 80, S. XXIV und 290.
191 Ebd., S. XXV und Nr. 307.
192 Vgl. Bünz, Enno/Volkmar, Christoph: Das landesherrliche Kirchenregiment in Sachsen vor der Reformation. In: Bünz, Enno/Rhein, Stefan/Wartenberg, Günther (Hg.): Glaube und Macht. Theologie und Kunst im Jahrhundert der Reformation, Leipzig 2005, S. 89–109.
193 Kopietz: Ordnung, wie oben, Anm. 12, S. 207 f.
194 Vgl. Thomas, Ralf: Reformation und Landesgeschichte Sachsens, Beucha 2017; Junghans, Helmar: Das Jahrhundert der Reformation in Sachsen, 2., durchges. und erw. Aufl Leipzig 2005 (zuerst 1989).
195 Vgl. Kohnle, Armin: Der lange Weg zur Reformation 1517–1539. In: Bünz (Hg.): Geschichte, wie oben, Anm. 138, S. 648–670.
196 Schirmer spricht in diesem Zusammenhang von einer „landständischen Reformation" seit dem Frühjahr 1523. Schirmer, Uwe: Landstände und Reformation. Das Beispiel Kursachsen (1523–1543). In: Bünz, Enno/Heimann, Heinz-Dieter/Neitmann, Klaus (Hg.): Reformation vor Ort. Christlicher Glaube und konfessionelle Kultur in Brandenburg und Sachsen im 16. Jahrhundert, Berlin 2017, S. 55–77, hier 69.
197 Goerlitz: Staat und Stände, wie oben, Anm. 86, Aktenbeilage 10. Vgl. allg. zu „Religion und Kirche" Kopietz: Ordnung, wie oben, Anm. 12, S. 206–224, hier 208; Volkmar, Christoph: Reform statt Reformation. Die Kirchenpolitik Herzog Georgs von Sachsen 1488–1525, Tübingen 2008.
198 Vgl. zu weiteren Versammlungen in dieser Sache oben, bei Anm. 172.
199 Kopietz: Ordnung, wie oben, Anm. 12, S. 209.
200 Vgl. oben, bei Anm. 181.
201 „so wollen wir im vorordenen auß awerm mittel von der lantschafft und stenden 24 personen, dorunder 2 graffen, 2 prelaten, 2 von stetten, 2 glarten und dy andern alle von der ritterschafft sein sollen". Proposition auf dem Landtag zu Leipzig 1537 Mai 2. Goerlitz: Staat und Stände, wie oben, Anm. 86, Aktenbeilage 32. Vgl. die Antwort der Stände von 1537 Mai 4: ebd., Aktenbeilage 33.
202 Ebd., S. 465.
203 Kopietz: Ordnung, wie oben, Anm. 12, S. 137.

204 Vgl. zur Bedeutung der Landstände für die Verbreitung der Reformation allg. Schirmer: Landstände und Reformation, wie oben, Anm. 196.
205 Kopietz: Ordnung, wie oben, Anm. 12, S. 220.
206 Vgl. Falke, Johannes: Die landtständischen Verhandlungen unter dem Herzog Heinrich von Sachsen: 1539–1541. In: Archiv für die sächsische Geschichte 10, 1872, S. 39–76, hier 41 f.
207 Vgl. Kopietz: Ordnung, wie oben, Anm. 12, S. 219–224; Wartenberg, Günther: Landesherrschaft und Reformation. Moritz von Sachsen und die albertinische Kirchenpolitik bis 1546, Gütersloh/Weimar 1988, bes. S. 94–107 und 123–129, hier 100. Vgl. schon Landtagsverhandelungen über die zur Zeit der Kirchenreformation verledigten geistlichen Güther. In: Sammlung vermischter Nachrichten zur Sächsischen Geschichte 6, 1771, S. 105–168.
208 Falke: Die landtständischen Verhandlungen, wie oben, Anm. 206, S. 68 f.
209 Schirmer: Kursächsische Staatsfinanzen, wie oben, Anm. 132, S. 543 f. Vgl. Kühn, Helga-Maria: Die Einziehung des geistlichen Gutes im albertinischen Sachsen 1539–1553, Köln 1966.
210 Vgl. Kopietz: Ordnung, wie oben, Anm. 12, S. 279 mit Anm. 1193.
211 Wartenberg: Landesherrschaft, wie oben, Anm. 207, S. 173–189.
212 Vgl. Matzerath: Landtage als gesellschaftliche Zentralorte, wie Einleitung, Anm. 7. Vgl. zur Kommunikation auf Landesebene Hesse, Christian: Rat und Landtag. Institutionalisierung von Kommunikation in den Fürstentümern des Reiches. In: Schneider, Joachim (Hg.): Kommunikationsnetze des Ritteradels im Reich um 1500, Stuttgart 2012, S. 15–34.
213 Vgl. zur Praxis der Einberufung Kopietz: Ordnung, wie oben, Anm. 12, S. 282–297. Vgl. zum Buchdruck Bünz, Enno (Hg.): Bücher, Drucker, Bibliotheken in Mitteldeutschland. Neue Forschungen zur Kommunikations- und Mediengeschichte um 1500, Leipzig 2006.
214 Günther, Britta/Krüger, Nina: Landtage, Ausschußtage und freiwillige Zusammenkünfte in Sachsen 1438–1831. In: Groß, Reiner (Hg.): Landtage in Sachsen 1438–1831, Chemnitz 2000, S. 85–90; Kopietz: Ordnung, wie oben, Anm. 12, Anlage 1 und passim.
215 Ebd., Anlage 2. Vgl. zum Folgenden ebd., S. 371–381 und 406.
216 Vgl. ebd., S. 226 f., 371 und Anlage 1.
217 Vgl. zur Problematik von Präsenz und Dauer bei politischen Versammlungen Rehberg, Karl-Siegbert: Die stabilisierende „Fiktionalität" von Präsenz und Dauer. Institutionelle Analyse und historische Forschung. In: Blänkner, Reinhard/Jussen, Bernhard (Hg.): Institutionen und Ereignis. Über historische Praktiken und Vorstellungen gesellschaftlichen Ordnens, Göttingen 1998, S. 381–407.
218 1531 Jan. 18: „wo eine landschaft soldt geacht werden, so mußen prelaten, graven, ritterschaft und stette dabei versamelt sein". Burkhardt: Landtage, wie oben, Anm. 80, Nr. 440. Ähnlich im Jahre 1523 die Notiz zu „stenden gemeyner landschafft: als prelaten, graven, heren, ritterschaft und steten". SächsHStA Dresden, 10024 GR Loc. 9353/9, Bl. 5, nach Kopietz: Ordnung, wie oben, Anm. 12, S. 402.
219 Ebd., S. 226.
220 Ebd., Anlage 1 und Anm. 936. Vgl. zu den Tagungsstätten bis zur Mitte des 16. Jh. Bergmann-Ahlswede, Jan: Landtag in der Stadt. Torgau als Schauplatz der kursächsischen Ständeversammlungen (1550–1628). Eine kulturgeschichtliche Studie zur Etablierung eines ersten dauerhaften Tagungsortes in Kursachsen am Beginn der Frühen Neuzeit, Dresden, Univ., Diss. masch. 2018, S. 99–106. Vgl. allg. Knoke, Brigitte: Wettinische Residenzen im Spätmittelalter. In: Jahrbuch der Coburger Landesstiftung 31, 1986, S. 371–380.
221 Vgl. Bünz (Hg.): Geschichte, wie oben, Anm. 138, Bd. 1: Von den Anfängen bis zur Reformation, Leipzig 2015, Kapitel „Leipzig im Spätmittelalter" und „Leipzig in der Reformationszeit".
222 Vgl. zu diesem und dem folgenden Kopietz: Ordnung, wie oben, Anm. 12, S. 332–335. Vgl. die Einschätzung, dass Landtage als „Gläubigerversammlung" angesehen werden können, bei Schubert: Steuer, wie oben, Anm. 2, S. 16.
223 Krischer, André: Inszenierung und Verfahren auf den Reichstagen der Frühen Neuzeit. Das Beispiel der Städtekurie und ihres politischen Verfahrens. In: Peltzer/Schwedler/Töbelmann

(Hg.): Politische Versammlungen, wie Einleitung, Anm. 10,, S. 181–205. Vgl. allg. Althoff, Gerd (Hg.): Formen und Funktionen öffentlicher Kommunikation im Mittelalter, Stuttgart 2001.
224 Stollberg-Rilinger, Barbara: Die Symbolik der Reichstage. Überlegungen zu einer Perspektivenumkehr. In: Lanzinner, Maximilian/Strohmeyer, Arno (Hg.): Der Reichstag 1486–1613. Kommunikation – Wahrnehmung – Öffentlichkeiten, Göttingen 2006, S. 77–93, hier 77. Vgl. Helmrath, Johannes/Feuchter, Jörg: Einführung. In: Feuchter/Helmrath (Hg.): Parlamentarische Kulturen, wie oben, Anm. 22, S. 9–31; Kintzinger/Schneidmüller (Hg.): Politische Öffentlichkeit, wie oben, Anm. 23.
225 Vgl. Marburg/Schriefl: Politische Versammlungen, wie Einleitung, Anm. 10; Rehberg: Institutionen, wie Einleitung, Anm. 6.
226 Vgl. die Vermutung für eine Versammlung am 9. Juni 1453 in Grimma: „womöglich sollte sie gar nicht zu Entscheidungen und Lösungen führen, sondern eben lediglich ein ‚reden' im Sinne eines gemeinsamen Besprechens der Landesangelegenheiten werden." Kopietz: Ordnung, wie oben, Anm. 12, S. 288. Ausführlich zum Thema „Die politische Versammlung als Kommunikationsplattform" ebd., S. 330–369. Vgl. auch Weinfurter, Stefan: Versammlungen und politische Willensbildung zwischen Inszenierung und Ritual. Zusammenfassende Überlegungen. In: Peltzer/Schwedler/Töbelmann (Hg.): Politische Versammlungen, wie Einleitung, Anm. 10, S. 273–279.
227 Vgl. Marburg/Schriefl: Politische Versammlungen, wie Einleitung, Anm. 10; Stollberg-Rilinger, Barbara: Cultures of Decision-Making, London 2016.
228 Vgl. Neu: Zeremonielle Verfahren, wie Einleitung, Anm. 10; Haug-Moritz: Reichstag, wie oben, Anm. 13, S. 37–60; Stollberg-Rilinger: Symbolik, wie oben, Anm. 224, S. 77–93.
229 Vgl. Brand, Jürgen: Art. Mahl und Trunk. In: Handwörterbuch zur deutschen Rechtsgeschichte 3, 2014, Sp. 1153–1155.
230 „Uf den landtagk Fabiani zcu Leipztigk gehalden vorczvert innhalt deß obengeantworten registers". Register nicht erhalten. Kopietz: Ordnung, wie oben, Anm. 12, Anm. 961. Bis 1532 kann man nachweisen, dass im ernestinischen Bereich die Landtagskosten von der kurfürstlichen Kasse aufgebracht wurden. Haug-Moritz: Reichstag, wie oben, Anm. 13, S. 49, mit Verweis auf Burkhardt: Landtage, wie oben, Anm. 80, S. X f.
231 Boockmann, Hartmut: Die Stadt im späten Mittelalter, 3. Aufl. München 1994 (zuerst 1986), S. 60.
232 Burkhardt: Landtage, wie oben, Anm. 80, Nr. 65.
233 Die folgenden Maße sind die des 16. Jh.
234 Vgl. Burkhardt, Carl August Hugo: Das tolle Jahr zu Erfurt und seine Folgen 1509–1523. In: Archiv für sächsische Geschichte 12, 1877, S. 337–426.
235 Kopietz: Ordnung, wie oben, Anm. 12, S. 373 und Anm. 1127.
236 Burkhardt: Landtage, wie oben, Anm. 80, S. VII f.
237 Kopietz: Ordnung, wie oben, Anm. 12, Anlage 3. „Die Teilnehmerkreise solcher größeren, d. h. allgemeinen Zusammenkünfte lassen sich in den mehreren Fällen tatsächlich auf ca. 450–650 Personen hochrechnen." Ebd., S. 272.
238 Ebd., Anm. 1162.
239 Ebd., S. 261.
240 Schirmer: Landstände und Reformation, wie oben, Anm. 196, S. 64. Vgl. Rogge: Herrschaftsweitergabe, wie oben, Anm. 79, S. 291–301; Müller, Ernst: Die Mutschierung von 1513 im ernestinischen Sachsen. In: Jahrbuch für Regionalgeschichte 14, 1987, S. 173–183.
241 Burkhardt: Landtage, wie oben, Anm. 80, Nr. 266. Präsenzlisten haben sich nicht erhalten. Ebd., S. VII. Schirmer geht von etwa 300 „Mandatsträgern" aus, da jeweils zwei Personen delegiert werden durften. Schirmer: Landstände und Reformation, wie oben, Anm. 196, S. 62 f.
242 Burkhardt: Landtage, wie oben, Anm. 80, Nr. 275.
243 Ebd.
244 Kius, Otto: Das Finanzwesen des Ernestinischen Hauses Sachsen im sechzehnten Jahrhundert nach archivalischen Quellen, Weimar 1863, S. 52.
245 Ebd., S. 51–56; Burkhardt: Landtage, wie oben, Anm. 80, Nr. 268.

246 Vgl. Boockmann, Hartmut: Süßigkeiten im finsteren Mittelalter. Das Konfekt des Deutschordenshochmeisters. In: Schieffer, Rudolf (Hg.): Mittelalterliche Texte. Überlieferung – Befunde – Deutungen, Hannover 1996, S. 173–188.
247 Burkhardt: Landtage, wie oben, Anm. 80, Nr. 277; Kius: Finanzwesen, wie oben, Anm. 244, S. 51 f.
248 Burkhardt: Landtage, wie oben, Anm. 80, S. XI. Bei Kius: Finanzwesen, wie oben, Anm. 244, S. 52: „1 Tisch dem Amtsverweser, 1 Tisch der Amtsverweser" (sic!).
249 Vgl. Kopietz: Ordnung, wie oben, Anm. 12, S. 234 ; ders.: Das Zehrungsbuch des Leipziger „Landtages" von 1538. In: Landtagskurier. Freistaat Sachsen 4, 2015, S. 22 f.
250 Vgl. oben, bei Anm. 245.

II.

Kursächsische Ständeversammlungen
der Frühen Neuzeit

1547–1622: Die Territorialisierung und die Verfestigung des Tagungsmodus

Die Reformation im albertinischen Herzogtum und die neue Aufteilung der wettinischen Territorien im Jahr 1547, mit der die Kurwürde auf Moritz von Sachsen überging, brachten für die Zusammensetzung der Landtage erhebliche Veränderungen. Denn einerseits reduzierte sich das Corpus der Prälaten erheblich. Die Bischöfe von Merseburg amtierten bis 1561, die von Naumburg bis 1564/65 und die von Meißen bis 1581. Darüber hinaus saßen in ihrer Nachfolge die Hochstifte bzw. das Amt Meißen, Leipzig und Pegau im Corpus der Prälaten. Nachdem auch diese als Landtagsmitglieder ausgeschieden waren, blieben weiterhin die Domkapitel von Meißen, Merseburg und Naumburg/Zeitz auf den Ständeversammlungen vertreten. Bis 1613 gehörten auch die Statthalter und Komture der Deutschen Ordensballei in Thüringen noch der Prälatenkurie an. Später saßen sie im Engeren Ausschuss der Ritterschaft, dem einflussreichsten Gremium der Ständeversammlung. Die Äbte und Pröpste mehrerer Klöster und die Vertreter der Fürstenschulen zählten auf den Landtagen bis 1613 ebenfalls noch zu den Prälaten. In der Folge schieden sie ersatzlos aus. Lediglich die Deputierten der Universität Wittenberg blieben darüber hinaus Mitglieder der Landschaft. Seit 1550 war auch die Universität Leipzig im Corpus der Prälaten präsent.[1]

Andererseits wuchs 1547 die Zahl der Stände des Kurfürsten Moritz, weil dessen Herrschaftsbereich sich nach dem Schmalkaldischen Krieg erheblich ausgedehnt hatte.[2] Entsprechend mehr Rittergutsbesitzer und Städtedeputierte kamen auf die Landtage des albertinischen Wettiners. Existierten im Jahr 1537 im Herzogtum Sachsen 246 Rittergüter, die durch ihren Besitzer zur Landtagsteilnahme berechtigt waren, wuchs aufgrund des neuen Territorialbesitzes diese Gruppe bis zum Jahr 1600 auf 450 bis 600.[3] Die Anzahl der landtagsfähigen Städte ist erst für die zweite Hälfte des 16. Jahrhunderts festzustellen.[4] Nach seinem ersten Landtag als Kurfürst, der vom 1. bis 14. Juli 1547 in Leipzig stattfand, erließ Moritz von Sachsen am 5. August 1547 eine Kanzleiordnung, die sein Herrschaftsgebiet in Kreise einteilte. Das ehemalige Herzogtum Sachsen-Wittenberg wurde zum Kurkreis, der Thüringer Kreis umfasste die bisherigen Besitzungen der Albertiner aus der alten Landgrafschaft Thüringen und das ehemalige Osterland bekam den Namen Leipziger Kreis. Von diesem Territorium hatten zuvor die ernestinischen Wettiner die Gebiete um Pegau, Leipzig, Delitzsch und Zörbig beherrscht. Der Erzgebirgische Kreis, der sich nach Westen um etwas Land aus zuvor ernestinischem Terrain erweiterte, und der Meißner Kreis, dem nach Norden das hinzugewonnene Land um Torgau und Schildau zugeordnet wurde, umfassten ebenfalls vorwiegend albertinische Erblande. Erst im Jahr 1567 traten die „assekurierten Ämter", die 1588 als Neustädter Kreis gefasst wurden, zum Landtag hinzu. Aus dem Herrschaftsbereich, der 1547 an Heinrich V. von Plauen gefallen war, von ihm 1559 an Kursachsen verpfändet wurde und nicht mehr ausgelöst werden konnte, formte Kurfürst August im Jahr 1570 den Vogtländischen Kreis.[5]

Als Kurfürst Moritz 1547 Kreise einrichtete, griff er auf ein bereits zuvor – allerdings nicht kontinuierlich – praktiziertes Verfahren zurück, das adligen Steuereinnehmern und der Obrigkeit von Städten, in denen die Gelder zusammengeführt werden mussten, für ein bestimmtes Gebiet die Aufgabe zuwies, die Steuern zu erheben.[6] Die neuen Kreise bekamen im Laufe der Zeit als Struktureinheiten eine feste Bedeutung für die Landtage. Der Hof lud aufgrund von Listen mit Kreiseinteilung zu den Landtagen,[7] registrierte die Stände, die auf Landtagen ankamen, nach Kreisen,[8] fertigte für jede Ständeversammlung Unterkunftslisten nach Kreiszugehörigkeit[9] und organisierte die Fütterung der Pferde nach Kreisen.[10] Damit wies der Landesherr jedem Teilnehmer eines Landtags sichtbar eine Herkunft zu. Auch die Landstände selbst richteten um 1550 Kreisarchive für ihre Akten ein und nahmen damit die erst wenige Jahre zuvor vom Landesherrn konzipierte territoriale Struktureinheit an.[11] Die Ausschüsse der Ritterschaft und Städte berücksichtigten bald einen Schlüssel nach Kreiszugehörigkeit,[12] und die Gravamina wurden von ihnen zuerst innerhalb der Kreise zusammengetragen, bevor sie auf dem Landtag innerhalb der Corpora abgestimmt wurden.[13]

Die Institutionalisierung des kursächsischen Landtags[14] wurde auch dadurch vorangetrieben, dass für ein Dreivierteljahrhundert Torgau Tagungsort war. Die Stadt hatte unter der Herrschaft der Ernestiner keine hervorgehobene Rolle als Landtagsort besessen. Nachdem im Jahr 1547 die Territorien des Hauses Wettin unter die beiden Linien neu verteilt worden waren, lag Torgau etwa in der Mitte des geografischen Zentrums des neuen Kurfürstentums. Die ehemalige Residenzstadt der Ernestiner bot den albertinischen Kurfürsten zudem durch nahegelegene Jagdgebiete und landesherrliche Schlösser die Gelegenheit, sich dem Landtagsgeschäft zu entziehen. Torgau war groß genug, einen Landtag zu beherbergen und zu versorgen. Die Wirtschaftsstruktur mit vielen Brauhäusern, die auch Übernachtungsgäste aufnahmen, bot einen weiteren Vorteil. Als Tagungsort konnte die ehemalige Residenz der Ernestiner den neu unter die Herrschaft des Kurfürsten Moritz gelangten Vasallen und Städtevertretern vor Augen führen, wer nun das Regiment führte. Andererseits kam der Landesherr den Ständen aus seiner Residenz Dresden nach Torgau eine symbolische Wegstrecke entgegen und konnte dort trotzdem über das vollständige höfische Zeremonialrepertoire verfügen. Als Landtagsort hätte die ausgebaute Festung Dresden nach allgemeinem frühneuzeitlichem Verständnis die Hausherrenrolle und Gewaltfähigkeit des Landesherrn stärker akzentuiert als das eher wenig befestigte und daher neutralere Torgau.[15]

Die Zeremonialisierung des Landtagsablaufs, die Versorgungssituation der Teilnehmer und die Bedeutung der Stadtstruktur Torgaus für das Tagungsprozedere ließen über die Dauer Routinen entstehen, die sich während der spätmittelalterlichen Phase, als die Landtage immer wieder in anderen Städten zusammenkamen, noch nicht ergeben konnten.[16] Es ist daher kein Zufall, dass in den 1560er Jahren eine sogenannte Landtagsordnung in Torgau entstand.[17] Die Stadt hatte sich als Tagungsort etabliert. Zugleich hatte sich in den beiden vorangegangenen Jahrzehnten die Verwaltungsarbeit so verdichtet, dass Binnenstrukturen und Verfahrensweisen der Landtage sich verfestigten. Es wurde daher möglich, diese erstmals schriftlich zu fixieren. Die „Landtagsordnung" des 16. Jahrhunderts besaß zwar keinen Gesetzesrang, entsprach aber dennoch dem gängigen Prozedere der kursächsischen Ständeversammlung.[18] Sie war auch Vorlage für die Landtagsordnung, die die Stände im frühen 18. Jahrhundert berieten und die August der Starke am 11. März 1728 per Dekret in Kraft setzte.[19]

Wie schon in der Epoche, als die Landtage an wechselnden Orten zusammengekommen waren, stand den albertinischen Kurfürsten weiterhin das Recht zu, Ständeversammlungen einzuberufen.[20] Der Landesherr konnte die Stände seit der Einung von 1438 allerdings nicht mehr getrennt zu einem Ritter- oder Städtetag bzw. zu einer Regionalversammlung bitten, um Rat und Hilfe zu erlangen. Zuletzt im Jahr 1537 erinnerten die Landstände Herzog Georg von Sachsen daran, dass er sie nicht getrennt voneinander, sondern nur gemeinsam einberufen könne.[21] Die Convocationen (Einladungsschreiben) für Grafen und Herren, Bischöfe und Universitäten oder Ritterschaft und Städte berücksichtigten in der persönlichen Anrede die ständischen und lehnsrechtlichen Unterschiede, in dem die Adressaten zum Landesherrn standen. Zunächst nannten die Convocationen nur den Ort und Zeitpunkt für eine Ständeversammlung. Erst im frühen 17. Jahrhundert erläuterten sie auch den Anlass, aus dem ein Landtag zusammentreten sollte.[22]

Grafen und Herren bildeten auf den Landtagen des 16. und frühen 17. Jahrhunderts wie auch die Prälaten eine „Korporation neben der Landschaft" (Ulf Molzahn), wurden aber anders als die Prälaten der Form nach als Landstände gesehen, weil sie neben ihren reichsunmittelbaren Territorien durchgängig Lehen der Wettiner in ihrem Besitz hatten.[23] Im Corpus der Prälaten kamen die geladenen Bischöfe von Meißen, Merseburg und Naumburg nicht persönlich zur Ständeversammlung, weil die Landtagsabschlüsse für ihre Territorien nicht verbindlich waren. Als Kirchenfürsten schickten sie aber Vertreter.[24]

Um Convocationen an die Ritterschaft zu versenden, konnte der sächsische Kurfürst nicht auf eine Adelsmatrikel zurückgreifen. Ein solches Verzeichnis entstand erst im frühen 20. Jahrhundert. Daher führte der Dresdner Hof Listen, nach denen er die Ritterschaft zu den Ständeversammlungen einberief. Wer als Adliger zur Landschaft gehörte, wurde daher durch die fürstenstaatliche Verwaltung erfasst. Ob er eingeladen wurde, hing zunächst davon ab, ob der Betreffende einen vom Landesherrn verlehnten Besitz innehatte. Zum Corpus der Ritterschaft berief der sächsische Kurfürst im ausgehenden 16. und beginnenden 17. Jahrhundert auch Stadtbürger oder Städte, die ein Rittergut besaßen, und diese nahmen auch an den Beratungen teil.[25] Dennoch erhielten nicht alle Rittergutsbesitzer in gleicher Weise einen Landtagssitz. Seit der Mitte des 15. Jahrhunderts existierte nämlich eine Unterscheidung zwischen amts- und schriftsässigen Rittergutsbesitzern, die zunächst auf judikativen Kompetenzen beruhte. Wer als Vasall nur die niedere Gerichtsbarkeit besaß, war für Streitsachen in nächster Instanz an die Ämter (die mittleren Verwaltungseinheiten des Landesherrn) verwiesen. Vom Amt aus erhielten diese Rittergutsbesitzer auch

Befehle oder Anordnungen zugestellt. Besaß ein Rittergutsbesitzer die Obergerichtsbarkeit, kamen solche Mitteilungen direkt aus der Kanzlei des Landesherrn. Die übergeordnete gerichtliche Instanz war in diesem Fall das Hofgericht oder die Landesregierung. Ein Schriftsasse nahm Steuern ebenfalls ohne Mitwirkung des Amtes ein und führte sie direkt an die Kasse des Landesherrn ab. Beide Gruppen von Rittergutsbesitzern besaßen auch einen unterschiedlichen Zugang zum Landtag. Während den Schriftsassen für ihre Person eine Virilstimme zustand, wählten die Amtssassen lediglich einen Vertreter, der sie auf der Ständeversammlung vertrat.[26]

Von den Städten Kursachsen waren die landtagsfähig, die nicht auf der Ebene der Grundherrschaft dem Landesherrn, einem Rittergut oder einer kirchlichen Institution unterstanden. Aus diesen Immediatstädten wurden in der Regel Bürgermeister, Ratsmitglieder, Stadtrichter oder Stadtschreiber entsandt. Es war möglich, dass aus einer Stadt ein bis fünf Personen zum Landtag erschienen. Sie fungierten jeweils als Deputierte, die gemeinsam das Votum ihrer Stadt wahrnahmen.[27] Während der Torgauer Landtage war es noch gängig, einen anderen Landstand zu bevollmächtigen, die Interessen einer landtagsfähigen Stadt oder eines schriftsässigen Ritterguts zu vertreten.[28]

Wie oft Ständeversammlungen abgehalten wurden und wie lange sie tagten, hing in der zweiten Hälfte des 16. und im beginnenden 17. Jahrhundert davon ab, welche Aufgaben zu bewältigen waren und wie weit bereits die Schriftlichkeit, die immer mehr Zeit in Anspruch nahm, zugenommen hatte. Auch die expandierende Hofhaltung erforderte langwierigere Prozedere. Nachdem die Kurfürsten Moritz und August sukzessive Kompetenzen zur Schulden- und Steuerverwaltung an die Stände abgegeben hatten, ging die dichte Folge von Ständeversammlungen, zu der es zwischen 1545 und 1555 gekommen war, zurück. Unter dem Administrator Friedrich Wilhelm von Sachsen-Weimar sowie den Kurfürsten Christian II. und Johann Georg I. nahm seit 1592 die Landtagsdauer zu.[29] Diese längere Dauer lag also nicht am jeweiligen Landesherrn, sondern ergab sich aus administrativen Prozessen. Außerdem empfahl sich, Landtage im Herbst abzuhalten, weil die Rittergutsbesitzer zu diesem Zeitpunkt abkömmlicher waren als während der Saat oder Ernte und vor allem weil nach einer so terminierten Ständeversammlung eine erste Steuererhebung noch zu Winteranfang erfolgen konnte, wenn die Scheunen der Bauern gut gefüllt waren.[30]

Der sächsische Kurfürst nahm an den Landtagen in Torgau persönlich teil. Lediglich 1557 konnte Kurfürst August wegen einer Erkrankung dieser Praxis nicht nachkommen. Ansonsten war es nicht unüblich, dass sich der Landesherr nur an den Eröffnungs- und Abschiedsfeierlichkeiten präsentierte und sich während der eigentlichen Verhandlungen auf eines seiner nahegelegenen Schlösser zurückzog. Währenddessen weilten die führenden Personen der fürstenstaatlichen Zentralverwaltung in Torgau und waren in das Geschehen eingebunden.[31] Damit verhandelt werden konnte, musste nicht allein das Kanzleiinventar von Dresden nach Torgau geschafft werden. Mit dem Landesherrn kam eine große Anzahl Bediensteter – vom Mundkoch, Mundschenk und Pastetenbäcker bis zum Küchenjungen, zum Aufträger für die Tafel und zur Abwäscherin sowie vom Leibkutscher, Musiker und Bettenmeister bis zum Sicherheitspersonal.³² Außer für den Fürsten und seinen Hof war auch noch für die Stände zu sorgen, die von den Wettinern traditionell als Gegenleistung für ihren Rat und ihre Hilfe am Ort des Landtags Speisen und Getränke für sich und ihre Knechte sowie Futter für ihre Pferde erhielten. Dazu musste nicht nur Personal zur Verfügung stehen, sondern es waren auch Nahrungsmittel und Futter in großem Umfang nach Torgau zu schaffen. Die Ausspeisung durch den Hof erfolgte nach zeichenhaften Ausdifferenzierungen ständischer Gruppen.³³ Sie trug dazu bei, eine hierarchische Gesellschaftsordnung zu erzeugen und zu stabilisieren.

Vor der Eröffnung eines Landtags besuchten die Stände in Torgau einen Gottesdienst in der Schlosskirche, der üblicherweise gegen 7 Uhr begann und bis 9 Uhr dauern konnte. Das Einladungsschreiben von 1570 forderte die Landtagsteilnehmer erstmals explizit auf, vor der feierlichen Proposition die Landtagspredigt anzuhören. Ein hochrangiger Geistlicher befasste sich darin mit den christlichen Maximen, die an die Beratungsgegenstände der Ständeversammlung angelegt werden sollten. Vor allem wenn die Kirchenorganisation zur Debatte stand, bezogen die Prediger, die eng mit der Position des jeweiligen Kurfürsten übereinstimmten, offen Stellung.³⁴

Nach dem Gottesdienst begaben sich die Landtagsmitglieder von der Torgauer Schosskirche in den großen Saal von Schloss Hartenstein, um dort anzuhören, welche Forderungen der Landesherr an die Versammlung stellte. Der Kurfürst zog – begleitet von männlichen Verwandten und mit einem Gefolge aus Räten und Höflingen – ein. Er positionierte sich dem Landtag gegenüber und ließ eine Eröffnungsrede halten. Anschließend wurde die Proposition verlesen sowie daraufhin Ritterschaft und Städten je ein verschriftlichtes Exemplar der verlesenen Verhandlungsvorgaben überreicht. Danach zogen der Landesherr und sein Kortege wieder aus und die Zeremonie war beendet. Ob die aus Dresden mit angereisten Hoftrompeter und Hofpauker eine Rolle im Zeremoniell spielten, ist nicht überliefert.³⁵

Der Verhandlungsgang des kursächsischen Landtags lässt sich nach der sogenannten Landtagsordnung von der Mitte des 16. Jahrhunderts oder nach dem Ordnungsmuster der Aktenüberlieferung rekonstruieren. Das Prozedere stellt sich nach beiden Quellen trotz Unschärfen, die nicht zu klären sind, als deckungsgleich dar.³⁶ Ritterschaft und Städte erarbeiteten zunächst in ihren engeren Ausschüssen eine eigene Stellungnahme zur Proposition. Seit sich das albertinische Kursachsen 1547 vergrößert hatte und mehr Stände zum Landtag kamen, scheinen Ausschüsse, die während der Landtage zusammentraten, für den Geschäftsgang besonders zuträglich gewesen sein. Zuvor hatten zwar schon große und kleine Ausschüsse existiert. Sie waren aber eher dazu eingerichtet worden, anstelle der gesamten Landschaft zu agieren, wenn diese nicht versammelt war.³⁷ Diese Form der Ständeversammlung blieb bis ins frühe 19. Jahrhundert erhalten, um minder Wichtiges zu verhandeln. Steuerbewilligungen und Stellungnahmen zu Kriegen oder Bündnissen behielten sich die Landtage vor. Deshalb mussten die albertinischen Herrscher ihren kurzfristigen Geldbedarf über Anleihen decken. Da als Kreditoren vorwiegend der landsässige Adel und die Städte Kursachsens infrage kamen, entstand über den Kapitalmarkt auch eine finanzielle Interdependenz zwischen Landesherrn und Ständen.[38] Als nach der Wittenberger Kapitulation auf dem vergrößerten Landtag Ausschüsse der Ritterschaft und Städte eingerichtet wurden, war es zunächst Usus, deren Mitglieder auf jedem Landtag neu zu wählen. Erst im Laufe der Zeit entstand die Ausschussmitgliedschaft als lebenslanges Amt. Seit 1555 wurden dem Kurfürsten die Wahlen zum Ausschuss der Ritterschaft mitgeteilt. Der Landesherr konnte sie aber lediglich zur Kenntnis nehmen und nicht beeinflussen.[39]

Waren der Engere und Weitere Ausschuss und die allgemeinen Versammlungen von Ritterschaft und Städten in einem komplizierten Beratungsverfahren zu einem gemeinsamen Resultat gekommen, wurde dies zu Papier gebracht. Diese gemeinsame Antwort an den Landesherrn war ein Zeichen für Einung. Die Grafen und Herren sowie die Prälaten wurden über die Ansichten der Ritterschaft und Städte informiert bzw. ihnen wurde gestattet, von der Antwort, die die beiden anderen Corpora schriftlich abgefasst hatten, Kenntnis zu nehmen. Die weltlichen und geistlichen Standesherren schlossen sich aber dem bereits verfassten Votum nicht an, sondern schrieben selbst an den Kurfürsten. Ritterschaft und Städte überbrachten ihre Antwortschrift mit einer Delegation an die Räte des Landesherrn. War der Kurfürst mit dem, was die Stände anboten, zufrieden, konnte die feierliche Verabschiedung des Landtags vorbereitet werden. Andernfalls wurde erneut ein landesherrliches Schreiben zur Beratung vorgelegt und der Deliberationsprozess setzte sich im bereits geschilderten Modus fort, bis es zu einer Einigung kam.[40]

Erst dann fand eine feierliche Beendigung des Landtags statt, deren Prozedere der Eröffnung einer Ständeversammlung glich, nur dass statt der Proposition verlesen wurde, auf was man sich geeinigt hatte. Auch dieses Verhandlungsergebnis, der Landtagsabschied, war schriftlich abgefasst. Es wurde ihm noch ein Steuerausschreiben angehängt und ein Revers hinzugefügt, der der Landschaft ihre hergebrachten Rechte wie die Steuerbewilligung und Mitsprache in allen bedeutsamen inneren Landesangelegenheiten sowie für Krieg und Bündnis zusicherte.[41]

Steuern

Der Herzog und Kurfürst Moritz von Sachsen führte im Jahr 1542 für 200.000 Gulden und im Jahr 1552 für gut 400.000 Gulden zwei Kriege gegen die Osmanen. Seit 1546 rüstete er zum Schmalkaldischen Krieg, für den ein Landtag 1546 rund 60.000 Gulden Steuergeld bewilligt hatte. Zudem nahm der Dresdner Wettiner im selben Jahr durch ständische Vertreter 245.000 Gulden Anleihen auf und musste nach der gewonnenen Schlacht bei Mühlberg aufgrund der Wittenberger Kapitulation Verbindlichkeiten der Ernestiner in Höhe von etwas mehr als 190.000 Gulden übernehmen. Von Oktober 1550 bis November 1551 belagerte er im Auftrag des Reiches Magdeburg. Da er die Truppen anschließend nicht entließ, sondern mit ihnen gegen Kaiser Karl V. zog, hatte er deren Sold von monatlich 50.000 bis 60.000 Gulden selbst aufzubringen. Der Kriegszug gegen den Habsburger kostete insgesamt gut 639.000 Gulden, die zu etwa zwei Dritteln aus französischen Subsidien und zu einem Drittel aus Anleihen und Kontributionen finanziert wurden. Als Moritz von Sachsen im Jahr 1553 die Plünderungen des Markgrafen Albrecht von Brandenburg-Kulmbach militärisch stoppte, schrieb er ohne Zustimmung des Landtags eine direkte Steuer aus, um die monatlichen Kosten von 64.000 Gulden für seine Truppen begleichen zu können. Nach Moritz' Tod in der Schlacht von Sievershausen am 11. Juli 1553 billigte ein Landtag, der im August desselben Jahres in Dresden tagte, nachträglich die unrechtmäßige Steuerausschreibung. Die durchgängig kriegerische Außenpolitik des Kurfürsten Moritz verursachte so hohe Kosten, dass sich in Kursachsen die Organisation der Staatsfinanzen grundlegend wandelte. Spätestens seit dem Dresdner Landtag 1552 waren die Stände genötigt, permanente, direkte Steuern zu installieren. Um die Schulden abzutragen, gab der Kurfürst auf derselben Ständeversammlung Verbindlichkeiten in Höhe von 600.000 Gulden an den Landtag ab. Dieser übernahm zugleich die Verwaltung der Tranksteuer, um damit Zinsen und Tilgung der Passiva zu bedienen.[42]

Die angespannte finanzielle Situation der landesherrlichen Kammer änderte sich auch nach dem Regierungsantritt von Kurfürst August nicht. Der neue Herrscher hatte die Schulden seines verstorbenen Bruders zu übernehmen. Zudem sanken seine Einkünfte, weil die sächsischen Bergwerke geringere Erträge abwarfen, und die Ausgaben stiegen permanent, obwohl der neue Landesherr weit weniger Ausgaben für Kriege benötigte: Beispielsweise kostete 1561 die Vermählung von Kurfürst Moritz' hinterbliebener Tochter, Anna von Sachsen, mit Wilhelm I. von Oranien 200.000 Gulden. Außerdem unterstützte Kurfürst August seinen Schwiegervater, den dänischen König Christian III., im Dreikronenkrieg (1563–1570) mit 150.000 Gulden. Besuche auf Reichs- und Kurfürstentagen kosteten 100.000 bis 130.000 Gulden, Reiterdienste für den Kaiser 120.000 Gulden und das Engagement, um das Vogtland in den eigenen Besitz zu übernehmen, 60.000 Gulden. Im Jahr 1563 hatte Kurfürst August bereits zwei Millionen Gulden geliehen.[43]

Bis zum Jahr 1570 stiegen die kursächsischen Gesamtschulden auf über 3,1 Millionen Gulden. Daraufhin entschloss sich August von Sachsen, den Ständen alle Verbindlichkeiten zu übertragen und ihnen im Gegenzug neben der Tranksteuer auch noch die Landsteuer, die jeder jährlich von seinem Vermögen zu entrichten hatte, zu überlassen. Da der Landtag bis zu diesem Zeitpunkt keine eigene Verwaltung hatte, wurde ein Obersteuerkollegium eingerichtet, das aus vier vom Fürsten und vier von der landständischen Ritterschaft besetzten Stellen bestand. Die Obersteuereinnehmer nahmen auf den Leipziger Messen die Steuern aus den Kreisen entgegen, zahlten daraus Zinsen und Tilgung der Schulden und waren auch berechtigt, gegebenenfalls für vier bis sechs Prozent Kredite aufzunehmen, um Fälligkeiten zu bedienen. Weil den Obersteuereinnehmern kein Behördenapparat zur Verfügung stand, arbeiteten sie eng mit der kurfürstlichen Rentkammer zusammen. Zu einer selbstständigen Behörde wurde das Obersteuerkollegium erst in der Mitte des 17. Jahrhunderts. Ein gegensätzliches Interesse zwischen Ständevertretern und kurfürstlichen Beamten lässt sich für die Mitglieder des Obersteuerkollegiums nicht feststellen.[44]

Während der kurzen Regierungszeit des Kurfürsten Christian I. (1586–1591) blieben die unter seinem Vater vom Landtag beschlossenen Steuersätze konstant.[45] Da der neue Herrscher sich in keine kriegerischen Verwicklungen einließ, stiegen vor allem die Kosten für die höfische Kultur, die sich im Vergleich zu den Ausgaben, die Kurfürst August dafür alljährlich getätigt hatte, mehr als verdoppelten – von über 121.000 Gulden auf knapp 328.000 Gulden. Die durchschnittlichen Ausgaben für die Küche etwa verdreifachten sich von fast 15.000 Gulden auf mehr als 45.000 Gulden. Für den Weinkeller waren sogar statt knapp 8.000 Gulden unter Kurfürst August bei seinem Nachfolger jedes Jahr im Schnitt über 46.000 Gulden erforderlich.[46] Über die Tafelkultur hinaus interessierte sich der junge Kurfürst besonders für italienische Pferde, Reitkunst und Turniergestaltung. Er ließ den Stallhof des Dresdner Residenzschlosses als Schauplatz für große Reitturniere erbauen.[47] Die Bedeutung der landesherrlichen Kasse in der Verwaltungshierarchie sank während der Regierung Kurfürst Christians I. ab. Nikolaus Krell, der als Kanzler ab 1589 die Position des einflussreichsten Fürstendieners am Dresdner Hof einnahm, gliederte die Verwaltung der Finanzen aus dem Geheimen Rat, dem zentralen fürstenstaatlichen Beratungsgremiums, aus und führte in der Kammer als oberster Finanzbehörde alles zusammen, was die Ausgaben und Einnahmen des Landesherrn betraf.[48] Dass durch diese Umgestaltung zwei adlige Räte zurückgestuft wurden, mag zu Krells späterem Sturz beigetragen haben. Die Steuerverhandlungen mit dem Landtag gaben dazu sicherlich keinen Anlass.

Nach dem überraschend frühen Tod Christians I. verhandelte auf dem Torgauer Landtag von 1595 der Administrator Friedrich Wilhelm von Sachsen-Weimar die Steuern mit den Ständen. Die Land- und die Tranksteuer wurden mit einem ähnlichen wie dem bisherigen Hebesatz für sechs Jahre verlängert. Zwar beteiligte sich Kursachsen auch an der Kriegsfinanzierung gegen die Osmanen. Diese Summe floss ohne Beteiligung der kurfürstlichen Kammer komplett aus den Steuern. Allerdings ging bei einem Jahresetat von etwa einer Million ein Viertel bis zur Hälfte der Gelder aus der ständischen und landesherrlichen Kasse in die Ausstattung von Fürst, Herrscherfamilie und Hof.[49] Hatte für diesen Zweck Christian I. von 1586 bis 1591 noch pro Jahr durchschnittlich 346.054 Gulden benötigt, konnte der Administrator von 1595 bis 1601 trotz doppelter Hofhaltung in Dresden und Torgau mit 277.558 Gulden auskommen. Der gerade volljährig gewordene Christian II. gab in den Jahren 1602–1604 mit 522.599 Gulden fast doppelt soviel aus wie sein bisheriger Vormund.[50]

Dabei hatten Administrator und Mündel im Jahr 1601 schlicht versäumt, einen Landtag rechtzeitig darum zu bitten, die Steuerbewilligung zu verlängern. Es musste daher ein ganzes Jahr ohne Steuerertrag mit Krediten überbrückt werden. Der Landtag, der im Oktober 1601 schon unter der selbstständigen Herrschaft Christians II. das Versäumte nachholte, beschloss, die Tranksteuer für sechs Jahre konstant hoch zu belassen und die Landsteuer um die Hälfte von vier auf sechs Groschen zu erhöhen. Als der sächsische Kurfürst 1605 rechtzeitig vor dem Auslaufen der Steuerbewilligungen erneut einen Landtag nach Torgau einberief, forderte er mit Hinweis auf den Krieg gegen das Osmanische Reich mehr Geld. Die Ständeversammlung riet ihm dagegen, die Hofhaltung zu reduzieren und weniger großzügig Begnadigungen (Gelder für begünstigte Personen) zu verteilen. Dennoch erhöhte der Landtag die Landsteuer von sechs auf acht Pfennig und die Tranksteuer wurde von 20 auf 40 Groschen pro Fass Bier angehoben. Der Eimer Wein wurde zusätzlich mit weiteren fünf Groschen belegt, sodass inländischer nun zehn und ausländischer 15 Groschen Steuer kostete. Sachsens Ritterschaft hatte sich in den zurückliegenden Jahren ohne Rechtsgrundlage von der Landsteuer befreit. Diese selbstgewährte Steuerfreiheit forderten die Rittergutsbesitzer 1605 als Gegenleistung für ihre Steuerbewilligung. Da die Schulden der landesherrlichen Kammer in der Zeit, als Christians II. selbst regierte, sich sukzessive um rund zwei Millionen erhöhten und die Passiva immer weitere Steuererhöhungen erforderten, hatte der Kurfürst wenig Spielraum, sich dem Wunsch der Ritterschaft zu verweigern. Von 1601 bis 1611 verdoppelte sich daher die Tranksteuer, und die Landsteuer stieg von vier auf zehn Pfennige.[51]

Mit dem Regierungsantritt Johann Georgs I. besserte sich die schwierige Lage der kursächsischen Finanzen nicht. Die Ausgaben für Fürst, Herrscherfamilie und Hof blieben auch nach 1611 unverändert hoch.[52] Der Landtag von 1612 kam daher nicht umhin, die bereits hohe Tranksteuer noch einmal um zehn Jahre zu verlängern und für denselben Zeitraum die Landsteuer von zehn auf zwölf Pfennig zu erhöhen. Da die Städte sich vehement dagegen wehrten, dass die Rittergutsbesitzer von der Landsteuer ausgenommen bleiben sollten, erklärte sich die Ritterschaft bereit, ein Präsentgeld zu zahlen. Diese Zahlung, die man später Donativ nannte, galt als freiwillige Leistung, um de jure die Steuerfreiheit der Rittergüter nicht aufgeben zu müssen.[53] Trotz höherer Einnahmen geriet die Kasse des Obersteuerkollegiums bis 1620 in eine immer tiefere Verschuldung. Ihre Passiva stiegen bis zu diesem Jahr um 2,8 Millionen. Als dann Johann Georg I. 1620 im Auftrag Kaiser Ferdinands II. die Ober- und Niederlausitz sowie Schlesien, die als Nebenländer der böhmischen Krone am Aufstand gegen die Habsburger teilnahmen, durch eine Militärintervention botmäßig machte, verursachte dieser Feldzug Kosten von 3.137.000 Gulden. Der Kaiser konnte diese Summe nicht erstatten und verpfändete stattdessen die Ober- und Niederlausitz an Sachsen. Wohl deshalb geriet das Obersteuerkollegium noch tiefer in Schulden, die sich 1620 geschätzt auf 5,4 Millionen Gulden beliefen.[54] Die Inflation der Kipper- und Wipperzeit, die ihren Höhepunkt zwischen 1620 und 1622 erreichte, relativierte zunächst den Druck der kursächsischen Schulden. Bald sollte aber der Dreißigjährige Krieg Landesherrn und Stände vor noch gravierendere finanzielle Probleme stellen.

Innere und äußere Angelegenheiten

Obwohl zwischen 1547 und 1620 im Kurfürstentum Sachsen die Staatsfinanzen in eine zunehmende Schieflage gerieten und die Landtage dies auch nicht aufhalten konnten, nahmen die Stände erheblichen Einfluss auf die inneren Verhältnisse des Landes und gelegentlich auch auf die Außenpolitik ihres Herrschers. Denn es bestand stets eine Notwendigkeit, alle bedeutsamen Teilhaber am Herrschaftsarrangement dazu zu bewegen, die von ihnen zum gegenseitigen Nutzen akzeptierte Ordnung aufrechtzuerhalten, bzw. im Konsens gegen andere latent gehaltene Optionen zu verteidigen.[55]

Bereits in der ersten Hälfte des 16. Jahrhunderts bildete sich in beiden wettinischen Territorien der Usus heraus, dass die Stände auf den Landtagen Gravamina an den Fürsten formulierten und die Behebung von Missständen in einen Zusammenhang mit Steuerbewilligungen brachten. Da während der kurzen Dauer eines Landtags sich viele Mängel nicht abstellen ließen, konnte häufig erst bei der nächsten Ständeversammlung überprüft werden, ob ein Anliegen der Landschaft erledigt war. Während der zweiten Hälfte des 16. Jahrhunderts nahm daher die Zahl der ständischen Beschwerden rasant zu. Zumeist blieben die Gravamina aber unerledigt, weil sich die lokalen Herrschaftsträger vor Ort (der Amtmann des Landesherrn, die Rittergutsbesitzer, die Städte oder auch die Universitäten) nicht einigen konnten, die Missstände abzustellen.[56] Dennoch waren die wettinischen Landesordnungen des 16. Jahrhunderts mit den Ständen abgesprochen, bevor sie erlassen wurden. Daher befassten sich Landtage unter anderem auch mit dem Wert und Umlauf von Münzen, mit Zins und Wucher, mit Löhnen und Preisen, mit Kirchenzucht, frommer Lebensweise und Moralforderungen. Trunksucht, Glückspiel, Prostitution und Ehebruch standen im Einverständnis von Landesherrn und Ständeversammlung ebenso unter Strafe wie dem sozialen Status nicht angemessener Kleiderluxus oder zu üppige Festmähler für den gemeinen Mann. Die Landesordnungen verlangten auch, Gesinde, das seiner Herrschaft entlaufen war, abzuweisen und anzuzeigen, Bettler und Müßiggänger zu bestrafen sowie Sinti und Roma zu vertreiben. Seit der Mitte des 16. Jahrhunderts erschienen zunehmend Dekrete, Anordnungen und Mandate, die nicht mehr versuchten, umfassende Regelwerke aufzustellen, sondern stattdessen spezifische Lebensbereiche betrafen. Auch diese bald unübersichtliche Flut von landesherrlichen Reglements wurde weithin durch landständische Gravamina angestoßen.[57]

Eine bedeutende politische Richtungsentscheidung kam ebenfalls auf landständischen Einfluss hin zustande. Nikolaus Krell, der engste Berater von Kurfürst Christian I., wurde kurz nach dessen Tod 1591 verhaftet und nach einem Prozess 1601 hingerichtet. Das Verfahren gegen Krell wurde nach heutigen Kriterien unfair geführt, weil in einem Inquisitionsprozess der Angeklagte sich nur mündlich verteidigen konnte und nach den Protokollen, die das Gericht ohne Abstimmung mit ihm führte, von der böhmischen Appellations-Kammer in Prag verurteilt wurde.[58]

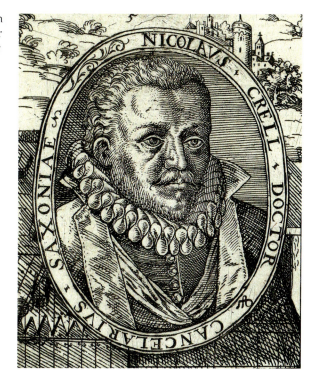

Abb. 6: Nikolaus Krell (* um 1550 in Leipzig; † 9. Oktober 1601 Dresden), unbekannter Künstler, Ende 16. Jahrhundert

Die beiden Hauptbeschuldigungen zielten auf die konfessionelle und politische Ausrichtung Sachsens, die nach dem Verständnis der Kläger dem erforderlichen Kurs zuwiderliefen. Krell habe einerseits versucht, die calvinistische Lehre in Sachsen auszubreiten. Andererseits habe er den Kurfürsten von den guten Beziehungen mit dem kaiserlichen Hof abgebracht und sich auf Verhandlungen mit ausländischen Mächten, besonders mit Frankreich, eingelassen. De facto war Krell zwar dem Calvinismus nicht abgeneigt, er hatte das aber bereits bei seinem Amtsantritt klargestellt und seine Bestallung gestand ihm diese konfessionelle Freiheit zu. Zudem konnte der verstorbene Kurfürst von ihm schon deshalb nicht böswillig hinters Licht geführt worden sein, weil die orthodoxen Lutheraner ihm zweifellos die Augen geöffnet hätten. Auch die Verhandlungen mit Frankreich hatte Krell im Auftrag Christians I. geführt.[59]

Dennoch greift es zu kurz, den gestürzten Kanzler als ein Opfer seiner Feinde zu sehen, der adligen Räte, die er nach dem Tod des Kurfürsten August politisch kaltgestellt hatte.[60] Über ein persönliches Racheprojekt hinaus ging es auch um eine Sinnsetzung für das große Ganze. Bereits die Forderung zur Verhaftung Krells, die Ausschussmitglieder dem Administrator vortrugen, erbat einen Landtag, um „in geistlichen und weltlichen Sachen hinwieder heilsame Policey und Ordnung" herzustellen und zu erhalten.[61] Der Prozess und die Hinrichtung Krells signalisierten eine kirchen- und reichspolitische Linie, die künftig gelten sollte. Dabei dürfte die Abneigung des Landtags gegen eine herrschaftliche Durchdringung des Territoriums, wie sie sich in der Politik Christians I. und Krells gezeigt hatte, eine Rolle gespielt haben. Als der Kurfürst und sein Rat ohne Rückendeckung der Ständeversammlung durchsetzten, dass die Konkordienformel als Bekenntnis zum Luthertum außer Kraft gesetzt wurde und dass bei der Taufe kein Exorzismus mehr gestattet sei, erregte das sowohl ständische Gegeninitiative als auch Unruhe in der Gesellschaft.[62] Es führte Ritterschaft und Städten gleichermaßen vor Augen, dass ohne ihre Zustimmung gravierende Veränderungen vollzogen wurden. Durch den Prozess gegen den ehemaligen Kanzler Krell zeigten Landtag und Herrscher einerseits ihr Votum für ein orthodoxes Luthertum und für eine Anlehnung an das Haus Habsburg. Andererseits stabilisierten Landesherr und Führungsformationen ihre hergebrachte Kooperation.

Hatte schon der Sturz Krells eine außenpolitische Komponente, so wirkte sich die Reserviertheit von Ständeversammlungen, an einer militärischen Außenpolitik des Landesherrn teilzunehmen, immer wieder aus. Schon als Kurfürst Moritz Magdeburg belagerte, kam es zu einer Kontroverse. Moritz forderte am 23. Dezember 1550 die Ritterschaft des Leipziger Kreises auf, sich an der Belagerung von Magdeburg zu beteiligen. Seine Truppen waren nicht stark genug, um erfolgreich zu sein, und von Bremen bzw. Verden aus drohte ein Entsatzheer nach Magdeburg zu ziehen. Zudem verweigerten die übrigen Stände des Obersächsischen Reichskreises Kurfürst Moritz ihren militärischen Beistand. Als sich die Ritter des Leipziger Kreises mit 127 Pferden in Zörbig gesammelt hatten, erklärte ihnen der Oberhauptmann Erasmus von Könneritz, er habe Auftrag, sie in Richtung Magdeburg nach Salza zu führen. Die versammelte Ritterschaft lehnte diesen Zug fast einstimmig ab. Denn ohne dass ein Landtag zugestimmt habe, dürften sie sich nicht an einem Kriegszuge beteiligen. Da von Könneritz diese Botschaft dem Kurfürsten nicht mündlich übermitteln wollte, wurde ein Schreiben verfasst, das deklariert, die Ritter seien gerne bereit das Kurfürstentum Sachsen zu beschützen. Es sei aber gegen das Herkommen, sie außerhalb des Landes für Kriegsdienste einzusetzen. Der Kurfürst solle doch berittene Söldner anheuern.[63]

Eine abschreckende Bestrafung der Vasallen, die die Heeresfolge verweigert hatten, konnte der Landesherr nicht durchsetzen. Er berief zwar für den 6./7. April 1551 45 Stände nach Leipzig, um mit ihnen über die Aburteilung der 13 Anführer der Leipziger Ritter zu beraten. Diese mussten aber nur Abbitte leisten und einen unentgeltlichen Reiterdienst anbieten. Daraufhin vergab ihnen Moritz, indem er ihnen die Hand reichte.[64] Ähnlich verlief 1620 eine Aufforderung Johann Georgs I., ihm auf seinem Kriegszug in die Oberlausitz zu folgen, weil diese sich als Nebenland der Wenzelskrone am Böhmischen Aufstand gegen Habsburg beteiligte. Der Landesherr konnte die Vasallen, die ihm den Kriegsdienst verweigert hatten, nicht bestrafen, weil er nach einem Feldzug, der mehr als 3,1 Millionen Gulden gekostet hatte, die Zustimmung der Ritterschaft für neue Steuern benötigte.[65] Vorausgegangen war der Zurückweisung des Militärdienstes allerdings eine mehrfache Konsultation ständischer Gremien, seit mit dem Prager Fenstersturz vom 23. Mai 1618 in Böhmen die Ereignisse eskaliert waren.

Abb. 7: Kursächsischer Defensionreiter. Musterzeichnung 1610

Um die Stellung des Kurfürstentums Sachsen zum Böhmischen Aufstand festzulegen, riefen der Landesherr und seine Räte bereits im August 1618 die Repräsentanten des Defensionswerks[66] und fünf Mitglieder des Engeren Ausschusses der Ritterschaft nach Torgau. Das Land sollte durch zur Verteidigung verpflichtete Defensioner und durch eine kleine noch anzuwerbende Reitertruppe von 200 Mann gesichert werden. Da Kaiser Matthias noch nach dem Ausbruch des Aufstands versichert hatte, die Konfessionen in Böhmen nicht einseitig verändern zu wollen, besaß nach Ansicht der kurfürstlichen Räte die Auseinandersetzung im Nachbarland keinen konfessionellen Charakter. Unter primär politischem Aspekt schien es geraten, den Konflikt möglichst nicht auszuweiten, sondern so rasch wie möglich beizulegen. Um nicht andere Reichsstände auf den Plan zu rufen, rieten der Kurfürst und seine Räte davon ab, selbst umfangreich zu rüsten oder sich gar militärisch zu engagieren. Denn ansonsten entstünde rasch ein großer Krieg, von dem sich nicht einschätzen ließe, wie er ausgehen würde. Sachsens bisheriger Status im Reich könnte dann aber in Gefahr geraten.⁶⁷ Denn im Vergleich zum Haus Habsburg, das Österreich und vor allem Spanien mit seinen Nebenlanden und Kolonien regierte, und auch gegenüber anderen europäischen Großmächten waren die Kraftreserven Kursachsens gering. Aus kursächsischer Sicht galten daher diplomatische Vermittlungsbemühungen als das Gebot der Stunde.

Die Mitglieder der Landstände, die Johann Georg I. nach Torgau geladen hatte, stimmten mit der in Dresden konzipierten Neutralitätspolitik überein. Auch bei späteren Beratungen, als nämlich der Engere Ausschuss der Ständeversammlung vom 5. bis 10. November 1618 und als am 6. Juni 1619 sämtliche Ausschüsse in Dresden zusammenkamen, bestätigten der Landesherr, dessen Räte und die Landstände sich gegenseitig, wie richtig es sei, neutral zu bleiben.⁶⁸ Im Dezember 1619 schlugen sich Johann Georg I. und seine Berater jedoch insgeheim auf die Seite des am 28. August desselben Jahres neu gewählten Kaisers Ferdinand II. Für ein militärisches Engagement Kursachsens auf seiner Seite stellte das Haus Habsburg Johann Georg I. territorialen Zugewinn in Aussicht.⁶⁹ Den Landständen war die veränderte Lage noch nicht klar, als vom 20. bis 22. Januar 1620 in Dresden ein Ausschusstag abgehalten wurde. Diese Versammlung plädierte erneut für Neutralität. Einen Krieg in Böhmen hielten Landesherr und Ausschussmitglieder übereinstimmend für unausweichlich. Damit der sächsische Kurfürst noch rechtzeitig Kriegsvolk an sich binden könne, meinte der Ausschusstag, es sei angemessen, wenn Johann Georg I. nun 4.000 Landsknechte anwerbe.⁷⁰ Mit einem solchen militärischen Potenzial ließ sich großen Verbänden, die durch Sachsen nach Böhmen ziehen wollten, die Passage verwehren. Man konnte auch der Gefahr begegnen, dass fremde Truppen sich in Sachsen schadlos hielten, weil sie in Böhmen nicht bezahlt wurden.

Vom Kenntnisstand der Landstände aus konnte es scheinen, dass Kursachsen von diplomatischen Vermittlungsversuchen zwischen Böhmen und Habsburg zu einer bewaffneten Neutralität fortschritt. Der Landesherr und seine Räte dagegen gingen längst einen anderen Weg. Die Staatsspitze mochte meinen, durch ihre Militärintervention gegen die Nebenlande der böhmischen Krone eine Chance zu ergreifen, mit der die Spaltung des Reiches in zwei unversöhnliche kämpfende Konfessionsparteien zu verhindern sein würde. Zudem wollten sie eine Gebietserweiterung für das Dresdner Herrscherhaus erreichen. Die Landstände hatten hingegen stets dafür votiert, die Kriegsbelastung Kursachsens möglichst gering zu halten. Beider Kalkül ging nicht auf. Der Landesherr warb mit dem Einverständnis des Ausschusstags Truppen an und schlug außenpolitisch einen Weg ein, gegen den sich die Stände explizit ausgesprochen hatten. Johann Georg I. gelang es zwar langfristig, sein Territorium um die Ober- und die Niederlausitz zu vergrößern. Er half aber auch, den Dreißigjährigen Krieg in Gang zu bringen, der nicht nur für seinen Herrschaftsbereich ruinöse Kosten und ungeheures menschliches Leid brachte.

Exkurs: Die Einführung von Diäten

Als Johann Georg I. für den 17. Februar 1622 seine Landstände nach Torgau berief, bat er zuvor seine Räte zu erwägen, ob wie bislang „die Landschafft zu Hof zu speisen, oder Inen eine gewiße auslösung an gelde […] zu reichen" sei.[71] Die Gefragten rieten zur Diätenzahlung. Denn es sei „bey der iezigen großen Theuerung und [dem] kundbaren Mißwachs" so schnell, wie es benötigt werde, „schwerlich zu den victualien und anderen hirzu gehörenden sachen zu gelangen".[72] Zu klären sei aber, ob der Fürst das Geld für die Diätenzahlung in der Kasse habe, ob die Torgauer Lebensmittel und Futter bis zum Beginn des Landtags heranschaffen könnten und ob die Stadt über hinreichende Biervorräte verfüge.[73]

Da die Einladung Johann Georgs I. an die Landstände auf den 17. Februar 1622 erfolgte,[74] dürfte sich die landesherrliche Kassenlage als ausreichend erwiesen haben. Und offensichtlich stellte auch die Lebensmittelakquise kein unüberwindliches Hindernis dar, obwohl die Torgauer zunächst nachdrücklich auf die vielen Schwierigkeiten hinwiesen, die sie mit der Alimentierung der Ständeversammlung durch die Stadtbürger heraufziehen sahen.[75]

Torgau hatte im ersten Drittel des 17. Jahrhunderts etwas mehr als 1.000 Häuser mit rund 8.500 Einwohnern.[76] Nach den Erfahrungen vorauigegangener Landtage kamen in die Stadt rund 260 Rittergutsbesitzer mit etwa 1.000 Pferden sowie Delegationen aus 77 Städten mit etwa 200 Pferden und eine nicht präzise zu ermittelnde Anzahl von Begleitern des Landesherrn mit über 300 Pferden.[77] Insgesamt zog ein Landtag rund 2.000 Personen nach Torgau.[78]

Die Stände logierten vorwiegend in großen Häusern, die zumeist Braurecht hatten und an den Hauptverkehrs- und Geschäftsstraßen lagen. Am Marktplatz residierten in den besonders großen Gebäuden die herausgehobenen Ständevertreter und Fürstendiener. Tendenziell waren Städtevertreter eher am prestigeträchtigeren Markt und einfache Rittergutsbesitzer eher in der Innenstadtfläche einquartiert. Die meisten Begleiter des Landesherrn hatten ihr Quartier in den Häusern nahe beim Schloss. Da das Gros der angereisten Stände aufgrund einer Planung des Hofmarschalls und seiner Mitarbeiter untergebracht wurde, zeigt sich bereits in der Beherbergung ein Mechanismus der ständischen Hierarchisierung, die dem Landtag durch den Landesherrn vorgegeben wurde.[79]

Für das Leben der Stadt darf man annehmen, dass die Fremden, deren Zahl während der knapp dreiwöchigen[80] Landtage zu Beginn des 17. Jahrhunderts fast ein Viertel der Stadtbevölkerung erreichte, das Getriebe der Stadt sowie ihre Atmosphäre erheblich beeinflussten. Wenn nun 1622 der Kurfürst die Stände und ihre Begleiter nicht mehr speiste, sondern 2.000 Personen von ihren Wirten zu beköstigen waren, konnte dies nur eine Intensivierung des ohnehin schon turbulenten stadtbürgerlichen Geschehens bedeuten.

Als Johann Georg I. dem Torgauer Rat unter dem Datum des 1. Dezember 1621 mitteilte, die Landstände würden auf dem kommenden Landtag nicht am

Hof gespeist, sondern sollen sich in ihrem „Postament" mit Essen und Pferdefutter versorgen lassen, verursachte diese Neuigkeit einige Irritation in der Stadt. Der Auftrag des Kurfürsten, der Rat und die Torgauer sollen sich zur Bewirtung der Landstände mit „getränk, victualien und anderem so zu dergleichen ausrichtung vonnöten" eindecken, erforderte offensichtlich erhebliche zusätzliche organisatorische Anstrengungen.[81]

Der Rat zu Torgau antwortete Johann Georg I. am 5. Dezember 1621, obwohl der Stadtrat dem Wunsch des Kurfürsten pflichtschuldigst nachkommen wolle, werde es doch fast unmöglich sein, einen „so großen und vornehmen Vorrath an getränke, Victualien, futterung und anderen" Sachen, die während eines Landtages nachgefragt würden, „bey so schweren teueren Zeiten" zu beschaffen. Die Missernte des vergangenen Jahres mache gerade in der Umgebung von Torgau Hafer, Stroh und Heu knapp. Ohne Zulieferung aus den kurfürstlichen Ämtern sei das nicht zu kompensieren. Wie mit der Verpflegung für die Pferde verhielt es sich mit den Speisen und einem Teil der Getränke für die zu erwartenden Gäste. Korn und Weizen seien in der Stadt bereits jetzt so knapp und teuer, dass die armen Bürger mit der Selbstversorgung Schwierigkeiten hätten. Rind- und Schafffleisch sei fast nicht mehr auf dem Markt und müsse für einen Landtag aus „frembden orten erholet, undt darzu teuer eingekaufft" werden. Das lebende Vieh müsse dann noch auf dem Transport und bis zur Schlachtung gefüttert werden. Man könne zwar in Brandenburg oder Pommern noch Großvieh kaufen, dazu aber in Vorlage zu gehen, sei den Torgauern nicht in erforderlichem Umfang möglich, weil der Geldwert so sehr verfallen sei. Mit Fisch verhalte es sich nicht viel besser. Die Abfischung des großen Torgauer Teiches sei im letzten Jahr bedauerlich gering ausgefallen, sodass es zwar einen Fischvorrat gebe, der aber für die Bedürfnisse eines Landtags keineswegs langen dürfte. Es herrsche auf dem Torgauer Markt auch Mangel an „Butter, Kese, Speck, undt andern dergleichen Victualien", die „bey bishero währender Böhmischer Unruhe gar wenig" in die Stadt gebracht würden. Auch böten die Bauern kaum Hühner und Eier zum Verkauf. Das lasse sich aber ändern, wenn der Landesherr seine Amtsuntertanen dazu auffordere. Bei den Getränken sei zwar Biermangel nicht zu befürchten, die großen Mengen an Rhein- und Frankenwein sowie sächsischem Wein, den der Kurfürst üblicherweise zu Landtagen einkellere, könne die Stadt aber weder bekommen noch vorfinanzieren. Im Resümee dieser Schwierigkeiten bat der Rat zu Torgau, die Landstände doch wie bisher üblich auch diesmal wieder im Schloss zu speisen. Falls Johann Georg I. sich aber nicht dazu entschließen könne, dann möge er Hafer, Wein und Fisch aus seinem Vorrat zur Verfügung stellen. Weiterhin wäre es wünschenswert, wenn Heu und Stroh und andere Lebensmittel aus den kurfürstlichen Ämtern in die Stadt gebracht würden und dass Torgau ein Vorschuss für seine Einkäufe aus der landesherrlichen Kasse gewährt werde.[82]

Johann Georg I. zahlte also auf dem Landtag 1622 seinen Ständen Diäten, weil dies für ihn günstiger war. Der Dresdner Hof stellte die Ausgaben des vorangegangenen Landtages von 1612 zusammen und errechnete Kosten von 52.000 Gulden. Für die Landesversammlung des Jahres 1622 kalkulierte er nach demselben Muster, dass eine Summe von rund 115.000 Gulden erforderlich sein würde, wenn die Stände vom Kurfürsten gespeist würden.[83] Ein Tag des Landtags 1612 hatte 2.600 Gulden gekostet, und für den Landtag 1622 wären ceteris paribus pro Tag 5.770 Gulden erforderlich gewesen. Eine Diätenzahlung an die Landstände erforderte für 1.200 Pferde, auf die pro Tag zwei Gulden gezahlt wurden, bei einer Landtagsdauer von 20 Tagen 48.000 Gulden. Rechnet man die erwarteten Ausgaben für den Kurfürsten, seine Familie und sein mitgeführtes Personal hinzu, nämlich 45.168 Gulden, ergibt sich eine Summe von 93.168 Gulden. Der Kurfürst ersparte daher gegenüber einer Ausspeisung, die 115.395 Gulden gekostet hätte, einen Betrag von 22.227 Gulden.

Die Landstände registrierten rasch die an ihnen vollzogene Einsparung und baten schon am dritten Tag ihrer Zusammenkunft, am 19. Februar 1622, den Landesherrn, ihnen statt zwei Gulden pro Tag und Pferd doch vier Gulden zu zahlen.[84] Da die einschlägigen Akten keine Stellungnahmen der kurfürstlichen Beamten über diesen Antrag enthalten, ist zu vermuten, dass es ohne Weiteres bei dem Auslösungssatz von zwei Gulden blieb.

Der Übergang von der Ausspeisung zur Diätenzahlung wurde nicht aus zeremoniellen, sondern aus wirtschaftlichen Erwägungen initiiert. Der Finanzbedarf für den beginnenden Dreißigjährigen Krieg, die Missernte und die Inflation wirkten sich auf die Konditionen aus, unter denen die Landstände in Torgau zusammenkamen. Die ökonomischen Faktoren entfalten ihre Wirkung aber vor dem Hintergrund einer Entwicklung des Hofzeremoniells, die bereits seit Langem eingesetzt hatte. Denn im Laufe des 16. Jahrhunderts separierten sich die deutschen Fürsten bei den Mahlzeiten von der gemeinsamen Tafel mit allen männlichen Hofangehörigen, wie sie im 15. Jahrhundert noch Gang und Gäbe gewesen war. Der Fürst speiste nun in der Tafelstube, während die übrigen zunächst ihr gemeinsames Mahl in der Hofstube fortsetzten. Für die sächsischen Kurfürsten lässt sich seit der Mitte des 16. Jahrhunderts annehmen, dass sie während der Landtage in Torgau in einer Tafelstube speisten. Bereits Kurfürst Moritz hatte 1544 mit der sogenannten Flaschenstube einen ersten Raum dieser Art einrichten lassen. Im Jahr 1548 wurden noch unter demselben Fürsten zwei weitere fürstliche Speisezimmer eingerichtet. Sein Bruder und Nachfolger Kurfürst August erließ im Jahr seines Regierungsantritts 1553 eine Hofordnung für Torgau, derzufolge er in einer Tafelstube und damit getrennt von Hof und Landtag speiste.[85] Auch die Hofordnung Johann Georgs I. folgte diesem Usus.[86] Für den Landtag 1628 hat sich eine spezielle Anweisung dieses Kurfürsten erhalten, wer von seinen Dienern während seiner Mahlzeiten in der Tafelstube zugegen sein durfte.[87]

Als Folge des Auszugs der Herrschaft aus der Hofstube verschwand an den deutschen Höfen auch sukzessive die Beköstigung der Hofangehörigen. Seit der zweiten Hälfte des 16. Jahrhunderts wurde für große Teile des Hofes Kostgeld bezahlt, um Kosten zu sparen.[88] Was dem Landtag gegenüber als Neuerung des Jahres 1622 erscheint, hatte sich auf der Ebene des höfischen Zeremoniells somit bereits seit mehreren Jahrzehnten vollzogen. Die traditionelle Ausspeisung der Landtagsmitglieder wurde nie wieder eingeführt.[89] Auch wenn das Ende des Conviviums, der gemeinsamen Tafel zwischen dem Fürs-

Abb. 8: Kurfürst August an der Tafel (Jacob von Fouilloux: New Jägerbuch, Straßburg 1580)

ten und seinen Ständen, aus wirtschaftlichen Gründen aufhörte und durch eine parallele Entwicklung am Hof vorbereitet worden war, zog es tiefgreifende Veränderungen nach sich. Mit der Beköstigung der Landstände durch den Fürsten fiel eine lange eingeübte Praxis der Stratifizierung des Parlaments durch gemeinsames Mahl fort. Bereits vom Torgauer Landtag des Jahres 1576 hat sich ein Bericht erhalten,[90] der die Hierarchisierung der Landesversammlung mittels der Mahlzeiten erkennen lässt.[91] Danach speisten die Prälaten, Grafen und Herren an einer runden Tafel in einer der Tafelstuben,[92] in der außerdem noch die wichtigsten Räte des Fürsten und die Vornehmsten von der Landschaft ihre Mahlzeiten erhielten. Diese Gruppe speiste somit in einem

Raum, der für eine fürstliche Tafel konzipiert war, und mit einer egalitären Sitzordnung für sämtliche Teilnehmer. Solche Ehre wurde keinem anderen Gremium zugeteilt. Denn die übrigen fürstlichen Räte und die Ältesten aus dem Adel nahmen ihr Mahl in der Kleinen Hofstube[93] ein. Das Gros der Adligen aß wiederum in einem dritten Raum, der Großen Hofstube.[94] Die städtischen Gesandten hatte man gar in den Alten Saal[95] gesetzt. Die „Reisigen und Wagenknechte", die gemeinsam mit den Landtagsmitgliedern angereist waren, wurden auf der Rossküche[96] mit Nahrungsmitteln versehen.

Die Speisen sind in den Quellen leider nur in Mengenangaben verzeichnet. An der höchstrangierten runden Tafel, an der auch Hochadlige saßen, reichte man vier Gänge inklusive eines Nachtischs aus „Keße, gebackens und Obst". Für sämtliche anderen Landtagsmitglieder war ein Umfang von „sechs Essen" vorgesehen, die zwar nicht näher spezifiziert wurden, aber wohl doch der gehobenen Küche zuzurechnen waren, zumal hier das gleiche Dessert aufgetragen wurde wie an der vornehmsten Landtagstafel. Dagegen erhielten die Bediensteten der Landstände lediglich vier Gerichte zu jeder Mahlzeit, und dieses Essen bestand vor allem aus Brot und Suppenfleisch. Nachtisch war für das Personal nicht vorgesehen. Differenziertere Unterscheidungen werden bei den Getränken sichtbar. Im exquisitesten Zimmer standen teurer Rheinwein und sächsischer Landwein neben Freiberger und Torgauer Bier auf dem Tisch. Das gleiche erhielten auch noch die zweitrangierten Räte und Ältesten der Ritterschaft. Den „übrigen von Adel" in der großen Hofstube setzte man nur noch thüringischen Wein und Torgauer Bier vor. Die Stadtdeputierten tranken einheimischen Wein und ebenfalls Torgauer Bier. Die „Reisigen und Wagenknechte" dagegen erhielten lediglich Bier, dessen Herkunftsort nicht näher festgelegt war.[97]

Es lassen sich bei der Ausspeisung des Landtags zwei Muster erkennen, nach denen auch frühneuzeitliche Höfe bei der Speisenvergabe verfuhren: Zum einen signalisierte die Wertigkeit des Raumes, der dem einzelnen zugewiesen wurde, auch die Position in der gesellschaftlichen Hierarchie. Zum anderen sanken die Auswahl und der Statuswert von Speisen bzw. Getränken entsprechend der höfischen Hierarchie – beginnend von der fürstlichen Tafel bis hinab zu den Tischen der Dienerschaft.[98] Die Anordnung für den Torgauer Landtag von 1576 spiegelt die Gültigkeit dieser Prinzipien auch für die Ständeversammlung wider.

Eine ähnliche Abstufung findet sich in den Landtagsakten des frühen 17. Jahrhunderts zwar nicht, es lässt sich aber aus den sehr umfangreichen und detaillierten Lebensmittelverzeichnissen, die für die Ständeversammlung des Jahres 1612 vorliegen,[99] erkennen, dass alle Kontingente auf die Tafeln und Tische sämtlicher Landtagsmitglieder gekommen sein können. Entsprechend der Eventualberechnung zur Ausspeisung des Landtags 1622 hätte für diese Ständeversammlung selbstverständlich das Gleiche gegolten wie zehn Jahre zuvor. Von diversen Sorten süßen Weines hätten z. B. im Jahr 1622 etwa 15 Eimer bereitstehen sollen. Darüber hinaus wären 1.170 Eimer „normaler" Wein vonnöten gewesen. Aber auch dieses große Kontingent unterteilte sich noch einmal in geringere Mengen teurer Sorten und größere Chargen billigerer Produkte.

Vom Rheinwein zu 32 Gulden pro Eimer hätte der Fürst 230 Eimer kaufen müssen, vom Frankenwein zu 20 Gulden schon 370 Eimer und vom einheimischen Landwein zu 14 Gulden 570 Eimer.[100]

Im Vergleich zu den Ausgaben für Wein und Bier (12.500 Gulden), Fleisch (15.000 Gulden), Fisch (9.000 Gulden) oder Gewürzen und mediterranen Produkten (13.500 Gulden) nahm sich der Betrag, den die Küche im Jahr 1622 – immer nach dem Vorbild des Jahres 1612 – für das zeitgenössische Hauptnahrungsmittel der meisten Menschen, nämlich für Getreide (Weizen und Korn), benötigte hätte, mit rund 9.000 Gulden gering aus. Für die Fütterung der Pferde mit 4.612 Scheffeln Hafer wäre in etwa derselbe Betrag erforderlich gewesen.

Trotz aller Abstufungen bei der Exquisität des Essens handelte es sich daher bei der Beköstigung der Landtagsmitglieder auf allen Niveaus um eine Küche, die hohen kulinarischen Ansprüchen gerecht wurde. Der Überfluss an Speisen und Getränken, der Genuss von tierischer als gleichsam veredelter pflanzlicher Nahrung, der Verzehr von aus weiter Entfernung herbeigeholten Produkten wie Pfeffer, Muskat, Nelken, Zimt, Zucker, Safran, Datteln, Mandeln, Feigen, Oliven, Zitronen, Kapern etc. sollte den hohen Rang eines frühneuzeitlichen Fürsten sichtbar machen. Die herrscherliche Tafel diente in dieser Beziehung dem gleichen Zweck wie die Schlossarchitektur oder die kostbare Kleidung.[101] Das Convivium als Mahl, bei dem der Hof stratifiziert kulinarische Genüsse zur Inkorporation vergab, integrierte die Stände während eines Landtags dauerhaft in die Inszenierung von Herrschaftsrepräsentation.

Hier liegt eine Pointe der Veränderung des Landtags im Jahr 1622: Der Auslöser und die vorbereitende Entwicklung, das heißt das Interesse des Kurfürsten, beim Landtag Kosten zu sparen, und das Auseinanderfallen des Conviviums in der fürstlichen Hofstube hatten keinen unmittelbaren Bezug zur Parlamentsgeschichte. Aber die Folgen für das Verhältnis von Fürst und Landtag sowie auch von Landtag und Land bzw. Herrschaft und Gesellschaft waren gravierend.

Das Ende des kurfürstlichen Conviviums mit den Landständen bedeutete einen Verzicht darauf, die stratifizierte Teilhabe der Standesherren, Rittergutsbesitzer und Stadträte an der zentralen Herrschaft des Territoriums tagtäglich zu symbolisieren. Durch die Diätenzahlung reduzierten sich die Gelegenheiten, bei denen der sächsische Kurfürst und der Landtag gemeinsam die Ständegesellschaft zeichenhaft abbildeten, auf das Zeremoniell der Proposition und des Landtagsabschieds. Der Landtag speiste seit dem Jahr 1622 nicht mehr gemeinsam als Gremium weit oberhalb der üblichen Alltagsmahlzeiten der Bevölkerung. Wenn nun die Landstände ihre Mahlzeiten statt im Schloss in den Herbergen der gastgebenden Stadt einnahmen, verlor zum einen das frühneuzeitliche Parlament als Ganzes etwas von seiner Abgrenzung gegenüber der Gesamtheit der Untertanen. Zudem fiel eine gemeinschaftsstiftende Funktion, wie sie das mittelalterliche Convivium besessen hatte, innerhalb des Parlaments fort. Drittens wurde diese Gemeinschaft nicht mehr zwischen dem Landtag einerseits und dem Fürsten bzw. dessen Beamten andererseits durch gemeinsames Mahl erzeugt, und schließlich konnte jetzt der Fürst als Gastgeber den unterschiedlichen Landtagsmitgliedern ihren höheren bzw. niederen Rang nicht mehr zweimal täglich durch vom Hof festgelegte Speisequalität zuweisen. Zwar bot die herrscherliche Tafel auf Schloss Hartenstein auch weiterhin konkurrenzlos die exquisitesten Gaumengenüsse in der Stadt. Die fürstliche Distanz zur Gesamtgesellschaft, die er durch die Tafelstube seit Längerem auch gegenüber Hof und Landtag symbolisierte, blieb somit unberührt.

Bislang hatte aber zumindest die Fiktion eines gemeinsamen Mahls in unterschiedlichen Räumen des Schlosses aufrechterhalten werden können. Bei einer Diätenzahlung an die Landstände konnte man sich den Herrscher nicht einmal mehr fiktiv an der Spitze eines hierarchisierten Conviviums mit seinen Landständen vorstellen. Innerhalb der gesellschaftlichen Führungsformation aus Stadträten, Rittergutsbesitzern, weltlichen und geistlichen Standesherrn sowie dem regierenden Haus wurde daher beim Landtag 1622 ein tradiertes Zeichensystem ausrangiert. Derartige durch Speisen symbolisierte Arrangements blieben nur im Repertoire des Hofes erhalten, von dem aber die Stadtbürger (und übrigens auch die Deputierten der sächsischen Universitäten) bis ins 19. Jahrhundert ausgeschlossen wurden. Damit begaben sich die sächsischen Kurfürsten zu Beginn des 17. Jahrhunderts einer Symbolik, mit der sich ständische Strukturen der Gesellschaft stabilisieren ließen.[102]

Der Landtag seinerseits rückte weg vom Typ des erweiterten mittelalterlichen Hofes, der seine Vasallen zu Rat und Hilfe zusammenzog und durch das Convivium sowohl mit unterschiedlicher Ehre ausstattete als auch mittels herrschaftlicher Tafel für Fürst und Stände auf deren gemeinsame Ziele hinwies. Weil Fürst und Stände ein Stück weniger demonstrativ ihre Gemeinsamkeit zur Schau stellten, gewannen beide mehr Kontur. In der Folge trugen die Landtagscorpora eine Reihe von Zeremonial- und Einflussstreitigkeiten (etwa im Umgang mit den Deputierten der Prälaten, Grafen und Herren oder in der Auseinandersetzung zwischen Städten und Ritterschaft) aus, durch die die Ständeversammlung sukzessive mehr Profil erhielt.[103] Auch die Zugehörigkeitskriterien zum Landtag verfestigten sich (etwa bei den Hochstiften, den Universitäten, aber auch für die adligen und bürgerlichen Rittergutsbesitzer oder für die Zahl der Städte).[104] Damit steht der Übergang von der Ausspeisung zur Diätenzahlung, wie er mit dem Landtag von 1622 vollzogen wurde, am Beginn eines Prozesses, in dem sich Fürst und Landtag stärker gegeneinander abgrenzten und zugleich die Stände in der Binnendifferenzierung auf sich selbst zurückgeworfen wurden. Dieser Prozess fand erst mit der Landtagsordnung von 1728 zu einer kanonischen Form.

1622–1728: Die institutionelle Verselbstständigung des Landtags

Wenn Parlamente nicht nur als Institutionen verstanden werden, die Entscheidungen generieren, sondern als politische Versammlungen, auf denen die Anwesenden durch sinnstiftendes Handeln Ordnungen stabilisieren,[105] dann verloren die kursächsischen Landtage im Jahr 1622 ein prägendes Element, als die Ausspeisung der Stände durch Diätenzahlung ersetzt wurde. Denn aus der Verpflichtung der Stände, ihrem Herrn, der schon im Mittelalter zu Versammlungen geladen hatte und auch noch in der Frühen Neuzeit zu Landtagen rief, mit Rat und Hilfe beizustehen,[106] eröffnete sich ein Kontext höfischer Vergemeinschaftung über Mahlzeiten. Die Fürsten des Alten Reiches hielten mit ihren Ständeversammlungen herkömmlicherweise Convivien ab. Bis in die ersten Jahrzehnte des 17. Jahrhunderts hinein baten die sächsischen Kurfürsten ihre Stände während der Landtage zur Mahlzeit. Erst dann ersetzten sie die sogenannte Ausspeisung durch Diäten („Auslösung").[107]

Trotz der abgestuften Exquisität des Essens, wie sie der Exkurs über die Einführung von Diäten bereits dargestellt hat, servierte die Hofküche den Landtagsmitgliedern auf den verschiedenen Niveaus kulinarisch anspruchsvolle Kost. Speisen und Getränke standen im Überfluss zur Verfügung, man aß Fleisch statt sich mit pflanzlicher Nahrung zu begnügen und genoss Produkte, die von weit hergeholt worden waren. In der Frühen Neuzeit gehörten solche Mahlzeiten in gleicher Weise zur Amplifikation eines Fürsten wie ein prächtiger Wohnsitz, das höfische Zeremoniell, die Jagd, die Kunstsammlung, die Bibliothek oder das kostbare Gewand.[108] Während eines Landtags wurden die Stände durch das Convivium Teil der Inszenierung von Herrschaftsrepräsentation. Durch die Diätenzahlung wurde daher beim Landtag 1622 ein tradiertes Zeichenrepertoire aufgegeben, das die gesellschaftlichen Führungsformationen aus Stadträten, Rittergutsbesitzern, weltlichen und geistlichen Standesherren sowie dem regierenden Haus nach lang eingeübter Praxis als Herrschaftsträger mit unterschiedlicher Ehre zusammengeführt hatte. Derartige durch Speisen symbolisierte Arrangements blieben nur für Anlässe des Hofes erhalten, zu denen die Stadtbürger und die Deputierten der sächsischen Universitäten bis ins 19. Jahrhundert hinein nicht eingeladen wurden.[109] Die sächsischen Kurfürsten verzichteten daher zu Beginn des 17. Jahrhunderts auf eine Symbolik, die den heraufziehenden dirigistischen Intentionen späterer Zeit durchaus hätte gelegen sein können.[110]

Das Ende des Conviviums positionierte den Landtag neu. Er entfernte sich nachhaltig vom Modell des erweiterten mittelalterlichen Hofes, der seine Vasallen zu Rat und Hilfe zusammenrief und durch Mahlzeiten sowohl mit unterschiedlicher Ehre ausstattete als auch Fürst und Stände auf deren gemeinsame Ziele hinwies. Der Landtag trat in der Folgezeit konturierter als eigenständige Institutionen hervor.

Zeremonialkonflikte

Während für die Torgauer Zeit der kursächsischen Ständeversammlungen vor allem Dispositionen des Oberhofmarschallamtes überliefert sind, finden sich, seitdem ab 1631 Dresden Tagungsort wurde, in den ständischen Akten immer wieder Konflikte, die Landtagscorpora untereinander austrugen oder die das Profil des Landtags gegen den Fürsten aufrechterhielten bzw. schärften. Bereits auf dem Torgauer Landtag des Jahres 1628 versuchte die Ritterschaft, die leitende Stellung Leipzigs für das Corpus der Städte zu untergraben.[111] Nachdem den Ständen auf dem Landtag 1657 bekannt wurde, dass das Testament Johann Georgs I. Sekundogeniturherzogtümer für seine drei nachgeborenen Söhne einrichtete, setzten die Ständeversammlung durch, als gemeinsame Landschaft beim Kurfürsten zu verbleiben und nicht teilweise den mitregierenden Nebenlinien zugewiesen zu werden.[112]

Während derselben Zusammenkunft verweigerte die Ritterschaft der Stadt Leipzig als Besitzer des Rittergutes Taucha, an den Beratungen des Zweiten Corpus teilzunehmen.[113] Beim Ausschusstag 1659 wurde der bürgerliche Abgesandte des Hauses Schönburg nicht im Weiteren Ausschuss der Ritterschaft zugelassen, weil diese Funktion nach Ansicht der Ritterschaft nur Adlige wahrnehmen dürften.[114] Letztlich gipfelte diese Abgrenzung zwischen adligen und bürgerlichen Rittergutsbesitzern in einem Mandat, das August der Starke (Kurfürst Friedrich August I. von Sachsen/König August II. von Polen) am 15. März 1700 erließ und das die sechzehnfache Ahnenprobe von allen Mitgliedern der Ritterschaft forderte.[115] Dieses Dekret begrenzte den Zugang zu einem gesellschaftlichen Zentralort, auf dessen Bühne sich der Rang einer Familie innerhalb der adligen Gesellschaft darstellen ließ, weil verlangt wurde, dass neu nobilitierte Familien auf etwa hundert Jahre in den etablierten Adel hineinwuchsen. Bis ins frühe 19. Jahrhundert hinein kamen deshalb kaum noch neue Geschlechter zu der altadligen Gruppe an der Spitze der gruppeninternen Binnenhierarchie hinzu. Diese wenigen konnten Verluste, die die altadligen Besitzer durch den Verkauf von Rittergütern oder durch das Aussterben der Familien in der männlichen Linie erlitten, nicht ausgleichen.[116]

Im 17. Jahrhundert war die Entwicklung noch umgekehrt verlaufen. Da die Anzahl der schriftsässigen Rittergüter, die dazu berechtigte, die Kosten für eine Landtagsteilnahme erstattet zu bekommen, immer weiter zunahm, setzte die Ritterschaft auf dem Landtag 1660 durch, dass Vasallengüter, denen künftig der Status der Schriftsässigkeit verliehen wurde, als neuschriftsässig galten und ihren Besitzern keine Zahlungen zustanden, wenn sie auf Ständeversammlungen erschienen.[117] Die landtagsfähige Ritterschaft beschränkte auch auf diese Weise den Kreis der Teilnehmer an den Beratungen des Zweiten Corpus.

Als zum Landtag 1711 drei Rittergutsbesitzerinnen, die gesellschaftlich in besonderer Beziehung zum Dresdner Hof standen und über ihre Familien bzw. Ehemänner mit der deutschen und internationalen Politik vertraut waren, sich beim Oberhofmarschallamt als Mitglieder des Zweiten Corpus einschrieben, nahm die landesherrliche Behörde diese Damen zunächst in ihre Liste der Ritterschaft auf, strich sie aber später wegen ihres Geschlechts wieder. Denn die kursächsische Ritterschaft selbst duldete zwar Rittergutsbesitzerinnen auf Kreistagen, ließ sie aber nicht auf Land- und Ausschusstagen zu.[118]

Die Ritterschaft und die Städte grenzten sich zu Beginn des 18. Jahrhunderts auch konfessionell ab. Auf dem Landtag, der von Januar bis Mai 1718 in Dresden zusammenkam, schloss zunächst die Ritterschaft ein „Religions-Pactum", das jeder, der an ihrer Tafel Platz nehmen wollte, zu unterschreiben hatte. Die Ritter verpflichteten sich darin auf die evangelisch-lutherische Konfession. Ein Mitglied des Zweiten Corpus, das seine Konfession wechselte, sollte dies sofort seinen Kreisständen anzeigen und seinen Sitz auf dem Land- und Kreistag freiwillig und unverzüglich räumen. Die Städte traten diesem Vertrag bei. Sie versprachen, einen Konvertiten, der zu einem Stadtrat gehöre, sofort aus diesem Gremium zu entfernen und auch nicht mehr zu Landesversammlungen abzuordnen.[119] Dass auch die Prälaten, Grafen und Herren konfessionelle Unterschiede beachteten, wurde bei der Proposition des Landtags 1722 offensichtlich. Obwohl die zuständigen Hoffouriere vergessen hatten, das Erste Corpus von dem Zimmer, in dem es sich im Schloss versammelt hatte, in den Propositionssaal zu führen, hatte sich dort selbstständig der Deputierte der Fürsten und Grafen von Mansfeld, Baron Johann Carl von Hünerbein, eingefunden. Er bekannte sich zur reformierten Konfession, war offensichtlich deshalb nicht bei den übrigen Prälaten, Grafen und Herren und wurde aus demselben Grund von ihnen auch nicht zu ihren Beratungen während der Ständeversammlung zugelassen.[120]

Als im März/April des Jahres 1666 ein Landtag stattfand, weigerten sich die Prälaten, Grafen und Herren, während der feierlichen Landtagseröffnung im Schloss die Universitäten einen ehrenvollen Platz in ihrer Nähe einnehmen zu lassen. Kurfürst Johann Georg II. gestattete zwar keine Eingriffe in das Zeremoniell seines Hofes, sondern befahl, dass die Universitäten neben den Vertretern der Hochstifte Meißen, Merseburg und Naumburg-Zeitz ihren Platz haben sollten, wenn die Ständeversammlung vor seinen Thron trete. Dazu bestätigte er per Dekret den Status der sächsischen Universitäten als Prälaten. Für die Beratungen des Landtags gestattete der Landesherr jedoch, dass die Prälaten, Grafen und Herren getrennt von den Universitäten tagten und auch dass beide separat voneinander Schriften an ihn richteten. Diese Entscheidung respektierte außerhalb des Hofes eine eigene Gestaltungshoheit der Ständeversammlung über ihr Prozedere.[121]

Ebenfalls auf dem Landtag 1666 bestritten die Prälaten, Grafen und Herren, dass der Engere Ausschuss der Ritterschaft das Direktorium der Ständeversammlung zu führen habe.[122] Als 1706/07 auf Anforderung des schwedischen Königs Karl XII., der mit seinen Truppen Kursachsen besetzt hatte, ein Konvent von Landständen in Leipzig zusammenkam, waren dort anders als bei den sonstigen Ausschusstagen auch die Deputierten der Prälaten, Grafen und Herren zugegen und beanspruchten zunächst, vor der Ritterschaft votieren zu dürfen. Die Mitglieder des Ersten und Zweiten Corpus einigten sich dann jedoch darauf, gemeinsam abzustimmen.[123]

Während des Landtags 1660/61 weigerten sich Ritterschaft und Städte, eine Resolution des Kurfürsten Johann Georg II. anzunehmen, weil sie von dessen Bruder, dem Sekundogeniturherzog Moritz, übergeben werden sollte.[124] Von August dem Starken forderte mit ähnlichem Motiv der Ausschusstag 1701/02, die kurfürstlichen Geheimen Räte möchten ihm auf seine Schreiben an den Landesherrn dem Herkommen gemäß schriftlich antworten und nicht wie zuletzt mehrfach geschehen nur mündlich.[125]

Auf den Landtagen der Jahre 1687 und 1692 führten das Erste und das Zweite Corpus einen Streit darüber, wie die gemeinsamen Schreiben der Ritterschaft und Städte an den Kurfürsten weitergeleitet werden sollten. Als vornehmstes Corpus der Ständeversammlung beanspruchten die Prälaten, Grafen und Herren, die gemeinsamen Schriften der beiden anderen Corpora überstellt zu bekommen, bevor diese dem Landesherrn zugingen. Dieser Forderung mochten der Engere Ausschuss der Ritterschaft und an dessen Spitze der Erbmarschall nicht entsprechen. Denn die Prälaten, Grafen und Herren unterhielten einen eigenen Schriftverkehr mit dem Dresdner Kurfürsten und stimmten ihre Position nicht mit Ritterschaft und Städten ab. Zudem kamen die weltlichen Hochadligen schon seit der Mitte des 17. Jahrhunderts in der Regel nicht persönlich zu den Landtagen, sondern schickten nur Deputierte, die ihre Rechte wahrnehmen sollten. Da dies zumeist Juristen nichtadliger Herkunft waren, rangierten diese Deputierten im Alltag der ständischen Gesellschaft niedriger als die vornehmen Mitglieder der Ritterschaft.[126]

Die Reihe von Zeremonial- und Einflussstreitigkeiten, die die sächsischen Landtagscorpora im Laufe des 17. und beginnenden 18. Jahrhunderts austrugen, lässt sich als Teil eines langfristigen Profilierungsprozesses der Ständeversammlung verstehen, in dem die Corpora ihre Valenzen untereinander austarierten.[127] Obwohl das frühneuzeitliche Parlament von Torgau in die Residenzstadt wechselte, stieg der Grad an Selbstverortung gegenüber der Gestaltungsdisposition des Hofes. Das Oberhofmarschallamt fokussierte sich nach dem Ende der Ausspeisung der Stände auf das Arrangement der Landtagseröffnung und des feierlichen Abschieds, bei denen der Landesherr und die Stände jeweils gemeinsam am Zeremoniell teilnahmen.

Als beim Landtag 1622 die Ausspeisung durch Diätenzahlung ersetzt wurde, begann ein Prozess, der Fürst und Landtag stärker gegeneinander abgrenzten. Zugleich ging die Kompetenz, sich intern gegeneinander abzugrenzen, in großem Maße auf die Stände selbst über. Die kursächsische Ständeversammlung fand schließlich mit der Landtagsordnung von 1728 zu einer kanonischen Form, die Zeremonialkonflikte und die Kontroversen um Einfluss weithin ruhigstellte.

Veränderungen im politischen Feld

Das Kurfürstentum Sachsen war als Nachbarland der böhmischen Krone, zu der auch die Ober- und die Niederlausitz gehörten, frühzeitig in den Dreißigjährigen Krieg involviert.[128] Obwohl Johann Georg I. sich schon 1620 daran beteiligte, Teile des aufständischen Böhmens botmäßig zu machen, blieb Kursachsen selbst zunächst von kriegerischen Ereignissen weithin verschont, geriet aber in eine Wirtschafts- und Finanzkrise.[129] Die Ständeversammlung war daher bis in die Mitte der 1630er Jahre vor allem damit konfrontiert, Schulden des Kurfürsten zu bedienen und höhere Steuern für das eigene Militär zu genehmigen.

Bereits vor Beginn des Dreißigjährigen Krieges war Kursachsen faktisch bankrott. Bis zum Landtag 1628 stieg die Verschuldung der kurfürstlichen Rentkammer auf 7.089.519 Gulden.[130] Deshalb sollten die Stände zustimmen, dass ein Teil der Schulden auf ihr Steuer- und Kreditwerk übernommen werde. Im Gegensatz zu den Einkünften, die aus so unterschiedlichen Bereichen wie Grundbesitz, Regalien, Gebühren oder Abgaben dem Fürsten unmittelbar zustanden und über die er frei verfügte, konnten Steuern nur mit Zustimmung der Ständeversammlung erhoben werden.[131] Die Landschaft forderte zunächst eine Rechnungslegung der kurfürstlichen Kammer. Als Johann Georg I. sich darüber entrüstete, zog der Landtag die Forderung zurück. Selbst als die Stände anboten, eine Million Gulden an Schulden zu übernehmen und die Verbindlichkeiten, die sie zu tragen bereit waren, auswählen wollten, verweigerte der Kurfürst das. Auch ein Angebot zwei Millionen Gulden Kammerschulden auf die Steuerkasse zu transferieren und im Gegenzug die zuständige Verwaltungsinstanz, die Obersteuereinnahme, ganz unter ständische Verwaltung zu stellen, fand keine Akzeptanz. Johann Georg I. war nicht bereit, darauf zu verzichten, weiterhin die Hälfte der acht Obersteuereinnehmer zu bestimmen. Er gestand aber zu, dass es grundsätzlich einen Unterschied zwischen Kammer- und Steuerschulden gebe. Damit bestätigt er indirekt die Eigenständigkeit des ständischen Steuer- und Kreditwerks. Die Steuerinstruktion von 1628 legte fest, dass das Obersteuerkollegium, das weiterhin aus vier vom Kurfürsten und vier vom Landtag bestimmten Mitgliedern bestand, zur Oster- und Michaelismesse in Leipzig den ständischen Kreissteuereinnehmern Rechnung zu legen hatte. Das Steuer- und Kreditwerk der Ständeversammlung entwickelte sich in der Folge zu einer Bank, der Gläubiger Geld gegen Zins liehen. Sie erhielten für ihren Kredit Steuerobligationen, die auch weiterverkauft werden konnten.[132]

Inzwischen brachte der Dreißigjährige Krieg weitere Veränderungen. Nachdem Kaiser Ferdinand II. auf dem Höhepunkt der kaiserlichen Macht durch das Restitutionsedikt vom 6. März 1629 gefordert hatte, den geistlichen Besitzstand im Alten Reich wieder auf den Status quo des Jahres 1552 zu bringen, verließ Kursachsen das Bündnis mit den Habsburgern. Johann Georg I. beriet sich mit einem Ausschusstag über die künftige Strategie und zog auch kursächsische Landstände zu dem Konvent der evangelischen Reichsstände hinzu, die am 16. Februar 1631 in Leipzig beschlossen, kein Bündnis mit Schweden einzugehen, sondern selbst ein Heer von 40.000 Mann aufzustellen, den Kaiser um Rücknahme seines Restitutionsediktes zu bitten und zum Rückzug seiner Truppen aufzufordern. Als der oberste Heerführer der Katholischen Liga und der kaiserlichen Armee, Johann T'Serclaes von Tilly, mit seinen Truppen am 10. Mai 1631 Magdeburg erobert und bei der anschließenden Plünderung ein Massaker angerichtet hatte, erklärte der Kaiser den Leipziger Konvent zum Aufstand und begann, gegen die Teilnehmer vorzugehen. Weil die Neutralitätspolitik Johann Georgs I., die auch der kursächsische Landtag unterstützt hatte, gescheitert war, ging Kursachsen ins Lager der Schweden über. Vom 18. Juni bis 12. Juli 1631 fand zum ersten Mal, nachdem alle kursächsischen Landtage fast 80 Jahre lang in Torgau getagt hatten, eine Versammlung aller Landstände in Dresden statt. Sie bewilligte Johann Georg I. ungewöhnlich rasch die geforderten Steuern zur Militärfinanzierung. Den politischen Bündnisfragen, die der Kurfürst stellte, wichen die Stände allerdings aus, und sie waren auch nicht bereit, dem Landesherrn einige Personen als permanente Ansprechpartner zu benennen, die über den Landtag hinaus die landständische Position hätten vertreten können.[133]

Die Territorien des Dresdner Wettiners wurden in den folgenden Jahren zum Schauplatz militärischer Auseinandersetzungen. Bereits im September 1631 fand die Schlacht bei Breitenfeld statt, in der ein schwedisch-sächsisches Heer Tilly schlug. Im November 1632 bekämpften sich ein schwedisch-sächsisches Heer unter der Führung des schwedischen Königs Gustav II. Adolf und kaiserliche Truppen unter Albrecht von Wallenstein bei Lützen. Für den kursächsischen Landtag wurde wenig relevant, dass keine der beiden Seiten einen Sieg erringen konnte, oder dass der Schwedenkönig sein Leben verlor. Viel bedeutsamer waren die Seuchen, die die Söldner ins Land brachten, die Plünderungen bzw. Zerstörungen, die die Soldateska anrichtete, und die Kontributionen, die sie erzwang. Einem entvölkerten und ausgepressten Land konnten keine Steuererhöhungen zugemutet werden. Weil Kursachsens Bündnispartner Schweden am 5. September 1634 durch die Niederlage von Nördlingen erheblich an Macht eingebüßt hatte, nahm außerdem die Kriegsgefahr für Sachsen rapide zu. Es wechselte daher erneut ins kaiserliche Lager. Als Johann Georg I. Ende August 1635 einen Landtag einberief, stand er bereits seit dem Vorjahr in Friedensverhandlungen mit dem Kaiser.[134]

Die sächsischen Landstände votierten aber für ein Bündnis mit Schweden und mit den protestantischen Ständen des Ober- und Niedersächsischen Kreises. Dennoch erhoffte auch der Landtag sich von der Politik des Kurfürsten einen baldigen Frieden. Deshalb einigte man sich darauf, nur für zwei Jahre Steuern zu bewilligen, um dann unter verbesserten Bedingungen die zerrütteten Kammer- und Steuerfinanzen grundlegend neu zu regeln. Wieder lehnten die Stände es ab, über den Landtag hinaus parlamentarische Entscheidungen an einen Ausschuss zu delegieren. Eher war der Landtag bereit, auf seine Mitwirkung an der Frage von Krieg und Frieden zu verzichten. Das verfestigte einerseits die Abstinenz des Landtags für Fragen, die nicht das Territorium Kursachsens betrafen, andererseits erwies es sich langfristig als die richtige

Entscheidung, um die Steuerbewilligungsrechte des Parlaments zu sichern. Weil seit 1636 die Schweden Kursachsen verwüsteten, kam 1638 kein Landtag zustande, der Steuern hätte bewilligen können. Johann Georg I. erhob deshalb Steuern, ohne dass diese von den Ständen bewilligt worden waren. Da kein permanenter Ausschuss dem Kurfürsten aus dieser de jure nicht haltbaren Lage befreien konnte, musste er unter schwierigen Umständen 1640 erneut einen Landtag einberufen, obwohl die Situation derart katastrophal war, dass das Konvokationsschreiben des Kurfürsten die Stände aufforderte, für sich und ihre Diener die erforderlichen Speisen selbst mit nach Dresden zu bringen. Für eine Diätenzahlung an die Landtagsmitglieder standen keine Mittel zur Verfügung.[135] Da auch die direkten Steuern wegen der Zeitumstände wenig ertragreich waren, beschloss der Landtag, eine Akzise für alle Güter, die im Kurfürstentum gehandelt wurden, einzuführen. Im Gegenzug verlangte die Ständeversammlung, dass Johann Georg I. alle eigenmächtigen Steuererhebungen einstellte. Weil die Verbrauchssteuer auf den städtischen Märkten anfiel, traf sie vor allem Kaufleute und im Luxussegment Offiziere, die sich einen Kleider-, Speise- und Getränkeluxus leisteten. Beide Gruppen verdienten am Krieg. Die Ritterschaft kompensierte ihre geringere Belastung durch die Akzise mit einem Geldgeschenk (Donativ/Präsentgeld) an den Kurfürsten.[136]

Den finanziellen Ruin Kursachsens konnten die Beschlüsse des Landtags von 1640 nicht beheben. Vom Herbst 1642 bis 1650 nahmen schwedischen Truppen Quartier in Leipzig und versorgten sich aus den Ressourcen des Landes. Der Frieden, den Johann Georg I. am 6. September 1645 in Kötzschenbroda mit den Schweden schloss, schrieb hohe Zahlungen an die fremden Truppen vor. Zudem mussten die eigenen Söldner weiter unterhalten werden. Die Landstände verweigerten auf den Ausschusstagen von 1641 und 1646 sowie dem Deputationstag 1645 nie vollkommen eine Steuerbewilligung, obwohl das Land hoch verschuldet war und kaum noch weitere Leistungen aufzubringen vermochte. Daher stand das Recht des Landtags, Steuern zu bewilligen, zu keinem Zeitpunkt gänzlich infrage. Die Stände waren auch klug genug, auf dem Ausschusstag 1646 eine Kontributionserhebung des Kurfürsten nachträglich zu genehmigen, um pro forma ihr Bewilligungsrecht zu wahren. Auf derselben Versammlung hielt sich der Landesherr auch nicht an das herkömmliche Prozedere, nach dem Fürst und Stände Schriften tauschten. Auch das widersprach der tradierten Ordnung. Johann Georg I. hat darüber hinaus nach dem Abzug der Schweden seine Truppen massiv reduziert und ohne landständische Zustimmung erneut eine nicht bewilligte Kontribution erhoben, um seinen Söldnern ein Abdankungsgeld zahlen zu können. Zudem verordnete er am 5. Februar 1652 eine Tranksteuer, für die ihm ebenfalls die ständische Genehmigung fehlte. Auf dem Ausschusstag 1653 forderten die Stände deshalb die Rückkehr zu den tradierten Gerechtsamen, wie sie vor dem Krieg geherrscht hatten. Als der 71-jährige Kurfürst 1656 einen Deputationstag einberief, weil die Steuerbewilligung ausgelaufen war, hatte seit zehn Jahren kein Landtag mehr stattgefunden.[137]

Zudem hinterließ Johann Georg I. bei seinem Tod am 8. Oktober 1656 ein Testament, das Kursachsen abverlangte, sich in eine neue politische Struktur hineinzufinden. Denn der verstorbene Herrscher hatte zwar die Primogenitur beachtet, sodass ihm sein ältester Sohn als Kurfürst folgte. Für dessen drei Brüder waren aber umfangreiche Sekundogeniturfürstentümer eingerichtet worden. Die Sekundogenitur Sachsen-Weißenfels herrschte über die Grafschaft Barby und drei Gebiete, die nicht in einen der sächsischen Kreise eingegliedert waren, nämlich die Herrschaft Querfurt, die Herrschaft Dahme und die Herrschaft Jüterbog. Das reichsunmittelbare Fürstentum Querfurt und die beiden anderen Herrschaften waren durch den Prager Frieden von 1635 an Kursachsen gefallen. Zuvor hatten sie zum Erzstift Magdeburg gehört. Weiterhin bestand Sachsen-Weißenfels aus den Ämtern Sachsenburg, Eckartsberga, Bebra, Freiburg, Sangerhausen, Langensalza, Weißensee, Sittichenbach, Heldrungen und Wendelstein, die zum Thüringer Kreis Kursachsens gehörten. Die Sekundogenitur Sachsen-Merseburg setzte sich zusammen aus dem Gebiet des Hochstifts Merseburg selbst und aus der Niederlausitz. Weiterhin bestand das Herzogtum Sachsen-Merseburg noch aus den Ämtern Finsterwalde, Bitterfeld, Delitzsch und Zörbig, die teils zum Meißner und teils zum Leipziger Kreis gehörten. Zur dritten Sekundogenitur, Sachsen-Zeitz, gehörten die beiden Teile des Hochstifts Naumburg und Zeitz, die kleinräumige, aber reichsunmittelbaren Herrschaft Tautenburg sowie der kursächsische Anteil an der Grafschaft Henneberg. Zudem regierte Sachsen-Zeitz noch die vogtländischen Ämter Voigtsberg, Plauen und Pausa sowie Triptis, Arnshaugk, Weida und Ziegenrück aus dem Neustädter Kreis.[138]

Da sich Johann Georg II. und seine Brüder nicht einigen konnten, wie einzelne Passagen des Testaments ausgelegt werden sollten, zog der neue Kurfürst den Landtag zu Rate. Die Stände gaben sich, als sie 1657 einberufen wurden, mit den vorgelegten Teilfragen nicht zufrieden, sondern forderten den gesamten Text des Testaments. Als die Erbregelungen insgesamt vorlagen, tadelte der Landtag, dass er vom Kurfürsten Johann Georg I. in einer so wichtigen Angelegenheit nicht um Rat gefragt worden sei. Die Stände hätten bei derartigen Verfügungen ein Recht auf Mitsprache gehabt. Aktuell forderte der Landtag 1657, dass die Landschaft ungeteilt beim Kurfürsten bleiben müsse. Eine Aufteilung auf die Hauptlinie und die Sekundogenituren widerspreche der Primogenitur, gefährde den Schutz der evangelischen Konfession, mindere die Bedeutung des Kurfürsten und schade der Wohlfahrt des Landes. Während der Landtag zusammentrat, einigten sich die Erben des Fürstenhauses auf den Freundbrüderlichen Hauptvergleich vom 22. März 1657. Im Resultat fiel der Hauptanteil der Herrschaftsrechte an Johann Georg II. Er erhielt die Kurwürde und übernahm die Vertretung des Gesamtterritoriums gegenüber dem Reich. Ungeteilt und deshalb beim Kurfürsten blieben auch die Lehnverhältnisse, die Ober- und Hofgerichte, die Archive und das Recht, die Landesuniversitäten Leipzig und Wittenberg zu führen. Falls das Gesamthaus der albertinischen Wettiner Erbansprüche an anderen Territorien realisieren könne, fielen diese Zugewinne ebenfalls dem Kurfürsten als Chef der Dynastie zu. Da der Landtag darauf bestand, nicht zerteilt zu werden, vertraten Johann Georg II. und seine Nachfolger als Kurfürsten auch ihre Rechte und die der Sekundogeniturfürsten gemeinsam gegenüber dem Parlament. Gegen das Testament setzte der Landtag weiterhin durch, dass das ständische Steuer- und Kreditwerk nicht geteilt wurde, weil die Gläubiger der Gesamtheit Geld geliehen hätten und ihnen das Risiko einer Aufteilung auf mehrere Schuldner nicht zugemutet werden könne.[139] Einen weiteren Anlauf der Sekundogeniturfürsten zu Beginn des Jahres 1660, die gemeinsame Steuereinnahme mit dem sächsischen Kurfürsten aufzuteilen, vereitelten Ritterschaft und Städte auf dem Landtag 1660/61. Sie erwirkten darüber hinaus die strikte Trennung der kurfürstlichen Finanzverwaltung durch die Kammer von der ständischen Obersteuereinnahme.[140]

Gemäß des Freundbrüderlichen Hauptvergleichs entsandten die Herzöge der drei Sekundogenituren je einen Abgeordneten zur Ständeversammlung. Diesen Deputierten, die ein weiteres Gremium des Landtags bildeten, mussten die kurfürstlichen Schriften vorgelegt werden, bevor sie an die Stände versandt werden durften. Die Gesandten konnten dazu schriftlich Stellung nehmen. Die Geheimen Räte des Kurfürsten haben allerdings in der Folge die Gesandten der Nebenlinien nicht sonderlich beachtet. Außerdem wurden aus den Sekundogenituren die Abgeordneten aus Delitzsch und später auch Tennstedt aus dem Collegium der Allgemeinen Städte in den Ausschuss des Zweiten Corpus versetzt.[141] Da die Herzöge von Sachsen-Zeitz im Jahr 1718, die Merseburger Nebenlinie der Wettiner im Jahr 1731 und das Haus Sachsen-Weißenfels im Jahr 1746 ausstarben,[142] endeten deren Rechte gegenüber dem Landtag sukzessive zum jeweiligen Zeitpunkt.

Auf dem Landtag 1657 begann auch ein Prozess, der die Hochstifte Meißen, Merseburg und Naumburg-Zeitz fest in die kursächsische Ständeversammlung integrierte. Mit der Begründung, dass die Hochstifte im Dreißigjährigen Krieg durch Kursachsen verteidigt worden seien, forderte der kursächsische Landtag, diese Territorien in die Erblande zu inkorporieren. Zwar hat erst ein Dekret, das Johann Georg II. 1666 erließ, die ehemals reichsständischen Hochstifte endgültig zu Landtagsmitgliedern gemacht, Ritterschaft und Städte setzten aber schon 1657 durch, dass die Stiftssteuer künftig an die vom Landtag verwaltete Steuerkasse zu zahlen war. Kursachsens Landstände haben daher nach dem Tod Johann Georgs I. nicht unwesentlich befördert, die vorhandenen Herrschaftsrechte der Dresdner Wettiner zusammenzuhalten bzw. zusammenzuführen. Langfristig trugen sie daher erheblich dazu bei, die Geschlossenheit des Territoriums zu festigen.[143]

Nach dem Dreißigjährigen Krieg hatte Johann Georg I. das Gros seiner Armee abgedankt und nur 1.400 Trabanten als eine Art Leibwache behalten.[144] Das Defensionswesen, dem lediglich die Landesverteidigung und kein Einsatz außerhalb Kursachsens zugemutet werden durfte, hatte sich in den Jahrzehnten zuvor als militärisch wenig effizient erwiesen und bestand seit 1640 praktisch nicht mehr.[145] Auf dem Landtag 1653 und dem Ausschusstag 1655 baten die Stände Johann Georg I. darum, das Defensionswerk aufzuheben. Sie boten im Gegenzug dafür an, Mittel bereitzustellen, damit im Bedarfsfall innerhalb von vier bis acht Wochen eine Truppe von 4.000 Mann inklusive der Offiziere aufgestellt werden könne. Es kam aber zu keiner Einigung mit dem alten Kurfürsten. Erst auf dem Landtag 1657 einigte man sich. Die Stände sicherten Johann Georg II. zu, für den Notfall 4.000 Mann auszurüsten und mit einem

Monatssold zu versehen. Die Truppe sollte nur für die Landesverteidigung verwendet und nicht außerhalb Kursachsens eingesetzt werden. Für ihre Ausrüstung und Anwerbung sowie den Monatssold sollten Gelder nach Leipzig in eine speziell eingerichtete Kasse eingezahlt werden. Obwohl der Kurfürst auf den Ausschusstagen 1658 und 1659 sowie auf dem Landtag 1660 darauf drängte, die Gelder an die Leipziger Kasse zu zahlen, musste beim Landtag 1663 eine Deputation nach einer gangbaren Lösung suchen. Die Vertreter des Kurfürsten und der Landstände einigten sich schließlich, sodass am 15. Oktober 1663 ein Defensionsrezess veröffentlicht werden konnte. Es sollte eine Truppe von 3.000 Mann aufgestellt werden, die zwar anders als ein stehendes Heer nicht permanent aufgeboten wurden, aber doch immer wieder exerzieren mussten und einmal im Jahr gemustert werden sollten. Bereits auf dem Ausschusstag 1664 klagten die Stände darüber, dass im Land Geld erpresst worden sei, um Männer für das Defensionswesen anzuwerben. Die Defensioner verlangten bis zu einem Taler Wartegeld pro Woche.[146] Als Johann Georg II. daraufhin das Wartegeld der Defensioner auf sieben Groschen wöchentlich begrenzte, führte das zu Desertionen und Tumulten der Angeworbenen.[147] Das Exerzieren wurde vernachlässigt. Zudem versagte die Truppe, als im selben Jahr 2.000 Defensioner nach Erfurt geschickt wurden, um einen Angriff des Mainzer Kurfürsten abzuwehren.[148]

Im Jahr zuvor, 1663, hatte der sächsische Kurfürst Söldner angeworben, um sich an der Abwehr einer osmanischen Invasion in Ungarn zu beteiligen. Bei der Abdankung dieser Armee behielt Johann Georg II. drei Kompanien Fußvolk und eine Kompanie Reiter, aus der sich später das stehende Heer der Dresdner Wettiner entwickeln sollte. Denn auch nach dem Krieg gegen Frankreich, den Kursachsen 1676 mit 10.000 Mann führte, blieben 2.000 Mann als Garde und Garnisonstruppe, 3.800 Mann Infanterie und 400 Reiter im Dienst. Auf dem Landtag 1681 konnte dann Johann Georg III. zur Finanzierung eines stehenden Heeres von den Ständen 700.000 Gulden erlangen. Zusätzlich mussten im Land verteilt noch Magazine mit Nahrungsmitteln angelegt werden, um diese Armee für einige Zeit verproviantieren zu können.[149] Vor dem Hintergrund so hoher Kosten für die nun fest etatisierte Armee lehnte der Landtag es ab, zusätzlich das Defensionswerk mit 3.000 Mann wieder neu einzurichten.[150] Das entsprach einer Linie, die die Ständeversammlungen der vorangegangen Jahre ebenfalls vertreten hatten[151] und die sich fortsetzte, bis August der Starke die Defensionsverfassung im Jahr 1713 aufhob.[152]

Die Dauerthemen der kursächsischen Landtage des 17. und frühen 18. Jahrhunderts wie das Defensionswerk und die Militärfinanzierung standen im Zusammenhang mit der Wirtschaftsentwicklung der Territorien des Dresdner Kurfürsten. In einer frühneuzeitlichen Agrargesellschaft mit einer im Vergleich zu heute geringen Technisierung der Produktion und Distribution hing die ökonomische Leistungsfähigkeit wesentlich von der Bevölkerungszahl ab. Im Jahr 1630, bevor der Dreißigjährige Krieg auf Kursachsen übergriff, lebten auf dem Territorium inklusive der Ober- und Niederlausitz, die aber jeweils eigene Landtage hatten, etwa 1,47 Millionen Menschen. Bis 1650 sank die Zahl auf knapp unter eine Million. Fraglos ließ daher durch den Dreißigjährigen Krieg und die zeitgleichen Pestepidemien die Wirtschafskraft Kursachsens erheblich nach. Bis 1680 erholte sich die Einwohnerzahl wieder auf 1,2 Millionen. Erst 1719 lebten in Kursachsen wieder so viele Menschen wie 1630. Das langsame Wachstum hatte mehrere Ursachen. Eine Pest im Jahr 1680 forderte neue Opfer, ebenso ist für den Zeitraum 1695 bis 1715 ein besonders ungünstiges Klima anzusetzen, und während des Nordischen Krieges minderten die Lasten durch die schwedische Besetzung von 1706/07 das Bevölkerungswachstum. Der zentrale Grund für die mühsame Erholung des Landes lag aber darin, dass nach dem Ende des Dreißigjährigen Krieges das Gros der Kosten der ländlichen Bevölkerung aufgebürdet wurde, die zwei Drittel der Gesamtbevölkerung stellte und aus der sich das Einwohnerwachstum entwickelte.[153]

Auf den Landtagen vertraten die Deputierten der Städte vor allem die Interessen der Gewerbe- und Handeltreibenden, während die Ritterschaft sich primär für die eignen Privilegien, etwa die Steuerfreiheit der Rittergüter,[154] und Vorteile, etwa den bevorzugten Zugriff auf ländliche Arbeitskräfte,[155] einsetzte. Sie wandte sich gegen eine zu hohe Besteuerung ihrer bäuerlichen Untertanen vor allem dann, wenn sie befürchten musste, dass dies deren Abgaben und Dienste für sie selbst gefährdete. Dem Landesherrn und seinem Staat kam es fiskalisch im Wesentlichen darauf an, von den Landtagen Steuern und Abgaben zu erwirken, die dem jeweiligen Kurfürsten Liquidität verschafften und seine Kreditwürdigkeit aufrechterhielten. Eine wirtschaftsfördernde Steuerpolitik ergab sich aus dieser Konstellation nicht. Die Steuerbelastung wuchs zwischen 1660 und 1680 massiv an und blieb auf diesem hohen Niveau, das sich unter der Herrschaft Augusts des Starken und Augusts III. noch einmal steigern sollte.[156]

Seit der Thronbesteigung Johann Georgs II. und bis in die Regierungszeit Augusts des Starken vermochten die Landtage auch einen gewissen Einfluss auf die Gesetzgebung auszuüben. Die Erledigung der Landesgebrechen bzw. die Resolutio gravaminum von 1661, die sich mit Kirchen- und Konsistorialangelegenheiten, Justiz- und Polizeiangelegenheiten sowie mit Gegenständen der kurfürstlichen Finanzen befassten, waren von der Ständeversammlung beraten worden, bevor der Kurfürst sie dekretierte. Die sogenannten Dezisionen desselben Jahres, die ungleiche Rechtsprechung beseitigen sollten, waren durch ständische Gravamina initiiert worden, und auch an der Polizeiordnung des Jahres 1661 hatten die Landstände mitgewirkt. Von 1666 bis 1722 berieten immer wieder Landtage über eine Novellierung der Prozessordnung, zu der verschiedene vom Landesherrn eingesetzte Kommissionen Vorlagen ausgearbeitet hatten.[157]

Kursachsen und das Königreich Polen

Nach einer Phase politischer Restabilisierung, die nach der Einrichtung der Sekundogenituren erforderlich war, und wegen einer nur sehr allmählichen wirtschaftlichen Erholung, während der Kursachsen allerdings im Land selbst keine kriegerischen Auseinandersetzungen erleiden musste, geriet das herkömmliche Herrschaftsgefüge des Landes erst in neue Turbulenzen, seit August der Starke 1697 die polnische Krone trug. Das polnische Königtum des sächsischen Kurfürsten führte gleich in den Anfangsjahren zu einer Situation, in der für die Stände der Austausch mit dem Landesherrn und der Leitungsebene seines Hofes und seiner Politik nicht mehr wie zuvor möglich war. Das galt nicht nur ganz direkt, sondern auch konfessionell und vor allem in Bezug auf außenpolitische Ambitionen.

Bei den Ausschusstagen 1700/01, 1701/02 und 1704 befand sich August der Starke in Polen und ließ sich in Dresden durch seinen Statthalter vertreten. Der Fürst und seine engsten Berater waren durch die räumliche Distanz nicht in der gewohnten Weise für die Stände erreichbar. Ritterschaft und Städte versuchten, den Hiat in der persönlichen Kommunikation zu überwinden, indem sie während der Ausschusstage 1701/02 und 1704 vier Deputierte nach Polen entsandten.[158]

Konfessionell entstand eine kaum überbrückbare Differenz zwischen Landesherrn und Ständen, als August der Starke 1697 zur römisch-katholischen Konfession konvertierte, um die polnische Königskrone annehmen zu können. Die Landstände reagierten auf die neue Situation mit einer sogenannten Willkürlichen (freiwilligen) Zusammenkunft. Erbmarschall Hans von Löser berief am 14. Juli 1697 36 landständische Deputierte des Zweiten und Dritten Corpus zu einer Versammlung nach Dresden. Weil ansonsten Zusammenkünfte der Stände üblicherweise durch Convocationsschreiben des Landesherrn zustande kamen, hatte von Löser längere Zeit gezögert, diesen Schritt zu tun. Zwar hatten die Wettiner auf sächsischen Landtagen wiederholt versichert,[159] ihre Stände dürften sich auch auf eigene Initiative versammeln, aber die Sache blieb, wie von Löser selbst meinte, „odiös". Die Willkürliche Zusammenkunft von 1697 war in der Geschichte der kursächsischen Landstände etwas exzeptionell Ungewöhnliches. Um nicht allein mit der Forderung an August den Starken heranzutreten, Kursachsen zuzusichern, dass es bei der lutherischen Konfession bleiben werde, beschlossen die Vertreter von Ritterschaft und Städten, ihrem Landesherrn zur polnischen Krone zu gratulieren, ihm ein Geldgeschenk von 100.000 Taler zu präsentieren und in diesem Kontext um eine „Religionsversicherung" nachzukommen. Tatsächlich garantierte August der Starke seinen kursächsischen Untertanen den lutherischen Glauben und übertrug die landesherrlichen Befugnisse in Universitäts-, Kirchen- und Schulfragen dem Geheimen Rat.[160]

Für den Wandel des politischen Feldes bekam die geänderte Zugangsmöglichkeit zum Herrscher und zu seinen Ratgebern eine höhere Bedeutung als der Wechsel einer institutionellen Zuständigkeit für Religionsfragen. Beim ersten kursächsischen Landtag, der nach der Krönung in Krakau vom 29. August 1699 bis zum 17. März 1700 in Dresden stattfand, war August der Starke in Kursachsen. Während man im Dezember 1699 über die Truppenstärke der Miliz debattierte, informierte der Landesherr seine Stände allerdings nicht darüber, dass die Einheiten, für die soeben sächsische Steuergelder bewilligt wurden, im Februar 1700 Livland besetzen sollten und diese so einen Krieg mit Schwe-

Abb. 9: Hans Graf von Löser (1704–1763) auf Reinharz, kursächsischer Erbmarschall auf den Landtagen 1742 bis 1749, unbekannter Künstler um 1748

den auslösten.[161] Die Regierung Polens und die Verstrickung in die europäische Politik benötigten Mittel beispielsweise für den Nordischen Krieg oder die internationale Diplomatie, die das Kurfürstentum Sachsen bislang nicht hatte aufbringen müssen. August der Starke verlangte die erforderlichen Gelder von der kursächsischen Ständeversammlung für seine Interessen als polnischer König.[162] Damit überschritten die Ambitionen des wettinischen Landesherrn in zuvor noch nicht gekanntem Maß die seines angestammten Territoriums. Für die Land- und Ausschusstage Kursachsens entwickelte sich daher eine veränderte Situation, in der für ihren Landesherrn das Interesse an seinem Kurfürstentum neben oder gar hinter sein Engagement in Polen trat. Als frühneuzeitlicher Herrscher erwartete August der Starke die Unterstützung seiner sächsischen Stände und Untertanen, was diesen jedoch nicht unmittelbar einleuchtete.[163] Das stehende Heer des Wettiners wurde zwar durch kursächsische Steuern finanziert, war aber keine Parlamentsarmee, sondern ein Instrument des Landesherrn.

Daraus erklären sich mühelos die Unduldsamkeiten, die August der Starke gegenüber dem bisherigen Modus der Steuererhebung zeigte. Eine durchdacht betriebene Strategie der systematischen Ausdehnung fürstenstaatlicher Macht in Kursachsen ist neben dem Existenzkampf in Polen eher unwahrscheinlich.[164]

Deshalb gab sich August der Starke immer wieder zufrieden, wenn er vom kursächsischen Landtag das nötigte Geld bekam, um die polnische Krone zu erhalten oder zu verteidigen. Im Februar 1697 entstand der Gedanke, eine Revisionskommission einzusetzen, die Hinterziehungen, Korruption und Bestechung untersuchen sollte, aus einem Konzept, wie sich die Mittel für den Krieg gegen Schweden aufbringen lassen würden. Es war wenig verwunderlich, dass August der Starke sich dieses Druckmittel abhandeln ließ, als die Stände ihm eine Million Taler anboten.[165] Auch das Ziel der Generalkonsumtionsakzise, einer indirekten Verbrauchssteuer auf Waren des täglichen Bedarfs, war kein kalkulierter Weg zum Absolutismus, auf dem das ständische Steuerbewilligungsrecht ausgeschaltet werden sollte, sondern eine Chance, die Rittergutsbesitzer an der Steuer zu beteiligen. Viele Städte haben offensichtlich zunächst diese ausgleichende Belastung als Vorteil gesehen und dafür partiell den Machtverlust in Kauf genommen, der ihnen durch die Möglichkeit entging, diesen Teil der Steuer zu bewilligen oder zu verweigern.[166] Für August den Starken, der in Polen gegen den schwedischen König glücklos Krieg führte, hätte das Bestreben, den kursächsischen Ständen ihre Rechte zu nehmen, eine zusätzliche Herausforderung bedeutet. Es lag vielmehr grundsätzlich nahe, sich in Kursachsen auf den Boden des durch Tradition geschützten Rechtsverständnisses zu stellen und die herkömmliche Ordnung gelten zu lassen, solange diese ihm die gewünschten Mittel zur Verfügung stellte.

Daher erscheint es auch verständlich, dass August der Starke ein Interesse daran hatte, die bisherige Landtagsordnung, die lediglich auf dem Herkommen basierte und zu fortwährenden Auseinandersetzungen innerhalb der Stände geführt hatte, als Gesetz zu einer festeren Norm zu entwickeln. Die Aufforderung zur Revision der Landtagsordnung erging beim Landtag 1699/1700 in der Proposition. Sie war daher vom Landesherrn vorab bedacht worden und wurde programmatisch in die Verhandlungen der Ständeversammlung eingebracht. Zudem war für den sächsischen Kurfürsten und polnischen König absehbar, dass er in Kürze durch einen gemeinsamen Angriff mit Dänemark-Norwegen und Russland einen großen Krieg beginnen würde, der die schwedische Vorherrschaft im Ostseeraum infrage stellte. Das Projekt der kursächsischen Landtagsordnung wurde wegen der Turbulenzen des Nordischen Krieges erst seit dem Landtag 1722 soweit vorangebracht, dass es beim Landtag 1728 zum Abschluss kommen konnte.[167] Die Rücknahme landständischer Rechtsversicherungen durch August den Starken steht mit dieser Entwicklung nicht im Widerspruch. Nachdem der Wettiner im Jahr 1709 den polnischen Thron mit russischer Hilfe wieder erobert hatte,[168] verweigerte er auf dem kursächsischen Landtag 1711 den Revers in der bisherigen Fassung.[169] Das geschah vor dem Hintergrund, dass die sächsische Armee in einer sehr hohen Truppenstärke von mehr als 30.000 Mann in Polen stand und bis 1717 in den Nordischen Krieg verwickelt blieb.[170] Damit lagen auf Sachsen weiterhin hohe Militärkosten und es drückte die immer wiederkehrende Aushebung von Rekruten. Die kursächsischen Stände trugen diese Lasten nicht ohneweiters mit. Auf dem Landtag 1711 lehnten sie zum Beispiel einen Vorschlag Augusts des Starken ab, alle dienstpflichtigen männlichen Untertanen im Alter zwischen 21 und 30 Jahren zu einem dreijährigen Militärdienst einzuziehen. Die permanente Landtagskontroverse um das Militär entspannte sich erst 1718, als August der Starke seine Truppen zeitweise auf 11.000 Mann reduzierte.[171] Weil sächsische Steuern und Untertanen für die Ziele des Wettiners in Polen instrumentalisiert wurden, führte das zu einer gegenseitigen Wahrnehmung von Landesherrn und Landständen, nach der der jeweils andere ein zu geringes Verständnis für die eigenen Schwierigkeiten aufbringe. Schon diese Perzeptionsverschiebung plausibilisiert die Neuformulierung des Reverses vom Landtag 1711.

Darüber hinaus geschah sie aus rein pragmatischen Gründen. Denn August der Starke ließ die Zusagen weg, ohne den Rat der Ständeversammlung keine Schulden zu machen oder Geld aufzunehmen, der Steuerkasse des Landtags nur Schulden zuzuweisen, die die Stände genehmigt hatten, und die bestehenden Rechte des Landtags bei der Steuergenehmigung und -erhebung nicht anzutasten. Außerdem bestätigte der Landesherr nicht mehr das Recht auf freiwillige Zusammenkunft und sagte nicht zu, ohne Zustimmung der Ständeversammlung Truppen zu werben, Krieg zu beginnen, Bündnisse zu schließen, an der Religion etwas zu verändern oder sich auf andere Sachen einzulassen, aus denen für ihn oder das Land Schaden und Nachteil entstehen könnte. Die Formel, nach der die Landtage nicht an ihre Zusagen gebunden seien, falls der Kurfürst sich nicht an die Zusagen im Revers hielte, wurde ebenfalls stark gekürzt.[172] Die Stände forderten unter anderem auf dem Ausschusstag 1713/14 und dem Landtag 1728 die alte Klausel zurück und blieben wohl deshalb erfolglos, weil August der Starke im Verlauf seiner Regierung bereits die alten Zusicherungen aus politischen Zwängen gebrochen hatte. Um die Neuformulierung des Landtagsreverses zu verstehen, bedarf es keines Rückgriffs auf von langer Hand geplante Strategien absolutistischer Machtdurchsetzungskonzepte.

Letztlich behauptete sich die Option auf eine Zusammenarbeit des Fürstenstaates mit den Führungsformationen, die politische Macht auf der lokalen Ebene ausübten.[173] Es erschien klüger, durch ein Kondominat die Ressourcen bis in die ständischen Residualbereiche auszuschöpfen, als gegen die vielen kleinen Mächtigen einen kompletten Durchgriff der Zentralverwaltung zu organisieren. In England war ein solcher Versuch übrigens 1688 durch die Glorious Revolution gescheitert.[174]

Vom Dreißigjährigen bis zum Nordischen Krieg haben Militärausgaben und Besatzungskosten die kursächsischen Finanzen enorm belastet. Während die Kurfürsten und ihr Staat versuchten, die Mehrkosten auf die Steuern umzulegen, bemühten sich die Land- und Ausschusstage immer wieder, die Reserven des Landes zu schonen. Die Interessendivergenz ergab sich nicht zuletzt daraus, dass expansive Machtinteressen der Wettiner wie der Zugewinn der Ober- und Niederlausitz im Dreißigjährigen Krieg oder das polnische Königtum Augusts des Starken den Kontext des erweiterten Fürstenstaates aus Landesherrn und seinen Beamten einerseits sowie den Grundherren und Stadträten andererseits überschritt. Vom externen Herrschaftszugewinn profitierten die Dynastie und ihre Ratgeber, nicht aber der Rittergutsbesitzer, dessen Untertanen mehr Steuern entrichten mussten, oder die etwa 100 landtagsfähigen

Städte, denen Kriege mehr Kosten als Nutzen brachte. Unter diesen Umständen erwies es sich als schwierig, ein sinnstiftendes Ordnungsarrangement aufrechtzuerhalten, zumal die außenpolitischen Ambitionen der Dynastie mittelbar dazu beitrugen, den Raum zur Eigenprofilierung der kursächsischen Ständeversammlung offen zu halten. Die Landtagsordnung von 1728 stabilisierte die labile Lage durch ein von der Ständeversammlung konsentiertes Dekret.

Exkurs: Der Landtag im residenzstädtischen Flair

Als der 28-jährige Friedrich August von Watzdorf am 20. Januar 1711 von einer Reise nach Leipzig ins Vogtland zurückkehrte, fand er auf seinem Rittergut Kauschwitz eine Einladung zum Landtag in Dresden vor.[175] Das Herrenhaus Kauschwitz und das gleichnamige Dorf liegen knapp fünf Kilometer nordwestlich des Stadtkerns von Plauen. Ebenfalls nördlich von Plauen, in etwa zehn Kilometern Entfernung von der Stadt, besaß von Watzdorf noch die Rittergüter Jößnitz und Röttis. Sein Landbesitz bestand daher in einem Komplex von nahe beieinander gelegenen Rittergütern in der Nähe einer Stadt von etwa 4.000 Einwohnern.[176] Von Watzdorf war für seine Zeit ein weit gereister Mann: Er hatte nach seinem Studium in Leipzig eine Kavalierstour unternommen, die ihn vom 18. Juni 1705 bis zum 15. Juni 1707 nach Holland, England und Frankreich führte.[177]

Zu seinem ersten Landtag nach Dresden reiste von Watzdorf gemeinsam mit seinem Vetter, Christian Friedrich, dem Besitzer des benachbarten Rittergutes Syrau.[178] Am 2. Februar 1711 bestiegen die beiden Landstände mittags eine Postkutsche. Ihr Abendessen nahmen sie im nicht einmal 30 Kilometer entfernten Reichenbach ein.[179] Drei bis sieben Kilometer pro Stunde oder 40 bis 100 Kilometer am Tag konnte eine Kutsche üblicherweise auf frühneuzeitlichen Straßen zurücklegen.[180] In Reichenbach mussten die Vettern von Watzdorf übernachten, weil keine frischen Pferde verfügbar waren. Am folgenden Tag aßen die Reisenden mittags nach knapp 50 Kilometern in Oberlungwitz. Bis zum Abend erreichten sie nach noch einmal 50 Kilometern Freiberg. Dort blieben sie über Nacht und waren „übel logiert", wie von Watzdorf in sein Tagebuch notierte. Am 4. Februar kamen Friedrich August und Christian Friedrich von Watzdorf nach noch einmal etwa 40 Kilometern Kutschfahrt in Dresden an. Sie mieteten sich in der Dresdner Altstadt auf der Scheffelgasse im Haus des Dr. Arnhold ein.[181] Damit bezogen die beiden vogtländischen Rittergutsbesitzer wie 83 Prozent der übrigen Landtagsmitglieder (503 von insgesamt 608 Personen) ein Privatquartier. Nur acht Prozent der Landstände (50 Personen) wohnten in einer Herberge oder einem Gasthaus und lediglich knapp drei Prozent (16 Personen) im eigenen Haus. Beim Landtag 1711 hatten zwei Personen aus der Ritterschaft als Mitglieder des frühneuzeitlichen Fürstenstaates eine Dienstwohnung in Dresden.[182]

Gleich am Tag nach der Ankunft in Dresden zog der Landtag Friedrich August von Watzdorf in seinen Bann. Er meldete sich im Oberhofmarschallamt an. Damit war die Aufnahme in die Ritterschaft aber noch nicht endgültig vollzogen. Eine Kommission dieses Corpus der Ständeversammlung prüfte nämlich, ob der Angemeldete auch vier adlige Vorfahren von väterlicher wie mütterlicher Seite nachweisen konnte. War diese Ahnenprobe nicht zu erbringen, musste der betreffende Rittergutsbesitzer seinen Anspruch aufgeben, am Landtag teilzunehmen.[183] Auch Frauen, die ein Rittergut besaßen, wurden – selbst

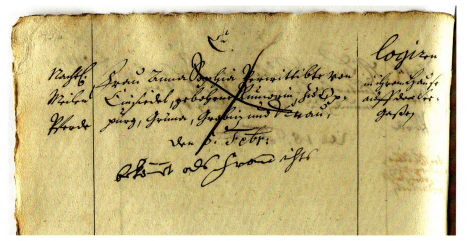

Abb. 10: Durchgestrichene Eintragung der Rittergutsbesitzerin Anna Sophia von Einsiedel in der Liste des Oberhofmarschallamtes mit der Bemerkung: „bekommt als Frau nichts"

wenn sie die Ahnenprobe abzulegen vermochten – nicht zugelassen. Beim Landtag 1711 erschienen am selben Tag wie von Watzdorf auch drei adlige Damen im Oberhofmarschallamt, die als Rittergutsbesitzerinnen an der Landesversammlung teilnehmen wollten. Anna Sophia von Einsiedel (1671–1725), Johanna Sophia von Trützschler (1664–1729) und Gisela Erdmuthe Gräfin von Bothmer (1669–1741) wurde aber das Stimmrecht auf der Ständeversammlung verweigert.[184]

Am Morgen des 6. Februars 1711 begann die Ständeversammlung mit dem Landtagsgottesdienst in der evangelischen Hofkapelle des Dresdner Schlosses.[185] Zur Proposition war August der Starke in Dresden anwesend, obwohl er in der Einladung zum Landtag noch hatte wissen lassen, dass seine „Praesenz [… im] Königreich Pohlen wohl nöthig" sei.[186] Die Feierlichkeiten fanden in den Dänischen Gemächern, der Belle Etage des Dresdner Residenzschlosses, statt.[187] Von Watzdorf notierte dazu lediglich, dass der „Cardinal von Saxen dem königl[ichen] Throne" in unmittelbarer Nähe gestanden habe.[188] Dieser römisch-katholische Geistliche, der auf einem besonders würdigen Platz neben dem Landesherrn rangierte, war Christian August von Sachsen-Zeitz,[189] bei dem der Chef der albertinischen Linie des Hauses Wettin im Jahr 1697 seine Konversion zur katholischen Konfession vollzogen hatte. Der sächsische Kurfürst und polnische König bekannte sich daher vor den Landständen demonstrativ zur katholischen Kirche.

Nachdem in der Proposition der Ständeversammlung feierlich ihre Beratungsgegenstände vorgegeben worden waren, zelebrierte August der Starke eine öffentliche Tafel,[190] die ebenfalls in den Dänischen Gemächern abgehalten wurde. Das Oberhofmarschallamt hielt in seinen Akten zum Landtag 1711 fest, dass die „Königl[iche] Taffel unter einem Baldaquin gedeckt" worden sei und man „das goldene Servis dabey gebraucht" habe.[191] Der sächsische Kurfürst und polnische König speiste an einer runden Tafel mit dem Kardinal von Sachsen zu seiner Rechten, dem Vizekanzler der polnischen Krone Jan Szembeck zu seiner Linken sowie weiteren acht bedeutenden Adligen. Unter ihnen befanden sich als Vertreter des Landtags der kursächsische Erbmarschall Hans von Löser, Heinrich von Bünau auf Püchau für den Engeren Ausschuss der Ritterschaft und Wolf Dietrich von Erdmannsdorf für den Weiteren Ausschuss.[192] Aus dem Corpus der Städte saßen keine Deputierten an der Tafel, weil sie zu einer solchen Ehrung am Dresdner Hof nicht zugelassen waren.[193] Ebenfalls nicht eingeladen war das Gros der Deputierten aus dem Corpus der Prälaten, Grafen und Herren, dessen weltliche Mitglieder als Standesherren durchweg zum Hochadel gehörten und deshalb im Gegensatz zu den Städtevertretern durchaus tafelfähig waren. Diese Grafen und Herren ließen sich aber auf dem Landtag von Nichtadligen vertreten. Der Vorsitzende dieses würdigsten Gremiums der Ständeversammlung, der Meißner Domprobst Hans Balthasar von Bose auf Nickern, konnte das Kriterium der persönlichen Tafelfähigkeit wohl erfüllen.[194] Er war aber dennoch nicht geladen. Offensichtlich hob das Hofzeremoniell die landtagsfähige Ritterschaft als wichtigsten Verhandlungspartner des Landesherrn hervor.

Die Speisen wurden von zwei Oberhofchargen und die Getränke vom Hauptmann der Leibgarde serviert. Während des zeremoniellen Essens, das von 15 bis 19 Uhr dauerte, spielten die „Königl[iche] Cammer Music, ingleichen die Wald Hörner".[195] Die Blasinstrumente hob das Oberhofmarschallamt vermutlich deshalb hervor, weil sie in Dresden neu waren. Waldhörner wurden erst seit dem Ende des 17. Jahrhunderts in die europäische Konzertmusik eingeführt. Um die Tafel herum waren ein Dutzend „Fuß Trabanten" der Leibgarde mit ihrem „Rott Meister" aufgestellt.[196] Sie garantierten nicht nur Ordnung und Sicherheit, sondern steigerten durch ihre Präsenz auch die zeremonielle Wichtigkeit des Geschehens.

Am 7. Februar 1711 nahm von Watzdorf an der konstituierenden Sitzung der Allgemeinen Ritterschaft teil, die zum ersten Mal im Gewandhaus am Dresdner Neumarkt tagte.[197] An den folgenden beiden Tagen trat das Landtagsgremium, dem von Watzdorf angehörte, nicht zusammen. Erst für den 10. Februar vermerkt sein Diarium: „continuirete die Session".[198] Der nächste Tagebucheintrag zum Landtag erfolgte erst sechs Tage später. Am 16. Februar wurde von Watzdorf zum Kondirektor (stellvertretenden Vorsitzenden) der vogtländischen Ritterschaft gewählt. Darüber freute sich der junge Mann so sehr, dass er – vermutlich nur in Gedanken – vor Freude tanzte. In sein Tagebuch notierte er jedenfalls: „Je dansai[s] beaucoup."[199] Dennoch war von Watzdorf auf dem Landtag, der vom 6. Februar bis 24. April 1711 dauerte, lange Zeit nicht mit ständischen Geschäften befasst. Am 26. März schrieb er ins Tagebuch: „Ginge ich das erstere mahl wieder […] auff die Landstube, passirete aber nichts."[200] Auch die Zugehörigkeit zu Deputationen scheint von Watzdorf nicht sehr häufig in Anspruch genommen zu haben. Denn er berichtet lediglich an vier Tagen, dass er an den Verhandlungen solcher Ausschüsse teilnahm.[201] Für weitere neun Tagen notierte von Watzdorf, dass er zu den Sitzungen des Enge-

Exkurs: Der Landtag im residenzstädtischen Flair 131

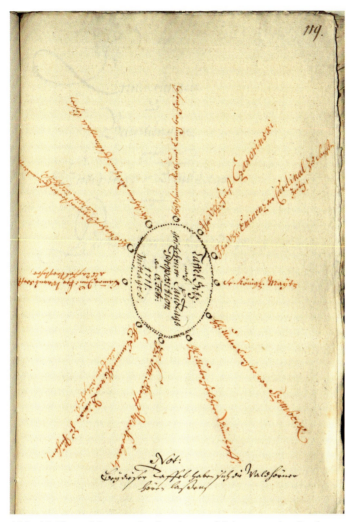

Abb. 11: Planzeichnung der Landtagstafel Augusts des Starken nach der Proposition 1711.
Schrift im Innern des Ovals: „TaffelSitz. nach geschehener LandTagsProposition, den 6. Febr. 1711. Mittages."
Umschrift von oben Mitte im Uhrzeigersinn: „o S[ein]e Königl[iche] May[es]t[ät,] o H[err] UnterCanzler von Szembeck, o H[err] UnterFeldherr Dönnhoff, o H[err] Gen[eral] Graff Wackerbart, o H[err] CammerH[err] von Bünau zu Püschau, ausn Engen Ausschuß. o H[err] CammerJuncker Warnsdorf als TaffelVorsteher[,] o H[err] OberHofJägermeister Erdmannsdorf aus Weiten Ausschuß, o H[err] Geheimr Rath und ErbMarschall Löser, o H[err] Geheimr Rath und Canzler Friesen, o Ihr[e] D[ur]ch[laucht] Fürst Czatorinski, o Ihr[e] D[ur]ch[laucht] Eminenz der Cardinal zu Sachsen Zeitz,"

Schrift am unteren Rand der Planzeichnung: „Not[atur]: Bey dieser Taffel haben sich die Waldhörner hören laßen," ren Ausschusses der Ritterschaft hinzugezogen wurde oder auch nur verfolgte, was dort beraten wurde.[202] Außerdem bemühte er sich, mit Unterstützung des vogtländischen Kreises gegen eine Klage ein Memorial an den Landesherrn auf den Weg zu bringen.[203]

Der Landtag 1711 währte 78 Tage. Ohne Eröffnungs- und Abschlussfeierlichkeiten sowie ohne die elf Sonntage[204] dieses Zeitraums blieben daher 65 Tage zur Deliberation. Lediglich an 17 Tagen der laufenden ständischen Beratungen nahm von Watzdorf in seinem Tagebuch direkt auf den Landtag Bezug. Rechnet man von Watzdorfs Bemühungen hinzu, in seinem Gerichtsverfahren die Unterstützung der Ritterschaft zu erhalten, lassen sich noch vier weitere Tage hinzuzählen, an denen im Tagebuch Angelegenheiten der Ständeversammlung erwähnt werden. Die landständischen Verhandlungen waren dem Autor somit nicht einmal an einem Drittel der Beratungstage eine Notiz in seinem Diarium wert.

Im Gegensatz dazu finden sich tagtäglich Eintragungen darüber, wen von Watzdorf aus der vornehmen Dresdner Gesellschaft gesprochen oder besucht hat. Darüber hinaus unterhielt er einen regen Briefverkehr innerhalb seiner Familie und mit anderen Honoratioren sowie mit Personen, die an der Verwaltung seiner Rittergüter beteiligt waren. Vom Dresdner Hof berichtet von Watzdorf, dass dort am 2. März 1711 wegen eines Namenstags eine öffentliche Tafel stattfand und dass am 17. Februar August der Starke und am 21. Februar dessen Sohn im Stallhof ein Ringrennen durchgeführt hat.[205]

Am 19. Februar 1711, am Tag nach Aschermittwoch, veranstaltete der Dresdner Hof mit 22 Schlitten eine Rundfahrt durch Dresden. Den Korso führte der Stallmeister des Hofes an, ihm folgte der Kurprinz als würdigster Teilnehmer und danach fuhren, wie das Hoftagebuch vermerkt, „die übrigen nach ihrem Range".[206] Auch dieses Spektakel erwähnte von Watzdorf in seinem Tagebuch.[207]

Am 28. Februar erhielt von Watzdorf Audienz beim 14-jährigen Kurprinzen und für den 12. April wurde er zu einer königlichen Marschalltafel gebeten.[208] Solche Tafeln fanden gleichzeitig mit dem Mahl des Fürsten statt und waren adligen Höflingen und Gästen vorbehalten. Darüber hinaus ging von Watzdorf viermal zum Hof, ohne dass er in seinem Tagebuch präzise angibt, welcher Anlass ihn dorthin führte.[209] Am 16. März 1711 besichtigte er auch „die Kostbarkeiten auff dem Stalle".[210] Dieser Gebäudekomplex des Dresdner Residenzschlosses beherbergte nicht nur Pferde des Landesherrn, sondern im Obergeschoss befanden sich eine Sammlung von Prunkwaffen sowie weitere wertvolle Objekte und Kunstwerke.[211] Für denselben Tag wie schon für den 26. Februar berichtet von Watzdorf, er sei auch in der „Comoedie" gewesen.[212] Ein festes Ensemble von Schauspielern hatte der Dresdner Hof zu Beginn des 18. Jahrhunderts nicht in seinen Diensten. Es traten aber wechselnde freie Theatertruppen in der sächsischen Residenzstadt auf, deren Darbietungen zwischen Zirkusvorführungen und Schauspiel variierten.[213]

Von Watzdorf vermerkte in seinem Diarium auch, dass am 23. Februar 1711 in Dresden der Invocavitmarkt begann.[214] Wie auf anderen städtischen Jahrmärkten in der Frühen Neuzeit unterhielt oder vergnügte man sich auch in

Dresden zu solchen Anlässen für acht Tage. Denn es kamen in diesem Zeitraum besonders viele Schausteller, die das Publikum mit Präsentationen außerhalb des Alltäglichen in ihren Bann zu ziehen versuchten.[215] Für den Vergnügungssektor der sächsischen Residenzstadt lässt sich zudem besonders früh eine Ausflugskultur aufzeigen. Bereits in der ersten Hälfte des 18. Jahrhunderts spazierte ein erstaunlich breites Spektrum der residenzstädtischen Einwohner zu öffentlichen Gärten in der Umgebung. Die Mitglieder vornehmerer Gruppierungen ritten oder fuhren für gewöhnlich mit der Kutsche zu Erholungsorten des Umlandes. Im Winter nutzten sie auch Pferdeschlitten.[216] Auch von Watzdorf unternahm während des Landtags von 1711 am 14. April in Begleitung einer kleinen Gesellschaft einen Ausflug zu einem Garten und kam erst spät wieder in die Stadt zurück.[217]

In Dresden kleidete sich von Watzdorf auch neu ein. Zwar darf man nicht davon ausgehen, dass bereits eine rasch wechselnde Mode der feinen residenzstädtischen Gesellschaft ihre Kleidung diktierte. Dieses Phänomen lässt sich für Dresden erst im ausgehenden 18. Jahrhundert nachweisen. Aber die distinktiven Stoffe und Accessoires, die frühneuzeitliche Kleiderordnungen dem Adel und den hohen Staatsbeamten vorbehielten, waren in der Residenzstadt wohl problemloser verfügbar als im vogtländischen Plauen.[218]

Dreizehnmal besuchte von Watzdorf während des Landtags laut eigenen Angaben einen Gottesdienst.[219] Neunmal war er in der Schlosskapelle und zweimal in der Sophienkirche. Zweimal ist der Ort nicht näher bezeichnet. Von Watzdorf nahm am Landtagsgottesdienst vor der Proposition und an dem vor dem Landtagsabschied teil. Außerdem ging er an acht von elf Sonntagen in die Kirche. Für Sonntag, den 15. Februar 1711, notierte er ins Tagebuch, er sei nicht in der Kirche gewesen, weil er „von Schnupffen incommodiret" war.[220] Zudem besuchte von Watzdorf an drei Werktagen einen Gottesdienst. Beim Kirchgang wählte der Landstand daher zumeist die Schlosskapelle, in der auch die offiziellen Predigten gehalten wurden, die den Landtag einrahmten.

Die beiden Besuche in der Sophienkirche dürften sich durch von Watzdorfs Nähe zur Familie Senfft von Pilsach erklären, die dort eine Familienkapelle besaß. Von Watzdorf nannte nämlich Eleonore Ernestine Dorothea Senfft von Pilsach, die Tochter des Geheimen Rates und Oberkonsistorialpräsidenten Adam Ernst Senfft von Pilsach und der Sophie Maria Helena Senfft von Pilsach, geborene Raue von Holtzhausen, seit dem 3. Oktober 1710 „ma chere".[221] Sie sollte von Watzdorf im Sommer des darauf folgenden Jahres in Trautzschen, auf dem Rittergut ihrer Familie, heiraten.[222] Ob seit Herbst 1710 ein Eheversprechen bestand, ist von Watzdorfs Tagebuch nicht zu entnehmen, aber wahrscheinlich. Jedenfalls hat er dem Geheimen Rat Senfft von Pilsach am 20. August 1710 eine Genealogie übersandt,[223] sodass zu diesem Zeitpunkt offensichtlich eine Verbindung der Familien bereits erwogen wurde.

Zu Beginn des Jahres 1711, noch bevor in Dresden der Landtag begann, standen die künftigen Ehepartner in regem Briefkontakt. Sie schrieben sich bis zum 2. Februar, als von Watzdorf aus dem Vogtland abreiste, schon insgesamt elf Briefe. Als von Watzdorf am 4. Februar in Dresden eintraf, besuchte er das Fräulein von Senfft aber nicht sogleich. Er war bereits den achten Tag in Dresden, als zum ersten Mal im Tagebuch vermerkt ist: „Ware ich Abends bey ma chere."[224] Während seines 82-tägigen Dresdenaufenthalts vom 4. Februar bis zum 26. April 1711 sah von Watzdorf seine Verehrte insgesamt 34 Mal.[225] Er besuchte sie nach dem Mittag, gegen Abend oder traf sie in Gesellschaft. Seinem künftigen Schwiegervater und dessen Gemahlin machte er je dreimal die Aufwartung.[226] Zwar gestattet das Diarium von Watzdorfs keinen Einblick in Emotionen. Da er aber Eleonore Ernestine Dorothea Senfft von Pilsach doppelt so oft erwähnt wie die Landtagsgeschäfte, lässt sich die besondere Bedeutung dieser Beziehung für den Tagebuchschreiber kaum übersehen. Für die gruppeninterne Bindung innerhalb des niederen sächsischen Adels hatten die frühneuzeitlichen Ständeversammlungen eine enorme Relevanz, das zeigen auch andere Quellen.[227] Denn Dresden entwickelte sich seit 1631 über zwei Jahrhunderte hinweg während der Landtage zu einem Mittelpunkt adliger Geselligkeit, zu dem nicht allein ritterschaftliche Landstände mit ihren Dienern anreisten. Auch die Ehefrauen, heiratsfähigen Töchter und jüngeren Kinder der Rittergutsbesitzer kamen nach Dresden. Erst das konstitutionelle Zweikammerparlament führte bedeutend weniger Mitglieder des niederen Adels zu den Dresdner Landtagen zusammen.[228]

Für seine Teilnahme an der Ständeversammlung des Jahres 1711 erhielt von Watzdorf als stellvertretender Direktor des vogtländischen Kreises insgesamt 253 Gulden. Seinem Vetter wurden als einfachem ritterschaftlichem Landstand lediglich 174 Gulden ausgezahlt. Für die Anreise stand beiden derselbe Betrag von 16 Gulden zu. Als Kondirektor erhielt Friedrich August von Watzdorf aber ein höheres Tagegeld als Christian Friedrich von Watzdorf.[229] Umgerechnet in Taler ergibt sich daraus eine Gesamtsumme von 168 Talern und 16 Groschen. Diesen Diäten standen 49 Taler und 15 Groschen gegenüber, die von Watzdorf für sein Quartier in Dresden entrichtete.[230] Seine sonstigen Ausgaben für Hin- und Rückreise sowie für Speisen, Getränke und Dienstleistungen während des Landtags sind nicht bekannt. Notiert hat der vogtländische Rittergutsbesitzer lediglich, dass er wie bereits erwähnt für 23 Taler und acht Groschen neue Kleidung erwarb.[231] Dies könnte durchaus eine erforderliche Ausgabe gewesen sein, um in der residenzstädtischen Gesellschaft das Dekorum nicht durch unpassendes Äußeres zu verletzen.

Ob das kursächsische Oberhofmarschallamt Diäten stets bar auszahlte, lässt sich aufgrund des von watzdorfschen Tagebuches infrage stellen. Denn am 14. Oktober 1719 berichtet dieser, er habe auf der Leipziger Messe zwei „Landtags AuslösungsScheine" im Wert von 125 Gulden, von denen der eine zu Ostern 1720 und der andere zu Michaelis (29. September) 1720 zahlbar gewesen sei, gegen 235 Gulden Bargeld getauscht. Der Käufer erhielt daher auf den früher fälligen Schein fünf und auf den späteren zehn Gulden an Gewinn.[232] Von Watzdorf hatte daher seine Kosten für den Landtag 1718, der vom 23. Januar bis 28. Mai dauerte, vorstrecken müssen und konnte sie erst nach einundhalb Jahren einlösen.

1728–1831: Von der Landtagsordnung bis zum Ende der Frühen Neuzeit

Die Landtagsordnung von 1728

Bis zur Landtagsordnung von 1728 waren die Rechte und die Verfahrensweisen der Ständeversammlung durch immer wieder vollzogene Bestätigung des Herkommens gesichert worden. Das entsprach einem in der Frühen Neuzeit gängigen Modus.[233] Als August der Starke per Dekret vom 11. März 1728 die kursächsische Landtagsordnung in Kraft setzte, übernahm ein zwischen Landesherrn und Ständen abgestimmter Text, eine erlassene Ordnung, die während eines Landtags publiziert wurde, weithin die Garantie, wie ein kursächsischer Landtag abgehalten werden sollte.[234] Die Landtagsordnung des Jahres 1728 integrierte die Festlegungen, die die Ständeversammlung im Laufe des 17. und beginnenden 18. Jahrhunderts getroffen hatte. Sie setzte die bisherige Praxis, die sich nachweislich schon im 16. Jahrhundert für die kursächsische Ständeversammlung herausgebildet hatte, im Wesentlichen fort.[235]

Corpora und Collegia der kursächsischen Ständeversammlung

ERSTES CORPUS (Prälaten, Grafen und Herren)	ZWEITES CORPUS (Ritterschaft)	DRITTES CORPUS (Städte)
Prälaten, Grafen und Herren	Engerer Ausschuss	Engerer Ausschuss
Universitäten	Weiterer Ausschuss	Weiterer Ausschuss
	Allgemeine Ritterschaft	Allgemeine Städte

So sprach die Landtagsordnung unverändert dem Landesherrn grundsätzlich das Recht zu, Landtage einzuberufen und zu beenden. Er konnte die drei Corpora der Stände durch eine Missive, ein Einladungsschreiben, zu einem festgelegten Tag auffordern, sich an einem von ihm bestimmten Ort einzufinden.[236] Welche Prälaten, Grafen und Herren auf die kursächsischen Landtage gebeten wurden, erläutert die Landtagsordnung nicht. Als Prälaten fungierten Vertreter der drei Domstifte Meißen, Merseburg und Naumburg-Zeitz. Ihnen folgten in hierarchischer Ordnung die Grafen von Schwarzburg und von Mansfeld, die für ihre Person den Rang von Reichsfürsten hatten. Die darunter rangierenden standesherrlichen Dynasten unterschieden sich noch einmal in die gräflichen Familien von Solms und von Stolberg sowie in die Grafen bzw. Herren von Schönburg. Für ihr Amt Ebeleben entsandten die Schwarzburger noch einen zweiten Deputierten, der erst nach den Schönburgern eingeordnet war. Schließlich erschienen noch Vertreter der Universitäten Leipzig und Wittenberg, denen zwar Prälatenstatus zustand, die aber an das Ende der Rangordnung gedrängt waren.[237]

Die Missiven an die Ritterschaft besaßen die Besonderheit, dass zwar alle Rittergutsbesitzer und Rittergutsbesitzerinnen Einladungen erhielten, aber nicht alle in das Corpus der Ritterschaft aufgenommen wurden. Nichtadlige Personen und Adlige ohne sechzehnfache Ahnenprobe wurden ebenso wenig zugelassen wie Männer, die nicht lutherischer Konfession, die als Straftäter verurteilt oder mit ihrem Vermögen in Konkurs geraten waren.[238] Dass adlige Frauen mit Rittergutsbesitz nicht zugelassen wurden, selbst wenn sie ihren alten Adel nachweisen konnten, vermerkt die Landtagsordnung nicht.[239] Wirkliche Geheime Räte und Obristen, die im Feld kommandiert hatten, mussten keine Ahnenprobe vorlegen, aber adlig sein.[240] Neben solchen personengebundenen Voraussetzungen bestand ein Unterschied zwischen Besitzern altschriftsässiger Rittergüter, die grundsätzlich zur Ritterschaft gehören konnten, und den Amtssassen, die lediglich Deputierte auf eine Ständeversammlung schicken durften. Neuschriftsassen blieben nach den Bestimmungen der Landtagsordnung von 1728 de facto von der Ritterschaft ausgeschlossen, weil ihnen keine Diäten zustanden.[241] Den zum Landtag einberufenen 101 kursächsischen Städten stellte die Landtagsordnung frei, einen oder mehrere Deputierte ihrer Wahl zur Ständeversammlung zu entsenden.[242] Es konnten nicht alle 239 Städte Kursachsens Vertreter auf einen Landtag entsenden, sondern nur etwa 54 Prozent. Städte, die nicht im Dritten Corpus vertreten waren, standen in der Regel unter der Herrschaft eines Rittergutes.[243]

Vor dem Beginn des Landtags mussten sich alle Mitglieder der drei Landtagscorpora mit ihrer Missive beim Oberhofmarschallamt, der Behörde des Landesherrn, legitimieren. Ritterschaft und Städte hatten sich zudem beim Erbmarschall anzumelden. Die Städtevertreter teilten ihre Ankunft darüber hinaus noch den Abgeordneten des Leipziger Rates mit, die das Direktorium des Dritten Corpus ausübten. Die Deputierten der Prälaten, Grafen und Herren meldeten ihre Ankunft außer beim Oberhofmarschallamt noch dem Geheimen Konsilium.[244]

Für die Feierlichkeiten, mit denen das Prozedere eines Landtags begann, schrieb die Landtagsordnung einen Kanon von Zeremonien fest. Zunächst mussten die Stände einen Landtagsgottesdienst besuchen, um dort eine speziell auf den Landtag zugeschnittene Predigt anzuhören.[245] Der evangelische Oberhofprediger sprach in der lutherischen Hofkirche zu den Ständen, die vom Oberhofmarschallamt nach der Würde ihrer Landtagsgremien im Gotteshaus platziert worden waren. Der Status der Oberhofkirche wechselte 1742 von der Schlosskapelle zur Dresdner Sophienkirche.[246] Nach dem Gottesdienst hatte sich die Ständeversammlung in das kurfürstliche Schloss zu begeben, um die Proposition, die Forderungen des Landesherrn an die Stände, anzuhören. Dazu versammelten sich deren Mitglieder in einem der repräsentativen Säle des Dresdner Schlosses, um dort darauf zu warten, dass der Landesherr zu ihnen komme. Wie die Landtagsordnung festlegte, waren auch hier die Stände nach ihrem Status arrangiert.[247]

Den Ausgangspunkt dieser räumlichen Inszenierung bildete der Thron des Fürsten, den man auf ein dreistufiges Podest stellte und mit einem Baldachin ausstattete, sodass er als zentraler Punkt des Geschehens unübersehbar war. Die Prälaten, Grafen und Herren sowie die Universitäten Leipzig und Wittenberg erhielten Plätze in der Nähe des fürstlichen Thronsessels, der mitsamt einem hervorgehobenen Bereich durch eine Schranke vom übrigen Raum abgetrennt war. Das Oberhofmarschallamt hatte den Prälaten als geistlichen Standesherrn zur rechten Hand des Fürsten und somit auf der würdigsten Seite Stühle hingestellt. Weiter entfernt und mit dem Rücken zur Schranke standen auf der rechten Seite die Stühle der Universitäten. Die Grafen und Herren fanden ihre Stühle zur linken Hand des Landesherrn. An der rangniedrigsten Stelle in diesem besonders markierten Bezirk, links von der Schranke, standen auch Stühle für das Haupt der Ständeversammlung, den Erbmarschall, und vier Begleiter aus der Ritterschaft. Der Erbmarschall rangierte daher im Zeremoniell des Hofes als Mitglied des Engeren Ausschusses der Ritterschaft unterhalb von den Prälaten, Grafen und Herren. Alle übrigen Mitglieder eines Landtags standen außerhalb der Schranken, ohne dass ihnen Sitzmöbel zur Verfügung gestellt wurden. Aus der Sicht des Throns befanden sich die Ritterschaft rechts und die Städte links. Die Hierarchie der Landtagsuntergliederungen bildet sich daher im Raum durch Distanz zum Fürsten und durch ein Rechts-Links-Gefälle ab. Wenn der Landtag sich nach der vorgegebenen Ordnung aufgestellt hatte, zog der Kurfürst ein. Ranghohe Mitglieder des Hofstaates, der zivilstaatlichen Zentralverwaltung und des Militärs schritten ihm voran. Der Landesherr nahm auf dem Thron Platz und bedeckte sein Haupt mit einem Hut. Erst wenn diese herrscherliche Geste vollzogen war, ließ der Kurfürst die Proposition verlesen. Währenddessen traten ihm der Erbmarschall und seine Begleiter gegenüber. Sie präsentierten sich so als unmittelbare Adressaten dieser Ansprache. Anschließend bedankte sich der Erbmarschall mit einer kurzen Rede für die Proposition und verabschiedete den Fürsten mit einem Handkuss. Zum Abschluss der Zeremonie zogen Hofstaat und Landesherr wieder aus dem Saal aus und der Landtag begab sich zur Deliberation.[248]

So sehr das Zeremoniell einer kursächsischen Landtagseröffnung den Fürsten in den Mittelpunkt stellte, symbolisierte die Rede des Erbmarschalls doch auch, dass der Fürst den Ständen nicht einfach nur Anweisungen erteilte, sondern dass diese grundsätzlich Redefreiheit besaßen. Der Landtag war kein höriger Befehlsempfänger. Vielmehr bat der Landesherr freie Leute, die selbst Teil der Obrigkeit waren, um Rat und Unterstützung.[249]

Als Zweck der Beratungen einer Ständeversammlung definiert die Landtagsordnung, dass erwogen werden solle, „wie etwan am füglichsten zur Erreichung des Landesfürsten gnädigsten Intention zum immerwährenden Flor dessen Durchlauchtigsten Hauses, Schutz und Wohlfahrt Dero Lande und Unterthanen, zu unveränderter Erhaltung der Evangelischen reinen Lehre und Gottesdienstes, und nach des Landes Gesetzen Wohl eingerichteten Justiz und mithin zu dem abgezielten Endzweck, nicht weniger, wie zu denen darum gehörigen Mitteln zu gelangen sey".[250] Der Ständeversammlung wurde somit die Aufgabe zugewiesen, darüber zu beraten, was der Kurfürst für das Gedeihen

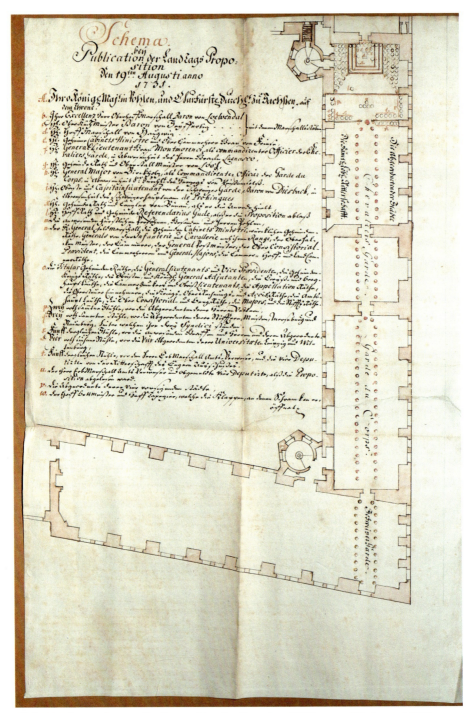

Abb. 12: Planzeichnung der Proposition im Dresdner Schloss am 19. August 1731

seines Hauses für förderlich hielt. In diesen Kontext gehören Geldbewilligungen für Hochzeiten und Beerdigungen, für Kavalierstouren von Prinzen und Aussteuern von ausheiratenden Prinzessinnen. Neben dieser Förderung einer Dynastie, die für modernes egalitäres Denken fremd anmutet, waren auch die Konzepte des Landesherrn, wie in einer Epoche fortwährender Kriege das von diesem beherrschte Territorium und dessen Bewohner zu schützen seien, ein Ziel der Landtagsdeliberationen. Weiterhin standen das ökonomische Wohlergehen aller, die evangelische Landeskonfession und die an Gesetze gebundene Justiz als Beratungszweck fest. Die Landtagsordnung setzte voraus, dass diese fünf Ziele miteinander in Einklang zu bringen waren und dass der Fürst für alle Bereiche Absichten verfolgte, die sich mit denen der Ständeversammlung harmonisieren ließen. Daher waren die Stände aufgefordert, konzeptionell über politische Aufgaben und deren Abstimmung aufeinander nachzudenken, und sollten darüber hinaus erwägen, mit welchen Mitteln die Ziele zu erreichen waren. Eine Abwägung, ob die polnische Königskrone, die für den Flor des Hauses Wettin fraglos Glanz brachte, den sächsischen Untertanen die Kosten des Nordischen Krieges und die schwedische Besatzung von 1706/07 zumuten durfte, hat August der Starke der Ständeversammlung allerdings nicht anheimgestellt. Wo die Norm der Landtagsordnung eine Harmonisierung verlangte, lagen in der Praxis nur mühsam überbrückbare Gegensätze.

Im zeitgenössischen juristischen Diskurs blieb umstritten, wie weitgehend der Landesherr ein Votum der Stände zu beachten hatte. Die Mindermeinung war der Ansicht, dass die Beratungsergebnisse des Landtags mehr Gewicht hätten als ein bloßer Ratschlag an den Kurfürsten. Die Mehrheit der Rechtswissenschaftler sprach zwar allein dem Landesherrn rechtsetzende Kompetenz zu. Dennoch galt, wie Christian Gottlob Wabst, ein gelehrter Rat am Appellationsgericht zu Dresden, im Jahr 1732 ausführte, dass dem sächsischen Kurfürsten zu raten sei, Gesetze nicht gegen den Willen oder die Gutachten der Ständeversammlung zu erlassen. Denn nur so könnten die Beschwerden (Gravamina) der Stände erwogen und durch Gesetze Missstände im Land behoben werden.[251]

Ein eigener Paragraf der Landtagsordnung legte fest, dass die drei Corpora der kursächsischen Stände während der Beratungen als acht voneinander getrennte Gremien in sieben Tagungsräumen zusammenkamen.[252] Als im Jahr 1731 der erste Landtag nach der Landtagsordnung von 1728 abgehalten wurde, verteilten sich die Prälaten, Grafen und Herren sowie die Universitäten auf zwei Häuser rechts bzw. links der Schlossgasse. Die Ritterschaft pflegte ihre „Session", wie es in der Landtagsordnung heißt, in je einem Saal für ihre drei Untergliederungen. Bei den Städten nutzten der Engere und der Weitere Ausschuss einen Raum, sodass sie mit nur zwei Tagungssälen auskamen. Auf dem Landtag 1731 durfte der Engere Ausschuss der Ritterschaft als politisch einflussreichste Untergliederung der Ständeversammlung im Kanzleihaus des Dresdner Residenzschlosses tagen. Von den übrigen Gremien traten fast sämtliche andere in landesherrlichen oder angemieteten Häusern an der Schlossgasse zusammen. Lediglich die Allgemeine Ritterschaft und die Allgemeinen Städte, die rangniedrigsten Consilia des Zweiten und Dritten Corpus, waren nicht in der Nähe des Schlosses untergebracht. Die Allgemeine Ritterschaft traf sich im Gewandhaus am Neumarkt, während die Allgemeinen Städte im Breihahnhaus auf der Breiten Gasse berieten. Dieses Brauhaus lag zwar auch in der Dresdner Altstadt, aber an der städtebaulich nicht so würdigen Seite, die dem Schloss entgegengesetzt war.[253]

Obwohl sich die drei Corpora des Landtags durch unterschiedliche Sitzordnungen so charakteristisch unterschieden, dass sie für deren Mitglieder ihren differenten gesellschaftlichen Status unmittelbar erfahrbar machten, findet sich darüber in der Landtagsordnung von 1728 keine einzige Bestimmung. Im Gremium der Prälaten, Grafen und Herren galt eine Sitzordnung, die noch auf die mittelalterliche Heerschildordnung rekurrierte. Die geistlichen Fürsten, die Prälaten, deren Nachfolge seit der Reformation Deputierte der Domkapitel von Meißen, Merseburg und Naumburg-Zeitz angetreten hatten, saßen an der Tafel oberhalb der ehemals reichsunmittelbaren weltlichen Fürsten. Unter diesen Standesherren nahmen die einst ranghöheren Hochadligen vor den niedrigeren Platz. Die Mitglieder des Ersten Corpus waren im Laufe der Zeit alle unter die Vorherrschaft der albertinischen Wettinern geraten. In ihrer Sitzordnung beachteten sie aber noch die unterschiedlich hohen Ränge, die sie vordem im Heiligen Römischen Reich deutscher Nation eingenommen hatten. Implizit lag darin ein Verweis auf die verloren gegangene Reichsunmittelbarkeit dieser Mediatisierten, die sie oberhalb der Ritterschaft positionierte.[254]

In den Gremien der Ritterschaft saßen die Mitglieder grundsätzlich nach Dauer ihrer Zugehörigkeit zum jeweiligen Consilium. Diese Ordnung nach Anciennität signalisierte die prinzipielle Gleichrangigkeit aller landtagsfähigen Rittergutsbesitzer Kursachsens. Ausgenommen von dieser Egalität waren nur die jeweiligen Leiter der Versammlungen. Der Erbmarschall saß dem Engeren Ausschuss der Ritterschaft vor, und die Direktoren bzw. Kondirektoren präsidierten dem Weiteren Ausschuss sowie den nach den sieben sächsischen Kreisen gegliederten Tafeln der Allgemeinen Ritterschaft. Ansonsten gestatteten die ritterschaftlichen Gremien nur zwei Repräsentanten des Deutschen Ordens und einem Deputierten des Hauses Schönburg eine Sonderstellung. Die Vertreter der Kommenden Liebstedt und Griefstedt saßen im Engeren Ausschuss auf den ersten Plätzen nach dem Erbmarschall und der Deputierte der Schönburger im Weiteren Ausschuss auf dem würdigsten Sitz nach dem Direktorium.[255]

Die städtischen Gremien pflegten anders als die ritterschaftlichen Consilia eine stets unveränderte Sitzordnung. Man hatte sich im ausgehenden 16. Jahrhundert auf eine Reihenfolge geeinigt. Städtevertreter nahmen daher jeweils den Platz ein, der ihrer Stadt zugewiesen war. Da die Landtagsordnung die charakteristischen Sitzarrangements der verschiedenen Landtagsgremien nicht verzeichnete, fielen diese offenbar ausschließlich in die Kompetenz des jeweiligen Corpus. Die Zeichenhaftigkeit der Sitzordnungen darf man daher als sinnsetzende Selbstverortung der drei territorialen Führungsformationen verstehen.[256]

Durch die Landtagsordnung war seit 1728 auch der Geschäftsgang der Beratungen in Umrissen festgeschrieben. Noch bevor die Gremien des Landtags ihre Beratung aufnahmen, mussten in den ritterschaftlichen Ausschüssen die Plätze, die durch Tod, Rücktritt oder Ausschluss freigewordenen waren, neu besetzt werden. Dem Engeren Ausschuss der Ritterschaft, der laut Landtagsordnung aus 40 Personen bestand, fiel die Aufgabe zu, die Stellen, die in seinen Reihen vakant waren, durch Mitglieder aus dem Weiteren Ausschuss neu zu besetzen. Dabei sollte er berücksichtigen, dass aus dem Kurkreis fünf, aus dem Thüringer Kreis elf, aus dem Meißner Kreis fünf, aus dem Erzgebirgischen Kreis vier, aus dem Leipziger Kreis neun, aus dem Vogtländischen Kreis vier und aus dem Neustädter Kreis zwei Rittergutsbesitzer dem Gremium angehörten.[257] Den Amtssassen standen in beiden Ausschüssen der Ritterschaft insgesamt 14 Stellen zu: zwei für den Kurkreis, je drei für den Thüringischen, Meißner und Leipziger Kreis sowie je eine für den Erzgebirgischen, Vogtländischen und Neustädter Kreis.[258] Obwohl die Landtagsordnung nicht vorgab, wie die amtssässigen Deputierten auf die beiden ritterschaftlichen Gremien aufzuteilen waren, wurde es Usus, dass fünf von ihnen dem Engeren Ausschuss angehörten.[259] Darüber hinaus gehörten wie bereits erwähnt dem Engeren Ausschuss der Ritterschaft der Erbmarschall[260], der Statthalter der Ballei des Deutschen Ordens in Thüringen, der Komtur von Griefstedt (beide als Mitglieder des Thüringer Kreises) und ein Deputierter des Stifts Wurzen (als Mitglied des Leipziger Kreises) an.[261] Die übrigen 31 Stellen wurden vom schriftsässigen Adel eingenommen. Abgesehen von den besonderen Positionen wurde daher eine proportionale Repräsentanz der Kreise hergestellt. Die komplizierte Quotierung der Sitze verweist auf die große Bedeutung des Engeren Ausschusses der Ritterschaft.

Gemäß Landtagsordnung vergab der Engere Ausschuss auch die freien Sitze des Weiteren Ausschusses, der mit 60 ritterschaftlichen Landständen besetzt war. Es sollten dazu Mitglieder aus der Allgemeinen Ritterschaft gewählt werden, die mindestens einen Landtag lang diesem Consilium angehört hatten. Diese Bestimmung wurde allerdings nicht immer eingehalten. Bei der Neubesetzung der Stellen war ebenfalls ein Verteilungsschlüssel nach den kursächsischen Kreisen zu beachten. Schließlich hatte der Engere Ausschuss auch noch den Direktor und Kondirektor des Weiteren Ausschusses zu bestimmen. War so die Arbeitsfähigkeit der ritterschaftlichen Ausschüsse hergestellt, mussten dem Landesherrn die Namen der Zugewählten mitgeteilt werden; der Fürst besaß jedoch kein Bestätigungsrecht, sondern konnte die neuen Gremienmitglieder nur zur Kenntnis nehmen.[262] Damit blieb die institutionelle Eigenständigkeit des Landtags gewahrt. Der sächsische Kurfürst konnte auf diesem Weg im Zweiten Corpus die beiden Ausschüsse nicht nach seinem Gusto gestalten.

In der Allgemeinen Ritterschaft wies die Landtagsordnung jedem Kreis seine eigene Tafel zu. Jeder der Kreise hatte selbst zwei Direktoren zu wählen, die die Sitzungen leiteten und protokollierten.[263] Auf dem Landtag von 1731, als sich zum ersten Mal eine Ständeversammlung nach dem Inkrafttreten der Landtagsordnung von 1728 konstituierte, nahmen 205 Personen an den Sitzungen der Allgemeinen Ritterschaft teil. Bis zum Landtag 1749, dem letzten vor dem Siebenjährigen Krieg, sank die Mitgliederzahl dieses Gremiums kontinuierlich bis auf 115 Personen ab.[264] Von den 1403 Rittergütern der sieben kursächsischen Kreise kamen zwischen 1731 und 1749 durchschnittlich etwa 12 Prozent oder 166 Personen an die Tafeln der Allgemeinen Ritterschaft.[265] Im selben Zeitraum wurde ein knappes Drittel der Allgemeinen Ritterschaft, durchschnittlich 58 Deputierte, aus 52 Ämtern zu den Sitzungen dieses Consiliums entsandt.[266] Daraus wird ersichtlich, dass ein so umfangreiches Gremium wesentlich zur Kommunikation zwischen der fürstenstaatlichen Zentralverwaltung und den lokalen Herrschaftsträgern beigetragen hat. Zusammengenommen war in den drei Consilia der Ritterschaft etwa jeder fünfte Rittergutsbesitzer anwesend. Gut 62 Prozent davon gehörten der Allgemeinen Ritterschaft an. Wie Axel Flügel in seiner prosopografischen Untersuchung zu den kursächsischen Landtagen 1694–1749 gezeigt hat, führten auch die Funktionen, die viele Stände im Hof-, Zivil- und Militärstaat Augusts des Starken und Augusts III. ausübten, nicht dazu, dass der jeweilige Landesherr deshalb ein Steuerungselement für die Ständeversammlung in der Hand hielt. Denn die Landstände sind, ob sie im Dienst des Fürsten standen oder nicht, als integraler – allerdings erweiterter – Bestandteil der landesherrlichen Verwaltung zu verstehen.[267] Es bestand stets die Notwendigkeit, alle bedeutsamen Teilhaber am Herrschaftsarrangement dazu zu bewegen, die von ihnen zum gegenseitigen Nutzen akzeptierte Ordnung aufrechtzuerhalten, bzw. im Konsens gegen andere latent gehaltene Optionen zu verteidigen.

Für die drei Consilia der Städte erübrigten sich komplizierte Nachrücker- und Wahlverfahren. Denn die Aufgaben und Gremienzugehörigkeiten waren fest an bestimmte Städte gebunden, deren jeweilige Deputierte damit betraut wurden.[268] Explizit in der Landtagsordnung festgehalten war, dass die Stadt Leipzig das Deliberationsprozedere der Städte leitete.[269]

Das Corpus der Städte

Engerer Ausschuss der Städte	Weiterer Ausschuss der Städte
Chemnitz	Annaberg
Dresden	Delitzsch
Freiberg	Eilenburg
Langensalza	Großenhain
Leipzig	Herzberg
Torgau	Liebenwerda
Wittenberg	Marienberg
Zwickau	Meißen
	Neustadt an der Orla
	Pirna
	Plauen
	Sangerhausen
	Schmiedeberg
	Schneeberg
	Tennstedt
	Weida
	Weißenfels
	Weißensee
	Wurzen

Allgemeine Städte						
Kurkreis	Thüringer Kreis	Meißner Kreis	Erzgebirgischer Kreis	Leipziger Kreis	Vogtländischer Kreis	Neustädter Kreis
Belzig	Eckartsberga	Berggießhübel	Altenberg	Borna	Adorf	Auma
Bitterfeld	Freyburg	Bischofswerda	Aue	Colditz	Gefell	Triptis
Brehna	Kindelbrück	Dippoldiswalde	Buchholz	Döbeln	Markneukirchen	Ziegenrück
Brück	Laucha	Dohna	Ehrenfriedersdorf	Düben	Oelsnitz	
Gräfenhainichen	Mücheln	Dommitzsch	Eibenstock	Geithain	Pausa	
Jessen	Thamsbrück	Gottleuba	Elterlein	Geringswalde	Schöneck	
Kemberg		Hohnstein	Frankenberg	Grimma		
Niemegk		Königstein	Geyer	Hartha		
Pretsch		Lommatzsch	Glashütte	Lausick		
Prettin		Mühlberg	Granaten (= Tharandt)	Leisnig		
Schlieben		Neustadt	Grünhain	Mügeln		
Schönewald		Ortrand	Johanngeorgenstadt	Pegau		
Schweinitz		Oschatz	Jöhstadt	Rochlitz		
Seyda		Rabenau	Mittweida	Waldheim		
Übigau		Radeberg	Neustadt Oberwiesenthal	Zörbig		
Wahrenbrück		Schandau	Neustädtel			
Zahna		Schildau	Nossen			
		Sebnitz	Oederan			
		Senftenberg	Roßwein			
		Stolpen	Scheibenberg			
		Wehlen	Schellenberg			
			Schlettau			
			Schwarzenberg			
			Siebenlehn			
			Stollberg			
			Thum			
			Werdau			
			Wolkenstein			
			Zöblitz			
			Zschopau			
			Zwönitz			

Die Tabellen sind erstellt nach: SächsHStA Dresden, 10006, OHMA, M 12a: Landtag 1694 und Ausschusstag 1696; M 13b: Landtag 1699; M 14: Ausschusstag 1700 und Ausschusstag 1701; M 15: Ausschusstag 1704 und Ausschusstag 1708; M 16: Landtag 1711; M 17 Ausschusstag 1712, Ausschusstag 1713 und Ausschusstag 1715; M 18a: Landtag 1716; M 19a: Landtag 1718; M 20a: Landtag 1722; M 21: Ausschusstag 1725; M 22a: Landtag 1728; M 23a: Landtag 1731; M 24c: Landtag 1734; M 25b: Landtag 1737; M 29c: Landtag 1742; M 30c: Landtag 1746; M 31c: Landtag 1749.

Für die Beratungen einer Ständeversammlung sah die Landtagsordnung von 1728 mehrere Wege vor. Der Engere Ausschuss der Ritterschaft übernahm die Aufgabe, die Gravamina (die Gesuche, Beschwerden und sonstige Anliegen der Stände an den Landesherrn) aus allen Gremien der Ritterschaft und Städte zusammenzutragen. De facto sammelte der Erbmarschall die Beschwerden der Ritterschaft und die Stadt Leipzig die der Städte. Zuerst beraten wurden diese „Landes=Beschwerungen" im Engeren Ausschuss der Ritterschaft. Das Resultat dieser Deliberation leitete der Erbmarschall den „vorsitzenden Städten" (Leipzig, Dresden, Wittenberg und Zwickau) zu. Diese berieten das vorgelegte Schriftstück ebenfalls und legten ihre eigenen Überlegungen dann dem Engeren Ausschuss der Städte vor, den sie gemeinsam mit den „nachsitzenden Städten" (Freiberg, Chemnitz, Langensalza und Torgau) bildeten. Entweder zogen sie zu dieser Unterredung sogleich den Weiteren Ausschuss der Städte hinzu, oder sie informierten ihn erst hinterher. Schließlich trugen die „vorsitzenden Städte" noch den Allgemeinen Städten die Gravamina mündlich vor. Nach dieser Anhörung verglichen sich die „vorsitzenden Städte" und der Engere Ausschuss der Ritterschaft darüber, welche Gravamina dem Fürsten vorgetragen werden sollten. Der schon ausgearbeitete Text wurde erst jetzt dem Weiteren Ausschuss der Ritterschaft und dann der Allgemeinen Ritterschaft vorgelegt.[270]

Auf demselben hierarchisch angelegten Verfahrensweg berieten Ritterschaft und Städte auch andere Schreiben an den Landesherrn, etwa die Antwort auf dessen Proposition, die außer Steuerforderungen immer auch andere Gegenstände betraf.[271] Das Spektrum der landtagsrelevanten Themen, die nicht die Besteuerung betrafen, umfasste im 18. Jahrhundert vor allem die Konfessionssicherung und die frühneuzeitliche Rechtskultur, die im Sinne einer guten weltlichen Ordnung des Gemeinwesens gestaltet werden sollte.[272]

Nicht immer befolgte das frühneuzeitliche Parlament das bereits beschriebene Prozedere. Ritterschaft und Städte konnten auch gemeinsame Kommissionen, sogenannte Deputationen, einsetzen. Dazu sah die Landtagsordnung von 1728 vor, dass der Erbmarschall im Konsens mit dem Engeren Ausschuss der Ritterschaft aus den drei Consilia des Zweiten Corpus Deputierte ernannte. Es sollte aber in einer solchen Kommission aus jedem der sieben kursächsischen Kreise immer eine Person vertreten sein. Kein Kreis durfte durch mehrere Ritter repräsentiert sein. Parallel entsandten die Städte je einen Deputierten aus den sieben Kreisstädten.[273] Diese Funktion nahmen für den Kurkreis Wittenberg, für den Thüringischen Kreis Langensalza, für den Meißner Kreis Dresden, für den Erzgebirgischen Kreis Zwickau, für den Leipziger Kreis Leipzig, für den Vogtländischen Kreis Plauen und für den Neustädter Kreis Neustadt an der Orla ein.[274] Da aus diesen Städten mit Ausnahme Leipzigs zumeist nur ein Vertreter beim Landtag anwesend war, häufig aber mehrere Deputationen erforderlich wurden, legte man 1728 fest, dass die Vertreter der Stadt Leipzig, die das Direktorium der Städte führten, in einem solchen Fall auch Deputierte anderer Städte in eine Kommission entsenden dürften. Den Vorsitz einer solchen Deputation führte ein Mitglied der Ritterschaft, während die Stadt Leipzig stets das Protokoll schrieb oder Schriften verfasste.[275] Die Repräsentanz ritterschaftlicher und städtischer Stände aus jedem der sieben Kreise garantierte, dass in den Deputationen alle Untereinheiten des Landtags (die Kreistage) Gehör finden konnten.[276]

Einigten sich Ritterschaft und Städte nach einem der Verfahren auf eine gemeinsame Schrift an den Landesherrn, verlangte die Landtagsordnung, dass der Erbmarschall und die Stadt Leipzig dieses Schreiben durch ihre Unterschrift beglaubigten. Sieben Repräsentanten der Ritterschaft und sieben der Städte, die jeweils wiederum Kreise vertraten, hatten anschließend das Dokument in den Geheimen Rat zu bringen. Die Resolutionen, mit denen der Landesherr den Ständen antwortete, mussten von einer ebenso zusammengesetzten Gruppe abgeholt werden. Solche Resolutionen waren nur gültig, wenn sie mit der Unterschrift des sächsischen Kurfürsten versehen waren. Weniger formell konnten Memorialia (Denkschriften) ausgetauscht werden. Sie wurden vom Erbmarschall dem Geheimen Referendar übergeben, der für Landtagsangelegenheiten abgestellt war.[277] Dagegen wurden die Haupt- und Bewilligungsschriften, mit denen Ritterschaft und Städte auf die zentralen Vorlagen des Fürsten (die Proposition) antworteten, mit besonderem Zeremoniell überbracht. Bei diesem Anlass ging der Erbmarschall immer mit und wurde mit seiner Delegation nicht nur vom Geheimen Rat, sondern auch vom Fürsten selbst empfangen. Der Landesherr oder einer seiner Minister hielt bei dieser Zusammenkunft auch stets eine kurze Rede, sodass die Bedeutung des Vorgangs entsprechend gewürdigt wurde.[278]

Weil der Fürst laut Landtagsordnung die Antwort der Stände auf seine Proposition ganz oder in Teilen zurückweisen konnte, musste mit der Haupt- und Bewilligungsschrift nicht das letzte Wort darüber gesprochen sein, welche Hilfe der Landtag dem Kurfürsten zubilligte. War der Landesherr unzufrieden, begannen die Verhandlungen nach demselben Verfahren erneut. Das Prozedere wiederholte sich so lange, bis Einigkeit hergestellt worden war.[279] Nur wenn sich beide Seiten einig wurden, stellte der Kurfürst einen Landtagsabschied aus. Sodann war der Landesherr nach der Landtagsordnung dazu gehalten, sämtliche Corpora der Ständeversammlung vor seinen Thron zu rufen und sie in einer vergleichbaren, wie sie bei der Landtagseröffnung stattgefunden hatte, nach Hause zu entlassen. In diesem feierlichen Rahmen musste der Fürst den Ständen den rechtlich verbindlichen „Landtagsabschied" vorlesen und in niedergeschriebener Fassung übergeben lassen. Dieses Dokument enthielt in einem Anhang, einer „Reversalie", einen tradierten Kanon von Versprechen des Landesherrn, die den Ständen im Gegenzug für ihre Bewilligung ihre herkömmlichen Rechte zusicherte.[280] Erst nach dem Zeremoniell des Landtagsabschieds erhielten sämtliche Stände eine finanzielle Vergütung, wie sie die Landtagsordnung für jeden nach Rang, Anreisestrecke und notwendigen Übernachtungen vorgab.[281]

1731–1749

Nachdem die Landtagsordnung von 1728 in Kraft getreten war, berief August der Starke nur noch im Jahr 1731 eine kursächsische Ständeversammlung ein. Denn der Kurfürst/König verstarb am 1. Februar 1733. Die erste Phase, in der der Landtag mit einer rechtskräftigen Ordnung tagte, setzte sich trotz des Thronwechsels zunächst in der bislang üblichen Tagungsfrequenz fort. August III. ließ 1734, 1737, 1742, 1746 und 1749 kursächsische Ständeversammlungen zusammentreten.[282] Mit bedeutenden Gesetzgebungen waren die Landtage im zweiten Drittel des 18. Jahrhunderts nicht befasst.[283] Da die Steuerbewilligungen in Kursachsen üblicherweise auf sechs Jahre ausgelegt waren, tagten die Landtage häufiger, als es die fürstenstaatliche Finanzpolitik erfordert hätte. Denn die Staatskassen waren so verschuldet, dass ihre Kreditwürdigkeit immer wieder hergestellt werden musste.

Kursachsens Steuern finanzierten auch nach dem Tod Augusts des Starken vor allem auf Kosten der ländlichen Bevölkerung die hohen Ausgaben für das Militär und die bereits seit dem Dreißigjährigen Krieg stetig angehäuften Schulden der kurfürstlichen Kammer.[284] Auch die Ausgaben für die Diplomatie, die Zivilverwaltung und die Dynastie selbst stiegen, sodass der Landtag August III. insgesamt höhere Steuern bewilligte, als er August dem Starken konzediert hatte.[285] Da die Steuererhebung nicht mehr repressiver werden konnte bzw. die Untertanen weitere Lasten nicht mehr zu tragen vermochten, nahm die Steuerkasse bereits beim Landtag 1731 für die meisten außerordentlichen Bewilligungen Kredite auf.[286] Auf den Landtagen, die August III. 1734 und 1737 einberief, wurden keine ungewöhnlichen Abgaben auf das Land gelegt. Stattdessen nahm die Steuerkasse erneut Kredite auf. Der folgende Landtag des Jahres 1742 musste dann, um die Kreditwürdigkeit zu erhalten, doch wieder Sondersteuern[287] ausschreiben. Außerdem erhöhte er die Weinsteuer und legte angesichts der außergewöhnlichen Schulden eine Abgabe auf die Vermögen aller Vasallen und Untertanen. Da selbst die Ritterschaft diese Steuer zahlte, garantierte ihr August III., dass dies eine Ausnahme sei. Der Landtag 1746 ersetzte die Vermögenssteuer, über die es viele Beschwerden gegeben hatte, durch eine Rang-, Kopf- und Gewerbesteuer. Auch gegen diese Besteuerung verwahrte sich die Ritterschaft, weil sie trotz der Steuerfreiheit ihrer Rittergüter mitbetroffen war. Sie erhielt wieder eine Versicherung, dass diese Belastung eine Ausnahme bleiben solle. Obwohl die Steuerbewilligung von 1746 ungewöhnlich lange, bis 1755, galt, berief August III. bereits 1749 wieder einen Landtag ein, weil die Kreditwürdigkeit des Steuerwerks erneut infrage stand. Sachsen hatte 30 Millionen Taler Schulden. Dem standen jährliche Steuereinnahmen von etwa zweieinhalb Millionen Talern und Einkünfte der kurfürstlichen Kammer von zwei Millionen Talern pro Jahr gegenüber. Nachdem der Landesherr den Versuch der Stände abgewiesen hatte, den Kredit der Steuerkasse durch Garantien auf die staatlichen Domänen abzusichern, blieb erneut nur die Möglichkeit, Sondersteuern zu bewilligen. Diese sollten über den außergewöhnlich langen Zeitraum von zwölf Jahren bis 1761 erhoben werden.[288]

Insgesamt haben sich die sächsischen Staatsschulden, die beim Tod Augusts des Starken fünf Millionen Taler betragen hatten, bis zum Ende des Siebenjährigen Krieges auf 41 Millionen erhöht. Das Gros, etwas mehr als 29 Millionen Taler, lastete auf der Steuerkasse.[289] Wie andere europäische Mächte, die im Europa des 18. Jahrhunderts eine ambitionierte Machtpolitik betrieben, war auch der wettinische Fürstenstaat mit dem Problem konfrontiert, dass die Ausgaben rascher stiegen als die Einnahmen.[290] Nach dem Tod Augusts III. am 5. Oktober 1763 und durch die damit beendete Personalunion mit Polen reduzierten sich die Kosten der fürstlichen Hofhaltung, die Ausgaben für die Diplomatie und vor allem für das Militärbudget erheblich, sodass mit einer weiterhin hohen Besteuerung schon fast ein Jahrzehnt nach dem Ende des Siebenjährigen Krieges wieder ein Überschuss im Staatshaushalt eintrat.[291]

1763–1831

Nachdem der Sächsische Landtag 14 Jahre lang nicht mehr getagt hatte, gehörten der Ständeversammlung, die vom 7. August bis zum 30. November 1763 zusammentrat, viele neue Mitglieder an. Für das leitende Kollegium des Dritten Corpus, den Engeren Ausschuss der Städte, reisten 20 Deputierte aus acht Städten an. Nur je ein Vertreter aus Leipzig, Dresden, Freiberg und Langensalza und Torgau hatte bereits am letzten Landtag teilgenommen. Im besonders einflussreichen Engeren Ausschuss der Ritterschaft saßen auf 40 Plätzen 33 neue Mitglieder. Dagegen nahmen in diesem Gremium nur noch sieben Personen Platz, die ihm bereits beim Landtag 1749 angehört hatten.[292] Einer von ihnen war Heinrich Graf von Brühl, der unter August III. als Premierminister die Politik leitete. Graf von Brühl verstarb noch während des Landtags, am 28. Oktober 1763.[293]

Kursachsen drückte 1763 eine Schuldenlast von inzwischen etwas mehr als 49 Millionen Talern. Mit einer raschen Tilgung konnte niemand rechnen, da Gesamteinnahmen des Staates in Friedenzeiten zuletzt knapp sieben Millionen betragen hatten.[294] Die exorbitante Staatsverschuldung machte es unumgänglich, die Landstände einzuberufen. Sächsische Staatspapiere waren schon vor dem Siebenjährigen Krieg trotz hoher Verzinsung kaum noch verkäuflich oder einlösbar gewesen. Nach dem katastrophalen Krieg besaß der sächsische Kurfürst und polnische König keinen Kredit mehr. August III. bzw. sein dominanter Premierminister Graf von Brühl hatten bereits am 26. April 1762, als das Kriegsende noch nicht absehbar war, eine Restaurationskommission eingesetzt. Seither erarbeitete dieses Gremium Vorschläge, wie in Sachsen die wirtschaftlich prekäre Situation abgestellt werden könne. Nachdem Österreich, Preußen und Sachsen am 15. Februar 1763 in Hubertusburg Frieden geschlossen hatten, kehrten der sächsisch-polnische Kurfürst-König, sein Hof und sein Premierminister am 30. April 1763 aus Warschau nach Dresden zurück. Etwa drei Monate später, am 5. August desselben Jahres, legte die Restaurationskommission ihren Abschlussbericht vor. Bereits am übernächsten Tag, dem

7. August 1763, eröffnete August III. einen kursächsischen Landtag.[295] Um das kriegsverwüstete Land wiederaufzubauen, war die Mitwirkung der Stände offensichtlich unabdingbar. Zudem konnte dem Fürsten und seinem Premierminister nach einem glücklosen Krieg die politische Rückendeckung durch die Landstände nur nützlich sein. Vor allem aber gelang es dem Landtag, die Steuerkasse, die fast 30 Millionen Taler Verbindlichkeiten hatte, wieder kreditwürdig zu machen. Die Stände schufen einen Tilgungsfond, der unabhängig von den übrigen Bereichen des Steuerhaushalts agierte. Für die korrekte Handhabung der Kasse waren aus jedem der sieben sächsischen Kreise ein Mitglied der Ritterschaft und ein Vertreter der Kreisstadt zuständig. Zugleich wurde ein unübersichtlicher Bestand von kursierenden Schuldscheinen, die sich zu sehr unterschiedlichen Konditionen rentierten, ersetzt durch einheitlich mit drei Prozent verzinste Obligationen. Den Renditeverlust der Gläubiger federte eine Kapitalsicherung ab. Dazu wurde aus den sichersten Steuereinkommen jährlich ein Quantum von 11 Tonnen Gold in die eigens eingerichtete Steuerkreditkasse eingeliefert, sodass ein Betrag von 1.100.000 Talern für Verzinsung und Tilgung bereitstand. Um das Vertrauen der Gläubiger zu stärken, wurde der gesamte Tilgungsplan öffentlich bekannt gemacht. Nicht jeder Gläubiger konnte seine Schuldscheine ohne Weiteres bei dieser Kasse einlösen. Wer Geld aus Staatsanleihen zurück wollte, musste an einer alljährlichen Verlosung teilnehmen, nach der lediglich die Gewinner ausbezahlt wurden.[296]

Außerdem bürgte für die ständischen Schulden das Gros der ländlichen und städtischen Honoratioren des Landes.[297] Vor einem solchen Hintergrund lesen sich die Teilnehmerlisten kursächsischer Landtage, die seit 1763 regelmäßig veröffentlicht wurden, wie Verzeichnisse von Bürgen. Es entsprach daher sowohl einem wirtschaftlichen als auch einem politischen Nutzen, einer breiteren Öffentlichkeit die Landtagsmitglieder bekannt zu machen.[298]

Die kurfürstliche Kammer folgte dem Beispiel der Landstände und richtete zum Jahresbeginn 1766 für die Schulden des Kurfürsten eine vergleichbare Kreditkasse ein, wie sie der Landtag bereits besaß. Kursachsens Staatsfinanzen erhielten damit weithin eine Fasson, wie sie in anderen deutschen und europäischen Ländern erst später eingerichtet wurde und die in vielen Punkten bereits den Usancen konstitutionell verfasster Staaten des 19. Jahrhunderts entsprach.[299]

Die Ständeversammlung beschloss 1763 noch zwei weitere Maßnahmen, um die Staatsfinanzen zu sanieren. Es gelang den Ständen, den Militäretat zu halbieren. Statt der geforderten 1.673.533 Taler bewilligten sie lediglich 850.000 Taler. Darüber hinaus trug zur rasch steigenden Kreditfähigkeit Sachsens noch eine Geldwertstabilisierung bei, die der Landtag des Jahres 1763 anmahnte und die fürstliche Beamte im Konsens mit ihm durchführten. Die Umschuldung gelang so gut, dass die sächsischen Staatspapiere schon 1769 mit 65 Prozent ihres Wertes gehandelt wurden. Im Jahr 1789 erreichten sie wieder ihren Nennwert.[300]

Als es nach dem Siebenjährigen Krieg erforderlich war, Sachsen vor dem Staatsbankrott zu bewahren, erwiesen sich die kursächsischen Stände als kooperativer Partner der Dynastie und ihres Beamtenapparates. Dieses Verhalten

Abb. 13: Die publizierte Mitgliederliste des Landtags 1763 stellte den Landesherrn und die Stände in einen ersichtlichen Zusammenhang.

steht im Gegensatz zu dem gängigen Vorwurf, frühneuzeitliche Landtagsmitglieder seien lediglich egoistische Vertreter von Partikularinteressen gewesen. Andererseits forderten 1763 weder Städte, noch Ritterschaft oder gar Prälaten, Grafen und Herren etwas Neuartiges, das auf ein Konzept von Repräsentation und Partizipation vorausweisen würde, wie es den Typus eines konstitutionellen Landtags im 19. Jahrhunderts charakterisiert.[301]

Weil das sächsische Rétablissement die ständische Gesellschaft konsolidieren, die angeschlagene Wirtschaft wiederherstellen und den Nutzen des Staates für die Gesellschaft erhöhen wollte, ohne die Rechte des niederen Adels anzutasten oder das Verhältnis von Adel, Bürgertum und Bauern zu verändern,[302] sahen auch die Landstände keine Veranlassung, die rechtliche Einhegung der Gesellschaft neu auszurichten. Ritterschaft und Städte forderten vielmehr am 25. Oktober 1763 eine Novellierung der Gesindeordnung, um den gesellschaftlichen Status quo aufrechtzuerhalten.[303] Den Rittergutsbesitzern gelang es letztlich durchzusetzen, dass Kinder von Bauern seit 1766 zu einem zweijährigen Gesindezwangsdienst bei ihren Grundherren verpflichtet wurden.[304] Die Städte konnten in den Landtagsverhandlungen lediglich die gewerbetreibenden Dorfbewohner vor dem Zugriff der Rittergutsbesitzer bewahren. In einer Zeit knapper Arbeitskräfte sicherten sich die Städte so die Chance, für ihre Gewerbe auf ländliche Ressourcen zuzugreifen. Die persönliche Freiheit von Bauernkindern einzuschränken, begründete man einerseits als ständische Schranke, die verhindern sollte, dass Söhne von Bauern in andere Gewerbe abwanderten. Andererseits könne die Landwirtschaft nach den Schäden durch den Siebenjährigen Krieg am besten zum Florieren des allgemeinen Wohls beitragen. Ob die Zwangsverpflichteten auf dem Hof ihrer Eltern nicht denselben gesamtwirtschaftlichen Nutzen gehabt hätten, wurde nicht erwogen. Daher trug der Gesindezwangsdienst in der Folgezeit mit günstigen Löhnen zur wirtschaftlichen Gesundung der Vasallengüter bei, von denen nach dem Siebenjährigen Krieg ein hoher Prozentsatz bedrohlich verschuldet war. Der Landtag setzte somit darauf, die tradierte gesellschaftliche Hierarchie zu stabilisieren, und plädierte keineswegs dafür, durch eine Marktöffnung neue wirtschaftliche Kapazitäten zu entfesseln.[305]

Die sächsische Landwirtschaft erreichte nach den Rückschlägen des Siebenjährigen Krieges und nach der Hungerkatastrophe von 1771/72 in den anderthalb Jahrzehnten zwischen 1790 und 1805 ohne tiefgreifende Neuerungen die maximale Leistungsfähigkeit unter den Bedingungen der frühneuzeitlichen Agrarökonomie.[306] Einen bedeutenden Entwicklungsschub für den sekundären Wirtschaftssektor brachte erst die napoleonische Kontinentalsperre vom November 1806 bis zum März 1813.[307] Gemessen an der Debatte über den Gesindezwangsdienst verschoben sich deshalb auf den Landtagen die Positionen in der Auseinandersetzung zwischen Ritterschaft und Städten.

Da in den 1790er Jahren kein Mangel mehr an landwirtschaftlichen Arbeitskräften bestand, verteidigte die Ritterschaft das Landhandwerk und den Dorfhandel gegen die landständischen Städtevertreter, die nun gegenüber einer lästigen Konkurrenz auf ihren alten Privilegien beharrten. Die Ritterschaft, die nach ihrem eigenen Bekunden auf den Landtagen die Interessen des Adels (und der Rittergutsuntertanen) vertrat, protegierte mit dem Dorfhandel und Landhandwerk ökonomische Keimzellen der modernen Wirtschaft. Deshalb konnte am Ende des Ancien Régime ein Großteil der sächsischen Wirtschaftskraft ohne gravierende Beeinträchtigung von städtischen Zünften heranwachsen. Sachsens Fürst bzw. sein Staat verteidigten verfassungskonform die ständischen Rechte der städtischen Kaufleute und Handwerker. Tatsächlich aber duldeten sie die Aushöhlung der Zunftrechte, zunächst auch zum Nutzen der adligen (und bürgerlichen) Rittergutsbesitzer. Nach zeitgenössischer Ansicht stärkten sie so die Stellung des Adels, indem sie die Rittergüter als eine standesgemäße Nahrung dieser gesellschaftlichen Gruppe konsolidierten.[308] Nach dem Siebenjährigen Krieg hatten die Landstände das Land vor dem Staatsbankrott bewahrt. Der traditionalistisch gesonnene Kurfürst Friedrich August III. handhabte die herkömmlichen Rechte der Stände deswegen wohl nicht ganz zu Unrecht als nicht frei disponierbar.

Die Corpora der sächsischen Ritterschaft und Städte selbst sahen sich als Vertreter sämtlicher Einwohner des Territoriums. Im Jahr 1793 beispielsweise begründeten sie eine achtzigseitige Beschwerdeschrift an den Landesherrn durch eine Art Präambel: Der Kurfürst habe die Stände „zur wirksamen Theilnahme an den nothwendigsten Beratungen für das Wohl des Landes gnädigst berufen". Seit jeher habe man es „für einen vorzüglichen Gegenstand" einer sächsischen Ständeversammlung gehalten, „alles dasjenige geziemend vorzutragen", was man seit dem letzten Landtag mit Gesetz und Staat im Land für Erfahrungen gemacht habe.[309] Auch wenn Ritterschaft und Städte nicht wortwörtlich „Repräsentanz" reklamierten, handelt es sich doch um eine bei Landständen gängige Bezugnahme auf das Land und seine Bedürfnisse, um das eigene parlamentarische Handeln zu legitimieren.[310]

In den Jahren zwischen der preußisch-sächsischen Niederlage bei Jena und Auerstedt und der Leipziger Völkerschlacht gehörten die Erb- und Nebenlande des Dresdner Wettiners dem Rheinbund an, ohne dass sich die Stellung des Landtags im politischen Feld Kursachsens verschob.[311] Der sächsische Kurfürst wurde 1806 zum König erhoben. Sachsen hatte weder mediatisierte Territorien zu integrieren wie Bayern oder Württemberg, noch war es darauf aus, einen verlorenen Großmachtstatus zu kompensieren wie Österreich und Preußen. Mehr als Bündnispartner Napoleons konnte Sachsen nicht sein; es wurde daher anders als die Großmächte nicht existenziell bedroht. Die Arrondierung des Territoriums fiel zu gering aus, als dass dies Reformen erfordert hätte. Obwohl in Napoleonischer Zeit die süddeutschen Staaten und Preußen die rechtliche Einhegung ihrer Gesellschaften grundlegend neu gestalteten, blieben daher im Königreich Sachsen die Reformbemühungen in Ansätzen stecken. Teile der Zentralbürokratie unternahmen einen Vorstoß zur Vereinigung der staatsrechtlich getrennten Landesteile der Dynastie, plädierten für klarere Kreiseinteilung in den Erblanden, forderten eine Novellierung der Landtagsverfassung und wollten die Grundsteuer reformieren. Die Vorschläge fanden teils Unterstützung bei den landständischen Corpora, scheiterten aber weitgehend am Widerstand des Geheimen Kabinetts, der Nebenlande und vermutlich auch des Königs.[312] Von der Tendenz anderer Rheinbundstaaten, durch administrative Maßnahmen die tradierte Privilegiengesellschaft abzuschaffen, war Sachsen weit entfernt.[313] Eine Initiative, alle Staatsbürger vor dem Gesetz gleichzustellen oder die Unterschiede zwischen Stadt und Land abzubauen, kam im Königreich Sachsen nicht zustande. Die Landstände zu einem konstitutionellen Parlament umzuformen oder gar zu entmachten, stand nicht zur Debatte. Es wurden lediglich einige Anordnungen erlassen, um den Beratungsgang der Ständeversammlung zu beschleunigen.[314]

Nachdem das Königreich Sachsen infolge des Wiener Kongresses 1815 fast zwei Drittel seines Territoriums und knapp die Hälfte seiner Bevölkerung großteils an Preußen, aber auch an Sachsen-Weimar-Eisenach hatte abtreten müssen,[315] wurden die Stände der bei Sachsen verbliebenen Teile der Oberlausitz, des Stifts Merseburg und des Stifts Naumburg in die Gremien der erbländischen Landtage integriert. Die Eingliederung dokumentiert die Bedeutung ständischer Ordnungsprinzipien für das Königreich Sachsen auch nach den Napoleonischen Kriegen. Denn die Struktur des ehemals kursächsischen Landtags wurde beibehalten und die Standesherren, Ritter und Städte der anderen Ständeversammlungen gliederten sich in die noch frühneuzeitliche Parlamentshierarchie ein. Die Hinzugekommenen erhielten trotz aller tradierten Rangunterschiede, die zwischen den Erblanden und der Oberlausitz bestanden, gleichberechtigte Platzierungen im ehemals kursächsischen Landtag.[316] Dennoch führte die Integration der verbliebenen Nebenlande in einen gemeinsamen Landtag des Königreichs Sachsen auch zu einer noch weiteren Vereinheitlichung der Staatsfinanzen, als sie Mitte der 1760er Jahre bereits gelungen war.[317]

Im Zuge dieser Umgestaltung kam es noch zu einer weiteren Neuerung, um die Ständeversammlung des Königreichs Sachsen funktionsfähig zu halten. Seit im Jahr 1700 die sechzehnfache Ahnenprobe Voraussetzung für einen Sitz in der Ritterschaft geworden war, schrumpfte die Zahl der landtagsfähigen Rittergutsbesitzer. Deshalb durften seit dem Landtag 1820 auch die Neuschriftsassen, die bislang nicht in der Ritterschaft vertreten gewesen waren, 29 Delegierte in das Zweite Corpus entsenden. Diese sogenannten Wahlstände konnten auch bürgerliche oder nicht stiftsfähige adlige Rittergutsbesitzer sein.[318] Obwohl sich somit der Kreis der stiftsfähigen Besitzer altschriftsässiger Rittergüter öffnete, legitimierten auch diese neuen Mitglieder des Zweiten Corpus ihre Teilnahme an den Entscheidungen des Landtags ebenso wie die bislang landtagsfähigen Altadligen durch den Besitz eines Vasallengutes. Auch bei den Deputierten der Neuschriftsassen rechtfertigte nach frühneuzeitlichem Modus Mitherrschaft auf der lokalen Ebene den Parlamentssitz. Dieser Zugang zur Ritterschaft wurde durch die Neuformierung der sächsischen Ständeversammlung nach dem Wiener Kongress prinzipiell sogar für Nichtadlige möglich, die ein Rittergut besaßen. Allerdings beschränkte sich die Zahl der neuartigen Wahlstellen in den Gremien der Ritterschaft auf etwa ein Fünftel der Sitze, und dieses Fünftel wurde beim Landtag 1820 nur zu gut einem Drittel (elf von 29 Personen) mit bürgerlichen Rittergutsbesitzern besetzt.[319] Im verkleinerten Königreich Sachsen gab daher die Führungsgruppe des Adels, die aus stiftsfähigen und altschriftsässigen Rittergutsbesitzern bestand, nicht die Kontrolle über die Gremien der Ritterschaft auf. Sie ließ aber die Mitwirkung einer Reihe von adligen Vasallen ohne Ahnenprobe und von einigen bürgerlichen Rittergutsbesitzern zu.

Da der neu formierte Landtag zum gemeinsamen Diskussionsforum für Stände aller Landesteile wurde und seine Beschlüsse für alle Untertanen des Königreichs Relevanz besaßen, avancierte das Parlament zu einem verbindenden Konstitutivum eines sächsischen Landesbewusstseins. Für das Selbstverständnis des sächsischen Landtags der nachnapoleonischen Zeit hat sich aus dem Jahr 1818 ein bemerkenswertes Zeugnis erhalten. Als am 1. Mai 1818 das alte Schloss in Pillnitz niederbrannte, beschlossen die Landtagscorpora am übernächsten Tag, dem König 50.000 Taler zum Wiederaufbau anzubieten. Da der Landesherr im September desselben Jahres bereits seit 50 Jahren auf dem Thron saß, baten Ritterschaft und Städte König Friedrich August I. ebenfalls darum, ihm zu diesem Jubiläum ein Denkmal setzen zu dürfen. In ihrer Beratung vom 15. Juni 1818 wiesen Ritterschaft und Städte beiden Geschenken eine je eigene Bedeutung zu. Der Zuschuss zum Schlossbau sollte „von den Ständen, nicht als Repräsentanten" erfolgen, im Unterschied dazu sei das Denkmal „Sache der Nation".[320] Der Landtag sprach somit ein doppeltes Selbstverständnis aus, das er sich als Ständeversammlung zuschrieb. Er konnte sowohl als eine Institution handeln, die nur für sich selber agierte. Die Stände nahmen für sich aber auch in Anspruch, als Vertreter des ganzen Landes tätig zu werden.[321] Einen ähnlichen Repräsentationsanspruch rechneten sich die Städte auch zu, als sie am 22. Januar 1818 in einem Votum für die Veröffentlichung der Landtagsverhandlungen plädierten. Sie erklärten dem Geheimen Konsilium, dass Publizität der Parlamentsdebatten erforderlich sei, wenn man die Stände als „Repräsentanten des Volks oder als dessen Vertreter" ansehe.[322]

Vergleichbare Formulierungen finden sich auch vom Landtag 1820/21, als das Parlament sich beim Fürsten darüber beklagte, dass der staatliche Verwaltungsapparat seine Kompetenzen zu Ungunsten der Rittergutsbesitzer und Stadträte ausweitete. Die Allgemeine Ritterschaft etwa schrieb im Rahmen dieser Debatte ihrem Engeren Ausschuss: „Wie sich auch die Stände historisch gebildet haben mögen, wer möchte es leugnen, daß die Nation sie als ihre Vertreter betrachtet, und daß sie es in der That sind, denn die Nation hat kein anderes Organ als die Stände; sie entrichtet[,] was diese bewilligen, sie gehorcht den Gesetzen und nach der Verfassung, wozu auch diese berathend mitgewirkt haben." Da es den Ständen aber untersagt sei, sich öffentlich zu rechtfertigen, seien sie in der Wahrnehmung derer, die sie verträten, in eine komplizierte Position geraten. Denn zwischen dem Handeln der staatlichen Verwaltung und den Ansichten der Landstände könnten die Regierten nicht unterscheiden. Im Kern ging die Debatte darum, dass die fürstenstaatliche Bürokratie ihre Kompetenzen gegenüber der mittleren und unteren Verwaltungsebene ausweitete. Das betraf das Kondominat der Rittergutsbesitzer und Stadträte als lokale Obrigkeit und kündigte den tradierten Herrschaftskonsens auf, nach dem sich die Landstände als Erweiterung des fürstlichen Beamtenapparates verstehen durften. Um die Differenzen zur staatlichen Verwaltung sichtbar zu machen, konnte sich die Allgemeine Ritterschaft schon zehn Jahre vor dem Übergang zu einem konstitutionellen Zweikammerparlament einen Umbau des Landtags vorstellen. Sie erklärte im selben Schreiben: „Und sollte die dermalige Zusammensetzung der Stände mit dem Wesen des ständischen Verhältnisses als unvereinbar sich erweisen, so würden dem größten Theile von uns ein Hingeben unserer jetzigen ständischen Berechtigung für Erlangung des Beßeren kein zu großes Opfer scheinen."[323]

Innerhalb der Landtagsgremien lässt sich in der restaurativen Atmosphäre, die den Deutschen Bund nach dem Wiener Kongress beherrschte und die Sachsen unter der Ägide des Ministers Detlev von Einsiedel durchlebte, ein Wille zur Parlamentsreform aufzeigen, dem die Öffentlichkeit des eigenen politischen Diskurses besonders wichtig war. Die repräsentative Öffentlichkeit der Frühen Neuzeit zerbrach in Sachsen auch durch einen Dissens unter den herkömmlichen Herrschaftsständen. Sie entstand nicht, wie Jürgen Habermas meinte, ausschließlich mittels einer neuen Lesekultur „aus der Mitte der Privatsphäre heraus", die zunächst „ein relativ dichtes Netz öffentlicher Kommunikation" über Literatur und Kunst entstehen ließ, das dann nach der Französischen Revolution einen Politisierungsschub erfuhr.[324] Auch das Engagement des sächsischen Landtags trieb die Entstehung einer modernen Öffentlichkeit voran.

Seit jeher war es auf den Ständeversammlungen und über sie hinaus unter den Mächtigen in den Städten und auf den Rittergütern zu einem Informationsfluss über die Schwierigkeiten im Land gekommen. Wenn ein Landtag die

Gravamina sammelte, wurde für alle an diesem Prozess Beteiligten offensichtlich, wo Probleme existierten. Zudem kursierten in den Führungsformationen im Anschluss an Ständeversammlungen schon im ausgehenden 18. Jahrhundert Abschriften der Landtagsakten. Dieses Arkanwissen blieb jedoch in einer Art geschlossener Öffentlichkeit, die gegen die Untertanen der Rittergutsbesitzer und gegen die Bürger, die nicht dem Stadtrat angehörten, abgeschottet war.[325]

Erste Publikationen über das, was auf dem Sächsischen Landtag verhandelt wurde, entwickelten sich erst seit dem Ende des 18. Jahrhunderts. Sie mussten sich aber noch in einer Grauzone der Legalität bewegen.[326] Schriften, die eine Parlamentsreform nach konstitutionellem Muster forderten, publizierten im November 1829 anonym Albert von Carlowitz und zu Beginn des Landtags 1830 Otto von Watzdorf.[327] Beide Autoren hatten einen Sitz in der allgemeinen Ritterschaft.[328] Ihre Veröffentlichungen erschienen etwa ein halbes Jahr bzw. rund neun Monate, bevor im September die Unruhen ausbrachen, die die Französische Julirevolution in Sachsen auslöste. Impulse zu einer staatsrechtlichen Erneuerung gingen daher nicht allein von einer Umbruchstimmung aus, die Europa erfasste. Sie entsprangen nicht einem bürgerlichen Wertehimmel bzw. einer sozialspezifischen rationalen Denkweise von Bürgern, sondern folgten vor allem einer weltanschaulichen Selbstverortung im politischen Spektrum, die sich nicht wie selbstverständlich aus der Zugehörigkeit zu gesellschaftlichen Großgruppen ergab.[329] Auch nicht allein die Spitze der staatlichen Zentralverwaltung trieb den Umbruch voran, selbst wenn vier jüngere Minister unter der Ägide Bernhard von Lindenaus die Gelegenheit ergriffen, um den neoabsolutistisch regierenden Kabinettsminister Detlev Graf von Einsiedel abzulösen und seine traditionsverhaftete Innenpolitik durch einen gesellschaftlichen Reformkurs zu ersetzen.[330] Innerhalb der noch nach frühneuzeitlichem Modus konstituierten Ständeversammlung fanden sich seit Langem Stimmen, die Veränderungen befürworteten, um der Ausweitung bürokratischer Verwaltungsstrukturen bis in die lokale Ebene hinein entgegenzuwirken. Der Landtag von 1831 griff daher nicht unvermittelt und überraschend in den gesellschaftlichen Transformationsprozess ein.[331] Die Stände nahmen vor allem auf den Zuschnitt und die Zweckbestimmung der Zivilliste sowie auf den Proporz der Kammermitglieder Einfluss und setzten die Öffentlichkeit der Parlamentsverhandlungen durch.[332] Als dem Landtagsmarschall, Günther Graf von Bünau, am 4. September 1831 die Verfassungsurkunde feierlich durch den Monarchen überreicht wurde, sagte Minister Gottlob Adolph Ernst von Nostitz und Jänkendorf, König wie Landtag hätten auf angestammte Rechte verzichtet und die Konstitution sei in „schöner Uebereinstimmung zwischen Landesherrn und Ständen" zustande gekommen. Der Fürst habe die Verfassung ja nicht oktroyiert, sondern das „Ergebniß eines freien und wohlerwogenen Vertrages", der mit der Ständeversammlung ausgehandelt worden sei, anerkannt.[333]

In einem feierlichen Zug brachte der Landtagsmarschall in einem sechsspännigen königlichen Paradewagen und eskortiert von königlichen Stallbeamten zu Pferd, einer Abteilung Gardereiter und einer Abteilung reitender Kommunalgarde das handgeschriebene Original der Verfassung ins Dresdner Landhaus. Unter Salutschüssen wurde dort, im Haus des Parlaments und nicht im Staatsarchiv des Landesherrn, das neue Staatsgrundgesetz deponiert.[334] Das garantierte zumindest symbolisch den ungehinderten Zugriff des Parlaments auf die Verfassung. Der Landtag hütete das Versprechen des Königs, sich an die Verfassung zu halten. Dieser performative Akt der Verfassungsübergabe verwies die Zeitgenossen darauf, dass in Sachsen eine Verfassung bestehe, auf die sich der Landtag mit Recht berufen konnte. Das gesamte Prozedere dieser Verfassungsübergabe am 4. September 1831 hat den Gestus eines Vertragsabschlusses vor den Augen der Öffentlichkeit. Seitdem im selben Monat des Vorjahres in Leipzig, Dresden und in vielen anderen sächsischen Städten Straßenkämpfe ausgebrochen waren, blieb das Verhältnis von Obrigkeit und Bürgern prekär. In Dresden war es noch fünf Monate vor dem Inkrafttreten der Verfassung, am 17./18. April 1831 zu Unruhen gekommen, bei deren Niederschlagung das Militär drei Menschen erschoss und 13 verletzte. Noch vier Tage vor der feierlichen Übergabe der Verfassung, am 30. August 1831, waren in Leipzig drei Tote und rund 80 Verwundete zu beklagen, weil Militär auf Einwohner und Teile der Kommunalgarde schoss.[335] Die erste geschriebene Verfassung des Königreichs Sachsen wurde deshalb auch ein Zeichen gegenüber der Öffentlichkeit, dass der Rahmen für die Gesellschaft neu gesteckt werden sollte. Die Hoffnung, dass dieser Wechsel auf die Zukunft eingelöst werden würde, verband sich großteils mit dem konstitutionellen Zweikammerparlament.

Anmerkungen

1 Vgl. Molzahn, Ulf: Adel und frühmoderne Staatlichkeit in Kursachsen. Eine prosopographische Untersuchung zum politischen Wirken einer territorialen Führungsschicht in der Frühen Neuzeit (1539–1622), masch. Diss. Leipzig 2005, S. 53. Zu den Universitäten vgl. Walter, Philipp: Universität und Landtag (1500–1700). Akademische Landstandschaft im Spannungsfeld von reformatorischer Lehre, landesherrlicher Instrumentalisierung und ständischer Solidarität, Wien/Köln/Weimar 2018, S. 200 und 203.
2 Vgl. hierzu Blaschke, Karlheinz: Beiheft zur Karte C III 1: Die wettinischen Länder von der Leipziger Teilung 1485 bis zum Naumburger Vertrag 1554. In: Atlas zur Geschichte und Landeskunde von Sachsen, S. 12 f. und Karte C III 1.
3 Zum Anwachsen der schriftsässigen Rittergüter vgl. Molzahn: Adel und frühmoderne Staatlichkeit in Kursachsen, wie oben, Anm. 1, S. 67.
4 Vgl. ebd., S. 59. Die Anzahl der auf dem Landtag vertretenen Städte stieg von 76, die 1549 aus dem Kurkreis, dem Thüringer, Meißner, Leipziger und Erzgebirgischen Kreis auf den Landtag kamen, bis auf 119 im Jahr 1613, da seit 1585 auch städtische Deputierte aus dem Vogtländischen und dem Neustädter Kreis hinzukamen.
5 Vgl. zuletzt Molzahn: Adel und frühmoderne Staatlichkeit in Kursachsen, wie oben, Anm. 1, S. 64, Anm. 106. Siehe auch bereits Weiße, Christian Ernst: Geschichte der chursächsischen Staaten, Bd. 3, Leipzig 1805, S. 294. Der Vogtländische Kreis fiel wegen Verschuldung der Vögte von Plauen an Kurfürst August, zunächst 1569 die Ämter Plauen, Voigtsberg und Pausa, nach dem Tod Vogt Heinrichs VII. von Plauen am 22.1.1572 auch Plauen, Oelsnitz, Adorf und Neukirchen. Vgl. Groß, Reiner: Geschichte Sachsens, Leipzig 2001, S. 80 f.; vgl. auch Treitsch-

ke, Carl-Heinrich: Die Entstehung und Entwicklung der sächsischen Kreiseinteilung unter Kurfürst Moritz und seinem Nachfolger, Dresden 1933.
6   Zur Entstehung der Kreise aus der Steuererhebung vgl. zuletzt Bergmann-Ahlswede: Landtag in der Stadt, wie Teil I, Anm. 220, S. 89 f.; siehe auch schon Weiße: Geschichte der chursächsischen Staaten, wie oben, Anm. 5, S. 293–296. Für den Zuschnitt der Kreise vor 1547 (Kreis Dresden, Leipzig, Weißensee und Weißenfels) vgl. z. B. Schirmer: Kursächsische Staatsfinanzen, wie Teil I, Anm. 132, S. 542 und 547.
7   Vgl. Molzahn: Adel und frühmoderne Staatlichkeit in Kursachsen, wie oben, Anm. 1, S. 64 f.
8   Vgl. Bergmann-Ahlswede: Landtag in der Stadt, wie Teil I, Anm. 220, S. 206.
9   Vgl. ebd., S. 273.
10 Vgl. ebd., S. 208.
11 Vgl. ebd., S. 245 und 194.
12 Vgl. SächsHStA Dresden, 10015 Landtag, A 16, fol. 9–15: Vortzeichnus Wie vnd waser gestaldt / es mit, anstellung eines Landtags / allenthalb gehalten wirdet, § 8.
13 Marburg, Silke: Gravamina. Ständische Beschwerdeschriften und die Genese des frühneuzeitlichen Staates. In: Dialog, Heft 8: Dresdner Gesprächskreise im Ständehaus. Graduiertenkolleg „Geschichte sächsischer Landtage" vom 28. bis 30. Oktober 2015, hg. vom Sächsischen Landtag, Dresden [2016], S. 39.
14 Eine „zunehmende Formalisierung der Landtagsverhandlungen […] in der Mitte des 16. Jahrhunderts" konstatiert auch Schirmer: Der landständische Einfluß, wie Teil I, Anm. 79, S. 268. Die entstehende Verknüpfung von Gravamina und Steuerbewilligung belegt Molzahn: Adel und frühmoderne Staatlichkeit in Kursachsen, wie oben, Anm. 1, S. 121–144.
15 Vgl. Bergmann-Ahlswede: Landtag in der Stadt, wie Teil I, Anm. 220, S. 111–133.
16 Vgl. z. B. die Argumentation aufgrund räumlich unterschiedlicher Dispositionen an wechselnden Landtagsorten im Gegensatz zu Torgau ebd., S. 234.
17 Der Text der „Landtagsordnung" ist gedruckt in: Hausmann, Karl Friedrich (Hg.): Kursächsische Landtagsordnung nebst Beilagen, Bemerkungen und einem Anhang, Leipzig 1799, sowie ediert und kommentiert bei Molzahn: Adel und frühmoderne Staatlichkeit in Kursachsen, wie oben, Anm. 1, Anlage 3, S. 151–161. Die sogenannte ältere Landtagsordnung ist in den Landtagsakten von 1595 überliefert, vermutlich aber in die 1560er Jahre zu datieren. Vgl. Bergmann-Ahlswede: Landtag in der Stadt, wie Teil I, Anm. 220, S. 147; Molzahn: Adel und frühmoderne Staatlichkeit in Kursachsen, wie oben, Anm. 1, S. 74; Weiße: Geschichte der chursächsischen Staaten, Bd. 3, wie oben, Anm. 5, S. 295.
18 Diesen Nachweis führt im Detail Molzahn: Adel und frühmoderne Staatlichkeit in Kursachsen, wie oben, Anm. 1, S. 75–93.
19 Zur Entstehung der kursächsischen Landtagsordnung von 1728 vgl. Günther, Britta: Der Weg zur Landtagsordnung von 1728. In: Wißuwa, Renate/Viertel, Gabriele/Krüger, Nina (Hg.): Landesgeschichte und Archivwesen. Festschrift für Reiner Groß zum 65. Geburtstag, Dresden 2003, S. 317–326.
20 Vgl. Bergmann-Ahlswede: Landtag in der Stadt, wie Teil I, Anm. 220, S. 149 f.
21 Vgl. Molzahn: Adel und frühmoderne Staatlichkeit in Kursachsen, wie oben, Anm. 1, S. 58.
22 Vgl. Bergmann-Ahlswede: Landtag in der Stadt, wie Teil I, Anm. 220, S. 159 und 163–165.
23 Vgl. Molzahn: Adel und frühmoderne Staatlichkeit in Kursachsen, wie oben, Anm. 1, S. 54–57. Hier findet sich auch auf S. 54 der Begriff „Korporation neben der Landschaft".
24 Vgl. ebd., S. 49.
25 Vgl. ebd., S. 62–67. Zur sächsischen Adelsmatrikel vgl. GVBl Sachs 1902, Dresden o. J., S. 381 f.
26 Vgl. ebd., S. 60.
27 Vgl. Bergmann-Ahlswede: Landtag in der Stadt, wie Teil I, Anm. 220, S. 155 f., und Molzahn: Adel und frühmoderne Staatlichkeit in Kursachsen, wie oben, Anm. 1, S. 59 f.
28 Vgl. Bergmann-Ahlswede: Landtag in der Stadt, wie Teil I, Anm. 220, S. 166 f.; Molzahn: Adel und frühmoderne Staatlichkeit in Kursachsen, wie oben, Anm. 1, S. 80.
29 Vgl. Bergmann-Ahlswede: Landtag in der Stadt, wie Teil I, Anm. 220, S. 168–178.
30 Vgl. ebd., S. 182 f.

31 Zu Kurfürst August vgl. ebd., S. 149. Zu den Schlössern Prettin, Lichtenburg und Annaburg und deren Jagdgebieten vgl. ebd., S. 124 f. und 150. Zur Anwesenheit der fürstenstaatlichen Verwaltungsspitze vgl. ebd. S. 151.
32 Vgl. ebd., S. 157 f. und 200 f.
33 Vgl. dazu den Exkurs „Die Einführung von Diäten"; Bergmann-Ahlswede: Landtag in der Stadt, wie Teil I, Anm. 220, S. 296–363; Molzahn: Adel und frühmoderne Staatlichkeit in Kursachsen, wie oben, Anm. 1, S. 80 f.
34 Vgl. Bergmann-Ahlswede: Landtag in der Stadt, wie Teil I, Anm. 220, S. 211–226.
35 Vgl. ebd., S. 226–233, und Molzahn: Adel und frühmoderne Staatlichkeit in Kursachsen, wie oben, Anm. 1, S. 84 f.
36 Vgl. ebd., S. 84.
37 Vgl. Weiße: Geschichte der chursächsischen Staaten, Bd. 3, wie oben, Anm. 5, S. 297.
38 Vgl. Molzahn: Adel und frühmoderne Staatlichkeit in Kursachsen, wie oben, Anm. 1, S. 44. Schirmer: Kursächsische Staatsfinanzen, wie Teil I, Anm. 132, S. 796, spricht von der Stadt Leipzig als der „albertinische Hausbank". Dazu, dass Kurfürst und Stände als Schuldner und Kreditgeber gleichsam in einem Boot saßen vgl. ebd., S. 795, und Schirmer: Der landständische Einfluß, wie Teil I, Anm. 79, S. 277.
39 Vgl. Weiße: Geschichte der chursächsischen Staaten, Bd. 3, wie oben, Anm. 5, S. 297.
40 Zum Beratungsgang der kursächsischen Landtage vgl. Bergmann-Ahlswede: Landtag in der Stadt, wie Teil I, Anm. 220, S. 237–239; Molzahn: Adel und frühmoderne Staatlichkeit in Kursachsen, wie oben, Anm. 1, S. 54, 86–88.
41 Bergmann-Ahlswede: Landtag in der Stadt, wie Teil I, Anm. 220, S. 239–242; Molzahn: Adel und frühmoderne Staatlichkeit in Kursachsen, wie oben, Anm. 1, S. 89–91; Schirmer: Der landständische Einfluß, wie Teil I, Anm. 79, S. 265.
42 Vgl. Schirmer: Kursächsische Staatsfinanzen, wie Teil I, Anm. 132, S. 547–557.
43 Vgl. ebd., S. 604 f.
44 Vgl. ebd., S. 606–611.
45 Vgl. ebd., S. 691 f.
46 Vgl. ebd., S. 699.
47 Vgl. Marx, Barbara: Itanianità und frühneuzeitliche Hofkultur: Dresden im Kontext. In: Dies. (Hg.): Elbflorenz. Italienische Präsenz in Dresden 16.–19. Jahrhundert, Dresden 2000, S. 15–20. Zur Kochkunst am Hof Christian I. vgl. Matzerath, Josef: Küche und Kochkunst des Dresdner Hofes um 1600. In: Johann Deckardt, New Kunstreich und Nützliches Kochbuch, Leipzig 1611 / Ein schönes nützliches vnndt köstliches Kochbuch vor Fürstliche personen Hg. von Georg Jänecke und Josef Matzerath, Ostfildern 2014, S. 9–33.
48 Vgl. Schirmer: Kursächsische Staatsfinanzen, wie Teil I, Anm. 132, S. 682 f.
49 Vgl. ebd., S. 746 f.
50 Vgl. ebd., S. 770.
51 Vgl. ebd., S. 748–751.
52 Vgl. ebd., S. 835 und 796.
53 Vgl. ebd., S. 804.
54 Vgl. ebd., S. 804 f.
55 Vgl. auch ähnlich Schirmer: Der landständische Einfluß, wie Teil I, Anm. 79, S. 264: „Fürstenherrschaft verwirklicht sich vorwiegend über die Herrschaftsträger im Lande". Deshalb geht Schirmer von einer „engen Verzahnung zwischen landesherrlicher Verwaltung und landständischen Strukturen" aus. Ebd., S. 274. Axel Flügel plädiert noch klarer gegen die überholte These vom Dualismus Stände versus Landesherr: „Statt einen Gegensatz oder eine Verflechtung anzunehmen, kann man die versammelten Landstände wie die übrigen Räte und Kommissionen als integralen und normalen Bestandteil der zeittypischen landesherrlichen Verwaltung betrachten." Vgl. ders.: Anatomie einer Ritterkurie. Landtagsbesuch und Landtagskarrieren im kursächsischen Landtag in der ersten Hälfte des 18. Jahrhunderts, Ostfildern 2017, S. 424. Beide Konzepte erklären zunächst den grundsätzlichen Konsens zwischen Landesherrn und Ständen, nicht aber Konfliktlagen.

56 Vgl. Schirmer: Der landständische Einfluß, wie Teil I, Anm. 79, S. 268.
57 Vgl. ebd., S. 266–274.
58 Vgl. Weiße, Christian Ernst: Geschichte der chursächsischen Staaten, Bd. 4, Leipzig 1806, S. 222. Zur Rechtsprechung und der Rolle der kursächsischen Landtage im Verfahren gegen Krell vgl. zuletzt Krell, Hartmut: Das Verfahren gegen den 1601 hingerichteten kursächsischen Kanzler Dr. Nicolaus Krell, Frankfurt a. M. 2006.
59 Vgl. Weiße: Geschichte der chursächsischen Staaten, Bd. 4, wie oben, Anm. 58, S. 224–227. Zur zeitgenössischen Einschätzung „Calviner" als „Vertreter eines ambitionierten, risikobereiten außenpolitischen Stils" der Politik vgl. Gotthard, Axel: 1591 – Zäsur der sächsischen und der deutschen Geschichte. In: NASG 71, 2000, S. 280.
60 Vgl. zuletzt Schirmer: Kursächsische Staatsfinanzen, wie Teil I, Anm. 132, S. 683–687, und schon Weiße: Geschichte der chursächsischen Staaten, Bd. 4, wie oben, Anm. 58, S. 228. Die Achillesferse dieser Argumentation, Krell sei ein Opfer rachsüchtiger Kollegen aus dem Adel geworden, liegt in der nicht nachweisbaren Interessensidentität von Obersteuerkollegium, Adel, Ritterschaft und Landtag. Das Corpus der Städte hätte in der Stringenz dieser Logik Krell stützen und das Obersteuerkollegium offen auf den Leipziger Messen gegen den Kanzler Stimmung machen müssen. Offen bleibt auch, wieso die Rittergutsbesitzer sich auf die Seite der lutherischen Orthodoxie stellten.
61 Zur Initiative der Landstände vgl.: Was die anwesende Landschaft, die von der Ritterschaft zu Dresden, An[no 15]91 den 23. October, Herzog Friedrich Wilhelm, wegen Nicol Krellens vorgetragen. In: Sammlung vermischter Nachrichten zur sächsischen Geschichte, 5. Bd., 1770, S. 233 f.
62 Vgl. zum Versuch des Landtags, etwas Adäquates an die Stelle der Konkordienformel zu setzen, Weiße: Geschichte der chursächsischen Staaten, Bd. 4, wie oben, Anm. 58, S. 206; zur gesellschaftlichen Unruhe wegen der Abänderung der Taufformel vgl. ebd., S. 208 f. Zur „ständischen Renaissance" im Jahr 1591 und zur gesellschaftlichen Reaktion auf die Aufhebung des Taufexorzismus vgl. auch Gotthard, Axel: 1591, wie oben, Anm. 59, S. 281–284.
63 Vgl. Könneritz, Julius Traugott Jacob: Weigerung der Leipziger Ritterschaft, gegen Magdeburg zu ziehen, und das hierauf von Kurfürst Moritz gegen deren Führer, den Oberhauptmann von Könneritz eingeleitete Verfahren 1550 ff. In: Archiv für die Sächsische Geschichte, 4. Bd., 1866, S. 132–137.
64 Vgl. ebd., S. 146–148.
65 Vgl. Schirmer: Kursächsische Staatsfinanzen, wie Teil I, Anm. 132, S. 804 f.
66 Neben der kurfürstlichen Leibwache und kleinen Garnisonen in Dresden und an wichtigen Plätzen des Landes wurden nur im Kriegsfall Söldner angeworben. Die Landesdefension, die 1612 eingerichtet worden war, bestand aus den Ritterpferddiensten, zu denen die Rittergutsbesitzer verpflichtet waren, und aus weiteren Untertanen, die als Fußtruppen wie ein besoldetes Heer bewaffnet und militärisch eingeübt wurden. Vgl. hierzu Müller, Frank: Kursachsen und der Böhmische Aufstand, 1618–1622, Münster 1997, S. 80–100.
67 Vgl. SächsHStA Dresden, 10024, Geheimer Rat (Geheimes Archiv), Loc. 09168/03. Bücher Unruhen im Königreich Böhmen, fol. 21–42. Vgl. auch Müller: Kursachsen und der Böhmische Aufstand, wie oben, Anm. 66, S. 148–157.
68 Vgl. SächsHStA Dresden, 10024, Geheimer Rat (Geheimes Archiv), Loc. 09169/06. Bücher Unruhen im Königreich Böhmen, fol. 109–127, und ebd., Loc. 9171, 11. Bücher Unruhen im Königreich Böhmen, fol. 184–190; ebd., Loc. 09171/13. Bücher Unruhen im Königreich Böhmen, fol. 491–504. Vgl. auch Müller: Kursachsen und der Böhmische Aufstand, wie oben, Anm. 66, S. 323–325.
69 Vgl. Müller: Kursachsen und der Böhmische Aufstand, wie oben, Anm. 66, S. 309–312.
70 Vgl. SächsHStA Dresden, 10024, Geheimer Rat (Geheimes Archiv), Loc. 09173, 22. Bücher Unruhen im Königreich Böhmen, fol. 400–410; ebd., Loc. 09173, 22. Bücher Unruhen im Königreich Böhmen, fol. 411–421; ebd., Loc. 09174, 23. BUKB, fol. 284 und 288–298; Loc. 09174, 23. Bücher Unruhen im Königreich Böhmen, fol. 310–321. Vgl. auch Müller: Kursachsen und der Böhmische Aufstand, wie oben, Anm. 66, S. 313.

71 SächsHStA Dresden, 10024 Geheimer Rat (Geheimes Archiv), Loc. 9364/1, Loc. 9364/1, Bl. 6: Johann Georg I., Preßlau am 2. November 1621 an den Hofmarschall und die Geheimen und Kammerräte.
72 SächsHStA Dresden, 10024 Geheimer Rat (Geheimes Archiv), Loc. 9364/1, Loc. 9364/1, Bl. 12–13: Des Hofmarschalls, Geheimen und Cammer Räte bemerken wegen anstellung des Landtags und der Landschafft auslösung [undatiert und nicht unterzeichnet].
73 Vgl. ebd.
74 SächsHStA Dresden, 10024 Geheimer Rat (Geheimes Archiv), Loc. 9364/1, Loc. 9364/1, [vor der Paginierung eingeheftet]: Einladungsschreiben Johann Georgs I. vom 28. Decembris Anno 1621 zum Landtag nach Torgau für den 17. Februar 1622.
75 SächsHStA Dresden, 10024 Geheimer Rat (Geheimes Archiv), Loc. 9364/1, Bl. 33–35: Der Rat zu Torgau, Torgau, den 5. Dezember 1621 an Johann Georg I.
76 Vgl. für das Jahr 1628: 450 Jahre Schloßkirche Torgau, hg. vom Förderverein der Schloßkirche Torgau e. V. Einen Überblick über die Geschichte der Stadt bietet Blaschke, Karlheinz: Die geschichtliche Entwicklung der Stadt Torgau von den Anfängen bis zum Beginn des 19. Jahrhunderts, In: Findeisen, Peter/Magirius, Heinrich (Hg.): Die Denkmale der Stadt Torgau, Leipzig 1976, S. 13–37.
77 Angaben zur Anzahl der Pferde finden sich SächsHStA Dresden, 10024 Geheimer Rat (Geheimes Archiv), Loc. 9364/1, Bl. 29–30: Was ein Landtag 1622 kosten würde, wenn die Landschaft ausgelöst würde. Für den Landtag 1622 findet sich ein namentliches Verzeichnis der Ritterschaft im SächsHStA Dresden, 10036 Finanzarchiv, Loc. 34174, Rep V. Sec. II Nr. 25 Acta die Auslösung auf dem Landtage zu Torgau 1622 betr. [Auf der Akte steht: „Praeparation zum Torgauischen Landtage 1622"], Bl. 85–100. Weiterhin enthält SächsHStA Dresden, 10024 Geheimer Rat (Geheimes Archiv), Loc. 9364/1, Bl. 287–294 ein „Vorzeichnis der anwesenden Landschafft am Landtage zu Torgau" 1622, das auch alphabetisch nach den Vornahmen der Personen geordnet ist und mit einer Angabe der Pferdezahl beginnt. Es summiert für die Ritterschaft 1004 Pferde und für die Städte 207 Pferde, für die Gesamtheit 1211 Pferde. Ebd., Bl. 295– 297 findet sich ein „Verzeichnis derer von Adel, so persönlich nicht erschienen, sondern anderen Vollmacht aufgetragen". Hier sind 68 Personen verzeichnet.
78 Vgl. Bergmann-Ahlswede: Landtag in der Stadt, wie Teil I, Anm. 220, S. 420.
79 Vgl. ebd., S. 265–294.
80 Im Jahr 1601 = 12 Tage, im Jahr 1605 = 15 Tage, im Jahr 1609 = 22 Tage, im Jahr 1612 = 20 Tage und im Jahr 1622 = 33 Tage: Durchschnitt = 20 Tage. Vgl. ebd., S. 168–178 und 427–436.
81 SächsHStA Dresden, 10024 Geheimer Rat (Geheimes Archiv), Loc. 9364/1, Bl. 32: Johann Georg I., Dresden, den 1. Dezember 1621 an den Rat zu Torgau.
82 Vgl. SächsHStA Dresden, 10024 Geheimer Rat (Geheimes Archiv), Loc. 9364/1, Bl. 33–35: Der Rat zu Torgau, Torgau, den 5. Dezember 1621 an Johann Georg I. Dort finden sich auch die Zitate. Zur Weinakquise des sächsischen Kurfürsten Johann Georg I. mittels Ankauf sowie durch gegenseitige Austausch von Geschenken mit anderen Fürsten vgl. Müller, Karl August: Johann Georg der Erste, Dresden Leipzig 1838, S. 122.
83 Vgl. SächsHStA Dresden, 10036 Finanzarchiv, Loc. 34174, Rep V. Sec. II Nr. 25 Acta die Auslösung auf dem Landtage zu Torgau 1622 betr., Bl. 1–4 und 8–11, sowie SächsHStA Dresden, 10024 Geheimer Rat (Geheimes Archiv), Loc. 9364/1, Bl. 29–30: Was ein Landtag 1622 kosten würde, wenn die Landschaft ausgelöst würde.
84 SächsHStADresden, 10024 Geheimer Rat (Geheimes Archiv), Loc. 9364/1, Bl. 335, Ritterschaft und Städte an Johann Georg I., Torgau, den 19. Februar 1622.
85 SächsHStA Dresden, 10036 Finanzarchiv, Loc. 32436, Rep XXVIII, Nr. 3 a: Hofordnung Kurfürst Augusts vom 30. Oktober 1553; zu den Tafelstuben im Torgauer Schloss vgl. auch Hoppe, Stephan: Die funktionale und räumliche Struktur des frühen Schloßbaus in Mitteldeutschland. Untersucht an Beispielen landesherrlicher Bauten der Zeit zwischen 1470 und 1570, Köln 1996, S. 171 f. (Raum 49), S. 177 (Raum 55), S. 178 (Raum 58: Prälatenstube) und S. 211 f. (Raum 106: Flaschenstube) und S. 422–424.

86 SächsHStA Dresden, 10036 Finanzarchiv, Loc. 32439, Rep. XXVIII, Hofordnungen Nr. 15: Hofordnung Johann Georg I., Dresden 22.2.1618 [unpaginiert], Punkt 3 „Dinst: und Aufwartungen".
87 SächsHStA Dresden, 10006 OHMA, M, Nr. 4 Landtag zu Torgau 1612 und 1628, Bl. 204: Anordnung des Churfürsten von Sachsen, Torgau den 17. 2. 1628
88 Zur räumlichen Separierung der Fürsten vgl. Hoppe: Struktur des Schloßbaus, wie oben, Anm. 85, S. 413–415. Zum Übergang von der Naturalbeköstigung zum Kostgeld vgl. SächsHStA Dresden, 10036 Finanzarchiv, Loc. 32.440, Rep XXVIII, Nr. 36, fol 32: Curfürstlich Sächsisches Neu Hof Buch, darinnen eines jeden Dienstgeld, monatliche Besoldung u. wöchentliches Kostgelder, angefangen zu Torgau d. 1.1.1563.
Für viele der einfachen Diener ist ein Kostgeld eingesetzt, im Gegensatz dazu erhalten viele Mitarbeiter von Küche und Keller „die Kost zu Hofe" (Bl. 23–25); allgemein zur Zahlung von Kostgeld vgl. Klingensmith, Samuel John: The Utility of Splendor. Ceremony, Social Life, and Architecture at the Court of Bavaria, 1600–1800, Chicago/London 1993, S. 161; Treusch v. Buttlar, Kurt: Das tägliche Leben an den deutschen Fürstenhöfen des 16. Jahrhunderts. In: Zeitschrift für Kulturgeschichte 4, 1897, S. 6–9.
89 Zur Praxis gemeinsamer Essen der sächsischen Kurfürsten bzw. Könige und Stände im 18. und 19. Jahrhundert vgl. Denk/Matzerath: Dresdner Parlamente, wie Einleitung, Anm. 5, S. 33 und 102–107.
90 Vgl. SächsHStA Dresden, 10036 Finanzarchiv, Bericht das Ausspeisen auf den Landtagen 1561, 1565, 1570 und 1576 betr. Loc. 36435 Rep. XXIV Spec. A Nr. 11, darin: Nr. 3, [unpaginiert]: Bestellung uf den angestelltenn Landtagk zu Torgau Anno 1576 [Bl. 17–21].
91 Zur begrenzten Überlieferung von Tafelzeremoniell in den Akten vgl. Rahn, Thomas: Herrschaft der Zeichen. Zum Zeremoniell als „Zeichensystem". In: Ottomeyer, Hans/Völkel, Michaela (Hg.): Die öffentliche Tafel. Tafelzeremoniell in Europa 1300–1900, Wolfratshausen 2002, S. 28.
92 Zur Tafelstube im 2. OG des Torgauer Schlosses vgl. Hoppe: Struktur des Schloßbaus, wie oben, Anm. 85, S. 177 (Raum 55).
93 Zur Kleinen Hofstube im Erdgeschoss des Torgauer Schlosses vgl. ebd., S. 168 (Raum 46).
94 Zur Großen Hofstube im Erdgeschoss des Torgauer Schlosses vgl. ebd., S. 168 f. (Raum 47).
95 Zum Alten Saal im 2. OG des Torgauer Schlosses vgl. ebd., S. 158 f. (Raum 34).
96 Dieser Raum ist bei Hoppe (ebd.) nicht lokalisiert.
97 Vgl. SächsHStA Dresden, 10036 Finanzarchiv, Bericht das Ausspeisen auf den Landtagen 1561, 1565, 1570 und 1576 betr. Loc. 36435 Rep. XXIV Spec. A Nr. 11, darin: Nr. 3, [unpaginiert]: Bestellung uf den angestelltenn Landtagk zu Torgau Anno 1576 [Bl. 17–21].
98 Völkel, Michaela: Die öffentliche Tafel an den europäischen Höfen der frühen Neuzeit. In: Ottomeyer/Völkel (Hg.): Die öffentliche Tafel, wie oben, Anm. 91, S. 12.
99 Die folgenden Angaben beruhen auf SächsHStA, Dresden, Loc. 9364/1, Bl. 18–22: Kostenaufstellung, falls man nach dem Vorbild des Landtags von 1612 mit den Preisen des Jahres 1622 einen Landtag in Torgau abhalten wollte.
100 Beim Bier, das in der Frühen Neuzeit als eine den Städten reservierte Nahrung galt, verhielt es sich etwas anders. Es wurden lediglich 75 Fass Bier nach Torgau importiert, während die Stadt selbst 620 Fass zur Verfügung stellte. Die Fasspreise differierten nicht so gravierend, wie das bei anderen Lebensmitteln der Fall war. In Torgau kostete ein Fass 18 Gulden, in Eilenburg, Wurzen und Ortrand nur 16 Gulden, in Zerbst dagegen 22 Gulden und in Zschopau 23 Gulden. Da im Jahre 1612 aus Ortrand und Zschopau nur zwei bzw. zweieinhalb Fass nach Torgau geliefert worden waren, dürfte es sich um ein besonderes Bier gehandelt haben, das den aufwendigen Transport rechtfertigte.
101 Diese Interpretation schließt sich an ein Deutungskonzept der modernen Erforschung des Hofzeremoniells an. Vgl. etwa Rahn: Herrschaft der Zeichen, wie oben, Anm. 91, S. 24. Der „Überfluss an Nahrung bei der Tafel" gehört (wie Architektur, erhöhte Position, kostbare Kleidung etc.) zu den „Techniken der Amplifikation, vermittelst derer dem Machtinhaber Sinnesdaten im Raum zugerechnet werden", d. h. die potenzielle Größe des Herrschers im Zuge der

Inszenierung bewiesen werden soll. Dieser Funktion des Zeremoniells kontrastiert Rahn die Absicht, den Herrscher als Repräsentant Gottes auf Erden zu zeigen.

102 Ob überdies durch das Ende der Ausspeisung eine Einflussmöglichkeit des Landesherrn auf die Essenssitten verloren ging, lässt sich aus den bisher bekannten Quellen nicht erkennen. Denn Regeln für die Handhabung von Speisen und Getränken während des Essens im Torgauer Schloss finden sich nicht in den Landtagsakten.

103 Barbara Stollberg-Rilinger hat für den Reichstag die These aufgestellt, dass die Streitigkeiten des Reichstags um Präzedenz zu einer Art Geschäftsordnung führte, die allein das Parlament erst arbeitsfähig machte. Vgl. dies.: Zeremoniell als politisches Verfahren. Rangordnung und Rangstreit als Strukturmerkmale des frühneuzeitlichen Reichstags. In: Kunisch, Johannes (Hg.): Neue Studien zur frühneuzeitlichen Reichsgeschichte, Berlin 1997, S. 108 f.

104 Die Schärfung der Teilnahmekonditionen lässt sich als Indiz für eine Ausdifferenzierung der Gesellschaft verstehen, bei der allerdings weniger, wie dies in der Moderne der Fall ist, soziale Felder als vielmehr gesellschaftliche Gruppen durch Abgrenzung mehr Eigenständigkeit erlangten.

105 Vgl. Marburg/Schriefl: Die politische Versammlung als Ökonomie der Offenheiten, wie Einleitung, Anm. 10.

106 Vgl. hierzu Schubert, Ernst: Fürstliche Herrschaft und Territorium im späten Mittelalter, München 1996, S. 95–97; zur Herleitung des Reichstagszeremoniells aus den feierlichen Hoftagen der mittelalterlichen Könige vgl. Stollberg-Rilinger: Zeremoniell als politisches Verfahren, wie oben, Anm. 103, S. 96.

107 Vgl. Bergmann-Ahlswede: Landtag in der Stadt, wie Teil I, Anm. 220, S. 147–149; Matzerath, Josef: Feigen, Oliven und Zitronen. Die Hierarchie der Küche beim Torgauer Landtag des Jahres 1612. In: Ders.: Aspekte sächsischer Landtagsgeschichte. Die Ständeversammlungen des 17. und frühen 18. Jahrhunderts, Dresden 2013, S. 75–80.

108 Vgl. hierzu oben, Anm. 101.

109 Zur Tafelfähigkeit von Landtagsmitgliedern am Dresdner Hof vgl. Denk/Matzerath: Dresdner Parlamente, wie Einleitung, Anm. 5, S. 33 und 102–107.

110 Zu den Folgen des Endes der Ausspeisung vgl. auch oben, Anm. 102.

111 Vgl. Starke, Ursula: Veränderung der kursächsischen Stände durch Kriegsereignisse im 17. Jahrhundert, Diss. Göttingen 1957, S. 41 f.

112 Vgl. Krüger, Nina: Landesherr und Landstände in Kursachsen auf den Ständeversammlungen der zweiten Hälfte des 17. Jahrhunderts. „… die zwischen Haupt und Gliedern eingeführte Harmonie unverrückt bewahren", Frankfurt a. M. 2006, S. 119–123.

113 Vgl. ebd., S. 55.

114 Vgl. ebd.

115 Zu der über zwei Jahrhunderte geführten Debatte vgl. Flügel, Axel: Bürgerliche Rittergüter. Sozialer Wandel und politische Reform in Kursachsen (1680–1844), Göttingen 2000, S. 71–84: Zu den Motiven der Ritterschaft und zur Festschreibung des Verfahrens vgl. Matzerath, Josef: Die Einführung der Ahnenprobe in der kursächsischen Ritterschaft. In: Harding, Elizabeth/ Hecht, Michael (Hg.): Die Ahnenprobe in der Vormoderne. Selektion – Initiation – Repräsentation, Münster 2011, S. 233–245. Die sechzehnfache Ahnenprobe verlangt den Nachweis von vier Generationen sowohl männlicher wie weiblicher adliger Vorfahren.

116 Vgl. Flügel: Anatomie einer Ritterkurie, wie Einleitung, Anm. 10, S. 123 f. Ein weiterer Faktor, der sich auf die Zusammensetzung der Ritterschaft auswirkte, lag im Verkauf von Rittergütern an Nichtadlige und in der Vererbung an adlige Frauen. In diesen Fällen wurde die Entscheidung allerdings nicht auf dem Landtag, sondern im Privatbereich getroffen. Vgl. hierzu ebd., S. 100 f. Zur Relevanz des Landtags für die Binnenhierarchie des Adels vgl. Matzerath, Josef: Adelsprobe an der Moderne, Sächsischer Adel 1763 bis 1866. Entkonkretisierung einer traditionalen Sozialformation, Stuttgart 2006, S. 110; zum Konzept des gesellschaftlichen Zentralorts vgl. ders.: Landtage als gesellschaftliche Zentralorte. In: Dialog. Dresdner Gesprächskreise im Ständehaus. Graduiertenkolleg „Geschichte sächsischer Landtage" vom 28. bis 30. Oktober 2015, hg. vom Sächsischen Landtag, Dresden 2016, S. 12–17.

117 Vgl. Flügel: Anatomie einer Ritterkurie, wie Einleitung, Anm. 10, S. 75 f.
118 Vgl. Matzerath, Josef: „bekömmt nichts, weil es eine Frau ist". Drei Rittergutsbesitzerinnen erscheinen auf dem Landtag 1711. In: Ders.: Aspekte sächsischer Landtagsgeschichte, wie oben, Anm. 107, S. 46–51. Für die Jahre 1681 und 1724 finden sich Zahlen zum Rittergutsbesitz von Frauen im Leipziger Kreis in: Flügel, Axel: Bürgerliche Rittergüter, wie oben, Anm. 115, S. 139–143. Vgl. auch ders.: Anatomie einer Ritterkurie, wie Einleitung, Anm. 10, S. 74, 96 und 145 f.
119 Matzerath, Josef: Die kursächsische Landtagsordnung von 1728. In: Ders.: Aspekte sächsischer Landtagsgeschichte, wie oben, Anm. 107, S. 57 f.
120 Vgl. Matzerath, Josef: Aus der Sicht eines Condirektors. Das Protokoll des Heinrich v. Bünau auf Dahlen über den Landtag 1722. In: Ders.: Aspekte sächsischer Landtagsgeschichte, wie oben, Anm. 107, S. 71.
121 Vgl. Denk/Matzerath: Dresdner Parlamente, wie Einleitung, Anm. 5, S. 23–25, 44, 41 und 47 f.; Matzerath: Die kursächsische Landtagsordnung von 1728, wie oben, Anm. 119, S. 57. Ein Abdruck des Dekretes über den Prälatenstatus der Universitäten findet sich: Ziegler, Caspar: De juribus majestatis tractatus academicus, in quo pleraque, omnia, quae de potestate et juribus principis disputari solent, strictim exponuntur, Wittembergiae, anno MDCLXXXI, Lib. I. Cap. XXXI. De Jure, § 20, In Comitiis Saxonicis provincialibus lis, mota Academicis, tandem Electorali decisione composita fuit, S. 505 f.
122 Vgl. ebd., S. 82.
123 Vgl. Held, Wieland: Der Adel und August der Starke. Konflikt und Konfliktaustragung zwischen 1694 und 1707 in Kursachsen, Köln/Wien/Weimar 1999, S. 206 f.
124 Vgl. Krüger: Landesherr und Landstände in Kursachsen, wie oben, Anm. 112, S. 129.
125 Vgl. ebd., S. 141 f.
126 Vgl. Matzerath: Die kursächsische Landtagsordnung von 1728, wie oben, Anm. 119, S. 57.
127 Vgl. hierzu auch oben, Anm. 103.
128 Vgl. Müller: Kursachsen und der Böhmische Aufstand, wie oben, Anm. 66.
129 Vgl. Starke: Veränderung der kursächsischen Stände, wie oben, Anm. 111, S. 147.
130 Vgl. Schirmer: Kursächsische Staatsfinanzen, wie Teil I, Anm. 132, S. 806 und 867.
131 Zum Unterschied von kurfürstlicher Kammer und ständischer Steuer vgl. Flügel: Anatomie einer Ritterkurie, wie Einleitung, Anm. 10, S. 437–440. Allgemein zur Funktion von Steuern in der Frühen Neuzeit vgl. Schwennicke, Andreas: „Ohne Steuer kein Staat". Zur Entwicklung und politischen Funktion des Steuerrechts in den Territorien des Heiligen Römischen Reichs (1500–1800), Frankfurt a. M. 1996.
132 Vgl. Schirmer: Kursächsische Staatsfinanzen, wie Teil I, Anm. 132, S. 806–809; Starke: Veränderung der kursächsischen Stände, wie oben, Anm. 111, S. 34–40.
133 Vgl. Starke: Veränderung der kursächsischen Stände, wie oben, Anm. 111, S. 51–55; Schirmer: Kursächsische Staatsfinanzen, wie Teil I, Anm. 132, S. 810.
134 Vgl. Starke: Veränderung der kursächsischen Stände, wie oben, Anm. 111, S. 58; Schirmer: Kursächsische Staatsfinanzen, wie Teil I, Anm. 132, S. 810 f.
135 Vgl. Starke: Veränderung der kursächsischen Stände, wie oben, Anm. 111, S. 58–65; Schirmer: Kursächsische Staatsfinanzen, wie Teil I, Anm. 132, S. 811 f.
136 Vgl. ebd., S. 813–816.
137 Vgl. Starke: Veränderung der kursächsischen Stände, wie oben, Anm. 111, S. 71–99; Schirmer: Kursächsische Staatsfinanzen, wie Teil I, Anm. 132, S. 816–821.
138 Zu den Sekundogenituren vgl. Schattkowsky, Martina/Wilde, Manfred (Hg.): Sachsen und seine Sekundogenituren. Die Nebenlinien Weißenfels, Merseburg und Zeitz (1657–1746), Leipzig 2010; Czech, Vinzenz (Hg.): Fürsten ohne Land. Höfische Pracht in den sächsischen Sekundogenituren Weißenfels, Merseburg und Zeitz, Berlin 2009; Reichel, Maik: Das Testament des Kurfürsten Johann Georg I. aus dem Jahre 1652 und der Weg zum „Freundbrüderlichen Hauptvergleich" 1657. Die Entstehung der Sekundogenituren Sachsen-Weißenfels, Sachsen-Merseburg und Sachsen-Zeitz. In: Die sächsischen Wurzeln des Landes Sachsen-Anhalt und die Rolle der Sekundogenitur Sachsen-Zeitz, Halle 1997, S. 19–41.

139 Vgl. Starke: Veränderung der kursächsischen Stände, wie oben, Anm. 111, S. 106–111; Krüger: Landesherr und Landstände in Kursachsen, wie oben, Anm. 112, S. 105–119; Schirmer, Uwe: Zwischen Fürstentestament und Freundbrüderlichem Hauptvergleich: die politische Wirkkraft der kursächsischen Stände auf dem Landtag von 1657. In: Schattkowsky/Wilde: Sachsen und seine Sekundogenituren, wie oben, Anm. 138, S. 110 f.

140 Vgl. Krüger: Landesherr und Landstände in Kursachsen, wie oben, Anm. 112, S. 123–128 und 131–149; Starke: Veränderung der kursächsischen Stände, wie oben, Anm. 111, S. 123 f. und 126–129.

141 Vgl. Krüger: Landesherr und Landstände in Kursachsen, wie oben, Anm. 112, S. 119–123.

142 Vgl. Schattkowsky/Wilde (Hg.): Sachsen und seine Sekundogenituren, wie oben, Anm. 138, S. 11.

143 Vgl. Starke: Veränderung der kursächsischen Stände, wie oben, Anm. 111, S. 102–106.

144 Vgl. Flathe, Theodor: Geschichte des Kurstaates und Königreiches Sachsen von Dr. C.W. Böttiger, bearb. zweite Auflage, 2. Bd., Gotha 1870, S. 254.

145 Vgl. Naumann, Rolf: Das kursächsische Defensionswerk (1613 bis 1709), Leipzig 1916, S. 137 f. und 149.

146 Vgl. Krüger: Landesherr und Landstände in Kursachsen, wie oben, Anm. 112, S. 258–266.

147 Vgl. Naumann: Das kursächsische Defensionswerk, wie oben, Anm. 145, S. 162 f.

148 Vgl. ebd., S. 166 f.

149 Vgl. Flathe: Geschichte des Kurstaates und Königreiches Sachsen, wie oben, Anm. 144, S. 255 f., und ders.: Der kursächsische Landtag von 1681/82. In: Mittheilungen des Königlich Sächsischen Alterthums-Vereins 28, 1878, S. 62 und 72.

150 Vgl. Krüger: Landesherr und Landstände in Kursachsen, wie oben, Anm. 112, S. 271 f.

151 Vgl. ebd., S. 265 f. (Ausschusstag 1664), S. 267 f. (Landtag 1666), S. 268 f. (Ausschusstag 268 f.) und S. 270 f. (Landtag 1676).

152 Zum Ende des Defensionswesens vgl. Freiherr von Friesen, [Luitbert]: Das „Defensionswesen" im Kurfürstentum Sachsen. In: Archiv für die Sächsische Geschichte 1, 1863, S. 227 f.; zu den Positionierungen der kursächsischen Landtage vgl. Krüger: Landesherr und Landstände in Kursachsen, wie oben, Anm. 112, S. 272–281.

153 Vgl. Schirmer, Uwe: Wirtschaftspolitik und Bevölkerungswachstum in Kursachsen (1648–1756). In: Neues Archiv für Sächsische Geschichte 68, 1997, S. 127 und 155.

154 Die Steuerfreiheit der Rittergüter verteidigte das Zweite Corpus sogar in außergewöhnlichen Situationen wie 1645 auf dem Deputationstag, der Kontributionszahlungen an die im Lande stehenden schwedischen Truppen bewilligen sollte. Vgl. Starke: Veränderung der kursächsischen Stände, wie oben, Anm. 111, S. 73–78.

155 Zur Rolle der Ritterschaft bei der Durchsetzung eines Gesindezwangsdienstes für die Untertanen kursächsischer Grundherrschaften auf dem Landtag 1660/61 vgl. Wuttke, Robert: Gesindeordnungen und Gesindezwangsdienst in Sachsen bis zum Jahre 1835, Leipzig 1893, S. 116–129.

156 Vgl. grundlegend zur wirtschaftlichen Entwicklung und Bevölkerungsentwicklung nach dem Dreißigjährigen Krieg: Schirmer: Wirtschaftspolitik und Bevölkerungswachstum in Kursachsen, wie oben, Anm. 153, S. 125–155. Zur Steuerlast der kursächsischen Bauern 1640–1756 vgl. ebd., S. 136.

157 Vgl. von Witzleben: Verfassung, wie Einleitung, Anm. 1, S. 86–90.

158 Zu den Ausschusstagen und Gesandtschaften vgl. Held: Der Adel und August der Starke, wie oben, Anm. 123, S. 113–203.

159 Im Revers des Landtags 1661 sicherte Johann Georg II. den Ständen zu, es sollten Kreistage und auf Ausschreiben des Erbmarschalls auch Ausschusstage selbstständig abgehalten werden dürfen. Diese Zusammenkünfte mussten dem Kurfürsten mitgeteilt werden und durften nicht länger als acht Tage dauern. Der Kurfürst bestimmte in jedem Kreis einen Ort, an dem solche Veranstaltungen abgehalten werden durften. Die willkürlichen Zusammenkünfte durften keine selbstständigen Beschlüsse fassen, sondern mussten dem Kurfürsten alles mitteilen, was sie beraten hatten. Diese Regelung galt zunächst auf sechs Jahre, wurde aber durch späte-

re Reverse immer wieder verlängert. Vgl. Starke: Veränderung der kursächsischen Stände, wie oben, Anm. 111, S. 139 f.; Krüger: Landesherr und Landstände in Kursachsen, wie oben, Anm. 112, S. 157 f.
160 Zur Freiwilligen Versammlung vgl. Held: Der Adel und August der Starke, wie oben, Anm. 123, S. 47–59; Matzerath, Josef: Freiwillige Zusammenkunft: Der Landtag und die polnische Krone Augusts des Starken. In: Ders.: Aspekte sächsischer Landtagsgeschichte, wie oben, Anm. 107, S. 34–38.
161 Vgl. Held: Der Adel und August der Starke, wie oben, Anm. 123, S. 93.
162 Vgl. ebd., S. 114–117 (Ausschusstag 1700/01), S. 127 f. und 132 (Ausschusstag 1701/02) sowie S. 169 f. (Ausschusstag 1704).
163 Zum Unwillen von Ritterschaft und Städten, Polen und Sachsen als aufeinander bezogene politische Gebilde zu verstehen, vgl. ebd., S. 127 f. Zum zeittypischen Selbstverständnis von Fürsten, Kriege zu führen vgl. Duchhardt, Heinz: Europa am Vorabend der Moderne 1650–1800. Handbuch der Geschichte Europas, Bd. 6, Stuttgart 2003, S. 62–68.
164 Anders Wieland Held, der immer wieder hinter den Handlungen August des Starken ein Konzept vermutet, eine potestas absoluta durchzusetzen. Vgl. etwa ders.: Der Adel und August der Starke, wie oben, S. 105–112, oder 140 f.
165 Vgl. ebd., S. 51 und 102 f.
166 Zur Generalkonsumtionsakzise vgl. ebd., S. 168
167 Vgl. Weiße, Christian Ernst: Neueste Geschichte des Königreichs Sachsen seit dem Prager Frieden bis auf unsere Zeiten, 2. Bd. (Geschichte der Chursächsischen Staaten, 6. Bd.), Leipzig 1810, S. 26.
168 Vgl. Duchhardt: Europa am Vorabend der Moderne, wie oben, Anm. 163, S. 304.
169 Vgl. Weiße: Neueste Geschichte des Königreichs Sachsen, 2. Bd., wie oben, Anm. 167, S. 24 f.; Kaphahn, Fritz: Kurfürst und kursächsische Stände im 17. und beginnenden 18. Jahrhundert. In: Neues Archiv für Sächsische Geschichte und Altertumskunde, 1922, Bd. 43, S. 75–77.
170 Zum kursächsischen Militär im Nordischen Krieg vgl.: Querengässer, Alexander: Die Armee Augusts des Starken im Großen Nordischen Krieg, Berlin 2013.
171 Vgl. Weiße: Neueste Geschichte des Königreichs Sachsen, 2. Bd., wie oben, Anm. 167, S. 27 f. und 30 f.
172 Vgl. ebd., S. 24 f.
173 Schon Fritz Kaphahn meinte, August der Starke habe auf den Rat des Geheimen Kabinettsministers und Präsidenten des Kriegsratskollegiums, Graf Jacob Heinrich von Flemming, die Landtage nicht abgeschafft, weil das, wie Graf von Flemming in einer Denkschrift dargelegt habe, die Steuererhebung erschwert, den Kredit Sachsens gemindert und oppositionelle Bestrebungen gestärkt hätte. Vgl. Kaphahn: Kurfürst und kursächsische Stände, wie oben, Anm. 169, S. 77 f.
174 Zur Herrschaft Jakobs II. in England vgl. Asch, Ronald G.: Jakob II. 1685–1689. In: Wende, Peter (Hg.): Englische Könige und Königinnen. Von Heinrich VII. bis Elisabeth II., München 1998, S. 147–152.
175 SächsHStA Dresden, FN von Watzdorf (D), Nr. 31, Tagebuch des Herrn Friedrich August von Watzdorf auf Kauschwitz, Jösnitz und Röttis für die Jahre 1705–1733, Bd. 4, 20. Januar 1711. Zu Friedrich August von Watzdorf vgl. von Watzdorf, Camillo: Geschichte des Geschlechts von Watzdorf, Fortsetzung, Dresden 1903, S. 140–145. Ein gedrucktes Exemplar der Convocation zum Landtag 1711 findet sich SächsHStA Dresden, 10015, Nr. A 73: Landtag 1711, Bl. 1.
176 Zur Einwohnerzahl Plauens in der ersten Hälfte des 18. Jahrhunderts vgl. Fiedler, Hermann: Die Stadt Plauen im Vogtlande. Eine historische Skizze, Plauen 1874, S. 43.
177 Vgl. hierzu von Watzdorfs Tagebücher sowie: Matzerath, Josef: Auf Reisen und auf dem Rittergut. Die soziale und natürliche Umwelt des Friedrich August v. Watzdorf aus der Perspektive seines Tagebuchs. In: Düselder, Heike/Sommerfeld, Olga/Westphal, Siegrid (Hg.): Adel und Umwelt. Horizonte adeliger Existenz in der Frühen Neuzeit, Köln/Weimar/Wien 2008, S. 339–359.

178 Die Vettern von Watzdorf wurden zur kursächsischen Ständeversammlung geladen, obwohl der vogtländische Kreis von 1656 bis 1718 zur Sekundogenitur Sachsen-Zeitz gehörte. Denn die kursächsischen Landstände wurden durch die Herrschaftsteilung der albertinischen Wettiner nicht aufgespalten. Zur Zugehörigkeit Plauens zur Sekundogenitur Sachsen-Zeitz von 1656–1718 vgl. Neupert, A. (Hg.): Kleine Chronik der Stadt Plauen im Vogtland von 1122 bis zum Ausgang des 19. Jahrhunderts, Plauen i. V. 1908, S. 14–17; Fiedler: Die Stadt Plauen, wie oben, Anm. 176, S. 36–42.
179 Diesen Teil der Reise rapportiert Friedrich August von Watzdorf in seinem Tagebuch, Bd. 4, am 2. Februar 1711, wie oben, Anm. 175.
180 Vgl. Gotthard, Axel: Vormoderne Lebensräume. Annäherungsversuch an die Heimaten des frühen Mitteleuropäers. In: Historische Zeitschrift 276, 2003, S. 37–73, hier 40.
181 Den zweiten Teil der Reise und die Einmietung in Dresden rapportiert Friedrich August von Watzdorf in seinem Tagebuch, Bd. 4, für den 3. und 4. Februar 1711, wie oben, Anm. 175. Anders als im Tagebuch überliefert, gibt die Einschreibliste des Oberhofmarschallamtes für den Landtag 1711 den Wohnsitz des Tagebuchschreibers nicht an. Für seinen Vetter vermerkt sie: „in der Scheffelgasse im Mühlvoigtlichen Hause". Vgl. dazu SächsHStA Dresden, 10006, OHMA, M, Akte 16. Eine Karte, auf der verzeichnet ist, wo die Mitglieder des Landtags 1711 in Dresden logierten, findet sich als Beilage in: Matzerath, Josef: Aspekte sächsischer Landtagsgeschichte. Die Mitglieder der (kur-)sächsischen Landstände 1694 bis 1749, Dresden 2015.
182 Vgl. ebd., S. 316 f.
183 Vgl. hierzu Matzerath: Die Einführung der Ahnenprobe in der kursächsischen Ritterschaft, wie oben, Anm. 115, S. 233–245; Flügel: Bürgerliche Rittergüter, wie oben, Anm. 115, S. 71–84.
184 Vgl. Matzerath: „beköммt nichts, weil es eine Frau ist", wie oben, Anm. 118, S. 46–51.
185 Zum Ort des Landtagsgottesdienstes und der Platzierung der Corpora der Ständeversammlung im Raum vgl. Denk/Matzerath: Dresdner Parlamente, wie Einleitung, Anm. 5, S. 38–41. Zu von Watzdorfs Anmeldung im Oberhofmarschallamt und zu seiner Teilnahme am Landtagsgottesdienst vgl. SächsHStA Dresden, FN von Watzdorf (D), Nr. 31, Tagebuch des Herrn Friedrich August von Watzdorf auf Kauschwitz, Jösnitz und Röttis für die Jahre 1705–1733, Bd. 4, 5. und 6. Februar 1711.
186 SächsHStA Dresden, 10015, Nr. A 73: Landtag 1711, Bl. 1.
187 SächsHStA Dresden, 10006, OHMA, Nr. M, Nr. 16, Bl. 7–16: Nachricht wie es bey der Proposition beym Land-Tage 1711 gehalten worden. In der Belle Etage, im zweiten Obergeschoss, waren im Jahr 1711 noch nicht die Paraderäume eingerichtet, die erst zur Hochzeit des späteren August III. im Jahr 1719 fertig gestellt wurden.
188 SächsHStA Dresden, FN von Watzdorf (D), Nr. 31, Tagebuch des Herrn Friedrich August von Watzdorf auf Kauschwitz, Jösnitz und Röttis für die Jahre 1705–1733, Bd. 4, 6. Februar 1711. Von Watzdorf notierte, der Kardinal habe „dem königl. Throne Zur rechten Hand" gestanden. Eine Zeichnung des Propositionsschemas findet sich SächsHStA Dresden, 10006, OHMA, M, Nr. 16: Landtag 1711, Bl. 8: Schema der Stellung in denen Königl[ich] Dännischen Gemächern bey der Proposition 1711. Dort ist der Statthalter Anton Egon von Fürstenberg-Heiligenberg rechts neben dem Thronsessel platziert, während der Kardinal von Sachsen zur Linken des Landesherrn steht. Dieselbe Position bestätigt auch der Rapport des Oberhofmarschallamtes. Vgl. SächsHStA Dresden, 10006, OHMA, Nr. M, Nr. 16, Bl. 14, Nachricht wie es bey der Proposition beym Land-Tage 1711 gehalten worden. Von Watzdorfs Wahrnehmung beruht vermutlich aus der seitenverkehrten Rezeption des Zeitzeugen, der dem Thron gegenüberstand.
189 Vgl. Allgemeine Deutsche Biographie (ADB) 4, 1876, S. 178.
190 Die Charakterisierung als „offene Taffel" findet sich SächsHStA Dresden, FN von Watzdorf (D), Nr. 31, Tagebuch des Herrn Friedrich August von Watzdorf auf Kauschwitz, Jösnitz und Röttis für die Jahre 1705–1733, Bd. 4, 6. Februar 1711. Allgemein zu öffentlichen Tafeln vgl. Ottomeyer/Völkel (Hg.): Die öffentliche Tafel, wie oben, Anm. 91. Zur öffentlichen Tafel, die am 3.9.1719 am Hofe August des Starken stattfand, vgl. Gugler, Andreas: Bankette in Wien und Dresden 1719. Die Hochzeit der Erzherzogin Maria Josepha mit dem Kurprinzen Fried-

rich August von Sachsen. In: Barta-Fliedl, Ilsebill/Gugler, Andreas/Parenzan, Peter (Hg.): Tafeln bei Hofe. Zur Geschichte der Tafelkultur, Hamburg 1998, S. 53–62.
191 SächsHStA Dresden, 10006, OHMA, M, Nr. 16: Landtag 1711, Bl. 15.
192 Ebd. Eine Planzeichnung der Tafelsitze findet sich ebd., Bl. 119.
193 Nicht stiftsfähige adlige und bürgerliche Landtagsmitglieder wurden am Dresdner Hof erst mit der Einführung des konstitutionellen Zweikammerparlaments tafelfähig. Vgl. SächsHStA Dresden, 10006, OHMA, M Nr. 50, S. 42, Vortrag an den H. Staats= und Haus=Minister von Könneritz abseiten des Herrn Hofmarschalls Grafen Bose, den 29. November 1832; Denk/Matzerath: Dresdner Parlamente, wie Einleitung, Anm. 5, S. 103 f.
194 Zu Hans (Johann) Balthasar Bose, auf Nickern, Oberhofmeister der Kurfürstin, Dompropst zu Meißen vgl. Stammtafeln und Beiträge zur Geschichte der Familie von Bose aus Anlass des 750jährigen Bestehens neu herausgegeben, o.O. 1980, Stammliste F, Franklebener Ast, Nr. 35. Da von Bose einen Rang als Hofcharge bekleidete, ist davon auszugehen, dass er die Ahnenprobe ablegen konnte.
195 SächsHStA Dresden, 10006, OHMA, M, Nr. 16: Landtag 1711, Bl. 16.
196 Ebd.
197 SächsHStA Dresden, FN von Watzdorf (D), Nr. 31, Tagebuch des Herrn Friedrich August von Watzdorf auf Kauschwitz, Jösnitz und Röttis für die Jahre 1705–1733, Bd. 4, 7. Februar 1711. Zu den Tagungsorten der Kursächsischen Landstände in Dresden 1631–1769 siehe Denk/Matzerath: Dresdner Parlamente, wie Einleitung, Anm. 5, S. 22–27.
198 SächsHStA Dresden, FN von Watzdorf (D), Nr. 31, Tagebuch des Herrn Friedrich August von Watzdorf auf Kauschwitz, Jösnitz und Röttis für die Jahre 1705–1733, Bd. 4, 10. Februar 1711. Zu Friedrich August von Watzdorfs Karriere als Landtagsmitglied vgl. Matzerath: Mitglieder der (kur-)sächsischen Landstände 1694 bis 1749, wie oben, Anm. 181, S. 70 f. Direktor der vogtländischen Ritterschaft wurde Julius Heinrich von Trützschler auf Oberlauterbach. Vgl. ebd., S. 196.f.
199 SächsHStA Dresden, FN von Watzdorf (D), Nr. 31, Tagebuch des Herrn Friedrich August von Watzdorf auf Kauschwitz, Jösnitz und Röttis für die Jahre 1705–1733, Bd. 4, 16. Februar 1711. Zur Wahl von Watzdorfs als Kondirektor des vogtländischen Kreises vgl. auch SächsHStA Dresden, 10015, Nr. A 73: Landtag 1711, Bl. 122.
200 SächsHStA Dresden, FN von Watzdorf (D), Nr. 31, Tagebuch des Herrn Friedrich August von Watzdorf auf Kauschwitz, Jösnitz und Röttis für die Jahre 1705–1733, Bd. 4, 26. März 1711.
201 Vgl. ebd., 7. und 31. März sowie 1. und 2. April 1711.
202 Vgl. ebd., 20. und 30. März sowie 3., 4., 7., 11., 14., 24. und 25. April 1711.
203 Vgl. ebd., 27. Mai 1710, 2. und 3. Februar 30. März sowie 3., 5., 6. und 13. April 1711.
204 Der 8., 15. und 22. Februar, der 1., 8., 15., 22. und 29. März sowie der 5., 12. und 19. April 1711 waren Sonntage.
205 Vgl. SächsHStA Dresden, FN von Watzdorf (D), Nr. 31, Tagebuch des Herrn Friedrich August von Watzdorf auf Kauschwitz, Jösnitz und Röttis für die Jahre 1705–1733, Bd. 4, 17. und 21. Februar 1711. Zur Rolle August des Starken und seines Sohnes vgl. SächsHStA Dresden, OHMA, 10006, O 04, Nr. 091: Dresdner Hoftagebücher (Serie B), 17. und 21. Februar 1711.
206 Ebd., 19. Februar 1711.
207 Vgl. SächsHStA Dresden, FN von Watzdorf (D), Nr. 31, Tagebuch des Herrn Friedrich August von Watzdorf auf Kauschwitz, Jösnitz und Röttis für die Jahre 1705–1733, Bd. 4, 19. Februar 1711.
208 Vgl. ebd., 28. Februar, 2. März und 12. April 1711.
209 Vgl. ebd., 7., 10., 12. und 15. April 1711.
210 Ebd.
211 Vgl. hierzu Münzberg, Esther: Repräsentationsräume und Sammlungstypologien. Die Kurfürstlichen Gemächer im Stallbau. In: Marx, Barbara (Hg.): Kunst und Repräsentation am Dresdner Hof, München/Berlin 2005, S. 131–155 und 290 f.

212 Vgl. SächsHStA Dresden, FN von Watzdorf (D), Nr. 31, Tagebuch des Herrn Friedrich August von Watzdorf auf Kauschwitz, Jösnitz und Röttis für die Jahre 1705–1733, Bd. 4, 26. Februar und 16. März 1711.
213 Zu den Komödianten, die in Dresden während der ersten Hälfte des 18. Jahrhundert gastierten vgl. Rosseaux, Ulrich: Freiräume: Unterhaltung, Vergnügen und Erholung in Dresden, 1694–1830, Köln/Weimar/Wien 2007, S. 101 f.; Ulischberger, Emil: Schauspiel in Dresden. Ein Stück Theatergeschichte, Berlin 1989, S. 12 f.
214 Vgl. SächsHStA Dresden, FN von Watzdorf (D), Nr. 31, Tagebuch des Herrn Friedrich August von Watzdorf auf Kauschwitz, Jösnitz und Röttis für die Jahre 1705–1733, Bd. 4, 23. Februar 1711.
215 Zu den Dresdner Jahrmärkten vgl. Rosseaux: Freiräume, wie oben, Anm. 213, S. 43 f.
216 Zur Dresdner Ausflugskultur des frühen 18. Jahrhunderts vgl. ebd., S. 234–238.
217 Vgl. SächsHStA Dresden, FN von Watzdorf (D), Nr. 31, Tagebuch des Herrn Friedrich August von Watzdorf auf Kauschwitz, Jösnitz und Röttis für die Jahre 1705–1733, Bd. 4, 14. April 1711.
218 Vgl. ebd., 3. April 1711. Zum Beginn der modernen Männermode in Dresden vgl. Matzerath, Josef: Anfänge des Konsums in Sachsen. In: Kaiserová, Kristina/Schmitz, Walter (Hg.): Sächsisch-Böhmische Beziehungen im Wandel der Zeit – Česko-saské vztahy v proměnách času. Textband, Dresden 2013, S. 272–291.
219 Vgl. SächsHStA Dresden, FN von Watzdorf (D), Nr. 31, Tagebuch des Herrn Friedrich August von Watzdorf auf Kauschwitz, Jösnitz und Röttis für die Jahre 1705–1733, Bd. 4, Freitag, den 6. Februar (Schlosskirche, Tag der Landtagseröffnung), Sonntag, den 8. Februar 1711 (Schlosskirche), Sonntag, den 22. Februar1711, Freitag, den 13. März 1711 (Schlosskirche), Sonntag, den 15. März 1711 (Schlosskirche), Sonntag, den 29. März 1711 (Sophienkirche, Kapelle der Familie Senfft von Pilsach), Sonntag, den 5. April 1711 (Schlosskirche), Montag, den 6. April 1711, Dienstag, den 7. April 1711 (Schlosskirche), Sonntag, den 12. April 1711 (Schlosskirche), Sonntag, den 19. April 1711 (vormittags Schlosskirche, nachmittags Sophienkirche), Freitag, den 24. April 1711 (Schlosskirche, Tag des Landtagsabschieds), Sonntag, den 26. April 1711 (Sophienkirche schon nach dem Ende des Landtags).
220 Vgl. ebd., 15. Februar 1711.
221 Vgl. ebd., 3. Oktober 1710.
222 Vgl. ebd., 23. Juni 1712.
223 Vgl. ebd., 20. August 1710.
224 Ebd., 11. Februar 1711.
225 Vgl. ebd., 11., 14., 15., 21., 23. und 27. Februar, 2., 7., 8., 9., 11., 12., 14., 17., 18., 19., 21., 24., 27., 28., 29., 30. und 31. März, 1., 4., 5., 6., 7., 11., 16., 17. 23., 25. und 26. April 1711.
226 Vgl. ebd., 15. und 23. Februar, 2. März, 18., 24. und 25. April 1711.
227 Vgl. hierzu: Matzerath, Josef: Thüringer auf dem kursächsischen Landtag. In: Mittelsdorf, Harald (Hg.): Landstände in Thüringen. Vorparlamentarische Strukturen und politische Kultur im Alten Reich (Schriften zur Geschichte des Parlamentarismus in Thüringen, Bd. 27), Weimar 2008, S. 139–156; ders.: „Auch heute blieb das Land unberathen." Tagebucheintragungen zum Landtag 1824. In: Landtagskurier. Freistaat Sachsen, 2015, Nr. 1, S. 22 f.; ders.: Adelsprobe an der Moderne, wie oben, Anm. 116, S. 109–123 (zur Gruppenkonstituierung des Adels durch Symbole des Landtagscorpus der Ritterschaft) und 443 f. (am Beispiel der Vernetzung eines ritterschaftlichen Landstandes der Familie von Metzsch beim Landtag 1830/31).
228 Zum langfristigen Wandel des Fluidums auf sächsischen Landtagen von der Frühen Neuzeit bis in die Gegenwart vgl.: Matzerath, Josef: „Hierauf ward kalt soupirt und zum Schluss Punch servirt". Sächsische Parlamentarier außerhalb des Parlaments. In: Ders.: Aspekte sächsischer Landtagsgeschichte. Varianten der Moderne 1868–1952, Dresden 2003, S. 100–107.
229 Vgl. SächsHStA Dresden, 10006, OHMA, M, Akte 16, Bl. 439. Von Watzdorfs Tagebuch verzeichnet als gezahlte Auslösung lediglich am 21. Februar und 14. März je 21 Gulden und am 18. April 18 Taler und neun Groschen. Vgl. SächsHStA Dresden, FN von Watzdorf (D), Nr. 31, Tagebuch des Herrn Friedrich August von Watzdorf auf Kauschwitz, Jösnitz und Röttis für die Jahre 1705–1733, Bd. 4, 21. Februar, 14. März und 18. April 1711.

230 Vgl. ebd., 28. Februar und 26. April 1711.
231 Vgl. ebd., 1. März 1711.
232 Vgl. ebd., 14. Oktober 1719.
233 Vgl. dazu mit Bezug auf den sächsischen Landtag Flügel: Anatomie einer Ritterkurie, wie Einleitung, Anm. 10, S. 343–346.
234 Das Dekret vom 11. März 1728, mit dem August der Starke die Landtagsordnung in Kraft setzte, findet sich in SächsHStA Dresden, 10015, Nr. A 81: Landtag 1728, Bl. 576 f. Zuerst gedruckt wurde die Landtag= und Ausschuß=Tags=Ordnung. Welchergestalt es bey allgemeinen Land und Ausschuß=Tägen in dem Churfürstenthum Sachsen zu halten. In: Fortgesetzter Codex Augusteus von 1772, Sp. 31–44. Zur Landtagsordnung vgl. Flügel: Anatomie einer Ritterkurie, wie Einleitung, Anm. 10, S. 98–132.; Matzerath: Die kursächsische Landtagsordnung von 1728, wie oben, Anm. 119, S. 56–62.
235 Vgl. Flügel: Anatomie einer Ritterkurie, wie Einleitung, Anm. 10, S. 98.
236 Vgl. Landtag= und Ausschuß=Tags=Ordnung, wie oben, Anm. 234, Sp. 31, § I. Convocation.
237 Zu dem Prälaten, Grafen und Herren sowie ihrer Rangordnung vgl. Matzerath: Mitglieder der (kur-)sächsischen Landstände 1694 bis 1749, wie oben, Anm. 181, S. 16 f.; Denk/Matzerath: Dresdner Parlamente, wie Einleitung, Anm. 5, S. 48.
238 Zu den Nichtadligen Personen, den Adligen ohne sechzehnfache Ahnenprobe, vgl. Landtag= und Ausschuß=Tags=Ordnung, wie oben, Anm. 234, Sp. 41, § XXXII. Zur lutherischen Konfession vgl. ebd., Sp. 41, § XXXVII. Zu verurteilten Straftätern und Bankrotteuren vgl. Sp. 41 f., § XXXVIII.
239 Vgl. Matzerath: „bekömmt nichts, weil es eine Frau ist", wie oben, Anm. 118, S. 46–51.
240 Vgl. hierzu Landtag= und Ausschuß=Tags=Ordnung, wie oben, Anm. 234, Sp. 41, § XXXIII.
241 Vgl. ebd. zu den Altschriftsassen Sp. 31, § 2.; zu den Amtssassen Sp. 31, § III.; zu den Neuschriftsassen Sp. 42, § XXXIX. Zur Schrift- und Amtssässigkeit vgl. Flügel: Anatomie einer Ritterkurie, wie Einleitung, Anm. 10, S. 73 f.
242 Vgl. Landtag= und Ausschuß=Tags=Ordnung, wie oben, Anm. 234, Sp. 32, § IV. Bis zum Ende des 18. Jahrhunderts wuchs in Kursachsen die Zahl der landtagsfähigen Städte auf 128. Vgl. von Römer, Carl Heinrich: Staatsrecht und Statistik des Churfürstenthums Sachsen und der dabey befindlichen Lande, Dritter Teil, Wittenberg 1792, S. 17 f.
243 Vgl. Matzerath: Mitglieder der (kur-)sächsischen Landstände 1694 bis 1749, wie oben, Anm. 181, S. 230.
244 Vgl. Landtag= und Ausschuß=Tags=Ordnung, wie oben, Anm. 234, Sp. 32 f., § V.
245 Vgl. ebd., Sp. 33, § VI.
246 Zur Praxis des Prozederes bei Landtagsgottesdiensten vgl. Denk/Matzerath: Dresdner Parlamente, wie Einleitung, Anm. 5, S. 38–41.
247 Vgl. Landtag= und Ausschuß=Tags=Ordnung, wie oben, Anm. 234, Sp. 32 f., § V.
248 Zur Praxis des Prozederes bei Propositionen im Dresdner Schloss vgl. für den Landtag 1731 Matzerath, Josef: August der Starke empfängt den sächsischen Landtag. Kursachsens Stände im Dresdner Residenzschloss. In: Ders.: Ständeversammlungen des 17. und frühen 18. Jahrhunderts, wie oben, Anm. 107, S. 68–70, und für die Spätzeit der kursächsischen Ständeversammlung Denk/Matzerath: Dresdner Parlamente, wie Einleitung, Anm. 5, S. 41–46.
249 Vgl. Flügel: Anatomie einer Ritterkurie, wie Einleitung, Anm. 10, S. 436 f.; zur Rolle des Fürsten nach frühneuzeitlichem Verständnis vgl. ebd., S. 429–432.
250 Landtag= und Ausschuß=Tags=Ordnung, wie oben, Anm. 234, Sp. 34, § XI. Vgl. hierzu auch Flügel: Anatomie einer Ritterkurie, wie Einleitung, Anm. 10, S. 106.
251 Vgl. Wabst, Christian Gottlob: Historische Nachricht von des Churfürstenthums Sachsen und derer dazu gehörigen Lande jetziger Verfassung der hohen und niedern Justiz, aus authentischen Urkunden abgefasset, Leipzig 1732. S. 5 f.
252 Vgl. Landtag= und Ausschuß=Tags=Ordnung, wie oben, Anm. 234, Sp. 34, § X.
253 Zu den Tagesorten der kursächsischen Landtage in Dresden 1631–1769 vgl. Denk/Matzerath: Dresdner Parlamente, wie Einleitung, Anm. 5 S. 21–27.
254 Vgl. ebd., S. 47 f. und 50.

255 Vgl. ebd., S. 48–50
256 Vgl. ebd., S. 49 f.
257 Vgl. Landtag= und Ausschuß=Tags=Ordnung, wie oben, Anm. 234, Sp. 35, § 12 und Sp. 37, § XVII.
258 Vgl. ebd., Sp. 36 f., § 15.
259 Vgl. von Römer: Staatsrecht und Statistik, wie oben, Anm. 242, S. 22, § 22.
260 Dieses Amt war in der Familie von Löser erblich. Vermochte das Adelsgeschlecht keinen erwachsenen Mann zur Verfügung stellen, der mit dieser Aufgabe betraut werden konnte, stand dem Landesherrn frei, einen Amtsverweser einzusetzen. Der Erbmarschall bzw. Erbmarschallamtsverweser leitete die Sitzungen des Engeren Ausschusses der Ritterschaft, stand an der Spitzenposition der ständischen Obersteuereinnehmer ein und bewahrte das Archiv der Ständeversammlung auf. Zum Amt des Erbmarschalls vgl. Flügel: Anatomie einer Ritterkurie, wie Einleitung, Anm. 10, S. 115 f.
261 Vgl. Landtag= und Ausschuß=Tags=Ordnung, wie oben, Anm. 234, Sp. 35, § 12.
262 Vgl. ebd., Sp. 35, § 13, und Sp. 37, § XVII. Zur Wahl in den Weiteren Ausschuss der Ritterschaft ohne vorherige Landtagsteilnahme beim Landtag 1742 vgl. Flügel: Anatomie einer Ritterkurie, wie Einleitung, Anm. 10, S. 350 f.
263 Vgl. Landtag= und Ausschuß=Tags=Ordnung, wie oben, Anm. 234, Sp. 37, § XVI.
264 1731: 205 Personen; 1734: 185 Personen; 1737: 184 Personen; 1742: 158 Personen, 1746: 150 Personen; 1749: 115 Personen. Vgl. Flügel: Anatomie einer Ritterkurie, wie Einleitung, Anm. 10, S. 202. Zu den Gründen für den Rückgang der Teilnehmerzahlen vgl. ebd., S 148 f.
265 Vgl. ebd., S. 149. Zur Gesamtzahl der Rittergüter vgl. ebd., S. 75. Eine Liste der kursächsischen Rittergüter findet sich Matzerath: Mitglieder der (kur-)sächsischen Landstände 1694 bis 1749, wie oben, Anm. 181, S. 40–61.
266 1731: 67 Personen; 1734: 59 Personen; 1737: 64 Personen; 1742: 58 Personen, 1746: 52 Personen; 1749: 46 Personen. Vgl. Flügel: Anatomie einer Ritterkurie, wie Einleitung, Anm. 10, S. 202.
267 Vgl. ebd., S. 423 f.
268 Vgl. Denk/Matzerath: Dresdner Parlamente, wie Einleitung, Anm. 5, S. 18; Matzerath: Mitglieder der (kur-)sächsischen Landstände 1694 bis 1749, wie oben, Anm. 181, S. 230 f.
269 Vgl. Landtag= und Ausschuß=Tags=Ordnung, wie oben, Anm. 234, Sp. 32, § 4: Entsenden von städtischen Deputierten und Sp. 37, § XIX: Direktorium der Stadt Leipzig.
270 Vgl. ebd., Sp. 38, § 20.
271 Daniel Gottfried Schreber: Ausführliche Nachricht von Land- und Auschußtägen, Halle 1769, S. 35 f., hat als Themen kursächsischer Ständeversammlungen benannt: „1. den wahren Gottesdienst, 2. Erhaltung des Ministerii, der Kirchen, Academien und Schulen, 3. Gute Gesetze und Ordnungen, 4. Christliche Policey, 5. Handlungen des Rechts und der Gerechtigkeit, 6. Mildthätigkeit gegen die Armen, 7. Erhaltung des allgemeinen Friedens und Abwendung aller von außen androhenden Kriegsgefahr. 8. Contributiones, Steuern und andere Anlagen, 9. Das Münzwesen, Manufacturen, Commercien und dergleichen". Die dritte erweiterte Ausgabe desselben Buches, die 1793 in Dresden erschienen ist, ergänzte noch: „10. Die hohe Person des Landesherrn, dessen Familie, gesammte Hofhaltung und Bediente, auch ganze Regierung, sodann 11. der Ritterschaft, und 12. der Städte Angelegenheiten." Vgl. ebd., S. 43 f.
272 Vgl. Flügel: Anatomie einer Ritterkurie, wie Einleitung, Anm. 10, S. 428 f. und 444.
273 Vgl. Landtag= und Ausschuß=Tags=Ordnung, wie oben, Anm. 234, Sp. 38 f., § XXI.
274 Vgl. Denk/Matzerath: Dresdner Parlamente, wie Einleitung, Anm. 5, S. 207, Anm. 48.
275 Vgl. Landtag= und Ausschuß=Tags=Ordnung, wie oben, Anm. 234, Sp. 38 f., § XXI.
276 Vgl. Flügel: Anatomie einer Ritterkurie, wie Einleitung, Anm. 10, S. 107.
277 Vgl. Landtag= und Ausschuß=Tags=Ordnung, wie oben, Anm. 234, Sp. 39, §§ XXIII.–XXV.
278 Vgl. ebd., Sp. 39 f., § XXVI.
279 Vgl. ebd., Sp. 40, § XXVII.
280 Vgl. ebd., § XXVII. und XXVIII.
281 Vgl. ebd., Sp. 41–44, §§ XXXI.–XXXVI. und Anhang A–C.

282 Zur Tagungsfrequenz vgl. Günther, Britta/Krüger, Nina: Landtage, Ausschusstage und freiwillige Zusammenkünfte 1438–1831. In: Groß, Reiner/Günther, Britta/Krüger, Nina/Wißuwa, Renate (Hg.): Landtage in Sachsen 1438–1831, Chemnitz 2000, S. 85–111.
283 Vgl. von Witzleben: Verfassung, wie Einleitung, Anm. 1, S. 91.
284 Schirmer: Wirtschaftspolitik und Bevölkerungswachstum in Kursachsen (1648–1756), wie oben, Anm. 153, S. 139 und 154 f.
285 Vgl. Weiße: Neueste Geschichte des Königreichs Sachsen, 2. Bd., wie oben, Anm. 167, S. 163–169. Zuletzt hat Militärkosten und Großmachtambitionen als Schuldenursache benannt Metasch, Frank: Auf dem Weg in den Bankrott. Die sächsischen Staatsschulden unter Heinrich Graf von Brühl. In: Koch, Ute C./Ruggero, Cristina (Hg.): Heinrich Graf von Brühl. Ein sächsischer Mäzen in Europa – Akten der internationalen Tagung zum 250. Todesjahr, Dresden 2017, S. 35–37 und 45 f.
286 Vgl. Weiße: Neueste Geschichte des Königreichs Sachsen, 2. Bd., wie oben, Anm. 167, S. 17.
287 Es handelte sich 1742 u. a. um Quatember- und eine Pfennigsteuern. Die Quatembersteuer war eine Kopf- und Gewerbesteuer, von der allerdings Rittergutsbesitzer, Geistliche, Universitätsprofessoren etc. ausgenommen waren. Pfennigsteuer wurde zusätzlich zur regelmäßig erhobenen Landsteuer nur außerordentlich auf Immobilien gelegt. Vgl. hierzu Krüger: Landesherr und Landstände in Kursachsen, wie oben, Anm. 112, S. 171–174.
288 Vgl. Weiße: Neueste Geschichte des Königreichs Sachsen, 2. Bd., wie oben, Anm. 167, S. 170–177. Zu weiteren Überlegungen, die Finanzsituation durch Ausgabenminderung, -disziplin, Verpachtung der Generalkonsumtionsakzise, ein Tabakmonopol und eine Lotterie aufzubessern vgl. ebd., S. 175 und 177–182. Zum Ertrag der Steuern und den Einkünften der kurfürstlichen Kasse im Jahr 1755 vgl. Däbritz, Walther: Die Staatsschulden Sachsens in der Zeit von 1763 bis 1837, Diss. Leipzig 1906, S. 37.
289 Vgl. Metasch: Auf dem Weg in den Bankrott, wie oben, Anm. 285, S. 40.
290 Vgl. ebd., S. 35–37.
291 Zum Staatshaushalt 1774 vgl. Schlechte, Horst: Die Staatsreform in Kursachsen 1762–1763, Berlin 1958, S. 119; zur vergleichbar hohen Steuerbelastung vgl. Metasch: Auf dem Weg in den Bankrott, wie oben, Anm. 285, S. 45.
292 Landtag von 1749, SächsHStA Dresden, 10015, Sächsische Landstände, A 90, Bl. 126–135 und Verzeichniß von den sämtlichen bey dem allgemeinen Landtage zu Dresden … 1763 versammelt gewesenen Herren Ständen …, Frankfurt und Leipzig 1763.
293 Vgl. Rößler, Hellmuth: Brühl, Heinrich Graf von. In: Neue Deutsche Biographie 2, 1955, S. 660–662.
294 Vgl. Ulbricht, Gunda: Finanzgeschichte Sachsens im Übergang zum konstitutionellen Staat (1763–1843), St. Katharinen 2001, S. 13, Anm. 41.
295 Zur zeitlichen Abfolge der Ereignisse vgl. Matzerath, Josef: „Pflicht ohne Eigennutz" – Staat, Adel und Bürgertum im kursächsischen Rétablissement. In: Neues Archiv für sächsische Geschichte 66., 1995, S. 159 f.
296 Vgl. hierzu Matzerath, Josef: Landtag, Landeswohl und Lotterie mit Staatsanleihen. Der kursächsische Landtag des Jahres 1763. In: Ders.: Aspekte sächsischer Landtagsgeschichte. Die Spätzeit der sächsischen Ständeversammlung (1763–1831), Dresden 2006, S. 16 f.
297 Zur allgemein höheren Kreditwürdigkeit von Landständen gegenüber Fürsten vgl. Vierhaus, Rudolf: Staaten und Stände. Vom Westfälischen bis zum Hubertusburger Frieden 1648 bis 1763, Berlin 1984, S. 110. Auch für Sachsen geht der Vortrag der Restaurationskommission vom 7. Januar 1763 von einem engen Zusammenhang des Staatskredits und Landtagsbeschlüssen aus. Vgl. Schlechte, Horst: Die Staatsreform in Kursachsen 1762–1763, Berlin 1958, S. 393.
298 Verzeichniß von sämtlichen bey dem allgemeinen Landtage zu Dresden … 1763 versammelt gewesenen Herren Ständen, Frankfurt und Leipzig 1763. Darüberhinaus finden sich folgende gedruckte Verzeichnisse: Tabellen derer gesamten Herren Stände von Ritterschaft und Städten bey dem Land-Tage zu Dresden … 1766 [1769, 1775, 1777], [Dresden 1766–1777]; Tabellen derer gesamten Herren Stände von Ritterschaft und Städten bey dem Ausschuß-Tage zu Dres-

den ... 1778, [Dresden 1778]; Die gesamten Herren Stände von Ritterschaft und Städten bey dem Landtage zu Dresden 1781. In: Miscellanea Saxonica XV, 1781, S. 50–91; Milhauser, Johann August: Tabellen derer gesamten Herren Stände von Ritterschaft und Städten bey dem Landtage zu Dresden 1787 ... [1793, 1799], [Dresden 1787–1799]; Verzeichniß der gesamten Herren Stände bey dem Ausschußtage zu Dresden den 29. Decbr. 1805 [10. May 1807, 15. Sept. 1812] gefertigt bey der landschaftlichen Canzley, [Dresden 1805–1812]; Verzeichniß sämmtlicher Herren Stände bei dem Landtage zu Dresden 1811 [1817, 1820] Gefertigt bei der landschaftlichen Canzley, [Dresden 1811–1820]; Verzeichniß sämtlicher Herren Stände bei dem Landtage zu Dresden im Jahre 1824 [1830, 1831], [Dresden 1824–1831]. – Bereits für 1722 findet sich erstmals der Abdruck einer Liste von Landtagsteilnehmern: Nachrichten von denen chur-sächsischen ... Land-Tägen und wieviel Personen bey itzigen Anno 1722 in Dresden gehaltenem Land-Tage erschienen: Kern-Chronicon I (1722), 1/2 Paquet. S. 99–110, 131–133 und 147. Allerdings besitzt die Veröffentlichung in einer Zeitung und dort über mehrere Ausgaben verteilt, einen weniger offiziellen Charakter als ihn die 1763 bis 1805 in der kurfürstlichen Hofdruckerei hergestellten Listen haben. Für 1781 liegt jedoch ausnahmsweise ein Druck des Ständeverzeichnisses in einer Zeitschrift vor. Doch widerspricht das nicht der Regel. Als mit dem Ausschußtag vom Dezember 1805 bis 1820 Carl Gottlob Gärtner den Druck des Verzeichnisses übernahm, vermerkte er kontinuierlich auf dem Titelblatt, das Verzeichnis sei „gefertigt bey der landschaftlichen Canzley". Erst nachdem der Druck 1824 an den „Hofdrucker C.C. Meinhold und Söhne" gegangen war, fiel dieser Zusatz wieder weg.

299 Vgl. Ulbricht: Finanzgeschichte Sachsens, wie oben, Anm. 294, S. 42– 44. Ulbricht sieht die Staatsschulden der Erblande als verrechtlicht, zentralisiert, unifiziert und fundiert sowie auf dem Weg zur Kommerzialisierung. Allerdings konnten die Steuer- und Kammerschulden aus reichsrechtlichen Gründen noch nicht zusammengefasst werden und die Nebenlande (Ober- und Niederlausitz sowie die Standesherrschaften) waren noch nicht mit einbezogen.
300 Vgl. Denk/Matzerath: Dresdner Parlamente, wie Einleitung, Anm. 5, S. 29 f.
301 Zur Debatte um die „ständische Renaissance" des späten 18. Jahrhunderts und ihr angeblich zukunftsweisendes Potenzial vgl. Stollberg-Rilinger: Vormünder des Volkes?, wie Einleitung, Anm. 10, S. 19 f.
302 Zum Rétablissement vgl. Matzerath: „Pflicht ohne Eigennutz", wie oben, Anm. 295, S. 175–182.
303 SächsHStA Dresden, Loc. 6527, Die von den Ständen allhier versammelt gewesenen Ständen von Ritterschaft und Städten zu Erneuerung und Verbesserung der im Jahre 1735 ins Land publicirten Gesinde=Ordnung gethane Vorschläge, betr. Vol. I., Bl. 2 f. und 7: Vorstellung der Ritterschaft und Städte vom 25. Oktober 1763. Eine noch detailliertere Schilderung der Konkurrenz, die Ritterschaft und Städte mit ständischen Argumenten um die ländlichen Arbeitskräfte austrugen, findet sich in einem Kommissionsbericht an den Landesherrn vom 28. Juli 1769, ebd., Bl. 56–64.
304 Vgl. Mandat, Daß alle Personen, so vom Bauernstande herkommen, ehe sie Handwerke erlernen, vier Jahre bey der Landwirtschaft dienen sollen; d.d. 6. Nov. 1766. In: Fortgesetzter Codex Augusteus, 1. Abteilung, Leipzig 1772, Sp. 915–918.
305 Zu den Landtagsdebatten über den Gesindezwangsdienst vgl. Matzerath, Josef: „Von früher Jugend an". Kursächsische Landtagsvoten zum Gesindezwangsdienst. In: Ders.: Umbrüche und Kontinuitäten sächsischer Landtagsgeschichte 1815–1870, Dresden 2001, S. 14–17.
306 Vgl. Schirmer, Uwe: Landwirtschaft und ländliche Gesellschaft in Sachsen zwischen 1720 und 1830. Bemerkungen zu Verfassung, Wirtschaft und Alltag. In: Ders. (Hg.): Sachsen 1763–1832. Zwischen Rétablissement und bürgerlichen Reformen, Beucha 1996, S. 163 und 168.
307 Vgl. Pohl, Hans: In Sachsen und im Rheinland – ein regionaler Vergleich. In: John, Uwe/Matzerath, Josef (Hg.): Landesgeschichte als Herausforderung und Programm. Festschrift zum 70. Geburtstag von Karlheinz Blaschke, Stuttgart 1997, S. 487; Kiesewetter, Hubert: Industrialisierung und Landwirtschaft. Sachsens Stellung im regionalen Industrialisierungsprozess Deutschlands im 19. Jahrhundert, Köln/Wien 1988, S. 10 f.
308 Vgl. Matzerath: Adelsprobe an der Moderne, wie oben, Anm. 116, S. 303 f. und 346–350.

309 SächsHStA Dresden, 10015, Sächsische Landstände, Nr. 103, Vol. IV., Bl. 1138–1178.
310 Vgl. Schubert: Fürstliche Herrschaft und Territorium, wie oben, Anm. 106, S. 96 f. Schubert hat diese Legitimationsstrategie bereits für die spätmittelalterlichen Stände angeführt und mit dem Hinweis verbunden, dass auch der Fürst das Land als Legitimation für seine Herrschaft nutzte. In der beginnenden Moderne nahmen neben den Parlamenten auch die Fürsten und vor allem vor deren staatliche Bürokratie für sich in Anspruch, die Interessen der Gesamtheit zu vertreten.
311 Zum Charakter Sachsens als Herrschaftskonglomerat noch am Beginn des 19. Jahrhunderts vgl. Matzerath, Josef: Kursachsen. In: Buchholz, Werner (Hg.): Das Ende der Frühen Neuzeit im „Dritten Deutschland". Bayern, Hannover, Mecklenburg, Pommern, das Rheinland und Sachsen im Vergleich (HZ Beihefte NF 37), München 2003, S. 137 f.
312 Vgl. Schmidt, Gerhard: Reformbestrebungen in Sachsen in den ersten Jahrzehnten des 19. Jahrhunderts, Leipzig 1969, S. 4 f. und 20.
313 Vgl. Vierhaus, Rudolf: Vom aufgeklärten Absolutismus zum monarchischen Konstitutionalismus. Der deutsche Adel im Spannungsfeld von Revolution, Reform und Restauration (1789–1848). In: Hohendahl, Peter Uwe/Lützeler, Paul Michael (Hg.): Legitimationskrisen des deutschen Adels 1200–1900, Stuttgart 1979, S. 121–123.
314 Vgl. Meyer, Rudolf: Der sächsische Landtag von 1811, Leipzig 1912, S. 30–43. Zur Rolle der kursächsischen Ständeversammlung als Kontinuitätsgarant in napoleonischer Zeit vgl. auch von Witzleben: Verfassung, wie Einleitung, Anm. 1, S. 8–13.
315 Vgl. Donath, Matthias: Wie Sachsen geteilt wurde. Die „sächsische Frage" auf dem Wiener Kongress. In: Richter, Birgit (Hg.): Der Wiener Kongress 1815 und die Folgen für Sachsen, Halle/Saale 2015, S. 21–31.
316 Vgl. Matzerath, Josef: Die Oberlausitzer in Sachsen. Die Integration der oberlausitzischen Ständeversammlung in den sächsischen Landtag. In: Neues Lausitzisches Magazin NF 3, 2000, S. 109–114; ders.: Die Eingliederung der Oberlausitz in die sächsische Ständeversammlung. In: Schmidt, Martin (Hg.): Sammeln – Erforschen – Bewahren. Zur Geschichte und Kultur der Oberlausitz (Neues Lausitzisches Magazin: Sonderheft Ernst-Heinz Lemper zum 75. Geburtstag), Hoyerswerda/Görlitz 1999, S. 293–302. Eine detaillierte Auflistung der Zugangsberechtigungen in den drei Landtagscopora vor und nach der Landesteilung findet sich in: Ders.: Aspekte sächsischer Landtagsgeschichte. Die Mitglieder der (kur-)sächsischen Landstände 1763 bis 1831, Dresden 2009, S. 23, 46–67 und 186–188.
317 Vgl. Ulbricht: Finanzgeschichte Sachsens, wie oben, Anm. 294, S. 114.
318 Vgl. Matzerath: Mitglieder der (kur-)sächsischen Landstände 1763 bis 1831, wie oben, Anm. 316, S. 45. Als nichtadliger Wahlstand gehörte Heinrich Blümer auf den Landtagen 1820/21, 1824 und 1830/31 der Ritterschaft an und stieg bis in den Engeren Ausschuss der Ritterschaft auf. Auf den Landtagen von 1805 bis 1817/18 hatte Blümer für die Stadt Leipzig im Corpus der Städte an Ständeversammlungen teilgenommen. Vgl. ebd., S. 42 f. und 74 f. Curt Robert Freiherr von Welck, dessen Vater nobilitiert worden war, nahm 1824 und 1830/31 an der Tafel der Allgemeinen Ritterschaft des Erzgebirges Platz. Vgl. ebd., S. 156 f.
319 Vgl. Matzerath: Adelsprobe an der Moderne, wie oben, Anm. 116, S. 262.
320 SächsHStA Dresden, 10015 Landtag, Nr. C 71, Protocoll, welches bey dem am, 19. October 1817. eröffneten allgemeinen Landtage, in den einstweilen vereinigten Engern und Weitern Ausschüssen Ew. Hochlöblicher Ritterschaft, von Endes unterschriebenen gehalten worden ist. Carl Wilhelm Schmieder als landschaftl. Secret., fol. 586–590, den 15. Juni 1818.
321 Vgl. Matzerath, Josef: „… von den Ständen, nicht als Repräsentanten". Der Sächsische Landtag bezuschusst den Schlossbau in Pillnitz. In: Ders.: Spätzeit der sächsischen Ständeversammlung (1763–1831), wie oben, Anm. 296, S. 58–64.
322 SächsHStA Dresden, Geheimes Konsilium, Loc. 6328: Landtagsakten, de Anno 1818, Bl. 99–102: Städtisches Votum, die Landtagsordnung betr., Die Publicität der Landtagsverhandlungen, Die Collegien der Städte, Dresden, am 22. Januar 1818, Punkt 3.
323 SächsHStA Dresden, 10026, Geheimes Kabinett, Loc. 2511, Bl. 1055–1059: Vortrag [der Allgemeinen Ritterschaft] an das Engere Ausschuß=Collegium der Ritterschaft, Landhauß Dresden,

am 17n. Januar 1821. Vgl. Matzerath, Josef: „Wenn sie auch nicht mehr ferner proprio jure hier sein konnten". Kontinuitäten ständischer Repräsentation im konstitutionellen Parlament am Beispiel des sächsischen Landtags. In: Gehrke, Roland (Hg.): Aufbrüche in die Moderne. Frühparlamentarismus zwischen altständischer Ordnung und modernem Konstitutionalismus. Schlesien – Deutschland – Mitteleuropa 1750–1850, Köln/Weimar/Wien 2005, S. 124–128.

324 Die Möglichkeit, dass die repräsentative Öffentlichkeit sich durch inneren Dissens der Herrschaftsstände auflöste, kalkuliert Habermas auch nicht in der überarbeiteten Ausgabe ein. Vgl. Habermas, Jürgen: Strukturwandel der Öffentlichkeit. Untersuchungen zu einer Kategorie der bürgerlichen Gesellschaft, Neuauflage Frankfurt a. M. 1990, (Vorwort) S. 12–21 und (§ 3) 69–85.

325 Zur „geschlossenen Öffentlichkeit" von Landtagsverhandlungen vgl. Matzerath, Josef: „das Land mit dem Wesentlichen der Landtags-Verhandlungen bekannt zu machen". Die Öffentlichkeit von frühneuzeitlichen Landtagen. In: Ders.: Spätzeit der sächsischen Ständeversammlung (1763–1831), wie oben, Anm. 296, S. 97 f.

326 Zur Entstehung der Öffentlichkeit im Umfeld der frühneuzeitlichen Landtage Sachsens vgl. ebd., S. 94–100. Zur Bedeutung der öffentlichen Debatte während des Landtags von 1793 vgl. Flügel, Axel: Bürgerliche Kritik und Landesrepräsentation. Die Ritterkurie des sächsischen Landtages im Jahre 1793. In: Geschichte und Gesellschaft, 23. Jg., 1997, S. 384–404; Behrendts, Wilhelm: Reformbestrebungen in Kursachsen im Zeitalter der französischen Revolution, Leipzig 1914, S. 71–109.

327 von Carlowitz, Albert: Adresse des sächsischen Volkes. In: Die Biene, 3. Jg., No. 46, 15. November 1829, S. 361–367; von Watzdorf, Otto: Über die Nothwendigkeit einer Veränderung der im Königreiche Sachsen dermalen bestehenden ständischen Verfassung, Hof 1830. Zu Albert von Carlowitz vgl.: Matzerath, Josef: Albert v. Carlowitz. Präsident der I. Kammer beim Landtag 1845/46. In: Ders. Aspekte sächsischer Landtagsgeschichte. Die Mitglieder und Wahlbezirke der sächsischen Landtage (1833 bis 1952), Teil I: 1833–1918, Dresden 2011, S. 13 f.; zu Otto von Watzdorf vgl. von Watzdorf: Geschichte des Geschlechts von Watzdorf, oben, wie Anm. 175, Nr. 538, S. 182–190.

328 Vgl. Matzerath: Mitglieder der (kur-)sächsischen Landstände 1763 bis 1831, wie oben, Anm. 316, S. 80 f. und 154 f.

329 Vgl. Matzerath, Josef: „Der Landtag spielt Kämmerchen". Adelsopposition gegen die Ständeversammlung. In: Ders.: Spätzeit der sächsischen Ständeversammlung (1763–1831), wie oben, Anm. 296, S. 72–75. Zum Verhältnis von Sozialformationen und gesellschaftlichen Funktionsapparaten (Parteien, Aktiengesellschaften, Kulturinstitutionen etc.) vgl. ders.: Adelsprobe an der Moderne, wie oben, Anm. 116, S. 20–22.

330 Vgl. Schmidt, Gerhard: Die Staatsreform in Sachsen in der ersten Hälfte des 19. Jahrhunderts. Eine Parallele zu den Steinschen Reformen in Preußen, Weimar 1966, S. 108.

331 Anders die lange Zeit breit rezipierte Polemik, die sächsischen Landstände seien das Zentrum der „politischen Erstarrung" gewesen, bei Heinrich von Treitschke: Deutsche Geschichte im 19. Jahrhundert, 3. Bd., Leipzig 1927, S. 474–504. Vgl. dazu auch Flügel: Bürgerliche Rittergüter, wie oben, Anm. 115, S. 180–209.

332 Vgl. Hoffmann, Andreas: Parteigänger im Vormärz. Weltanschauungsparteien im sächsischen Landtag 1833–1848, Ostfildern 2019, S. 33–37.

333 SächsHStA Dresden, Geheimes Archiv, Landtage und Ausschusstage, Loc. 14506: Landtag 1831. Fascicel. Den Landtags-Abschied von 1831 verbunden mit der Uebergabe der Verfassungsurkunde und dabey stattgefundenen Feierlichkeiten betr. 1831 1832. Vgl. auch Barth, Thomas/Matzerath, Josef: „… unter constitutionellem Beirath der Stände". Der Anteil der sächsischen Ständeversammlung am Wahlrecht von 1831. In: Matzerath: Spätzeit der sächsischen Ständeversammlung (1763–1831), wie oben, Anm. 296, S. 76–79. Zur Zeremonie im Dresdner Schloss vgl. Matzerath, Josef: „Letzte landständische Pflicht". Die Feier der sächsischen Verfassung des Jahres 1831. In: Ebd., S. 90–93. Zu den Änderungen, die der noch frühneuzeitlich konstituierte Landtag 1831 an der Verfassung vornahm vgl. Hoffmann: Parteigänger im Vormärz, wie oben, Anm. 332, S. 33–37. Den Kontrast zur Verfassungsgebung in

Bayern, Württemberg, Baden und Hessen betont von Witzleben: Verfassung, wie Einleitung, Anm. 1, S. 13–15.
334 Vgl. Matzerath: „Letzte landständische Pflicht", wie oben, Anm. 333, S. 91–93.
335 Vgl. Hammer, Michael: Volksbewegung und Obrigkeit. Revolution in Sachsen 1830/31, Weimar/Köln/Wien 1997, S. 463, 465 und 467–469.

III.

Varianten des Zweikammerparlaments im Königreich Sachsen 1833–1918

1833–1848: Von der konstitutionellen Verfassung zum Wahlrecht vom Dezember 1848

Von der Ständeversammlung zum Zweikammerparlament

Zwischen der Ständeversammlung der Jahre 1830/31, die sich weithin noch nach den Bestimmungen der Landtagsordnung von 1728 konstituierte, und dem ersten konstitutionellen Zweikammerparlament der Jahre 1833/34, wandelte sich der Charakter des sächsischen Landtags so offensichtlich und in so kurzer Zeit, wie es bis dahin noch nicht geschehen war. Die Zusammensetzung des Parlaments, seine Tagungsweise, seine Kompetenzen und der Modus, nach dem Parlamentarier sich zurechnen konnten, für die Einwohner Sachsens zu sprechen, veränderten sich. Dennoch wurde der Name „Ständeversammlung" beibehalten. Auch der Anspruch, das Land zu repräsentieren, blieb bestehen und wurde nun sogar durch die Konstitution festgeschrieben. Die Verfassung des Jahres 1831 legte im Abschnitt über die „Wirksamkeit der Stände" in Paragraph 78 fest: „Die Stände sind das gesetzmäßige Organ der Staatsbürger und Unterthanen, und als solches berufen, deren auf der Verfassung beruhenden Rechte […] geltend zu machen."[1]

Kontinuitäten zwischen einer frühneuzeitlichen Ständeversammlung und einem konstitutionellen Parlament des frühen 19. Jahrhunderts waren deutschen Forschern bis zum Ende der Monarchie bedeutsam, um die politischen Konstellationen ihrer Gegenwart zu rechtfertigen und insbesondere das Kaiserreich als Zielpunkt deutscher Geschichte zu charakterisieren. Es galt selbst gegen widersprechende Befunde, das Regieren der Dynastien und die Existenz von Parlamenten durch eine angeblich ununterbrochene Staatstradition bis ins Mittelalter zurückzuführen. Nach 1945 haben Juristen und Historiker die konstitutionelle Monarchie als Übergang bzw. überflüssigen Umweg von der Souveränität des Fürsten zur Volkssouveränität gedeutet. Die Stände wurden jetzt als Vorläufer des modernen Parlamentarismus interpretiert, um die Demokratiefähigkeit der Deutschen schon in der Vormoderne aufzuspüren.[2] Gegen diese Instrumentalisierung verweisen neuere Forschungen darauf, dass der Übergang von einer alteuropäischen Sozialordnung, deren Ungleichheit nach Ständen stratifiziert war, zu einer modernen Gesellschaft der fundamentale Bruch gewesen sei, der dem Umbau des sächsischen Landtags zwischen 1831 und 1833 zugrunde liege. Aus der Perspektive der heutigen repräsentativen parlamentarischen Demokratie müsse daher das fremdartige Funktionieren einer Ständeversammlung Alteuropas durch ein Verständnis der Vormoderne erst allgemein erschlossen werden.[3] Diese Argumentation stützt, dass unter den Rahmenbedingungen der Frühen Neuzeit z. B. Landtagsmitglieder zumeist keine Abgeordneten waren, dass sie keinen politisch-weltanschaulichen Parteien angehörten, nicht für deren Programme standen und keinem Zeitregime von Wahlperioden unterlagen. Der Vorbehalt, die frühneuzeitlichen Ständeversammlungen könnten nur vor dem Hintergrund einer uns heute fremd gewordenen Welt verstanden werden, gilt allerdings auch gegenüber den Varianten der konstitutionellen Parlamente bis zum Ende der Monarchie. Während dieser Zeit war es unter anderem den regierenden Fürsten gestattet, die Minister zu ernennen, Parteizugehörigkeiten in der Ersten Kammer des sächsischen Landtags blieben ebenso unüblich wie andererseits die Mitgliedschaft auf Lebens- oder Amtszeit im Oberhaus[4] gängig war. Für die Zweite Kammer galt bis 1918 kein allgemeines Wahlrecht. Frauen durften überhaupt nicht wählen. Zäsuren sind auch in der Moderne nicht nur für die Politik, sondern auch für andere Lebensbereiche, etwa durch die Ernährungsrevolution des späten 19. Jahrhundert, den Massenkonsum in der Bundesrepublik und DDR seit den 1950er bzw. 1960er Jahren oder die noch junge digitale Kommunikation zu konstatieren. Daher bleibt fraglich, ob aus dem Rückblick des beginnenden 21. Jahrhunderts der Übergang von der Frühen Neuzeit in die beginnende Moderne als der epochale Wandel konzipiert werden sollte, der eine Welt, die heutigen Zeitgenossen unmittelbar zugänglich ist, von einer historischen Wirklichkeit trennt, zu der die Verständniszugänge vielfach abgebrochen sind.[5]

Das Ende der Monarchie hat schon 1918 den Rechtfertigungszwang für den Konstitutionalismus aufgehoben. Nachdem der Parlamentarismus in der Bundesrepublik Deutschland mehr als sieben Jahrzehnte erfolgreich war und sich vor etwa 30 Jahren auf die neuen Bundesländer übertragen hat, besteht auch keine Veranlassung mehr, die Geschichte von frühneuzeitlichen Ständeversammlungen oder konstitutionellen Reichs- oder Landtagen als Legitimation für heutige Parlamente zu nutzen. Von der lokalen bis zur europäischen Ebene müssen sich die gewählten Volksvertretungen der Gegenwart vor allem durch ihre Politik bewähren. Kontinuitäten zwischen den sächsischen Landtagen von 1830/31 und 1833/34 können daher analysiert werden, ohne Deutungsmuster zu evozieren, die Historiker des letzten und vorletzten Jahrhunderts mit ihrer Forschung belegen wollten.

Einen wesentlichen Schritt zum Verständnis von Kontinuität und Wandel bedeutet es, den Übergang von der Frühen Neuzeit zur Moderne von den Implikationen eines Wechsels von der Stände- zur Klassengesellschaft oder auch vom Ancien Régime zur bürgerlichen Gesellschaft zu befreien. Sowohl diese Denkmodelle, die den Epochenwandel in Kategorien der sozialen Ungleichheit fassen, wie auch Konzepte der sozialen Ungleichartigkeit, die Gesellschaften des 19. und 20. Jahrhunderts wesentlich von zunehmender Arbeitsteilung und Rollendifferenzierung geprägt sehen, erklären den Epochenübergang von der Frühen Neuzeit zur Moderne so, dass sie den Raum für historiografische Analysen teilweise verstellen. Denn beide finden keinen Platz für traditionale Sozialformationen, die von der Frühen Neuzeit in die Moderne hinein fortexistierten.[6] Das Verhältnis des Adels, der in der Moderne als Gruppe erhalten blieb, zu den im Landtag repräsentierten Rittergutsbesitzern bedarf einer grundlegenderen Klärung, als nur von einem unzeitgemäßen Überhang aus einer früheren in eine spätere Epoche auszugehen.

Um die historische Erkenntnismöglichkeit nicht mit den Konsequenzen zu stark prädisponierender Theorien einzuengen, empfiehlt es sich, auf eine weithin offen gehaltene Beschreibung des Epochenumbruchs zu rekurrieren. Mit Karl-Siegbert Rehberg kann man z. B. von einer bereits in vormoderner Zeit bestehenden Konkurrenz sozialer Teilordnungen ausgehen. Diese Teilordnungen sieht Rehberg durch „legitimatorische Klammern", etwa Religion und Monarchie zusammengehalten. Daher liegt das Neue der Moderne nach Rehberg nicht in einer erstmaligen Uneinheitlichkeit, sondern in der Legitimität der Pluralisierung und im Verzicht auf explizite Letztbegründungen. Dass die moderne Welt sich trotz aller Heterogenitätszunahme nicht in Partikularismen auflöste, wird von Rehberg auf eine gleichzeitig steigende Vereinheitlichung zurückgeführt, die das Resultat infrastruktureller Angleichungsprozesse darstellt.[7]

Die vielfältige Textur der Moderne bot nicht nur den Einzelnen die Gelegenheit, aus der simultanen Integration in unterschiedliche soziale Bereiche Individualität zu konstituieren.[8] Auch die Sozialformationen wandelten in einer pluralen, nicht mehr hierarchisch auf ein alleiniges Zentrum ausgerichteten Gesellschaft ihre Funktionen. Sie erklären sich nicht mehr wesentlich aus gesellschaftlichen Aufgabenfeldern, denen sie frühneuzeitlich aufgrund standspezifischer Nahrung und Ehre zugeordnet waren, sondern gaben diese „Zuständigkeiten" mehr und mehr an gesellschaftliche Funktionsapparate (Bürokratien, Parteien, Aktiengesellschaften, Kulturinstitutionen etc.) ab.[9] Das historisch-kontingente Auseinandertreten von Sozialformation und gesellschaftlichem Aufgabenfeld war das entscheidende Movens der Epochentransformation des frühen 19. Jahrhunderts. In der Geschichte der sächsischen Landtage lässt sich dies für die Ablösung der Sozialformation des Adels von ihrer tradierten Funktion im Corpus der Ritterschaft auf charakteristische Weise aufzeigen.

Von den 22 Rittergutsbesitzern der Ersten Kammer waren beim Landtag 1833/34 18 Personen oder 82 Prozent bereits vor der konstitutionellen Verfassung Landstände gewesen. In der Zweiten Kammer hatten beim selben Landtag von den 20 Rittergutbesitzern bereits 13 Personen oder 65 Prozent in der Ständeversammlung gesessen.[10] Diese hohe Personalkontinuität verdeckt den Wandel aber nur. Denn die konstitutionellen Landtage boten der Gesamtheit der stiftsfähigen lutherischen Rittergutsbesitzer nicht mehr die Chance, als Gruppe über mehrere Monate im Parlament zusammenzukommen. Statt der persönlich Berechtigten kamen nur noch deren Vertreter. Unter den Bedingungen der frühneuzeitlichen Ständeversammlung erarbeitete die Ritterschaft eine eigene Position, um sie dann mit der der Städte auf einen Nenner zu bringen.[11] In den frühen konstitutionellen Parlamenten hingegen herrschte bekanntlich eine Phobie vor Fraktionierung nach Gruppeninteressen. Deshalb brachten die Vertreter der Rittergutsbesitzer nun nicht mehr eine zuvor untereinander abgestimmte Position ihrer Gruppe in die Debatte ein. Die Redner argumentierten durchweg mit dem Interesse der Gesamtgesellschaft. Das Prozedere der Ausschussgremien (Deputationen) und der beiden Plena (Kammern) waren darauf angelegt, zum Wohl der Gesamtgesellschaft Konsens zu stiften. Die Rittergutsbesitzer des konstitutionellen Parlaments konnten keine Privilegien für den Adel mehr fordern, wie das zuvor üblich gewesen war, sondern sie hatten als Vertreter der adligen und bürgerlichen Rittergutsbesitzer das Wohl aller zu bedenken.

Weil diese neue Aufgabe beim Landtag 1833/34 auf den Plätzen der Rittergutsbesitzer vorwiegend Adligen zufiel, die zuvor schon der Ritterschaft der frühneuzeitlichen Ständeversammlung angehört hatten, löste sich das Mitwirkungsrecht des Adels behutsam von der Sozialformation ab. Von einem frühneuzeitlichen Recht des stiftsfähigen Adels, ein Kondominat in der Landespolitik auszuüben, wie es bis 1831 bestand, reduzierte sich die Möglichkeit darauf, in den Kammern des konstitutionellen Landtags die Zugehörigkeit zum Adel sichtbar zu machen. Man hatte der Ritterschaft der Ständeversammlung angehört und war nun Kammermitglied. Adlige Rittergutsbesitzer konnten darauf verweisen, dass sie im Parlament ihre Standeszugehörigkeit auf einem traditionellen Tätigkeitsfeld ihrer gesellschaftlichen Gruppe inszenierten. Damit wurde die Bedeutung, ob jemand zum Adel gehörte oder nicht, darauf begrenzt, welche Ansicht ein adliges Landtagsmitglied mit Rittergutsbesitz über sich selbst hatte. Die Legitimation adliger Parlamentarier im Übergang zur konstitutionellen Monarchie wurde daher nicht rationaler, wohl aber individueller und rechtlich unverbindlich.[12]

Im weltanschaulichen Spektrum, das sich während des Vormärz im sächsischen Landtag herausbildete, positionierten sich adlige Rittergutsbesitzer unterschiedlich. Dementsprechend fanden sie sich später in verschiedenen politischen Vereinen bzw. Parteien wieder, die allesamt nicht als Interessenvertretungen des Adels angesehen werden können.[13]

Für eine Transformation mit Kontinuitätskomponenten und gegen eine unüberwindliche Zäsur zwischen den Landtagen 1830/31 und 1833/34 spricht auch ein weiterer Befund. Schaut man nicht auf den fachwissenschaftlichen Diskurs der Juristen und Historiker, der sich darum bemühte, Kontinuitäten der konstitutionellen Monarchie bis ins Mittelalter nachzuweisen, sondern auf die Argumentation, die Parlamentarier und Regierung im sächsischen Landtag vortrugen, war der Übergang von der Ständeversammlung zum Zweikammerparlament nicht durch Staatskontinuität über ein Jahrtausend garantiert.

Welche Funktion dem konstitutionellen Zweikammerparlament bei seiner Entstehung zugedacht war, debattierte der Landtag im Frühjahr 1868, als das Wahlrecht für die Zweite Kammer geändert werden sollte. Curt Ernst von Posern, ein streng konservativer[14] oberlausitzischer Rittergutsbesitzer, der als Klostervogt von Marienstern dem sächsischen Oberhaus angehörte, berief sich darauf, er sei dabei gewesen, als die Ständeversammlung im Jahr 1831 mit der Krone die Verfassung ausgehandelt habe. Beide Teile seien damals davon ausgegangen, dass die Verfassung „bis auf die spätesten Zeiten [...] Geltung haben werde". Vor 37 Jahren hätten „die Ritterschaft und Städte ihre großen Vorrechte [aufgegeben], weil sie, wenn auch nicht mehr proprio jure hier [d. h. im Landtag] sein könnten, sie doch durch von ihnen gewählte Abgeordnete in der Ersten Kammer, wie in der Zweiten Kammer so und so viele Stimmen haben sollten".[15] Der Redner berief sich somit auf eine konsentierte Verfassung, die den zuvor in der Ständeversammlung vertretenen Führungsformationen eine

Kontinuität der Landtagsteilhabe garantiere, und forderte von der Regierung Vertragstreue.

Auch die sächsische Regierung verwies, als sie am 23. März 1868 das neue Wahlgesetz in der Zweiten Kammer einbrachte, in der Begründung des Gesetzes auf den Nutzen der Kontinuitätsbehauptung von der Ständeversammlung zum konstitutionellen Landtag: Die bisherige Zweite Kammer habe bereits „mehr die Eigenschaft einer Interessenvertretung, als einer Vertretung nach Ständen" gehabt. Demnach verschleiere der Name „S t ä n d e versammlung", den der sächsische Landtag auch nach der Verfassung von 1831 beibehielt, den wirklichen Charakter des Parlaments. Dies sei aber, so erklärte die Regierung, zunächst dem Arbeitsfeld des Landtags äußerst dienlich gewesen. Die Aufgabe des Parlaments habe doch anfänglich darin bestanden, „mannichfache Privilegien und Beschränkungen" zu beseitigen und „vielfach widerstrebende Interessen" zu vereinigen.[16] In sozialhistorische Terminologie übersetzt meint das, die frühneuzeitliche Gesellschaft zu dekorporieren, sei mit einer Kontinuitätsfiktion leichter möglich gewesen. Das Parlament zu transformieren und in die Arbeit der beiden Kammern bisherige Führungsformationen nach verändertem Modus weiterhin einzubinden, nutzte aus dieser Sichtweise der Freisetzung der Gesellschaft aus frühneuzeitlichen Strukturen.

Obwohl die sächsische Regierung anders als von Posern für eine Veränderung des Wahlrechts der Zweiten Kammer eintrat, gingen doch beide beim Übergang der Landtage von 1830/31 zu 1833/34 von Kontinuitäten aus. Das konstitutionelle Zweikammerparlament, das sich nach der Verfassung von 1831 konstituierte, stiftete somit zeichenhaft eine Einheit, die unter gewandelten Bedingungen die Vertretung des Ganzen ermöglichte. Selbstverständlich blieben mögliche andere Konzeptionierungen gesellschaftlicher Ordnung und parlamentarischer Vertretung denkbar, wurden aber ausgeschlossen.

Das Motiv der Ständeversammlung, auf Veränderungen zu drängen, hatte in den eineinhalb Jahrzehnten nach dem Wiener Kongress darin gelegen, ihre Position als lokale Obrigkeit im Kontrast zur staatlichen Bürokratie sichtbar werden zu lassen. Denn der Staat war inzwischen bis in die herrschaftlichen Residualbereiche der Rittergutsbesitzer und Stadträte vorgedrungen. Der konstitutionelle vormärzliche Landtag Sachsens eröffnete den herkömmlichen Führungsformationen die Möglichkeit, sich gegen den Staatsapparat zu profilieren, zu dem Preis, dass Ritterschaft und Städte ihre Virilstimmen an Vertreter abgaben, die nicht mehr ritterschaftliche und städtische Vota erarbeiteten, sondern das Wohl der Gesamtgesellschaft zu berücksichtigen hatten. Damit wurde ein erster Ablösungsschritt von einem tradierten Aufgabenfeld der jeweiligen Sozialformation des Adels bzw. des Stadtbürgertums vollzogen.

Die Erste Kammer

Sachsens neue Verfassung vom 4. September 1831 konstituierte ein Parlament mit zwei Kammern.[17] Das Oberhaus setzte sich zusammen aus den volljährigen königlichen Prinzen, fünf Standesherren, fünf Vertretern der Kirchen und geistlichen Korporationen, einem Vertreter der Universität Leipzig, zwölf auf Lebenszeit gewählten und zehn vom König ernannten Rittergutsbesitzern sowie den Bürgermeistern von acht bedeutenden Städten.[18] Sämtliche Mitglieder der Ersten Kammer waren in außerparlamentarischen Kontexten bereits als gesellschaftliche Entscheidungsträger qualifiziert. Die Prinzen, die häufig selbst Thronprätendenten waren, gehörten der Dynastie an, deren Oberhaupt die Souveränität verkörperte. Die Standesherren und Rittergutsbesitzer verfügten über umfangreichen Landbesitz und erschienen deshalb auf dem Landtag. Nicht etwa die Familie von Schönburg entsandte einen Abgeordneten auf den Landtag, sondern die „Besitzer der fünf Schönburgischen Receßherrschaften". Hätte z. B. die Familie von Schönburg ihre Rezessherrschaften verkauft, wäre damit das Recht, einen Deputierten zu entsenden, auf den neuen Besitzer übergegangen.

Ähnlich qualifizierten sich das Hochstift Meißen und das Kollegiatstift Wurzen als geistliche Korporationen mit umfangreichem Landbesitz, der ehemals reichsunmittelbar gewesen war. Für ein Landtagsmandat als Rittergutsbesitzer war nach der Verfassung von 1831 Adel zwar keine persönliche Voraussetzung mehr, aber das passive Wahlrecht bevorzugte adlige Rittergutsbesitzer, indem es ein jährliches Mindesteinkommen verlangte. Das Gros der großen sächsischen Rittergüter besaßen Adlige, nämlich 70 Prozent der Güter

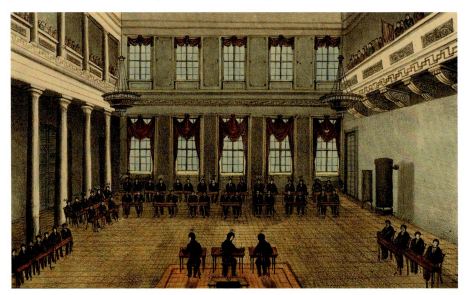

Abb. 14: Erste Kammer des sächsischen Landtags 1833/34

mit mehr als 2.000 Talern Jahreseinkommen. Diese Rittergüter berechtigten dazu, sich in die Erste Kammer wählen zu lassen. Vom König in das Oberhaus ernannt werden durfte nur, wer ein Jahreseinkommen von mehr als 4.000 Talern aus seinem Lehnsbesitz zog. In dieser Kategorie besaßen Adlige 83 Prozent des Großgrundbesitzes.[19]

Für den Dekan des Domstifts St. Petri in Bautzen verweist die Verfassung selbst darauf, dass er nicht nur wegen des Landbesitzes seiner Institution, sondern „zugleich in seiner Eigenschaft als höherer katholischer Geistlicher" dem Oberhaus angehöre. Der Deputierte der Universität Leipzig hatte in der Frühen Neuzeit den Status eines Prälaten reklamieren können. Zudem war die Universität auch Lehnsherr gewesen, der sich durch seine Universitätsdörfer finanziert hatte. Im Verlauf des 19. Jahrhunderts ging dieser Landbesitz aber verloren. Die ordentlichen Professoren wählten daher als Repräsentanten der wissenschaftlichen Institution einen Abgeordneten ins Oberhaus. Gänzlich von Amts wegen legitimierten sich der evangelische Oberhofprediger, der Superintendent von Leipzig sowie die Bürgermeister von Dresden und Leipzig sowie von sechs weiteren Städten. Mit Ausnahme der Prinzen, die ihre Zugehörigkeit zur Dynastie der Ersten Kammer askribierte, stützten somit sämtliche Mitglieder der Ersten Kammer ihr Mandat teilweise oder ganz auf ihren eigenen Besitz oder ein Amt, das sie ausübten.

Demgegenüber spielte die Rekrutierung durch Wahl eine geringere Rolle, sodass auch die Zugehörigkeitsdauer nicht von Wahlperioden begrenzt war.[20] Von den Rittergutsbesitzern konnten sich lediglich zwölf als gewählte Repräsentanten betrachten. Ihre Wähler hatten nicht nur den Besitz eines Vasallenguts nachzuweisen, sondern ihre Einkünfte aus diesem Besitz mussten mindestens 600 Taler betragen. Die Ritterschaft wählte nach Kreisen ihre Abgeordneten für die Erste (und Zweite) Kammer. Dazu wurden alle Rittergutsbesitzer eines Kreises zu einer Versammlung einberufen. Die Landesteile wählten proportional zur Anzahl ihrer Rittergüter Deputierte in die beiden Parlamentshäuser.[21]

Gewählte Landtagsmitglieder der Rittergutsbesitzer

	Anzahl der Rittergüter	Abgeordnete für die Erste Kammer	Abgeordnete für die Zweite Kammer
Meißner Kreis	277	3	5
Erzgebirgischer Kreis	123	2	3
Oberlausitz	271	3	5
Leipziger Kreis	236	2	4
Vogtländischer Kreis	120	2	3

Ebenfalls durch Wahl hatten die acht Bürgermeister ihr Amt in der jeweiligen Stadt erlangt. Der Dresdner und der Leipziger Bürgermeister rechtfertigten ihre Landtagsteilnahme jedoch durch einen Verfassungsparagraphen.[22] Die übrigen vier legitimierten ihren Kammersitz durch königliche Ernennung.

Für die Delegierten der Korporationen sowie der schönburgischen Rezess- und Lehnsherrschaften reduzierte sich die Bedeutung eines Wahlmechanismus darauf, dass die wenigen dazu Berechtigten einen geeigneten Kandidaten aussuchten und bestimmten. In allen übrigen Fällen stellte sich lediglich die Frage, ob ein Stellvertreter eines Standesherrn oder Klerikers zuzulassen sei.

Zusammensetzung der Ersten und Zweiten Kammer des Sächsischen Landtags nach der Verfassung von 1831

Erste Kammer	Zweite Kammer
Volljährige Prinzen des königlichen Hauses	20 Abgeordnete der Rittergutsbesitzer
1 Deputierter des Hochstifts Meißen	25 Abgeordnete des Bauernstandes
Der Besitzer der Herrschaft Wildenfels	5 Vertreter des Handels und des Fabrikwesens
1 Beauftragter der Besitzer der fünf Schönburgischen Rezessherrschaften Glauchau, Waldenburg, Lichtenstein, Hartenstein und Stein	25 Abgeordnete der Städte
1 von den ordentlichen Professoren gewählter Abgeordneter der Universität Leipzig	
Der Besitzer der Standesherrschaft Königsbrück	
Der Besitzer der Standesherrschaft Reibersdorf	
Der evangelische Oberhofprediger	
Der Dekan des Domstifts St. Petri in Bautzen als höchster katholischer Geistlicher	
Der Superintendent zu Leipzig	
1 Abgeordneter des Kollegiatstifts Wurzen	
1 Beauftragter der Besitzer der vier Schönburgischen Lehnsherrschaften Rochsburg, Wechselburg, Penig und Remissen	
12 auf Lebenszeit gewählte Abgeordnete der Rittergutsbesitzer	
10 vom König ernannte Rittergutsbesitzer	
Der Bürgermeister von Dresden	
Der Bürgermeister von Leipzig	
6 weitere vom König ernannte Bürgermeister	

Die Tabelle ist zusammengestellt nach Verfassungsurkunde des Königreiches Sachsen. In: GVBlSachs 1831, S. 254, § 63, Nr. 15 und S. 256, § 68.

Die Zweite Kammer

Die Zweite Kammer repräsentierte gemäß der Verfassung des Jahres 1831 ausschließlich Besitzer- bzw. Eigentümergruppen; in ihr hatten die Rittergutsbesitzer 20 Abgeordnete, die Städte 25, der Bauernstand 25 sowie Handel und Industrie zusammen fünf Abgeordnete. Alle drei Jahre musste ein Drittel der Mitglieder der Zweiten Kammer neu gewählt werden.[23] Auch im Unterhaus ergänzten sich persönliche Erfordernisse an die Abgeordneten, die je nach repräsentierter Gruppe in verschieden definierten Vermögensverhältnissen bestanden, mit der Legitimation durch Wahl. Die Verfassung unterschied die vier gesellschaftlichen Gruppen, die gewählte Abgeordnete entsandten, nach den Kriterien Vermögen und Wohnort.

Die Delegierten der Rittergutsbesitzer und die Vertreter des Handels und des Fabrikwesens waren die Repräsentanten der gesellschaftlichen Gruppierungen mit großem Vermögen. Um die Abgeordneten der Rittergutsbesitzer mitwählen zu dürfen, war neben den allgemeinen Bedingungen für das Stimmrecht (Ansässigkeit, das 25. Lebensjahr und christliche Religion) „der Besitz eines Ritterguts erforderlich, ohne Unterschied der Größe des Gutes und der adligen oder nicht adligen Geburt des Besitzers".[24] Das passive Wahlrecht für Rittergutsbesitzer war, wie für alle anderen Abgeordneten auch, an das 30. Lebensjahr sowie an den „Besitz eines Ritterguts von wenigstens sechshundert Thalern jährlich reinen Einkommens" gebunden.[25] Das Wahlverfahren entsprach dem für die Erste Kammer.

Stimmberechtigt bei der Wahl der Vertreter des Handels und der Industrie waren Personen, die einen Gewerbesteuerbetrag von mindestens zehn Talern zahlten. Dieses Kriterium reichte auch aus, um als Abgeordneter gewählt zu werden.[26] Für den ersten Landtag 1833/34 wurden diese Abgeordneten interimistisch vom König ernannt.[27] Bei der nächsten Zusammenkunft des Parlaments 1836/37 existierte immer noch keine Ausführungsverordnung für die Repräsentanten des Handels und des Fabrikwesens. Daher vergab noch einmal der Monarch die vakant gewordenen Landtagssitze.[28] Erst im März 1839 erschien ein spezielles Wahlgesetz mit einer Ausführungsverordnung, die die Wahlbezirke festlegte.[29] Demnach wurden die Stimmberechtigten „ihrer Zahl nach [und] mit Rücksicht auf die geographische Lage ihrer Wohnorte" in fünf möglichst gleiche Wahlbezirke eingeteilt. Die Kartierung zeigt die Konzentration der großen Handelsvermögen in Leipzig und eine auffällige Verdichtung der aufkeimenden industriellen Produktion im näheren Umland von Chemnitz.

Die Abgeordneten von Städten und Bauernstand vertraten die weniger reichen, aber immer noch vermögenden Bewohner von Stadt und Land. Nach dem Wahlrecht von 1831 war in den Städten und auf dem Land jeder erwachsene Mann stimmberechtigt, der ein Grundstück besaß, auf dem ein bewohnbares Gebäude stand.[30] Ein Großteil der Staatsbürger blieb damit aber vom Wahlrecht ausgeschlossen, weil er diese Voraussetzung nicht erfüllen konnte. Für die Wählbarkeit in einer sächsischen Stadt konnten sich die Kandidaten auf

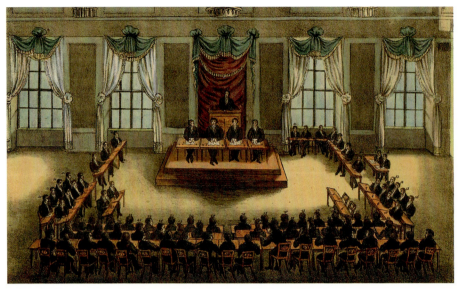

Abb. 15: Zweite Kammer des sächsischen Landtags 1833/34

unterschiedliche Weise qualifizieren. Sie mussten entweder ein Vermögen von 6.000 Talern nachweisen, ein sicheres Einkommen von 400 Talern beziehen, auf zehn Taler an Grundsteuer veranschlagt sein, oder an „directen Real= und Personal=Landesabgaben" in großen Städten 30 Taler, in mittleren 20 Taler und in kleinen 10 Taler jährlich zahlen.[31] Die Städte Dresden und Leipzig entsandten jeweils zwei Deputierte und die Stadt Chemnitz einen Abgeordneten in die Zweite Kammer. Die anderen 20 Städtevertreter standen für 20 weitere Wahlkreise, zu denen die übrigen Städte Sachsens so zusammengeschlossen wurden, dass sie möglichst gleich große Bezirke bildeten.

Ein Abgeordneter des „Bauernstandes" musste pro Jahr ein Steuerquantum von mindestens 30 Talern nachweisen. Es war gleichgültig, ob er ein „landwirtschaftliches Gewerbe oder ein Fabrikgeschäft auf dem Lande als Hauptgewerbe" trieb. Die Wahl dieser Landtagsabgeordneten erfolgte in 25 Wahlbezirken, die „mit Rücksicht auf geographische Lage und thunlichste Gleichheit, auch möglichstes Beisammenbleiben der Amtsbezirke" konstituiert wurden.[32]

Die Zweite Kammer in Sachsen war deshalb nicht „berufsständisch", obwohl das Gesetz dies mit der Bezeichnung „Bauernstand" für die Landbewohner suggeriert. Präziser gefasst verlangte es die Zugehörigkeit zu einer Vermögensklasse und die Wahl durch die Männer dieser nach Eigentum oder Einkommen stratifizierten Gruppe.

Nach der sächsischen Verfassung von 1831 gehörten die Mitglieder der Kammern dem Landtag nicht mehr aufgrund ihrer eigenen Rechte als Standesherr oder Rittergutsbesitzer an bzw. erschienen als Vertreter einer landtagsfähigen Stadt. Für die Zugehörigkeit zum Parlament fielen aber die tradierten askriptiven Kriterien, etwa der Besitz eines landtagsfähigen Rittergutes, nicht komplett weg, für einen Teil der Parlamentarier blieb der Besitz eines Vasallenguts Voraussetzung, um von den übrigen Rittergutsbesitzern gewählt werden zu können. In diesem Fall wurden alte Zugangsvoraussetzungen zwar neu gefasst und durch einen Wahlgang ergänzt, sie behielten aber in modifizierter Weise Geltung. Es kam zu einer Mischform von Askription oder Wahleinschränkung sowie gleichzeitiger eignungs- oder leistungsorientierter Rekrutierung durch Wahl.[33] Um den Typus dieses Parlamentariers, der nicht mehr den frühneuzeitlichen Landständen zuzurechnen ist, andererseits aber seinen Landtagssitz ohne die Schubkraft politischer Vereine oder Parteien erhielt, zu charakterisieren, wird deshalb der Begriff des Honoratiorenparlamentariers verwandt. Dieser Terminus ist weniger irreführend als die Charakterisierung konstitutioneller Landtage als „berufsständisch", weil er die transformierten askriptiven Erfordernisse nicht mit den vormodern-ständischen gleichsetzt.

Da die Voraussetzungen für das passive Wahl- bzw. königliche Ernennungsrecht zur Landtagsmitgliedschaft besonders eng gezogen waren und askriptive Kriterien fortexistierten, bestanden unter den Parlamentariern der beiden Häuser große biografische Überschneidungen, die teils in die Schulzeit, teils in das Studium zurückreichten. Auch verwandtschaftliche Verhältnisse waren nicht selten. Diese Situation begünstigte während eines gemeinsamen mehrmonatigen Aufenthalts in Dresden unter den Parlamentariern Vernetzungen, die sich nach privaten und weltanschaulichen Gesichtspunkten ergaben, ohne dass bereits politische Vereine oder Parteien existierten.[34]

Kompetenzen des Landtags

Die Reformen des Kabinetts von Bernhard von Lindenau, die mit der Konstitution von 1831 begannen, entsprangen keiner liberal-weltanschaulichen Konzeption,[35] sondern suchten pragmatisch den politischen und ökonomischen Gegebenheiten Rechnung zu tragen. Als Land, das zwischen den Großmächten Österreich und Preußen lag, konnte Sachsen im Gefolge der französischen und belgischen Revolutionen des Jahres 1830 die günstige außenpolitische Konstellation nutzen, um die Dekorporierung der Gesellschaft in Angriff zu nehmen. Zu einer Intervention Österreichs und Preußens kam es nicht, weil Berlin diesen Schritt nicht mitging. Es erwartete Sachsens Beitritt zum preußischen Zollverein. Außerdem konnten Reformen nach dem Vorbild Steins und Hardenbergs den Mittelstaat nur näher an Preußen heranführen.[36] Dieses Kalkül erwies sich als richtig. Sachsen trat am 18. März 1833 dem Zollverein bei. Dennoch konnte die sächsische Verfassung keinesfalls die Rahmenbedingungen des Deutschen Bundes überschreiten. Dementsprechend enthielt die Konstitution keinen Katalog von Grundrechten, sie führte weder eine konsequente Gewaltenteilung noch die Gewerbefreiheit ein, und sie schuf kein parlamentarisches Regierungssystem. Das Zweikammerparlament im konstitutionellen Königreich Sachsen war kein Landtag mit permanenter Periodizität der Legislaturperiode, sondern der Monarch berief und beendete die Zusammenkunft der

Volksvertretung. Die Verfassung und der Landtag entsprachen etwa den Verhältnissen der süddeutschen Verfassungsstaaten.

Mit Rücksicht auf den Deutschen Bund musste auch das monarchische Prinzip beibehalten werden und die Staatsgewalt vom Fürsten ausgehen. Paragraph drei der sächsischen Verfassung legte deshalb fest: „Die Regierungsform ist monarchisch und es besteht dabei eine landständische Verfassung."[37] Andererseits vertraten zwar die beiden Kammern des Parlaments „die Gesamtheit der Staatsbürger und Untertanen",[38] aber nicht alle Erwachsenen, sondern nur die männlichen Mitglieder verschieden definierter Vermögensklassen waren zur Wahl oder zum Abgeordnetenmandat zugelassen. Obwohl das neue Wahlrecht nicht zu einer Mitbestimmung aller erwachsenen Staatsbürger und Staatsbürgerinnen führte,[39] beanspruchten die beiden Häuser des konstitutionellen Landtags gemeinsam das Ganze gegenüber dem König als Souverän zu vertreten. Zeichenhafter Ausdruck der Einheit, die repräsentiert werden sollte, war die Sitzordnung. Sie war in der Verfassung festgeschrieben.[40] Lediglich den zwölf Mitgliedern der Ersten Kammer, die dem Haus aufgrund einer Virilstimme angehörten, stand ein Platz an hervorgehobener Stelle des Sitzungssaals zu.[41] Für das Gros der Parlamentarier wurden die Plätze im Ober- und Unterhaus ausgelost.[42] Das schloss eine Fraktionierung der Kammermitglieder nach ihrer Legitimation oder nach einer Weltanschauung aus. Vor dem Hintergrund zeitgenössischer Konzepte, die im Parlament eine Vertretung der gesellschaftlich relevanten Interessen forderten, versinnbildlichte eine ausgeloste Sitzordnung die Egalität der Vertretergruppen. Diese Gleichheit sollte gesellschaftliche Unterschiede nicht überdecken, sondern das gemeinsame Streben der differenten Parlamentarier für das Wohl der Gesamtheit symbolisieren.[43]

Für den Prozess der Gesetzgebung räumte die Verfassung von 1831 dem König und seiner Regierung mehr Einfluss ein als dem Parlament. Allein der Monarch und seine Minister durften Gesetze zur Beratung und Verabschiedung einbringen. Die Landtagsmitglieder waren zwar an der Gesetzgebung beteiligt, ihnen stand aber kein Initiativrecht zu. Sie konnten lediglich Vorlagen bei der Regierung erbitten sowie durch Anträge (Amendements) oder durch das Aufgreifen von Petitionen, die an den Landtag gerichtet wurden, öffentliche Themen setzen. Auch die Notwendigkeit, dass beide Kammern gegenüber einem Gesetzentwurf der Regierung Einigkeit erzielen mussten, eröffnete der Exekutive erhebliche Einwirkungschancen. Zudem standen dem Kabinett noch weitere Handlungsmöglichkeiten offen. Die Minister konnten Gesetzentwürfe während der parlamentarischen Beratung zurückziehen oder auch dann noch Änderungen verlangen, wenn der Landtag nach Abschluss seiner Debatten bereits seine „Ständische Schrift" verfasst hatte. Dem König stand zu, verabschiedete Änderungsforderungen der Kammern abzulehnen und zu verlangen, dass das Parlament ein Gesetz so, wie die Regierung es vorgelegt hatte, entweder annahm oder ablehnte.[44] Darüber hinaus gab ein Notverordnungsparagraph dem König, sobald die Minister diesen Schritt mitgingen, das Recht, Verordnungen zu erlassen, die „ihrer Natur nach der ständischen Zustimmung" bedürfen, „aber durch das Staatswohl dringend geboten" sind.[45] Da Beschlüsse des Deutschen Bundes ohne Einspruchsmöglichkeit des Parlaments umzusetzen waren, ergab sich für die Regierung noch ein weiterer Weg, gelegentlich die Zustimmung des Landtags zu umgehen.[46]

Wie die Mitwirkungsrechte fielen auch die konstitutionell garantierten Kontrollrechte des Landtags bescheiden aus. Das gouvernementale Verordnungsgeschehen entzog sich der parlamentarischen Aufsicht. Da die Verfassung nicht festlegte, was den Status eines Gesetzes erhalten müsse und somit zustimmungspflichtig war, blieb die Kompetenz der Kammern unscharf definiert. Im Zweifelsfall gestattete diese Grauzone den Ministern, sich ihrer Verantwortlichkeit dem Parlament gegenüber zu entziehen.[47]

Über das Recht hinaus, Steuern zu bewilligen, das bereits der frühneuzeitlichen Ständeversammlung zugestanden hatte, durfte der konstitutionelle Landtag das Staatsbudget prüfen. Die ständische Steuerkasse, die in der zweiten Hälfte des 17. Jahrhunderts von den fürstlichen Finanzen strikt getrennt worden war, wurde mit der Verfassung von 1831 aufgelöst. Der vormals ständische Teil des Staatshaushalts ging in die Verfügungsgewalt des konstitutionellen Zweikammerparlaments über und der herrschaftliche Teil, die vormalige kurfürstliche Kammer, wurde dem angepasst.[48] Dem Monarchen bewilligte der Landtag eine Zivilliste, die von der Inthronisation bis zum Ende der jeweiligen Herrschaft unverändert blieb.[49]

Deliberation/Parlamentskultur

Die Kammern des konstitutionellen Landtags tagten getrennt, befolgten aber das gleiche Prozedere: Sie bestätigten zuerst das Protokoll über ihre letzte Sitzung, dann verwiesen sie alle bei der Kammer eingegangenen und nach Datum und Inhalt registrierten Schriften an die verschiedenen Deputationen (Ausschüsse) zur Berichterstattung. Nachdem die Registrande erledigt war, berichteten der Präsident und die Deputationen der Kammer „über die Gegenstände ihres besonderen Geschäftsbereiches", wie es im Entwurf der Landtagsordnung hieß, an den man sich trotz seines provisorischen Charakters hielt.[50] Anschließend hatten die Abgeordneten Gelegenheit, Anfragen an die Regierung oder an das Direktorium der Kammer vorzutragen. Diese Interpellationen gehörten zu den empfindlichsten Instrumenten, mit denen Sachsens Parlamentarier der Regierung in aller Öffentlichkeit entgegentreten konnten.[51] Als nächstes ging man zur eigentlichen Tagesordnung über. Ein Berichterstatter aus einem der parlamentarischen Ausschüsse, die man Deputationen nannte, erläuterte das Ergebnis der Gremienarbeit und debattierte es mit dem Plenum. Sobald dies geschehen war, beschlossen die Abgeordneten die Tagesordnung für die nächste Sitzung und der Präsident hob die Plenarversammlung auf.[52]

Die Präsidenten der beiden Parlamentshäuser fungierten über ihre Rolle in den Plenarsitzungen hinaus als zentrale Kommunikationsträger zwischen den beiden Kammern, deren Deputationen und der Regierung. Daneben waren sie mehr als die übrigen Parlamentarier in das gesellschaftliche Leben der Haupt- und Residenzstadt involviert und vermochten leichter als andere Kammermitglieder private Kontakte zu einflussreichen Parlamentariern oder Staatsbeamten zu pflegen. Als die Regierung den Präsidenten 1842 eine hohe Aufwandsentschädigung zusprach, argwöhnte daher besonders die Zweite Kammer dahinter die Absicht, auf diese Weise den Intentionen der Regierung leichteren Eingang in den Landtag zu verschaffen.[53]

Auch die Deputationen unterlagen einem subtilen Anpassungsdruck der Exekutive. Ihnen stand es nicht frei, unabhängige Sachverständige zu befragen. Auch nachgeordnete Verwaltungsbehörden konnten die Gremien des Parlaments nicht direkt um Auskunft bitten. Nur der Instanzenweg über das Gesamtministerium war gestattet. Sämtliche Informationen erhielten die Deputationen von der Regierung. Andererseits kannten die Regierungsvertreter das Gutachten der Deputation immer schon, bevor dies im Plenum debattiert wurde. Auch in diesem Verfahren befanden sich Verwaltung und Landtag in ungleichen Positionen.[54] Um Mitglied einer Deputation zu werden, war die Persönlichkeit des Kandidaten entscheidender als seine gesellschaftliche Herkunft oder der Legitimationsmodus, der ihn zum Kammermitglied gemacht hatte. Da Regierungsvertreter an den Ausschusssitzungen teilnahmen, erhielten die beteiligten Landtagsmitglieder einen Wissensvorsprung vor ihren Kollegen, die lediglich im Plenum saßen. Wer einer Deputation angehörte, konnte dies in den Plenardebatten für seine weitere Profilierung nutzen.[55]

In den Debatten des konstitutionellen Zweikammerparlaments spielte die Zugehörigkeit zu einer weltanschaulich ausgerichteten Gruppierung für den Diskussionsmodus ebenso wenig eine zentrale Rolle wie die Art der Legitimation des Parlamentariers. Die Redezeit verteilte sich in der Ersten Kammer zum Beispiel nicht nach Prälaten, Standesherrn, Rittergutsbesitzern und Bürgermeistern. Ein Redner konnte auch nicht als Sprecher für eine Fraktion auftreten. Es stand jedem Abgeordneten zu, das Wort zu ergreifen. Um die Diskussion dennoch nicht ins Unerträgliche auszudehnen, legte sich am 15. Dezember 1845 die Zweite Kammer die Beschränkung auf, dass ein Abgeordneter nun nur noch zweimal zum selben Thema das Wort ergreifen durfte.[56]

Da das Parlament keine organisierten Fraktionen kannte, die ihre Meinung in die Debatte einbrachten, konnten weltanschauliche Positionen die Aussprachen nicht vorstrukturieren. Deshalb ergriffen die Abgeordneten das Wort nach der Reihenfolge, wie sie ihren Redebeitrag beim Präsidenten angemeldet hatten. Die Parlamentsmitglieder sprachen in der Regel von ihrem Sitz aus und „gegen den Präsidenten gerichtet", wie der Entwurf zur Landtagsordnung von 1833 festlegte.[57] Der Präsident saß gemeinsam mit den zwei Sekretären dem Plenum gegenüber auf einem Podest. Hinter diesem Direktorium und noch einmal erhöht befand sich das Pult für den Berichterstatter der Deputation. Der einzelne Debattenredner sprach somit nicht zum Plenum, sondern zum Präsidenten, dem er pars pro toto seine Meinung mitteilte. Als zweiten Adressaten kann man den Ausschussreferenten betrachten, der als Sachverständiger im Auftrag der Kammer den Verhandlungsgegenstand zu durchdenken hatte. Der Einzelne im Plenum wandte sich daher nicht direkt an einen politischen Kontrahenten, sondern an Personen, die Funktionen für die Gesamtheit ausübten.

Rechts und links des Ensembles von Rednertribüne und Direktorium befanden sich in beiden Kammern die Plätze der Regierung. Da ihre Sitze dem parlamentarischen Deliberationsakt zugewandt waren, schauten die Mitglieder der Regierung der Kommunikation von Präsident, Berichterstatter und Plenum von der Seite aus zu. Die Minister oder vom König beauftragte Kommissare konnten in die Debatte eingreifen, „um im Gange der Berathungen, wo nöthig, die Anträge, Ansichten und Gründe der Regierung, so wie die fraglichen Sachverhältnisse zu entwickeln".[58]

Beschlussfähig war die Erste Kammer nur, wenn mindestens die Hälfte der Mitglieder anwesend war. Für die Zweite Kammer forderte die Verfassung sogar, dass zwei Drittel der Abgeordneten an einer Sitzung teilnahmen, damit gültige Beschlüsse zustande kommen konnten.[59] Sachsens konstitutioneller Landtag entsprach daher eher dem Typus eines Rede- als dem eines Arbeitsparlaments. Für den parlamentarischen Alltag forderte die Landtagsordnung, dass die Parlamentarier mit freier Rede auf die vorgelesenen Gutachten eines Deputationsreferenten Stellung nahmen. Trotzdem waren die Wortmeldungen zumeist ausgiebig vorbereitet, sodass viele der Debattenbeiträge zu umfangreich ausfielen. Deshalb waren die zuhörenden Kammermitglieder gelegentlich geistig abwesend, tuschelten untereinander oder verließen gar den Raum. Auch gesprochener Dialekt lässt sich belegen, obwohl die Wortprotokolle stets nur eine hochdeutsche Sprache verzeichneten. Unterbrechungen und Zwischenrufe waren ebenso wenig statthaft wie Beifallsbekundungen oder Missfallensäußerungen. Obwohl jeder Abgeordnete grundsätzlich seine Meinung unbehelligt äußern konnte, sollte er sich keine „unanständigen und beleidigenden Aeusserungen" über andere Personen gestatten. Der König durfte überhaupt nicht erwähnt werden, um seine Aura der Überparteilichkeit zu erhalten. Bei den Abstimmungen waren eigentlich nur Zustimmung oder Ablehnung vorgesehen, dennoch entzogen sich Einzelne der Entscheidung, indem sie den Saal verließen und sich auf diese Weise eines Votums enthielten. Insgesamt debattierte das Zweikammerparlament diszipliniert und ohne nennenswerte Übertretungen der Ordnung.[60] In dieser Atmosphäre von Affektkontrolle qualifizierten vor allem die rhetorischen Fähigkeiten einen Parlamentarier zum Meinungsführer. Da kein Parteiapparat die Geschlossenheit der Anhänger organisierte, fanden sich im Plenum wechselnde Konstellationen und Mehrheiten.

Dekorporierung und Stagnation

Im Vormärz lassen sich für die sächsischen Landtage zwei Phasen ausmachen. Während 1833/34, 1836/37 und 1839/40 Reformen (Städteordnung, Ablösung und Gemeinheitsteilung, Staatsfinanzen und Steuer, Volksschulgesetz) verhandelt wurden, die mit der Verfassung von 1831 begonnen hatten, ging 1842/43 und 1845/46 die Verhandlung von Gesetzen, die auf eine modernere Einhegung der sich ausdifferenzierenden Gesellschaft abzielten, zurück. Ein Gewerbegesetz kam zum Beispiel nicht zustande. In den Jahren 1847 und 1848 fanden wegen wirtschaftlicher Schwierigkeiten und wegen der Märzrevolution außerordentliche Landtage statt. Auch das Zweikammerparlament des Jahres 1848 war noch nach vormärzlichem Modus konstituiert. Sachsens Landtag verlor daher seit dem Beginn der 1840er Jahre zunehmend die Funktion, der Gesellschaft einen Fortschrittsoptimismus zu vermitteln. Erste weltanschauliche aufgeladene Abstimmungen in den Kammern führten dazu, dass Regierungsvorlagen scheiterten. Minister Bernhard von Lindenau, der die Verfassung von 1831 wesentlich vorangetrieben hatte, resignierte vor dieser neuen Entwicklung. Hatte das konstitutionelle Parlament 1830/31 noch zur Beruhigung von gesellschaftlichen Spannungen beigetragen, blieb es im zweiten Jahrzehnt seiner Existenz zwar ein zentraler Raum für den politischen Diskurs, der ansonsten durch die Zensur unterdrückt wurde. Trotz der freien und öffentlichen Rede der Landtagsmitglieder, die auch in der Presse widergegeben werden durfte, wurden liberale Erwartungen an den konstitutionellen Staat enttäuscht. Dies konnte zwar in den Kammern frei artikuliert werden, führte aber zu keinen nachhaltigen Veränderungen der Regierungspolitik.[61]

In den 1830er Jahren verortete die Öffentlichkeit die politischen Lager im sächsischen Landtag noch entlang von sozialen Gruppen, obwohl dies nicht der Verfassungsnorm entsprach, nach der die Parlamentarier ihrer eigenen Überzeugung zu folgen hatten.[62] Den Kampfbegriff der „Aristokratie", den die liberale Presse für Politiker verwandte, die an tradierten Privilegien festhielten, verband man pauschalisiert mit dem gesamten sächsischen Adel. Seit den 1840er Jahren setzte in der zeitgenössischen Wahrnehmung jedoch eine Begriffsverschiebung ein. Die politischen Standpunkte lösten sich von der Zuweisung zu Herkunftsgruppen ab. Publizisten wie Carl Biedermann wiesen der Ersten Kammer ein „conservatives Prinzip" und der Zweiten Kammer eine Führungsrolle für die liberalen „Fortschrittsideen in Deutschland" zu.[63] Auch dieses weltanschauliche Schema entsprach nicht den tatsächlichen Verhältnissen in den beiden Häusern des Landtags, sondern homogenisierte unzulässig. Die Charakterisierungen des politischen Spektrums innerhalb der beiden Kammern, die Bernhard Hirschel und Robert Blum publiziert haben,[64] fokussieren ebenso zu sehr das Abstimmungsverhalten der Landtagsmitglieder in weltanschaulich aufgeladenen Fragen. Soweit Abstimmungen anhand von Namenslisten in den Landtagsprotokollen nachvollziehbar sind, lässt sich keine feste Fraktionsbildung im Parlament rekonstruieren. Für ein eher individualisiertes Mandatsverständnis spricht auch, dass innerhalb der weltanschaulichen Gruppen noch weitere voneinander abweichende Variationen offen präsentiert wurden, wie es einem Parlament aus Honoratioren entspricht.[65]

Zwischen dem Lager der liberalen und konservativen Kammermitglieder positionierten sich weitere Parlamentarier, die sich keiner der weltanschaulichen Richtungen zuordneten und als Juste Milieu verstanden. Die Größe der drei Gruppierungen schwankte von Landtag zu Landtag und blieb wegen wechselnder Positionierung einzelner Akteure ohnehin vage.

Liberale

Erste Netzwerke unter liberalen Landtagsmitgliedern und Zeitungen, die liberale Positionen in den öffentlichen Diskurs einbrachten, existierten in Sachsen schon vor dem Landtag 1833/34. Liberale Parlamentarier wie Karl Ernst Richter (Die Biene), Carl Todt (Adorfer Wochenblatt) oder Heinrich Brockhaus (Leipziger Allgemeine Zeitung) verfügten über eigene Zeitungen, mit denen sie auch außerhalb des Parlaments in den gesellschaftlichen Diskurs eingreifen konnten, andere liberale Kammermitglieder publizierten zum Beispiel in den Sächsischen Vaterlandsblättern von Robert Blum. Gegen die liberalen Zeitungen ging die sächsische Regierung auf Druck anderer deutscher Bundesstaaten in zwei Verbotswellen 1833/34 und 1844 vor. Dennoch gelang es den Liberalen, über die öffentliche Meinung Einfluss auf die Entscheidungen des Landtags zu nehmen. Um liberale Positionen öffentlich zu platzieren, ließen sich auch Petitionen lancieren, die in den Kammern als Verhandlungsthema aufgegriffen werden konnten. Ein singuläres Ereignis blieb eine Informationsreise von Karl Braun, der in mehreren anderen Staaten öffentliche Gerichtsverfahren besuchte, um darüber zu publizieren und die Debatte über eine Gerichtsreform in Sachsen zu beeinflussen. Vereinzelt lassen sich auch Absprachen unter liberalen Kammermitgliedern nachweisen. Von einer geschlossenen und kontinuierlichen Kooperation im Landtag kann man für die Liberalen dennoch nicht ausgehen. Nachdem am 12. August 1845 eine konfessionell motivierte Demonstration gegen den Prinzen Johann dazu geführt hatte, dass das Militär in die Menge schoss und acht Menschen starben, erwarteten die Demokraten vom sächsischen Landtag nicht mehr, dass er ein Instrument sei, das Fortschritt in ihrem Sinne bewerkstelligen könne, während die gemäßigten Liberalen weiterhin auf die Reformfähigkeit des Staates durch das Parlament setzten. Andererseits führte auch die Spaltung der Leipziger Liberalen in Gemäßigte und Demokraten, die sich seit 1845 entwickelte, im Parlament nicht zu konkurrierenden Gruppen. Bei ihrer Rückkehr von Landtagen wurden Liberale im Vormärz häufig durch öffentliche Feste geehrt, die Gelegenheit boten, weltanschauliche Positionen publik zu machen und vorparlamentarische Netzwerke auszubauen oder zu festigen.[66]

Für die liberalen Mitglieder des vormärzlichen Landtags in Sachsen darf man jedenfalls noch nicht von einer kontinuierlichen und arbeitsteiligen Kooperation ausgehen. Das galt auch für deren Linksabspaltung, die Demokraten. Die Opposition in den Kammern wurde weniger von einer umfangreichen und geschlossenen Gruppe als eher von einzelnen Persönlichkeiten, von außerparlamentarischen Zusammenschlüssen und durch mediale Kampagnen getragen. Das Abstimmungsverhalten blieb trotz gemeinschaftlicher weltanschaulicher Ausrichtung weithin individuell.

Konservative

Konservative Positionen im Vormärz waren unterschiedlich begründet. Rittergutsbesitzer und herkömmliche städtische Führungsformationen konnten sich in einer Opposition gegen den Fürstenstaat sehen, der immer mehr in ihren herrschaftlichen Residualbereich vordrang. Neben dieser traditionellen Position, die bis ins späte 18. Jahrhundert zurückreichte, entwickelte sich ein weltanschaulicher Konservatismus mit monarchistischer Ausrichtung.[67]

Unter den Kammermitgliedern, die sich teils selbst in ihren Reden als konservativ verorteten, teils von zeitgenössischen Beobachtern so charakterisiert wurden, spielten Personen, die öffentlich als Parteiführer wahrgenommen wurden, für das Abstimmungsverhalten eine eher geringe Rolle. Beim sogenannten Tumult-Gesetz zum Beispiel bezogen im Jahr 1846 zwei Führungspersönlichkeiten, Curt Robert Freiherr von Welck und Friedrich Freiherr von Friesen, sogar innerhalb des Plenums gegensätzliche Standpunkte. Man teilte zwar grundsätzliche weltanschauliche Positionen, konnte aber in Einzelfragen unterschiedliche Ansichten vertreten. Vor allem erklärt sich dies aus dem Selbstverständnis der Landtagsmitglieder als Honoratiorenpolitiker, die beanspruchten, sich individuell eine Meinung zu bilden. Der Anspruch, auf persönliche Kompetenz zu pochen, stand aber auch in einer Tradition ritterschaftlicher Grundherrschaft.[68]

Die Konservativen des vormärzlichen Landtags in Sachsen sprachen sich auch ab, wer in welche Deputation der Ersten Kammer gewählt werden sollte. Dazu kam man z. B. in der Dresdner Wohnung des Alfred Graf von Hohenthal bei Austern und Champagner zusammen. Es gab zudem eine Art Jour fixe in Dresdner Hotels, und 1848 wurden sogar Probeabstimmungen organisiert. Dennoch bildete diese weltanschauliche Gruppe von Parlamentariern keine festen Strukturen oder Hierarchien aus. Die Aufgabe, Politik zu gestalten, sahen die konservativen Kammermitglieder anders als die liberalen im Wesentlichen bei der Regierung. Deshalb versuchten sie auch nicht, in den Landtagsdebatten durch Petitionen Themen zu setzen. Da aber viele Konservative dem rittergutsbesitzenden Adel angehörten und die Ministerposten sowie große Teile der leitenden Verwaltungsstellen ebenfalls von Adligen besetzt waren, bestanden gruppenspezifische Netzwerke, die sich nutzen ließen, um liberale Forderungen bürokratisch zu unterlaufen oder regierungsfreundliche Positionen ins Parlament gelangen zu lassen. Wie der Rücktritt von Lindenaus nach dem Landtag 1842/43 zeigt, war für die Regierung eine mehrheitliche Unterstützung im konstitutionellen Parlament wichtig, um Gesetze oder den Haushalt durchzubringen. Während von Lindenau noch von einer eher konsentierenden Funktion des Landtags ausging, stellte sich sein Nachfolger, Julius Traugott Jakob von Könneritz, auf eine Kooperation mit den regierungsnahen Parlamentsmitgliedern ein.[69]

Zum öffentlichen Diskurs vertraten die Konservativen bis in die Mitte der 1840er Jahre hinein die Ansicht, oppositionelle Zeitungen verführten zum Umsturz und müssten daher durch die Zensur im Zaum gehalten werden. Seit den

Leipziger Augustereignissen 1845 wurde diese Position revidiert. Konservative Kammermitglieder befürworteten nun eine freie Presse, sofern sie gegebenenfalls durch rigide Strafbestimmungen sanktioniert werden könne. Die angeblich gefährlichen Meinungen wies man nicht mehr den Zeitungen zu, sondern nahm an, dass diese nur von ihnen artikuliert bzw. verbreitet würden. Erst seit dieser Neuausrichtung entstand auch eine konservative Meinungspresse. Allerdings hielten sich die konservativen Zeitungen nicht sehr lange, obwohl sie von gleichgesinnten Landtagsabgeordneten gefördert, mit anonymen Artikeln beliefert und von der Verwaltung empfohlen wurden. Darüber hinaus bedienten sich konservative Landtagsmitglieder weltanschaulich neutraler Zeitungen, wenn sie unter ihrem Namen veröffentlichten. Ohne Namensnennung nutzten sie in den ihnen geneigten Zeitungen dieselben sprachlichen Mittel, die sie den liberalen Blättern in den Kammerdebatten vorwarfen, um provokante politische Positionen zu platzieren. Zwar kam im vormärzlichen Sachsen kein konservativer politischer Verein zustande, aber die Herausgabe konservativer Zeitungen beförderte die Kooperation unter den Parlamentariern dieser weltanschaulichen Richtung. Dies ist umso erstaunlicher, da das Gros der Konservativen für ihre Legitimation als Kammermitglied nicht auf eine allgemeine Zustimmung bzw. auf Wiederwahl angewiesen war.[70]

Auf den konstitutionellen Landtagen konnten weder der Adel noch das Stadtbürgertum als gesellschaftliche Gruppe einen Binnendiskurs über Standesstrategien führen, wie das auf den frühneuzeitlichen Ständeversammlungen möglich gewesen war. Trotzdem war die Bindung der einzelnen Parlamentarier an ihre soziale Herkunft noch nicht durch verbindliche Zugehörigkeit zu einer weltanschaulichen Partei abgelöst. Auf den vormärzlichen Landtagen Sachsens bestand vielmehr ein flexibles Gefüge politischer Strömungen.[71] Abstimmungen verliefen nicht entlang der gesellschaftlichen Herkunftsgruppen und waren auch nicht durchgängig von weltanschaulichen Ausrichtungen dominiert. Beispielsweise wurde in der öffentlichen Wahrnehmung des Vormärz die Eisenbahn als wesentlicher Leitsektor des industriellen Take off mit der liberalen Bewegungspartei verbunden. Selbst Friedrich List erwartete, dass an die Scholle gebundenen Landbesitzer sich gegen das Neue wehren würden. Dieses Bild bestätigte sich in den Debatten der sächsischen Landtage aber nicht. Die Parlamentarier engagierten sich unabhängig von ihren weltanschaulichen Gesinnungen pragmatisch oder je nach dem Nutzen, den sie sich von bestimmten Strecken versprachen.[72]

1848

„Der Sturm, der im Süden und Westen Europa's sich erhob und Staaten erschütterte und Staatsformen niederwarf, hat auch Deutschland erfaßt. Ueberall zeigt sich ein mächtiges Streben nach volksthümlichen Staatseinrichtungen, nach nationaler Einheit."[73] Als der sächsische König Friedrich August II. am 21. Mai 1848 den außerordentlichen Landtag eröffnete, verwies er mit diesen

Worten auf die rasanten Zeitläufte, die es erforderlich gemacht hätten, das Parlament bereits ein Jahr nach seiner letzten Sitzung wieder einzuberufen.

Der Fürst erläuterte dann seine Stellung zu Verfassung und Nation. Eine Konstitution habe er bereits 1831 zu einem Zeitpunkt gewährt, als nur wenige Staaten in Deutschland eine besessen hätten. Nun solle das Wahlgesetz geändert werden. Es sei auch sein Bestreben, die „Einheit des deutschen Vaterlandes" herbeizuführen. „Zu Erreichung dieses Zieles und um dem deutschen Volke seine Bedeutung und Stellung in der Völkerfamilie nach außen zu geben und zu sichern und seine Entwicklung im Innern zu heben und zu fördern", sei er „zu Opfern bereit, welche die Umschaffung eines Staatenbundes in einen Bundesstaat von den einzelnen Souveränen erheischt".[74] Neben diesen staatsrechtlichen Motiven, die Stände einzuberufen, stünde aber noch die Mobilmachung der sächsischen Armee ins Haus, um in Schleswig-Holstein in den Freiheitskampf der Deutschen gegen Dänemark einzugreifen. Schließlich erfordere auch die bedrückende Lage des sächsischen Handels und Gewerbes Landtagsberatungen. Denn die Regierung plane durch Straßen- und Eisenbahnbau der Krise entgegenzuwirken. Es seien dazu die nötigen Gelder zu bewilligen.[75]

Die Pariser Februarrevolution hatte 1848 wie in anderen Staaten auch in Sachsen als Initialzündung gewirkt. Bereits zehn Tage nach den Ereignissen in Paris haben die Leipziger Stadtverordneten am 1. März 1848 eine Petition an den König verfasst, die als Auftakt des Adressensturms in Sachsen gilt. In Leipzig bildete sich eine Koalition aus Stadtrat und Protestbewegung unter der Leitung Robert Blums, die ohne revolutionären Aktivismus, allein aufgrund des Drucks, den die öffentliche Meinung aufbaute, den zunächst unnachgiebigen König bewegen konnte, sein Kabinett am 13. März zu entlassen. Diese für die Zeitgenossen symbolträchtige Entscheidung, ein neues Ministerium zu berufen, fiel am selben Tag wie in Wien und sechs Tage bevor der preußische König Friedrich Wilhelm IV. seine Truppen aus Berlin abzog. Sie steht daher im Kontext der Märzbewegung, und diese setzte sich wie in den anderen deutschen Mittel- und Kleinstaaten durch, bevor sie die deutschen Großmächte überwand.[76] Als Friedrich August II. am 21. Mai 1848 vor dem sächsischen Landtag sprach, hatte er seine Ansicht über die Notwendigkeit liberaler Reformen bereits seit über einem Monat revidiert.[77]

Die Revolution von 1848 spielte sich nämlich nicht allein auf der Straße ab. Neben der spontanen Volksbewegung, der sogenannten Basisrevolution, lassen sich noch vier weitere Handlungsebenen[78] ausmachen: Erstmals in der deutschen Geschichte mussten die fürstlichen Kabinette Pressefreiheit und freie Bildung von politischen Vereinen zulassen. Die rasch aufblühende Tagespresse und die wie Pilze aus dem Boden schießenden politischen Vereine, die sich als Vorläufer von Parteien verstehen lassen, organisierten einen öffentlichen politischen Diskurs. Als dritte Ebene der Revolution können die Ministerien gelten. Die regierenden deutschen Fürsten beriefen Kabinette aus liberalen Bürgerlichen und Adligen. Meist wurden die Führer der Landtagsopposition während des Vormärz jetzt Minister.[79] In Sachsen trat im Zuge dieser Entwicklung der Präsident der Zweiten Kammer, Alexander Karl Hermann Braun, an die Spitze des Märzministeriums. Neben ihm gehörten auch zwei Adlige dem neuen Kabinett an: Ludwig Freiherr von der Pfordten zuerst als Außen- und Innenminister sowie der Oberst Graf von Holtzendorff als Kriegsminister.[80] Das sächsische Märzministerium setzte die Vereidigung des Militärs auf die Verfassung statt auf den König durch, es gewährte Pressefreiheit, votierte öffentlich für eine Volksvertretung als Organ des Deutschen Bundes und kündigte Reformen der Justiz, der Vereins- und Versammlungsfreiheit sowie des Wahlrechts an.[81]

Ökonomisch ging die Märzregierung einen ähnlichen Weg wie bereits das vormärzliche Kabinett von Könneritz. Sie legte ein Eisenbahn- und Straßenbauprogramm auf und erhob zu dessen Finanzierung im Voraus Steuern. Um die gesetzlichen Rahmenbedingungen der gesamten Wirtschaft neu zu regeln, ließ die Regierung zunächst umfangreich die Interessenlagen der beteiligten Gruppierungen erheben. Die hierzu eingesetzte Kommission beendete ihre Arbeit erst im Januar 1850. Damit war die soziale Frage, ob es eine Umverteilung des Vermögens in der Gesellschaft geben sollte, weithin der tagesaktuellen politischen Debatte entzogen.[82]

Wie die anderen 1848 neu eingesetzten deutschen Regierungen auch versuchte das sächsische Märzministerium, vor allem die städtische Basisrevolution zu beenden.[83] Das Kabinett nahm damit der Umwälzung den anfänglichen Schwung. Dennoch kam mit der Berufung des Märzministeriums in Sachsen die Basisrevolution nicht zum Stillstand. Die Auseinandersetzungen zwischen Landbevölkerung und adligen, bürgerlichen sowie kommunalen Grundherren begannen erst Ende März 1848.[84] Anders als im übrigen Deutschland, wo der Aufruhr auf dem Lande den Massendemonstrationen in den (Haupt-)Städten vorausging,[85] löste der Erfolg auf den Handlungsebenen Öffentlichkeit und Ministerium erst eine zweite Basisrevolution auf dem Lande aus. Da noch keineswegs alle Abgaben und Dienste der Bauern abgelöst waren, boten die überkommenen Feudallasten im Jahr 1848 noch reichlich gesellschaftlichen Konfliktstoff. Die Landbevölkerung verlangte meist die Aufhebung der Patronatsrechte und Patrimonialgerichtsbarkeit, die Jagdfreiheit sowie den Erlass von Lehnsabgaben oder deren billigere Ablösung. In sehr unterschiedlichem Maße sind die einzelnen Rittergutsbesitzer auf die Forderungen ihrer Untertanen eingegangen. Das Märzministerium hat die Basisrevolution auf dem Land an ihren Brennpunkten als illegalen Angriff auf fremdes Eigentum zu ersticken versucht.[86]

Ein großes Hemmnis für die Ziele der 1848er Revolution waren das Militär und die Beamten der staatlichen Zentralverwaltung. Denn die führenden Positionen der Exekutive lagen zu einem hohen Prozentsatz in der Hand adliger und bürgerlicher Männer, die bereits im Vormärz diese Ämter ausgeübt hatten.[87] Schließlich lässt sich neben dieser vierten, der bürokratisch-militärischen Handlungsebene, noch ein fünfter Schauplatz der Revolution bestimmen: die Parlamente. Für Sachsen waren die Frankfurter Nationalversammlung und der eigene Landtag von Bedeutung. Auf dieser Ebene der parlamentarischen Vertretungen ergab sich in Sachsen eine zwiespältige Konstellation. Die Wahlen zur Frankfurter Nationalversammlung entschieden sich zwischen den Vertretern der demokratischen Vaterlandsvereine und der liberalen Deutschen Vereine, die 14 bzw. sechs Abgeordnete in die Paulskirche entsandten. Vier weitere Abgeordnete waren nicht von einem dieser Vereine aufgestellt worden.[88] Hier dominierten daher die neu gegründeten politischen Vereine der Märzbewegung. Auf dem sächsischen Landtag, der vom 21. Mai bis zum 15. November 1848 tagte, waren die Abgeordneten nach dem Wahlrecht von 1831 gewählt. Diesem Parlament gehörten in der Zweiten Kammer seit dem Vormärz liberale Abgeordnete an, von denen sich im Jahr 1848 ein Teil den liberalen Deutschen Vereinen und ein anderer Teil den demokratischen Vaterlandsvereinen anschloss. Durch Nachwahlen im Frühjahr 1848 wuchs diese Gruppierung auf 20 Mandatsträger. Ihnen gegenüber standen 30 Abgeordnete, die wenig oder gar keine Veränderungen befürworteten. Die Abstimmungen dieser Kammer entschieden deshalb die 25 Parlamentarier, die keiner dieser beiden Richtungen angehörten. In der Ersten Kammer war das Gros der Parlamentarier konservativ gesonnen.[89] Nimmt man die Wahlen zur Frankfurter Nationalversammlung als Vergleichsmaßstab für den Rückhalt der politischen Strömungen in der Bevölkerung, dann war der Einfluss der Konservativen und der politisch-weltanschaulich Nichtgebundenen im sächsischen Landtag zu hoch bemessen.

Die liberalen Minister, die im März 1848 ihr Amt antraten, beriefen keine sächsische Konstituante ein, wie das die demokratischen Vaterlandsvereine forderten. Ein solches Vorparlament hätte ein allgemeines, gleiches und freies Männerwahlrecht beschließen und statt eines Zwei- ein Einkammerparlament legitimieren können. Eine Volksvertretung, wie die Demokraten sie forderten, hätte ohne ein Herrenhaus, in dem das Gros der Mitglieder durch Rittergutsbesitz legitimiert war, agieren können. Sie hätte sich nach zeitgenössischem Verständnis auf den politischen Willen der Gesellschaft berufen und diesen gegenüber dem Staatsapparat, der Exekutive, geltend machen können. In der Konsequenz zielte ein solches Konzept auf ein parlamentarisches Regierungssystem. Diesem politischen Programm der Demokraten, das unmittelbar eine politische Emanzipation aller erwachsenen Männer hätte in Kraft treten lassen, stand die Absicht der Liberalen entgegen, unterbürgerliche Schichten nicht sogleich an der politischen Macht zu beteiligen. Nur wer gebildet und vermögend war, sollte mitbestimmen. Die übrigen sollten erst künftig in die Politik integriert werden, wenn eine gesellschaftliche Modernisierung ihnen den Aufstieg ermöglicht hatte. Gegen sozialrevolutionäre Übergriffe der politisch noch Unmündigen wollten sich die Liberalen den Monarchen als Machtreserve erhalten.[90] Dementsprechend ließ das Märzministerium den sächsischen Landtag nach dem Wahlrecht von 1831 zusammentreten, um ihm ein neues Wahlrecht, aber auch andere wichtige Gesetze vorzulegen. Die Stimmung im Land war aber weithin demokratisch dominiert. Das belegen etwa die zeitgleichen Wahlgänge. Für den Landtag des Jahres 1848 waren in der Zweiten Kammer elf Nachwahlen erforderlich. Sämtliche Mandate errangen Abgeordnete, die von den demokratischen Vaterlandsvereinen unterstützt wurden.[91] Die öffentliche Meinung in Sachsen beeinflusste auch die Abstimmungen des Parlaments nicht unerheblich. Insofern war auch der auf herkömmliche Weise konstituierte Landtag ein zentrales Forum für die öffentliche Diskussion über Veränderungen. Allerdings blieb auch das Märzministerium ein vom König eingesetztes

Kabinett, dessen Regierungsauftrag nicht durch eine Parlamentsmehrheit konstituiert worden war. Ob Sachsen künftig eine parlamentarische Regierungsform bekommen würde, war eine offene Frage, die aus der Sicht des Königshauses keineswegs strikt abgewiesen wurde. Noch im Oktober 1848 erklärte Kronprinz Johann von Sachsen als Mitglied der Ersten Kammer: „Es muß künftig an keinen Zwiespalt zwischen der Regierung und den Kammern gedacht werden, es muß die Regierung als ein Theil des Parlaments angesehen werden. Die Minister müssen als Führer der Partei, welche die Majorität hat, aus der Majorität hervorgehen, aber auch die Majorität nach einer gewissen Richtung zu leiten wissen."[92]

Der Landtag, der vom 21. Mai bis zum 15. November 1848 tagte, behandelte die zentralen Anliegen der Revolution von 1848. Er debattierte über Presse-, Versammlungs- und Vereinsfreiheit,[93] den deutschen Einigungsprozess,[94] novellierte das Kommunalgardengesetz[95] und bewilligte Maßnahmen gegen die bedrückende Lage von Handel und Gewerbe.[96] Als politisch bedeutendster Beschluss für die Entwicklung des sächsischen Landtags sollte sich das neue Wahlrecht erweisen, das die Regierung erst im zweiten Anlauf im November 1848 durchbringen konnte. Zunächst wollte das Märzministerium lediglich die Zweite Kammer reformieren und die Erste Kammer unverändert bestehen lassen. Das Unterhaus sollte in 37 städtischen und 38 ländlichen Wahlbezirken von allen volljährigen, das heißt nach damaligem Recht von allen 21-jährigen und älteren Männern gewählt werden. Wählbar sollten nur Männer sein, die mindestens 30 Jahre alt waren und einen eigenen Haushalt führten. Mit ihrer Stimme hätten die Männer nicht direkt Abgeordnete, sondern lediglich Wahlmänner festgelegt, die wiederum die Mitglieder der Zweiten Kammer gewählt hätten.[97] Ein Wahlrecht für Frauen stand nicht zur Debatte. Als vermutlich Erste in Deutschland forderte Louise Otto-Peters Ende Januar 1849 das Stimmrecht für Frauen.[98]

Trotz der verschiedenen Einschränkungen bedeutete dieses Gesetzesvorhaben eine erhebliche Ausweitung des Wahlrechts. Es reservierte den verschiedenen städtischen und ländlichen Eigentümerklassen nicht mehr länger ein festes Kontingent an Sitzen in der Zweiten Kammer. Von der Gliederung des Hauses nach „Interessen", wie man damals sagte, sollte ein Übergang zur Repräsentation des ganzen Staatsvolks stattfinden. Der einzelne Abgeordnete hatte nicht mehr die Rittergutsbesitzer, die kleinen ländlichen Grund- und Hausbesitzer (die „Bauern"), das städtische Besitzbürgertum sowie das Handels- und Industriekapital zu vertreten, sondern er stand für die Gesamtheit seines Wahlkreises. Das Plenum sollte sich nun nach seiner weltanschaulich-politischen Ausrichtung gliedern.

Als das Unterhaus des außerordentlichen Landtags am 29. Juni 1848 das Wahlgesetz debattierte, fiel der Regierungsentwurf schon durch, als zunächst allgemein über die Vorlage beraten wurde. Ein demokratisches Konzept, das durch ein Deputationsgutachten eingebracht wurde und freies, gleiches sowie direktes Männerwahlrecht zu einem Einkammerparlament forderte, bekam aber ebenfalls keine Mehrheit.[99] Nach den Gepflogenheiten des vormärzlichen Landtags in Sachsen hätte damit die Beratung abgeschlossen sein sollen. Die

Zweite Kammer beriet aber weiter über einzelne Paragrafen eines künftigen Wahlgesetzes. Das Parlament lieferte damit der Regierung Vorgaben für eine Neufassung. Indem die Zweite Kammer die Verfahrensregeln weit auslegte, übernahm sie ein Stück weit die Gesetzesinitiative.[100]

Die Debatten darüber, wie weit politische Partizipation künftig ausgedehnt und wie sie arrangiert sein sollte, machte auf dem Landtag des Jahres 1848 auch unterschiedliche konservative Positionen sichtbar. Die gemäßigt Konservativen wollten die Erste Kammer erhalten, weil diese die Monarchie stabilisiere. Dennoch, meinte man, müsse sich die Basis für eine politische Bedeutung der adligen und bürgerlichen Konservativen erneuern, indem nicht mehr die Rittergüter als privilegierter Bodenbesitz, sondern allgemein der Großgrundbesitz zu einem Sitz im Oberhaus legitimiere.[101] Anders als das bisherige Wahlrecht hätte dieser neue Modus auf die historische Legitimation aus dem Vasallenverhältnis verzichtet und lediglich die wirtschaftliche Größe als Kriterium gelten lassen. Die streng Konservativen vertraten hingegen die Ansicht, man könne durch Konzessionen an die politischen Gegner nichts erreichen. Deshalb müsse die Erste Kammer unverändert fortbestehen. Statt dem Klammergriff von liberalem bzw. demokratischem Wahlrecht einerseits und einer drohenden Basisrevolution andererseits zu weichen und ihre Parlamentssitze aufzugeben, plädierten die Ultrakonservativen dafür, den Druck notfalls durch militärischen Widerstand gegen die Protestbewegung gewaltsam aufzubrechen.[102]

Hinter beiden konservativen Positionen stand ein Verständnis des Landtagsmandats, das nicht an weltanschaulich ausgerichteten politischen Vereinen orientiert war. Dies machte am 6. Oktober 1848 eine Debatte der Ersten Kammer deutlich, die der zeitgenössisch selten gestellten Frage nachging, welche Rolle weltanschaulich ausgerichteten Vereinen für den politischen Entscheidungsprozess in einem parlamentarischen System zukommen sollte.[103] Eine Phalanx konservativer Mitglieder des Oberhauses attackierte das politische Vereinswesen. Diese Redner hielten politische Vereine grundsätzlich für gefährlich, weil sie Parteiinteressen verfolgten, statt das Wohl der Gesamtheit aller Staatsbürger anzustreben. Staat und Gesellschaft stünden in Gefahr, zur Beute von Gruppeninteressen zu werden. Eine Regierung habe es schwer, dem Druck einer weltanschaulich ausgerichteten Presse und dem unkontrollierbaren Elan von Volksversammlungen, die die politischen Vereine organisierten, standzuhalten. Zudem übermächtigten derartige Assoziationen die individuelle Freiheit des Einzelnen. Deshalb stellten die Redner dem Konzept eines Volksvertreters, der durch allgemeine Wahl legitimiert ist und sich somit auf eine Mehrheit von Stimmen stützt, ihr Idealbild eines Landtagmitglieds entgegen, das durch seine persönliche rationale und emotionale Qualifikation die Wahrheit für die Mehrheit des Volkes erkennt.[104] Solche Vorstellungen über eine paternalistische Vordenkerposition von Honoratioren entsprachen dem herkömmlichen Selbstbildnis konservativer Adliger, aber auch der Ansicht von Personen aus anderen Herkunftsformationen. Wie alle einschlägigen Abstimmungen bereits der vormärzlichen Landtage und auch die des Landtags von 1848 indizieren, lassen sich die politisch-weltanschaulichen Richtungen nicht eindeutig gesellschaftlichen Großgruppen zuordnen.[105] Liberale Abgeordnete und auch das sächsische Märzministerium positionierten sich in der Debatte der Ersten Kammer gegen dieses Konzept und votierten für eine politische Funktion von weltanschaulichen Vereinen. Der sächsische Minister für auswärtige Angelegenheiten, Ludwig Freiherr von der Pfordten, erklärte für das Kabinett: „In Zeiten wirklicher politischer Freiheit, wie sie jetzt dem deutschen Volke gegeben worden ist, kann eine Regierung nicht anders bestehen, als in einer lebendigen Wechselbeziehung mit den politischen Gefühlen und der politischen Ueberzeugung des Volkes. Um sich in dieser Wechselbeziehung zu erhalten, muß sie bestimmte Tastorgane haben, und diese sind die Presse und die Aeußerung des politischen Bewußtseins des Volkes in den Vereinen und Versammlungen."[106]

Das zweite Wahlgesetz des sächsischen Märzministeriums wurde im Herbst 1848 vor dem Hintergrund einer neu aufflammenden Basisrevolution in Sachsen debattiert. Die demokratischen Vaterlandsvereine agitierten in Volksversammlungen für ein Einkammersystem. Gleichzeitig kam es im September 1848 an verschiedenen Orten in Sachsen zu Tumulten, in Chemnitz gar zu Barrikadenkämpfen.[107] Dennoch nahm die Zweite Kammer den Regierungsentwurf zu einem Zweikammersystem an, der allerdings wesentlich weiterging als die zuerst vorgeschlagene Wahlrechtsreform.[108] Die Zweite Kammer bestand nämlich nach dem nun vorliegenden Gesetz künftig aus 76 Abgeordneten, die in Wahlkreisen möglichst gleicher Einwohnerzahl direkt gewählt wurden. Innerhalb eines Wahlkreises entschied die relative Mehrheit der Stimmen. Die Erste Kammer sollte sich nach einem gemischten Modus konstituieren. Weiterhin behielten die erwachsenen Prinzen des Königshauses ihren Sitz. Dasselbe galt für den Vertreter der Universität Leipzig. Je drei Deputierte der Lehrerschaft an höheren Schulen, der ordinierten Geistlichkeit und der Volksschullehrer waren vorgesehen, um die Intelligenz des Landes zu repräsentieren.[109] Das Gros der Abgeordneten hätte nach dem Wunsch der Regierung jedoch die breite Masse der Besitzenden delegiert. Denn das aktive Wahlrecht für 38 Mandate des Oberhauses stand den Grundeigentümern zu. Wählbar sollte sein, wer jährlich zehn Taler Steuer zahlte. Die Zweite Kammer stimmte diesem Vorschlag nur in einer abgewandelten Fassung zu. Statt der reservierten Mandate für die Intelligenz setzte das Unterhaus durch, dass in den 25 Wahlbezirken zur Ersten Kammer künftig je zwei Abgeordnete gewählt wurden. Das Oberhaus bestand daher aus 50 gewählten Parlamentariern und den erwachsenen Prinzen des Königshauses.[110]

Sachsen hatte eine Gesamtbevölkerung von etwa 1.900.000 Menschen. Davon waren knapp 500.000 Personen volljährige Männer. Aus dieser Gruppe durften rund 450.000 sogenannte „Selbständige" das aktive Wahlrecht für die Zweite Kammer ausüben. Zusätzlich erhielten aus dieser Gruppe noch einmal die rund 300.000 Grundbesitzer das Wahlrecht für die Erste Kammer. Von der Gesamtzahl der wahlberechtigten Männer durften somit 67 Prozent auch das Oberhaus wählen.[111] Bei einer so breit angelegten Wählerschaft konnte dieser Teil des Parlaments künftig nicht mehr von den Interessen des Großgrundbesitzes dominiert werden.

Das so konzipierte Zweikammerparlament stellte einen Kompromiss dar, der den Streitpunkt zwischen Liberalen und Demokraten nach einer begrenzten und einer egalitären Staatsbürgergesellschaft widerspiegelt. Vor allem aber war absehbar, dass sich der nach neuem Modus gewählte Landtag nach weltanschaulichen Fraktionen unterteilen würde. Den adligen und mit ihnen den wenigen im Parlament vertretenen bürgerlichen Rittergutsbesitzern, die aufgrund der Verfassung von 1831 als Besitzer von Vasallengütern ihren herkömmlichen Einfluss von der frühneuzeitlichen Ständeversammlung in das Repräsentativparlament transferiert hatten, war klar, dass sie diese Position nicht aufrechterhalten konnten, wenn das neue Wahlrecht eingeführt werden würde. Sie sahen sich der Gefahr gegenüber, sämtliche Landtagssitze zu verlieren und somit auf der Ebene der Landespolitik ihr durch die Konstitution redefiniertes parlamentarisches Kondominat einzubüßen.[112]

Die Zweite Kammer des Sächsischen Landtags nahm am 3. Oktober das ganze Gesetz mit 58 gegen zehn Stimmen an.[113] Es dauerte dann noch bis zum 20. Oktober, ehe die Erste Kammer ihre erste Grundsatzdebatte über eine Wahlrechtsveränderung führen konnte. Obwohl vorhersehbar war, dass der neue Wahlmodus die Dominanz des Adels wie auch des Rittergutsbesitzes in der Ersten Kammer beendete und dieses Haus des Parlaments sich künftig auch nach Parteien zusammensetzen sollte, nahm auch das Oberhaus das Gesetz mit großer Mehrheit an. Wäre aber das Gesetz durch eine Ablehnung im Oberhaus gescheitert, hätte dies zweifellos einen innergesellschaftlichen Konflikt heraufbeschworen. Die Erste Kammer gab daher dem Druck der öffentlichen Meinung im November 1848 mehrheitlich nach und beging, wie der Abgeordnete Ernst Wilhelm Gottschald sagte, einen „politischen Selbstmord".[114]

Von 28 Rednern, die ihr Votum während der Grundsatzdebatte begründeten, erklärten 13, sie sähen sich genötigt, dem Wahlgesetz zuzustimmen, weil die Regierung die Vertrauensfrage daran geknüpft habe und die Zustände im Land es erforderten. Sieben weitere Parlamentarier lehnten das Gesetz offen ab oder deuteten dies an. Dagegen umfasste das Spektrum der Redner, die sich aus unterschiedlicher Überzeugung für das Gesetz aussprachen, nur acht Personen. In der Gruppe der Befürworter befanden sich sechs bürgerliche Abgeordnete und zwei Adlige. Für eine kompromisslose Ablehnung sprachen sich sechs Adlige und nur ein Bürgerlicher aus. Und im großen Feld derjenigen, die aus politischer Notwendigkeit zustimmten, befanden sich elf Adlige und zwei Bürgerliche.[115]

Ein Legitimationsmuster für strikt Konservative, dem Wahlrecht zuzustimmen, trug Friedrich Freiherr von Friesen vor. Er war ein Gegner allgemeiner Wahlen, weil nicht „die gezählten Stimmen [...,] sondern [...] das Gewicht der innern Gründe" entscheide, „was unwahr und was verderblich für das Land" sei. Der adlige Rittergutsbesitzer wies sich selbst diese Kompetenz zu: „Meine Herren, es giebt hier oben und auf der linken Seite ein kleines Fleckchen (auf Kopf und Herz zeigend), das mir sagt, was recht und was unrecht ist."[116] Mit Verstand und Gefühl erkenne man die Sachzwänge, die politische opinio necessitatis, gegen deren Notwendigkeit aller Widerstand zwecklos sei. Dennoch führte von Friesen aus: „Es ist nie geleugnet worden, sondern anerkannt worden, daß die erste Kammer in ihrer gegenwärtigen Zusammensetzung nicht fortbestehen könne. […] Hätte die Staatsregierung uns darüber zeitiger gefragt, so würden wir im Wesentlichen eine andere Antwort auch nicht haben geben können, als die wir heute geben. Es sind nun einmal jetzt stürmische außerordentliche Zeiten und die Nothwendigkeit außerordentlicher Maaßregeln ist nicht abzuleugnen, sie können durch ein bloßes Festhalten des bisher Bestandenen nicht abgewendet werden, und derjenige Staatsmann müßte erste noch geboren werden, der den jetzigen Sturm der Zeit so ohne weiteres mit einem Quos ego[117] beschwichtigen könnte. Einen moralischen Zwang habe ich meinerseits nicht empfunden, ich wüßte auch nicht, woher er kommen sollte, wir können frei reden, wir können frei abstimmen, und Niemand kann uns zwingen, Niemand kann uns in unserer Meinung bestimmen. Allein eine politische Macht, eine politische Nothwendigkeit, die über uns waltet und gebietet, die erkenne ich allerdings an, und der füge ich mich, vor der beuge ich mich."[118]

Die unwiderstehlich bewegende Macht sah der Redner im „Geist des Volkes". In dieser Formel scheint ein Denkmuster der idealistischen Philosophie auf. Denn der königsnah-konservative von Friesen führt aus, er verlasse sich für die Zukunft auf die „thätige und frische Kraft des Volkes" und tröste sich damit, dass der „Geist des Volkes […] bessern wird, was noch mangelhaft, was noch fehlerhaft ist" am Wahlgesetz. „Das Volk wird seine Rechte geltend machen und wird die Wahrheit aussprechen, auch wenn das Gesetz noch so unvollkommen ist."[119] Diese Übermacht der Geschichte über den individuellen Gestaltungswillen, wie sie etwa auch der Philosoph Georg Wilhelm Friedrich Hegel für den Weltgeist postulierte, nahm dem scheidenden Parlamentarier die Last, in eigenen Entscheidungen der Vergangenheit nach Fehlern zu suchen oder sein Konzept eines paternalistischen Volksvertreters zu revidieren, der nach von Friesens Ansicht nicht durch allgemeine Wahl legitimiert sein sollte, sondern durch seine persönliche rationale und emotionale Qualifikation die Wahrheit für die Mehrheit des Volkes erkennen kann.[120]

Als der sächsische König Friedrich August II. zwei Tage später, am 17. November 1848, den außerordentlichen Landtag feierlich beendete, meinte er, nicht nur die Sitzungsperiode des Parlaments zu beenden, sondern „zugleich einen wichtigen Abschnitt der sächsischen Geschichte".[121] Denn er habe die neuen Wahlgesetze durch eine Änderung der Verfassungsurkunde bereits vollzogen. Sachsen trete nun ein in die Reihe der Staaten, deren Verfassungen auf dem Repräsentativsystem beruhten. Der König dankte den Ständen für ihre Arbeit, enthielt sich aber gegenüber dem Parlament weitgehend einer Wertung über das neue Wahlgesetz. Seine spärliche Bemerkung, er sehe mit Vertrauen den künftigen Vertretern des Volkes entgegen, ließ als taktisch-diplomatische Äußerung jederzeit die Rücknahme der herrscherlichen Zustimmung offen.[122]

1849–1850: Der erste Versuch einer Parlamentarisierung

Die ersten Wahlen nach erneuertem Modus fanden im Dezember 1848 statt. Ihnen voran ging ein Wahlkampf, der die Öffentlichkeit mehr politisierte als je zuvor.[123] Schon nach der Wahrnehmung der Zeitgenossen standen diese Wahlen unter dem Einfluss der weltanschaulich ausgerichteten Vereine. Die „Budissiner Nachrichten" veröffentlichten beispielsweise am 4. Dezember 1848 eine Kandidatenliste der liberalen Deutschen Vereine Sachsens.[124] Eine Kandidatenliste der demokratischen Vaterlandsvereine publizierte am 6. Dezember 1848 die „Erzgebirgische Eisenbahn", ein Wochenblatt aus Kirchberg.[125] Nach der Wahl machten mehrere Zeitungen bekannt, welche der Abgeordneten der Zweiten Kammer mit der Unterstützung der Vaterlandsvereine bzw. Deutschen Vereine gewählt worden waren.[126] Nur wenige Parlamentarier hatten auch ohne den Rückhalt dieser Vorläufer der politischen Parteien einen Kammersitz errungen.[127]

Für die Erste Kammer wurden nach dem neuen Wahlrecht Männer stimmberechtigt, die „mit Grundbesitz ansässig" waren. Von den Kandidaten für das Oberhaus verlangte das Gesetz den immer noch hohen Zensus von zehn Talern Staatssteuer pro Jahr.[128] Das Parlamentsmandat im Oberhaus blieb darüber hinaus auch weiterhin daran gebunden, mit Grundbesitz im Königreich Sachsen ansässig zu sein. Der Steuerzensus zielte hingegen nicht direkt auf Vermögen, sondern auf die Leistungen des Einzelnen für den Staat. Ein Mandat für die Erste Kammer des sächsischen Landtags erforderte demnach nun eine ökonomisch qualifizierte Einbettung in die Gesellschaft. Nach dem Wahlgesetz vom November 1848 wurden für die Zweite Kammer alle erwachsenen Männer stimmberechtigt. Für dieses Haus des Parlaments verlangte das passive Wahlrecht von den Kandidaten lediglich ein Mindestalter von 30 Jahren.[129] Das Zweikammerparlament nach dem Wahlmodus vom November 1848 stellte daher einen Kompromiss dar, der den Streitpunkt zwischen Liberalen und Demokraten nach einer begrenzten und einer egalitären Staatsbürgergesellschaft widerspiegelt. Während für die Erste Kammer ein Vermögens- und Mindeststeuernachweis als askriptive Vorbedingung erhalten blieb, legitimierten sich die Abgeordneten der Zweiten Kammer ohne eine derartige Einschränkung nur durch Wahl.

Gewählt wurde in 75 Wahlbezirken je ein Kandidat für die Zweite Kammer. Für die Wahl zur Ersten Kammer wurden je drei dieser Wahlbezirke zusammengefasst und in jedem je zwei Kandidaten gewählt, sodass im Oberhaus 50 gewählte Abgeordnete saßen.[130] Obwohl die Zuordnung der gewählten Abgeordneten zu den weltanschaulichen Vereinen nicht immer ganz eindeutig war, ergab sich auch in dieser Kammer eine überwältigende Mehrheit von 41 demokratischen Abgeordneten gegenüber neun Liberalen.[131] Da das Märzministerium mit Ausnahme des demokratischen Innenministers Martin Oberländer aus Liberalen bestand, die im Wahlkampf die Deutschen Vereine unter-

Abb. 16: Wahlgesetz vom 15. November 1848, Gesetz- und Verordnungsblatt für das Königreich Sachsen

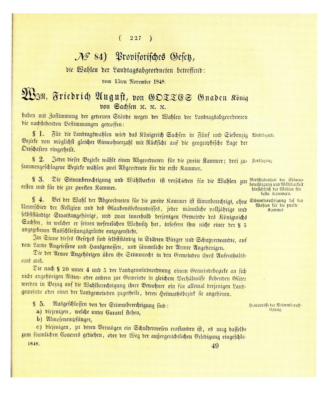

stützt hatten,[132] hätte nun nach parlamentarischen Spielregeln ein Ministerium aus den Reihen der gemäßigten Demokraten nahegelegen. Der König hätte mit einer solchen Kabinettsbildung etwa Martin Oberländer betrauen können. Durch eine solche Regierung wäre innenpolitisch das Wahlprogramm der demokratischen Vaterlandsvereine umzusetzen gewesen. Die Demokraten forderten, die noch vorhandenen Feudallasten unentgeltlich zu beseitigen, das Kirchenpatronat der Grundherren aufzuheben und den Adel abzuschaffen. Neben diese Stoßrichtung gegen die Reste der feudalen Herrschaft traten Forderungen nach größerer Partizipation aller Bürger am Staat: Die Polizeigewalt sollte auf die Gemeinden übergehen, Verwaltungs- und Justizbeamte sollten nicht nur von der Bürokratie eingesetzt werden, sondern durch Wahl eine Bestätigung erhalten. Vor allem aber wäre nach dem Willen der demokratischen Vaterlandsvereine die Erste Kammer als privilegierte Vertretung vermögender Sozialformationen abgeschafft worden. Einem ohne Zensus gewählten Einkammerparlament sollte das Initiativrecht zustehen und der Regierung gegen die Parlamentsbeschlüsse lediglich ein suspensives Veto erlaubt sein. Schließlich forderten die Vaterlandsvereine, das stehende Heer durch Volksbewaffnung zu ersetzen. In dieser Armee seien die Offiziere frei zu wählen. Auf wirtschaftlichem Bereich wollten die Vaterlandsvereine den Staatsaufwand mindern und die Zivilliste reduzieren, um Steuern senken zu können. Die Forderung nach der sozialen Republik enthielt das Programm nicht. Außenpolitisch hätte eine Regierung, die sich auf die parlamentarische Mehrheit der Vaterlandsvereine stützte, die Bestrebungen der Frankfurter Paulskirche unterstützt. Sie hätte die Grundrechte des deutschen Volkes in Kraft gesetzt und die Reichsverfassung anerkannt.[133]

Sachsens Monarch berief aber kein Ministerium Oberländer. Daher sah sich der Landtag, der am 17. Januar 1849 feierlich eröffnet wurde,[134] in der Notwendigkeit, mit dem Märzministerium zu verhandeln. Die demokratische Mehrheit der beiden Kammern erweiterte selbstbewusst die Rechte des Parlaments. Am 2. Februar 1849 setzte das Unterhaus erstmals eine Untersuchungskommission ein. Diese Enquete sollte einen Vorschlag erarbeiten, wie das Berg- und Hüttenwesen neu geregelt werden könne.[135] Für das Schul- und Unterrichtswesen konstituierte die Zweite Kammer am 9. Februar 1849 einen Ausschuss,[136] obwohl das Märzministerium noch kein einschlägiges Gesetz vorgelegt hatte und eine Regierungskommission Reformvorschläge ausarbeitete.[137] Der Landtag setzte daher von Beginn an unübersehbare Signale, dass er gewillt war, die Gesetzesinitiative zu beanspruchen. Ganz im Sinne eines parlamentarischen Regierungssystems bemühte sich die demokratische Mehrheit der Kammern auch, Einfluss auf die Verwaltung zu nehmen. Der Wortführer der republikanischen Demokraten, Samuel Erdmann Tschirner, verlangte am 18. Januar 1849 von der Regierung, den sächsischen Gesandten Rudolf von Könneritz aus Wien abzuberufen, weil dieser nicht gegen die Erschießung von Robert Blum interveniert habe.[138] Auch nahm die Zweite Kammer am 7. Februar 1849 einen Antrag an, der der Regierung nur bis Ende Juni 1849 das Recht zugestand, Steuern zu erheben. Der knapp befristete Zeitraum zeigt, dass die Kammer gegenüber dem Märzministerium dieses Druckmittel nicht langfristig aus der Hand geben mochte.[139] Als der Landtag bereits rund einen Monat lang zusammentrat, demissionierten am 16. Februar 1849 sämtliche Minister durch einen Brief an König Friedrich August II. Sie verwiesen darauf, dass sie bei ihrem Amtsantritt dem Monarchen erklärt hätten, ihr Amt nach dem „Prinzip einer parlamentarischen Regierung" ausüben zu wollen.[140] Die Regierung habe sich während des Landtags im Jahr 1848 mehrfach zu diesem Grundsatz bekannt und werde daran festhalten. Gegenüber dem nunmehr konstituierten Parlament müssten die Minister entweder der bisherigen Position untreu werden oder die Kammern auflösen. Denn es sei „beinahe keine einzige wichtigere Frage zur Abstimmung in den Kammern gekommen, in der sich nicht die Letzteren gegen die Ansichten der Regierung ausgesprochen hätten". Die Minister erklärten: „Nicht nur, daß wir in keiner derselben [sc. Kammern] eine Majorität besitzen, haben wir auch nicht einmal eine namhafte Minorität für uns."[141] Von einer Auflösung der Kammern riet die Regierung dem König ab, da die öffentliche Meinung erwarte, dass sich nach dem politischen Konzept der Landtagsmehrheit „materielle und politische Verbesserungen" erreichen ließen.[142] Auch wenn die Minister selbst die Politik der demokratischen Landtagsmajorität für verfehlt hielten, sie beugten sich ihr. Deshalb rieten die Märzminister dem König, ein neues Kabinett zu ernennen, „das, wenn es aus der jetzigen Kammermajoritaet gewählt [sei], auf eben die Majoritaet sich stützen könnte, oder wenn es von Eurer Majestaet aus andern Bestandtheilen zusammengesetzt würde, mit den Kammern zu regieren um so eher versuchen könnte, als es nicht, wie wir, in dem Falle wäre, der öffentlichen Erklärung eines Grundsatzes stets sachlich entgegentreten zu müssen".[143]

Somit veranlasste eine Störung der Kooperation von Regierung und Landtag den Rücktritt des Märzministeriums. Die Mehrheit der Abgeordneten war aufgrund ihres Wahlerfolges stärker als die Regierung, sodass diese zurücktrat, um den Regeln des Parlamentarismus zu entsprechen. Damit machten die Märzminister sichtbar, dass sie in der Anwesenheitsversammlung des Landtags keine Mehrheit für ihre Politik fanden. Sie versuchten zwar ohne Rechtsnotwendigkeit, aber aus Pragmatismus und Überzeugung im politischen Feld eine Situation herzustellen, in der die Abgeordneten nach dem Auftrag ihrer Wähler handeln konnten. Der Sinnhaushalt des Landtags wäre nachhaltig gestört worden, wenn die Minister im Amt geblieben wären. Das hätte sich entweder durch Neuwahlen verhindern lassen, die andere parlamentarische Mehrheitsverhältnisse hätten hervorbringen müssen, oder die Minister hätten eine politische Kehrtwende vollziehen und dem Willen der demokratischen Kammermehrheit entsprechen müssen. Weil diese Option dem Kabinett seine Rolle als maßgeblicher Gestalter der Politik genommen hätte, demissionierten die Märzminister.[144]

Friedrich August II. entschied sich dafür, ein Kabinett aus hohen Staatsbeamten zu berufen. Dieser Entschluss lässt sich nur als Konsequenz der persönlichen Ansichten des Monarchen verstehen, der wenig geneigt war, Regierungsrechte aufzugeben.[145] Daher übernahm Gustav Friedrich Held am 24. Februar 1849 den Vorsitz des sächsischen Gesamtministeriums und war zugleich Justiz- und Kultusminister. Finanzminister wurde Carl Wolf von Ehrenstein, Innenminister Dr. Christian Albert Weinlig, Außenminister Friedrich Ferdinand Freiherr von Beust und Kriegsminister Bernhard Rabenhorst.[146] Diese Regierung trat, um sich politischen Kredit zu verschaffen, ins politische Alltagsgeschäft ein, indem sie die Grundrechte anerkannte, die die Frankfurter Nationalversammlung verabschiedet hatte.[147] Dennoch stand sie zur Mehrheit des sächsischen Landtags mindestens so kontrovers wie das demissionierte Märzministerium. Damit blieb zunächst offen, ob es dem Parlament oder der vom König neu eingesetzten Regierung gelingen würde, ihre konkurrierenden Ansprüche auf letztlich miteinander unvereinbare Ordnungen des Parlamentarismus bzw. des monarchischen Prinzips durchzusetzen. Als Weinlig etwa zwei Monate nach seiner Ernennung, am 28. April 1849, den König um seine Entlassung bat, schrieb er ihm: „Ich glaube Eurer Majestät meine Hingebung schon dadurch bewiesen und dem Lande dadurch genützt zu haben, daß ich das schwere Werk der Abnutzung der Kammern durchführen half."[148] Dies dürfte von Anfang an das Vorhaben des Königs und der Regierung Held gewesen sein. Sie wollte keine parlamentarische Mehrheit hinter sich bringen, sondern wartete auf einen günstigen Zeitpunkt, den unliebsamen Landtag aufzulösen.

Eine Mehrheit der Abgeordneten hat dies wohl verstanden und war zunächst bemüht, der Regierung keinen bequemen Vorwand zur Auflösung oder Vertagung des Parlaments zu liefern. Denn in der Paulskirche stand die Reichsverfassung unmittelbar vor der abschließenden Beratung. Ihre Durchsetzung hätte nicht nur einen deutschen Nationalstaat geschaffen und die Länder einen Teil ihrer Souveränität gekostet, sondern es wäre auch deutschlandweit das monarchische Prinzip durch den Parlamentarismus abgelöst worden. Damit wären aber wesentliche Regierungsrechte von den Fürsten auf die Parlamente übergegangen.[149]

Der innerparlamentarische Disput um den Kurs gegenüber der neuen Regierung steuerte auf einen ersten Höhepunkt zu, als am 23. März 1849 der Führer der äußersten Linken, Samuel Erdmann Tschirner, und 16 weitere Abgeordnete ein Misstrauensvotum gegen die Regierung einbrachten. Der Antrag begann mit einem Bekenntnis zu dem Grundsatz, „daß jede Regierung in einem democratischen Staate eine parlamentarische sein muß".[150] Wenn aber eine Regierung, wie das für das gegenwärtige Ministerium zutreffe, schon nicht aus der Mehrheit der Volksvertretung hervorgegangen sei, müsse sie sich darüber erklären, ob die Grundsätze ihrer Politik mit denen der Kammermehrheit übereinstimmten. Das Ministerium Held halte jedoch mit einer Stellungnahme zu den „Hauptfragen der Gegenwart in politischer und ökonomischer Hinsicht" hinter dem Berg. Aus seinen bisherigen Aktivitäten lasse sich eher auf einen Dissens zur Kammermajorität schließen.[151]

In der Debatte des Tschirnerschen Misstrauensvotums am 28. März 1849 legten 26 gemäßigt-demokratische Parlamentarier einen Antrag vor, der vorläufig ein weniger pauschales Vorgehen gegen die Regierung vorschlug. Denn das Misstrauensvotum, so erläuterte der Abgeordnete Dr. Hermann Köchly, spitze das Verhältnis zwischen Ministerium und Parlament auf die Alternative zu, „entweder ihr geht, oder ihr heißt uns gehen".[152] Der zweite Antrag beschränkte sich daher auf einen Konfrontationspunkt. Er forderte, die Regierung müsse den Beschlüssen der Volksvertretung folgen und den sächsischen Gesandten von Könneritz aus Wien abberufen. Sollte die Regierung von Könneritz nicht abberufen, erwarte die Volksvertretung vom König, „daß er mit andern Räthen sich umgeben, in Zukunft aber gleichwie auf die Entlassung, so auch auf die Wahl seiner Räthe oder mindestens des ersten derselben dem Volke oder der Vertretung derselben gebührenden Einfluß lassen werde".[153] Im Prinzip aber stimmten auch die gemäßigten Demokraten mit der Forderung überein, dass Regierung und Kammermajorität in den Grundlinien der Politik einig sein müssten. Sie hielten nur den Zeitpunkt für eine endgültige Machtprobe noch nicht für gekommen. Köchly verkündete diese Ansicht in martialischer Pose: „Wir wollen die Entscheidungsschlacht erst dann schlagen, wenn alle Waffen in unserer Hand sind."[154]

Einige Wochen später hatte sich die Situation so verschärft, dass nun auch die gemäßigten Demokraten die Regierung stärker unter Druck setzen wollten. In der Sitzung vom 21. April 1849 verweigerte die Zweite Kammer des Landtags ein Gesetz zur weiteren Steuererhebung. Als Zwischenlösung gewährte sie lediglich Staatsabgaben bis Ende September.[155] Am 23. April 1849 erklärte der Abgeordnete Köchly, der „Conflict zwischen Ministerium und den Volkskammern" habe sich inzwischen „vermehrt und geschärft".[156] Er verwies auf verschiedene Kammerdebatten mit einzelnen Ministern und vor allem darauf, dass sich das Ministerium trotz eindeutiger Voten der Ersten und der Zweiten

Kammer noch nicht klar für die Anerkennung der Reichsverfassung ausgesprochen habe. Der Redner resümierte seine Ausführungen: „Wenn das Ministerium erkennt, daß dieser Conflict von der Art ist, daß es nicht auf die Auffassung der Kammern eingehen kann, so wird es wissen, daß es seine Pflicht ist, daß es seine Schuldigkeit ist, entweder zurückzutreten oder durch Auflösung der Kammern an das Volk selbst zu appellieren."[157] Über den Ausgang von Neuwahlen war Köchly aber sehr zuversichtlich. Auch Tschirner blieb als Sprecher der äußersten Linken bei seiner längst geforderten Misstrauenserklärung für die Regierung: „Es gilt, den Kampf aufzunehmen, man will sehen, ob man im Stande ist, der Democratie sich entgegenzustellen, ob man sie vernichten, oder ob die Democratie obsiegen kann. – Jetzt zweifelt wohl Niemand mehr, daß wir Schritte thun müssen, welche das Ministerium zwingen, zu gehen, oder zu versuchen, das Land aufzufordern, die Frage durch neue Wahlen in den Kammern zu entscheiden."[158]

Tschirner erneuerte daher sein Misstrauensvotum vom 23. März 1849, und die Mehrheit der Zweiten Kammer schloss sich in namentlicher Abstimmung diesem Antrag mit 41 gegen 24 Stimmen an.[159] Zugleich beschloss das Haus, die Aufwendungen für die Gesandtschaft des Herrn von Könneritz nicht mehr zu genehmigen, und rügte, dass die Regierung, weil sie den Diplomaten in Wien belasse, „die Ehre und Selbständigkeit des sächsischen Volkes" gefährde.[160] Am 27. April 1849 schloss sich die Erste Kammer diesen Beschlüssen der Zweiten an.[161] Damit standen aus der Perspektive des Landtags nicht nationale Bestrebungen im Mittelpunkt der Auseinandersetzung mit der Regierung und dem König, sondern das parlamentarische Regierungssystem. Kabinett und König beschlossen am folgenden Tag einmütig, die Kammern aufzulösen, weil sie ihnen zu widerständig waren und nicht wie gewünscht Steuern bewilligten.[162] Die Anerkennung der Reichsverfassung war nur ein – wenn auch wesentlicher – Punkt des Dissenses zwischen Parlament, Ministerium und König. Am Montag, den 30. April 1849, wurde die Auflösung des Parlaments durch einen Regierungskommissar in der Ersten Kammer bekannt gemacht.[163] Dieser Zeitpunkt war deshalb besonders günstig, weil mit dem Ende des Monats auch die provisorische Steuerbewilligung des Parlaments auslief und die Regierung nach Paragraf 103 der Verfassung das Recht hatte, per Kabinettsverordnung ein Jahr lang ohne die Kammern Steuern zu erheben. Allerdings musste nach sechs Monaten ein außerordentlicher Landtag einberufen werden.[164]

Ende April 1849 bestand bereits ein unüberbrückbarer Dissens im Kabinett, ob Sachsen die Reichsverfassung unter dem Vorbehalt annehmen solle, dass auch Preußen ihr seine Zustimmung gebe.[165] Damit hätte man, wie der Innenminister am 28. April 1849 an den König schrieb, der öffentlichen Meinung entgegenkommen können, ohne sich endgültig festzulegen.[166] Am darauf folgenden Tag, einem Sonntag, trugen der Außenminister Friedrich Ferdinand Freiherr von Beust und der Kriegsminister Bernhard Rabenhorst dem sächsischen Monarchen vor, dass sie bereit seien, die Reichsverfassung abzulehnen. Daraufhin versammelte der Fürst um 18 Uhr alle Minister zu einer Konferenz im Residenzschloss. Die Positionen blieben aber auch unvereinbar, als sich der Monarch für die Ansicht von Beusts und Rabenhorsts aussprach und Friedrich

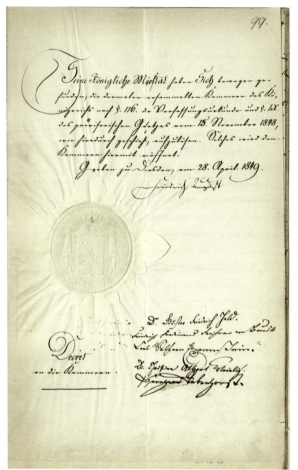

Abb. 17: Auflösungsdekret für den Landtag vom 28. April 1849, von König Friedrich August II. unterschrieben und von seinen Ministern gegengezeichnet

August II. den Justizminister Gustav Friedrich Held, Innenminister Christian Albert Weinlig und Finanzminister Carl Wolf von Ehrenstein aufforderte, im Amt zu bleiben.[167] Noch am selben Tag schrieb Sachsens König einen Brief an Friedrich Wilhelm IV. von Preußen, in dem er ihn bat, ihm preußische Truppen zu Hilfe zu schicken.[168] Denn es war den Akteuren an der Spitze des Staates klar, dass man bereit sein musste, einen Aufstand niederzuschlagen.[169] Am 30. April 1849, als der Landtag aufgelöst wurde, legten die Minister Held, Weinlig und von Ehrenstein ihre Ämter nieder.[170] Geeignete Persönlichkeiten zu finden, die bereit waren, in das Ministerium einzutreten, fiel Ferdinand von Beust, den der König damit beauftragt hatte, nicht leicht. Vor dem Aufstand, der am 3. Mai 1849 in Dresden ausbrach, gelang es lediglich, Ferdinand Zschinsky dazu zu bewegen, das Justizministerium zu übernehmen.[171]

Nachdem der König und seine Minister in der Nacht vom 3. zum 4. Mai 1849 aus dem Residenzschloss auf den Königstein geflohen waren, ohne über ihren Verbleib etwas bekannt zu geben, konstituierte sich eine Provisorische

Regierung in Dresden, die aus drei demokratischen Mitgliedern des vier Tage zuvor demissionierten Landtags bestand: Samuel Erdmann Tschirner, Otto Leonhard Heubner und Carl Gotthelf Todt.[172] Darüber hinaus nahmen noch weitere Mitglieder der entlassenen Kammern an der politischen Leitung des Maiaufstandes teil.[173] Dass während der Erhebung in Dresden, wie König Friedrich August II. meinte, „eine terroristische provisorische Regierung" herrschte,[174] in die auch weitere Ex-Parlamentarier involviert waren, änderte aber nichts an der durch die Verfassung abgesicherten Stellung des Landtags. Auch nach der Niederschlagung des Dresdner Maiaufstands waren noch nicht alle Chancen auf eine Parlamentarisierung Sachsens vertan.

Um den Bestimmungen der Verfassung zu genügen, ließ das Ministerium im September 1849 erneut einen Landtag wählen. Die Demokraten konnten sich nicht mehr unter dem Namen „Vaterlandsvereine" zur Wahl stellen, da diese verboten worden waren. Sie firmierten nun als Anhänger der „Volkspartei"[175] und blieben in beiden Parlamentshäusern vertreten. Nach der Wahrnehmung der zeitgenössischen Öffentlichkeit errang die Linke in der Ersten Kammer 24 und in der Zweiten Kammer 46 Mandate. Die Rechte konnte im Oberhaus 25 und im Unterhaus 22 Sitze für sich reklamieren.[176] Diese Mehrheitsverhältnisse wurden so aber nicht relevant, weil die Regierung 14 Personen, die zu Kammermitgliedern gewählt worden waren, nicht zum Landtag einberief, da sie am Dresdner Maiaufstand teilgenommen hatten.[177] Die Gewählten befanden sich im Exil oder saßen im Gefängnis. Friedrich Theile, der für den Wahlbezirk Pirna in die Erste Kammer gewählt worden war, wurde – während der Landtag schon zusammentrat – gar zum Tode verurteilt. Das Parlament konnte seine Hinrichtung allerdings verhindern.[178]

Weist man die Abgeordneten aufgrund ihrer inhaltlichen Positionierung in den Debatten des Landtags 1849/50 politischen Lagern zu, ergibt sich für die Zweite Kammer eine Gruppierung von 35 Mitgliedern, die sich einerseits dafür einsetzte, den Grundrechten der Frankfurter Nationalversammlung in Sachsen Geltung zu verschaffen. Wären alle deutschen Staaten diesem Muster gefolgt, hätte sich unter ihnen auch ohne Nationalstaat eine rechtliche Angleichung ergeben können. Zugleich befürworteten diese Parlamentarier Preußens Projekt, einen konstitutionellen kleindeutschen Bundesstaat ohne Österreich zu errichten. Von Mai bis Oktober 1849 verfolgte auch die sächsische Regierung den Plan einer kleindeutschen Lösung, über den Abgesandte aus Preußen, Hannover und Sachsen in Gotha verhandelten.[179] Daher lassen sich die Abgeordneten, die diesen Weg bevorzugten, als „Gothaer Liberale" bezeichnen. Der Wortführer dieser realpolitisch ausgerichteten Nationalliberalen war der Leipziger Professor für Staatswissenschaften Carl Biedermann, ein unehelicher Halbbruder des sächsischen Außenministers von Beust.[180]

Weiter links positionierten sich in der Zweiten Kammer 30 Abgeordnete, die gemäßigt demokratische Positionen einnahmen. Mit den „Gothaer Liberalen" verband sie das gemeinsame Ziel, die Grundrechte in Sachsen durchzusetzen. Zehn weitere Parlamentarier gehörten den gemäßigten bzw. strikt Konservativen an. Aus dieser Gruppierung strebten sieben Abgeordnete wie die Liberalen um Biedermann einen kleindeutschen Bundesstaat an. Da die Zweite

Kammer aus 75 Mandatsträgern bestand, konnte keine der weltanschaulichen Richtungen allein eine Mehrheit organisieren. Die besten Chancen dazu lagen bei den Liberalen, die sich entweder mit dem rechten oder dem linken Lager verbünden konnten.[181] Sie nutzten ihre Option aber nicht, mit einem der möglichen Partner eine zielgerichtete Parlamentspolitik zu entwickeln, sondern agierten situativ. In zwei Auseinandersetzungen über Grundrechte, die die Frankfurter Nationalversammlung beschlossen hatte, waren Biedermann und die Nationalliberalen nicht bereit, gemeinsam mit den Demokraten Bestrebungen der Regierung zu kontern. Der Innenminister, Richard Freiherr von Friesen, konnte im August 1849 das Jagdrecht auf eigenem Grund und Boden einschränken und Justizminister Zschinsky am 30. April 1850 in einer Debatte um die Abschaffung der Todesstrafe die Ansicht vertreten, es liege im Ermessen der Regierung, welche der Grundrechte in Sachsen Geltung erhielten. Da die Liberalen in keinem Fall konsequent eine Gegenposition durchhielten, verprellten sie die demokratischen Abgeordneten. Als die sächsische Regierung im Februar 1850 begann, sich erkennbar von der Chance auf eine Kleindeutsche Lösung abzuwenden, vermochten die Liberalen keinen entschiedenen parlamentarischen Widerstand dagegen zu organisieren.[182]

Da das Parlament aus der Sicht der Regierung sich immerhin für die Grundrechte eingesetzt hatte und deshalb seine Steuerbewilligungen knapp befristete, stand es aus der Perspektive der Spitzenbeamten der Zentralverwaltung trotz allem in der Nachfolge des Landtags von 1849, zumal es seine parlamentarischen Kontrollrechte gegenüber der Bürokratie strikt ausübte.[183] Johann von Sachsen, der als erwachsener Prinz ein geborenes Mitglied der Ersten Kammer des Landtags 1849/50 war, sondierte nach eigenen Angaben die Möglichkeit, eine von einer liberalen bzw. gemäßigt-konservativen Mehrheit gestützte Regierung zustande zu bringen. Ein solches Kabinett hätte einen kleindeutschen Nationalstaat angestrebt, aber darauf verzichtet, in Sachsen die Grundrechte umzusetzen.[184] Diese letzte Chance für eine Parlamentarisierung scheiterte, als Kronprinz Johann seit Ende März 1850 den Sitzungen der Ersten Kammer fern blieb, weil das Haus mehrheitlich vom Ministerium forderte, Friedrich Theile aus der Haft zu entlassen und zum Landtag einzuberufen.[185] Das Mitglied des Herrscherhauses sah darin eine „illoyale Gesinnung".[186] Nachdem Kronprinz Johann sich aus dem Parlament zurückgezogen hatte, blieb der Dynastie nur noch die Alternative, sich auf die staatliche Verwaltung zu stützen. Die Minister waren sich dieser Situation offensichtlich bewusst und begannen mit der Suche nach Möglichkeiten, sich des Landtags mit dominanten liberalen bzw. demokratischen Gruppierungen zu entledigen. Damit setzte sich die Staatsspitze über die geltende Verfassung hinweg, in der das Wahlrecht im November 1848 auf legalem Weg geändert worden war. Als König Friedrich August II. den Landtag am 1. Juni 1850 auflöste,[187] scheiterte der Versuch des Parlaments, die Regierung daran zu binden, dass sie von einer Mehrheit in den Kammern getragen wurde.

1850–1866: Das reaktivierte Parlament

Zwei Tage nachdem der bisherige Landtag entlassen worden war, berief König Friedrich August II. die beiden Kammern wieder ein, die im Jahr 1848 getagt hatten.[188] Mit diesem Verfassungsbruch endete in Sachsen die 1848er Revolution auf der parlamentarischen Ebene. Allerdings war es zunächst fraglich, ob sich das reaktivierte Parlament konstituieren würde. Denn eine große Anzahl der einberufenen Kammermitglieder mochte sich nicht für ein derartiges politisches Manöver hergeben. Sämtliche Vertreter des „Handels und Fabrikwesens" folgten der Einberufung nicht. Unter ihnen befanden sich profilierte Persönlichkeiten des sächsischen Großbürgertums wie der Verleger Heinrich Brockhaus, der Maschinenbauer Eli Evans oder der Unternehmer Gustav Harkort. Aber auch Abgeordnete aus dem liberalen und demokratischen Spektrum, die nicht zum vermögenden Wirtschaftsbürgertum zählten, kam nicht zum Landtag. Die Leipziger Professoren beispielsweise, die einen Sitz in der Ersten Kammer zu vergeben hatten, zeigten sich zunächst renitent. Daraufhin wurden drei von ihnen, Theodor Mommsen, Moriz Haupt und Otto Jahn, ihres Amtes enthoben. Mommsen, der sich bald schon zum prägenden Wissenschaftler der deutschen Altertumsforschung entwickeln sollte, schrieb, um den Lebensunterhalt zu verdienen, eine Römische Geschichte, für die er später den Literaturnobelpreis erhielt.[189] Auch der liberale Leipziger Bürgermeister Otto Koch mochte seinen Sitz in der Ersten Kammer zunächst nicht einnehmen. Er hielt die Einberufung des Landtags für rechtlich unzulässig. Weil die Regierung gegen ihn ein Disziplinarverfahren in Gang setzte, beugte er sich diesem Druck, nachdem er vergeblich Rechtsmittel eingelegt hatte.[190]

Da die Kammern erst beschlussfähig wurden, wenn jeweils zwei Drittel ihrer Mitglieder anwesend waren, mussten in großem Umfang Stellvertreter der gewählten Parlamentarier einberufen werden. Auch dies war verfassungsrechtlich nicht vorgesehen.[191] Dennoch erklärten sich Ober- wie Unterhaus bei den Beratungen, ob sie sich zu Recht konstituiert hätten, jeweils für legitimiert.[192]

Zu Beginn des Landtags 1850/51 legte die Regierung ein königliches Dekret vor,[193] um die Grundrechte des deutschen Volkes aufzuheben, die in Sachsen geltendes Recht waren. Das sächsische Beamtenkabinett hatte sie im Februar 1849 publiziert. Außerdem sollten nach dem Regierungsdekret die Verfassungsurkunde, die 1848 geändert worden war, revidiert und das 1831er Wahlgesetz zeitgemäß angepasst werden. Die Minister beabsichtigten daher nicht, nur die vormärzlichen Zustände wieder in Kraft zu setzen. Für die Zweite Kammer des Landtags sollten die bisherigen askriptiven Kriterien, die für einen Landtagssitz zu erfüllen waren, durch einen Zensus von zweieinhalb Talern für das aktive und von zehn Talern für das passive Wahlrecht ersetzt werden. Rittergutsbesitzer sowie Vertreter des Handels und des Fabrikwesens wären demnach nicht mehr berechtigt gewesen, aus ihrer Gruppierung eigene Abgeordnete zu wählen. Stattdessen hätten alle wahlberechtigten Männer ihre

Abgeordneten aus 45 ländlichen und 30 städtischen Wahlbezirken ins Unterhaus entsandt. In der Ersten Kammer sollten künftig statt der Rittergutsbesitzer 15 auf Lebenszeit gewählte und zwölf vom König ernannte „größere ländliche Grundbesitzer" Parlamentsmitglieder sein.[194]

Innenminister Richard Freiherr von Friesen, der inmitten des Dresdner Maiaufstandes Minister geworden war, erläuterte am 7. Dezember 1850 vor der Ersten Kammer das Kalkül des Kabinetts.[195] Man dürfe zwar nicht unnötig an einer Verfassungsurkunde rütteln, damit diese „durch ein längeres ungeändertes Bestehen in das Fleisch und Blut des Volkes" übergehe.[196] Da aber das „Leben der Völker in einer ewigen fortschreitenden Entwicklung begriffen" sei, müssten sich die Verfassungen jedoch von Zeit zu Zeit den „thatsächlichen Verhältnissen in den Staaten" anpassen.[197] Grundsätzlich wollte die Regierung die Wahlen zum Parlament auch weiterhin innerhalb der für das Gemeinwesen besonders relevanten gesellschaftlichen Großgruppen stattfinden lassen. Denn auf diese Weise sei, so sagte der Minister, die „Gesamtheit des Volkes, das einen Staat bildet, nicht als eine ungeordnete und blos gezählte Menge, sondern als ein lebendiger und organisch gegliederter Körper nach allen den verschiedenen Richtungen, die wirklich im Volke vorhanden sind, in den Kammern vertreten". Es lasse sich bei diesem Wahlverfahren erwarten, dass die Parlamentarier „im Ständesaale im Kleinen wirklich das zur Anschauung [brächten], was thatsächlich im Volke lebt".[198]

Trotz dieser geschichtsphilosophisch untermauerten Argumentation, die ein Stück Offenheit einkalkulierte, um langfristig die bestehende Ordnung zu stabilisieren, vereinigten sich das streng und das gemäßigt konservative Lager der Ersten Kammer dazu, das präventive Reformkonzept der Regierung abzulehnen. Die Wahlrechtsnovelle scheiterte mit 27 gegen zehn Stimmen an einer Zweidrittelmehrheit des Oberhauses.[199] Verfassungsrechtlich blieb es daher bei der provisorischen Restitution. Gruppen, die durch Vermögen definiert waren, behielten daher den Einfluss auf die Landespolitik, den sie schon im Vormärz ausgeübt hatten.[200]

Bis zum Ende der Ära von Beust änderte sich an der Zusammensetzung und am Wahlrecht des sächsischen Landtags wenig, obwohl es dazu mehrere Initiativen gab.[201] Nach dem Thronwechsel des Jahres 1854 stellte der demokratische Abgeordnete Christian Gottlieb Riedel einen Antrag, die Abgeordneten zu rehabilitieren, die ihre Einberufung zum Landtag 1850/51 verweigert hatten, weil sie das Vorgehen der Regierung für einen Verfassungsbruch hielten. Dieser Versuch, die Wahlrechtsfrage indirekt zu thematisieren, fiel in der Zweiten Kammer mit 60 gegen sechs Stimmen durch.[202] In den darauffolgenden Jahren wurden Überlegungen, ob die Verfassung nicht wieder zu ändern sei, in der demokratischen und liberalen Presse gelegentlich thematisiert. Erst im Vorfeld des Landtags 1860/61 entwickelte sich aus Zeitungsartikeln, Petitionen und Initiativen einzelner Abgeordneter der Zweiten Kammer eine Wahlrechtskampagne. Als die zuständige Deputation des Unterhauses sich daran machte, einen Gesetzentwurf zu erarbeiten, zog Ferdinand von Beust als Innenminister die Initiative an sich. Seine Wahlrechtsnovelle mied den Bezug zur Verfassungsänderung von 1848 und hob auch die Kontingentierung der Abgeordneten der Zweiten Kammer nach Rittergutsbesitzern, Städtevertretern, ländlichen Abgeordneten und Vertretern des Handels und des Fabrikwesens nicht auf.[203] Es wurde lediglich die Zahl der Landtagsmitglieder, die die Industrie und das mobile Vermögen repräsentierten, von fünf auf zehn erhöht. Diese Gruppierung erreichte damit die Hälfte der Mandatsträger, die die Rittergutsbesitzer in dieses Haus entsandten. Für die Landtagsabgeordneten der Städte und der ländlichen Wahlbezirke eröffnete nun nicht mehr allein bewohnbares Grundeigentum, sondern ein bestimmter Zensus das aktive bzw. passive Wahlrecht.[204]

Die Position des reaktivierten Parlaments vormärzlichen Zuschnitts veränderte sich damit nur geringfügig, erforderte aber dennoch, die Verfassung zu ändern. Darüber hinaus stellte sich in vielen Gesetzgebungsverfahren die Frage, ob die Regierung und die Kammern des Landtags Reformvorhaben im Bereich der Verwaltung, Bildung oder des Privatrechts angehen würden, die den restaurativen Grundkonsens der 1850er Jahre untermauerten oder sukzessive zerbrachen.[205]

Für ein Land mit etwa zwei Millionen Einwohnern, von denen noch knapp zwei Drittel auf dem Land wohnten,[206] war das Verfahren, mit dem noch bestehende Feudallasten abgelöst werden sollten, von besonderer Brisanz. Dies hatten schon die Auseinandersetzungen gezeigt, die im Sommer 1848 zwischen Rittergutsbesitzern und Bauern stattfanden.[207] Die Regierung legte dem Parlament beim Landtag 1850/51 einen Gesetzentwurf vor, der vorsah, die Lehngeldverbindlichkeiten „abzulösen", ohne dass dafür gezahlt werden sollte. Das Kabinett plante darüber hinaus, den Untertanen- und Hörigkeitsverband entschädigungslos aufzuheben, wie das auch in den Grundrechten der Frankfurter Nationalversammlung vorgesehen war.[208] Die Zweite Kammer stimmte am 21. August 1850 dem Regierungsentwurf mit 38 gegen fünf Stimmen zu.[209] Von den sieben adligen Rittergutsbesitzern, die bei der namentlichen Abstimmung zugegen waren, votierten vier gegen das Gesetz und drei dafür, obwohl dies ihre Mitherrschaftsrechte auf dem eigenen Rittergut und ihre Einkünfte unmittelbar tangierte. Nicht der Adel als soziale Gruppe blockierte daher die gesellschaftliche Entwicklung.[210]

In der Ersten Kammer standen Anfang Oktober 1850 zwei Positionen gegeneinander. Eine Mehrheit von 19 Parlamentariern votierte dafür, dass der Staat die Ablösungszahlungen für die Lehngeldverbindlichkeiten übernehmen solle, ohne sie in vollem Umfang auszugleichen. Dagegen forderten 15 Oberhausmitglieder, das Gesetz gänzlich zu verwerfen und die Ansprüche der Rittergutsbesitzer in vollem Umfang aufrechtzuerhalten.[211] Insgesamt verlief auch diese Abstimmung nicht entlang der Interessen einer gesellschaftlichen Großgruppe wie der adligen Rittergutsbesitzer. Vielmehr wird hier eine Kontinuität der politischen Strömungen mit einem Spektrum von streng Konservativen, gemäßigt Konservativen, Liberalen und Demokraten sichtbar, das sich bereits auf dem Landtag des Jahres 1848 auch innerhalb des Adels erkennen ließ.[212] Die Positionen der Ablösungsdebatte vom Oktober 1850 wiederholen sich, als die Erste Kammer am 15. März 1851 über das Nachtragsgesetz diskutierte, das alle bislang noch nicht ablösbaren Feudallasten erfasste.[213] Nachdem Innenminister von Friesen angeboten hatte, die Staatsregierung werde die Ansprüche der Rittergutsbesitzer zwar nicht wie bislang in Sachsen gängig mit dem 25-Fachen entschädigen, könne sich aber vorstellen, dass die Staatskasse bis zum 18-Fachen des Wertes an die Berechtigten auszahle, verlor die Argumentation der streng konservativen Hardliner derart an Zugkraft, dass die Erste Kammer die Gesetzesvorlage mit nur zwei Gegenstimmen annahm.[214] Damit standen die Voten der beiden Kammern gegeneinander. In dieser Situation entschloss sich das Unterhaus, der Abschaffung der Grundrechte nur zuzustimmen, sofern die Feudalrechte entschädigungslos abgelöst würden.[215] Ein Vereinigungsverfahren der beiden Häuser des Landtags scheiterte. Es kam in der Zweiten Kammer zu einer weiteren Sitzung über die Ablösung der Feudallasten, in der Kammerpräsident Karl Heinrich Haase und Innenminister von Friesen die Abgeordneten beschworen, für eine Befriedung der ländlichen Gesellschaft zu sorgen und von den Grundrechten abzulassen. Daraufhin schloss sich eine Mehrheit den Forderungen der Ersten Kammer an[216] und stimmte am folgenden Tag mit großer Mehrheit für die Aufhebung der Grundrechte.[217]

Die Kosten, um die Interessenskonflikte zwischen Rittergutsbesitzern und Bauern zu befrieden, gingen zu Lasten der Steuerzahler. Politisch war die Regierung mit ihrem Wahlgesetz an der Ersten Kammer gescheitert und musste ihr auch in der Ablösungsfrage Konzessionen machen.[218] Mit der Zweiten Kammer auf die Grundrechte zu setzen, war für die Minister ausgeschlossen, weil sie sich damit in eine Kontinuität zur Revolution von 1848/49 gestellt hätten. Insgesamt bestand so das Dilemma, dass im restituierten Landtag von 1850/51 keine gefügige Mehrheit für den Regierungskurs zusammenkam, die bereit war, die gesellschaftlichen Konfliktlagen auszugleichen. Zugleich wurde offensichtlich, dass auch die Zweite Kammer davor zurückschreckte, liberale oder demokratische Gestaltungskonzepte gegen das Kabinett durchzusetzen.

Diese Situation wandelt sich jedoch auf den folgenden Landtagen, wie an der Debatte über private und staatliche Gerichtsbarkeit sichtbar wird. Die Patrimonialgerichtsbarkeit in Stadt und Land ging bereits, seit Sachsen eine Verfassung hatte, sukzessive in die Hände des Staates über. Im Jahr 1833 bestanden 1148 nichtstaatliche Gerichte, unter denen sich sieben standesherrliche und 943 ritterschaftliche Patrimonialgerichte befanden. Bis zum 1. Februar 1854 war die Zahl der nichtstaatlichen Gerichte auf 607 geschrumpft. Es existierten noch sechs standesherrliche und 533 ritterschaftliche Patrimonialgerichte mit 676.000 Gerichtsbefohlenen.[219] Die nichtstaatliche Rechtsprechung erfasste daher etwa die Hälfte der ländlichen Bevölkerung.[220]

Als im Jahr 1854 ein außerordentlicher Landtag erforderlich geworden war, weil Johann von Sachsen den Thron bestiegen hatte,[221] brachte die Regierung eine Gesetzesnovelle zur Kriminalgerichtsbarkeit ein. Die Reform sah vor, dass Staatsanwälte bei den Untersuchungen mitwirkten, dass eine öffentliche Verhandlung stattfand und dass das Hauptverfahren von königlichen Gerichten durchgeführt wurde.[222] Diesem Anforderungskatalog konnten die Patrimonialgerichte nicht mehr entsprechen. Deshalb sollten sie in staatliche Regie überführt werden.[223]

Die Erste Kammer debattierte am 16. und 18. Dezember 1854 das Gesetz in erregter Atmosphäre. Streng konservative Mitglieder des Oberhauses beklagten, der Verlust der Patrimonialgerichtsbarkeit demontiere die Position der Rittergutsbesitzer und damit auch deren Anspruch, im Landtag vertreten zu sein. Dem ehemaligen Grundherrn bleibe, um seine Autorität auszuüben, nur noch die gutsherrliche Polizeigewalt und das Kirchenpatronat. Die staatliche Bürokratie greife durch das neue Gesetz massiv in das herkömmliche lokale Mitherrschaftsrecht der Rittergutsbesitzer ein.[224] Daher forderten die streng Konservativen, die Beratung auf den nächsten Landtag zu verschieben und, als das scheiterte, die Abgabe der Patrimonialgerichtsbarkeit nicht generell vorzuschreiben, sondern sie nur von den Rittergutsbesitzern zu verlangen, deren Gericht weniger als 2.000 Personen unterständen.[225] Obwohl der Regierungsentwurf das Amt eines Friedensrichters als Äquivalent für den Verlust an lokaler Herrschaft vorsah, nahm die Erste Kammer den Änderungsantrag nur mit 23 gegen 17 Stimmen an.[226] In der Zweite Kammer hatte sich aber inzwischen eine Mehrheit herausgebildet, die eine moderate Reformpolitik befürwortete. Dieses politische Zweckbündnis bestand aus Altliberalen, die erreichen wollten, was von ihren Wünschen politisch durchsetzbar war, aus ehemaligen Demokraten, denen es um staatsbürgerliche Mitbestimmung ging, und aus gemäßigten Konservativen, die sachliche Notwendigkeiten umsetzen wollten. Die Mittelgruppierung war in der Öffentlichkeit nicht so populär wie die vormärzliche Landtagsopposition, ihr fehlte die Rückendeckung durch die liberale Presse oder durch Petitionsfluten. Als offene Formation existierte sie vor allem deshalb, weil es einigen Parlamentariern gelang, durch eine flexible Kommunikation das politische Bündnis zusammenzuhalten.[227] Dennoch war diese Mehrheit in der Zweiten Kammer stabil genug, um die Justizreform der Regierung gegen die Änderungswünsche der Ersten Kammer zu behaupten. Nachdem ein Vereinigungsverfahren, in dem der Dissens der beiden Häuser hätte vermittelt werden sollen, gescheitert war, beschloss das Unterhaus am 22. Dezember 1854 in nicht namentlicher Abstimmung unisono, am Regierungsentwurf festzuhalten.[228] Da das Oberhaus vier Tage zuvor nur mit 20 gegen 18 Stimmen auf seinen Änderungen bestanden hatte, trat das Gesetz in Kraft.[229] Die Erste Kammer hätte mit Zweidrittelmehrheit ihre Position behaupten müssen, um das Votum des Unterhauses zu blockieren.[230]

Auch der seit dem ersten konstitutionellen Landtag 1833/34 permanente Streit über das Jagdrecht auf fremdem Boden überdauerte die Revolution von 1848/49. Er wurde ebenfalls nicht im Sinne der streng Konservativen gelöst. Denn auf dem Landtag 1850/51 konnten sich die beiden Kammern nicht einigen. Mit den Grundrechten der Frankfurter Paulskirche war das Recht zu jagen entschädigungslos an alle Grundbesitzer übergegangen. Eine Restitution der vormärzlichen Verhältnisse hätte auf dem Land massive soziale Unruhe ausgelöst. Die Bauern hatten das Gros ihrer Feudallasten mit Geld abgelöst, sollten aber weiterhin Wildschäden hinnehmen und die freie Nutzung ihres Bodens zur Jagd durch ihre ehemaligen Grundherren dulden. Andererseits mochten die Rittergutsbesitzer nicht auf ihr prestigeträchtiges Jagdprivileg entschädigungslos verzichten. Da der Dissens der Kammern nicht zu beheben war, regelte der Innenminister die Jagd einstweilen durch Verordnungen.

Der Streit um das Jagdrecht, den die beiden Kammern ausfochten, hatte daher mehrere Dimensionen. Er betraf einmal das Verhältnis zwischen einstigen Grundherren und ehemals untertänigen Bauern. Zum anderen ging es aus Sicht der Rittergutsbesitzer um eine prinzipielle Auseinandersetzung mit dem vordringenden modernen Anstaltsstaat, der im Begriff war, die Mitherrschaft der Grundherren sukzessive beiseite zu räumen. Nicht zuletzt jagten die Männer, die aus den gesellschaftlichen Führungsformationen in Sachsens Landtag saßen, aus Leidenschaft. Für viele von ihnen war das eine von Kindesbeinen an eingeübte soziale Praxis. Sie feilschten daher weniger um eine Entschädigung, sondern verteidigten ihre gesellschaftliche Reputation in ihrem lokalen Umfeld. Erst beim Landtag 1857/58 gelang ein Kompromiss.[231]

Die Regierung legte nämlich ein Gesetz vor, das mit einem komplexen Verfahren die verfestigten Fronten aufzulösen vermochte. Wer 1849 sein Jagdrecht auf fremdem Boden hatte aufgeben müssen, konnte es auf Antrag wieder zurückerlangen. Da der Staat aber die Jagdbefugnis inzwischen seit fast zehn Jahren anderen, den „Neuberechtigten", zugestanden hatte, sollten diese aus der Staatskasse für ihren Verlust entschädigt werden. Sobald die „Altberechtigten" restituiert worden waren, konnten die „Jagdleidenden", die vor dem Jahr 1849 die Jagd auf ihrem Boden hatten dulden müssen, beantragen, dieses herkömmliche Recht abzulösen.[232] Unter diesen Konditionen akzeptierte zunächst die Zweite Kammer die Restitution des 1849 abgeschafften Jagdrechts auf fremdem Boden. Die Erste Kammer folgte ebenfalls mit 25 gegen elf Stimmen dem Vorschlag ihrer Deputation, in der Jagdfrage Frieden zu schließen.[233] Auch ein streng konservativer adliger Rittergutsbesitzer wie Curt Ernst von Posern stimmte als „Vertreter der Rittergutsbesitzer" zu, weil er „von den meisten gehört" hatte, „daß sie endlich Frieden haben wollen".[234] Die finanziellen Kosten des Ausgleichs trug auch bei diesem Ablösungsverfahren der Steuerzahler.

Im Königreich Sachsen, einem der Industrialisierungskerne Deutschlands, herrschte bis zum Jahr 1861 keine Gewerbefreiheit. Weder den vormärzlichen Landtagen noch denen der Jahre 1848 bis 1850 lag ein Gesetz vor, das die wirtschaftlichen Rahmenbedingungen hätte vereinheitlichen sollen. Das Märzministerium hatte eine „Commission zur Erörterung der Gewerbs- und Arbeitsverhältnisse" eingesetzt, die aus den gegensätzlichen Interessenlagen einen mehrheitsfähigen Gesetzesentwurf erarbeiten sollte. Damit war eine parlamentarische Debatte zunächst verschoben. Sie wurde durch den Staatsstreich des Jahres 1850 auch nicht mehr unter den Konditionen geführt, die zunächst beabsichtigt waren. Die Entwürfe der 1848 beauftragten Kommission blieben im Innenministerium aber zunächst weiter relevant. Sie zielten auf eine dezentrale Gewerbeverfassung, die traditionelles Zunfthandwerk und konzessionierte Gewerbebereiche unter die Aufsicht von Gewerberäten stellen wollte. Weder die staatliche Zentralverwaltung noch die lokalen Zünfte sollten die zentrale Steuerungskompetenz erhalten. Für Arbeitnehmer waren in den Fabriken bereits erste Mitspracherechte vorgesehen. Außerdem sollten nach den Plänen der „Commission zur Erörterung der Gewerbs- und Arbeitsverhältnisse" Un-

Abb. 18: Curt Ernst von Posern in der Landtagsuniform[235], Ferdinand von Rayski 1851

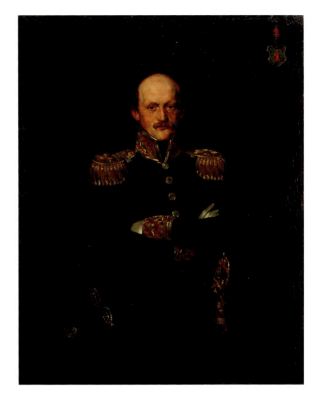

terstützungs- und Krankenkassen entstehen. Im Jahr 1856 schloss ein Regierungsentwurf für eine Gewerbeordnung an die ausgleichenden Aspekte zwischen alten und neuen Wirtschaftszweigen an. Er sah allerdings die staatliche Bürokratie als regulierende Instanz vor.[236]

Diese komplexe staatsdominierte Wirtschaftsordnung zu installieren, gestaltete sich in Sachsen sehr umständlich. Die auch in der Öffentlichkeit kontroverse Debatte nahm jedoch eine überraschend schnelle Wendung, als Österreich am 20. Dezember 1859 ein Gewerbegesetz publizierte. Denn die sächsische Regierung entschied sich nun für die Gewerbefreiheit, wie sie seine beiden großen Nachbarn Habsburg und Preußen schon eingeführt hatten. Eine komplizierte Gewerbeverfassung hätte die Wirtschaftsbeziehungen beeinträchtigt. Daher gab der sächsische Staat den Anspruch auf, künftig die Wirtschaft harmonisierend lenken zu wollen. Er legte dem Landtag ein Gewerbegesetz vor, das weitgehend auf soziale Sicherungssysteme verzichtete.[237] In der Zweiten Kammer scheiterte selbst ein Antrag, die Unterstützung für wandernde Gesellen sowie die Kranken- und Sterbekassen, die bislang von den Innungen getragen wurden, in staatliche Regie zu überführen.[238]

Die Landtage von 1850/51 bis 1866 unternahmen keinen Versuch, die Regierung durch Steuerverweigerung auf eine Grundsatzposition des Parlaments zu zwingen, wie das die Landtage der Jahre 1849 und 1849/50 versucht hatten, um eine Parlamentarisierung herbeizuführen. Dieser Weg war in der nachfolgenden Periode verbaut, weil er an die Politik von Kammern anschloss, die als revolutionär desavouiert galten. Den Finanzdeputationen bzw. den beiden Häusern des Landtags blieb lediglich übrig, punktuell Mittel zu streichen. Das Parlament hat während der Ära von Beust solche Konflikte allerdings nie eskalieren lassen und konnte daher in der zeitgenössischen öffentlichen Wahrnehmung auch kein prominentes politisches Profil gewinnen.[239] Eine Neue Ära, die wie in Preußen 1858 bis 1862 die Reaktionszeit beendete, gab es in Sachsen nicht. Das politische Führungspersonal wechselte nicht, und eine politische Zäsur lässt sich nicht ausmachen.[240] Dennoch schwand im sächsischen Parlament der Einfluss der streng Konservativen, die in den 1850er Jahren Reformprojekte der Regierung hatten scheitern lassen. Gestützt auf die Mittelgruppierung der Zweiten Kammer konnte das Kabinett Reformen im Landtag durchbringen, die aus gouvernementaler und reformkonservativer Sicht die Gesellschaft stabilisieren sollten und aus liberaler Perspektive Ansätze zur Weiterentwicklung boten. Auf einen Impuls der Zweiten Kammer hin reduzierte die staatliche Bürokratie Anfang der 1860er Jahre auch den Repressionsdruck auf Liberale und Demokraten, die mit der Revolution von 1848/49 in Verbindung gebracht wurden.[241]

Die Debatten vor allem des sächsischen Unterhauses legen offen, dass die Liberalen keineswegs ausschließlich auf Eindämmung des Staates zugunsten von Selbstverwaltung und privater Initiative setzten. In sozialen Belangen vertrauten sie auch auf staatliche Leitungskompetenz. Sie unterstützten gemeinsam mit den gemäßigt Konservativen das Regierungsprojekt einer freiwilligen Altersrentenbank,[242] setzten sich für eine Landesbank ein, die kleine und mittlere Gewerbe mit Kredit ausstatten sollte,[243] und forderten, die Eisenbahnen in staatlicher Regie zu führen, damit die Überschüsse der ertragreichen Strecken strukturpolitisch erforderliche, aber unrentable Nebenstrecken gegenfinanzierten.[244] Die Einführung eines Bürgerlichen Gesetzbuches bewilligte auf dem Landtag 1860/61 die Zweite Kammer, weil diese Kodifizierung das vorher gültige Römische Recht grundsätzlich außer Kraft setzte und damit eine liberale Grundforderung erfüllte, mit allen privatrechtlichen Traditionen zu brechen. Das Oberhaus des Parlaments ging einen solchen prinzipiellen Umbruch mit, weil viele tradierte Rechtsbestände in der Sache gleich blieben.[245] Beim Landtag 1854 hatte die Regierung einen bereits vorgelegten Gesetzentwurf für ein Bürgerliches Gesetzbuch noch zurückziehen müssen, um nicht an den streng Konservativen zu scheitern.[246] Unter der Ägide des pragmatischen Ministers von Beust, der ein feines Gespür für das politisch Mögliche besaß, gelang es der Regierung gemeinsam mit einer Landtagsmehrheit, die aggregiert und nicht durch Koalition verbunden war, zeittypische Reformen durchzuführen. Die Öffentlichkeit hat dies je nach ihrem politischen Standpunkt begrüßt, kommentiert oder kritisiert.[247] Dennoch erscheint die Diagnose, dass die staatliche Bürokratie mit den „artikulationsfähigen Segmenten der Gesellschaft" (Andreas Neemann) ausgelotet habe, wohin die Gesellschaft gesteuert werden solle, und der Landtag dies nur noch wie ein Notar beglaubigt habe, verkürzt.[248] Denn bereits im Vormärz bedienten sich liberale wie konservative Parlamentarier in Sachsen teils offen, teils inkognito der Presse, um über die öffentliche Meinung auf die Politik Einfluss zu nehmen.[249] Auf dem politischen Feld führte die entstehende Öffentlichkeit nicht nur zu einer Minderung parlamentarischer Dispositionsmöglichkeit. Der mediale politische Diskurs erweiterte auch die Optionen für Parlamentarier. Beides galt in gleicher Weise für die Regierung, der in der zweiten Hälfte des 19. Jahrhunderts nicht mehr nur der Landtag, sondern auch ein wachsendes Spektrum von Printmedien gegenüberstand.

Trotzdem vermochten die Landtage von 1850/51 bis 1866 nicht, die Regierung so in die Verantwortung zu nehmen, wie das die Kammern der Jahre 1849 und 1849/50 angestrebt hatten. Besonders auf dem Feld der Außen- bzw. Deutschlandpolitik war Minister von Beust nicht bereit, das Parlament als zuständigen Akteur zu akzeptieren. Er verhandelte von Dezember 1850 bis Mai 1851 auf den Dresdner Konferenzen die Wiederherstellung des Deutschen Bundes, ohne den parallel tagenden Landtag einzubeziehen,[250] oder deklarierte am 18. Februar 1858 vor der Zweiten Kammer, dass Parlamente „nur in den gehörigen Schranken" gehalten werden könnten, wenn ihnen „eine starke Regierungsgewalt, eine starke Executive" zur Seite gestellt sei.[251] Sofern der Landtag wie 1864 bei der Auseinandersetzung um Schleswig-Holstein die außenpolitischen Interessen von König und Regierung stützte, war von Beust gern bereit, diese öffentliche Unterstützung anzunehmen.[252] Als sich 1866 der Konflikt zwischen Österreich und Preußen zuspitzte und Sachsen sich für eine Seite entscheiden musste, deklarierten sowohl König Johann am 28. Mai 1866 in seiner Eröffnungsrede des außerordentlichen Landtags[253] als auch von Beust am 5. Juni 1866 auf konkrete Nachfrage des liberalen Landtagsabgeordneten Hermann Schreck vor der Zweiten Kammer, man strebe eine bewaffnete Neutralität an.[254] Der König hatte aber schon in der Kabinettssitzung vom 2. März 1866 erklärt, ein Bündnis mit Preußen sei für ihn ausgeschlossen,[255] und der Außenminister hatte bereits einen Geheimvertrag mit Österreich abgeschlossen.[256] Die Spitze der staatlichen Verwaltung und auch der König waren daher nicht bereit, ihre Entscheidungen vor dem Landtag offen und ehrlich darzulegen.

Dennoch sollten die sächsischen Landtage, die nach der Revolution von 1848/49 und bis zu Sachsens Integration in den Norddeutschen Bund abgehalten wurden, nicht allein an ihrem Grad von Parlamentarisierung gemessen werden, wie es die klassische Sozialgeschichtsschreibung tut, die diese als Maßstab für die gesellschaftliche Modernisierung des 19. Jahrhunderts ansieht. Denn die Landtage der Jahre 1850/51 bis 1866 waren durchaus einflussreiche politische Akteure, deren Mehrheiten zunächst in einem kontroversen, später in einem einvernehmlichen Verhältnis zur Regierung standen, obwohl diese nicht vom Parlament legitimiert worden war. Die beiden Kammern trugen zum Bestand der innergesellschaftlichen Ordnung bei, indem sie Neuerungsvorhaben, die nur mit ihrer Zustimmung realisiert werden konnten, beförderten oder behinderten.

1868–1918: Der Norddeutsche Bund und das Kaiserreich

Weil Wien und Berlin nach dem Krieg von 1866 rasch einen Frieden aushandelten, konnte Johann von Sachsen am 26. Oktober 1866 per Sonderzug in sein Königreich zurückkehren. Schon an der Grenze wurde der Monarch mit Glockenläuten, Salutböllern und Begrüßungsreden empfangen. Der Königin brachten junge Frauen Blumenbouquets. In Pirna füllte eine jubelnde Menge den Bahnhof, und in Pillnitz winkten die Menschen dicht gedrängt mit weißen Tüchern, als der König und seine Frau in ihrer Sommerresidenz ankamen.[257] Die Ankunft des Herrscherpaares galt als Zeichen für die Fortexistenz des Königreichs Sachsen, auch wenn es künftig Teil des von Preußen dominierten Norddeutschen Bundes war. Im Bundesstaat Sachsen gab es auch weiterhin einen Landtag. Der Zeichenapparat des Hofes und das identitätsstiftende Repertoire des Parlaments überdauerte erneut eine Krise und stand somit weiter zur Verfügung, um die innergesellschaftliche Ordnung zu garantieren.

Allerdings wurden Anpassungen an die veränderte politische Konstellation erforderlich. Dazu berief der Monarch bald nach seiner Rückkehr die beiden Kammern des sächsischen Parlaments ein. Bei der feierlichen Eröffnung dieses Landtags am 15. November 1866 erklärte König Johann, aus Sachsens Beitritt zum Norddeutschen Bund ergäben sich notwendigerweise Verfassungsänderungen. Es müsse beispielsweise das sächsische Wahlgesetz modifiziert werden. Das sei aber erst sinnvoll, wenn die Organisation des Bundes definitiv gefasst sei.[258] Diese rechtssystematische Bemerkung führte am 16. November 1866 in der ersten öffentlichen Sitzung der Zweiten Kammer zu zwei Anträgen auf sofortige Wahlrechtsänderung.

16 liberale Abgeordnete beantragten unter der Federführung von Bernhard Eisenstuck, der dem Unterhaus als Vertreter des „Handels- und Fabrikstandes" angehörte, „die gegenwärtige Ständeversammlung sofort aufzulösen und aufgrund des Wahlgesetzes vom 15. November 1848 eine verfassungsmäßige Volksvertretung schleunigst einzuberufen".[259] Wie schon auf dem vorangegangenen Landtag 1863/64 wiederholten die Liberalen damit ihre Forderung „dem Rechte wieder zum Rechte (zu) verhelfen".[260] Im Deutsch-deutschen Krieg habe Sachsen „ungeheure Opfer vornehmlich von den Tausenden" verlangt, die nicht durch die Parlamentarier vertreten seien, weil ihnen die Regierung von Beust im Jahr 1850 „ihr Wahlrecht gewaltsam entzogen" habe.[261] Außerdem werde der Norddeutsche Bund das allgemeine Wahlrecht für alle erwachsenen Männer einführen. Da sei es „ein Ding der politischen Unmöglichkeit", wenn das sächsische Wahlrecht einen „so grellen, schreienden Widerspruch" zum Bundeswahlgesetz darstelle.[262] Dieses Argument Eisenstucks findet sich in der historiografischen Debatte um den sächsischen Landtag von 1866 bis 1918 bis in die jüngsten Publikationen. Es wurde allerdings zumeist darauf bezogen, dass die sächsischen Sozialdemokraten seit der Reichstagswahl im Januar 1874 wesentlich mehr Mandate erringen konnten als in der Zweiten Kammer des

Sächsischen Landtags.²⁶³ Auf diese Diskrepanz wird zumeist eine sozialhistorische Analyse aufgesattelt, die eine politische Ausgrenzung niedrig rangierter sozialer Gruppen in der kaiserzeitlichen Klassengesellschaft fokussiert.²⁶⁴ Auch gemessen an den deutschen Wahlrechtsstandards des 20. und des beginnenden 21. Jahrhunderts (Weimarer Republik, SBZ/DDR und Bundesrepublik Deutschland) ist die ungleiche Partizipation, die erwachsenen sächsischen Staatsbürgern während des Norddeutschen Bundes und des Kaiserreichs bei Parlamentswahlen zustand, evident. Sie verstellt jedoch auch ein Stück weit den Blick auf den Wandel, der sich zwischen 1868 und 1918 im sächsischen Landtag vollzog.

Am 16. November 1866 lehnte die Zweite Kammer den Antrag, das Wahlgesetz vom November 1848 wieder einzuführen, mit 48 gegen 17 Stimmen ab.²⁶⁵ Der andere Antrag, der die Angleichung an das Wahlrecht des Norddeutschen Bundes lediglich beschleunigen und nicht auf einen künftigen Landtag verschieben wollte,²⁶⁶ fand nicht nur die Zustimmung des Unterhauses, sondern auch der Ersten Kammer. Seine Befürworter plädierten dafür, wie der Abgeordnete und Superintendent Dr. Christian Leberecht Großmann bereits bei der Wahlrechtsdebatte im Oktober 1848 formuliert hatte, „das Prinzip der Mäßigung und Erhaltung" zu befolgen.²⁶⁷

Die Regierung legte am 23. März 1868, als der außergewöhnlich lange Landtag immer noch beisammen war, einen Gesetzentwurf zur Wahlrechtsänderung vor. Nach eigenem Bekunden wollte sie eine „gesunde organische Reform".²⁶⁸ Deshalb habe sich das Neue an das „seither Bestandene anzuschließen und nur Dasjenige [sei] auszuscheiden oder umzugestalten, was mit den veränderten Verhältnissen nicht mehr im Einklang" stehe.²⁶⁹ Vor allem aber sollte trotz der Eingliederung in den Norddeutschen Bund für Sachsen der „Charakter eines selbständigen Staatsorganismus erhalten bleiben".²⁷⁰ Dieses landespatriotische Ziel wurde in den Landtagskammern nicht debattiert. Offenbar galt diese identitätsstiftende Rolle des Parlaments als selbstverständlich und willkommen. In dieser Frage hielten die Staatsspitze und die unterschiedlichen politischen Strömungen der Abgeordneten gemeinsam mögliche andere Deutungen der Wirklichkeiten latent.

Das beseitigte aber nicht die bereits entstandenen Differenzen über das Wahlrecht. Die Fülle von biologischen Metaphern, durch die die Regierung eine heile Geborgenheit bei allem Wandel suggerierte, bedeutete im Klartext, die Minister und der Monarch wollten ein Zweikammerparlament beibehalten. Ein Oberhaus sei, so argumentierten sie in den Motiven zu ihrer Gesetzesvorlage, durchaus zeitgemäß. Denn auf der Bundesebene komme dem Bundesrat eine derartige Funktion zu und in vielen konstitutionellen Staaten gebe es ebenfalls Zweikammerparlamente. Deshalb bestehe die Erste Kammer in Sachsen nicht nur wegen ihres „geschichtlichen Rechts", sondern sei auch wohl begründet durch die „thatsächlichen und practischen Verhältnisse" in anderen zeitgenössischen Staaten.²⁷¹ Weil somit alles schon immer so war und die anderen es auch nicht anders hielten, sollte auch in Sachsen das Oberhaus fast unverändert bleiben. Für das Gros der Mitglieder in der Ersten Kammer wurde deshalb erneut die Anforderung festgeschrieben, durch die eigene gesellschaftliche Rolle einen erheblichen Anteil zur Qualifikation für den Parlamentssitz zu erbringen. In der Kategorie der Rittergutsbesitzer weitete sich die Besitzvoraussetzung aus vom Vasallengut zum Großgrundbesitz allgemein. Für die fünf frei vom König zu bestimmenden Mitglieder, die im selben Jahr zum Oberhaus neu hinzukamen, lagen die Auswahlkriterien allein beim Souverän. Der König wählte anfangs Sachkompetenz aus dem Staatsapparat und später zunehmend Lobbyvertreter aus der Wirtschaft. Die Voraussetzungen für die Zugehörigkeit zur Ersten Kammer modifizierten sich daher seit 1869. Sie berücksichtigten auch in gewissem Umfang gesellschaftliche Veränderungen, obwohl sie zur Rekrutierung der Oberhausmitglieder nicht zu erweiterten Wahlverfahren übergingen.[272] Weil der askriptive Anteil an der Legitimation der Parlamentssitze fortgeschrieben wurde, behielt die Erste Kammer ihren ausgeprägt traditionellen Charakter. In der Konsequenz überwogen in diesem Haus des Landtags bis 1918 adlige Abgeordnete.[273]

Für die Zweite Kammer wollte die Regierung einen tiefer greifenden Wandel. Sachsen egalisierte die bisherigen Wählerklassen und weitete die Zugangsberechtigung zum aktiven Wahlrecht aus.[274] Die Zweite Kammer des Landesparlaments bestand künftig aus 35 Abgeordneten der Städte und 45 Delegierten der ländlichen Wahlbezirke.[275] Ein Mitglied dieses Hauses legitimierte sich jetzt nicht mehr durch den Nachweis seines eigenen Vermögens als Rittergutsbesitzer, als städtischer bzw. ländlicher Hausbesitzer oder als Gewerbesteuerzahler in Handel und Industrie. Denn das neue Gesetz war weniger spezifiziert. Es gestattete die Wahl allen „Eigenthümern an einem mit Wohnsitz versehenen Grundstücke" im Wahlort sowie jedem, der „an Grundsteuern […] oder an directen Personalabgaben oder an beidem zusammen mindestens Einen Thaler jährlich" entrichtete. Für die Wählbarkeit forderte es zehn Taler.[276] Der Zensus für das aktive Wahlrecht sank damit gegenüber den Anforderungen aus dem Jahr 1861 und die Unterscheidung der Wähler und Abgeordneten nach der Form ihres Vermögens wurde weniger wichtig. Dennoch konnten auch im Jahr 1869 aufgrund der neuen Bestimmungen nur 9,9 Prozent der sächsischen Staatsbürger wählen. Hätte Sachsen seinen Landtag nach dem Wahlrecht des Norddeutschen Bundes gewählt, wären doppelt soviele Männer wahlberechtigt gewesen.[277] Frauen hätten auch nach diesem Modus nicht an Wahlen teilnehmen dürfen.

Auch erfolgte die Wahl nicht mehr innerhalb einer Vermögenskategorie, sondern durch die stimmberechtigten männlichen Einwohner eines Wahlkreises. Mit dem Wahlrecht von 1868 endete daher der gesetzlich gesicherte Zugriff zahlenmäßig kleiner, aber sehr vermögender Gruppen (Rittergutsbesitzer, Handel und Industrie) auf einen Teil der Parlamentsmandate in der Zweiten Kammer. Der Adel schied nach der Wahlrechtsänderung des Jahres 1868 aus dem Unterhaus des sächsischen Parlaments sukzessive aus, weil ein Landtagsmandat, das von einer derart unspezifischen Wählerschaft vergeben wurde, seinen zeitgenössischen Konventionen standesgemäßer Herrschaft widersprach.[278]

Die Veränderung des Wahlrechts in der Zweiten Kammer musste die Regierung gegenüber dem Landtag begründen, wo sie doch für die Erste Kammer kaum Reformbedarf konstatierte. Zunächst argumentierte sie, auch das bisherige Unterhaus sei ja keine frühneuzeitliche Ständeversammlung, sondern bereits eine Interessenvertretung gewesen. Deshalb habe das Zweikammerparlament trotz seines Namens „Ständeversammlung" dennoch Vorrechte und vormoderne Schranken abgebaut.[279] Nachdem die frühneuzeitliche Gesellschaft inzwischen dekorporiert sei, gehe es nun um die Weiterentwicklung der „allgemeinen Grundsätze". Abgeordnete müssten daher nur noch „Organe des Gesamtinteresses des Landes" sein.[280]

Die Abkoppelung der Parlamentarier von eng definierten sozialen Herkunftsgruppen sei weiterhin unumgänglich, weil in der Gesellschaft eine „Vervielfältigung und Verallgemeinerung der Interessen" eingetreten sei.[281] Die Durchsetzung der „verschiedenen Richtungen und Interessen", meinte die Regierung im Frühjahr 1868, müsse man deshalb „der Wechselwirkung unter der Gesamtheit der Abgeordneten überlassen".[282] Mit dieser verklausulierten Wendung umschrieb die Gesetzesbegründung der Minister, dass zur politischen Willensbildung im Unterhaus künftig weltanschauliche Parteien unerlässlich seien. Diese Entwicklung entsprach der fortschreitenden Ausdifferenzierung der Gesellschaft. Zum gleichen Wahlrecht für Männer, wie es im November 1848 beschlossen worden war, konnte sich die Regierung aber nicht durchringen, weil sie dem Credo einer organischen Entwicklung folgte. Der geringe Kreis von Männern, die für das Parlament kandidieren durften, sollte nach dem Willen des Kabinetts nur solche Personen umfassen, „welche ihren bürgerlichen Verhältnissen nach zu der Annahme berechtigen, daß ihnen […] das erforderliche Interesse beiwohnt".[283] Ein solches Engagement sprachen konservative Zeitgenossen lediglich Männern zu, die mit einem größeren Vermögen im Land ansässig waren. Diese Zusatzanforderung neben der Legitimation durch Wahl schränkte in der Folge auch den Einfluss der Parteien auf die Abgeordneten ein. In der Zweiten Kammer verschwanden deshalb noch nicht alle Charakteristika eines Honoratiorenparlaments. Bis zur Einführung des Pluralwahlrechts im Jahr 1909 prägte daher der kulturelle Code der gesellschaftlichen Führungsformationen die Atmosphäre in der Zweiten Kammer, ohne jedoch einen demonstrativen Untertanengeist gegenüber dem Hof oder der Regierung zu pflegen.[284]

Dennoch erwies sich rückblickend die Wahlrechtänderung von 1868 als Wendemarke, die langfristig zu einem Parteienparlament führte. Für die ersten Jahrzehnte ist noch von einer lockeren Parteienbindung der Abgeordneten auszugehen, deren Wahlchancen in ländlichen und kleinstädtischen Wahlkreisen eher von lokalen Konkurrenzen als von weltanschaulichen Ausrichtungen abhingen.[285] Als Sachsen dem Norddeutschen Bund beitrat, bestand das vorrangige Ziel der Reform der Zweiten Kammer des sächsischen Landtags nicht darin, die politischen Partizipationschancen herkömmlich ausgeschlossener sozialer Gruppen erheblich zu erweitern. Vielmehr sollte der neue Wahlmodus den gesellschaftlichen Führungsformationen, die sich zunehmend ausdifferenzierten, eine angemessene parlamentarische Repräsentanz gewährleisten.

Die Debatten um die Wahlrechtsänderungen vom Zensuswahlrecht 1868 über das Dreiklassenwahlrecht 1896 zum Pluralwahlrecht 1909 sind zwar in der Historiografie des sächsischen Landtags ausführlich dargestellt worden,[286] sie waren für den Alltag des Zweikammerparlaments aber wenig charakteristisch. Da durch den Beitritt zum Norddeutschen Bund und später durch die Zugehörigkeit zum Kaiserreich alle Gesetzgebungsverfahren, die den Gesamtstaat betrafen, auf den Reichstag und den Bundesrat übergegangen waren, bestimmten die Etatberatungen für das Königreich Sachsen, die Steuererhebung und Gemeindefinanzierung, die Verwaltungs- und Justizreformen innerhalb des Bundesstaates, die Novellierung der sächsischen Städte- und Landgemeindeordnung, die Gehalts- und Pensionsverhältnisse im Königreich sowie vor allem der Eisenbahnbau als bedeutendste Investition in die Infrastruktur des Landes die Debatten der Kammern. Dass der Neu- und Ausbau von Eisenbahnstrecken, Bahnhöfen und Haltestellen auf breites öffentliches Interesse stieß, belegt auch eine Vielzahl von Petitionen, die zu diesen Fragen bei jedem Landtag eingingen. Die Mitglieder der beiden Kammern votierten bei den Verhandlungen um den Streckenbau eher wie Protagonisten der Eisenbahn als nach politischen Lagern bzw. nach weltanschaulichen Fraktionen. Denn eine neue Stecke bedeutete für einen Wahlkreis, der ans Schienennetz angeschlossen wurde, wirtschaftliches Wachstum.[287]

Auch eine feste Verknüpfung von weltanschaulich definierten Landtagsfraktionen mit sozialen Herkunftsgruppen lässt sich kaum als durchgängig relevant belegen. Adlige gehörten seit dem Vormärz zu konservativen, liberalen und demokratischen Gruppierungen.[288] Während des Landtags 1881 lassen sich aus der Gruppe gewerblich-industrieller Abgeordneter sechs der konservativen, acht der nationalliberalen und sieben der fortschrittlichen (linksliberalen) Fraktion zurechnen.[289] Beim selben Landtag wurde von den vier Abgeordneten der Sozialdemokratie, die ja auch die Anforderungen für das passive Wahlrecht zu erfüllen hatten, August Bebel den Fabrikanten zugerechnet. Die sozialdemokratischen Rechtsanwälte Otto Freytag und Ludwig Puttrich gehörten nach gesellschaftsgeschichtlichen Kategorien dem Bildungsbürgertum an. Wilhelm Liebknecht, der Ende der 1840er Jahre sein Studium aufgrund revolutionärer Aktivitäten aufgab, war als Funktionär mit bildungsbürgerlichem Hintergrund ebenfalls kein Arbeiter.[290] Landtagsabgeordnete als Agenten ihrer sozialen Herkunftsgruppen zu sehen, erscheint daher weniger plausibel, als sie als Akteure weltanschaulich definierter Funktionsapparate (Parteien, Fraktionen) zu verorten, die in einer modernen Gesellschaft das Feld der Politik dominieren.[291]

Insgesamt engagierten sich die beiden Kammern des Parlaments für ein ökonomisches, kulturelles, wissenschaftliches und gesellschaftliches Profil Sachsens. Dies geschah in keinem der beiden Häuser des Landtags unisono, sondern kontrovers je nach politisch-weltanschaulicher Position oder nach Interessenlage von Wahlkreisen, Wirtschaftsbranchen (Landwirtschaft, industrielle Großbetriebe bzw. mittelständische Unternehmen etc.), Berufsgruppen (Lehrer, Beamte, Arbeiter etc.) und Kulturinstitutionen (Kirchen, Schulen, Theater, Museen etc.). Beispielsweise bewilligte der sächsische Landtag, nachdem im Jahr 1869 das königliche Opernhaus abgebrannt war, das Gottfried Semper erst 1841 fertig gestellt hatte, zunächst 400.000 Taler und, als die Baukosten stiegen, noch einmal 375.000 Taler für einen Neubau,[292] der insgesamt 1.184.000 Taler kostete.[293] Dieses Engagement ragt aus den kontinuierlichen Ausgaben für Kulturelles, die der Landtag über den Etat bewilligte, lediglich als Einzelposition heraus. Immer wieder stimmten beide Kammern zu, Gelder für die Dresdner Akademie der bildenden Künste, die vom Staat verwalteten Kunstsammlungen oder auch die geisteswissenschaftliche Forschung und Lehre an der Universität Leipzig zu verwenden. Ebenfalls dem Budgetrecht des Parlaments unterlag eine breit gefächerte Wirtschaftsförderung, die von der direkten Mittelzuweisung vor allem an Handels- und Gewerbekammern, über Kreditvergabe an den gewerblichen und landwirtschaftlichen Mittelstand, die naturwissenschaftliche und technische Forschung, die gewerblich-technische Bildung durch entsprechende Schulen und Hochschulen bis zu einer Ordnungspolitik reichte, die Handel, Gewerbe, Verkehr, Steuern und gesellschaftliche Verhältnisse einhegte.[294]

Im Rahmen der Verwaltungsreform 1873 wurde zum Beispiel die Trennung von Schule und Kirche eingeleitet.[295] Andere Debatten führten sogar zu Kontroversen über staatliche Verordnungen, die das Freizeitverhalten in Sachsen betrafen. Denn per Regulativ beschränkte das Innenministerium gewerblich organisierte Tanzveranstaltungen in den drei sächsischen Großstädten Dresden, Leipzig und Chemnitz grundsätzlich auf Sonntage. In den kleineren Städten und auf dem Lande durfte nur am ersten und dritten Sonntag eines Monats öffentlich getanzt werden. Ausnahmen waren nur mit Sondererlaubnis gestattet.[296] Die Kammern des sächsischen Landtags debattierten während des Kaiserreichs immer wieder aufgrund von Petitionen über diese Beschränkung.[297] Die Stellungnahmen der Abgeordneten unterschieden sich – ebenso wie die Petitionen an das Parlament – nicht ausschließlich nach weltanschaulichen Positionen,[298] sondern lassen erkennen, dass in Industriedörfern und Städten aus nichttraditionalen Lebensverhältnissen ein anderes Bedürfnis nach moderner Freizeitkultur erwuchs, als es im Kontext der Landwirtschaft bestand.[299] Andererseits lassen sich in denselben Landtagsdebatten auch Parteinahmen für unterschiedliche politische Klientelen erkennen. Die Sozialdemokraten plädierten dafür, Gastwirten und Vereinen freizügig zu gestatten, Bälle abzuhalten, um den Freizeitkonsum für weniger hoch rangierte Sozialformationen zu öffnen. Denn im „Allgemeinen wirkt Tanzen nicht entsittlichend", erklärte der SPD-Abgeordnete Heinrich Stolle am 8. März 1892 in der Zweiten Kammer. Während die Privatbälle der Vermögenden bis in die Morgenstunden gefeiert würden, müsse „der niedere Mann" bereits um 12 Uhr den gewerblich betriebenen Ballsaal verlassen, der zudem auch noch unter Polizeibeobachtung stünde.[300] Liberale Parlamentarier argumentierten dagegen nicht klassenkämpferisch. Sie forderten, Ballhäusern und Gastronomen entgegenzukommen, um die ökonomischen Interessen einer aufkeimenden Unterhaltungsindustrie zu berücksichtigen. Auf konservativer Seite fanden sich teils religiös motivierte Befürchtungen vor einer Entsittlichung, aber auch Abgeordnete, die Tanzveranstaltungen beschränken wollten, weil diese die Arbeitsfähigkeit am folgenden Werktag beeinträchtigten.[301]

Die Gesetzgebung des Sächsischen Landtags reichte ebenfalls bis in die Daseinsfürsorge hinein. In einer Zeit rasanten Städtewachstums und der zunehmenden industrialisierten Herstellung von Lebensmitteln wuchs etwa die Nahrungsmittelsicherheit zu einer ganz neuen gesellschaftlichen Herausforderung heran.[302] Beim Landtag 1875/76 ging von mehreren Abgeordneten der Zweiten Kammer eine Gesetzesinitiative aus, den Städten und Gemeinden in Sachsen die Möglichkeit zu eröffnen, per Ortsstatut Privatschlachtereien zu verbieten. Zeitgenössisch existierten allein in Dresden neben dem Schlachthaus der Fleischerinnung noch weiter 114 private Schlachteinrichtungen, die in den umliegenden Wohngebieten nicht nur die Luft beeinträchtigten, sondern durch ihre Abfälle Ungeziefer und besonders Ratten anlockten sowie durch versickerndes Abwasser benachbarte Brunnen verunreinigten. Dagegen wandte sich das im Unterhaus beantragte Gesetz, das in beiden Kammern des Parlaments eine Mehrheit fand und dem sich auch die Regierung Sachsens anschloss.[303]

Für die Zweite Kammer des Sächsischen Landtags liegen für den Zeitraum von 1868 bis 1918 Analysen vor, die den Einfluss von politischen Parteien bzw. Fraktionen untersuchen.[304] Demnach setzte die Regierung gemeinsam mit den Liberalen während des Landtags 1871–1873 eine größere Selbstverwaltung der Städte und Landgemeinden durch, vollzog die Trennung von Verwaltung und Justiz und reformierte das Volksschulwesen.[305] Schon beim übernächsten Landtag 1875/76 wählten die Nationalliberalen, der rechte Flügel der Liberalen, gemeinsam mit den Konservativen Ludwig Haberkorn zum Kammerpräsidenten.[306] Haberkorn hatte sich im Laufe seiner Landtagskarriere von rechtsliberalen Positionen immer mehr ins konservative Lager begeben.[307] Obwohl dies noch nicht als Nachweis einer stabilen Koalition von Konservativen und Nationalliberalen anzusehen ist, bildete sich doch bereits – seit 1874 die Sozialdemokraten sieben von 23 sächsischen Reichstagsmandaten gewonnen hatten – ein Wahlbündnis von Konservativen und Liberalen heraus, das sich selbst als Kartell der „staatstragenden Ordnungsparteien" sah.[308] Diese Verbindung dominierte mit intern wechselndem Kräfteverhältnis bis zum Landtag 1907/08 das Unterhaus des sächsischen Landtags.[309] Dazu trug lange Zeit ein Wahlrecht bei, das die Sozialdemokratie massiv benachteiligte. Bis 1896 wuchs die Anzahl der sozialdemokratischen Abgeordneten der Zweiten Kammer dennoch ständig an. Als Erstem gelang es 1877 dem Leipziger Rechtsanwalt Otto Emil Freytag, ein Mandat zu erringen.[310] Er wurde für Wilhelm Liebknecht im Wahlbezirk Lugau-Stollberg nachgewählt, weil diesem das Mandat aberkannt worden war, da er die sächsische Staatsangehörigkeit noch nicht seit drei Jahren besaß.[311] Liebknecht zog 1879 gemeinsam mit dem Juristen Ludwig Emil Puttrich für die Sozialdemokratie in den Landtag ein. August Bebel wurde erst 1881 Mitglied der Zweiten Kammer. Da 1883 auch Georg von Vollmar in das Unterhaus gewählt wurde,[312] gehörten die frühen Protagonisten der deutschen Sozialdemokratie dem sächsischen Landtag an. Sie verfügte beim Landtag 1883/84 über vier, beim Landtag 1885/86 sowie beim Landtag 1887 über fünf, beim Landtag 1889/88 über sieben, beim Landtag 1891/92 über elf, beim Landtag 1893/94 zunächst über 14, später durch eine Nachwahl sogar über 15 Mandate und beim Landtag 1895/96 über 14 Mandate.[313] Da die Zweite Kammer je zu einem Drittel alle zwei Jahre neu gewählt wurden, schieden die sozialdemokratischen Abgeordneten sukzessive nach der Einführung des Dreiklassenwahlrechts im Jahr 1896 bei den Wahlen 1897, 1899 und 1901 aus.[314]

Als am 10. Dezember 1895 die Zweite Kammer des Sächsischen Landtags einen Bericht seiner Wahlprüfungsdeputation diskutierte, nutzte die SPD diese Gelegenheit, um wieder einmal das Wahlrecht für alle erwachsenen Bürger Sachsens zu fordern. Für die Konservativen widersprach der Abgeordnete Dr. Paul Mehnert dem Antrag der SPD. Ein allgemeines Wahlrecht beschwöre „die größten Gefahren für eine gesunde und fördersame Weiterentwicklung des Staats= und Volkslebens" herauf. Mehnert bemühte das gesammelte Arsenal der zeitgenössischen Argumente. Das „allgemeine Wahlrecht" beruhe „auf der Fiktion, daß zum Gesetzgeber ein Jeder berufen, ein Jeder gleich befähigt sei". Die Menschen seien aber nun einmal verschieden. Das allgemeine Wahlrecht begünstige den Kandidaten, der „die extremste Richtung vertritt, der am rücksichtslosesten ist in der Wahl seiner Mittel, der am gröbsten aufträgt, und der den Volksinstinkten […] am besten zu schmeicheln versteht!" Schließlich zeige der Stimmenzuwachs der Sozialdemokraten, „daß bei jeder Wahl das Capital der guten Gesinnung mehr und mehr schwindet". Die „wahren Freunde des Volkes" seien deshalb „besorgt um die Zukunft des Vaterlandes" und wünschten, „daß auf diesem Gebiete bald möglichst Einhalt geschehe". Für den Reichstag, zu dem ein allgemeines Wahlrecht gelte, könne es so ebenfalls nicht mehr weitergehen.[315]

Aber auch bei den sächsischen Landtagswahlen, erklärte Mehnert, reisten inzwischen „berufsmäßige Agitatoren" von Ort zu Ort. Das behindere die „gedeihliche Fortentwicklung" des Staates und wühle die Volksleidenschaften auf, sodass keiner mehr wisse, „was Recht und Unrecht" sei. Die „öffentliche Moral aber" erleide „einen großen Verlust". Da die Wahlen auf diese Weise oft nur eine „wüste demagogische Verhetzung" seien, suchte Mehnert nach einem Wahlrecht, das Abhilfe schaffen könne gegen das perhorreszierte Aufbrechen einer Unterwelt, die sich anschickte, die seiner Ansicht nach gute Ordnung zu stürzen. Das bisherige sächsische Zensuswahlrecht, nach dem nur wählen durfte, wer jährlich einen Taler Steuern zahlte, sei leider untauglich. Mehnert forderte daher „die Einführung des indirecten Klassenwahlrechts unter besonderen Garantien dafür, daß den reichen Leuten nicht ein unverhältnißmäßiger Einfluß hierbei zur Theil" werde. Denn „eine Gewaltherrschaft der Plutokratie, eine Vorherrschaft der reichen Leute" präferiere er ebenso wenig wie eine „Gewaltherrschaft der Massen von unten herauf, wie sie durch das allgemeine Wahlrecht nur vorbereitet" werde. Der konservative Abgeordnete wollte die Schichten gestärkt sehen, „die zwischen den Reichen und den ärmeren Klassen stehen und die die Hauptstützen" des Staates seien.[316]

Die sächsische Regierung schloss sich Mehnerts Antrag an. Sie hatte bereits vor dem Landtag 1895/96 Erwägungen angestellt, wie der Wahlmodus geändert werden könne, um den Einfluss der Sozialdemokratie zu beschränken.[317] Daher konnte Innenminister Karl Georg Levin von Metzsch der Zweiten Kammer bereits am 3. Februar 1896 einen Gesetzentwurf für ein neues Wahlrecht vorlegen. Am 12. und 13. Februar behandelte das Unterhaus das Gesetz zum ersten Mal. Die Mehrheit der Zweiten Kammer verwies es nach heftiger Debatte zur Beratung an eine Deputation. Schon am 28. Februar desselben Jahres kam das neue Wahlrecht in die zweite Lesung. Diesmal stimmte die Zweite Kammer mit 56 Ja-Stimmen gegen 23 Nein-Stimmen dem indirekten Dreiklassenwahlrecht zu. Die Erste Kammer verzichtete sogar auf eine Debatte über den Regierungsentwurf und nahm das Wahlgesetz einstimmig an.[318]

Künftig wurden die Parlamentsmandate in der Zweiten Kammer nicht mehr direkt durch Wahl vergeben, sondern die Urwähler, die ausschließlich männlich sein mussten, wählten Wahlmänner und diese wiederum die Abgeordneten. Wieviel die Stimme eines Urwählers wert war, ermaß sich vorwiegend nach seiner Steuerleistung. Welcher Wahlklasse jemand angehörte, bestimmte sich danach, wieviel Grund- und Einkommensteuer er zahlte. In der I. Klasse wählten die höchstbesteuerten Urwähler, die ein Drittel der Gesamtsteuersumme eines Wahlbezirks bezahlten. Allerdings durfte niemand mehr als 2.000 Mark an Steuern geltend machen, selbst wenn er mehr Steuern zahlte. Die I. Klasse hätte sonst manchenorts zu wenig Mitglieder gehabt. Umgekehrt durfte jeder, der mindestens 300 Mark Steuern zahlte, in der I. Klasse mitwählen. Deshalb überstieg das Steueraufkommen der I. Klasse häufig ein Drittel. Die II. Klasse bildeten die Urwähler, die von der restlichen Steuer die Hälfte aufbrachten. Für diese Kategorie galt ein Mindeststeuersatz von 38 Mark. Alle übrigen Steuerzahler gehörten in die III. Klasse der Urwähler. Männer, die im aktiven Militärdienst standen oder eine öffentliche Armenunterstützung bezogen, waren vom Wahlrecht ausgeschlossen.[319]

Durch das Dreiklassenwahlrecht stieg im Königreich Sachsen die Zahl der Landtagswahlberechtigten von 14,3 Prozent im Jahr 1895 auf 16,8 Prozent der Zivilbevölkerung im Jahr 1897. Allerdings geriet das Gewicht der meisten Stimmen in die Nähe der Belanglosigkeit. Denn zwischen 1897 und 1907 wählten in der I. Klasse nur etwa 3,5 Prozent der Stimmberechtigten. Zur II. Klasse gehörten noch etwa 17 Prozent der Urwähler. Fast 80 Prozent des Wahlvolks hatte lediglich das Recht, ein Drittel der Wahlmänner zu bestimmen. De facto entfielen auf die zirka 20 Prozent der Stimmberechtigten aus der I. und II. Klasse sogar noch mehr als zwei Drittel der Parlamentsmandate.[320] Für die Wahl der Abgeordneten war nämlich die absolute Mehrheit der Wahlmänner erforderlich. Ließ diese sich in zwei Wahlgängen nicht herstellen, genügte die einfache Mehrheit. Die Wahlmänner der III. Klasse konnten somit leicht von denen der anderen Klassen dominiert werden.

Die SPD verlor in der Konsequenz dieses Wahlverfahrens sämtliche Landtagsmandate.[321] Außerdem sank die Wahlbeteiligung nach der Einführung des Dreiklassenwahlrechts von über 50 Prozent auf etwa 36 Prozent. Erst nach 1903 stieg sie wieder an. Aber obwohl die Sozialdemokraten in den Jahren 1903 bis 1907 durchschnittlich über 45 Prozent der abgegebenen Stimmen erreichten, konnten sie nur einen einzigen Abgeordneten in die Zweite Kammer des sächsischen Landtags entsenden. Bei den Reichstagswahlen wurde der Unterschied eklatant. Denn nach deren Wahlrecht stellte die SPD 1898 elf der 23 sächsischen Reichstagsabgeordneten. Im Jahr 1903 erhielten die Sozialdemokraten bei den

Abb. 19: Die Zweite Kammer des Sächsischen Landtags 1903

Wahlen zum Reichstag sogar 22 der 23 Mandate, die Sachsen zu vergeben hatte. Auf Dauer konnte diese Diskrepanz nicht bestehen bleiben.[322]

Das sächsische Dreiklassenwahlrecht war ein untauglicher Versuch, die Gepflogenheiten der konservativen und liberalen Honoratiorenpolitik, deren Parteiapparat in Wahlkampfzeiten nicht über eine Ad-hoc-Organisation hinauskam, aufrechtzuerhalten. Um die politische Meinungsführerschaft für eine Partei zu erlangen, waren die modernen Agitationsmittel der Sozialdemokratie wesentlich tauglicher. In einer zunehmend ausdifferenzierten Gesellschaft gelang es den Komiteeparteien aus Honoratioren daher nur unzulänglich, eine von der Basis heranwachsende Politisierung in Schubkraft für ihre politischen Ziele umzusetzen. Sie stärkten deshalb im Jahr 1896 bei der Legitimation für ein Landtagsmandat das askriptive Moment. Der Repräsentant in der Zweiten Kammer wurde wieder abhängiger vom eigenen ökonomischen Besitzstand.

Das Dreiklassenwahlrecht fand eine so geringe gesellschaftliche Akzeptanz, dass Sachsen bereits im Jahr 1909 seinen Wahlmodus für die Zweite Kammer wieder umstellte. Die Nationalliberalen rückten vom Kartell mit den Konservativen ab. Lobbyverbände der Wirtschaft wie der Verband Sächsischer Industrieller und der Handelskammertag forderten eine Wahlrechtsänderung, um eine Politik zu ermöglichen, die ihre Interessen mehr berücksichtigte. Darüber hinaus entstand ein Veränderungsdruck durch Petitionen und Großdemonstrationen, die von den Sozialdemokraten initiiert wurden.[323]

Offensichtlich reichte es nicht mehr aus, wie im Dreiklassenwahlrecht die unterschiedlichen Formen von Vermögen auf der Berechnungsgrundlage von Steuerleistung zu assimilieren. Das Pluralwahlrecht, nach dem sich die Landtage von 1909 bis 1918 konstituierten, verschnitt Einkommen, Besitz, Vorbildung und Alter, um das Gewicht des einzelnen Wählervotums zu bestimmen.[324] Es erweiterte daher die Kriterien für Askription in den außerökonomischen Bereich. Wer sechs Klassen einer höheren oder mittleren Schule absolviert hatte, erhielt ein Zusatzstimme. Das Gleiche galt für alle Wahlberechtigten, die das 50. Lebensjahr erreicht hatten. Da mit dem Pluralwahlrecht die Wahlbeteiligung von knapp 44 Prozent bei der Wahl im Jahr 1901 auf fast 83 Prozent stieg, lässt sich konstatieren, dass das neue Mischverhältnis von askriptiven Kriterien und eignungs- oder leistungsorientierter Rekrutierung auf eine hohe gesellschaftliche Akzeptanz stieß. Der Sinnhaushalt der Wahlberechtigten in der zeitgenössischen sächsischen Gesellschaft scheint daher durch diesen Landtag weithin repräsentiert worden zu sein. Für die Sozialdemokraten blieb es aber auch nach dem neuen Wahlmodus unbefriedigend, mit etwa 54 Prozent der Stimmen lediglich knapp 28 Prozent der Mandate für die Zweite Kammer zu erlangen.[325] Im Unterhaus des sächsischen Parlaments standen dem etwa zwei gleich große Blöcke aus Konservativen und Liberalen gegenüber.[326]

Resümiert man, wie sich zwischen 1868 und 1918 die beiden Häuser des sächsischen Landtags zusammensetzten, dann zeigt sich, dass in der Ersten Kammer eine wesentlich höhere Bedeutung einnahm, welche Stellung die Mitglieder außerhalb des Parlaments ohnehin besaßen. Auch in der Zweiten Kammer blieben askriptive Momente bei der Mandatsvergabe erhalten. Dieses Haus wandelte sich aber seit der Verfassung von 1831. Zunächst galt, dass nach Vermögen getrennte Klassen bestimmte Kontingente von Abgeordnetensitzen vergeben durften. Seit dem Jahr 1861 gestattete zusätzlich zum Vermögen auch die Steuerleistung die Vergabe von Unterhausplätzen. Es blieb aber bis zur Einführung des Wahlrechts im Jahr 1868 bei der nach Klassen getrennten Kontingentierung. Das Dreiklassenwahlrecht von 1896 begünstigte zwar Männer mit hohem Steueraufkommen. Es vergab jedoch erstmals Mandate nicht mehr nach bestimmten Vermögenskriterien (bewohnbares Grundstück), sondern nur noch nach Steuerleistung. Schließlich erweiterte das Pluralwahlrecht des Jahres 1909 das askriptive Kriterium Steuerleistung durch Bildung (Abitur) und Alter (50 Jahre). Wie für das Oberhaus lässt sich somit auch für die Zweite Kammer des sächsischen Landtags konstatieren, dass der askriptive Anteil bei der Mandatsvergabe variabel ausdifferenziert wurde. Auch im Unterhaus wurden – mit Ausnahme des Wahlrechts vom November 1848 – keine Parlamentssitze gänzlich ohne Askription vergeben. Dennoch kann man die Entwicklung immer neuer Kriterien, die neben der Wahl durch die Repräsentierten in Geltung kamen, als Anpassung an eine immer pluralere Gesellschaft verstehen. Bei der Zweiten Kammer wird dies noch deutlicher als bei der Ersten. Abgesehen von den Landtagen der Jahre 1849 und 1849/50 erreichte Sachsen im 19. Jahrhundert kein allgemeines Wahlrecht. Das Land befand sich auch nicht auf dem Weg dorthin, obwohl der Kreis der erwachsenen Männer, die zur Wahl berechtigt waren, in der zweiten Hälfte des Jahrhunderts stetig stieg.

Das Honoratiorenparlament aus Abgeordneten, die weithin oder gar ohne die Unterstützung eines Parteiapparates zu ihrem Mandat gelangt waren, gestattete allerdings seinen Mitgliedern, ohne Rücksichten auf die Zwänge solcher Institutionen zu agieren. Die Parlamentarier waren auch freier von sozialer Kontrolle der Herkunftsgruppe, als dies in der alten Ständeversammlung möglich gewesen war.[327]

Die negative Spiegelung des Honoratiorenparlamentariers aus der Sicht einer parteipolitisch gebundenen Perspektive hat in der Historiografie bis heute einen großen und oft unreflektierten Niederschlag gefunden. Nicht zufällig wird die Erste Kammer, in der die weltanschauliche Fraktionsbildung auch zwischen 1868 und 1918 nie Einzug hielt, von der Geschichtsschreibung kaum berücksichtigt.[328] Die Entscheidungsfreiheit der außerparlamentarisch bereits durch wirtschaftliche, familiale, religiöse oder bürokratische Aktionszusammenhänge privilegierten Abgeordneten war allerdings nur um den Preis zu realisieren, dass Mandate ausschließlich an eben diesen Personenkreis vergeben werden konnten.

Eine Grenze fand die Ungebundenheit der Honoratiorenpolitiker übrigens auch durch die Regierung, die öffentliche Meinung und seit der Jahrhundertwende zunehmend durch die Interessenvertretungen der Industrie. Die starke Position der Regierung gegenüber dem Parlament ergab sich schon daraus, dass sie dem König und nicht dem Landtag verantwortlich war. Erst um 1900 führte der wachsende Einfluss wirtschaftlicher Interessenverbände auf die Parteien zu einer Veränderung der politischen Kultur. Nun traten nämlich öffentlich ausgetragene Interessenkonflikte an die Stelle der bisherigen Praxis, zu verschleiern, wie Privilegien durch die Bürokratie und Regierung vergeben worden waren.[329]

Diesem dreifachen Druck gegenüber musste auch das herkömmliche Konzept des nicht parteigebundenen Parlamentariers ins Hintertreffen geraten. Der zunehmenden Professionalisierung durch bürokratische Apparate der Verwaltung, der Medien und der Lobbyisten wirtschaftlicher und kultureller Funktionsapparate konnte letztlich nur eine entsprechende Entwicklung der Parteien korrespondieren. Abgesehen von der Sozialdemokratie, die eine Vorreiterrolle beim Aufbau eines Parteiapparates einnahm,[330] vollzogen die anderen politischen Richtungen diesen Wandel erst nach dem Ende des Kaiserreichs.

Exkurs: Landtagstafeln im Dresdner Schloss

Es ist immer eine Würdigung, von jemandem zum Essen eingeladen zu werden. In einer Monarchie an die Tafel eines Fürsten gebeten zu werden, bedeutete eine ganz besondere Ehrzuweisung. Der Dresdner Hof war traditionell darauf bedacht, seinen Glanz zu vermehren, indem er nur Adligen, die vier Generationen adliger Vorfahren nachweisen konnte, und hohen Staatsbeamten den Zutritt gestattete. Aus diesem Kreis der Hoffähigen durfte lediglich eine ausgewählte Gruppe auf ausdrückliche Einladung hin auch an der Tafel des Herrschers speisen.[331]

Seitdem Johann Georg I. beim Landtag 1622 damit begonnen hatte, die Teilnehmer der Ständeversammlung nicht mehr zu speisen, sondern ihnen Diäten zu zahlen,[332] wurden nur noch einzelne Adlige an die Tafel des Kurfürsten geladen.[333] Gemeinsame Essen des Landtags oder seiner Corpora kamen nicht mehr zustande.[334] Erst nachdem Sachsen mit der Verfassung von 1831 ein Zweikammerparlament eingeführt hatte, lud der König die Parlamentsmitglieder stets zu Beginn und zum Ende eines Landtags zu einem exquisiten Diner an seinen Hof.[335] Das war keineswegs selbstverständlich. Als der Dresdner Hof sich vor dem ersten konstitutionellen sächsischen Landtag in Stuttgart erkundigte, ob der württembergische König seine Kammer zur höfischen Tafel lade, rapportierte der sächsische Gesandte am württembergischen Hof, Johann Caspar Freiherr von Wirsing, nur „ein einzigesmal[,] nämlich im Jahre 1817", habe König Wilhelm I. von Württemberg „nach Eröffnung der ersten StändeVersammlung […] sämmtliche Mitglieder der ersten u[nd] zweyten Kammer zur K[öniglichen] Tafel gezogen". Denn die Standesherren, denen Württemberg in Napoleonischer Zeit die Selbstständigkeit genommen hatte, seien dem Monarchen nicht wohlgesonnen. Mit ihnen zu speisen, sei daher dem Fürsten unangenehm. Andere Abgeordnete, die zum Teil „aus den untersten Claßen" kämen, würden die „Sitten der feinen Welt [… verletzen], ohne es vielleicht nur einmal zu ahnen".[336] Das Problem, gegen ihren Willen hinzugewonnene Untertanen zu integrieren, stellte sich im vormärzlichen Sachsen nicht, und offenbar hatte der Dresdner Hof auch hinreichendes Zutrauen zu den Tafelmanieren der nichtadligen Landtagsmitglieder.

Über etwas mehr als acht Jahrzehnte hinweg baten Sachsens Könige die beiden Kammern des Parlaments gemeinsam mit Vertretern des Hofstaates und hohen Repräsentanten der Verwaltung zu einem Festmahl. Das Herrscherhaus war außer durch den König selbst in der Regel noch durch die Königin sowie weitere Prinzen und Prinzessinnen vertreten. Die Mitglieder der Dynastie saßen an der zentralen Position einer Hufeisentafel. Neben ihnen hatten rechts und links an dieser Kopftafel Minister und Oberhofchargen ihren Sitz. Dem König und der Königin gegenüber nahmen die Präsidenten der Ersten und Zweiten Kammer Platz. Für die übrigen Parlamentarier, Regierungskommissare und Spitzenbeamten dokumentieren die Akten des Oberhofmarschallamtes keine vorgegebene Sitzordnung.[337]

Anhand der Überlieferung lässt sich für die Landtagstafeln auch die Qualität der Speisefolgen einschätzen. Den Maßstab, um Diners nach zeitgenössischen Kriterien einzuschätzen, liefert eine kulinarisch-ästhetische Konzeption, die der Dresdner Hofküchenmeister Friedrich Tuiskon Baumann im Jahr 1893 publizierte.[338] Er war von 1863 bis 1882 einer der beiden Chefs der zentralen Küche des Dresdner Hofes.[339] Die Kunst eines Menüs bestand für Baumann darin, „die Eßlust frisch zu erhalten, damit in erneuertem Genuss die Tafel-Freuden ununterbrochen und mit Vermeidung lästigen Sättigungs-Gefühles zu angenehmerem Ende geführt werden können".[340] Um dieser Maxime gerecht zu werden, benannte Baumann vier Kriterien, die seiner Ansicht nach das Niveau eines Diners definieren: „Den höheren oder minderen Wert einer Mahlzeit bemißt der Feinschmecker hauptsächlich nach der Zusammensetzung und Reihenfolge, nach der Feinheit und Zubereitung der einzelnen Gerichte."[341] Damit bekennt sich Baumann zur Produktqualität und zur Kunst, aus den gewählten Zutaten exquisite Speisen zuzubereiten. Ausdrücklich erläutert er, dass es keineswegs auf einen übervollen Teller ankomme. Nicht die Menge sei relevant, sondern „woraus die einzelnen Speisen bestehen und mit wie viel größerem oder geringerem Verständnis das Ganze zusammengestellt" sei.[342]

Ein Schwerpunkt der kulinarischen Ästhetik lag daher auf der Gesamtkomposition von Speisen und Getränken. Es müsse, forderte Baumann, „zwischen den Speisen und Weinen ein gewisser Einklang, eine Art Geschmacks-Verwandtschaft herrschen, um eine angenehme Wechsel-Wirkung zwischen Essen und Trinken zu erzielen". Denn „der Geschmacks-Unterschied" von Speise und Getränk dürfe keinesfalls unangenehm werden.[343] Speisen, die die Geschmacksnerven nur leicht anregten, sollten nicht von einem Wein begleitet sein, der sie durch sein Aroma überlagere. Ebenso würde „bei schweren Speisen ein leichter Wein gar nicht zur Geltung kommen" und bei „süßen Speisen" seien „saure Weine zu vermeiden [...], weil die Säure sonst doppelt scharf hervortreten würde". Baumann formuliert daher: „Den sauersten Wein vertragen der Fisch und die Austern, den süßesten die Süßspeisen, den herbsten oder schwersten aber der Braten."[344] Bei einem umfangreichen Menü sollten zunächst „grundlegende, stärkere Gerichte" serviert werden. Darauf hätten nach und nach die leichteren Speisen zu folgen. Für Wein gelte die umgekehrte Ordnung. Man beginne mit leichten Weinen und lasse allmählich bis zum Bratengang schwerere folgen. Danach gehe es mit „feinen milden Weinen abwärts [...], um mit einem leichteren, feurigen Wein zu schließen".[345]

Diesem kulinarischen Gesamtkonzept, das dem Usus der Spitzenküche im zeitgenössischen Europa entsprach,[346] folgte auch die erste gedruckte Menükarte einer Landtagstafel, die im Oberhofmarschallamt überliefert ist. Als der sächsische König Albert am 14. November 1895 ab 18 Uhr im Bankettsaal des Dresdner Residenzschlosses, einem der Paraderäume der Belle Etage, dem Landtag ein Festessen gab, war dort für ein festliches Ambiente gesorgt.[347] 852 Kerzen ließen den Bankettsaal erstrahlen.[348] Den Mitgliedern des Hof-, Zivil- und Militärstaates, die mit den Parlamentariern speisen sollten, hatte der Hof per Einladungskarte verordnet, in ihrer Paradeuniform zu erscheinen. Das

Abb. 20: Bankettsaal im Dresdner Residenzschloss

Dienstpersonal des Königs trug seine gelbe Galalivree. Nur den Landtagsmitgliedern stand es frei, sich nach eigenem Gusto zu kleiden.[349] Die Tafel im Bankettsaal war mit dem Service vom roten Drachen eingedeckt, das die Meißner Porzellanmanufaktur von 1731 bis 1918 ausschließlich für den Dresdner Hof fertigte.[350] Die Mitte der Tafeln war mit Gold und Silbergegenständen sowie Porzellanen des Wateau-Service geschmückt. An anderer Stelle standen Porzellanvasen und Blumenkörbe im Rokokostil. Ein Journalist, der das Arrangement beschrieb, sah ein „glänzendes Bild" mit „großem Farbenreichtum".[351]

Nachdem alle Gäste platziert worden waren, zogen die Mitglieder der Herrscherfamilie ein. Ihre adligen Begleiter, das Kortege, ließen sie voranschreiten. König Albert und Königin Carola wurden vom Bruder des Monarchen, Georg, sowie von dessen ältester Tochter, Mathilde, und den beiden Söhnen mit ihren Gemahlinnen begleitet.[352] Als alle Platz genommen hatten, servierte die Dresdner Hofküche folgende Speisen und Getränke:

„Menu
Le 14 Novembre 1895.

Consommé à la Crecy   St. Peray
Tartelettes à la turque
Filets de sandre, sauce tartare   Scharzhofberger
Selle de mouton à la bretonne
Croquettes de jambon aux épinards Chât[eau] Mouton Rothschild
Homards naturels, sauce mayonnaise
Chapons rôtis, salade, compote   Eug[ène] Cli[c]quot
Pêches à la Condé

     Fromage
     Glaces
     Dessert   Muscat Frontignan"[353]

Abb. 21: Menükarte der Landtagstafel vom 14. November 1895

Die Landtagstafel am 14. November 1895 begann daher mit einer Geflügelkraftbrühe. Diese klare Suppe hatte eine Einlage aus Gemüse und gewürfelten Möhren.[354] Da eine klare Consommé als farbneutral galt, konnte die Farbe der folgenden Speise frei gewählt werden. Denn auf eine weiße Suppe hätte kein weißer Fisch serviert werden dürfen. Die Dresdner Hofküche servierte als nächstes Gericht Tartelettes à la turque. Tartelettes wurden zeitgenössisch unter die Hors-d'œuvres eingeordnet,[355] allerdings ist die Variante à la turque nicht explizit überliefert. Vermutlich handelt es sich beim Belag der Törtchen um eine Mischung aus Reis, Geflügelleber, Auberginen oder anderen Gemüsen.[356] Als Getränk zur Suppe und zum Hors-d'œuvre forderte Baumanns Konzeption für ein Diner einen schweren süßen Wein, etwa einen Portwein, Sherry oder Marsala.[357] Dementsprechend offerierte man bei der Landtagstafel im November 1895 einen Saint-Péray, einen „würzigen, aber etwas schweren, nicht stark moussierenden" Wein.[358]

Als Fischgericht ließ die Hofküche geröstetes Zanderfilet mit kalter Senfsauce[359] folgen. Die weißen, festen und grätenfreien Filets des Süßwasserfischs wurden von einer Sauce aus Mayonnaise und Kräutern begleitet.[360] Dazu kredenzte man einen Scharzhofberger, einen Spitzenwein von der Saar, ein Hochgewächs, das auch heute den Ruf eines international renommierten Rieslings besitzt.[361] Es folgte laut Menükarte ein „Selle de mouton à la bretonne", ein gespickter Hammelrücken, der mit Gemüse und Weißwein sowie von einem Kranz aus festem weißen Bohnenmus umgeben geschmort worden war.[362] Dazu gehörte eine gemüsige Bretonische Sauce.[363]

Mit Schinkenkroketten auf Spinat[364] als Entrée chaude begann der zweite Gang. Selbstverständlich durften auch in diesem Teil der Speisefolge Fleisch, Saucen und Beilagen wie Gemüse, Pilze, Trüffeln, Eier, Krusten etc. nicht noch einmal vorkommen.[365] Zu den Croquettes de jambon aux épinards, einer in Fett ausgebackenen Mischung aus hartgekochten Eiern, Parmesankäse und Schinken, kredenzte man passend einen Château Mouton Rothschild, einen der besten Rotweine aus dem Bordeaux. Heute ist das Château Mouton Rothschild in Pauillac eines der berühmtesten Weingüter der Welt. Um 1900 zählte der Weinautor Hanns von Zobeltitz es allerdings noch nicht zur ersten Reihe der Weingüter im Bordeaux. Der Château Mouton Rothschild, ein Cabernet-Sauvignon, steht dem Château-Lafite nahe, der gemeinsam mit dem Château-Margaux und dem Château-Latour und dem Château-Haut-Brion im Jahr 1855 als Premier Cru des Bordeaux eingestuft worden war. Die von Château Mouton Rothschild angebauten Weine gehörten am Ende des 19. Jahrhunderts noch der zweiten Klasse an. Allerdings sahen sie auch die Zeitgenossen schon näher an den anerkannten Hochgewächsen als an den Deuxième Crus.[366]

Als zweites, kaltes Entrée folgte ein Hummer mit Mayonnaise. Am Dresdner Hof war es üblich, diesen Hummer auszulösen, ihn mit Essig, Salz, Pfeffer und Karpern zu marinieren und dann mit Mayonnaise zu überziehen. Man garnierte Homards naturels, sauce mayonnaise mit Ei und Salat.[367] Das darauf folgende Gericht, der Rôt, bestand aus einem gebratenen Kapaun[368] mit Salat und Kompott.[369] Es entsprach nach Baumanns Ansicht dem Usus, als Braten „vorzugsweise feines Geflügel und Wildbret" anzubieten, das in der Regel au naturel zuzubereiten war. Bei diesem Fleischgang bereitete man keine speziellen Saucen zu, sondern nutzte allenfalls den ohnehin vorhandenen Fleischsaft (jus).[370] Dieser Teil des Diners war daher in der Regel würziger und fettiger als das vorausgegangene Entrée.[371] Als Getränk reichten die Servierenden zum Braten Champagner des Hauses Eugène Clicquot.[372]

Sobald das Getränk in den Gläsern perlte, trat der Oberhofmarschall Friedrich Graf Vitzthum von Eckstädt zum Tafelsitz des Königs und erinnerte ihn daran, dass der Zeitpunkt für die Toasts bzw. „Gesundheiten", wie man am Dresdner Hof sagte, gekommen sei. Der Oberschenk Johann Georg Graf von Einsiedel überreichte dem König einen Pokal mit Champagner. Es wurde mit einem Zeremonienstock geklopft. Daraufhin erhoben sich alle Geladenen. Nur der Monarch blieb sitzen und prostete seinen Gästen zu: „Auf des Landes Wohl und aller getreuen Stände." Während die Tafelnden tranken, bliesen die Hoftrompeter im Nachbarsaal dreimal in ihre Fanfaren. Der König ließ den Pokal an den Präsidenten der Ersten Kammer weiterreichen und man wartete ab, bis alle Champagnergläser nachgefüllt waren. Dann brachte der Kammerpräsident seinen Trinkspruch aus: „Auf das Wohl Seiner Majestät des Königs!" Alle Anwesenden tranken. Diesmal riefen sie zu den drei Fanfarenstößen jedes Mal: „Hoch!" Anschließend machte man wieder eine Pause, um die Gläser zu füllen, damit auch der Präsident der Zweiten Kammer eine Gesundheit aussprechen konnte. Er trank mit den Anwesenden: „Auf das Wohl Ihrer Majestät der Königin und aller Mitglieder des Königlichen Hauses!" Noch einmal erfolgte ein dreifacher Tusch der Hoftrompeter, der jeweils von einem Hochruf der stehenden Tafelgesellschaft begleitet wurde.[373]

Die Gesundheiten waren vom Oberhofmarschall vorformuliert und wurden den Kammerpräsidenten zwei Tage vor der Landtagstafel schriftlich mitgeteilt.[374] In ihrer Kürze entsprachen die Toasts den zeremoniellen Anforderungen, die auch die zeitgenössische Fachliteratur von Teilnehmern eines Diners forderten. Ernst von Malortie, der von 1837 bis 1866 Oberhofmarschall in Hannover war, erklärte in seinem Standardwerk „Das Menü", Toasts müssten kurz und ihre Anzahl begrenzt sein, damit die kulinarischen Genüsse eines Diners nicht Opfer der Redekunst würden.[375] Bei der Landtagstafel am 14. November 1895 führten die Trinksprüche offensichtlich dazu, dass die Teilnehmer anschließend ungezwungener kommunizierten. Denn ein Beobachter rapportierte, dass nun die „Unterhaltung an allen Tafeln immer lebhafter" geworden sei.[376]

Den Abschluss des zweiten Gangs bildeten Pêches à la Condé. Dieses Entremets de douceur bestand aus einem Reissockel, auf dem ein halber Pfirsich lag, der in vanilliertem Sirup pochiert worden war. Die Aushöhlung des Pfirsichs zierte eine eingemachte Kirsche. Alles war mit Aprikosensirup überzogen.[377] Anschließend servierte man als Käse einen Fromage de Brie mit Radieschen,[378] dann folgte Eis, und zum Abschluss setzten die Servierenden eine Variation von Desserts auf die Tafel. Die Auswahl dieser Nachspeisen, die aus Obst, Konfekt und Gebäck bestanden haben muss, ist aber nicht en Detail überliefert.[379] Bekannt ist nur, dass über das Übliche hinaus auch Bonbonnieren und „Konfekt mit transportablen Figuren" gereicht wurde.[380] Die erhaltene Menükarte verweist darauf, dass zum Dessert ein Muscat Frontignan ausgeschenkt wurde. Dieser französische Dessertwein aus dem Languedoc wird mit hohem Zuckergehalt gekeltert. Um einen Süßwein zu erhalten, unterbrechen die Winzer den Gärprozess durch Zugabe von sehr hochprozentigem Branntwein.[381]

Zum Dessert, meinte Baumann, könne ein Wein serviert werden, der einerseits zur Süße der Speisen passe und andererseits durch seine Feurigkeit schon zum Kaffee überleite, den man nach der Tafel mit einem feinen Branntwein in einem Nachbarraum des Speisezimmers offeriere.[382] Der Dresdner Hof zog am 14. November 1895 gegen 19:30 Uhr von der Landtagstafel im Bankettsaal um in den Ballsaal.[383] Dort stellte man sich in einem Cercle um die Herrscherfamilie.[384] Es wurden zunächst Kaffee sowie anschließend Cognac, Curaçao und Maraschino gereicht.[385] Während die Tafelgesellschaft ihr Getränk nahm, stellten die Präsidenten der Ersten und Zweiten Kammer der Herrscherfamilie die Landtagsmitglieder vor, die neu ins Parlament aufgenommen worden waren. Wie die Dresdner Nachrichten am folgenden Tag berichteten, fanden bei dieser Konversation das Königspaar sowie die Prinzen und Prinzessinnen „freundliche Worte" für alle Landtagsmitglieder. Mit einem Mitglied der königlichen Familie auf einem Hoffest ein Gespräch zu führen, galt als besondere Auszeichnung.[386] Um 20:50 Uhr ging dann auch dieser Ausklang des Diners zu Ende.[387] Man hatte ein vornehmes Diner genossen, das nach allen Regeln der zeitgenössischen Tafelkunst komponiert worden war. Die ausgesuchten Weine waren exquisit, wenn sie auch nicht in die erste Kategorie der prominenten Spitzenprodukte gehörten. Dass ein solches Convivium monarchistische Überzeugungen unter den Landtagsmitgliedern befördern konnte, entsprach durchaus den Intentionen des Dresdner Hofes, der seit der Revolution von 1848/49 nachweislich darum bemüht war, gesellschaftliche und politische Eliten an die Dynastie der albertinischen Wettiner zu binden.[388]

Obwohl dies den republikanischen Grundüberzeugungen der 15 sozialdemokratischen Abgeordneten in der Zweiten Kammer nicht entsprochen haben kann, nahmen doch einige Mitglieder der SPD-Fraktion die Einladungen an die Landtagstafel an[389] und dokumentierten so ihre Integrationsbereitschaft in das politische Feld der Gesellschaft.

Anmerkungen

1 Verfassungsurkunde des Königreiches Sachsen. In: Gesetzsammlung für das Königreich Sachsen, Dresden [1831], S. 259, § 78.
2 Vgl. Flügel: Anatomie einer Ritterkurie, wie Einleitung, Anm. 10, S. 468–487.
3 Vgl. ebd., S. 440 f. Überblicke zur kontroversen Diskussion, die in der Historiografie seit dem 19. Jahrhundert über die Ständeversammlungen geführt wurden, bieten: Flügel, Axel: Landständische Verfassung. Anmerkungen zur Forschungsgeschichte. In: Ders.: Anatomie einer Ritterkurie, wie Einleitung, Anm. 10, S. 449–531, und Stollberg-Rilinger: Vormünder des Volkes, wie Einleitung, Anm. 10, S. 1–21.
4 Der Begriff „Oberhaus" ist wie sein Pendant „Unterhaus" lediglich als Typusbezeichnung für die Erste und Zweite Kammer verwendet, ohne dass dafür in den Quellen ein zeitgenössi-

sches Vorbild Pate stünde. Eine besondere Annäherung an das englische Parlament ist damit nicht intendiert. Der Begriff „Herrenhaus" schien hingegen durch das preußische Beispiel so spezifisch geprägt, dass er nur mit wesentlich höherer Konnotation als „Oberhaus" auf den sächsischen Landtag anzuwenden gewesen wäre.

5 Zum Teil ist die Epochengrenze zwischen Früher Neuzeit und früher Moderne auch deshalb so unüberwindlich, weil sie durch die Denomination von Lehrstühlen für die Geschichte der Frühen Neuzeit institutionell befestigte Forschungsfelder definiert. Auch die Kommission für Geschichte des Parlamentarismus und der politischen Parteien, die 1951 in Bonn gegründet wurde, um der herkömmlich kritischen Haltung vieler Deutscher gegenüber dem Parlamentarismus und den politischen Parteien entgegenzuwirken, beschränkt bis heute ihre Forschungen auf das 19., 20. und 21. Jahrhundert.

6 Zur konzeptionellen Erklärung, wie der Adel als Gruppe in der Moderne fortexistierte, vgl. Marburg, Silke/ Matzerath, Josef: Vom Obenbleiben zum Zusammenbleiben. Der Wandel des Adels in der Moderne. In: Schmitz, Walter/Stüben, Jens/Weber, Matthias (Hg.): Adel in Schlesien und Mitteleuropa. Literatur und Kultur von der Frühen Neuzeit bis zur Gegenwart (Schriften BKGE 48), München 2012, S. 299–311. Zum Übergang des sächsischen Adels von der Frühen Neuzeit in die Moderne vgl. Matzerath: Adelsprobe an der Moderne, wie Teil II, Anm. 116.

7 Rehberg: Institutionen als symbolische Ordnungen, wie Einleitung, Anm. 6, S. 47–84.

8 Zum Modell der Individualität, die aus der „Kreuzung sozialer Kreise" erwächst, vgl. Simmel, Georg: Soziologie. Untersuchungen über die Formen der Vergesellschaftung, Berlin 1968, S. 305–344.

9 Vgl. Matzerath: Adelsprobe an der Moderne, wie Teil II, Anm. 116, S. 18–21. Dieses Konzept folgt nicht Jürgen Habermas' These einer „Rationalisierung der Lebenswelt" als einem eigenen zur Zweckrationalisierung der verselbstständigten Handlungsfelder parallelen Entwicklungsverlauf von der Frühen Neuzeit zur Moderne. Es müssen deshalb nicht die von Habermas angenommene Dezentrierung des kulturellen Weltbildes und ihre Rationalitätseffekte bestritten werden. Die strukturelle Differenzierung der Lebenswelt, die Trennung von Form und Inhalt und das Reflexivwerden der symbolischen Reproduktion, können als Bestandteile eines Wandlungsprozesses betrachtet werden, der aber als „gerichtete Variation von Lebensweltstrukturen" (Habermas) zu einseitig sinngeleitet und nicht in seiner historisch-kontingenten Emergenz beschrieben ist. Vgl. Habermas, Jürgen: Theorie des kommunikativen Handelns, Bd. 2, Frankfurt a. M. 1988, 4. Auflage, S. 218–221.

10 Vgl. Matzerath: „Wenn sie auch nicht mehr ferner proprio jure hier sein konnten", wie Teil II, Anm. 323, S. 129–131.

11 Zum Tagungsmodus der sächsischen Ständeversammlung und der zeitgenössischen Kritik des frühen 19. Jahrhunderts daran vgl. Matzerath, Josef: Einheit und Beschleunigung. Zum Reformpotential der sächsischen Ständeversammlung. In: Ders.: Aspekte sächsischer Landtagsgeschichte. Umbrüche und Kontinuitäten 1815 bis 1868, Dresden 2000, S. 18–24.

12 Vgl. Matzerath: „Wenn sie auch nicht mehr ferner proprio jure hier sein konnten", wie Teil II, Anm. 323, S. 132–135; ders.: Adelsprobe an der Moderne, wie Teil II, Anm. 116, S. 115–123.

13 Vgl. Matzerath, Josef: „Enthusiasmus für Wahrheit, Freiheit, Recht". Oppositionelle Kammermitglieder aus dem Adel im Dritten Deutschland. In: Velek, Luboš/Tönsmeyer, Tatjana (Hg.): Adel und Politik in der Habsburgermonarchie und den Nachbarländern zwischen Absolutismus und Demokratie, München 2011, S. 151–165; ders.: Ein Landtagsabgeordneter ist ein Landtagsabgeordneter und kein Agent seiner Herkunftsgruppe. Der sächsische Landtag als Arena der Elitenvergesellschaftung. In: Holste, Karsten/Hüchtker Dietlind/Müller, Michael G. (Hg.): Aufsteigen und Obenbleiben in europäischen Gesellschaften des 19. Jahrhunderts. Akteure – Arenen – Aushandlungsprozesse, Berlin 2009, S. 163–176; ders.: „… nicht gegen, nein für das Volk sein muß die Aristokratie". Adelige Akteure auf dem politischen Feld Südwestdeutschlands im 19. Jahrhundert. In: Conze, Eckart/Lorenz, Sönke (Hg.): Die Herausforderung der Moderne. Adel in Südwestdeutschland im 19. und 20. Jahrhundert, Ostfildern 2010,

S. 51–57; ders.: Linker Adel. Die Entkonkretisierung einer Sozialformation. In: Dresdner Hefte, 2017, Heft 130, S. 60–65.
14 Zu den Bezeichnungen für die weltanschaulichen Strömungen innerhalb des sächsischen Parlaments in der Mitte des 19. Jahrhunderts vgl. Matzerath, Josef: Adel und Hauptstadt in der militärischen Gegenrevolution 1848/49. In: Reif, Heinz (Hg.): Adel und Bürgertum in Deutschland, Bd. 1: Entwicklungslinien und Wendepunkte im 19. Jahrhundert, Berlin 2000, S. 158 f.
15 Mitteilungen über die Verhandlungen des Landtages, I. Kammer, am 16. April 1868, S. 1563 f. Im Statement des Curt Ernst von Posern schwingt auch die verbreitete Rhetorik adliger Parlamentarier mit, Standesinteressen auf dem Altar des Vaterlandes geopfert zu haben: Die Ritterschaft habe im Jahr 1831 ihre guten Rechte zugunsten der Gesamtgesellschaft aufgegeben.
16 Der „Entwurf zum Gesetz einige Abänderungen der Verfassungs=Urkunde vom 4. September 1831 betreffend" und die „Motiven" finden sich in: Mitteilungen über die Verhandlungen des Landtages, II. Kammer, 23. März 1868, S. 2613–2623.
17 Detaillierte Karten zum Wahlrecht sowie Mitglieder-Listen der Kammern finden sich in Matzerath, Josef/Jäschke, Uwe Ulrich: Aspekte sächsischer Landtagsgeschichte. Die Mitglieder und Wahlbezirke der sächsischen Landtage (1833 bis 1952), Teil I und II: 1833–1918, Dresden 2011.
18 Verfassungsurkunde des Königreiches Sachsen, wie oben, Anm. 1, S. 254, § 63. Zum Wahlrecht des sächsischen Zweikammerparlaments vgl. Schmidt, Gerhard: Der sächsische Landtag 1833–1918. Sein Wahlrecht und seine soziale Zusammensetzung. In: Der Sächsische Landtag. Geschichte und Gegenwart, hg. v. Arbeitsstab Landtag, Dresden 1990, S. 35–47; die ältere Literatur ebd., S. 36, Anm. 5, sowie Pache, Alfred: Geschichte des sächsischen Wahlrechts von 1831 bis 1907, Dresden 1907.
19 Die Angaben für die wählbaren Rittergutsbesitzer beruhen auf einer Auswertung folgender Akten: SächsHStA Dresden, Innenministerium, Film {5298 & 5299} & 5300 & 5301 Classificirte Verzeichnisse und Ertragsübersichten, 1832 & 1837 & 1847 & 1861; SächsHStA Dresden, 10745, Landesdirection: Sec. Acta, die Wahlen der Ritterschaft im Meißnischen Kreise zum neuen Landtag betr. Vol. I. 1832–1833, Landesdirection: Sec. Acta, die Wahlen der Ritterschaft im Erzgebirgischen Kreise zum neuen Landtag betr.1832 sq., Landesdirection: Sec. Acta, die Wahlen der Ritterschaft im Vogtländischen Kreise zum neuen Landtag betr. Die Angaben für die vom König ernennbaren Rittergutsbesitzer fußen auf einer Erhebung aus: SächsHStA Dresden, 10736, Innenministerium, Film 5293: Die von dem König zu ernennenden Landtagsmitglieder, 1832, Bl. 61–72: Zusammenstellung der Rittergutsbesitzer in den Königlich Sächsischen Kreislanden, welche die Befähigung, zu einer der zehn lebenslänglichen Stellen in der ersten Kammer ernannt zu werden wirklich zustehen dürfte, oder deren desfallsige Befähigung doch in Frage gekommen ist; vgl. auch ebd., Bl. 98: Übersicht derjenigen Rittergutsbesitzer, welche bei der Ernennung eines Mitgliedes zur I. Kammer der Ständeversammlung in Frage kommen, insowie die im Jahre 1832 bei der Landesdirektion und der Oberamts Regierung in Baudißin gefertigten Verzeichnisse die Unterlagen dazu gewähren; Die Zahlen für das Jahr 1866 siehe: SächsHStA Dresden, 10736, Innenministerium, Film 5293, Bl. 245–246: Verzeichnis der Rittergüter im Meißner Kreis mit einem Reinertrag von 4000 Talern an. 1866; Bl. 248–251: Verzeichnis der Rittergüter im Leipziger Kreis mit einem Reinertrag von 4000 Talern an. 1866; Bl. 252: Verzeichnis der Rittergüter im Erzgebirgischen Kreis mit einem Reinertrag von 4000 Talern an. 1866; Bl. 253: Verzeichnis der Rittergüter im Vogtländischen Kreis mit einem Reinertrag von 4000 Talern an. 1866.
20 Vgl. Verfassungsurkunde des Königreiches Sachsen, wie oben, Anm. 1, S. 255, § 66.
21 Verordnung, die von den Rittergutsbesitzern zu wählenden Landtagsabgeordneten betr., vom 6. November 1832. In: GVBlSachs 1832, S. 425 f.
22 Vgl. Verfassungsurkunde des Königreiches Sachsen, wie oben, Anm. 1, S. 254, § 63, Nr. 15.
23 Vgl. ebd., §§ 68 und 71.
24 Gesetz, die Wahl der Abgeordneten zu den künftig zu haltenden Ständeversammlungen betreffend; vom 24sten September 1831, §§ 4 und 25. In: Gesetzsammlung für das Königreich Sachsen vom Jahre 1831, S. 288 und 292.

25 Ebd., S. 289 und 292.
26 Gesetz, die Wahlen der Vertreter des Handels und Fabrikwesens betreffend, vom 7.3.1839. In: GVBlSachs 1839, S. 33–35, § 3. Zu den Wünschen industrieller Unternehmer, wie sie im Parlament vertreten sein wollten, vgl. Sammler, Steffen: Wissenstransfer und gesellschaftliche Modernisierung. England und Frankreich in der sächsischen Industrialisierungsdebatte des 19. Jahrhunderts (Ms.), Habilitationsschrift, Universität Leipzig, Fakultät für Sozialwissenschaften und Philosophie 2010, S. 315-324.
27 Verordnung, wegen des im Laufe des gegenwärtigen Jahres zu haltenden Landtags, vom 20. Februar 1832. In: GVBlSachs 1832, S. 136, § 7; Verordnung, die Vertreter des Handels und Fabrikwesens in der Zweiten Kammer der Ständeversammlung betr., vom 29. Dezember 1832. In: GVBlSachs 1833, S. 3.
28 Verordnung, Ernennungen in die beiden Kammern der Ständeversammlung betr., vom 1. Oktober 1836. In: GVBlSachs 1836, S. 217 f.
29 Gesetz, die Wahlen der Vertreter des Handels und Fabrikwesens betr., vom 7. März 1839. In: GVBlSachs 1839, S. 33–35; Verordnung, die Ausführung des Gesetzes wegen Wahl der Vertreter des Handels und Fabrikwesens vom 7ten März 1839 betr., vom 7. März 1839. In: Ebd., S. 36 f., § 2.
30 Vgl. Gesetz, die Wahl der Abgeordneten zu den künftig zu haltenden Ständeversammlungen betreffend, vom 24. September 1831, wie oben, Anm. 24, S. 288, § 5, 294, § 50 und S. 300, § 76.
31 Ebd., S. 296 f., § 56.
32 Ebd., S. 303, § 95.
33 Zur Begrifflichkeit von „Askription" und „eignungs- oder leistungsorientierter Rekrutierung" von Parlamentariern vgl. Luhmann, Niklas: Legitimation durch Verfahren, Frankfurt a. M. 1983, S. 156–159.
34 Vgl. Hoffmann: Parteigänger im Vormärz, wie Teil II, Anm. 332, S. 90–92.
35 Schmidt: Die Staatsreform in Sachsen in der ersten Hälfte des 19. Jahrhunderts, wie Teil II, Anm. 330, S. 117 und 119. Schmidt charakterisiert von Lindenau und von Carlowitz als „Vertreter des klassischen Bildungsideals der Goethezeit" sowie von Könneritz und von Zeschau als „Typ des ausgesprochenen Fachbeamten". Müller nennt er einen „bewährten Verwaltungsbeamten mit soliden Fähigkeiten", der kein „energischer Vertreter des handel- und gewerbetreibenden Bürgertums" gewesen sei. Ebd., S. 138–177, findet sich auch aus der Perspektive gesamtgesellschaftlicher Relevanz ein Überblick über die Reformen, die Sachsen nach der Verfassung im Vormärz erlebte.
36 Vgl. ebd., S. 108; vgl. Hoffmann: Parteigänger im Vormärz, wie Teil II, Anm. 332, S. 31–34.
37 Vgl. ebd., S. 32 f.
38 Verfassungsurkunde des Königreiches Sachsen, wie oben, Anm. 1, S. 259, § 78.
39 Ritter, Gerhard A.: Wahlgeschichtliches Arbeitsbuch. Materialien zur Statistik des Kaiserreichs 1871–1918, München 1980, S. 164, nimmt noch nach der Wahlrechtsreform von 1861 an, dass weniger als zehn Prozent der Bevölkerung wahlberechtigt waren.
40 Verfassungsurkunde des Königreiches Sachsen, wie oben, Anm. 1, § 76, S. 258.
41 Der unterschiedliche frühneuzeitliche Status der kursächsischen Standesherren einerseits sowie andererseits der Ritterschaft und Städte bildete sich in der Verfassung von 1831 auch beim Bezug von Diäten ab. Mitgliedern der Ersten Kammer, „welche Kraft erblichen Rechts, oder als Abgeordnete der Capitel und der Universität, auf Landtagen erscheinen", bewilligte sie weder eine Aufwandsentschädigung, noch Tage- oder Reisegelder. Vgl. Verfassungsurkunde des Königreiches Sachsen, wie oben, Anm. 1, S. 268, § 120. Obwohl auch in Dresden ansässige Abgeordnete auf solche Zuwendungen verzichten mussten und somit ein pekuniärer Hintergrund aufleuchtet, ermöglichte die Selbstfinanzierung der Landtagspräsenz den Standesherren und auch den ehemaligen Prälaten, ein Sonderbewusstsein zu pflegen, nach dem sie sich auf eigene Kosten für das Wohl des Landes einsetzten.
42 Vgl. Denk/Matzerath: Dresdner Parlamente, wie Einleitung, Anm. 5, S. 122–126.
43 Aufschlussreich hierzu ist die Debatte der Ersten Kammer vom 6.10.1848 über ein Vereinsgesetz, in der eine Phalanx konservativer Redner das politische Vereinswesen attackierte. Vgl.

MVL, I. Kammer, 1848, S. 1004–1025, 1027–1050, 1051–1061. Vgl. dazu auch Matzerath: Adelsprobe an der Moderne, wie Teil II, Anm. 116, S. 118–121.
44 Zum Gesetzgebungsrecht und dessen Einschränkungen vgl. Verfassungsurkunde des Königreiches Sachsen, wie oben, Anm. 1, S. 261 f., §§ 90 und 94. Amendements der Parlamentarier und Petition von Staatsbürgern an den Landtag dem König vorzulegen, war durch die Verfassung gesichert. Vgl. ebd., S. 265 f., §§ 109–111.
45 Ebd., S. 261 f., § 88.
46 Ebd., S. 261 f., § 89. Später wurde dieser Paragraph auf die Bedingungen des Norddeutschen Bundes und des Kaiserreichs zugeschnitten.
47 Ebd., S. 250, § 41, S. 261, § 86, S. 271 f., § 141 und 142.
48 Vgl. Ulbricht: Finanzgeschichte Sachsens, wie Teil II, Anm. 294, S. 114 f. Zur vom Landtag verwalteten Staatsschuldenkasse vgl. Verfassungsurkunde des Königreiches Sachsen, wie oben, Anm. 1, S. 265, § 107.
49 Vgl. Matzerath, Josef: Was kostet ein König? Der sächsische Landtag genehmigt 1831 eine Zivilliste für König Anton. In: Aspekte sächsischer Landtagsgeschichte. Die Spätzeit der sächsischen Ständeversammlung (1763–1831), Dresden 2006, S. 80–83.
50 Vgl. „Entwurf zur Landtags=Ordnung". In: Landtags=Acten vom Jahre 1833/34, Erste Abtheilung, 1. Bd., S. 223–279. Zur Rolle der Landtagsordnungen vgl. Denk/Matzerath: Dresdner Parlamente, wie Einleitung, Anm. 5, S. 96 f.
51 Zu den Interpellationen vgl. Neemann, Andreas: Landtag und Politik in der Reaktionszeit. Sachsen 1849/50 bis 1866, Düsseldorf 2000, S. 81 f. und 104–106.
52 Vgl. Decret an die Stände. Die Landtagsordnung betreffend, Dresden, am 27. Januar 1833. In: Landtags=Acten vom Jahre 1833/34, Erste Abtheilung, 1. Bd., S. 222 f. Als Anlage zu diesem Dekret ist der „Entwurf zur Landtags=Ordnung" gedruckt. Vgl. ebd., S. 223–279, 239 f., § 42; Landtagsordnung für das Königreich Sachsen 1857, Dresden 1857, S. 19–22, §§ 53–61; Geschäftsordnung der Zweiten Kammer 1874, S. 22–30, §§ 29–41; Geschäftsordnung der ersten Kammer der Ständeversammlung des Königreiches Sachsen vom 16. Oktober 1875, Dresden o. J., S. 7–18, §§ 7–23.
53 Vgl. Neemann: Landtag und Politik in der Reaktionszeit, wie oben, Anm. 51, S. 73–76.
54 Vgl. ebd., S. 78–82 und 86 f.
55 Vgl. Hoffmann: Parteigänger im Vormärz, wie Teil II, Anm. 332, S. 73 f.
56 Der Beschluss der Zweiten Kammer findet sich MVL, II. Kammer, 15. Dezember 1845, S. 1279.
57 Vgl. Entwurf zur Landtagsordnung, wie oben, Anm. 52, S. 243 f., § 55.
58 Das Zitat findet sich im Entwurf zur Landtagsordnung, wie oben, Anm. 52, S. 269, § 138.
59 Vgl. Verfassungsurkunde des Königreiches Sachsen, wie oben, Anm. 1, S. 269, § 128.
60 Vgl. Hoffmann: Parteigänger im Vormärz, wie Teil II, Anm. 332, S. 80–84. Zu den detaillierten Vorschriften über die Beratungen der Kammer vgl. Entwurf zur Landtagsordnung, wie oben, Anm. 52, S. 240–250, §§ 47–84.
61 Vgl. Hoffmann: Parteigänger im Vormärz, wie Teil II, Anm. 332, S. 93–109. Aus klassisch gesellschaftshistorischer Perspektive vgl. auch Neemann: Landtag und Politik, wie oben, Anm. 51, S. 26–32.
62 Vgl. Verfassungsurkunde des Königreiches Sachsen, wie oben, Anm. 1, S. 259, § 81, und Hoffmann: Parteigänger im Vormärz, wie Teil II, Anm. 332, S. 84–87.
63 Biedermann, Carl: Zur Charakteristik der I. Kammer der vierten sächsischen Ständeversammlung. In: Ders. (Hg.): Deutsche Monatsschrift für Literatur und öffentliches Leben, 2. Bd., Leipzig 1844, S. 41.
64 Vgl. Hirschel, Bernhard: Sachsens Regierung, Stände und Volk, Mannheim 1846; Die sächsischen Kammern von 1845 und 1846. Eine Charakteristik in Skizzen und Bildern. In: Blum, Robert (Hg.): Vorwärts, Leipzig 1846, S. 277–366.
65 Vgl. Hoffmann: Parteigänger im Vormärz, wie Teil II, Anm. 332, S. 114–128.
66 Vgl. ebd., S. 131–163.
67 Vgl. Matzerath: „Enthusiasmus für Wahrheit, Freiheit, Recht", wie oben, Anm. 13, S. 151–165.

68 Vgl. Hoffmann: Parteigänger im Vormärz, wie Teil II, Anm. 332, S. 167–177. Zur Selbstverortung von Friesens und von Welcks vgl. Matzerath: Adelsprobe an der Moderne, wie Teil II, Anm. 116, S. 119–121.
69 Vgl. Hoffmann: Parteigänger im Vormärz, wie Teil II, Anm. 332, S. 178–203. Zu von Könneritz vgl. ebd., S. 197–199. Zu von Lindenau vgl. ebd., S. 192–197. Wie von Lindenau sich die Rollenverteilung zwischen Bürokratie und Parlament dachte, lässt sich seiner Stellungnahme im sogenannten Adressenstreit zu Beginn des Landtags 1842/43 entnehmen. Vgl. MVL, II. Kammer, 21. November 1842, S. 14 f.
70 Vgl. Hoffmann: Parteigänger im Vormärz, wie Teil II, Anm. 332, S. 204–231.
71 Vgl. Matzerath: Adelsprobe an der Moderne, wie Teil II, Anm. 116, S. 254–258, 263–270 und 286–287.
72 Vgl. Hoffmann: Parteigänger im Vormärz, wie Teil II, Anm. 332, S. 232–253.
73 MVL, 1848, I. Kammer, S. 7.
74 Ebd.
75 Ebd.
76 Zur Sichtweise der vormärzlichen sächsischen Regierung auf die Märzbewegung vgl. Julius Traugott Jakob von Könneritz an Friedrich August II. von Sachsen, Dresden, den 10 März 1848; Albert von Carlowitz an Julius Traugott Jakob von Könneritz, Leipzig, den 12. März 1848; Eduard von Wietersheim an Friedrich August II. von Sachsen, Dresden, den 12. und 14. März 1848, gedruckt in: Matzerath, Josef (Hg.): Der sächsische König und der Dresdner Maiaufstand. Tagebücher und Aufzeichnungen aus der Revolutionszeit 1848/49, Köln/Wien/Weimar 1999, S. 86–94. Ebenso aufschlussreich sind die privaten Aufzeichnungen des Carl von Weber, der seit 1843 als Geheimer Referendar beim Gesamtministerium das Protokoll der Sitzungen des sächsischen Gesamtministeriums führte. Vgl. SächsHStA Dresden, 12801, Personennachlass Carl von Weber (1808–1879), Tagebuch, Bd. 2, 5.11.1846 bis Ende 1849. Allgemein ist die sächsische Märzbewegung in der Historiografie weniger beachtet worden als der Dresdner Maiaufstand des Jahres 1849. Die immer noch umfangreichste Darstellung des März 1848 bietet Geyer, Kurt: Politische Parteien und öffentliche Meinung in Sachsen von der März-Revolution bis zum Mai-Aufstand 1849, Diss. Leipzig 1914, S. 18–47. Vgl. auch aus marxistischer Perspektive Weber, Rolf: Die Revolution in Sachsen 1848/49. Entwicklung und Analyse ihrer Triebkräfte, Berlin 1970, S. 14–24. Zu Rolle von Robert Blum vgl. zuletzt Jesse, Martina/Michalka, Wolfgang (Hg.): „Für Freiheit und Fortschritt gab ich alles hin." Robert Blum (1807–1848) – Visionär, Demokrat, Revolutionär, Berlin 2006; zu den Wahlen zur Frankfurter Nationalversammlung im Königreich Sachsen vgl. Tonndorf, Thorsten: Die sächsischen Abgeordneten der Frankfurter Vor- und Nationalversammlung, Diss. Dresden 1993.
77 Zur zunächst ablehnenden Stellung des Königs vgl. Geyer: Politische Parteien und öffentliche Meinung in Sachsen, wie oben, Anm. 76, S. 20, 22–24 und 27.
78 Die Kategorisierung folgt Siemann, Wolfram: Die deutsche Revolution von 1848/49, Frankfurt a. M. 1985, S. 59 f.
79 Allgemein zur Märzbewegung vgl. Klausmann, Christina: Revolutionärer Aufbruch in Deutschland. In: Gall, Lothar (Hg.): 1848. Aufbruch zur Freiheit, Frankfurt a. M. 1998, S. 115–119 ; Siemann: Die deutsche Revolution, wie oben, Anm. 78, S. 58–75; Mommsen, Wolfgang J.: 1848. Die ungewollte Revolution, Frankfurt a. M., S. 104–126; Hachtmann, Rüdiger: Epochenschwelle zur Moderne. Einführung in die Revolution 1848/49, Tübingen 2002, S. 45–53.
80 Zum Wechsel der Minister im März 1845 vgl. Matzerath (Hg.): Der sächsische König und der Dresdner Maiaufstand, wie oben, Anm. 76, S. 83 f.
81 Zum Programm des sächsischen Märzministeriums vgl. Neemann: Landtag und Politik, wie oben, Anm. 51, S. 33–36.
82 Vgl. hierzu ebd., S. 36, und Hauptmann, Fritz: Sachsens Wirtschaft und der soziale Gedanke 1840–1850. In: Neues Archiv für Sächsische Geschichte 59, 1938, S. 180–189 und 201 f.
83 Zum Programm des Märzministeriums bei seinem Antritt vgl. Neemann: Landtag und Politik, wie oben, Anm. 51, S. 33 f.

84 Zum Beginn der Unruhen auf dem Lande vgl. aus marxistischer Perspektive Zeise, Roland: Der Kampf um die Mobilisierung der Landbevölkerung in Sachsen im Frühjahr 1848. In: Sächsische Heimatblätter, Nr. 12, 1966, S. 429 und 431.
85 Einen Überblick über die Regionen des Alten Reiches findet sich bei Wehler, Hans-Ulrich: Gesellschaftsgeschichte, 2. Bd., München 1989², S. 709–714.
86 Vgl. Matzerath: Adelsprobe an der Moderne, wie Teil II, Anm. 116, S. 273 und 397 f.
87 Vgl. ebd., S. 318–123.
88 Vgl. Geyer: Politische Parteien und öffentliche Meinung in Sachsen , wie oben, Anm. 76, S. 55.
89 Vgl. ebd., S. 67 f. und 120.
90 Zu den Grunddispositionen demokratischer und liberaler Konzepte in Sachsen vgl. Neemann: Landtag und Politik, wie oben, Anm. 51, S. 39 f.
91 Vgl. ebd., S. 40. Ähnlich erfolgreich waren die Demokraten bei der Wahl zur Nationalversammlung, die vom 18. April bis zum 17. Mai stattfanden. Vgl. ebd., S. 38, sowie Tonndorf, Thorsten: Die sächsischen Abgeordneten der Frankfurter Vor- und Nationalversammlung, Diss. Dresden 1993, S. 308 f.
92 MVL 1848, I. Kammer, S. 1272. Zur konstruktiven Rolle des Prinzen Johann bei den Beratungen zentraler Märzforderungen während des Landtags 1848 vgl. Matzerath, Josef: Pro fide rege et lege. Prinz Johann auf dem Landtag 1848. In: Ders.: Aspekte sächsischer Landtagsgeschichte. Formierungen und Brüche des Zweikammerparlaments 1833 bis 1868, Dresden 2007, S. 68–71.
93 Vgl. hierzu MVL 1848, II. Kammer, S. 1195–1216, 1217–1240, 1242–1267, 1309–1313, 1316–1339, 2263–2275 und 2345 sowie MVL 1848, I. Kammer, S. 1003–1025, 1028–1050, 1051–1061, 1358–1361 und 1382.
94 Als der sächsische König Friedrich August II. am 3. Juni 1848 durch ein königliches Dekret Erzherzog Johann von Österreich als Reichsverweser und damit eine der Frankfurter Nationalversammlung verantwortliche provisorische Zentralgewalt anerkannte, stimmten beide Kammern noch am selben Tag diesem Schritt hin zu einem geeinten und liberalen Deutschland per Akklamation zu. Vgl. hierzu MVL 1848, II. Kammer, S. 325 f., und MVL 1848, I. Kammer, S. 219 f., sowie Matzerath, Josef: Es war ein wirklich erhebender Moment. Der Landtag in Pillnitz. Der König und der Reichsverweser. In: Ders.: Formierungen und Brüche des Zweikammerparlaments 1833 bis 1868, wie oben, Anm. 92, S. 64–67.
95 Vgl. hierzu MVL 1848, II. Kammer, S. 650–743 und 770–788, 1884–1892 und 1992, sowie MVL 1848, I. Kammer, S. 52–82, 575–608, 610–614, 1084–1088 und 1120.
96 Zur Debatte über Gewerbe und Arbeitsverhältnisse vgl. MVL 1848, II. Kammer, S. 562–565 und 1747, sowie MVL 1848, I. Kammer, S. 689–692 und 982.
97 Vgl. Dekret an die Stände vom 22. Mai 1848. Die Gesetzesentwürfe wegen der Wahl der Abgeordneten zur Ständeversammlung und wegen einiger Abänderungen der Verfassungsurkunde betr. In: Acten des Außerordentlichen Landtags / Die Königlichen Mittheilungen an die Stände, 1848, 1. Abt., S. 25–46; zur Krise, die die tradierte Ordnung der Ersten Kammer infrage stellte, vgl. Hoffmann, Andreas: Notizen Curt Robert Freiherrn von Welcks über ein privates Gespräch mit Minister Ludwig Karl Heinrich Freiherr von der Pfordten über das Wahlgesetz, die Umgestaltung der ersten Kammer und der Regierung vom 11. August 1848. In: Marburg, Silke/Schriefl, Edith (Hg.): Ökonomie der Offenheiten, wie Einleitung, Anm. 10; allgemein zur Wahlrechtsänderung vgl. Neemann: Landtag und Politik, wie oben, Anm. 51, S. 43 f.; Diersch, Victor Camillo: Die geschichtliche Entwicklung des Landtagswahlrechts im Königreich Sachsen, Diss. Leipzig 1918, S. 99–106
98 Vgl. Schötz, Susanne: Politische Partizipation und Frauenwahlrecht bei Louise Otto-Peters. In: Richter, Hedwig/Wolff, Kerstin (Hg.): Demokratisierung der Demokratie in Deutschland und Europa, Hamburg 2018, S. 200
99 Vgl. MVL 1848, II. Kammer, S. 355; Neemann: Landtag und Politik, wie oben, Anm. 51, S. 44; Botzenhart, Manfred: Deutscher Parlamentarismus in der Revolutionszeit 1848–1850, Düsseldorf 1977, S. 224–229.
100 Vgl. hierzu Neemann: Landtag und Politik, wie oben, Anm. 51, S. 44.

101 Zur Strategie der gemäßigt Konservativen vgl. Matzerath: Adelsprobe an der Moderne, wie Teil II, Anm. 116, S. 272 f.
102 Zur Strategie der streng Konservativen vgl. ebd., S. 273–277.
103 Zur Debatte während des Jahres 1848 über die Rolle der Parteien für ein parlamentarisches System vgl. Botzenhart: Deutscher Parlamentarismus in der Revolutionszeit, wie oben, Anm. 99, S. 231, 412 f. und 413 mit Anm. 27. Die Debatte der Ersten Kammer des Sächsischen Landtags vgl. MVL 1848, I. Kammer, S. 1005–1020. Vgl. auch Matzerath, Josef: Parteien und Parlament. Das politische Vereinswesen und seine parlamentarischen Gegner. In: Ders.: Formierungen und Brüche des Zweikammerparlaments 1833 bis 1868, wie oben, Anm. 92, S. 60–63.
104 Zur Invektive gegen die Anfänge des Parteienparlamentarismus vgl. Matzerath: Adelsprobe an der Moderne, wie Teil II, Anm. 116, S. 118–122 und 269 f.
105 Vgl. ebd., S. 271 f. und 277 f. Zur schwindenden Chance, die konstitutionellen Zweikammerparlamente Sachsens als Forum zur standesinternen Binnenkommunikation des Adels zu nutzen vgl. ebd., S. 122.
106 MVL 1848, I. Kammer, S. 1012.
107 Zur sogenannten Septemberkrise in Sachsen vgl. Botzenhart: Deutscher Parlamentarismus in der Revolutionszeit, wie oben, Anm. 99, S. 232, sowie Weber: Die Revolution in Sachsen 1848/49, wie oben, Anm. 76, S. 178–187.
108 Einen Überblick über diese Debatte findet sich Botzenhart: Deutscher Parlamentarismus in der Revolutionszeit, wie oben, Anm. 99, S. 232–234. Zur Wahlrechtsdebatte im Sächsischen Landtag 1848 vgl. auch Geyer: Politische Parteien und öffentliche Meinung in Sachsen , wie oben, Anm. 76, S. 77–83 und 119–121.
109 Der zweite Wahlgesetzentwurf der Regierung findet sich LA 1848, 1. Abt., S. 372–381. Zur Aushandlung dieses Entwurfs innerhalb des Märzministeriums vgl. Botzenhart: Deutscher Parlamentarismus in der Revolutionszeit, wie oben, Anm. 99, S. 229 f.
110 Zum Wahlgesetz vom 15. November 1848 vgl. GVBlSachs 1848, S. 219–255.
111 Zur Ausdehnung des Wahlrechts vgl. die Angaben, die der Leipziger Bürgermeister Hermann Adolph Klinger als Referent der Ersten Kammer am 23. Oktober 1848 im Oberhaus des Parlaments machte: MVL 1848, I. Kammer, S. 1205.
112 Vgl. Denk/Matzerath: Dresdner Parlamente, wie Einleitung, Anm. 5, S. 90 f.; Matzerath, Josef: Adel in Amt und Landtag. Zur Kontinuität und Diskontinuität der Mitherrschaft des niederen sächsischen Adels nach der Teilung Sachsens 1815. In: Geschichte und Gesellschaft 25, 1999, S. 429–454.
113 MVL 1848, II. Kammer, S. 1798.
114 MVL 1848, I. Kammer, S. 1125. Die Änderung des Wahlgesetzes selbst: Provisorisches Gesetz wegen einiger Abänderungen der Verfassungsurkunde vom 4ten September 1831, vom 15.11.1848. In: GVBl Sachs 1848, S. 219–226; Provisorisches Gesetz die Wahlen der Landtagsabgeordneten betreffend, vom 15.11.1848. In: Ebd., S. 227–232; Verordnung zur Ausführung des provisorischen Gesetzes vom 15. November 1848, die Wahl der Landtagsabgeordneten betreffend, vom 17.11.1848. In: Ebd., S. 232–255.
115 MVL 1848, I. Kammer, S. 1121–1154, 1155–1187, 1225–1264.
116 MVL 1848, I. Kammer, S. 1166.
117 Vergil, Aeneis I, 135. Deutsch: „Euch werd' ich!"
118 MVL 1848, I. Kammer, S. 1165.
119 Ebd.
120 Vgl. hierzu Matzerath, Josef: Von einem „politischen" Selbstmord. Die Erste Kammer des sächsischen Landtags akzeptiert die Wahlrechtsreform des Jahres 1848. In: Ders.: Formierungen und Brüche des Zweikammerparlaments 1833 bis1868, wie oben, Anm. 92, S. 72–78. Zum Selbstverständnis sächsischer adliger Rittergutsbesitzer als Parlamentarier vgl. Matzerath: Adelsprobe an der Moderne, wie Teil II, Anm. 116, S. 118–121.
121 MVL 1848, II. Kammer, S. 2437 f.
122 Vgl. ebd.

123 Neemann: Landtag und Politik, wie oben, Anm. 51, S. 48, spricht vom „ersten modernen Wahlkampf in der sächsischen Landtagsgeschichte". Zum sächsischen Wahlkampf im Dezember 1848 vgl. auch Botzenhart: Deutscher Parlamentarismus, wie oben, Anm. 99, S. 566–569; Weber: Die Revolution in Sachsen 1848/49, wie oben, Anm. 76, S. 231–239.
124 Vgl. Budissiner Nachrichten [Bautzener Nachrichten], Nr. 171, 4.12.1848, S. 1420: Zu den bevorstehenden Landtagswahlen.
125 Vgl. Erzgebirgische Eisenbahn, 6.12.1848, S. 389: Politische Rundschau.
126 Vgl. Der sächsische Erzähler. Wochenblatt für Bischofswerda, Stolpen und Umgegend Nr. 2 vom 6. Januar 1849, S. 12; Weißeritz=Zeitung Dippoldiswalde, Freitag, den 12. Januar 1849, S. 10.
127 Der sächsische Erzähler vom 6. Januar 1849, S. 12, nennt aus 51 Wahlbezirken der Zweiten Kammer elf Parlamentarier, die von keinem der politischen Vereine unterstützt worden seien. Hingegen zählt die Weißeritz-Zeitung vom 12. Januar 1849 aus 61 Wahlbezirken lediglich fünf Abgeordnete auf, die ohne Rückhalt eines politischen Vereins ein Mandat im Unterhaus eroberten.
128 Vgl. Provisorisches Gesetz, die Wahlen der Landtagsabgeordneten betreffend, vom 15. November 1848, §§ 7 und 8. In: GVBlSachs 1848, S. 228 f.
129 Vgl. ebd., S. 227 f.
130 Zu den Wahlbezirken der Kammer des Landtags von 1849 vgl. Matzerath, Josef/Jäschke, Uwe Ulrich: Aspekte sächsischer Landtagsgeschichte. Die Mitglieder und Wahlbezirke der sächsischen Landtage (1833 bis 1952), Teil III: Wahlbezirke und Raumbezüge, Dresden 2011, S. 61–71.
131 Vgl. ebd., S. 86–103.
132 Zur Unterstützung des Märzministeriums für die Deutschen Vereine vgl. Geyer: Politische Parteien und öffentliche Meinung in Sachsen , wie oben, Anm. 76, S. 144 f.
133 Zum Wahlprogramm der Demokraten und allgemein zum Wahlkampf 1848 vgl. ebd. S. 143–145; Neemann: Landtag und Politik, wie oben, Anm. 51, S. 48.
134 Vgl. SächsHStA Dresden, 10006, OHMA M, Nr 55, S. 40–43: Eröffnung des ordentlichen Landtags, Mittwochs den 17. Januar 1849.
135 Vgl. MVL 1849, II. Kammer, S. 191–197.
136 Vgl. MVL 1849, II. Kammer, S. 264–270.
137 Zu den Aktivitäten des Märzministeriums vgl. Neemann: Landtag und Politik, wie oben, Anm. 51, S. 49.
138 Der Antrag Samuel Erdmann Tschirners und eine erste hinhaltende Antwort des Ministeriums finden sich MVL 1849, II. Kammer, S. 34 f. Eine ausführliche Antwort gab Minister Ludwig Freiherr von der Pfordten am 27. Januar 1849. Vgl. MVL 1849, II. Kammer, S. 100 f. In der unmittelbaren Erwiderung forderte Tschirner die Abberufung von Könneritz' und eine parlamentarische Untersuchungskommission, die die Zweite Kammer unmittelbar einsetzte. Vgl. ebd., S. 101 f. Am 8. Februar 1849 verlangte die Zweite Kammer einstimmig die Abberufung von Könneritz'. Vgl. ebd., S. 244 f. Die Erste Kammer schloss sich dem am 19. Februar mit nur zwei Gegenstimmen an. Vgl. MVL 1849, I. Kammer, S. 225.
139 Am 7. Februar 1849 nahm die Zweite Kammer gegen 16 Stimmen einen Antrag an, der der Regierung gestattete, bis Ende Juni 1849 Steuern zu erheben. Vgl. MVL 1849, II. Kammer, S. 227 gegen 16 Stimmen angenommen.
140 Dr. Alexander Karl Hermann Braun, Dr. Ludwig von der Pfordten, Robert Georgi, Martin Gotthard Oberländer, August von Buttlar an Friedrich August II. von Sachsen, Dresden, den 16. Februar 1849. Gedruckt in: Matzerath (Hg.): Der sächsische König und der Dresdner Maiaufstand, wie oben, Anm. 76, S. 123–125. Vgl. auch Botzenhart: Deutscher Parlamentarismus, wie oben, Anm. 99, S. 547 f.
141 Ebd., S. 123.
142 Ebd., S. 124.
143 Ebd.

144 Zur aufbrechenden Latenz durch den grundsätzlichen Dissens zwischen Regierung und Parlament vgl. Matzerath, Josef: Rücktrittserklärung der Märzminister. In: Marburg /Schriefl (Hg.): Ökonomie der Offenheiten, wie Einleitung, Anm. 10.
145 Vgl. hierzu: Matzerath, Josef: Der Dresdner Hof und die zweite Revolutionswelle im Mai 1849. In: Schattkowsky, Martina (Hg.): Dresdner Maiaufstand und Reichsverfassung 1849. Revolutionäres Nachbeben oder politische Kultur?, Leipzig 2000, S. 117 f.
146 Zur Bildung des Beamtenkabinetts im Februar 1849 vgl. Matzerath (Hg.): Der sächsische König und der Dresdner Maiaufstand, wie oben, Anm. 76, S. 84 und 127–134.
147 Vgl. Neemann: Landtag und Politik, wie oben, Anm. 51, S. 50 f.; Rumpler, Helmut: Die deutsche Politik des Freiherrn von Beust 1848–1850. Zur Problematik mittelstaatlicher Reformpolitik im Zeitalter der Paulskirche, Wien/Köln/Graz 1972, S. 101 f.
148 Dr. Christian Albert Weinlig an Friedrich August II. von Sachsen, Dresden, den 28. April 1849. Gedruckt in: Matzerath (Hg.): Der sächsische König und der Dresdner Maiaufstand, wie oben, Anm. 76, S. 134.
149 Vgl. hierzu Neemann: Landtag und Politik, wie oben, Anm. 51, S. 50 f.
150 MVL 1849, II. Kammer, S. 769. Zum Misstrauensvotum gegen die Regierung vgl. auch Botzenhart: Deutscher Parlamentarismus 1848–1850, wie oben, Anm. 99, S. 577 f.
151 Vgl. MVL 1849, II. Kammer, S. 769. Das Zitat findet sich ebd., S. 770.
152 Ebd., S. 798.
153 Ebd., S. 787.
154 Ebd., S. 798.
155 Vgl. ebd., S. 1169.
156 Ebd., S. 1174; zur gesamten Debatte über die Parlamentarisierung vgl. ebd., S. 1174–1194.
157 Ebd., S. 1175.
158 Ebd., S. 1177.
159 Ebd., S. 1191.
160 Ebd., S. 1190.
161 Ebd., S. 847 f.
162 Vgl. Friedrich August II., Darstellung der Begebenheiten im Mai 1849. In: Matzerath (Hg.): Der sächsische König und der Dresdner Maiaufstand, wie oben, Anm. 76, S. 4.
163 MVL 1849, No. II., I. Kammer, S. 11 f.
164 Diese Erwägungen des Ministeriums rapportiert Friedrich August II., vgl. Darstellung der Begebenheiten im Mai 1849, wie oben, Anm. 162, S. 4; vgl. auch die Verfassungsurkunde des Königreiches Sachsen, wie oben, Anm. 1, S. 264 f, § 103.
165 Eine umfangreiche Darstellung der divergierenden Kalküle, die der sächsische König und die verschiedenen Minister anstellten, gibt Rumpler: Die deutsche Politik des Freiherrn von Beust 1848–1850, wie oben, Anm. 147, S. 156–168.
166 Christian Albert Weinlig an Friedrich August II. von Sachsen, Dresden, den 28. April 1849, wie oben, Anm. 148, S. 130–134.
167 Vgl. Friedrich August II., Darstellung der Begebenheiten im Mai 1849, wie oben, Anm. 162, S. 4–6.
168 Vgl. Friedrich August II. an Friedrich Wilhelm IV. von Preußen, Dresden, den 29. April 1849. In: Matzerath (Hg.): Der sächsische König und der Dresdner Maiaufstand, wie oben, Anm. 76, S. 66–68.
169 Vgl. dazu Christian Albert Weinlig an Friedrich August II. von Sachsen, Dresden, den 28. April 1849, wie oben, Anm. 148, S. 132. Der Innenminister kalkuliert, wie schädlich „physische Gewalt" für die Sympathien des Volkes gegenüber der Monarchie sein werde.
170 Vgl. Friedrich August II., Darstellung der Begebenheiten im Mai 1849, wie oben, Anm. 162, S. 6.
171 Zur Ministerkrise vgl. Friedrich August II., Darstellung der Begebenheiten im Mai 1849, wie oben, Anm. 162, S. 6–9; Johann August Heinrich Behr an Friedrich August II. von Sachsen, Dresden, den 1. Mai 1849. In: Matzerath (Hg.): Der sächsische König und der Dresdner Maiaufstand, wie oben, Anm. 76, S. 135–138; Matzerath: Der Dresdner Hof und die zweite Revo-

lutionswelle im Mai 1849, wie oben, Anm. 145, S. 115 f.; ders.: Adel und Hauptstadt in der militärischen Gegenrevolution 1848/49, wie oben, Anm. 14, S. 164.

172 Die zeitgenössischen Zeitungen rechneten Tschirner (II. Kammer), Heubner (I. Kammer) und Todt (I. Kammer) den demokratischen Vaterlandsvereinen zu. Vgl. Matzerath/Jäschke: Mitglieder und Wahlbezirke der sächsischen Landtage (1833 bis 1952), Teil III, wie oben, Anm. 130: (Tschirner) S. 100, Anm. 87, (Heubner) S. 88, Anm. 30 und (Todt) S. 90, Anm. 63 f.

173 Vgl. SächsHStA Dresden, 10006, OHMA O IV, Vol. 255, Dresdner Hof-Journal, Freitag, den 4. Mai 1849, Nachtrag. In: Matzerath (Hg.): Der sächsische König und der Dresdner Maiaufstand, wie oben, Anm. 76, S. 208.

174 Friedrich August II., Darstellung der Begebenheiten im Mai 1849, wie oben, Anm. 162, S. 16.

175 Vgl. hierzu die zeitgenössische Einschätzung der Deutsche Allgemeine Zeitung, 1849, Nr. 274, S. 3066.

176 Eine anhand von zeitgenössischen Zeitungen erstellte Zuordnung findet sich: Matzerath/Jäschke: Mitglieder und Wahlbezirke der sächsischen Landtage (1833 bis 1952), Teil III, wie oben, Anm. 130, S. 104–113 und 114–129.

177 Ein Verzeichnis der Suspendierten findet sich: Wochenblatt für Zschopau und Umgegend, Extra-Beilage zu Nr. 41 des Wochenblattes für Zschopau und Umgegend. Sonnabend, den 13. Oktober 1849, [unpaginiert].

178 Zu dieser Gruppe vgl. Matzerath/Jäschke: Mitglieder und Wahlbezirke der sächsischen Landtage (1833 bis 1952), Teil III, wie oben, Anm. 130, S. 58 f.

179 Zu den Gothaer Liberalen in der Zweiten Kammer des sächsischen Landtags 1849/50 vgl. Neemann: Landtag und Politik, wie oben, Anm. 51, S. 54 f. Den Begriff „Gothaer" verwendet auch bereits Johann von Sachsen in seinen Memoiren. Vgl. Kretzschmar, Hellmut (Hg.): Lebenserinnerungen des Königs Johann von Sachsen; eigene Aufzeichnungen des Königs über die Jahre 1801–1854, Göttingen 1958, S. 233.

180 Ferdinand von Beust wusste darum, dass er ein Halbbruder Biedermanns war. Vgl. SächsHStA Dresden, Carl von Weber: Tagebücher, Bd. II: 5. XI. 1846 – Ende 1849, Mittwoch den 29. März 1848; ebd., Bd. III: Anfang 1850 – Ende 1855, Freitag den 31. Mai 1850; Ebd., Bd. V: 10. XII. 1865 – 13. IV. 1868, Dienstag den 8. Mai 1866.

181 Vgl. Neemann: Landtag und Politik, wie oben, Anm. 51, S. 54–57.

182 Ausführlich hierzu ebd., S. 59–62.

183 Vgl. ebd., S. 59 f.

184 Vgl. Johann von Sachsen: Lebenserinnerungen, wie oben, Anm. 179, S. 236.

185 Vgl. ebd., S. 236 f.; Johanns Stellungnahme in der Debatte der Ersten Kammer vom 27. März 1850: MVL 1849/50, I. Kammer, S. 933 f.; die Abstimmung zugunsten Theiles ebd., S. 253 f.

186 Johann von Sachsen: Lebenserinnerungen, wie oben, Anm. 179, S. 236.

187 MVL 1850, No. II., I. Kammer, S. 7 f.

188 Vgl. GVBlSachs 1850, S. 135 f.: Bekanntmachung die Versammlung der Stände des Königsreichs Sachsen zu einem ordentlichen Landtage betreffend; vom 3ten Juni 1850. Das Ministerium stand nicht einheitlich hinter dieser Entscheidung. Carl von Weber rapportiert in seinem Tagebuch SächsHStA Dresden, 12801, Personennachlass Carl von Weber, Tagebuch, Bd. 6, S. 101r, Nachtrag zu 1866: „Minister Friesen erzählte mir (18. Januar 1871) zur Charakterisierung des 1866 pensionirten Minister von Behr Folgendes: Im Jahre 1850, als die Kammern aufgelöst und das Wahlgesetz vom 19. November 1848 durch die Verordnung vom 3. Juni 1850 (Gesetzessammlung 135) aufgehoben ward, war Behr dagegen und hatte auch Rabenhorst bestimmt, ihm sich anzuschließen. Beide baten um ihre Entlaßung – blieben aber."

189 Zum Boykott des Landtags vgl. Neemann, Andreas: Landtag und Politik, wie oben, Anm. 51, S. 66–68; Matzerath, Josef: „Finis Saxoniae". Eine verfassungswidrige Wahlrechtsänderung im Sommer 1850. In: Ders.: Formierungen und Brüche des Zweikammerparlaments 1833 bis 1868, wie oben, Anm. 92, S. 83–87.

190 Vgl. Neemann: Landtag und Politik, wie oben, Anm. 51, S. 68 f.; Matzerath: „Finis Saxoniae", wie oben, Anm. 189, S. 85.

191 Vgl. Neemann: Landtag und Politik, wie oben, Anm. 51, S. 66 f.

192 Vgl. MVL 1850/51, II. Kammer, 29. Juli 1850, S. 27–53, und MVL 1850/51, I. Kammer, 5. August 1850, S. 29–43; Matzerath: „Finis Saxoniae", wie oben, Anm. 189, S. 86 f.
193 Decret, die Vorlage innenbemerkter Gesetzesentwürfe betreffend, vom 19. Juli 1850. In: LA 1850/51, 1. Abt., S. 277–344.
194 Eine ausführliche Erläuterung des Wahlrechtsentwurfs findet sich bei Neemann: Landtag und Politik, wie oben, Anm. 51, S. 198–201. Zur Ersten Kammer vgl. auch Matzerath: Adelsprobe an der Moderne, wie Teil II, Anm. 116, S. 278–280.
195 Die Rede von Friesens findet sich MVL 1850/51, I. Kammer, 7. Dezember 1850, S. 833–841.
196 Ebd., S. 833.
197 Ebd.
198 Ebd., S. 834.
199 Ebd., S. 852.
200 Gesetz, die provisorischen Gesetze vom 15. November 1848 betreffend, vom 15.8.1850. In: GVBl Sachs 1850, S. 199 f. Zur gesamten Debatte um das Wahlgesetz vgl. die klassisch sozialhistorisch angelegte Studie von Neemann: Landtag und Politik, wie oben, Anm. 51, S. 198–216. Neemann korreliert die sozialen Herkunftsgruppen mit politisch-weltanschaulichen Positionen, ohne dass dies durch die überlieferten Abstimmungsergebnisse adliger bzw. bürgerlicher Landtagsmitglieder zu belegen wäre.
201 Vgl. hierzu die einschlägigen Gesetze: Bekanntmachung einen Zusatz zu den § 43 des Wahlgesetzes vom 24sten September 1831 gedachten Städteverzeichnisses betreffend, vom 9.8.1858. In: GVBl Sachs 1858, S. 172 f.; Gesetz, einige Abänderungen der Verfassungsurkunde vom 4ten September 1831 betreffend, vom 19.10.1861. In: Ebd. 1861, S. 286 f.; Gesetz, die Wahlen der Abgeordneten beider Kammern der Ständeversammlung betreffend, vom 19.10.1861. In: Ebd. 1861, S. 289–305; Verordnung zur Ausführung des Gesetzes vom 19ten October 1861, die Wahlen der Abgeordneten beider Kammern der Ständeversammlung betreffend, vom 2.8.1862. In: Ebd. 1862, S. 322–336.
202 Zur Verhandlung von Riedels Antrag im Plenum der Zweiten Kammer vgl. MVL 1850/51, I. Kammer, 3. April 1855, S. 658–675.
203 Zur Entwicklung der Wahlrechtsdebatte von 1855 bis 1861 vgl. Neemann: Landtag und Politik, wie oben, Anm. 51, S. 216–232.
204 Zur Wahlrechtsnovelle des Jahres 1861 vgl. Matzerath/Jäschke: Mitglieder und Wahlbezirke der sächsischen Landtage (1833 bis 1952), Teil III, wie oben, Anm. 130, S. 133–137.
205 Zum Verhältnis von verfassungsrechtlichen Rahmenbedingungen und konkreter Gesetzgebungsarbeit in der Reaktionszeit vgl. auch Neemann: Landtag und Politik, wie oben, Anm. 51, S. 234–237.
206 Vgl. Blaschke, Karlheinz: Bevölkerungsgeschichte von Sachsen bis zur Industriellen Revolution, Weimar 1967, S. 191.
207 Zum Einfluss der Revolution von 1848/49 auf den Ablösungsprozess vgl. Matzerath: Adelsprobe an der Moderne, wie Teil II, Anm. 116, S. 397–403; aus marxistischer Perspektive mit Fokus auf die Bauern: Groß, Reiner: Die bürgerliche Agrarreform in Sachsen in der ersten Hälfte des 19. Jahrhunderts. Untersuchung zum Problem des Übergangs vom Feudalismus zum Kapitalismus in der Landwirtschaft, Weimar 1968, S. 115–120.
208 Vgl. Entwurf zu einem Gesetz, Nachträge zu den bisherigen Ablösungsgesetzen betreffend. In: LA 1850/51, 1. Abt., 1. Bd., S. 345–384. Zur Debatte um die Ablösungen vgl. auch Neemann: Landtag und Politik, wie oben, Anm. 51, S. 237–250.
209 MVL, II. Kammer, 21.8.1850, S. 175.
210 Grundsätzlich zum Verhältnis Adliger zum entstehenden Parteienspektrum vgl. Matzerath: „Enthusiasmus für Wahrheit, Freiheit, Recht", wie oben, Anm. 13, S. 151–164; ders.: „… nicht gegen, nein für das Volk sein muß die Aristokratie", wie oben, Anm. 13, S. 51–57.
211 Vgl. MVL, I. Kammer, 1. bzw. 2. Oktober 1850, S. 326 und 335. Zur gesamten Debatte und der Positionierung von Adligen bzw. Nichtadligen vgl. Matzerath: Adelsprobe an der Moderne, wie Teil II, Anm. 116, S. 410–412.

212 In ihrer gesamten Anlage stützt auch die Untersuchung, die Andreas Neemann zum sächsischen Landtag in der Reaktionszeit vorgenommen hat, diese Position. Denn sie ordnet die politischen Kontroversen nach weltanschaulichen Gruppierungen. Nur gelegentlich greift der Autor zur verkürzten Gleichsetzung, es sei von Adeligen nur die Position der Ultrakonservativen vertreten worden. Vgl. Neemann: Landtag und Politik, wie oben, Anm. 51, S. 216 und 242.
213 Vgl. MVL, I. Kammer, 15. März 1851, S. 1409–1432.
214 Die Äußerung des Ministers Richard Freiherr von Friesen findet sich: MVL, I. Kammer, 15. März 1851, S. 1424 f.; zur Schlussabstimmung siehe: MVL, I. Kammer, 19. März 1851, S. 1511.
215 MVL, II. Kammer, 29. April 1851, S. 2345.
216 Vgl. MVL 1850/51, II. Kammer, 4. April 1851, S. 2493.
217 Vgl. ebd., 5. April 1851, S. 2515. Zum Votum des Oberhauses vgl. MVL 1850/51, I. Kammer, 9. April 1851, S. 1796.
218 Zur Bewertung der Folgen dieser Abstimmungen vgl. auch Neemann: Landtag und Politik, wie oben, Anm. 51, S. 248–250.
219 Vgl. Deputationsgutachten der I. Kammer. In: MVL, I. Kammer, 16. Dezember 1854, S. 509.
220 Blaschke: Bevölkerungsgeschichte, wie oben, Anm. 206, S. 191.
221 Zur Thronbesteigung musste eine neue Zivilliste ausgehandelt werden. Vgl. Matzerath: Was kostet ein König?, wie oben, Anm. 49, S. 80–83.
222 Die Gesetzesvorlage der Regierung findet sich LA 1854, 1. Abt., 3. Bd., S. 98–120.
223 Zur Position der Regierung und der Vorgeschichte der Justizreform vgl. Neemann: Landtag und Politik, wie oben, Anm. 51, S. 267–281.
224 Zur Debatte in der Ersten Kammer vgl. Matzerath: Adelsprobe an der Moderne, wie Teil II, Anm. 116, S. 413–417 und 420. Zu den immer noch umfangreichen lokalen Machtposition der Rittergutsbesitzer vgl. ebd., S. 406–408.
225 MVL 1854, I. Kammer, 19. Dezember 1854, S. 596–602.
226 Zum Amt des Friedensrichters und den von der Regierung erhofften mäßigenden Einfluss von Honoratioren bei erneuten Basisrevolutionen auf dem Land vgl. Matzerath: Adelsprobe an der Moderne, wie Teil II, Anm. 116, S. 408–410.
227 Zur Mittelgruppierung der Zweiten Kammer. Neemann: Landtag und Politik, wie oben, Anm. 51, S. 290 und 294–297.
228 MVL 1854, II. Kammer, 22. Dezember 1854, S. 696.
229 MVL 1854, I. Kammer, 18. Dezember 1854, S. 602.
230 Vgl. dazu Verfassungsurkunde des Königreichs Sachsen, wie oben, Anm. 1, S. 262, § 92.
231 Zu der langwierigen parlamentarischen Debatte um das Jagdrecht auf fremdem Boden vgl. Matzerath: Adelsprobe an der Moderne, wie Teil II, Anm. 116, S. 307 f. und 417–420; ders.: „daß sie endlich Frieden haben wollen". Der sächsische Landtag beendet das Jagdrecht auf fremdem Boden. In: Ders.: Formierungen und Brüche des Zweikammerparlaments 1833 bis 1868, wie oben, Anm. 92, S. 88–91; Neemann: Landtag und Politik, wie oben, Anm. 51, S. 250–254.
232 Vgl. Decret an die Stände. Den Entwurf eines Gesetzes über das Jagdrecht auf fremdem Grund und Boden betreffend. In: LA 1857/58, 1. Abt., 2. Bd., S. 51–68, insbesondere S. 61.
233 MVL, I. Kammer, 12. April 1858, S. 635.
234 Vgl. ebd., S. 634; Vgl. auch Friedrich Ferdinand Freiherr von Beust, der als Minister in seiner Argumentation für das Jagdgesetz die „allgemeine Stimmung" als Druckmittel heranzog: „Man ist der Debatte darüber vielseitig müde geworden". Ebd., S. 617.
235 Zur sächsischen Landtagsuniform vgl. Matzerath, Josef: Die landständische Uniform. Männermode im Wandel der Zeit. In: Ders.: Spätzeit der sächsischen Ständeversammlung (1763–1831), wie oben, Anm. 49, S. 101–107.
236 Vgl. hierzu Neemann: Landtag und Politik, wie oben, Anm. 51, S. 324–342.
237 Ebd., S. 346–349.
238 Vgl. MVL 1860/61, 7. Dezember 1860, S. 420 f.

239 Allgemein zur Budgetpolitik der Landtage von 1850/51 bis 1866 vgl. Neemann: Landtag und Politik, wie oben, Anm. 51, S. 297–321, und zur Missbilligung des Heeresetats auf dem Landtag 1863/64 ebd., S. 379–385.
240 Vgl. ebd., S. 358.
241 Vgl. ebd., S. 360–364.
242 Vgl. ebd., S. 365–369.
243 Vgl. ebd., S. 369–371.
244 Vgl. ebd., S. 371–379.
245 Vgl. ebd., S. 391.
246 Vgl. ebd., S. 387.
247 Zur wachsenden Bedeutung der Öffentlichkeit vgl. allgemein Siemann, Wolfram: Gesellschaft im Aufbruch. Deutschland 1849–1871, Frankfurt a. M. 1990, S. 190. Siemanns These, dass sich Ministerien der 1860er Jahre „den politischen Tendenzen in der Gesellschaft wieder stärker öffneten und diese freigaben", überträgt auf Sachsen Neemann: Landtag und Politik, wie oben, Anm. 51, S. 357 f., Anm. 1.
248 Neemann, Andreas: Landtag und Politik, wie oben, Anm. 51, S. 357 und 394.
249 Neemann selbst erwähnt, dass am 1. Januar 1857 ein Artikel des gemäßigt Konservativen Karl August Rittner auf der ersten Seite der liberalen Sächsischen Constitutionellen Zeitung erschien, um auf das politische Feld in Sachsen zu wirken. Vgl. ebd., S. 218. Zur Praxis vormärzlicher Parlamentarier, in Zeitungen zu publizieren vgl. Hoffmann: Parteigänger im Vormärz, wie Teil II, Anm. 332, S. 224–229.
250 Vgl. Neemann: Landtag und Politik, wie oben, Anm. 51, S. 401 f.
251 MVL 1857/58, 18. Februar 1858, S. 575. In dieser Rede rechtfertigt von Beust auch die Geheimhaltung während der Dresdner Konferenz.
252 Vgl. Neemann: Landtag und Politik, wie oben, Anm. 51, S. 467–474.
253 Vgl. MVL 1866, S. 6 f., Feierliche Eröffnung am 28. Mai 1866. Zum Gesamtzusammenhang vgl. Matzerath, Josef: Sachsen zwischen Preußen und Österreich 1866. In: Kaiserová, Kristina/ Schmitz, Walter (Hg.): Sächsisch-Böhmische Beziehungen im Wandel der Zeit – Česko-saské vztahy v proměnách času. Textband, Dresden 2013, S. 43–60.
254 Vgl. MVL 1866, 13. Juni 1866, II. Kammer, (Schreck) S. 30–33, (Beust) S. 48–53.
255 SächsHStA Dresden, Nachlass Carl von Weber, Tagebücher, 5. Bd., 2. März 1866, 28. Mai 1866 und Beilage zum 2. März 1866: Beust Vortrag im Gesamt Ministerium.
256 Vgl. SächsHStA Dresden, Nachlass Carl von Weber, Tagebücher, 5. Bd., Bl. 51: „Zu dieser Zeit war ein österr[eichischer] General unter anderm Namen hier gewesen, der schriftliche Vertrag mit Oesterreich war abgeschloßen vielleicht ohne daß der König es wußte, da die Sache bloß zwischen Beust und [Kriegsminister Bernhard v.] Rabenhorst verhandelt worden. [Innenminister Richard Freiherr v.] Friesen erfuhr es erst als alles abgeschloßen war. Als nun Beust jene Worte in der Kammer gesprochen sagte ihm Friesen, aber wie können Sie ½ (sic!) nur so Etwas sagen, der Vertrag liegt ja vor. Beust antwortete ja ich kann mich jetzt nicht vor den Kammern bloß geben. Siegen wir, so ist Alles gut, kein Mensch wird fragen was vorhergegangen ist, werden wir besiegt, so ist Alles verloren, Sachsen hört auf und dann ist es auch gleich was ich gesagt habe."
257 SächsHStA Dresden,12561, Fürstennachlass Johann, König von Sachsen, Hausarchiv-Johann-9: Tagebuch geführt in den Tagen vom 16. Juni bis mit 26. Oktober 1866, S. 42 f., 26. Oktober 1866.
258 Feierliche Eröffnung des ordentlichen Landtags am 15. November 1866, a) Rede Seiner Majestät des Königs. In: Landtags-Acten von den Jahren 1866/67, Erste Abteilung, 2. Bd., S. XV–XVII.
259 MVL, II. Kammer, 16. November 1866, S. 3.
260 Ebd., S. 6.
261 Ebd., S. 4.
262 Ebd., S. 5.

263 Vgl. z. B. Döscher, Elvira/Schröder, Wolfgang: Sächsische Parlamentarier 1869–1918. Die Abgeordneten der II. Kammer des Königreichs Sachsen im Spiegel historischer Photographien. Ein biographisches Handbuch, Düsseldorf 2001, S. 33.
264 Resümiert finden sich die Resultate diese Forschungsrichtung bei Döscher/Schröder: Sächsische Parlamentarier 1869–1918, wie oben, Anm. 263, S. 54–66; die Autoren sehen z. B. im Oktober 1908 eine Situation, in der Demonstrationen „die herrschende Klasse zum Handeln" gezwungen habe. Ebd., S. 63 f.
265 MVL, II. Kammer, 16. November 1866, S. 10.
266 Zum Antrag der Abgeordneten Heinrich Theodor Koch (Buchholz), Dr. Karl Otto Müller (Leipzig), Karl Friedrich August Walther (Dresden) und Ernst Albert Jordan (Dresden) vgl. ebd., S. 10 f.
267 Großmanns Zitat findet sich MVL, I. Kammer, 20. Oktober 1848, S. 1148. Es wird zitiert u. a. in den Motiven zum Wahlgesetzentwurf von 1868. In: MVL, I. Kammer, 16. April 1868, S. 1543.
268 MVL, II. Kammer, 23. März 1868, S. 2619.
269 Ebd.
270 Ebd.
271 Ebd. Zum zeittypischen Topos, Legitimation aus der Geschichte herzuleiten, vgl. Flügel: Anatomie einer Ritterkurie, wie Einleitung, Anm. 10, S. 13, 19, 441–443, 468–474.
272 Zur Zusammensetzung der Ersten Kammer des sächsischen Landtags während des Norddeutschen Bundes und des Kaiserreichs vgl. Denk/Matzerath: Dresdner Parlamente, wie Einleitung, Anm. 5, S. 91 f.; Matzerath/Jäschke: Mitglieder und Wahlbezirke der sächsischen Landtage (1833 bis 1952), Teil III, wie oben, Anm. 130, S. 15–41.
273 Vgl. Matzerath: Adel in Amt und Landtag, wie oben, Anm. 112, S. 436 f.
274 Gesetz, die Wahlen für den Landtag betreffend, vom 3.12.1868. In: GVBlSachs 1868, S. 1369–1378; Verordnung zur Ausführung des Gesetzes vom 3. December 1868, die Wahlen für den Landtag betreffend, vom 4.12.1868. In: Ebd., S. 1378–1385.
275 Gesetz, die Wahlen für den Landtag betreffend, vom 3.12.1868. In: Ebd., S. 1372, §§ 15–17.
276 Ebd., S. 1372 f., §§ 18 und 20.
277 Zu den Prozentzahlen vgl. Ritter: Wahlgeschichtliches Arbeitsbuch, wie oben, Anm. 39, S. 164.
278 Zum Ausscheiden des Adels vgl. Matzerath: Adel in Amt und Landtag, wie oben, Anm. 112, S. 434–442 und 453 f.
279 Mitteilungen über die Verhandlungen des Landtages, II. Kammer, 23. März 1868, S. 2619.
280 Ebd., S. 2619.
281 Ebd., S. 2619.
282 Ebd., S. 2619.
283 Ebd., S. 2620.
284 Vgl. hierzu Philipp, Albrecht: Fröhliche Zweite Kammer, Borna 1958, S. 3. Dieses Manuskript findet sich im SächsHStA Dresden, 12751, Nachlass Albrecht Philipp (1883–1962), Nr. 29: 35 Gelegenheitsschriften (Gedichte u. a.) für Abgeordnete der Zweiten Kammer 1871–1896 mit Erläuterungen und einem Verzeichnis der Abgeordneten.
285 Vgl. ebd., S. 3.
286 Zusammenfassend für die gesellschaftsgeschichtliche Forschung der 1990er Jahre vgl. Döscher/Schröder: Sächsische Parlamentarier 1869–1918, wie oben, Anm. 263, S. 21–86.
287 Zur geringen Rolle der politisch-weltanschaulichen Ausrichtung von Abgeordneten in vielen Debatten des sächsischen Landtags 1866–1910 vgl. Wehmann, Christoph: Petitionen auf den Landtagen 1866–1910. In: Landtagskurier Freistaat Sachsen 7, 2016, S. 22 f.
288 Vgl. Matzerath: Ein Landtagsabgeordneter ist ein Landtagsabgeordneter und kein Agent seiner Herkunftsgruppe, wie oben, Anm. 13, S. 163–176.
289 Vgl. Döscher/Schröder: Sächsische Parlamentarier 1869–1918, wie oben, Anm. 263, S. 110.
290 Vgl. ebd., S. 111.
291 Zum Konzept der gesellschaftlichen Funktionsapparate, die losgelöst von sozialen Herkunftsgruppen ein zentrales Merkmal der Moderne darstellen, vgl. Matzerath: Adelsprobe an der Moderne, wie Teil II, Anm. 116, S. 20 und 255 f. Parallel zur Politik begannen im ausgehenden

19. Jahrhundert Aktiengesellschaften, Einfluss auf die Wirtschaft zu nehmen. Kulturinstitute wurden zu gestaltenden Akteuren für Musik, Kunst, Architektur, Literatur, Theater, Kulinarik etc.

292 MVL, II. Kammer, 4. Februar 1870, S. 2665–2736; MVL I. Kammer, 18. Februar 1870, S. 1020–1024; MVL, II. Kammer, 3. Januar 1874, S. 468–483; Landtags-Acten 1873/74, S. 97–106; MVL I. Kammer, 16. Januar 1874, S. 172–177.

293 Vgl. hierzu Matzerath, Josef: Ein königliches Hoftheater. Der sächsische Landtag bewilligt Gelder für den Bau der zweiten Semperoper. In: Landtagskurier Freistaat Sachsen, 3/2017, S. 22 f.; anders und mit angeblichem – vom Autor aber nicht nachgewiesenem – antipreußischen Reflex des Theaterbaus: Ther, Philipp: In der Mitte der Gesellschaft. Opernthater in Zentraleuropa 1815–1914, Wien 2006, S. 103 f.

294 Vgl. hierzu Karlsch, Rainer/Schäfer, Michael: Wirtschaftsgeschichte Sachsens im Industriezeitalter, Dresden Leipzig 2006, S. 128–130. Eine Herausbildung von Standortvorteilen durch „technisch-wirtschaftliche Schwerpunktbildung im Hochschulwesen", das während des Kaiserreiches in der Kompetenz der Bundesstaaten lag, nimmt auch Katrin Keller: Landesgeschichte Sachsen, Stuttgart 2002, S. 368, an, ohne allerdings den Landtag explizit als Mitwirkenden bei der Herausbildung dieses Spezifikums zu benennen.

295 Vgl. hierzu Keller: ebd., S. 357. Allgemein zu Debatten des sächsischen Landtags über Bildungspolitik vgl. Lesanovsky, Werner: Bildungspolitik, Schule und Pädagogik im sächsischen Parlament 1869–1900. Eine Studie über die bildungspolitische Tätigkeit der Sozialdemokratie, Hamburg 1998.

296 Vgl. Verordnung, die Beobachtung der geschlossenen Zeiten in polizeilicher Hinsicht betreffend, vom 11. April 1874. In: GVBlSachs 1874, S. 41–43; Tanzregulativ vom 25. Juni 1876. In: Landtags-Akten von den Jahren 1893/94, Berichte der zweiten Kammer, 1. Bd., 2. Teil, Nr. 174: Bericht der Beschwerde- und Petitions-Deputation der zweiten Kammer, S. 3–5; Tanzregulativ vom 16. Februar 1893. In: Ebd., S. 3.

297 MVL, II. Kammer, vom 31. Januar 1878, S. 975–982; MVL, I. Kammer, vom 26. Februar 1892, S. 274–276; MVL, II. Kammer, vom 8. März 1892, S. 824–829; MVL, II. Kammer, vom 15. März 1894, S. 1197–1199; MVL, II. Kammer, vom 19. April 1904, S. 1440–1443; MVL, II. Kammer, vom 14. April 1910, S. 2246–2249, 2252, 2254, 2256, 2271 f., 2283 f. und 2294–2299.

298 Beim Landtag 1891/92 gingen 600 Petitionen von einzelnen Personen aus der Umgebung von Reichenbrand und Ernstthal ein, die sich gegen ein Normativ wandten, das in dieser Gegend das Tanzen auf dem Lande regelte. Wie der Referent in der Ersten Kammer aufzählte, befanden sich unter den Petenten 67 Strumpfwirker, 35 Bäcker, 36 Fleischer, 25 Restaurateure, 28 Gutsbesitzer, zwei Ärzte, zwei Lehrer und ein promovierter Schuldirektor. Diese Eingaben lassen sich wohl einer parteipolitisch nicht gebundenen Protestform gegen staatliche Bevormundung rubrizieren. Vgl. MVL, I. Kammer, vom 26. Februar 1892, S. 274–276.

299 Vgl. hierzu Matzerath, Josef: Tanzen im Kaiserreich. Petitionen und Debatten zu „Tanzbelustigungen" 1871 bis 1918. In: Ders.: Aspekte sächsischer Landtagsgeschichte. Varianten der Moderne 1868–1952, Dresden 2003, S. 13–17.

300 Vgl. MVL, II. Kammer, 8. März 1892, S. 825 f.

301 Vgl. hierzu Matzerath: Tanzen im Kaiserreich, wie oben, Anm. 299, S. 13–17.

302 Zu Lebensmittelqualitäten im Kaiserreich vgl. Kliewer, Mario: Geschmacksgaranten. Sächsische Hoflieferanten für exquisite Nahrungsmittel um 1900, Ostfildern 2015, S. 15–62. Zur Entwicklung der Lebensmittelhygiene in Sachsen vgl. auch Krüger, Cindy: Die Geschichte des Lebensmittelhygienischen Instituts der Veterinärmedizinischen Fakultät der Universität Leipzig, Diss. Leipzig 2007.

303 Vgl. MVL, II. Kammer, 15. Juli 1876, S. 1917–1924; MVL, I. Kammer, 22. Juni 1876, S. 922–925; Landtagsakten 1875/76, 4. Bd., S. 249 ff.

304 Vgl. grundlegend Ritter, Gerhard A.: Wahlen und Wahlpolitik im Königreich Sachsen 1867–1914. In: Lässig, Simone/Pohl, Karl Heinrich (Hg.): Sachsen im Kaiserreich, Dresden 1997, S. 29–86; die gesellschaftsgeschichtliche Forschung der 1990er Jahre zusammenfassend Döscher/Schröder: Sächsische Parlamentarier 1869–1918, wie oben, Anm. 263, S. 21–86; mit Fokus

auf die Konservativen: Retallack, James: Die liberalen Konservativen? Konservatismus und Antisemitismus im industrialisieren Sachsen. In: Lässig/Pohl (Hg.): Sachsen im Kaiserreich, wie oben, S. 133–148; Rudolf, Karsten: Die sächsische Sozialdemokratie vom Kaiserreich zur Republik 1871–1923, Weimar/Köln/Wien 1995; mit Fokus auf demonstrative Massenkundgebungen Lässig, Simone: Der „Terror der Straße" als Motor des Fortschritts? Zum Wandel der politischen Kultur im „Musterland der Reaktion". In: Dies./Pohl (Hg.): Sachsen im Kaiserreich, wie oben, S. 191–239.
305 Vgl. Döscher/Schröder: Sächsische Parlamentarier 1869–1918, wie oben, Anm. 263, S. 31. Zur Einordnung dieser Gesetzgebungsphase aus liberaler Perspektive vgl. Matzerath, Josef: „aus unmittelbarem Miterleben". Eine liberale und eine sozialdemokratische Lesart der Landtagsgeschichte 1850–1900. In: Landtagskurier Freistaat Sachsen, 9/2017, S. 22 f.
306 Döscher/Schröder: Sächsische Parlamentarier 1869–1918, wie oben, Anm. 263, S. 33 f.
307 Vgl. Matzerath, Josef: Daniel Ferdinand Ludwig Haberkorn. Präsident der II. Kammer bei den Landtage 1859–1869/70 und 1875/76–1889/90. In: Ders.: Aspekte sächsischer Landtagsgeschichte. Die Mitglieder und Wahlbezirke der sächsischen Landtage (1833 bis 1952), Teil I: 1833–1918, Dresden 2011, S. 150 f., und Matzerath/Jäschke: Mitglieder und Wahlbezirke der sächsischen Landtage (1833 bis 1952), Teil III, wie oben, Anm. 130, S. 119, Anm. 37.
308 Vgl. Döscher/Schröder: Sächsische Parlamentarier 1869–1918, wie oben, Anm. 263, S. 35.
309 Vgl. ebd., S. 35–62.
310 Vgl. Schmeitzner, Mike/Rudloff, Michael: Geschichte der Sozialdemokratie im Sächsischen Landtag. Darstellung und Dokumentation 1877–1997, Dresden 1997, S. 189.
311 Vgl. ebd., S. 15; Eisner, Kurt: Wilhelm Liebknecht. Sein Leben und Wirken, Berlin 1906, S. 81.
312 Vgl. Schmeitzner/Rudloff: Geschichte der Sozialdemokratie im Sächsischen Landtag, wie oben, Anm. 310, S. 223.
313 Vgl. ebd., S. 23–25, und Ritter: Wahlgeschichtliches Arbeitsbuch, wie oben, Anm. 39, S. 172.
314 Vgl. ebd., S. 164 und 172.
315 Zur Wahlrechtsdebatte vgl. MVL, 1895/96, II. Kammer, 10. Dezember 1895, S. 156–207.
316 Ebd.
317 Vgl. Döscher/Schröder: Sächsische Parlamentarier 1869–1918, wie oben, Anm. 263, S. 46.
318 Vgl. MVL, 1895/96, II. Kammer, 3.2.1896, S. 523, 12. und 13.2.1896, S. 596–648, 651–702, 5. und 6.3.1896, S. 800–862, 865–890, sowie ebd. I. Kammer, 18.3.1896, S. 398–405.
319 Zum sächsischen Dreiklassenwahlrecht für die Zweite Kammer des Landtags vgl. Gesetz, einige Abänderungen der Verfassungsurkunde vom 4. Dezember 1831, sowie der Nachtragsgesetze zu derselben vom 5. Mai 1851 und 19. October 1861 betreffend, vom 3. December 1868. In: GVBlSachs 1868, S. 1365–1368; Gesetz, die Wahlen für den Landtag betreffend; vom 3. December 1868. In: GVBlSachs 1868, S. 1369–1378; Verordnung zur Ausführung des Gesetzes vom 3. December 1868, die Wahlen für den Landtag betreffend; vom 4. December 1868. In: GVBlSachs 1868, S. 1378–1385.
320 Zu den Zahlenangaben vgl. Ritter: Wahlgeschichtliches Arbeitsbuch, wie oben, Anm. 39, S. 164–166 und 175.
321 Eine Kartierung der Wahlergebnisse findet sich: Matzerath/Jäschke: Mitglieder und Wahlbezirke der sächsischen Landtage (1833 bis 1952), Teil III, wie oben, Anm. 130, S. 182–197.
322 Vgl. Ritter: Wahlgeschichtliches Arbeitsbuch, wie oben, Anm. 39, S. 89 und 163.
323 Vgl. Döscher /Schröder: Sächsische Parlamentarier 1869–1918, wie oben, Anm. 263, S. 55–59.
324 Zu den sächsischen Landtagen, die nach Pluralwahlrecht gewählt wurden vgl. ebd., S. 67–86; zum Pluralwahlrecht selbst vgl. Matzerath/Jäschke: Mitglieder und Wahlbezirke der sächsischen Landtage (1833 bis 1952), Teil III, wie oben, Anm. 130, S. 199–221.
325 Zu den Zahlenangaben vgl. Ritter: Wahlgeschichtliches Arbeitsbuch, wie oben, Anm. 39, S. 166–171.
326 Vgl. Döscher/Schröder: Sächsische Parlamentarier 1869–1918, wie oben, Anm. 263, S. 69 f.
327 Schon für den Vormärz konstatierte dies für die Abgeordneten des sogenannten Bauernstandes Hirschel: Sachsens Regierung, Stände und Volk, wie oben, Anm. 64, S. 137.

328 Vgl. – jedoch mit besonderer Perspektive auf den Adel – Löffler, Bernd: Die Ersten Kammern und der Adel in den deutschen konstitutionellen Monarchien. Aspekte eines verfassungs- und sozialgeschichtlichen Problems. In: HZ 265, 1997, S. 29–76; Spenkuch, Hartwin: Das Preußische Herrenhaus. Adel und Bürgertum in der Ersten Kammer des Landtages 1854–1918, Düsseldorf 1998; Matzerath: Adel in Amt und Landtag, wie oben, Anm. 112.
329 Diesen Befund Hans-Ulrich Wehlers: Deutsche Gesellschaftsgeschichte, Bd. 3, München 1995, S. 646, bestätigt für Sachsen Rudloff, Michael: Industrielle Interessenvertretungen und politische Kultur im Königreich Sachsen. In: Bramke, Werner (Hg.): Politische Kultur in Ostmittel- und Südosteuropa, Leipzig 1999, S. 210–212.
330 Vgl. Döscher/Schröder: Sächsische Parlamentarier 1869–1918, wie oben, Anm. 263, S. 40.
331 Zur traditionellen Tafelfähigkeit am Dresdner Hof vor 1832 vgl. SächsHStA Dresden, 10006, OHMA, M Nr. 50, Bl. 42: Vortrag an den H[errn] Staats= und Haus=Minister von Könneritz abseiten des H[errn] Hofmarschalls Grafen Bose, d.d. 29. Nov. 1832. Da von den Landtagsmitgliedern „selbst bürgerliche Deputirte als solche den Vorzug der Tafelfähigkeit – sogar an der Ceremonientafel" erhalten hätten, plädierte Graf Bose dafür, die herkömmliche Tafelfähigkeit auch innerhalb des Kreises der Hoffähigen weiter auszudehnen.
332 Zum Beginn der Diätenzahlungen vgl. Matzerath, Josef: Landtag in Torgau. Die ersten Diäten für den sächsischen Landtag. In: Ders.: Aspekte sächsischer Landtagsgeschichte. Die Ständeversammlungen des 17. und frühen 18. Jahrhunderts, Dresden 2013, S. 16–22.
333 Im Verlauf des Landtags 1766 lud z. B. der Landesherr 103 Mitglieder der Ständeversammlung zum Essen an seine Tafel. Vgl. SächsHStA Dresden, 10006, OHMA, M Nr. 33, Vol. I Landtag 1766, Bl. 193–194: Von denen Herren Land=Ständen haben an der Chur Fürstl. Tafel gespeiset. Vgl. dazu auch Denk/Matzerath: Dresdner Parlamente, wie Einleitung, Anm. 5, S. 33.
334 Vgl. dazu SächsHStA Dresden, 10006, OHMA, M, Nr. 50, Bl. 42, Vortrag an den H[errn] Staats= und Haus=Minister von Könneritz abseiten des H[errn] Hofmarschalls Grafen Bose, d.d. 29. Nov. 1832. Graf Bose erwägt, dass „wie bei den früheren Landtägen wöchentlich eine Tafel mit Gästen" abgehalten werden könne, „zu welcher mitunter einige Landstände aus beiden Kammern hinzugezogen" werden sollten.
335 Darüber hinaus kam es auch zu Einladungen der beiden Kammern durch Minister. Vgl. dazu Matzerath, Josef: „eine Gesundheit auf die Stände". Orte, Worte und Speisen des sächsischen Landtags. In: Ders.: Formierungen und Brüche des Zweikammerparlaments 1833 bis 1868, wie oben, Anm. 92, S. 118 f. Menükarten zu Essen, die die Erste Kammer ihrem Präsidenten Ludwig von Zehmen im Restaurant „Königliches Belvedere" auf der Brühlschen Terrasse gab, finden sich in der SLUB Dresden, Signatur: 31.° 44: Menükartensammlung Sahrer von Sahr, Bd. 1, S. 61 (8.12.1885) und (18.2.1886), S. 48 (7.3.1888), S. 28 (27.11.1889).
336 Vgl. dazu SächsHStA Dresden, 10006, OHMA, M, Nr. 50, Bl. 44: Auszug aus einer Depesche des K. Geschäftsträgers am Kön: Württemberg. Hofe Frhr. v. Wirsing, d.d. Stuttgart, 24. Octbr. 1832.
337 Zum Prozedere von Landtagstafeln sowie zu dessen Störungen und Unterbrechungen vgl. auch Denk/Matzerath: Dresdner Parlamente, wie Einleitung, Anm. 5, S. 102–107; Matzerath, Josef: Parlamentseröffnungen im Reich und in den Bundesstaaten. In: Biefang, Andreas/Epkenhans, Michael/Tenfelde, Klaus (Hg.): Das politische Zeremoniell im Deutschen Kaiserreich 1871–1918, Düsseldorf 2008, S. 231; Matzerath, Josef: Hof und Landtag. In: Ders. (Hg.): Der sächsische König und der Dresdner Maiaufstand, wie oben, Anm. 76, S. 248–250; ders.: „eine Gesundheit auf die Stände", wie oben, Anm. 335, S. 118–123.
338 Baumann, Friedrich Tuiskon/Eiben, Georg: Kunstregeln in Zusammenstellung von Mahlzeiten. Stellung der Weine bei Tafel (Bier, Branntwein, Punsche). Anrichten und Herumreichen. In: Blüher, Paul Martin/Petermann, Paul: Meisterwerk der Speisen und Getränke in vier Bänden – Französisch – Deutsch – Englisch (und anderen Sprachen), 1. Bd, Leipzig 1893², S. 57–74. Baumann hat den Artikel, den der Hotelier Georg Eiben für die erste Auflage verfasst hatte, überarbeitet. Die zweite Fassung darf daher als die Auffassung des Dresdner Hofküchenmeisters gelten. Auch dort, wo er Passagen von Eiben übernahm, billige Baumann deren Inhalt offensichtlich.

339 Zur Struktur der Dresdner Hofküchen vgl. Matzerath, Josef: Küche und Kochkunst des Dresdner Hofes um 1900. In: Pötzsch, Ernst Max: Vollständige Herrschaftsküche des Kronprinzen von Sachsen. Hg. von Josef Matzerath unter Mitarbeit von Georg Jänecke, Mechthild Herzog und Hannah Aehle, Ostfildern 2013, S. 16 f.
340 Baumann/Eiben: Kunstregeln in Zusammenstellung von Mahlzeiten, 1. Bd., wie oben, Anm. 338, S. 65.
341 Ebd., S. 59.
342 Ebd. Ausführlich zur Gestaltung von Menüs nach Friedrich Tuiskon Baumann vgl. Matzerath, Josef: Grundsätze und Maximen der Tafelkultur um 1900. In: Ders./Annemarie Niering (Hg.): Tafelkultur – Dresden um 1900, Ostfildern 2013, S. 20–28.
343 Vgl. Baumann/Eiben: Kunstregeln in Zusammenstellung von Mahlzeiten, 1. Bd., wie oben, Anm. 338, S. 69 f.
344 Ebd., S. 71.
345 Ebd., S. 70. Eine typische Speisefolge des Dresdner Hofes findet sich ebd., S. 1459. „Tafel-Karte des Sächsischen Hofes (Küchenmeister: Fr. Tuiskon Baumann † 19. Okt. 1889),
Huitres.
Potages.
Hors-d'oeuvre chaud.
Poisson.
Relevé de volaille.
Entrées chaudes.
Punch.
Entrée froide.
Rôt. Salade. Compote.
Entremets de legumes.
Entremets de douceur.
    Glaces.
       Dessert."
346 Vgl. dazu die Zusammenstellung beispielhafter Menüs von König, Emil/Baumann, Friedrich et alii: Speisen, nach Gängen (Trachten) geordnet, in französischer Sprache. In: Blüher/Petermann: Meisterwerk der Speisen und Getränke, wie oben, Anm. 338, 2. Bd., S. 1445–1466; Malortie, Ernst: Das Menu, 3. Aufl., Hannover 1888, Bd. 1, S. 185–296.
347 Zur Enfilade im Piano nobile des Dresdner Schlosses Ende des 19. Jahrhunderts vgl. Das Dresdner Schloss. Monument sächsischer Geschichte und Kultur, Dresden 1992, S. 128 und 134. Zur Ausschmückung und Beleuchtung des Bankettsaals vgl. Dresdner Nachrichten, Nr. 318, Freitag, 15. November 1895, S. 2.
348 Vgl. Extraordinaria bei der König. Hofwirtschaft im Jahre 1895, Bl. 89: Beleuchtungsaufwand bei der am 14. November 1895 stattgefundenen Landtagstafel.
349 Vgl. SächsHStA Dresden, 10006, OHMA, M 59: Acta des Königl. Sächs. Oberhofmarschallamtes. Landtage betreffend. Jahrgang: 1891–1900, Landtags=Eröffnung 14. November 1895: Relation über die feierliche Eröffnung des Landtages im Königlichen Residenzschlosse und Landtagstafel daselbst am 14. November 1895, Bl. 109.
350 Vgl. Extraordinaria bei der König. Hofwirtschaft im Jahre 1895, Bl. 83: Tafel bei der Eröffnung des Landtags Donnerstag, den 14. November 1895. Zur Bedeutung des Service mit dem roten Drachen vgl. Pietsch, Ulrich/ Banz, Claudia (Hg.): Triumph der blauen Schwerter. Meißner Porzellan für Adel und Bürgertum 1710–1815, Leipzig 2010, S. 276.
351 Vgl. Dresdner Nachrichten, Nr. 318, Freitag, 15. November 1895, S. 2.
352 SächsHStA Dresden, 10006, OHMA, M 59: Acta des Königl. Sächs. Oberhofmarschallamtes. Landtage betreffend. Jahrgang: 1891–1900, Landtags=Eröffnung 14. November 1895: Relation über die feierliche Eröffnung des Landtages im Königlichen Residenzschlosse und Landtagstafel daselbst am 14. November 1895, Bl. 110.
353 SächsHStA Dresden, 10006, OHMA, Nr. M, Nr. 59, Bl. 134: Menü vom 14. November 1895.

354 Blüher/Petermann: Meisterwerk der Speisen und Getränke, wie oben, Anm. 338, S. 157: „Consommé à la Crecy / Geflügel=Kraftbrühe mit Gemüse u[nd] Möhren=Würfeln".
355 Vgl. ebd., S. 1472. Dort werden zwölf Tartelettes in die Rubirk Hors-d'œuvre einsortiert.
356 Zu „à la turque" vgl. Escoffier, Auguste: Kochkunstführer, 15. deutsche Auflage, Gießen 2008, S. 224: Œufs à la Turque; Der Brockhaus Kochkunst. Internationale Speisen, Zutaten, Küchentechnik, Zubereitungsarten, Mannheim/Leipzig 2008, S. 561
357 Vgl. Baumann/Eiben: Kunstregeln in Zusammenstellung von Mahlzeiten, 1. Bd., wie oben, Anm. 338, S. 70.
358 Vgl. von Zobeltitz, Hanns: Der Wein, Bielefeld/Leipzig 1901, S. 81; „Besonders erwähnenswert" findet den weißen Saint-Péray auch das Weinlexikon von Blüher/Petermann: Meisterwerk der Speisen und Getränke, wie oben, Anm. 338, S. 1710; Der große Johnson. Die neue Enzyklopädie der Weine, Weinbaugebiete und Weinerzeuger der Welt, Bern/Stuttgart 1984, S. 195, charakterisiert St. Peray als „kräftigen Schaumwein von fast klebriger Konsistenz, selbst wenn er trocken ist".
359 Zu „Filets de sandre, sauce tartare" vgl. Blüher/Petermann: Meisterwerk der Speisen und Getränke, wie oben, Anm. 338, S. 375: „Sandat, sandre grillé à la ta(r)tare / geröstete, kalte Senfsose".
360 Zur sauce tartare vgl. ebd., S. 1151: „Sauce mayonnaise à la ta(r)tare / Mayonnaisen=Sose mit Würzkräutern und Meerrettich." sowie ebd., Anm. 5: „Hartgekochte Eier durchgestrichen, mit rohen Eigelben vermischt, nach und nach Öl und Dragun-Essig daran, zuletzt Senf und einige Löffel voll gehackte Dragun-, Pimpinelle-, Kerbel-, Petersilie-Blätter, Schnittlauch, Pfeffer-Gurken, Kapern hinein."
361 Zur gustatorischen Einschätzung der Lage vgl. Bonnefoit, Guy: Faszination Wein und Aroma. Deutschland, Dreieich 2007, S. 422–426; zum Scharzhofberger Riesling des Jahres 2003 vgl. auch Nuikki, Pekka/Frenzel, Ralf: Die 1000 besten Weine, Wiesbaden 2008, S. 193 f., Nr. 414. Für die Einschätzung des Scharzhofberger Rieslings um 1900 als „herrlichen, sehr blumigen" Wein vgl. von Zobeltitz: Der Wein, wie oben, Anm. 358, S. 45, und Blüher/Petermann: Meisterwerk der Speisen und Getränke, 2. Bd. Getränke, wie oben, Anm. 338, S. 1581 und 2014. Hier findet sich die Kategorisierung als „Wein der ersten Klasse (Hochgewächs)".
362 Zur Selle de mouton à la bretonne vgl. Blüher/Petermann: Meisterwerk der Speisen und Getränke, 2. Bd., wie oben, Anm. 338, S. 558.
363 Für die Sauce bretonne wurden zeitgenössisch zerkleinerte Zwiebel mit rohem Schinken in Butter gedünstet. Anschließend verkochte man dies mit brauner Sauce und halb soviel Rindfleischsaft, nahm den Schinken heraus und strich die Sauce durch ein Haartuch, salzte sie und vermischte sie mit den weichgekochten weißen Bohnen. Vgl. Blüher/Petermann: Meisterwerk der Speisen und Getränke, 2. Bd., wie oben, Anm. 338, S. 1132, Anm. 3, Variante b.
364 Zu Croquettes de jambon/Schinkenkrusteln vgl. Blüher/Petermann: Meisterwerk der Speisen und Getränke, 1. Bd., wie oben, Anm. 338, S. 581. Ein Rezept für „Nudelkrusteln mit Schinken" findet sich Pötzsch: Vollständige Herrschaftsküche des Kronprinzen von Sachsen, wie oben, Anm. 339, S. 64. Wie Kroketten zeitgenössisch hergestellt wurden, beschreibt das Universallexikon der Kochkunst, Bd. 1, Leipzig 1878, S. 187.
365 Vgl. Baumann/Eiben: Kunstregeln in Zusammenstellung von Mahlzeiten, wie oben, Anm. 338, S. 63.
366 Zur Qualität von Château Mouton Rothschild vgl. von Zobeltitz: Der Wein, wie oben, Anm. 358, S. 70 und 72; Blüher/Petermann: Meisterwerk der Speisen und Getränke, 2. Bd., wie oben, Anm. 338, S. 1654 und 2014. Zur Einordnung der übrigen durch von Zobeltitz genannten Bordeaux-Weine in die erste Klasse vgl. ebd., S. 1651 (Château-Lafite), 1653 (Château-Margaux), 1667 (Château-Latour-Blanche) und 1659 (Château-Haut-Brion); vgl. auch Der große Johnson, wie oben, Anm. 358, S. 59 und 62.
367 Zu Homards naturels, sauce mayonnaise vgl. Pötzsch: Vollständige Herrschaftsküche des Kronprinzen von Sachsen, wie oben, Anm. 339, S. 107 f.: Majonaise von Hummer. Pötzsch rubriziert das Rezept unter Entrées froides.

368 Eine Zubereitungsweise für gebratenen Kapaun überliefert Pötzsch, vgl. ebd., S. 273. Vgl. auch Universallexikon der Kochkunst, Bd. 1, wie oben, Anm. 364, S. 519: „Kapaun, gebraten".
369 Blüher/Petermann: Meisterwerk der Speisen und Getränke, 1. Bd., wie oben, Anm. 338, S. 663, Anm. 7, zählt auf, welche Gemüse, Salate, Kompotte zum gebratenen Kapaun serviert werden konnten.
370 Baumann/Eiben: Kunstregeln in Zusammenstellung von Mahlzeiten, wie oben, Anm. 338, S. 63.
371 Vgl. ebd., S. 70.
372 Das Champagnerhaus Eugène Clicquot wurde 1894 in Reims gegründet. Vgl. Blüher/Petermann: Meisterwerk der Speisen und Getränke, 2. Bd., wie oben, Anm. 338, S. 1829; von Paczensky, Gert: Champagner, Weil der Stadt 1987, S. 142. Es handelte sich daher an der Tafel des sächsischen Königs nicht um einen Champagner des Hauses Veuve Clicquot-Ponsardin, das laut von Zobeltitz: Der Wein, wie oben, Anm. 358, S. 99, zu den „ersten und angesehensten in der Champagne" zu rechnen war. Allerdings erläutert auch von Zobeltitz ebd., dass nicht nur die umsatzstarken Produzenten exzellente Champagners herstellten, sondern auch Produkte „kleiner Häuser […] an Güte mit dem der besten Geschäfte wetteifern".
373 Vgl. SächsHStA Dresden, 10006, OHMA, M 59: Acta des Königl. Sächs. Oberhofmarschallamtes. Landtage betreffend. Jahrgang: 1891–1900, Landtags=Eröffnung 14. November 1895: Relation über die feierliche Eröffnung des Landtages im Königlichen Residenzschlosse und Landtagstafel daselbst am 14. November 1895, Bl. 110 f. Dort finden sich auch die Zitate. Zum Weiterreichen des Pokals vgl. SächsHStA Dresden, 10006, OHMA, M 59: Acta des Königl. Sächs. Oberhofmarschallamtes. Landtage betreffend. Jahrgang: 1891–1900, Landtags=Eröffnung 14. November 1895: Das Oberhofmarschallamt an die Herren Präsidenten beider Kammern der Stände=Versammlung, Dresden[, den] 12. November 1895, Bl. 122.
374 Vgl. SächsHStA Dresden, 10006, OHMA, M 59: Acta des Königl. Sächs. Oberhofmarschallamtes. Landtage betreffend. Jahrgang: 1891–1900, Landtags=Eröffnung 14. November 1895: Das Oberhofmarschallamt an die Herren Präsidenten beider Kammern der Stände=Versammlung, Dresden[, den] 12. November 1895, Bl. 122 f..
375 von Malortie: Das Menu, wie oben, Anm. 346, Bd. 1, S. 49. Zu von Malortie vgl. Fürsorge, Gotthardt: Der Intendant der höfischen Welt. Unico Ernst von Malortie am königlichen Hof in Hannover. In: Leseman, Silke/von Stieglitz, Annette (Hg.): Stand und Repräsentation. Kultur- und Sozialgeschichte des hannoverschen Adels vom 17. bis zum 19. Jahrhundert, Bielefeld 2004, S. 177–190; Brosius, Dieter: von Malortie, Ernst. In: Neue Deutsche Biographie 15, 1987, S. 739; Klindworth, J.F.: Nekrolog für Carl Otto Unico Ernst von Malortie, abgedruckt in: Das Menu, 3. Auflage, 1888, S. 465 ff.
376 Dresdner Nachrichten, Nr. 318, Freitag, 15. November 1895, S. 2.
377 Zu Pêches à la Condé vgl. Pellaprat, Henri-Paul: Das große Kochbuch der gepflegten Küche, Bern 1936, S. 648, Nr. 2561, S. 647, Nr. 2552 und S. 645, Nr. 2546 sowie Abbildung Fig. 326.
378 Die Käsesorte und deren Garnierung findet sich SächsHStA Dresden, 10006, OHMA, T VI, Nr. 123: Extraordinaria bei der König. Hofwirtschaft im Jahre 1895, Bl. 85: Tageszettel über den Aufgang bei der Königl. Hof-Küche in Dresden am 14. November 1895.
379 Eine Liste der Zutaten, die die Hofkonditorei benutzt hatte, findet sich SächsHStA Dresden, 10006, OHMA, M 59: Acta des Königl. Sächs. Oberhofmarschallamtes. Landtage betreffend. Jahrgang: 1891–1900, Landtags=Eröffnung 14. November 1895: Berechnung über den Aufgang in der Königlichen Hofconditorei bei der Landtags=Tafel (173 Couv[erts]) am 14. November 1895: Bl. 87.
380 Vgl. Dresdner Nachrichten, Nr. 318, Freitag, 15. November 1895, S. 2.
381 Zur Herstellung von Muscat Frontignan vgl. Johnson, Hugh: Weingeschichte. Von Dionysos bis Rothschild, Bern/Stuttgart 1990, S. 281, und Dumay, Raymond: Französische Weine. Der neue Weinführer, München 1988, S. 129 f. Nach von Zobeltitz: Der Wein, wie oben, Anm. 358, S. 81, war der Muscat Frontignan um die Mitte des 19. Jahrhunderts in Deutschland angesehener als um 1900. Auch Blüher/Petermann: Meisterwerk der Speisen und Getränke, 2. Bd., wie

oben, Anm. 338, ordneten den Muscat Frontignan nicht der Spitzenklasse zu, zählten ihn aber zu den „geschätzten Weinen" der Region Hérlaut.
382 Vgl. ebd., S. 70.
383 Vgl. HStA Dresden, 10006, OHMA, Lit O, IV, Nr. 301: Dresdner Hoftagebuch, 14.11.1895: Landtagstafel.
384 Vgl. SächsHStA Dresden, 10006, OHMA, M 59: Acta des Königl. Sächs. Oberhofmarschallamtes. Landtage betreffend. Jahrgang: 1891–1900, Landtags=Eröffnung 14. November 1895: Relation über die feierliche Eröffnung des Landtages im Königlichen Residenzschlosse und Landtagstafel daselbst am 14. November 1895, Bl. 111.
385 Zu Kaffee und Likör vgl. SächsHStA Dresden, 10006, OHMA, M 59: Acta des Königl. Sächs. Oberhofmarschallamtes. Landtage betreffend. Jahrgang: 1891–1900, Landtags=Eröffnung 14. November 1895: Relation über die feierliche Eröffnung des Landtages im Königlichen Residenzschlosse und Landtagstafel daselbst am 14. November 1895, Bl. 111 und SächsHStA Dresden, 10006, OHMA, T VI, Nr. 123. Die Branntweinsorten finden sich Extraordinaria bei der König. Hofwirtschaft im Jahre 1895, Bl. 88: Aufgangs-Berechnung bei der am 14n November 1895 stattgefundenen Landtagstafel. Zur Reihenfolge des Servierens vgl. Dresdner Nachrichten, Nr. 318, Freitag, 15. November 1895, S. 2.
386 Welche Aufmerksamkeit eine häufige Kommunikation mit dem König in Dresden noch in der zweiten Hälfte des 19. Jahrhunderts erregte, berichtet Carl von Weber, SächsHStA Dresden, 12801, Personennachlass Carl von Weber (1808–1879), Tagebuch, Bd. 4, Freitag, den 12. Februar 1864: „Meine häufigen Conferenzen mit dem König […] gaben mir in den Augen der Einfaltspinsel und combinirenden Kameele eine gewiße Wichtigkeit." Dieselbe Wahrnehmung bestätigte auch von Webers Frau. Vgl auch ebd. Sonntag, den 24. Januar 1864: „Sophie behauptet wir wären jetzt auf einmal auf der socialen Leiter wieder sehr emporgestiegen – nachdem wir selbst freiwillig herabgestiegen sind – weil man meine heufigen Conferenzen mit dem König erfahren und darauf Combinationen gründe."
387 Vgl. SächsHStA Dresden, 10006, OHMA, M 59: Acta des Königl. Sächs. Oberhofmarschallamtes. Landtage betreffend. Jahrgang: 1891–1900, Landtags=Eröffnung 14. November 1895: Relation über die feierliche Eröffnung des Landtages im Königlichen Residenzschlosse und Landtagstafel daselbst am 14. November 1895, Bl. 111.
388 Vgl. hierzu Matzerath, Josef: Hofgesellschaft und Revolution. In: Ders. (Hg.): Der sächsische König und der Dresdner Maiaufstand, wie oben, Anm. 76, S. 229–232.
389 Der Zweiten Kammer des Landtags 1895/96 gehörten für die Sozialdemokraten 15 Abgeordnete an: Karl Julius Fräßdorf (Töpfer in Uebigau bei Dresden), Friedrich August Carl Geyer (Zigarrenarbeiter in Leipzig), Hermann Friedrich Goldstein (Redakteur in Zwickau), Carl Friedrich Grünberg (Webwarenfabrikant in Hartha bei Waldheim), Paul Grunder (Töpfer in Dresden-Mickten), Franz Hofmann (Zigarettenarbeiter in Chemnitz), Georg Horn (Produktenhändler in Löbtau bei Dresden), Karl Paul Horn (Verbandskassierer in Cainsdorf), Wilhelm August Kaden (Zigarrenmacher in Kötzschenbroda), Johann Karl Pinkau (Fotograf in Leipzig), Reinhold Postelt (Prokurist in Dresden Trachenberge), Ernst Ferdinand Schulz (Tischler in Cossebaude bei Dresden), Heinrich Julius Seifert (Schumacher in Zwickau), Heinrich Stolle (Musikdirektor und Stadtverordneter in Meerane) und Karl Wilhelm Stolle (Gastwirt in Gesau bei Glauchau). Da die Kammer 80 Mitglieder hatte, 68 von diesen an der Tafel teilnahmen und ein konservativer und ein fortschrittlicher Abgeordneter sich für sein Fehlen bei Oberhofmarschallamt entschuldigten, müssen unter den Teilnehmern der Landtagstafel auch Sozialdemokraten gewesen sein. Die Teilnehmerzahl aus der Zweiten Kammer und die Entschuldigungen sind überliefert SächsHStA Dresden, 10006, OHMA, M 59: Acta des Königl. Sächs. Oberhofmarschallamtes. Landtage betreffend. Jahrgang: 1891–1900, Landtags=Eröffnung 14. November 1895: Relation über die feierliche Eröffnung des Landtages im Königlichen Residenzschlosse und Landtagstafel daselbst am 14. November 1895, Bl. 124 f. Anders: Dresdner Nachrichten, Nr. 318, Freitag, 15. November 1895, S. 2: Zur Landtagstafel waren demnach geladen: „die Herren Staatsminister, die Mitglieder beider Kammern mit Ausnahme der sozial-

demokratischen Abgeordneten, eine größere Anzahl Regierungskommissare aus verschiedenen Departements die Oberhofchargen und mehrere hohe Staatsbeamte und Militärs."

IV.

Einkammerparlamente des 20. Jahrhunderts

1918/19–1933: Die Weimarer Republik

Als der Erste Weltkrieg sich militärisch im Stellungskrieg der Westfront festgefahren hatte, die Materialschlachten immer mehr Menschenleben forderten und in Deutschland während des Winters 1916/17 die Ernährungslage bedrohlich wurde, löst das auf Reichs- und Länderebene einen Prozess aus, das Verhältnis von Parlament und Regierung zu überdenken. Der Sächsische Landtag setzte im Frühjahr 1917 eine außerordentliche Deputation ein, die darüber beriet, ob die Erste Kammer abgeschafft oder verändert werden sollte, ob ein allgemeines Wahlrecht für die Zweite Kammer eingeführt und wie die Regierung enger an das Parlament gebunden werden könne. Allerdings forderten nicht einmal die Mehrheitssozialdemokraten (MSPD) eine konsequente Parlamentarisierung. Sie wollten die Einspruchsrechte der Regierung gegenüber Landtagsbeschlüssen lediglich beschränken und der Volksvertretung einräumen, bei der Neubesetzung von Ministerstellen mitzuwirken. Gegen diese Position verwehrte sich die amtierende Regierung des sächsischen Königs, sie stemmte sich gegen ein parlamentarisches Regierungssystem.[1]

Die Reformbemühungen führten bis zum Spätherbst 1918 zu keinen konkreten Gesetzesänderungen. Als die Parlamentarisierung stecken zu bleiben drohte, beseitigte die Revolution im November 1918 die Monarchie, ihr Regierungssystem und zugleich auch das bisherige Zweikammerparlament.[2] Der letzte sächsische König soll seine Depossedierung mit dem Satz kommentiert haben: „Macht doch Euern Dreck alleene."[3] Friedrich August III. von Sachsen schrieb erst am 13. November 1918 auf Schloss Gutenborn bei Ruhland auf einen Zettel, dass er auf seinen Thron verzichte.[4] Zuvor war bereits am 9. November die Abdankung Kaiser Wilhelms II. verkündet worden und in Sachsen hatte am 10. November ein Arbeiter- und Soldatenrat, der im Dresdner Zirkus Sarrasani tagte, die Republik ausgerufen. An diesem Tag wurde auf dem Dresdner Schloss die rote Fahne gehisst.[5] Der Hof der albertinischen Wettiner fiel seither als gesellschaftlicher Zentralort fort.

Beim Übergang zur Weimarer Republik betraf die Neustrukturierung des politischen Feldes in Sachsen nicht nur das Parlament. Für die staatliche Bürokratie hatte beispielsweise bislang der König die Spitzenbeamten bestellt, und ihm, dem Souverän, waren diese auch rechenschaftspflichtig gewesen. Am 15. November 1918 übernahmen sechs Volksbeauftragte die Regierungsgewalt, die in einer Versammlung der Leipziger, Dresdner und Chemnitzer Arbeiter- und Soldatenräte gewählt worden waren. Diese neuen Leiter der Exekutive zogen ihre Legitimation daher bereits aus der Volkssouveränität. In einem Aufruf „An das sächsische Volk" verkündeten die sechs Volksbeauftragten am 18. November, die lokalen Arbeiter- und Soldatenräte, die im Land entstanden seien, hätten als „Träger der revolutionären Bewegung" die Aufgabe, die neue „sozialistische Volksregierung" zu stützen.[6] Damit die Hilfe dieser direktdemokratischen Basis nicht über das gewünschte Maß hinausschoss und den funktionierenden bürokratischen Apparat des Staates außer Kraft setzte, fügten die Volksbeauftragten hinzu, es werde unverzüglich ein „Landesrat der Arbeiter und Soldaten" zusammentreten, der die Zuständigkeit der Arbeiter- und Soldatenräte in den einzelnen Orten umgrenzen solle. Wie künftig eine Landesvertretung aussehen werde, ließ die Regierung aus drei Mehrheitssozialdemokraten (Johann Wilhelm Buck, Dr. Georg Gradnauer, Albert Schwarz) und drei unabhängigen Sozialdemokraten (Hermann Fleißner, Friedrich Carl August Geyer, Richard Robert Lipinski) offen. Sie erstrebte nämlich, wie ein Aufruf bekannt machte, eine „Beseitigung der veralteten bundesstaatlichen Verfassung und die Einordnung Sachsens in die einheitliche großdeutsche Volksrepublik". Den Teilen dieses deutschen Staates wollten die Volksbeauftragten zwar „weitgehende Selbstverwaltung und Schutz der Kulturinteressen" zugestehen. Ob der intendierte „Übergang von der kapitalistischen in die sozialistische Gesellschaftsordnung" aber auch die Fortexistenz eines Landesparlaments einschloss, blieb im Aufruf der Volksbeauftragten zunächst offen.[7]

Das Zweikammerparlament der Monarchie, das vom König nicht formell beendet worden war,[8] löste die neue Regierung am 7. Dezember 1918 per Dekret auf. Die sechs Volksbeauftragten, die nun ihre Namen ohne Weiteres unter der Bezeichnung „Gesamtministerium" drucken ließen, erklärten in dieser Verordnung, es könne auch kein Ausschuss des bisherigen Parlaments weiterbestehen. Denn der vormalige Landtag sei nicht nur temporär aufgelöst worden, wie das zu Zeiten der konstitutionellen Verfassung gang und gäbe gewesen war, sondern die Revolution habe eine „Aufhebung des gesamten Landtages" herbeigeführt. Deshalb müsse eine „etwaige spätere Volksvertretung nicht als ein neu gewählter Landtag im Sinne der bisherigen Vorschriften, sondern als eine völlig neue Verfassungseinrichtung der Republik Sachsen" angesehen werden.[9]

Volkskammer

Die Entscheidung für ein neues Landesparlament fiel dann jedoch rasch. Am Tag nach dem Weihnachtsfest des Jahres 1918 publizierte das Gesamtministerium ein Wahlrecht für eine „vorläufige Vertretung des gesamten Volkes der Republik Sachsen", die die Verordnung als „Volkskammer der Republik Sachsen" bezeichnete.[10] Der Begriff „Volkskammer" entsprang keiner spezifisch sozialdemokratischen Sichtweise auf parlamentarische Vertretungen, sondern ergab sich daraus, dass ein solches Verständnis der Zweiten Kammer des Landesparlaments im kaiserzeitlichen Sachsen durchaus üblich war.[11] Die 96 Abgeordneten der Volkskammer wurden in „allgemeinen, unmittelbaren und geheimen Wahlen nach den Grundsätzen der Verhältniswahl" gewählt.[12] Damit hatte die Stimme jedes Wählers und jeder Wählerin gleichviel Gewicht. Sie wurde nicht mehr – wie noch im sächsischen Pluralwahlrecht von 1909 – nach Alter, Bildung und Besitz unterschiedlich bewertet. Frauen konnten in Sachsen zum ersten Mal den Landtag mitwählen und waren auch für das Parlament wählbar. Die Verordnung legte fest: "Wahlberechtigt sind alle deutschen Män-

Eröffnungssitzung der Sächsischen Volkskammer in Dresden. Nach einer Sonderaufnahme für die Leipziger „Illustrirte Zeitung" von Hugo Erfurth, Dresden.

Am Präsidententisch, sitzend, von links nach rechts: Sekretär Dr. Wagner, Vizepräsident Dr. Dietel, Präsident Fräßdorf, Vizepräsident Lipinski, Sekretär Winkler.

Abb. 22: Eröffnungssitzung der Sächsischen Volkskammer in Dresden. Illustrierte Zeitung Nr. 3951 (März 1919)

ner und Frauen[13], die am Wahltag das 20. Lebensjahr vollendet haben und in Sachsen wohnen."[14] Das neue Landesparlament gab sich selbst eine Geschäftsordnung und prüfte, ob die Wahl der einzelnen Abgeordneten rechtmäßig zustande gekommen war. Neben dieser verbrieften Autonomie hatte die Volkskammer auch „über die Bestätigung oder Neubildung des Gesamtministeriums" zu befinden und durfte im Einvernehmen mit der Regierung ihre eigene Zuständigkeit festlegen. Die Dauer der vorläufigen Volksvertretung begrenzte die Verordnung vom 27. Dezember 1918 auf zwei Jahre. Dann hatten Neuwahlen stattzufinden.[15]

Am 2. Februar 1919 wählte Sachsen die Volkskammer. Die konservative Deutschnationale Volkspartei (DNVP) erhielt 13 Sitze, die rechtsliberale Deutsche Volkspartei (DVP) vier, die linksliberale Deutsche Demokratische Partei (DDP) 22, die Mehrheitssozialdemokraten (MSPD) wurden mit 42 Sitzen die

Anna Geyer   Julie Salinger   Helene Wagner

Abb. 23–25: Die drei ersten Parlamentarierinnen in Sachsen: Anna Geyer (USPD) aus Leipzig-Stötteritz, Julie Salinger (DDP) aus Dresden und Helene Wagner (MSPD) aus Chemnitz

größte Fraktion, und die linke Abspaltung der SPD, die Unabhängigen Sozialdemokraten (USPD), bekam 15 Sitze.[16] Etwas mehr als ein Drittel der Abgeordneten, nämlich 36 von 96 Parlamentariern, hatte bereits der Zweiten Kammer des Sächsischen Landtags angehört. Obwohl daher das Gros der Volkskammer aus neuen Abgeordneten bestand, wirkte sich das neue passive Wahlrecht für Frauen kaum aus. Denn nur drei Frauen erhielten ein Mandat: Helene Wagner (MSPD) aus Chemnitz, Anna Geyer (USPD) aus Leipzig-Stötteritz und Julie Salinger (DDP) aus Dresden.[17]

Als die Volkskammer sich am 25. Februar 1919 zu ihrer ersten Zusammenkunft im Dresdner Ständehaus einfand, konnte eine ganze Reihe von Ritualen, die seit der Verfassung von 1831 dazu gedient hatten, das Zweikammerparlament zu konstituieren, nicht mehr genutzt werden. Selbstverständlich wurde die Volkskammer nicht vom König, sondern von den Volksbeauftragten einberufen.[18] Eine feierliche Eröffnungszeremonie im Dresdner Residenzschloss, bei dem die Volksvertreter einst dem Landesherrn gegenübergetreten waren, konnte es ebenso wenig geben wie eine Einladung an die fürstliche Tafel, die sich für gewöhnlich angeschlossen hatte, nachdem der Monarch den Landtag eröffnet hatte. An die Stelle der Thronrede des Fürsten und einer im Vergleich dazu präziseren programmatischen Rede seines ersten Ministers, die beide im höfischen Ambiente der Belle Etage des Dresdner Schlosses gehalten worden waren, trat am 25. Februar 1919 im großen Tagungssaal des Ständehauses eine Ansprache des Volksbeauftragten Gradnauer.[19]

Er begrüßte die Abgeordneten im Namen des Gesamtministeriums und verwies darauf, dass „ein neuer Abschnitt in der Geschichte des sächsischen Staatslebens […] beginnen" solle.[20] Der Mehrheitssozialdemokrat kontrastierte die Volkskammer mit dem alten Landtag und rechtfertigte das neue Parlament durch einen kurzen Rückblick auf die vorangegangenen Jahrzehnte. Weil im konstitutionellen Zweikammerparlament nicht alle erwachsenen Staatsbürger Sachsens gleichmäßig repräsentiert worden seien, sei nach der militärischen Niederlage „anstatt einer ruhigen Entwicklung die staatsumwälzende Revolution" eingetreten. Daher habe die „Arbeiterschaft die politische Macht übernehmen müssen", meinte der Redner, „um den völligen Untergang unseres Volkes zu verhindern".[21] Die Fraktionsstärken in der mittlerweile zusammengetretenen Volkskammer, in der die sozialistischen Vertreter und die Abgeordneten der Linksliberalen eine breite Mehrheit besaßen, seien ein unstreitiges Votum, „daß das sächsische Volk seinen Staat auf der Bahn der Demokratie und des Sozialismus weitergeführt wissen" wolle.[22]

Die Eröffnungsrede an die Volkskammer enthielt nach diesen legitimatorischen und perspektivischen Passagen für das Repräsentationsorgan des souveränen Volkswillens noch die Ankündigung, dass die Arbeiter- und Soldatenräte nun ihre Rechtfertigung verloren hätten. Denn ihre Funktion als Repräsentanten des Volkswillens sei nun „an die vom ganzen Volke gewählte Volksversammlung" übergegangen. „In der Volkskammer", sagte Gradnauer, „ist der souveräne und demokratische Wille des Volkes verkörpert".[23]

Abschließend formulierte der Eröffnungsredner die Aufgaben der Volkskammer. Dieser Passus erscheint einerseits durch die Umstände gerechtfertigt, er steht aber andererseits auch in der Tradition der Thron- und Eröffnungsreden, die während der konstitutionellen Monarchie der König und der Vorsitzende des Gesamtministeriums hielten. Wie einst die Staatsspitze dem Parlament den Horizont seiner Debatten vorzugeben pflegte, benannte nun Gradnauer fünf vordringliche Themen für die Volkskammer.[24] Zunächst gelte es, eine vorläufige Verfassung zu verabschieden. Sobald dies geschehen sei, habe die Volkskammer eine neue Regierung zu wählen. Weiterhin sollte sie die desaströse Finanzlage debattieren, die Demokratisierung auf der Ebene der Bezirks- und Kreisversammlungen vorantreiben und schließlich die Weichen so stellen, dass „auf allen Gebieten des ökonomischen, kulturellen und geistigen Lebens […] Neues aufgebaut werde[n]" könne. Kaum zufällig wählte Gradnauer als Beispiel die Projekte zur „wirtschaftlichen Sozialisierung". Er wollte die „Arbeitsfreudigkeit und die Lust zur wirtschaftlichen Initiative" nicht mehr nur „einzelnen Gliedern der Gesellschaft" vorbehalten wissen, sondern auch den „Massen des Volkes" eröffnen. Als Ziel formulierte er den Umbau vom „kapitalistischen Staate [zu] einem volkstümlichen Arbeitsstaat".[25] Als Teil des Deutschen Reiches konnte Sachsen diesen Weg allerdings, wie auch Gradnauer wusste, nicht allein gehen und ging ihn in der Weimarer Republik auch nicht. Diesem parteipolitisch ausgerichteten Passus folgte am Ende von Gradnauers Rede eine eher staatsmännische Ermahnung an die Abgeordneten, durch sachliche Arbeit „fern von Haß und Kleinlichkeit" dem Land wieder Lebenshoffnung zu vermitteln.[26] Obwohl diese Eröffnungsrede an Traditionen der symbolischen Konstituierung des Zweikammerparlaments anknüpfte, enthielt sie doch auch einen Rückblick und eine Zukunftsvision, die nicht die Gemeinsamkeit aller Abgeordneten betonten. Sie machte allerdings auch Koalitionsangebot der MSPD an die liberalen Fraktionen, die gesetzlichen Rahmenbedingungen für eine demokratisch egalitäre Gesellschaft zu schaffen.

Lagerübergreifende Koalitionen

Für den sächsischen Landtag der Weimarer Republik wurde es charakteristisch, dass sich bis ins Jahr 1930 zumeist Koalitionen bildeten, die durch Fraktionen aus der politischen Mitte getragen wurden. Die ältere Forschung hat dies kaum zur Kenntnis genommen, weil sie für die sächsische Gesellschaft der Weimarer Republik ein polarisierendes Lagerdenken zwischen marxistisch fundierter Weltanschauung und dem sogenannten bürgerlichen Spektrum konstatierte. Diese konfrontative Position, glaubte die Geschichtsforschung, müsse sich auch im Landtag spiegeln. Inzwischen konnte aber gezeigt werden, dass das Parlament Vertrauensräume über die Lagergrenzen hinweg herstellte, die Regierungsbildungen ermöglichten.[27] Da in beiden politischen Lagern Teile des Parteienspektrums nicht zur Funktionsfähigkeit des parlamentarischen Systems beitragen wollten, waren Regierungen, die sich auf eine Mehrheit der Abgeordneten stützen konnten, fast nur in lagerübergreifenden Koalitionen möglich. Eine zentrale Aufgabe des Landtags bestand daher darin, zwischen Koalitionspartnern mit gegensätzlichen Grundausrichtungen Vertrauen zu schaffen. Aus der Perspektive der älteren Forschung erschien das wegen der Lagertheorie als politische Anomalie. Versteht man hingegen Abgeordnete nicht nur als Agenten ihrer sozialen Herkunftsgruppen oder ihrer Wähler, erweist sich die Fähigkeit der Parlamentarier, im besonders geschützten Bereich ihres Mandats Koalitionen zu schließen und zu tragen, als eine zentrale Leistung von Parlamenten.

Der sächsische Landtag der Weimarer Republik hat diese Aufgabe über lange Zeit erfüllt. Das erschließt sich weniger durch den Blick auf politische Entscheidungen als durch einen Fokus auf die Stabilisierungsmechanismen, die ein Parlament in der Krise aufzubringen vermag. Die Ordnungsarrangements des sächsischen Landtags wurden in der Weimarer Republik solange aufrechterhalten und verteidigt, bis es in den Augen der Akteure nicht mehr möglich war. Um die parlamentarische Demokratie funktionsfähig zu halten, bedurfte es unter anderem Normen wie der Geschäftsordnung, Symbolen wie der Sitzordnung oder auch Ritualen wie der Anwesenheit des Landtagspräsidenten, ohne die eine Sitzung als unterbrochen galt. Solche zeichenhafte Mechanismen stellen Ordnungen unverfügbar.[28] Krisen, die die Stabilität infrage stellten, brachten im sächsischen Landtag der Weimarer Republik vor allem Veränderungen hervor, die zugunsten des Bestehenden nachjustierten. Offene Situationen führten nicht zielgerichtet und unausweichlich zum Kollaps des Parlamentarismus. Deshalb ist es erforderlich, den Gang der Ereignisse nicht vom Ende her zu betrachten, als die Nationalsozialisten das parlamentarische Reglement unter anderem mit Schlägertrupps der SA zerstörten. Die umgekehrte Sichtweise, die Zeit der Weimarer Republik „nach vorn" zu betrachten, ermöglicht es, die Handlungsbedingungen und Erwartungshorizonte der Zeitgenossen zu erschließen und die Funktionsfähigkeit der damaligen parlamentarischen Demokratie auszuloten.

Selbstverständnis des Parlaments

Aus der Situation nach dem Ende des Ersten Weltkriegs entwickelte der sächsische Landtag ein nüchtern pragmatisches Selbstverständnis, das sich von den pomphaften Inszenierungen des späten Kaiserreichs klar unterschied. Das führte zu einem Verzicht auf eine zeichenhafte Präsentation des Parlaments, der für die Institution nicht förderlich sein konnte. Das Dresdner Ständehaus an der Brühlschen Terrasse war von dem Zweikammerparlament des Königreichs Sachsen gebaut worden, das sich nach dem Dreiklassenwahlrecht konstituierte. Da dieses Landtagsgebäude zu Beginn der Weimarer Republik nur etwas mehr als zehn Jahre alt war, stand in der Nachkriegszeit schon aus pragmatischen Gründen nicht infrage, dieses moderne Bauwerk weiter zu nutzen. Es erstaunt allerdings, dass im Plenarsaal der ehemaligen Zweiten Kammer die Symbole des Königreichs, etwa die Kronen in der Vertäfelung, nicht entfernt oder überdeckt wurden. Denn nach der Weimarer Verfassung war auch der Freistaat Sachsen zur republikanischen Staatsform verpflichtet. Die unveränderte Weiternutzung des Dresdner Ständehauses und seines Interieurs konnte als eine zeichenhafte Kontinuität vor allem zur Zweiten Kammer des untergegangenen Königreichs verstanden werden. Wappen und Krone könnten republikanischen Parlamentariern aber auch als Trophäen aus einer überwundenen Staatsform gegolten haben, ähnlich wie im antiken Rom die Spolien der besiegten Kriegsgegner im Jupitertempel und auf der Rostra gezeigt wurden. Das freistaatliche Parlament änderte als Verkörperung der überwundenen Monarchie den Sinngehalt der überholten Symbole allein schon durch seine Anwesenheit, so wie auch christliche Kirchen in der Spätantike häufig in Tempeln eingerichtet wurden und damit absicherten, dass an diesem Ort keine aus christlicher Perspektive heidnischen Kulthandlungen mehr stattfinden konnten.[29]

Darüber hinaus wurden viele Räume des Dresdner Ständehauses ab 1919 von der Volkskammer und später vom Landtag anders genutzt als durch das Zweikammerparlament des Kaiserreichs. Denn es hatte bislang keine Fraktionsräume gegeben.[30] Seit dem Vormärz forderte eine konservative Sicht auf den Landtag, dass alle Mitglieder sich dem Wohl des gesamten Landes zu widmen hätten und nicht nur versuchten, den Vorteil eines Teils der Gesellschaft durchzusetzen.[31] Sobald sich die Volkskammer im Februar 1919 konstituiert hatte, ordnete ein neues Raumkonzept den Fraktionen unterschiedlich große und verschieden viele Zimmer für ihre parlamentarische Arbeit zu. Sogar die Tische im Erfrischungssaal waren den Fraktionen zugeteilt. Andere Räume wie die Bibliothek, das Archiv, die Lesezimmer und die Tagungszimmer für die Ausschüsse standen ganz funktional einer Nutzung offen, die nicht auf Fraktionen beschränkt war.[32] Die Nutzung der Räume entsprach dem Wandel der Institution Landtag vom konstitutionellen Honoratioren- zum Parteienparlament.

Für die Öffentlichkeit blieb die Tribüne, von der aus Zuschauer schon zu Zeiten des konstitutionellen Zweikammerparlaments die Plenardebatten des

Landtags hatten verfolgen können, selbstverständlich erhalten. Die übrigen Räume des Dresdner Ständehauses durften Externe allerdings nur auf Einladung eines Landtagsabgeordneten betreten.[33] Darin ist keine abweisende Haltung gegenüber der Öffentlichkeit zu vermuten, sondern der geschützte Raum gewährte den erforderlichen Rahmen für eine vertrauliche und sachorientierte Beratung. Neben einer parteipolitisch ausgerichteten Zeitungslandschaft und einer professionalisierten Pressepolitik der Regierung blieb die Öffentlichkeitsarbeit des Sächsischen Landtags während der Weimarer Republik zu gering, um die Leistungsfähigkeit des Parlaments allgemein bekannt zu machen.[34]

Obwohl der sächsische Landtag nach den Normen der eigenen Geschäftsordnung, der Verfassung des Freistaates Sachsen und der Weimarer Verfassung als Einheit zu verstehen war, dessen Zusammengehörigkeit der Präsident, der Ältestenrat und die Verwaltung zu sichern hatten, fehlten weitere Mechanismen, die alle Abgeordneten dazu hätten bringen können, sich als Person zu einer Ganzheit zugehörig zu fühlen. Im Gegensatz zum Reichstag veranstaltete der sächsische Landtag z. B. keine parlamentarischen Bierabende oder andere Formen überparteilicher Geselligkeit.[35] Trotz allem hätte das nüchterne Selbstbild des Parlaments wohl auch das Potenzial zur Gemeinschaftsstiftung geboten, wenn denn die Systemgegner auf der rechten und linken Seite des Landtags bereit gewesen wären, sich darauf einzulassen. Stattdessen achteten sie selbst in der Kleidung darauf, sich zu unterscheiden. Die Abgeordneten der Mitte trugen zumeist einen elegant bequemen Gesellschaftsanzug, selten noch den schwarzen Rock, der im Zweikammerparlament gängig gewesen war. Die Nazis erschienen im Plenarsaal in Braunhemden und die Kommunisten in einer Kletterweste, die ansonsten dem Kontext der Freizeitkleidung zugeordnet war.[36]

Die Abweichungen in der Kleiderordnung entsprachen häufig dem Alter der Abgeordneten. Anhand der politischen Generationen, wie sie Detlev Peukert definiert hat,[37] gehörten im Sächsischen Landtag der Weimarer Republik signifikant viele Mitglieder der NSDAP und der KPD der sogenannten Frontgeneration (den Jahrgängen 1880–1899) und der üblicherweise als „überflüssig" bezeichneten Generation (den Jahrgängen 1900–1910) an. Die Abgeordneten, die Koalitionen vermittelten bzw. befürworteten, werden hingegen der Wilhelminischen Generation (Jahrgänge 1850–1869) zugerechnet. Sie besaßen durch langfristige Mitgliedschaft im Landtag auch durchweg mehr parlamentarische Erfahrung als die Abgeordneten der NSDAP und der KPD, die zumeist sehr jung ins Parlament gewählt wurden und ihm häufig auch nicht lange angehörten.[38] Neben den konfrontativen Fraktionen, die die parlamentarische Demokratie ablehnten und eine unüberbrückbare politische Spaltung der Gesellschaft vorantrieben, erwies sich ein Großteil von Abgeordneten als koalitionsbereit zwischen dem linken und rechten Lager.

Für liberale Politiker der Wilhelminischen Generation wie Oscar Günther (1861–1945), Richard Seyfert (1862–1940) und Bernhard Blüher (1864–1938) lässt sich aufzeigen, dass sie Empathie für die Not der arbeitenden Bevölkerung entwickelten.[39] Sie bildeten mit der SPD regierungsfähige Koalitionen, um die Sozialdemokraten von einer Annäherung an die Kommunisten abzuhalten. Auf die Dauer brachte dies die Liberalen in ihren eigenen Parteien jedoch in teils unüberwindbare Konflikte. Die pragmatische Politik des Ausgleichs wirtschaftlicher und sozialer Interessen lag einer Generation, die das Reichwerden der deutschen Gesellschaft im Kaiserreich erlebt hatte, näher als den durch den Ersten Weltkrieg und seine propagierten Feindbilder geprägten Jahrgängen.

Mehrheiten und Wahlen

In Sachsen brachten die Wahlen zu den Landtagen der Weimarer Republik bis ins Jahr 1930 hinein mehrheitlich Parteien ins Parlament, die die Weimarer Republik befürworteten oder tolerierten. Diesen linken sowie den liberalen und konservativen Fraktionen war es möglich, lagerübergreifend Regierungen zu tragen, ohne mit Gegnern des Parlamentarismus (KPD, NSDAP) koalieren zu müssen.

Mandate in Volkskammer und Landtag nach Parteizugehörigkeit 1919–1933

	1919–1920	1920–1922	1922–1926	1926–1929	1929–1930	1930–1933
KPD		6	10	14	12	13
USPD	15	16				
SPD	42	27	40	31	33	32
ASPS					4	2
DDP	22	8	8	5	4	3
VNRV						2
Zentrum		1				
VRP					3	2
DVP	4	18	19	12	13	8
WP				10	11	10
DNVP	13	20	19	14	8	5
SLV					5	5
CSVD						2
NSDAP				2	5	14

Die Tabelle wurde zusammengestellt nach VSV 1919/20 und VdSL 1920–1933.

Der erste sozialdemokratische Ministerpräsident, Georg Gradnauer, wurde am 14. März 1919 mit Stimmen der MSPD, der rechtsliberalen DVP und der konservativen DNVP gewählt. Die Unabhängigen Sozialdemokraten (USPD) verharrten in der Systemopposition, während die Rechtsliberalen und Konservativen einer Regierung unter einem gemäßigten Sozialdemokraten zustimmten, weil aufgrund der Mehrheitsverhältnisse die Alternative gewesen wäre, dass die Regierungsbildung scheiterte. Die linksliberale DDP war grundsätzlich koalitionsbereit, wählte Gradnauer nicht mit, kündigte aber prinzipiell an, seine Regierung mitzutragen. Anfang Juli 1919 trat die DDP dann der Regierung bei. Hinter MSPD und DDP standen rund 65 Prozent der abgegebenen Stimmen.[40] Die sächsische Verfassung, die am 12. November 1920 Gültigkeit erlangte, sprach dem Landtag ein sehr weitgehendes Budgetrecht zu, sah Volksentscheide nicht nur auf Initiative der Regierung, sondern auch auf Volksbegehren hin vor, setzte aber auch die liberale Forderung der Gewaltenteilung um. Obwohl die Verfassung die Volkssouveränität vergleichsweise umfangreich verwirklichte, blieb sie ein Kompromiss zwischen MSPD und DDP.[41]

Da eine jeweils weiter links- bzw. rechtsstehende Opposition die beiden Koalitionäre attackierte, wurden die pragmatischen Kompromisse ihrer Regierung in den nachfolgenden Wahlen nicht angemessen honoriert. Die Wähler tendierten eher zu angeblich konsequenteren Konzepten der konkurrierenden Parteien. Der Landtag erwies sich daher als ein Raum, in dem über die oft konstatierten Lagergrenzen hinweg ein Vertrauen zwischen den koalierenden Fraktionen entstehen konnte, das durch von außen einwirkende Ereignisse wie den Versailler Vertrag oder den Kapp-Lüttwitz-Putsch noch gestärkt wurde. Weder bei der Parteibasis noch bei der Wählerschaft oder in der öffentlichen Meinung wurde dies jedoch nachvollzogen.[42]

Die Volkskammer löste sich am 28. Oktober 1920 auf, und die Wahlen zum ersten sächsischen Landtag der Weimarer Republik fanden am 14. November 1920 statt. Die MSPD-Fraktion schrumpfte von 42 auf 27 Sitze, die DDP verlor von 22 Mandaten 14 Parlamentssitze und war nur noch mit acht Abgeordneten vertreten.[43] Eine Koalition der Linksparteien MSPD, rechte und linke USPD (16 Mandate) sowie KPD (6 Mandate) hätte rechnerisch eine Regierungsmehrheit von 49 der 96 Sitze ergeben. Die Fraktionen rechts der DDP verfügten über einen Sitz für das katholische Zentrum, 18 Mandate für die nationalliberale DVP und 20 für die konservative DNVP. Insgesamt hätten Liberale und Konservative daher nur 47 Stimmen vereinigen können. Die linken Parteien waren aber zu sehr zerstritten, als dass eine Koalition möglich gewesen wäre. Denn Teile dieses Spektrums stellten sich gegen die parlamentarische Demokratie. Die bisherige Koalition zwischen MSPD und DDP verfügte ebenfalls nicht mehr über eine Mehrheit im Parlament. Daraufhin bildete sich eine Minderheitsregierung unter dem Mehrheitssozialdemokraten Wilhelm Buck, dessen Kabinett von der MSPD und USPD getragen und von der KPD toleriert wurde.[44] Zu besonders heftigen Auseinandersetzungen führten im Landtag Debatten über staatliche Feiertage. Den beiden sozialdemokratischen Fraktionen gelang es, den 1. Mai als Tag der Arbeit und den 9. November als Tag der Novemberrevolution 1918 zu gesetzlichen Feiertagen in Sachsen zu bestimmen. Der Streit um die Feiertagsfrage führte jedoch auch zu Neuwahlen. Am 5. November 1922 traten die beiden sozialdemokratischen Parteien wieder gemeinsam als SPD an und errangen 40 Parlamentssitze, drei weniger als sie getrennt erreicht hatten. Die

KPD-Fraktion wuchs von sechs auf zehn Abgeordnete. Während die DDP ihre acht Sitze behauptete, wuchs die DVP von 18 auf 19 Mandatsträger. Die DNVP verlor hingegen eines ihrer bisher 20 Parlamentsmitglieder, und das Zentrum schied aus dem Landtag aus.[45] Buck blieb Ministerpräsident und der bisherige Fraktionschef der USPD, Richard Lipinski, Innenminister.

Als schon Ende Januar 1923 der sozialdemokratische Innenminister Lipinski über einen Misstrauensantrag der KPD stürzte, trat auch Ministerpräsident Buck zurück. Die DDP bot daraufhin der sozialdemokratischen Fraktion an, gemeinsam eine Regierung zu tragen. Der von Buck begonnene Reformkurs, Staat und Gesellschaft zu demokratisieren, hätte auch in dieser Koalition fortgesetzt werden können. Die SPD entschied sich aber gegen diese Koalition. Der am 21. März 1923 gewählte Ministerpräsident Erich Zeigner (SPD) setzte weiterhin auf eine Tolerierung durch die KPD. Zeigner bemühte sich, die Duldung in eine Koalition zu überführen und nahm am 10. Oktober 1923 zwei Kommunisten in seine Regierung auf. Inhaltlich trieb die Regierung Zeigner die von Buck begonnene Reformpolitik weiter voran, indem die Gemeindeverfassung demokratisiert wurde. Man installierte leitende Beamte, die sich zur Republik bekannten, und brachte trotz Hyperinflation einen Haushalt durch.[46]

Obwohl seit dem Amtsantritt des Reichskanzlers Gustav Stresemann am 13. August 1923 in Sachsen erneut für eine Koalition zwischen SPD und DVP sondiert wurde, eskalierte die Lage. In Bayern begann eine rechtsgerichtete Regierung den Bruch mit der Reichsverfassung, Sachsen schien nach links aus der Weimarer Verfassung ausbrechen zu wollen. Als die Reichsregierung am 27. September 1923 den Ausnahmezustand verhängte, ging in Sachsen die vollziehende Gewalt an den dort kommandierenden General Alfred Müller über. Regierung und Landtag arbeiteten trotzdem weiter. Am 1. Oktober 1923 erreichte die KPD eine Moskauer Direktive, in die sächsische Regierung einzutreten, 50.000–60.000 Mann zu bewaffnen und in wenigen Wochen eine kommunistische Machtübernahme zu versuchen. Dem kam am 29. Oktober 1923 eine Reichexekution zuvor. Die Armee schlug den Putschversuch mit Waffengewalt nieder. Am Tag nach der Reichsexekution wählte der sächsische Landtag den MSPD-Abgeordneten Alfred Fellisch zum Ministerpräsidenten. Er führte zunächst eine Minderheitsregierung, die von Sozialdemokraten und DDP unterstützt wurde.[47]

Die SPD-Fraktion spaltete sich im Dezember 1923 über die Frage, mit welchen Fraktionen im Landtag sie eine regierungsfähige Mehrheit bilden solle. 23 sozialdemokratische Abgeordnete entschieden sich dafür, mit der DDP und der DVP eine sozialliberale Koalition einzugehen. Als Ministerpräsident wurde am 4. Januar 1924 Max Heldt gewählt. Die Parteibasis ging diesen Kurs aber nicht mit und schloss am 25. März 1926 auf dem sächsischen Landesparteitag der SPD die 23 koalitionsbereiten Abgeordnete der SPD-Landtagsfraktion, unter denen auch der Ministerpräsident Heldt war, aus der Partei aus. Daraufhin bildeten am 15. April 1926 die Ausgeschlossenen eine eigene sozialdemokratische Fraktion, um die herum die Alte Sozialdemokratische Partei Sachsen (ASPS) entstand. Die übrigen 18 sozialdemokratischen Abgeordneten firmierten weiter als SPD-Fraktion. Obwohl diese politische Konstellation bis 1926 hielt und es ihr gelang, Staat und Gesellschaft zu stabilisieren, wurden die Koalitionäre bei der Wahl am 31. Oktober 1926 abgestraft. Die ASPS, die die Regierung mitgetragen hatte, schrumpfte von 19 auf vier Mandate. Die DDP verlor von acht Mandaten drei und die DVP-Fraktion verringerte sich von 19 auf zwölf Abgeordnete. Dagegen wuchsen die KPD von zehn auf 14 und die SPD von 18 auf 31 Mandate. Die konservative DNVP schrumpfte in der Opposition von 19 auf 14 Parlamentssitze, während die Nationalsozialisten (NSDAP) mit zwei Abgeordneten in den Landtag einzogen. Wesentlich erfolgreicher als die Partei Adolf Hitlers konnte die rechtskonservative Wirtschaftspartei (WP), die die Interessen des Mittelstands vertrat, mit zehn Sitzen als Neuling im Sächsischen Landtag reüssieren.[48]

Erst zweieinhalb Monate nach der Wahl, am 11. Januar 1927, wurde Heldt erneut zum Ministerpräsidenten gewählt. Dazu ging die ASPS eine Koalition mit der DDP und DVP ein. Es stimmten aber auch die Abgeordneten von DNVP und Wirtschaftspartei für den Ministerpräsidenten, obwohl diese Parteien erst im Sommer desselben Jahres der Koalition beitraten.[49] Rechnerisch wäre auch eine Koalition aus KPD, SPD und ASPS möglich gewesen. Dies schloss sich aber aus, weil die KPD die parlamentarische Demokratie abschaffen und auch der linke Flügel der Sozialdemokratie das Ziel, eine sozialistische Republik zu errichten, nicht einer Realpolitik opfern wollte.[50] Die Regierung Heldt, hinter der vorwiegende liberale und konservative Landtagsabgeordnete standen, vermochte selbstverständlich nicht den Demokratisierungskurs der vorangegangenen Ministerpräsidenten fortzuschreiben.

Die Landtagswahl vom 12. Mai 1929 verschob die Mehrheitsverhältnisse erneut. Im linken Spektrum verloren die KPD und die ASPS je zwei Mandate und die SPD gewann zwei hinzu. Damit hätten erstmals seit 1918 die KPD mit zwölf Mandaten, die SPD mit 33 Abgeordneten und die ASPS mit zwei Landtagsmitgliedern einer Regierung keine Mehrheit im Parlament verschaffen können. Das Parteienspektrum rechts der ASPS verfügte zwar über 49 Sitze im sächsischen Landtag, war aber noch mehr zersplittert als zuvor. Neu waren die Reichspartei für Volksrecht und Aufwertung (Volksrechtpartei – VRP) mit drei Abgeordneten und das Sächsisches Landvolk (SLV) mit fünf Parlamentssitzen eingezogen. Die DDP verlor ein Mandat und schrumpfte auf vier Abgeordnete, die DVP gewann eine Stimme hinzu und hatte 13 Landtagsmitglieder, die WP wurde mit elf Abgeordneten ebenfalls um einen Mandatsträger stärker. Dagegen büßte die konservative DNVP sechs Parlamentsmitglieder ein und verfügte nur noch über acht Sitze. Am rechten Rand wuchs die NSDAP von zwei auf fünf Mandate.[51] Eine große Koalition aus SPD, DDP und DVP oder ein Regierungsbündnis aus allen Fraktionen rechts der ASPS waren möglich. Da jedoch die DNVP und die WP nicht mit der SPD sowie umgekehrt die DDP nicht mit der NSDAP koalieren wollte, schien eine sozialliberale Koalition wahrscheinlich. Ministerpräsident wurde aber am 20. Juni 1929 der DVP-Abgeordnete Wilhelm Bünger, weil die NSDAP nach zwei vergeblichen Wahlgängen erklärte, sie werde eine Regierung Bünger tolerieren. Da die KPD-Abgeordneten ungültige Stimmzettel abgaben, wurde der nationalliberale Ministerpräsident mit nur 44 statt der für eine absolute Mehrheit erforderlichen 49 Stimmen gewählt.[52]

Das Kabinett Bünger amtierte bis zum 18. Februar 1930 und wurde an diesem Tag aus unterschiedlichen Motiven gestürzt.[53] Danach geriet die Koalitionsfrage zu einer öffentlich geführten Debatte, der die Räume fehlten, um gegenseitiges Vertrauen zu generieren. Als scheinbar neutraler Ausweg bot sich ein vorgeblich überparteiliches Beamtenkabinett unter dem parteilosen Präsidenten des Landesrechnungshofes, Walther Schieck, an. Dazu kam es am 6. Mai 1930. Auch dieser Regierung ging ihre parlamentarische Unterstützung rasch verloren. Denn der sächsische Landtag löste sich am 20. Mai 1930 selbst auf. Das Kabinett Schieck trat daraufhin zurück, blieb aber geschäftsführend im Amt.[54]

Krise und Ende

Nach der Wahl am 22. Juni 1930 hätte eine denkbare Koalition aus SPD, DDP und DVP nicht mehr über die Mehrheit der Mandate verfügt. Die ASPS schied aus dem sächsischen Landtag aus, wohingegen eine protestantisch-konservative Partei, der Christlich-Soziale Volksdienst (CSVD), mit zwei Abgeordneten den Einzug schaffte. Die KPD gewann mit 13 Stimmen ein Mandat hinzu, während die SPD mit 32 Plätzen über einen Parlamentarier weniger verfügte. Die liberalen Parteien verloren sämtlich an Zustimmung, sodass die DDP drei statt vier, die VRP zwei statt drei und die DVP acht statt 13 Abgeordnete stellte. Auch die konservativen Parteien büßten Mandate ein. Die WP stellte zehn statt elf und die DNVP fünf statt acht Parlamentarier. Der größte Wahlgewinner war die NSDAP, die sich von fünf auf 14 Stimmen fast verdreifachte.[55] Zu einer Koalition, die eine Regierung hätte tragen können, war dieses Parlament nicht in der Lage. Die SPD verstand sich jedoch dazu, die geschäftsführende Regierung zu tolerieren und gemeinsam mit der DDP, VRP und einigen DVP-Abgeordneten die NSDAP von einer Regierungsbeteiligung sowie vom Landtagspräsidium auszuschließen. Diese „stillschweigende große Koalition" (Janosch Pastewka) hielt bis 1933.[56]

Im Januar und Februar 1933 eskalierte auch in Sachsen die Gewalt auf den Straßen. Die Mehrheit der Landtagsabgeordneten setzte einen Untersuchungsausschuss durch, der die nationalsozialistische Unterwanderung der Polizei und Justiz eindämmen sollte. Am 8. März 1933 umstellten dann SA-Trupps das Dresdner Ständehaus, jagten den Abgeordneten Emil Fischer, der kurze Zeit zuvor aus der NSDAP ausgetreten war, durch das Gebäude und schlugen ihn brutal zusammen. Anschließend trieben die Trupps die SPD-Fraktion über das Vestibül aus dem Landtag. Die Abgeordneten mussten durch ein Spalier von etwa 30 SA-Männern fliehen, die mit Schulterriemen auf die Köpfe der Abgeordneten hieben. Dem Fraktionsmitglied Karl Gerlach wurde der Schädel eingeschlagen. Er blieb vor dem Haupteingang in einer Blutlache liegen. Auch der Fraktionsvorsitzende der SPD-Fraktion, Karl Böchel, wurde krankenhausreif geschlagen. Ein Redakteur der „Sächsisch-Böhmischen Korrespondenz", Dr. Otto Bandmann, wurde auf der Treppe des Ständehauses von einem SA-Trupp mit der Waffe bedroht, aufgrund seiner jüdischen Wurzeln heftig beleidigt, drangsaliert und gewürgt.[57]

Die letzte Sitzung des demokratisch gewählten sächsischen Landtags hatte vor dem Überfall der SA am 21. Februar 1933 stattgefunden. Das Parlament wurde aber nicht sogleich abgeschafft, sondern kam noch zu drei weiteren Sitzungen zusammen. Dieser 6. Landtag wurde allerdings anhand der Stimmverteilung bei der Reichstagswahl vom 5. März 1933 ernannt. Das sicherte der NSDAP die Stimmenmehrheit, zumal KPD-Abgeordnete nicht mehr zugelassen waren. Dieses Parlament verzichtete darauf, Gesetze zu genehmigen und räumte der Regierung ein, selbstständig Recht zu schaffen. Die letzte Sitzung dieses sächsischen Landtags fand am 22. August 1933 statt.[58]

1946–1952: Die SBZ/DDR

Die Sowjetische Militäradministration (SMA) ließ bereits im Juni 1945 und damit erstaunlich früh Parteien (KPD, SPD, LDP und CDU) zu, weil sie diese für besser kontrollierbar hielt als die bereits relativ eigenmächtig agierenden Antifa-Komitees. Die Besatzungsmacht entsprach damit zugleich einer Erwartung der deutschen Bevölkerung und eröffnete sich eine Option, über die Parteien gesamtdeutsch Einfluss zu nehmen. Auch die KPD sprach sich 1945 dagegen aus, ein Sowjetsystem einzurichten. Sie wollte allerdings eine Führungsrolle unter den Parteien einnehmen. Die SPD setzte bei ihrer Neugründung auf Tradition und eine Zusammenarbeit der beiden Arbeiterparteien. LDP und CDU betonten den Bruch zu den liberalen und konservativen Parteien der Weimarer Republik, die dem Ermächtigungsgesetz zugestimmt hatten.[59]

Bei dieser Ausgangslage war es wenig erstaunlich, dass sich die zugelassenen Parteien rasch auf der Ebene der sowjetischen Besatzungszone und auch in den bereits im Sommer 1945 gegründeten Ländern zu einer Kooperation gegen die nationalsozialistische Weltsicht zusammenschlossen. Die Initiative zur Bildung eines Parteien-Blocks ging von der KPD aus. Sie griff damit auf den Volksfront-Gedanken der Weimarer Republik zurück, der während des Zweiten Weltkriegs auch unter den Exil-Kommunisten in Moskau als Konzept für die Nachkriegszeit weiterentwickelt worden war. Demnach sollten alle Organisationen, Gruppen und Personen, die an einer Demokratisierung Deutschlands mitwirken wollten, unter der führenden Rolle der Arbeiterklasse gemeinsam gegen die Faschisten Stellung beziehen. Die SMAD griff dieses Konzept auf, weil sie glaubte, die gesellschaftlichen Potenziale mittels der von ihr so genannten „bürgerlichen Parteien" einbinden zu können. Aus der Sicht der konservativen und liberalen Parteivorsitzenden eröffnete die Mitarbeit im Block ihnen ein Agitationsfeld. Als Reaktion auf innerparteiliche Kritik erwiderten sie in der Folge, selbst Mitbegründer des Blocks gewesen zu sein. Alle Parteivorsitzenden des sächsischen Blocks sahen in diesem Zusammenschluss eine Mittlerfunktion zwischen Verwaltung und Bevölkerung. Ohne dass eine Weisungsbefugnis des Blocks gegenüber der Exekutive bestanden hätte, entwickelten sich dennoch rasch Verfahren der Konsensfindung. Die Verwaltung ging dazu über, auch intern nur einstimmige Beschlüsse zu fassen, sodass die neue Verzahnung von Parteien und Exekutive die „Blockpolitik" zu einem übergeordneten Ideal werden ließ.[60]

Die Beratende Versammlung, die im Frühjahr 1946 dem sächsischen Landtag voranging, trat nur einmal zusammen und erwies sich eher als eine Werbeveranstaltung für den bevorstehenden Volksentscheid über die Enteignung von Großgrundbesitzern und die Gemeinderatswahlen, als dass sie die Funktion eines Vorparlaments ausübte. In der Wahrnehmung der Akteure erschien die Beratende Versammlung als ein erweiterter Parteien-Block, der vorab schon die Entscheidungen vorbereitet hatte.[61] Dass in der Sowjetischen Besatzungszone überhaupt Landtage eingerichtet wurden, entsprach nicht der Planung

Abb. 26: Das ausgebombte Dresdner Ständehaus, Zustand 1948

der deutschen Exilkommunisten in Moskau. Sie hatten auf eine Nationalversammlung gesetzt. Da die USA in ihrer Besatzungszone aber bereits im September 1945 Vorbereitungen traf, um Landesparlamente einzurichten, geriet die SMAD unter Zugzwang. Moskau stimmte einem Kurswechsel erst im Frühjahr 1946 zu, sodass in Sachsen Landtagswahlen im Herbst dieses Jahres stattfinden konnten. Die inzwischen gegründete SED agitierte im Wahlkampf mit einer Spitze gegen die westlichen Besatzungszonen. Sie war der Ansicht, es gelte einen neuen Weg der Demokratisierung zu gehen.[62]

Die Ausgangslage

Als am 20. Oktober 1945 der sächsische Landtag gewählt wurde, führte das zu mehr Eigenverantwortung der deutschen Politik. Zugleich aber legitimierte die Wahl die Besatzungsmacht gegenüber den Einwohnern Sachsens sowie der gesamten SBZ und gegenüber den Westalliierten. Da der Wahlmodus weithin an die Regularien der Weimarer Republik angelehnt war, entfaltete dieser Rückgriff auf eine parlamentarische Tradition eine sinnstiftende Wirkung. Allerdings drang dies nicht in die aktuellen Debatten des Wahlkampfs vor, sondern beschränkte sich auf Regulative wie die Wahlordnung, die geheime Stimmabgabe für eine von sechs konkurrierenden Gruppierungen und den Modus der allgemeinen Wahl. Nur wenigen, die durch ihre nationalsozialistische Vergangenheit belastet waren, wurde das Recht zu wählen verwehrt. Im politischen Diskurs herrschten bei allen konkurrierenden Parteien Innovationserzählungen vor. Die SED agitierte mit dem Narrativ des Klassenkampfes, verzichtete aber auf Polemik gegen den „bürgerlichen Parlamentarismus", den die Kommunisten in der Weimarer Republik stets attackiert hatte. Dagegen plädierten die CDU und LDP für eine sachliche Umsetzung der Blockpolitik. Die Besatzungsmacht verteilte die materiellen Ressourcen für den Wahlkampf ungleich zugunsten der SED, behinderte Redner der aus ihrer Sicht bürgerlichen Parteien und sorgte am Wahltag durch Erinnern an die Stimmabgabe und Transport zum Wahllokal mittels sowjetischer Methoden für eine hohe Beteiligung an der Abstimmung. Trotz allem verfehlte die SED mit 49,1 Prozent und 59 Mandaten knapp die absolute Mehrheit der 120 Sitze. Deshalb konnte sie nur mit Hilfe der Vereinigung der gegenseitigen Bauernhilfe (VdgB), die 1,7 Prozent der Stimmen und zwei Sitze erhielt, sowie des Landesfrauenausschusses und des Kulturbundes (KB), die zusammen 1,2 Prozent errangen und einen Abgeordneten stellten, eine Mehrheit im Landtag reklamieren. Die LDP mit 24,7 Prozent (30 Mandate) und die CDU mit 23,2 Prozent (28 Mandate) waren jeweils etwa halb so stark wie die SED.[63]

Nach welchen Kriterien die Abgeordneten des sächsischen Landtags, der 1946 erstmals zusammentrat, von ihren Parteien ausgewählt wurden, verweist auf ein Legitimationskonzept für das Parlament. Alter, Geschlecht und Beruf erwiesen sich als Kriterien, die die Behauptung untermauern sollten, dass Landtage in der SBZ das Volk repräsentierten. Allerdings lag das Durchschnittsalter der Abgeordneten mit 51 Jahren nicht besonders niedrig. Dennoch verwiesen die Fraktionen auch auf ihre jungen Mitglieder. 33 von 120 Landtagsmitgliedern (5 CDU, 7 LDP, 21 SED) waren weiblich. Allerdings besetzten Männer alle wichtigen Funktionen in Fraktionen, Ausschüssen und im Präsidium. Die SED-Fraktion beanspruchte, aufgrund ihrer Berufsausbildungen dem Arbeitermilieu besonders nahe zu sein, während die LDP- und CDU-Fraktion die Identifikation mit bestimmten Berufsgruppen nicht herausstellten. Intern bekannte sich die CDU sogar zu einem Spektrum aus einem Mediziner sowie mehreren selbstständigen Unternehmern und (ehemaligen) Beamten. Hingegen spielte eine über das ganze Land verteilte regionale Kandidatur keine besondere Rolle, weil zum Beispiel die SED ihren Führungskader aus der Berliner Zentrale (Otto Grotewohl, Anton Ackermann, Hermann Matern etc.) im sächsischen Landtag eine Tribüne bieten wollte. Darüber hinaus war für alle Fraktionen Anreise und Unterbringung der Abgeordneten leichter zu bewerkstelligen, wenn diese ohnehin in Dresden oder Umgebung wohnten. Das traf für etwa ein Drittel des Parlaments zu.[64]

Die politische Sozialisation der Abgeordneten spielte ebenfalls eine Rolle. Neben Erfahrungen in den Parlamenten der Weimarer Republik, dem politischen Engagement nach 1945 und selbstverständlich der Parteizugehörigkeit erwies sich als besonders bedeutsam, zwischen 1933 und 1945 am Widerstand gegen die Nationalsozialisten teilgenommen zu haben. Die SED reklamierte auf dieser Basis ihre herausgehobene Stellung im Antifaschismus, während die LDP und CDU dieses Kriterium für sich nicht in vergleichbarer Weise in Anspruch nehmen konnten. Allerdings wurde die Forderung, keine ehemals in der NSDAP aktiven Personen zur Wahl in den sächsischen Landtag zuzulassen, nicht einheitlich gehandhabt, sodass auch zwei ehemalige Nationalsozialisten für die LDP und CDU Mandate erhielten. Die drei Mandatsträger der Vereinigung der gegenseitigen Bauernhilfe und des Kulturbundes standen der SED nahe und votierten von wenigen Ausnahmen abgesehen mit ihr gemeinsam.[65]

Während die CDU ihre Abgeordneten vorbereitete, indem sie sie auf der Basis von Erfahrungen aus der Weimarer Republik mit dem Regelwerk parlamentarischer Arbeit vertraut machte, suchte die LDP ihren Mandatsträgern eine inhaltliche Ausrichtung zu geben. Die SED verzichtete auf eine Unterweisung ihrer gewählten Landtagsmitglieder. Sie legte allerdings Mitte August 1946 einen Verfassungsentwurf vor, der sich grundlegend an Texten der Weimarer Republik orientierte, jedoch verlangte, dass die Volksvertretung die Entscheidungen für ein völlig souveränes Volk treffen sollte. Deshalb müsse es im Landtag ein starkes Präsidium geben.[66] Alle drei Parteien wollten an der bereits vor der Wahl eingerichteten Blockpolitik auch im Parlament festhalten. Dieses Miteinander markierte trotz unübersehbarer Rückbezüge einen Bruch mit der parlamentarischen Tradition der Weimarer Republik. Denn bis 1933 hatten Regierungskoalitionen und Oppositionsparteien im Plenum kontrovers debattiert. Aufgrund des Diskurses vor der Wahl zum Landtag lässt sich daher konstatieren, dass SED, LPD und CDU sowohl Kontinuitäten zur Weimarer Republik wahrten, als auch einen Neuanfang suchten. Zentraler Bezugspunkt war daher nicht der Antifaschismus, sondern die Zeit von 1918 bis 1933.[67]

De facto traten die Parteivorstände, die ohnehin schon im Block kooperierten, in das Präsidium des Landtags ein und übernahmen auch den Fraktionsvorsitz. Weil die SED zwei Vorsitzende hatte, übernahm Otto Buchwitz (ehemals SPD) den Posten des Landtagspräsidenten und Wilhelm Koenen (ehemals KPD) den des Fraktionsvorsitzenden. Der Landtag stimmte der Besetzung seines Präsidiums einstimmig zu. Auch der Ältestenrat und die insgesamt 15 Ausschüsse des Parlaments wurden im Konsens besetzt. Tagungsort wurde das Dresdner Soldatenheim, weil das Ständehaus an der Brühlschen Terrasse aufgrund von Kriegsschäden nicht zur Verfügung stand. Diese provisorische Unterbringung konnte bis zur Auflösung des sächsischen Landtags 1952 nicht verändert werden.[68]

Aus Abgeordneten, die durch Wahl mit gleicher Legitimation ausgestattet waren, formte die konstituierende Plenarsitzung vom 22. November 1946 eine hierarchisch geordnete Struktur. Bei der Landtagseröffnung legten zunächst Sinnstiftungen, etwa eine weiß-grüne Saaldekoration, nahe, gemeinsam für ein großes Ganzes tätig zu sein. Ein Alterspräsident, der nach dem politisch unbeeinflussbaren Kriterium des Lebensalters ausgesucht war, stand für die homogene Ausgangslage. Daraus entwickelte sich ein festes Arrangement, das die Rolle der Besatzungsmacht durch die Rede eines Offiziers, des Präsidiums durch die Übernahme der Sitzungsleitung und von Ordnungskonventionen, etwa das Verbot des Beifalls durch Händeklatschen, sichtbar machte bzw. einrichtete.[69]

Die zeitgenössischen Konzepte für ein Parlament, die sich aus der Tagungspraxis des sächsischen Landtags 1946 bis 1950 erkennen lassen, waren keineswegs deckungsgleich. Das Spannungsfeld reichte, wie im Folgenden gezeigt werden wird, in der ersten Wahlperiode von der Perspektive der Parlamentsverwaltung, über die Rolle, die die Landesverfassung von 1947 dem Landtag zuwies, über das Verhältnis zur Besatzungsmacht und die legitimierenden Rückbezüge zur Vergangenheit bis zur Blockpolitik, die als Gegenentwurf zum Weimarer Parlamentarismus konzipiert war.

In der Kanzlei des Parlaments waren die Verwaltungsaufgaben und die technischen Dienste zusammengefasst. Otto Buchwitz stand als Landtagspräsident auch der Kanzlei vor, deren Leitung Erich Dambowsky als Direktor ausübte. Er war bei Amtsantritt 31 Jahre alt, hatte eine Ausbildung zum Buchhalter absolviert und galt als politisch zuverlässig, weil er gegen die Nationalsozialisten Widerstand geleistet hatte und SED-Mitglied war. Das Personal der Kanzlei bestand nach dem Proporz der Parteien im Parlament zur Hälfte aus SED- und zu je einem Viertel aus LDP- und CDU-Mitgliedern. Offiziell gab es keine Personalkontinuität zur sächsischen Landtagsverwaltung der Weimarer Republik. Es wurden auch keine durch den Nationalsozialismus belasteten Personen eingestellt. Dambowsky bediente sich jedoch für die innerbehördliche Geschäftsverteilung und den Geschäftsverkehr der Erfahrungen des ehemaligen Direktors der Landtagskanzlei, Arthur Rudolph, der sogar Mitglied der SA gewesen war. Insgesamt gelang auf diese Weise eine effiziente und schlanke Verwaltung, die trotz ihrer Rückgriffe auf die Erfahrungen der Vergangenheit zur Selbstlegitimation hervorhob, die zur Verfügung gestellten Ressourcen sparsamer zu nutzen als die Verwaltung des sächsischen Landtags der Weimarer Republik.[70]

Seit 1946 gestalteten sich die Tagungsbedingungen des Landtags in vielen Bereichen schwierig. Schon die Einladungskarten an die Abgeordneten mussten mit Kurierdienst versandt werden, weil die Post als zu unsicher galt. Die Anreise mit überfüllten Zügen erwies sich als so problematisch, dass teils Omnibusse die Parlamentarier abholten, teils Fahrgemeinschaften gebildet wurden. Die Kantine des Landtags verfügte bis 1949 nur knapp über die erforderlichen Lebensmittel. Neben den Diäten waren für die Abgeordneten Sachleistungen wie Schuhe und Stoffe erforderlich, damit sie, wie Buchwitz formulierte, „dem Ansehen des Hauses entsprechend doch einigermaßen anständig gekleidet" aussahen.[71] Alle Parlamentsmitglieder erhielten auch ein Radio und Sonderkontingente an Gas, Strom, Heizmaterial und Kerzen, um ihrer Aufgabe angemessen nachgehen zu können. Erst 1949 erhöhte sich ihre Zuweisung an Nahrungsmitteln. Der provisorische Tagungsort im Soldatenheim an der Königsbrücker Straße in Dresden bot den Fraktionen nur so wenig Platz, dass bis 1948 der Umzug ins Ständehaus an der Brühlschen Terrasse geplant wurde. Als sich das als aussichtslos herausstellte, plante das Parlament einen Erweiterungsbau, musste sich aber mit einer Bürobaracke zufriedenge-

Abb. 27: Tagungsort des sächsischen Landtags 1946–1952. Ehemaliges Soldatenheim an der Königsbrücker Straße in Dresden (heutiges Goethe-Institut Dresden)

ben. Insgesamt herrschten im parlamentarischen Verwaltungsapparat unerwartet viele Bezüge zum Landtag der Weimarer Republik.[72]

Auch die Debatten des Verfassungsausschusses lassen eine Auseinandersetzung darüber erkennen, wie ein Parlament konzeptioniert sein sollte. Die Verfassung des Landes Sachsen wurde am 28. Februar 1947 in zweiter Lesung angenommen und trat am 15. März desselben Jahres in Kraft. Sie konzentrierte die staatliche Macht beim Landtag und machte sowohl die Regierung als auch das oberste Gericht dem Parlament gegenüber rechenschaftspflichtig. Auch über die Verfassungsgemäßheit von Gesetzen entschied laut Landesverfassung kein eigener Gerichtshof, sondern der Landtag selbst.[73]

Entscheidende Passagen der sächsischen Verfassung von 1947 basierten auf Kompromissen zwischen den Auffassungen der am Parteien-Block beteiligten Fraktionen. Da die SED und die LDP gemeinsam gegen eine Gewaltenteilung votierten, gab die CDU ihre Position, die Legislative, Exekutive und Jurisdiktion zu trennen, bereits am ersten Tag der Beratungen auf. Deshalb standen allein dem Landtag Kontrollkompetenzen zu. Dennoch versuchten die Christdemokraten, Rechte des Parlaments zu konkretisieren und sich damit einer beliebigen Ausweitung der Landtagszuständigkeiten entgegenzustellen. Bei der Verfassungsgerichtsbarkeit einigte man sich darauf, zwar keinen zuständigen Gerichtshof einzusetzen, weil SED und LDP dagegen waren, aber eine Überprüfung durch das Parlament selbst zu gestatten, um der CDU entgegenzukommen. Ähnlich wurde entschieden, wer die Justiz kontrollieren sollte. Diese

Frage war besonders virulent, da 80 Prozent der Richter und Staatsanwälte der NSDAP oder einer ihrer Organisationen angehört hatten. Aufgrund der Rolle, die die Justiz in der Weimarer Republik und erst recht im Nationalsozialismus gespielt hatte, waren sich SED, LDP und CDU einig, dass es möglich sein musste, einzelnen Richtern entgegenzutreten. Zudem übten 1946 in der SBZ vielfach sogenannte Volksrichter, die nur in Schnellkursen ausgebildet worden waren, die Rechtsprechung aus. Daher wurde ein Sonderdienststrafhof aus Landtagsmitgliedern etabliert, der aufgrund einer Disziplinarordnung gegen Richter ein Verfahren durchführen konnte. Auch die Regierung wurde nach den Intentionen der SED und LDP lediglich als ausführendes Organ der Volksvertretung in die Verfassung aufgenommen. Bemühungen der CDU, der Regierung klar definierte Kompetenzen zuzugestehen, blieben weithin vergebens. Lediglich das Begnadigungsrecht wies die Verfassung der Regierung zu. Um die starken Parlamentsrechte ausüben zu können, räumte sich der Landtag im Gegenzug eine ununterbrochene Tagungspermanenz ein. Insgesamt sollte die institutionelle Neujustierung die neue Ordnung gegen die Schwächen der Weimarer Republik sichern. Zugleich war den Parlamentariern klar, dass ihre Verfassungsgebung unter dem Vorbehalt der Besatzungsmacht stand, selbst Normen zu setzen. Trotzdem spiegelte die Verfassung die Vorstellungen der im sächsischen Landtag vertretenen Parteien wider, wie ein Parlament zu konzipieren sei, um es gegen rechtsradikale Angriffe zu sichern.[74]

Das Verhältnis des sächsischen Landesparlaments zur Besatzungsmacht zeigt ein weiteres zeitgenössisches Parlamentskonzept. Die Sowjetische Militäradministration (SMA) bot dem Landtag durch schriftliche Erlasse und weitere mündliche Normierungen eine Rechtfertigung seines Handelns, setzte dem Sinnhaushalt des Parlaments aber zugleich auch Schranken. Anträge, Anfragen und Gesetzentwürfe mussten, bevor sie den Abgeordneten vorgelegt werden durften, zuerst von der Propagandaabteilung der SMA bewilligt werden. Zwar lässt sich aus den überlieferten Quellen nicht erkennen, wie viele Parlamentsvorlagen die Besatzungsmacht verhinderte. Plausible Schätzungen machen wahrscheinlich, dass es in den Jahren 1946/47 allenfalls elf Prozent gewesen sein können. Das Gros betraf wirtschaftliche und soziale Missstände. So durften etwa Haushaltkürzungen, die die SMA vorgenommen hatte, in den parlamentarischen Beratungen nicht erwähnt werden. Nach solch einschlägigen Erfahrungen ist selbstverständlich mit einer Selbstzensur der Landtagsmitglieder zu kalkulieren. Andererseits schlug selbst die SED-Fraktion vor, eine Jugendamnestie praktisch umzusetzen, obwohl die Besatzungsmacht ein einschlägiges Gesetz verboten hatte. Problematisch blieben mündlich kommunizierte Wünsche der Sowjetischen Militäradministration, weil sie nicht von allen Fraktionen gleichermaßen als Vorgabe akzeptiert wurden. So weigerte sich die CDU, von der Überprüfung der Enteignungsverfahren abzusehen, weil dazu zunächst eine schriftliche Anweisung der Besatzungsmacht fehlte. Erst als diese das Sequestrationsverfahren für abgeschlossen erklärte, verzichtete die CDU auf das Kontrollrecht des Landtags.[75]

Letztlich beschreibt die von vielen Forschern vertretene Ansicht, der sächsische Landtag sei ein Scheinparlament gewesen,[76] weil er der Kontrolle der

SMA unterlegen habe, die historische Situation zu verkürzt. Denn den Abgeordneten war bewusst, dass ihre Handlungsmöglichkeiten im Ermessen der Besatzungsmacht lagen. Diese garantierte das Ordnungsarrangement und hielt konkurrierende Sinnsetzungen latent. Sie beschirmte den Status quo des Landtags gegen Bedrohungen. Die Parlamentsmitglieder luden diese nicht zu vermeidende Abhängigkeit ihres Handelns mit Sinn auf, indem sie die Besatzungsmacht mythisierten. Dass ein Landtag existieren konnte, wurde in diesem Verständnis als große Geste der Sowjetunion verstanden, die im Gegenzug die Parlamentarier verpflichtete, das in sie gesetzte Vertrauen zu rechtfertigen. Wer die Sowjetische Militäradministration hinterfragte, stellte sich folglich außerhalb der garantierten Ordnung. Das musste zumindest so lange gelten, wie der Besatzungsstatus fortbestand. Ein vertrauter Umgang mit der SMA konnte daher von Parlamentariern auch als Geste der Machtnähe genutzt werden. Gerade für die SED war dies allerdings zweischneidig, weil es ihr das Image zutrug, allzu willig die Anweisungen der Sowjetunion umzusetzen, die in der Bevölkerung wenig beliebt war.[77]

Kontinuität und Diskontinuität

Der Blick auf Raumstruktur, Sitzordnung, Aufgabenverteilung und Prozedere im sächsischen Landtag der Jahre 1946 bis 1950 offenbart, dass vieles wie selbstverständlich vom Vorgängerparlament der Weimarer Republik übernommen wurde. Althergebrachte parlamentarische Strukturen und Verfahren wurden teils als traditionsstiftend übernommen, teils aber auch als untauglich akzentuiert und aussortiert. Konzeptionell ist hier ein weiteres Spannungsfeld zu konstatieren. In den ersten 15 Sitzungen verzichtete der sächsische Landtag auf eine Geschäftsordnung und behalf sich mit den Erinnerungen altgedienter Parlamentarier. Der zuständige Ausschuss legte inzwischen einen Entwurf des Präsidiums beiseite und griff auf die Geschäftsordnung zurück, die bis 1933 gegolten hatte. Geschickt nutzten die Fraktionen dieses Instrumentarium bald darauf schon, um die Verabschiedung der Verfassung vertagen zu können, weil sie so einen Paragrafen über Enteignung ändern konnten. Auch rituell wusste sich der sächsische Landtag im Frühjahr 1947 geschickt in Szene zu setzen. Obwohl die Behörden der Besatzungsmacht und der Deutschen Zentralfinanzverwaltung in Berlin den Haushalt unabänderlich konzipiert hatten, ließ es sich das Parlament nicht nehmen, das Budget zu verabschieden. Das war keine Farce, sondern antizipierte für den Landtag durch eine Traditionskonstruktion die künftige Entscheidungskompetenz. Der Ritus entsprach einer Selbstlegitimation durch Verweis auf historische Vorbilder. Zwei Jahre später, im April 1949, konstatierte zumindest der SED-Abgeordnete Max Seydewitz, dass der Haushaltsausschuss des Landtags inzwischen einflussreich am Etat mitgewirkt habe.[78]

Ebenfalls mit Anknüpfung an die Geschichte bemühte sich der sächsische Landtag der SBZ/DDR, das Dresdner Ständehaus in Stand zu setzen, um es

Abb. 28: Das Präsidium des Sächsischen Landtags 1946

Abb. 29: Blick vom Präsidium in den Plenarsaal des Sächsischen Landtags, 1947

nutzen zu können. Als Hans Richter, ein Schüler von Paul Wallot, in einem Umgestaltungsentwurf vorschlug, die monarchischen Symbole an den Fassaden des Bauwerks zu entfernen, bestand die Baukommission des Landtags nicht darauf, sich von den Zeichen der Vergangenheit zu trennen, sondern gestand dem Gebäude seine Geltung für die Parlamentsgeschichte zu. Um die Traditionsbehauptung zu untermauern, wurden auch Gemälde, Teppiche und Einrichtungsgegenstände aus dem Ständehaus ins Soldatenheim gebracht. Die Ausstattung dieses provisorischen Tagungsortes mit Landesflagge, Sachsenwappen und Ölgemälden aus einer Zeit ohne Kriegszerstörungen verwies auf die Vergangenheit.[79]

Den vielen Anschlüssen an die Geschichte stand eine Erzählung der Diskontinuität gegenüber. Demnach hatten Fehler der Weimarer Republik es den Nationalsozialisten ermöglicht, ihr Regime zu errichten. Der Einzug der Roten Armee begründete in diesem Narrativ als Ursprungsmythos die neue Demokratie, die ihrerseits zur parlamentarischen Diskontinuität genötigt war, um nicht erneut dem Faschismus eine Chance zu bieten. Dieser Übergang wurde sowohl durch die Verfassung normativ gesichert, als auch narrativ in der Blockpolitik als Innovation parlamentarischer Arbeit aufgehoben. Als Zeichen für das Neue galt, sich bescheiden zu geben, statt in gewohnter Höhe Ausgaben zu tätigen, Sachlichkeit zu demonstrieren sowie darauf zu verweisen, dass in der Weimarer Republik nur ein unangemessenes Parteiengezänk geherrscht habe, und zu behaupten, in der SBZ habe das Volk Einfluss auf die Politik, während es zuvor nur als „Wahlmaschine" benutzt worden sei.

Mit dieser Erzählung wurde nicht zuletzt das Volk mythisiert und von Verstrickungen in den Nationalsozialismus freigesprochen. Die SED als zentraler Träger dieses Narrativs warf der LDP und der CDU ihr Festhalten am Parlamentarismus Weimarer Prägung vor. Seit dem Herbst 1949 übernahm auch die Besatzungsmacht diese Zuweisung an die aus ihrer Sicht bürgerlichen Parteien.[80]

Die Blockpolitik ließ ein weiteres Parlamentskonzept entstehen. Aus der Perspektive der Akteure betraf dies sowohl das Interagieren der Fraktionen im Landtag als auch des Parlaments mit der Regierung. Mehrere miteinander verwandte Narrative sicherten den durch alle Landtagsfraktionen akzeptierten Sinn dieser neuen Praxis ab. Eine dieser Mythologisierungen behauptete, man habe durch die Blockpolitik die Unordnung des Weimarer Parlamentarismus in eine neue konstruktive Ordnung überführt. Im Gegensatz zur Koalition von Fraktionen sei die Kooperation des Blocks das Neue, zugleich aber auch das Normale. Parallel dazu sah man sich auch im Dienst des Volkes und nicht als dessen Repräsentant. Dieses Prinzip mit regulativem Anspruch fasse die demokratisch-fortschrittlichen Kräfte zusammen und bändige die Reaktion. Der sächsische Landtag der SBZ/DDR beanspruchte daher letztlich nicht, durch Wahl legitimiert zu sein, sondern berief sich auf den Antifaschismus. Durch einen einheitlichen Volkswillen sollte schließlich auch das geteilte Deutschland wieder zusammengeführt werden. Diese drei Erzählungen galten als unhinterfragbar und standen nicht zur Disposition, um darüber zu diskutieren. Wer sie anzweifelte, stellte sich außerhalb der Gemeinschaft der Blockpolitik. Deshalb musste Max Seydewitz, als ihn die SED im Sommer 1947 zum Kandidaten für das Amt des Ministerpräsidenten machte, sich auch um die Zustimmung der beiden anderen Blockparteien LDP und CDU bemühen. Er hätte sonst die Kooperation des Blocks infrage gestellt. Auch die Verfassung konnte nicht als Werk ausschließlich der SED verstanden werden, und es war von hoher Bedeutung, dass sie als Blockidee im Landtag einstimmig angenommen wurde. Zugute kam der Blockpolitik, dass sie durch Uneindeutigkeiten unterschiedliche Auslegungsmöglichkeiten offenließ. Dadurch wurde sie für mehrere Positionen akzeptanzfähig. Solche Unterschiede im Verständnis lassen sich zum Beispiel für die Vergabe von Verwaltungsposten aufzeigen. Während die LDP eine Verteilung nach Parteienproporz für angemessen hielt, meinte die SED, aufgrund der Blockpolitik bestehe ja keine Gefahr, dass eine politische Partei ins Hintertreffen gerate, wenn vorwiegend SED-Mitglieder berufen würden.[81]

Innerhalb der drei Parteien musste die Blockpolitik jeweils gegenüber Kritik von Mitgliedern rechtfertigt werden. Während die SED argumentierte, es sei besser, die sogenannten bürgerlichen Parteien in die nach kommunistischer Lesart richtige Richtung zu führen, auch wenn das mit unbedeutenden Kompromissen erkauft werden müsse, sah die CDU in der allgemeinen Notlage ein Motiv für die Zusammenarbeit im Block. Die LDP wollte lieber auf die Politik einwirken, als ohne Einfluss abseits stehen. Im Parlamentsbetrieb bildeten sich zwei ungeschriebene Regeln der Blockpolitik aus, die nicht in der Geschäftsordnung verankert waren. Es galt als selbstverständlich, in Anträgen oder Anfragen keine Kritik an der Regierung zu üben. Das Präsidium nahm Anträge, die es für regierungskritisch hielt, von der Tagesordnung. Ab Januar 1948 kamen Anträge und Anfragen nur noch ins Plenum, wenn die Regierung dem Präsidium mitgeteilt hatte, diese seien realisierbar. Außerdem bestand im Landtag die Erwartung, dass Anträge in die Fachausschüsse verwiesen wurden, wenn nur eine Fraktion das wünschte. Aufgrund der Blockpolitik wurden während der ersten Wahlperiode (1946–1950) 56 von 67 Gesetzen ohne Gegenstimme und Enthaltung angenommen. Im Verlauf der Zeit wurden die nur mit Mehrheit und nicht einstimmig verabschiedeten Gesetze immer seltener. Denn die Einstimmigkeit entwickelte sich zu einem Indikator für das Funktionieren der Blockpolitik. Sie stand für den eindeutigen Gesamtwillen der drei Fraktionen. Einstimmigkeit symbolisierte für die SED, dass sie ihren Führungsanspruch umgesetzt hatte. Zugleich stabilisierte das gemeinsame Votum aber auch das Erfordernis, LDP und CDU mit einzubinden. Da das Parlament in der Tradition des sächsischen Landtags der Weimarer Republik stand, gewann der performative Akt der einheitlichen Stimmabgabe eine besondere Bedeutung. Denn er konnte als gelungene Homogenisierung des zuvor Heterogenen verstanden werden. Die Abgeordneten zeigten vor der Öffentlichkeit durch ihre eigene Person, dass eine unübersehbare Differenz zum Weimarer Parlamentarismus bestand. Dass dieses Zeichen durchaus mit innerer Ablehnung gegen den Ritus verbunden sein konnte, belegen Tagebucheintragungen Viktor Klemperers aus der Volkskammer.[82]

Auf Initiative der sowjetischen Militäradministration setzte sich die Blockarbeit auch nach der Wahl im Oktober 1946 fort. Erst nach einer Anlaufphase bildete sich eine Praxis heraus, nach der die Vertreter der Fraktionen und der Regierung gemeinsame Positionen aushandelten. Zwar ohne Rechtsverbindlichkeit und ohne Öffentlichkeit regulierte der Block den Sinnhaushalt des Landtags. Er war Beratungsgremium des Parlaments und Vermittlungsinstanz zur Besatzungsmacht. Anders als tradierte Vorregulierungsverfahren (interfraktionelle Aussprachen, parlamentarische Abende oder Hinterzimmergespräche) war der Block in der Wahrnehmung der Akteure mehr als nur informell. Er gehörte aus ihrer Perspektive zur Idee des einheitlichen Handelns im Landtag, das er als Institution absicherte. Erst wenn die Beschlüsse des Blocks im Landtag umgesetzt wurden, erlangten sie jeweils durch das parlamentarische Prozedere eine rituelle Qualität. In dieser Beziehung blieb der Block auf das Plenum des Parlaments angewiesen. Er nutzte auch Räume und Personalressourcen des Landtags und war daher nicht autark. Bis Anfang 1950 strukturierte die Blockpolitik das Handeln des Parlaments, determinierte es aber noch nicht. Denn bei grundsätzlichen Differenzen zu Themen wie der Personalpolitik in der Verwaltung, der Wirtschaftsplanung oder den Enteignungen, der Todesstrafe oder dem Schwangerschaftsabbruch blieben Abstimmungen möglich, in denen die sogenannten bürgerlichen Fraktionen oder einzelne LDP- bzw. CDU-Abgeordnete anders als die Mehrheit votierten. Es war auch üblich, dass Landtagsmitglieder Abstimmungen fernblieben, um das Bild der Einheitlichkeit nicht zu stören. Daher handelte es sich um eine „Aufführung von Einheitlichkeit" (Edith Schriefl), die zwischen den Landtagsfraktionen untereinander sowie zwischen Parlament und Regierung arrangiert war. Der Sinn dieser Harmonisierung lag nach Ansicht der Akteure in einem Gegenkonzept zum Parlamentarismus der Weimarer Republik, der sich ihrer Auffassung nach gegenüber dem Nationalsozialismus als nicht stark genug erwiesen habe.[83]

Charakterwandel

Um die Jahreswende 1947/48 entschloss sich die Besatzungsmacht, die politischen Strukturen der SBZ mehr den Machtverhältnissen in der Sowjetunion anzupassen. Infolgedessen setzte auch eine Verschiebung der Kompetenzen ein, die dem sächsischen Landtag zugebilligt wurden. Die SED war im Rahmen dieses Prozesses bereit, andere Parteien und gesellschaftliche Gruppen von der Macht auszuschließen, um den Übergang zum Sozialismus einzuleiten. Dazu wandelte sich die Sozialistische Einheitspartei Deutschlands auch selbst. Sie verlangte intern mehr Disziplin und beanspruchte nach außen deutlicher ihren Führungsanspruch. Als die Sowjetische Militäradministration im Frühjahr 1948 der Deutschen Wirtschaftskommission (DWK) die Kompetenz zusprach, Verfügungen und Instruktionen für die gesamte Ostzone zu erlassen, die den Gesetzen der Länder übergeordnet waren, wertete das die Rolle der Landtage grundlegend ab.[84]

Die Parteien des sächsischen Landtags stellten sich unterschiedlich zu dieser Entwicklung. Die SED betonte die Vorteile der Zentralisierung, deklarierte aber zugleich, dass den Parlamenten der Länder noch ein hinreichend großer Tätigkeitsbereich verbleibe. LDP und CDU kritisierten die Kompetenzerweiterung der DWK, weil deren Beschlüsse nicht parlamentarisch-demokratisch legitimiert seien. Zudem besäßen SED-Mitglieder ein deutliches Übergewicht in der Wirtschaftskommission. Die Kritik in den Gremien und im Plenum des Landtags fiel deutlich gemäßigter aus. Man stellte die Machtverschiebung nicht grundsätzlich infrage, weil die Macht, die der DWK zuwuchs, von der Besatzungsmacht abgetreten wurde. Auf eigene Initiative gab die Besatzungsmacht Befugnisse an eine deutsche Behörde ab. Nachdem im Herbst 1949 die Wirtschaftskommission in neue staatliche Strukturen überführt worden war und die Volkskammer ihre Tätigkeit aufgenommen hatte, glaubten auch LDP- und CDU-Politiker, sich nicht mehr vor einem autoritären Regiment sorgen zu müssen, da jetzt eine parlamentarische Kontrolle auf zentralstaatlicher Ebene eingerichtet worden sei.[85]

Parallel zum Entstehungsprozess der DDR fand im Sommer 1949 eine Debatte statt, ob es sinnvoll und rechtlich möglich sei, die erste Wahlperiode der SBZ-Landtage zu verlängern, um gleichzeitig auf Gemeinde-, Landes- und Zentralebene wählen zu können. Während die CDU sich im Zentralen Block in Berlin wie auch im sächsischen Landtag bemühte, fristgerecht ein neues Landesparlament wählen zu lassen, votierten SED und LDP dafür, erst 1950 mit einer gleichzeitigen Wahl die Zustimmung zur DDR sichtbar zu machen. Für die Öffentlichkeit wurde durch die hinausgeschobene Landtagswahl der Block-Mythos vom Zusammenhalt über weltanschauliche Gegensätze hinweg fortgeschrieben. Der sächsische Landtag verabschiedete den Antrag der Blockparteien, die Legislaturperiode zu verlängern, nur deshalb einstimmig, weil acht von 28 CDU-Abgeordneten den Plenarsaal zuvor verlassen hatten, um ein geschlossenes Votum zustande kommen zu lassen.[86]

Aufgrund der Machtverschiebung von den Ländern der SBZ zur Zentrale der entstehenden DDR verließen einflussreiche Politiker den sächsischen Landtag. Die Gesetzgebungskompetenz verschob sich ebenfalls weithin auf die DWK und anschließend auf die Volkskammer. Daher wies die SED den Landesparlamenten die Rolle zu, weniger legislativ tätig zu sein und stattdessen die Umsetzung der Gesetze zu kontrollieren. Initiativen der LDP und der CDU, die Gesetzgebungsfunktion der Landtage beizubehalten, hatten kaum Erfolg. Stattdessen wurden Landesparlamentarier zunehmend in neue Aufgabengebiete eingebunden. Sie gehörten Verwaltungsräten der Versicherungsanstalt oder den Dresdner Bühnen an, unternahmen als Sonderbeauftrage für die Landwirtschaft Kontrollfahrten auf's Land oder beteiligten sich am sächsischen Steuergericht. Zudem gestattete der zentrale Block Vertretern der Demokratischen Bauernpartei Deutschlands (DBD) und der Nationaldemokratischen Partei Deutschlands (NDPD), an Plenar- und Ausschusssitzungen des sächsischen Landtags teilzunehmen, ohne dass diese Personen als Abgeordnete gewählt worden waren.[87]

Den Wandel innerhalb des Personenkreises, aus dem sich der Landtag zusammensetzte, lässt sich in vier Abschnitte unterteilen. Während der ersten Wahlperiode (1946–1950) wurden 53 von 120 Mandatsträgern ausgetauscht.

Der Wahlprüfungsausschuss entzog nur zwei Abgeordneten ihren Landtagssitz. Innerhalb der Fraktionen gaben bei der SED zwölf Parlamentarier wegen Arbeitsüberlastung ihr Mandat auf. Bei CDU und LDP schieden hingegen insgesamt 17 Fraktionsmitglieder aus eher politischen Gründen aus. Sie wurden als „Abweichler" oder „feindliche Elemente" aussortiert. Denn nach Gründung der DDR trieb die SED eine Engführung der Blockidee voran, der sich auch die von ihr so genannten bürgerlichen Parteien fügen mussten. Innerhalb der SED traf diese „Säuberung" vor allem ehemalige Sozialdemokraten, die in Verdacht gerieten, mit der bundesrepublikanischen SPD zu sympathisieren. Obwohl sowohl die LDP als auch die CDU von ihren Funktions- und Mandatsträgern Zustimmungserklärungen zum Ausgrenzungskurs des Parteienblocks einholten, initiierte die SED eine öffentliche Kampagne gegen deren Abgeordnete, die sie für „reaktionär" hielt. Das prominenteste Opfer dieser Diffamierung war Hugo Hickmann, der stellvertretende Vorsitzende der Ost-CDU und Vizepräsident des sächsischen Landtags. Nachdem Hickmann unter dem Druck von Presse, Demonstrationen und Besatzungsmacht seine Ämter niedergelegt hatte, übernahmen die neue CDU-Führung und die Spitzenfunktionäre der LDP es selbst, unliebsame Parteimitglieder auszusortieren. Elf Mitglieder der CDU und sechs der LDP-Fraktion mussten noch vor der Wahl des Jahres 1950 ihr Landtagsmandat aufgeben. Dem Plenum wurde das Ausscheiden dieser Parlamentarier lediglich mitgeteilt, ohne dass Gründe genannt wurden.[88]

Als die Parteien und Massenorganisationen der DDR im Frühjahr 1950 beschlossen, zur Wahl im Herbst ohne Wahlkampf anzutreten und eine Einheitsliste aufzustellen, verursachte diese Intensivierung der Blockpolitik weitere „Säuberungen" in den Parteien. Der Demokratische Block in Berlin legte fest, dass von 120 Sitzen im sächsischen Landtag 27 an die SED, 18 an die CDU, 17 an die LDP, je neun an die NDPD und den DBD sowie 40 an die Massenorganisationen gehen sollten. Da 32 Mandatsträger der nicht den Parteien zugesprochenen Sitze SED-Mitglieder waren, verfügte diese Partei über 59 Parlamentarier. Durch ein Abstimmungsverfahren zwischen Parteien und Massenorganisationen, Landesblock und zentralem Block kam eine Auswahl von Kandidaten zustande, von denen lediglich 27 bereits dem sächsischen Landtag der vorangegangenen Wahlperiode angehört hatten. Die Parlamentarier der zweiten Legislaturperiode waren daher nicht, wie es herkömmlich üblich war, politisch sozialisierte und professionalisierte Mandatsträger. Stattdessen bildeten sie die Alterskohorten der Gesellschaft besser ab als der Landtag der Jahre 1946 bis 1950, hatten einen höheren Frauenanteil, entstammten vielfach den Berufsgruppen der Arbeiter, Bauern und Angestellten, repräsentierten Leistungsträger der Gesellschaft, bekannten sich uneingeschränkt zur DDR und waren wegen ihrer Gesinnung von der Staatssicherheit überprüft worden. So strikt entnazifiziert wie der erste sächsische Nachkriegslandtag war dessen Nachfolger nicht. Denn die ehemalige Mitgliedschaft in einer NS-Organisation schloss nicht mehr automatisch das passive Wahlrecht aus. Am 15. Oktober 1950 bestand der Wahlakt der Bevölkerung nur darin, die Liste in eine Urne zu werfen. Lediglich zerrissene Zettel oder solche, auf denen alle Kandidatennamen durchgestrichen waren, wurden als Gegenstimmen gezählt. Auf diese

Weise kam eine Akzeptanz der Einheitsliste von 99,8 Prozent zustande. Die Einheitlichkeit, die bislang das Plenum des Parlaments praktiziert hatte, übertrug sich fiktiv auf eine „fast vollständige Versammlung des ‚Volkes'" (Edith Schriefl), ohne dass reale Entscheidungsmöglichkeiten zur Disposition gestanden hätten. Die Wahl war eine prädisponierte Demonstration harmonisierter Einmütigkeit. So unübersehbar diese Zeichenhaftigkeit wirkt, bleibt doch die Dekodierung des Signals offen. Zeitgenössisch waren die parlamentarischen Akteure nach den vorangegangenen „Säuberungen" kaum zu freien Meinungsäußerungen in der Lage. Die Unerfahrenheit vieler neu installierter Abgeordneter mit parlamentarischer Arbeit kam noch hinzu.[89]

In der zweiten Wahlperiode gab es bei allen Abstimmungen des sächsischen Landtags nur eine einzige Enthaltung. Alle anderen Beschlüsse wurden einstimmig gefasst. Die Abgeordneten sahen sich nicht dafür zuständig, Dissens durch kontroverse Positionen sichtbar zu machen. Da auch kaum noch Parlamentarier dem Haus angehörten, die bereits während der Weimarer Republik ein Mandat innegehabt hatten, verlor die Erzählung vom Bruch mit der Vergangenheit an Überzeugungskraft. Denn Einstimmigkeit musste nicht mehr wie in der ersten Wahlperiode hergestellt werden, sondern war ohnehin vorhanden. An die Stelle des bisher legitimierenden Narrativs traten zwei neue Mythen: Seit 1950 sei der scharfe Antagonismus der ersten Legislaturperiode überwunden worden. Außerdem stehe man in Abgrenzung zu westdeutschen Parlamenten, weil diese die Fehler von Weimar fortsetzten, entlang weltanschaulicher Ansichten gegeneinander zu debattieren, statt zusammenzuarbeiten. Einheitlichkeit wurde daher im sächsischen Landtag der DDR nun durch Selbstvergewisserung im Gegensatz zur Bundesrepublik als sinnstiftend gesetzt. Noch mehr als in der ersten waren in der zweiten Wahlperiode die Abläufe des Landtags von außen gesteuert, weil die Abteilung Staatliche Verwaltung im SED-Landesvorstand die Vorlagen für den Landes-Block erarbeitete, dieser sie dem Ältestenrat des Parlaments durchreichte und das Präsidium des Parlaments nicht mehr zusammentrat. Da das Plenum des Landtags seine legislativen Funktionen an die Volkskammer abgegeben hatte und die einzelnen Abgeordneten stattdessen die Umsetzung von Gesetzen kontrollierten, trat zunehmend die Politik der DDR an die Stelle sächsischer Landesangelegenheiten. Für diesen Referenzrahmen besaß ein Landesparlament nicht mehr die Funktion einer exklusiv zuständigen Bühne. Die Tätigkeiten des Landtags erlitten daher eine Sinnerosion. Neue Aufgabenzuweisungen an die Abgeordneten, wie Sprechstunden im Wahlkreis abzuhalten oder Wähleraufträge zu erfüllen, führten nicht zu funktionalem Handeln im Plenum, sondern eher zu Aktivitäten von Einzelnen, sodass auch der Sinn der Anwesenheitsversammlung erodierte. Die Funktion eines gesellschaftlichen Zentralorts ging verloren. Selbst der Landtagspräsident Otto Buchwitz erklärte das Parlament für weithin nutzlos.[90]

Weil sich die Sinnsetzung des Landtagsmandats gewandelt hatte und von den Parlamentariern des propagierten „neuen Typs" verlangt wurde, die Interessen der „werktätigen Bevölkerung" in den politischen Prozess einzubringen und vor allem außerhalb des Plenums zu agieren, um die Umsetzung von gemeinnützigen Gesetzen zu kontrollieren, wurde es immer unsinniger, die Abgeordneten zu versammeln. Das Ende des sächsischen Landtags am 25. Juli 1952 erschien deshalb den Beteiligten nicht als Untergang, sondern leitete in der Wahrnehmung der Akteure in eine Zuständigkeit von Dresdner, Leipziger und Chemnitzer Bezirkstagen über, die mit dem Innovationsanspruch auftraten, die Demokratie zu erweitern. Sachsen war sowohl auf Bezirks- auch auf Zentralstaatsebene als Bezugsrahmen des Handelns vollständig aus dem Fokus gerückt.[91]

1990–1994: Die Bundesrepublik Deutschland

Am 14. Oktober 1990, elf Tage, nachdem Sachsen durch die Deutsche Einheit Teil der Bundesrepublik Deutschland geworden war, und 38 Jahre, nachdem sich das sächsische Landesparlament der DDR aufgelöst hatte, wurde erneut ein Sächsischer Landtag gewählt.[92] Zuvor schon war am 3. Oktober 1990, dem Tag der Deutschen Einheit, auf der Albrechtsburg in Meißen der Freistaat Sachsen in einem Festakt wiedergegründet worden. Beide Ereignisse erklären sich nicht allein aus der allgemeinen deutschen Geschichte, sondern basieren auch auf landesspezifischen Entwicklungen in Sachsen.[93]

Vorgeschichte

Von besonderer Bedeutung für die Entstehungsgeschichte des Sächsischen Landtags erwiesen sich die Ereignisse in Dresden. Hier konstituierte sich am 15. Dezember 1989 aus sieben Vertretern basisdemokratischer Gruppen, fünf Delegierten der Blockparteien, einem Repräsentanten der Sorben sowie je zwei Vertretern der Wirtschaft und der Kirchen ein Runder Tisch für den Bezirk Dresden. Erich Iltgen, der spätere Landtagspräsident, gehörte dem Gremium für die katholische Kirche an und wurde dessen Moderator. In seinem Statut vom 11. Januar 1990 legte der Dresdner Runde Tisch sich darauf fest, „demokratische Strukturen zu schaffen".[94] Das erwies sich aber zunächst als schwierig, weil die alten Machthaber es den Protagonisten der Bürgerbewegung nicht leicht machten, sich einen Überblick über die Lage zu verschaffen. Währenddessen planten im Rat des Bezirkes bereits Arbeitsgruppen Beschlussvorlagen zur Länderneubildung und eine Geschäftsordnung für einen künftigen Landtag. Gegen diese Pläne stemmten sich die sächsischen Gruppierungen der DDR-Opposition, weil sie verhindern wollten, dass Funktionäre der SED und der Blockparteien ihre Machtposition über den politischen Systemwechsel hinweg aufrechterhalten konnten, indem DDR-Herrschaftsapparate mitsamt Personal in die Behörden der neuen Länder übernommen wurde. Zum Zeitpunkt, als diese Auseinandersetzung begann, war zwar die Mauer schon gefallen (9. November 1989), aber die Regierung Lothar de Maizière noch nicht durch die Volkskammerwahl vom 18. März 1990 ins Amt gekommen. Da zeitgleich eine Austrittswelle aus der SED einsetzte und auch in den Bezirkstagen der DDR sich die Mandatsniederlegungen häuften, gestattete der Ministerrat in Ostberlin den Bürgerbewegungen aus den Vertretern der Runden Tische, Personen in die Bezirksparlamente zu entsenden. Einfluss auf die Arbeitsgruppen des Bezirkstages Dresden erhielten die basisdemokratischen Gruppen dadurch aber nicht, wenn auch Iltgen in das Präsidium der Vertretungskörperschaft aufgenommen wurde.[95]

Aufgrund der bevorstehenden Volkskammerwahlen im März und der Kommunalwahlen im Mai 1990 entstanden erste Allianzen zwischen politischen Akteuren in Sachsen und westdeutschen Parteien. Wesentliche Protagonisten der sächsischen Bürgerbewegung traten der CDU bei.[96] Nachdem sich eine von den konservativen Parteien CDU, DSU (Deutsche Soziale Union) und DA (Demokratischer Aufbruch) getragene Regierung in der Volkskammer der DDR gebildet hatte, entschied sich der Runde Tisch des Bezirks Dresden, dennoch weiterhin zusammenzutreten und die Gründung des Landes Sachsen selbst in die Hand zu nehmen. Denn die neue Regierung beließ den Auftrag zur Länderbildung bei den Räten der Bezirke. Der Dresdner Runde Tisch konnte sich mit seiner Initiative gegen die bereits weit vorangetriebenen Pläne der Räte der Bezirke Leipzig, Dresden und Karl-Marx-Stadt/Chemnitz durchsetzen. Dazu beschloss der Runde Tisch Dresden Anfang Mai, einen „Vorparlamentarischen Ausschuß Land Sachsen" einzusetzen, der wiederum durch einen Landeskoordinierungsausschuss unter der Leitung von Arnold Vaatz von Dresden aus handeln sollte. Als Lothar de Maizière am 31. Mai 1990 die Bezirkstage abschaffte und Regierungsbevollmächtigte in den Bezirken einsetzte, fiel dieses neue Amt in Dresden an Siegfried Ballschuh, der schon CDU-Mitglied war, als seine Partei noch dem Antifaschistischen Block der DDR angehörte. Die Bürgerrechtler vertrauten Personen aus dem alten Machtapparat aber nicht. Deshalb wurde der schon installierte Koordinierungsausschuss an das Amt des Regierungsbevollmächtigten angebunden, Arnold Vaatz zu Ballschuhs Stellvertreter ernannt und mit umfangreichen Rechten ausgestattet. Am 12. Juli 1990 endeten die Runden Tische von Leipzig, Dresden und Chemnitz und konstituierten zugleich ein Sächsisches Forum, das unter der Leitung von Erich Iltgen die Arbeit des Koordinierungsausschusses an die Öffentlichkeit vermittelte.[97]

Trotz eines Volkskammerbeschlusses vom 22. Juli 1990, am 14. Oktober desselben Jahres die Länder Brandenburg, Mecklenburg-Vorpommern, Sachsen, Sachsen-Anhalt und Thüringen zu bilden, kam es dazu nicht mehr, weil die DDR bereits am 3. Oktober 1990 der Bundesrepublik Deutschland beigetreten war. Daher konstituierten sich die fünf neu zu gründenden Länder nach bundesrepublikanischem Recht und bauten auch ihre Verwaltungen auf dieser Basis auf. Zuvor hatte bereits Anfang September die frei gewählte Volkskammer beschlossen, dass weder Einrichtungen noch Personal der DDR-Regierung von den Ländern übernommen werden sollten. In Sachsen mussten allerdings der Apparat und das Personal der Räte der Bezirke von Dresden, Leipzig und Karl-Marx-Stadt/Chemnitz in die Regierungspräsidien überführt werden, weil der Koordinierungsausschuss nur so die Landesbildung durchführen konnte.[98]

Da der Freistaat Sachsen am 3. Oktober ins Leben trat, Wahlen zum Landtag aber erst am 14. Oktober stattfanden und sich das Parlament erst am 27. Oktober konstituierte, unterstand das neue Land für etwa drei Wochen der Bundesverwaltung und hatte während dieser kurzen Phase auch noch keine vom Volk gewählten Verfassungsorgane und keine Landesgesetze.[99]

Wahl und Konstituierung

Seit Juli 1990 wurden die Wahlen für die Parlamente der neuen Bundesländer vorbereitet. Am 5. September begann in Dresden eine Arbeitsgruppe damit, die erste Sitzung des Landtags zu planen. Neben den vielen Details wie dem Einladen von Ehrengästen, dem Ankauf von Blumen, dem Herstellen von Stimmzetteln, war auch eine Sitzordnung zu konzipieren und eine Geschäftsordnung zu entwerfen. Vor allem aber war kurz vor der Wahl noch nicht zufriedenstellend geklärt, welche Räumlichkeiten das Parlament zur Verfügung haben würde. Ein Saal für die Plenarsitzungen hatte sich im Haus der Kirche (Dreikönigskirche) gefunden. Dieses Kongresszentrum verfügte aber lediglich über 18 Räume, die nur zeitlich begrenzt nutzbar waren. Säle für Fraktionssitzungen und Büros für die Abgeordneten sowie für die Landtagsverwaltung wollte man in der ehemaligen SED-Bezirksleitung an der Devrientstraße 4 (dem Altbautrakt des heutigen Landtags) nutzen. Dort konnten aber Anfang Oktober 1990 nur sieben Büroräume bezogen werden, weil große Teile des Gebäudes nicht sofort kündbar vermietet waren.[100]

Bei der Wahl errang die CDU mit 53,8 Prozent der abgegebenen Stimmen 92 Mandate und besaß damit die absolute Mehrheit im Plenum. Mit 19,1 Prozent wurde die SPD zweistärkste Partei und stellte eine Fraktion mit 32 Abgeordneten. Die Linke Liste/PDS erreichte 10,2 Prozent und stellte 17 Landtagsmitglieder. Das Bündnis, das die Bürgerbewegungen und Oppositionsgruppen der DDR mit der westdeutschen Partei Die Grünen eingegangen waren, kam auf 5,6 Prozent und entsandte zehn Landtagsabgeordnete. Der FDP hatten 5,3 Prozent der Wähler ihre Stimme gegeben, sodass neun Mitglieder des Landtags zu den Liberalen gehörten.[101]

Die 160 Abgeordneten des Ersten Sächsischen Landtags waren in ihrer Mehrheit Quereinsteiger. Rund die Hälfte hatte erst nach dem politischen Umbruch eine Laufbahn in der Politik begonnen. Nur ein knappes Drittel brachte Erfahrungen aus bereits längerfristigem politischem Engagement mit. Aber auch Parlamentarier, die in der DDR schon ihre politische Laufbahn begonnen hatten, waren in dieser Zeit nicht in hochrangigen Partei- oder Staatsfunktionen gewesen. Professionalisiert hat sich das Gros der Landtagsabgeordneten innerhalb der ersten Wahlperiode. Die bedeutsamste Differenz, die der Sächsische Landtag der ersten Wahlperiode zu westdeutschen Landesparlamenten aufwies, lag bei den vorher ausgeübten Berufen seiner Mitglieder. Während in den Ländern der alten Bundesrepublik vor allem Juristen und Pädagogen Abgeordnetenmandate innehatten, gehörten dem Sächsischen Landtag zwischen 1990 und 1994 zu 33 Prozent (52 MdL) Ingenieure und zu 22 Prozent (35 MdL) Mathematiker und Naturwissenschaftler an.[102]

Am 27. Oktober 1990 konstituierte sich der Sächsische Landtag im Haus der Kirche. Damit übernahmen 160 Abgeordnete ihr Mandat, die nur wenig Erfahrungen mit der parlamentarischen Demokratie hatten.[103] Obwohl dementsprechend die erste Sitzung nicht nach eingespielten Routinen verlief, ließ sich die Arbeitsfähigkeit des Parlaments herstellen. Dem Alterspräsidenten,

Abb. 30: Plenum des Sächsischen Landtags in der Dresdner Dreikönigskirche

Heinz Böttrich, gelang es zwar nicht ohne Turbulenzen, eine vorläufige Geschäftsordnung verabschieden zu lassen. Auch das „Gesetz zur Herstellung der Arbeitsfähigkeit des Sächsischen Landtags" (s. g. Vorschaltgesetz), das als eine Art vorläufige Verfassung die Zuständigkeit des Landtags, der Abgeordneten, des Landtagspräsidenten und des Ministerpräsidenten regelte, war umstritten. Dennoch bekamen beide Vorlagen im Plenum eine Mehrheit. Zudem wurde Erich Iltgen, der für die CDU ein Direktmandat errungen hatte, zum Landtagspräsidenten gewählt. Kurt Biedenkopf erkor die CDU-Fraktion mit ihrer Stimmenmehrheit zum Ministerpräsidenten des Freistaates Sachsen. Noch in derselben Sitzung wurde Biedenkopf vom Landtagspräsidenten vereidigt. Er war zuvor in der eigenen Partei als Kompromisskandidat für dieses Amt erst nominiert worden, nachdem die Flügel (Reformer und ehemalige Blockpartei) programmatisch Personen aus den jeweiligen Parteigruppierungen hatten durchsetzen wollen. Daher schuf die konstituierende Sitzung des Sächsischen Landtags nicht ohne Komplikationen, aber letztlich doch eine rechtliche und personelle Grundlage, auf der im Freistaat Sachsen Legislative und Exekutive ihre Arbeit beginnen konnten.[104]

Mit der Aussprache über die Regierungserklärung vom 8. November 1990 begann im Landtag eine Debattenkultur, die die Parteipolitik in den Vordergrund rückte. Das Parlament hatte – anders als in späteren Wahlperioden und auch anders als zeitgleiche westdeutsche Landesparlamente – vorwiegend legislative Aufgaben. Zwischen 1990 und 1994 wurden 278 Gesetzentwürfe diskutiert und 189 angenommen. Seit der zweiten Wahlperiode steht im Sächsi-

Abb. 31: Rednertribüne und Präsidium des Sächsischen Landtags in der Dresdner Dreikönigskirche

schen Landtag die Kontrolle der Regierung und der ihr nachgeordneten Behörden im Vordergrund der parlamentarischen Arbeit.[105] Die Kompetenz eines Parlaments erschöpft sich daher ohnehin nicht allein in der Entscheidung über Gesetze. Der Aufgabe, ein demokratisches Bewusstsein als Sinnstiftung für das große Ganze zu befördern, ist der Sächsische Landtag nach dem Gesetzgebungsmarathon der ersten Wahlperiode und nach dem gleichzeitigen Bau eines Parlamentsgebäudes, das vielfach zeichenhaft aufgeladen ist, nur in geringem Maße nachgekommen.[106]

Gleich zu Beginn seines Zusammentretens unterzog der Sächsische Landtag auf Beschluss aller Fraktionen sämtliche Abgeordneten einer Prüfung, ob sie mit der Staatssicherheit der DDR zusammengearbeitet hatten. Der „Ausschuss zur Untersuchung von Amts- und Machtmißbrauch infolge der SED-Herrschaft" legte am 24. Oktober 1991 einen Bericht vor, in dem er 14 Abgeordneten des Sächsischen Landtags empfahl, ihr Mandat niederzulegen. Da die Linke Liste/PDS dem nicht folgte, sondern nach eigenen Kriterien entschied, wer im Parlament verbleiben sollte, schrieb die Mehrheit der Abgeordneten sowohl ins Abgeordneten- und Landtagswahlgesetz als auch in die Verfassung einen Paragrafen, dass bei Stasibelastung das Abgeordnetenmandat entzogen wird. Dass die Fokussierung auf die Stasi-Mitarbeit die Debatte über DDR-Unrecht auf einen zu geringen Kreis von Verantwortlichen verengte, betraf nicht nur den Sächsischen Landtag, sondern den gesamten öffentlichen Diskurs der 1990er Jahre.[107]

Wahlrecht, Tagungsmodus und Kompetenzen

Zu den besonderen Schwerpunkten der Gesetzgebung gehörte in der ersten Legislaturperiode die Verfassung des Freistaates Sachsen, die am 26. Mai 1992 verabschiedet und am folgenden Tag feierlich ausgefertigt wurde.[108] Die Landesverfassung reduzierte die im Sommer 1990 von der DDR-Volkskammer im Länderwahlgesetz vorgegebene Regelzahl der Abgeordneten von 160 auf 120 und verlängerte die Legislaturperiode von vier auf fünf Jahre, um die Landtagswahl von der Bundestagswahl zu entkoppeln.[109] Da die Wahlperiode eines sächsischen Landtags mit der ersten Sitzung seines Nachfolgers endet, gibt es keinen Zeitraum ohne gewählte Volksvertretung. Das Parlament wird daher nicht wie etwa noch im Kaiserreich zu einem bestimmten Zeitraum berufen und entlassen, sondern es tagt in Permanenz.[110] Der Sächsische Landtag konstituiert sich aus Abgeordneten, die einen Wahlkreis repräsentieren. Sie werden nach einem Verfahren gewählt, das die Persönlichkeitswahl mit den Grundsätzen der Verhältniswahl verbindet: 60 Abgeordnete erhalten ihr Mandat direkt in den Wahlkreisen, sofern sie dort die meisten Stimmen bekommen haben. Die andere Hälfte der Parlamentssitze wird nach Landeslisten vergeben. Allerdings werden nur Parteien berücksichtigt, auf deren Listen mehr als fünf Prozent der abgegebenen gültigen Stimmen entfallen sind, oder die mindestens in zwei Wahlkreisen ein Direktmandat gewonnen haben. Die Abgeordneten vertreten aber nicht nur die Interessen ihres jeweiligen Wahlkreises, sondern das ganze Volk.[111]

Deshalb legt die sächsische Verfassung fest, dass die Landtagsmitglieder aufgrund ihres freien Mandats weisungsunabhängig sind und keinem Fraktionszwang unterliegen.[112] Die Chancen, ohne die Unterstützung einer Partei ein Mandat zu erlangen, sind jedoch de facto gering. Da die Sächsische Verfassung dem Landtag gestattet, sich eine Geschäftsordnung zu geben und in dieser festzulegen, wie Abgeordnete sich zu Fraktionen zusammenschließen,[113] dokumentiert der Gesetzgeber ein Interesse, durch Zusammenschlüsse von Parlamentariern eine möglichst einheitliche politische Willensbildung zu erreichen. Den Parteien steht daher eine Fraktionsdisziplin zu. Es können Abgeordneten beispielsweise aus ihrer Fraktion ausgeschlossen oder aus einem Ausschuss zurückgerufen werden. Zu einem erheblichen Anteil küren und kontrollieren deshalb die Parteien bzw. deren Spitzenfunktionäre die einzelnen Mandatsträger.

Der zentrale Nutzen dieses Verfahrens liegt nicht allein in der Einheitlichkeit einer Parlamentsfraktion. Dem Einfluss der Parteien auf Parlamente ist es zu verdanken, dass ein wesentlich breiteres Spektrum der Bevölkerung Chancen auf eine politische Karriere hat, als wenn nur Personen, die ohnehin schon gesellschaftliche Bedeutung haben (Honoratiorenparlamentarier), zu Volksvertretern gewählt werden. Eine staatlich reglementierte Parteienfinanzierung gewährleistet, dass politische Gruppierungen von finanziellen Zuwendungen, die einflussreiche Gruppen der Gesellschaft aus Eigeninteresse geben, zumindest grundsätzlich unabhängig bleiben. Vor allem aber können Parteipolitiker in ihren programmatischen Positionen und in ihrer Politik wesentlich flexibler sein als Parlamentarier, die bereits durch eine auf anderem Gebiet erlangte gesellschaftliche Stellung profiliert sind. Denn die Führungskader einer Partei sind viel enger an politischen Erfolg gebunden als Honoratiorenparlamentarier. Politische Mandatsträger, die über eine Partei rekrutiert wurden, können sich deshalb gegenüber gesellschaftlichen Veränderungen leichter neu positionieren. Sie müssen es auch, um ihre eigene Stellung nicht zu gefährden.[114]

Gemäß der Verfassung nehmen die Abgeordneten des Sächsischen Landtags für den Souverän das Recht wahr, auf Vorschlag der Regierung oder auf eigene Initiative hin Gesetze zu erlassen. Sie wählen den Ministerpräsidenten, die Mitglieder des Verfassungsgerichtshofes und den Präsidenten des Rechnungshofes. Die Landtagsmitglieder kontrollieren auch die Exekutive und beraten über Angelegenheiten von öffentlichem Interesse. Damit befördern sie die politische Willensbildung.[115]

Das Parlament kann nicht mehr wie zur Zeit der Weimarer Republik einzelnen Ministern sein Misstrauen aussprechen. Dies ist nur gegenüber dem Ministerpräsidenten und damit implizit gegenüber der gesamten Regierung möglich. Ansonsten bestehen grundsätzlich die gängigen Kontrollrechte: Der Sächsische Landtag kann Anfragen an die Regierung richten und Untersuchungsausschüsse einsetzen. Dem Parlament gegenüber hat die Landesregierung eine Informationspflicht. Auch die parlamentarischen Kontrollrechte der Opposition sind in der Verfassung verankert. Die Abgeordneten überwachen zudem die geheimdienstlichen Ermittlungen.[116] Gesetzgebungskompetenzen besitzt der Sächsische Landtag für die Schulen und Hochschulen des Landes, die innere Sicherheit, die Medien, die Infrastruktur und die regionale Wirtschaftsförderung. Da der Freistaat Sachsen zur Bundesrepublik Deutschland und damit zur Europäischen Union gehört, wird der Gestaltungsspielraum des Landesparlaments in noch etwas höherem Maße eingeschränkt, als dies durch Sachsens Beitritt zum Norddeutschen Bund und später zum Deutschen Reich der Fall war. Bemerkenswert hoch zu veranschlagen war seit der ersten Wahlperiode auch das Übergewicht der Exekutive gegenüber dem Parlament.[117]

Die Tagungsmodalitäten des Sächsischen Landtags entsprechen heute mit mehrfacher Beratung im Plenum und Ausschusssitzungen, Sitzordnung und Rederecht nach Fraktionen den üblichen Standards in der Bundesrepublik Deutschland.[118] In der ersten Wahlperiode des Parlaments stand die Redezeit jedoch noch nicht in Proportion zur Fraktionsgröße. Nach dem Modell der Runden Tische konnten allen Fraktionen grundsätzlich die gleiche Zeit in Anspruch nehmen, ihre Ansicht vorzutragen.[119]

Symbole

Zu den symbolischen Besonderheiten der ersten Legislaturperiode nach 1990 gehörte die Sitzordnung der Fraktionen im Plenum. Denn sie entsprach nicht dem traditionellen Muster, nach dem sich die Parlamentarier aus der Sicht des Präsidenten einem Rechts-Mitte-Links-Bild zuordnen lassen. Anders als es im Bundestag und den westdeutschen Landesparlamenten üblich war, nahmen nicht die Freien Demokraten, sondern die CDU-Abgeordneten die Sitze rechts außen ein. Neben der FDP saßen die Abgeordneten der Linken Liste/PDS. Ihnen folgte die Fraktion von Bündnis 90/Die Grünen, und auf der linken Seite schloss die SPD das Spektrum ab. Auch auf dem linken Flügel entsprach die Sitzordnung daher nicht dem zu erwartenden Schema, nach dem die Linke Liste/PDS als politisch links von den Sozialdemokraten definiert ist. Im Bundestag saßen zeitgleich die Bündnisgrünen zwischen den Christdemokraten und der SPD und somit rechts von der PDS. Die sächsische Linke Liste/PDS war in der Mitte des Plenums platziert, weil die SPD den Anspruch erhob, das linke Spektrum abzudecken. Der Fraktionsvorsitzende der Sozialdemokraten, Karl-Heinz Kunkel, argumentierte 1990 im Präsidium des Landtags, links von der SPD gebe es keine Position mehr, die mit der Demokratie vereinbar sei. Die Linke Liste/PDS sah sich somit als unerwünschte Partei des linken Spektrums durch die Symbolik der Sitzordnung in die Mitte gedrängt, in die sie weder nach ihrer Selbstdefinition, noch der öffentlichen Wahrnehmung hingehört. Sie wurde durch diese Positionierung von den anderen Fraktionen des Landtags

Abb. 32: Plenarsaal des Landtagsneubaus

Abb. 33: Plenarsaal des Landtagsneubaus, Abgeordnetenbänke und Besuchertribüne

letztlich als nicht tolerabler Konkurrent stigmatisiert, den man lieber der DDR zuwies, als in das politische Spektrum der Bundesrepublik eingliederte.[120]

Der Bau eines neuen Landtags durch Erweiterung des zwischen 1928 und 1931 errichteten Landesfinanzamtes an der Devrientstraße führte auf mehreren Ebenen zu zeichenhaften Sinnstiftungen. Im Gegensatz zum Dresdner Landhaus, in dem Ritterschaft und Städte in unterschiedlich noblen Geschossen tagten, und anders als im Dresdner Ständehaus, in dem die Erste Kammer ihren Sitzungsaal hinter einer kunstreicheren Fassade hatte als die Zweite Kammer, verweist das heutige Landtagsgebäude nicht mehr auf soziale Rangunterschiede. Die gläsernen Wände des Foyers und des Plenarsaales symbolisieren eine Transparenz, die auch die Institution erreichen sollte. Eine von außen sichtbare kreisrunde Sitzordnung der Parlamentarier und der Regierung intendiert die Grundgemeinsamkeit aller politischen und administrativen Bestrebungen. Um Bürger einzuladen, das Landtagsgebäude zu betreten, reicht der grüne Steinfußboden des Eingangs bis auf den Vorplatz. Wie die während der ersten Wahlperiode im Parlament vertretenen Parteien, die sich das gestalterische Konzept des Architekten zu eigen machten und damit vielfach an die Tradition der bundesrepublikanischen Parlamentsneubauten anknüpften, präsentiert sich das Gebäude für möglichst alle Interessierten als offen. Es zeigt sich als allgemein zugängliches Gesprächsforum für die zentralen gesellschaftlichen Debatten.[121]

Routinen

Für die Abgeordneten, die Landtagsverwaltung und die Medienvertreter bedeutete der Umzug in das neu errichtete bzw. sanierte Parlamentsgebäude einen Übergang von einer Phase, in der häufig Improvisation erforderlich war, zu stabileren Routinen. Die Landtagsverwaltung hatte in den Räumen der Dreikönigskirche nicht untergebracht werden können. Daher konnte etwa der Plenardienst nur schwer garantieren, dass die Sitzungen reibungslos abliefen. Zeitgleich standen auch im heutigen Landtagsgebäude zunächst nur einige Büros für die Parlamentsverwaltung zur Verfügung, weil andere Nutzer dort noch eingemietet waren.[122] In der Erinnerung der Abgeordneten wird rückblickend positiv bewertet, dass in der ersten Wahlperiode parlamentarische Abläufe noch nicht professionalisiert waren. Vor dem Hintergrund inzwischen verfestigter Normalität wurde das Improvisierte zum Sehnsuchtsort. Die Routinen von Vorgängen und Verhaltensweisen übernahmen die fast ausschließlich ostdeutschen Mitglieder des Sächsischen Landtags von Westdeutschen, die ihre Erfahrungen aus Parlamenten der alten Bundesrepublik an sie weitergaben.[123] Eine besondere Atmosphäre und eine Aufbruchsstimmung der Jahre 1990 bis 1994 konstatierten auch Journalisten, die sich an ihre Beobachtung aus der Zeit erinnern, als der Sächsische Landtag im Haus der Kirche zusammentrat. Hintergrundgespräche und Kontaktaufnahmen zu den Abgeordneten gestalteten sich schon aufgrund der räumlichen Enge und der technischen Ausstattung weit weniger formalisiert als später im neuen Parlamentsgebäude.[124]

Quer zu den Professionen des Abgeordneten, Verwaltungsmitarbeiters und Journalisten nahmen Biografie und Herkunft der Akteure Einfluss auf die Parlamentskultur, die sich während der ersten Wahlperiode im Sächsischen Landtag herausbildete. Die große Gruppe mit technisch-naturwissenschaftlicher Ausbildung nimmt ihrer eigenen Erinnerung nach für sich in Anspruch, hochgradig sachorientiert gewesen zu sein. Sie sah sich westdeutschen Juristen in der Landtagsverwaltung, aber auch in den Leitungsebenen der Ministerien gegenüber, die formalisierte Zuständigkeiten der Parlamentsmitarbeiter und Routinen in den parlamentarischen Abläufen einforderten, wie sie in der Bundesrepublik Deutschland seit Langem etabliert waren. Da sich letztlich eine Parlamentskultur nach westdeutschem Muster etablierte, gewinnt in der rückblickenden Narration der Zeitzeugen mit ostdeutscher Biografie die Improvisationsphase vor dem Umzug in den Landtagsneubau einen besonderen Stellenwert. Dem Außergewöhnlichen der Anfangszeit wird in einer Art Gründungsmythos eine eigene Gestaltungsmöglichkeit der damaligen Akteure in einem höheren Maß zugerechnet, als es tatsächlich gelang, Demokratiekonzepte aus der Zeit der Friedlichen Revolution einzubringen.[125]

Andererseits vernachlässigt diese Sichtweise, welche schützende und legitimierende Kraft Routinen und definierte Zuständigkeiten für das Funktionieren parlamentarischer Demokratie besitzen, weil sie willkürlichen Entscheidungen entgegenstehen. Sinnfällig zu machen, dass die Nüchternheit politischen Handelns zum Nutzen des Ganzen dient, und zudem unter den Abgeordneten das Vertrauen für Kompromisse herzustellen, gehört neben den legislativen Kompetenzen und Kontrollfunktionen zu den zentralen Aufgaben von Parlamenten.

Exkurs: Dresdner Landhaus – Dresdner Ständehaus – Dresdner Landtag

Dresden ist in Deutschland der einzige Ort, der drei Parlamentsgebäude besitzt, die von Landtagen unterschiedlichen Typs errichtet wurden:[126] Das Landhaus (das heutige Stadtmuseum) erbaute im Auftrag der kursächsischen Ständeversammlung der Hofbaumeister Friedrich August Krubsacius. Dieses Gebäude im Stil des frühen Klassizismus wurde im Jahr 1775 fertiggestellt.[127] Als es für die wachsenden Anforderungen des Parlamentsbetriebes zu klein geworden war, entstand an der Brühlschen Terrasse das Dresdner Ständehaus. Es wurde von 1901 bis 1907 nach Plänen des Architekten Paul Wallot gebaut, der kurz zuvor den Berliner Reichstag entworfen hatte.[128] Dieser zweite Dresdner Parlamentsbau trägt den Namen „Ständehaus", weil für das konstitutionelle Parlament im Königreich Sachsen die frühneuzeitliche Bezeichnung „Ständeversammlung" beibehalten wurde. Wallots Gebäude diente dem sächsischen Landtag bis zum Ende der Weimarer Republik als Tagungsstätte. Als sich nach dem Zweiten Weltkrieg während der Jahre 1946 bis 1952 ein sächsisches Landesparlament in Dresden konstituierte, musste sich dieser Landtag wegen der Zerstörungen ein Quartier außerhalb des Stadtzentrums suchen. Er trat im ehemaligen Soldatenheim an der Königsbrücker Straße, dem heutigen Gebäude des Goethe-Instituts, zusammen. Nach der deutschen Einheit nutzte der Sächsische Landtag von 1990 bis 1993 für seine Zusammenkünfte die Dresdner Dreikönigskirche als Interimslösung. Noch am Ende der ersten Legislaturperiode hat das Parlament aber einen eigenen Gebäudekomplex bezogen. Der heutige Landtag besteht aus einem Altbauteil, der in den späten 20er Jahren des 20. Jahrhunderts entstanden ist, und aus einem Neubau, der 1994 eingeweiht wurde. Die Sanierung des Altbauteils dauerte bis 1997.[129]

Der überraschende Befund, dass ausgerechnet die 1945 zerstörte Dresdner Altstadt drei Landtagsgebäude aufweist, die auch noch von drei Parlamenten unterschiedlichen Typs gebaut wurden, eröffnet einzigartige Vergleichsmöglichkeiten, die sich etwa in Berlin oder Bonn so nicht ergeben.[130] Darüber hinaus bietet sich auch die Chance, bauliche Zeugnisse mit dem historischen Wandel der Institutionen zu korrelieren. Weil Parlamente zentrale Einrichtungen einer Gesellschaft sind, besitzt die Veränderung der Landtage auch Aussagekraft für Transformationen des gesamten Sozialwesens. Denn repräsentative Versammlungen tragen die Charakteristika ihrer Zeit an sich und verändern diese nur langsam. Immer ist der Wandel gut dokumentiert. Als Organisationen, die ihre grundlegenden Usancen nur durch Gesetzgebung – das heißt mit hohem Konsens – ändern, eignen sie sich deshalb besonders gut als Indikator für einen tiefgreifenden sozialen Wandel. Brisanz erhält dieser Befund dann, wenn man zugrunde legt, dass soziale Ordnungen wesentlich durch Selbstsymbolisierung stabilisiert werden. In den Einheiten der politischen Gesamtstruktur, in denen das kulturell geformte Selbstbildnis einer Gruppe geschaffen oder aufrechterhalten wird, finden zentrale Stabilisierungsleistungen einer Gesellschaft statt.[131]

Auch Architektur kann die Selbstbeschreibung von Personen und Organisationen verfestigen, die im Namen der Gesellschaft handeln. Die ästhetische Form eines Gebäudes dient dann dazu, historische Zufälligkeit und gesellschaftliche Komplexität auszudeuten und stabil zu halten. Auf diese Weise werden Vergemeinschaftungsprozesse visuell gespiegelt, sinnlich wahrnehmbar und instrumentalisiert, um für eine Ordnung Geltungsansprüche zu erheben. Demnach können die Dresdner Landtagsgebäude als architektonische Zeugnisse eines parlamentarischen Selbstverständnisses gelten, das sich kontinuieren möchte. Soweit Parlamente den Zustand der zeitgenössischen Gesellschaften abbilden, lassen sie sich zudem als Indikatoren für deren Eigenwahrnehmung heranziehen. Neben den Bauten reflektieren auch die formalen parlamentarischen Abläufe und die Positionierungen von Landtagsmitgliedern in Gebäudeteilen oder Sitzungssälen Vorstellungen einer Gesellschaft von sich selbst.

Aus diesem Inszenierungsrepertoire, das je nach Typus eines Parlaments unterschiedlich ausfällt, werden im Folgenden die Fassaden der Landtagsgebäude und die Positionierung der Tagungsräume im Gebäude analysiert. Als Voraussetzung, um die Formensprache zu verstehen, müssen zunächst jedoch die unterschiedlichen Typen von Parlamentariern erläutert werden, die im Laufe der letzten dreieinhalb Jahrhunderte sich zu sächsischen Landtagen konstituierten.

Überschaut man die Veränderungen der letzten 350 Jahre, saßen zunächst die Kerngruppen der gesellschaftlichen Führungsformationen im Landtag. Seit der Verfassung von 1831 konstituierten sich die beiden Kammern aus Vertretern immer differenzierter gefasster gesellschaftlicher Gruppen. Die Landtagsmitglieder waren nur zum Teil durch Wahl und zum Teil immer noch durch ihre soziale Stellung außerhalb des Parlaments legitimiert. Die Vorauswahl der Abgeordneten durch Parteien löste im 20. Jahrhundert das bis dahin erforderliche Herkunftsprofil vollständig ab. Damit wandelte sich die Bindung der Parlamentarier an die gesellschaftlichen Gruppen. Die Landtagsmitglieder waren zunächst eine Versammlung der wesentlichen Herrschaftsträger unterhalb des Fürsten. Dann wandelten sie sich zu einem Gremium von Männern, das verschieden definierte gesellschaftliche Gruppen repräsentierte und zu deren Führungsformation die jeweiligen Deputierten selbst gehörten. Seit der Weimarer Republik wurden die Parlamentarier*innen schließlich zu einer speziell sozialisierten Gruppe. Typischerweise sind sie heute durch ihre Parteien geformte Berufspolitiker und -politikerinnen.

Ein Blick auf die Fassaden der drei Dresdner Parlamentsbauten zeigt, dass symbolische Bezüge zwischen Institution und Bauwerk bestehen. Beim Landhaus aus dem Jahr 1775 unterscheiden sich die Stockwerke durch den Außenputz. Das Erdgeschoss und die zweite Etage sind durch Rustika als Unterbau gekennzeichnet. Hinter diesem „bäuerischen Werk", wie man zeitgenössisch diese Fassadengestaltung nannte, befanden sich die landständische Steuerkasse und das Archiv. Das dritte und vierte Obergeschoss ist dagegen mit ionischen Pilastern verziert. Auf diesen Ebenen tagten die Gremien der frühneuzeitlichen Ständeversammlung. Diese beiden edler geschmückten Etagen unterschieden sich noch einmal erheblich in der Raumhöhe. In den höheren

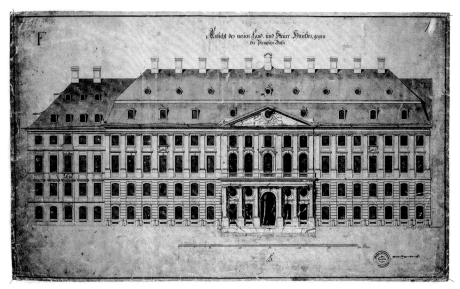

Abb. 34: Dresdner Land- und Steuerhaus, Fassade an der Pirnaischen Gasse – Ausführungsentwurf 1771, Friedrich August Krubsacius

und damit auch besser klimatisierten Räumen des dritten Obergeschosses traten die adligen Corpora zusammen, während die Vertreter der sächsischen Städte sich im vierten, weniger noblen Stockwerk trafen. Die Nutzung im Innern und die außen bezeichnete Würde der Bauteile entsprachen daher einander und bildeten gleichsam die soziale Hierarchie einer Ständegesellschaft ab.[132]

Das Dresdner Ständehaus vom Beginn des 20. Jahrhunderts beherbergte hinter seiner ausgeprägtesten Fassade zum Schlossplatz hin die Erste Kammer des konstitutionellen Landtags. Wie in Berlin ein Denkmal des Reichsgründers Bismarck in Uniform vor dem Haupteingang des Reichstages aufgestellt war, stand vor dem Hauptportal des Dresdner Ständehauses (bis in die 1940er Jahre) eine Reiterstatue des sächsischen Königs Albert in der Uniform des preußischen Feldmarschalls. Diese militärische Würde hatte Albert als Kronprinz im Jahr 1870 während des Deutsch-Französischen Krieges aufgrund eines Sieges bei St. Privat erlangt. In der Fassade hinter der Plastik des Heerführers und Herrschers ist der Mittelrisalit triumphbogenartig ausgebildet. Dieses Ensemble thematisiert den Mythos vom Deutschen Reich, das im Krieg gegen Frankreich erstritten wurde, und symbolisiert das Aufgehen Sachsens im Kaiserreich. Eine Bestätigung dieser Deutung liefern auch die beiden Türflügel des Hauptportals. Sie sind von Eichenlaub-Gehänge gerahmt und zeigen in je vier übereinanderliegenden Füllungen Eisenreliefs, die als umkränzte Burg oder Krone und Zepter geformt sind. Im Oberlicht des Portals befindet sich ein Eisengitter, das einen Reichsadler darstellt, der das sächsische Wappen umfasst. In der zeitgenössischen Ikonografie verwiesen Eichenlaub, Mauerkrone und Reichsadler auf das Deutsche Kaiserreich. Der Haupteingang zum Landtag symbolisiert daher ebenfalls die Einbindung des Königreichs Sachsen in das Deutsche Kaiserreich.¹³³

Das Portal selbst ist seitlich jeweils von zwei toskanischen Säulen eingefasst, über denen auf dem Architrav je eine überlebensgroße Sandsteinfigur steht. Diese Figuren vor dem Piano nobile des Gebäudes stehen für die Tugenden eines guten Parlaments (von links nach rechts): Weisheit, Gesetz, Gerechtigkeit und Standhaftigkeit. Der Architrav ist in der Mitte durchbrochen von einem Bogen über der Tür, der in einem Maskenstein endet. Der Stein am Scheitelpunkt des Bogens zeigt einen Frauenkopf im Eichenlaub und deutet demnach wiederum auf die Einbindung der Saxonia ins Deutsche Reich. Über dem durchbrochenen Architrav des triumphbogenartigen Hauptportals befindet sich ein rechteckiges Fenster, dessen Sturz mit einem antikisierenden Helm und einem dahinter querliegenden Schwert verziert ist. Ein „A" unterhalb des Helmes dürfte sich auf den Feldherrn Albert von Sachsen beziehen. Auf gleicher Höhe mit dem Helm sind außerhalb des Mittelrisalits jeweils über dem mittleren Fenster jedes Gebäudeflügels links ein „A" und rechts ein „G" für die Könige Albert und Georg angebracht. Diese Könige befehligten als Prinzen die sächsischen Truppen im Deutsch-französischen Krieg 1870/71.¹³⁴

Oberhalb des dritten Stockwerkes läuft der Mittelrisalit in einen Giebel aus, dessen Zentrum das Wappen des Königshauses zeigt. Es wird von zwei Löwen gehalten. Der Löwe ist nicht nur Sinnbild königlicher Macht, er war auch das Wappentier der Mark Meißen. Seitlich läuft der Giebel in zwei Figurengruppen aus, die auf der linken Seite die Landwirtschaft und auf der rechten die Wehrkraft versinnbildlichen. Für das seit der Mitte des 19. Jahrhunderts industrialisierte Sachsen verwundert die Hervorhebung der Landwirtschaft; ebenso wie die starke Betonung des Kriegerischen sich nicht recht mit dem Verlauf der

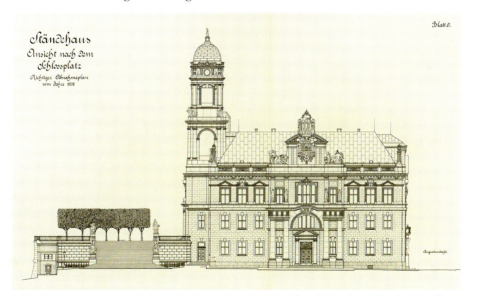

Abb. 35: Dresdner Ständehaus – Schlossplatzfassade, Abnahmeplan 1908, Paul Wallot

neuzeitlichen Geschichte Sachsens vereinbaren lässt. Allerdings hatte die sächsische Armee im Jahrzehnt vor dem Ersten Weltkrieg einen Umfang erlangt, wie sie ihn vor ihrem Anschluss an Preußens Militär bei weitem nicht besaß. Dennoch, beide Figurengruppen spiegeln eher eine romantische Reminiszenz der Zeit wider als die Realität. Über dem Wappen der Wettiner tragen drei nackte Knaben die sächsische Fahne. Die Jugend steht für die Zukunft des Landes.[135]

Das Figurenprogramm der Schlossplatzfassade des Ständehauses thematisiert Sachsen, seine tatsächlichen oder ihm zugewiesenen Eigenschaften, seine Verbindung zum Herrscherhaus und seine Einbindung ins Kaiserreich. Der hier propagierte Weg aus „Blut und Eisen", auf dem der König Albert sein Land in das Deutsche Reich führte, überdeckt, dass Sachsen 1866 nach der gemeinsam mit Österreich verlorenen Schlacht von Königgrätz dem von Preußen dominierten Norddeutschen Bund beitreten musste. Die Reichsgründung eignete sich besser zur historischen Identifikation mit dem deutsch-borussischen Kaiserreich als der nur fünf Jahre ältere Deutsch-Deutsche Krieg. Auch das Figurenprogramm des Berliner Reichstages bediente sich der Glorie von 1870/71. Die Ausrichtung des Gebäudes auf die Siegessäule und der in Uniform vorangestellte Bismarck deuteten ebenso auf die Entstehung des Kaiserreichs durch den Deutsch-Französischen Krieg hin wie das Wappen des Reiches im Zentralbereich des Giebels über dem Haupteingang, das von zwei Kriegern umrahmt wurde. Schließlich lässt sich das gesamte Bildprogramm des Reichstages als Zusammenströmen der deutschen Stämme verstehen. Die Schlossplatzfassade des Dresdner Ständehauses erscheint in diesem Kontext als Teil einer Gesamtkonzeption: König Albert zieht mit seinen Sachsen über das Schlachtfeld Frankreich ins Deutsche Reich.[136]

Hinter dieser zeichenhaften Fassade befanden sich die Räume der Ersten Kammer des Sächsischen Landtags. Gleichzeitig musste sich das Unterhaus des Parlaments mit der schlichten Rückseite des Gebäudes zur Brühlschen Gasse hin begnügen. Zudem rückte an der Elbfassade der Turm als Zeichen der Würde in den Gebäudeteil, in dem sich das Oberhaus befand, während sich vor dem Bereich, der die Zweite Kammer beherbergte, lediglich ein kleiner Risalit mit sächsischem Staatswappen befand. Obwohl die beiden Häuser des konstitutionellen Parlaments nicht mehr so eindeutig gesellschaftlichen Gruppen zuzuordnen waren, wie das noch bei der frühneuzeitliche Ständeversammlung möglich war, blieb ein Unterschied der Würde erhalten, der nicht zufällig war, sondern nach dem Willen der Parlamentarier mit der Pracht der Außenfassaden des Gebäudes korrespondierte.[137]

Demgegenüber verweist das heutige Landtagsgebäude nicht mehr auf soziale Rangunterschiede. Die Transparenz von Foyer und Plenarsaal verweisen auf die Relation der Repräsentanten zum Land und die Öffentlichkeit des parlamentarischen Geschehens. Durch die gläsernen Wände ist von außen die Sitzordnung erkennbar, durch die die Abgeordneten und die Regierung gemeinsam einen Kreis bilden. Das soll ein grundlegendes gemeinsames Bestreben im Plenarsaal einfordern. Der grüne Steinfußboden des Eingangs reicht bis auf den Vorplatz und zeigt damit an, dass der Besucher eingeladen ist, einzutreten.

Abb. 36: Dresdner Landtag, Wettbewerbsbeitrag 1991, Peter Kulka

Wie die Parteien im Parlament präsentiert sich das Gebäude für möglichst alle Bürger als offen, es zeigt sich als allgemein zugängliches Gesprächsforum für die zentralen gesellschaftlichen Debatten.[138]

Die Zeichenhaftigkeit der Dresdner Landtagsgebäude bleibt aber in allen drei Fällen gebrochen durch die ästhetischen Ausdrucksmittel der jeweiligen Zeit und durch die städtebauliche Situation, in die die Bauten eingebettet sind.[139]

Betrachtet man resümierend den Befund vor dem Hintergrund der sich wandelnden Partizipationschancen, dann öffnete sich das verschwiegene Kondominat der ohnehin Herrschenden, wie es die frühneuzeitliche Ständeversammlung praktizierte, seit dem 19. Jahrhundert, als die Gesellschaft ihre ständischen Schranken verlor, der Allgemeinheit. Als nämlich das Gros der führenden Mitglieder aus den einflussreichen Sozialgruppierungen nicht mehr persönlich im Parlament erschien, sondern nur noch deren Repräsentanten, musste denen, die nun zu Hause blieben, die Chance eingeräumt werden, das Agieren ihrer Vertreter im Zweikammerparlament zu beobachten. Diese Kontrollfunktion ermöglichten Zuschauertribünen und der Druck der Landtagsprotokolle und -akten. Aber in der konstitutionellen Monarchie stand die Vertretungskompetenz nur Mitgliedern aus Führungsschichten offen. Der Honoratiorenparlamentarismus fasziniert einerseits durch die Individualität der nicht parteigebundenen Landtagsmitglieder. Andererseits wird darüber seine Einschränkung auf die Vermögenden leicht übersehen. Zudem minderte die wachsende Vielfalt der Gesellschaft die Rückbindung der Abgeordneten an die von ihnen vertretenen Gruppen. Außerdem gelang es den einzelnen Honoratiorenpolitikern immer weniger, den zunehmend professionell organisierten Interessenvertretungen von Industrie, Kirche, Arbeiterschaft etc. standzuhalten. Eine ausdifferenzierte Gesellschaft, in der Lobbys ihren Einfluss geltend zu machen suchten, benötigte deshalb auch politische Organisationen, die Konzepte für die Gesamtheit entwarfen und durchsetzten. Dies übersteigt aber die Kräfte eines Individuums. Es verlangt politische Parteien.[140]

Entsprechend dieser skizzierten Entwicklung veränderten sich auch die Raumordungsarrangements in den Parlamentstypen von der Hierarchie der Stände über die egalitäre Individualität der konstitutionellen Kammermitglieder zum Proporz des heutigen Parteienparlaments.[141] Der Zuschnitt der Landtage als Institutionen, die Symbolik der Sitzordnungen und die der Parlamentsgebäude entsprechen dabei einander in ihrem Wandel. Sie stehen allerdings wegen der Unterbrechungen während des Nationalsozialismus und in der DDR in Sachsen nicht in einer lückenlosen Kontinuität stetig zunehmender Pluralisierung.

Anmerkungen

1 Vgl. Pastewka, Janosch: Koalitionen statt Klassenkampf, wie Einleitung, Anm. 4, S. 151–158.
2 Vgl. ebd., 158–161.
3 Zur widersprüchlichen Überlieferungslage und Historiografie der Abdankung Friedrich Augusts III. vgl. Matzerath, Josef: Ein königlicher Weg. Reflexe der Depossedierung des sächsischen Königs Friedrich August III. im kulturellen Gedächtnis. In: Staatliche Schlösser, Burgen und Gärten Sachsen 2005, 13. Bd., Dresden 2006, S. 171–174. Zur Depossedierung des sächsischen Königs vgl. auch Machtan, Lothar: Die Abdankung. Wie Deutschlands gekrönte Häupter aus der Geschichte fielen, Berlin 2008, S. 304–313.
4 Eine Reproduktion der persönlichen Verzichtserklärung auf den sächsischen Thron findet sich bei Drehwald, Suzanne/Jestaedt, Christoph: Sachsen als Verfassungsstaat, Leipzig 1998, S. 44. Vgl. auch SächsHStA Dresden, 12713, Personennachlass Walter Koch: Ders.: Wie ich die Menschen und die Dinge sah, Band 1, S. 214–218.
5 Zum Übergang vom Königreich zum Freistaat Sachsen vgl. Schmeitzner, Mike: 1918 – Revolution und Freistaat. Sachsens Weg in die Republik. In: Eigenwill, Reinhardt (Hg.): Zäsuren sächsischer Geschichte, Beucha 2010, S. 182–207.
6 Vgl. Aufruf der neuen Regierung vom 18. November 1918. An das sächsische Volk!; In: Gesetz- und Verordnungsblatt für die Republik Sachsen 1918, S. 364–366. Hier findet sich auch der zitierte Passus.
7 Vgl. ebd.
8 Die Erste Kammer tagte zuletzt am 6. November 1918 und die Zweite Kammer sogar noch am 8. November 1918. Vgl. MVL, I. Kammer, 6. November 1918, S. 581–601, und MVL, II. Kammer, 8. November 1918, S. 2249–2251.
9 Vgl. Verordnung über die Aufhebung des Landtagsausschusses zu Verwaltung der Staatsschulden vom 7. Dezember 1918. In: Gesetz- und Verordnungsblatt für die Republik Sachsen 1918, S. 403. Hier finden sich auch die zitierten Passagen.
10 Vgl. Verordnung über die Wahlen zur Volkskammer der Republik Sachsen (Landeswahlgesetz) vom 27. Dezember 1918. In: Ebd., S. 408–410.
11 Z. B. nutzte der linksliberale Richard Seyfert, ein Mitglied der Zweiten Kammer, den Begriff Volkskammer bereits im März 1918. Vgl. Pastewka: Koalitionen statt Klassenkampf, wie Einleitung, Anm. 4, S. 161, Anm. 752.

12 Verordnung über die Wahlen zur Volkskammer der Republik Sachsen (Landeswahlgesetz) vom 27. Dezember 1918. In: Gesetz- und Verordnungsblatt für die Republik Sachsen 1918, S. 408–410, und Verordnung zur Abänderung des Landeswahlgesetzes vom 27. Dezember 1918, In: Gesetz- und Verordnungsblatt für die Republik Sachsen 1919, S. 8.
13 Verordnung über die Wahlen zur Volkskammer der Republik Sachsen (Landeswahlgesetz) vom 27. Dezember 1918. In: Gesetz- und Verordnungsblatt für die Republik Sachsen 1918, S. 408, § 3.
14 Ebd.
15 Vgl. ebd., S. 410, § 13 f. Hier findet sich auch das Zitat. Insgesamt zur rechtlichen Einfassung der sächsischen Volkskammer vgl. Pastewka: Koalitionen statt Klassenkampf, wie Einleitung, Anm. 4, S. 161–164.
16 Zur Zusammensetzung der Volkskammer vgl. Matzerath/Jäschke: Mitglieder und Wahlbezirke der sächsischen Landtage 1833 bis 1952, Teil III, wie Teil III, Anm. 130, S. 228 f.
17 Vgl. Vogel, Lutz: Weitgehend chancenlos. Landtagskandidatinnen in Sachsen 1919–1933. In: Richter/Wolff (Hg.): Demokratisierung der Demokratie, wie Teil III, Anm. 98, S. 249–269; Matzerath, Josef: „Auf der Bahn der Demokratie und des Sozialismus". Vom konstitutionellen Zweikammerparlament zur sächsischen Volkskammer. In: Ders.: Varianten der Moderne 1868 bis 1952, wie Teil III, Anm. 299, S. 57.
18 Vgl. Verordnung über die Wahlen zur Volkskammer der Republik Sachsen (Landeswahlgesetz) vom 27. Dezember 1918, In: Gesetz- und Verordnungsblatt für die Republik Sachsen 1918, S. 410, § 13.
19 Vgl. VSV, Bd. 1, S. 1–6, 1. Sitzung, 25. Februar 1919. Teile dieser Rede hat Gradnauer im Februar 1929 für das Lautarchiv des „Hermann von Helmholtz-Zentrum für Kulturtechnik" auf einen Tortträger gesprochen, der sich heute in den Sammlungen der Humboldt Universität Berlin befindet. Die Meta-Daten sind einsehbar unter www.sammlungen.hu-berlin.de/dokumente/21886.
20 VSV, Bd. 1, S. 1, 1. Sitzung, 25. Februar 1919.
21 Ebd., S. 2.
22 Ebd.
23 Ebd., S. 4.
24 Vgl. ebd., S. 4 f.
25 Ebd., S. 5.
26 Ebd., S. 6.
27 Vgl. die grundlegende Studie von Pastewka: Koalitionen statt Klassenkampf, wie Einleitung, Anm. 4.
28 Vgl. hierzu grundlegend Marburg/Schriefl: Ökonomie der Offenheiten, wie Einleitung, Anm. 10; für den sächsischen Landtag der Weimarer Republik vgl. Pastewka: Koalitionen statt Klassenkampf, wie Einleitung, Anm. 4, S. 27–33.
29 Anders, nämlich als anachronistisch fremd notierten Repräsentationsraum, versteht Mergel, Thomas: Parlamentarische Kultur in der Weimarer Republik. Politische Kommunikation, symbolische Politik und Öffentlichkeit im Reichstag, Düsseldorf 2002, S. 81 und 84, dass der Reichstag der Weimarer Republik die Symbole des Kaiserreichs nicht beseitigte.
30 Vgl. Pastewka: Koalitionen statt Klassenkampf, wie Einleitung, Anm. 4, S. 62–65 und 78–81.
31 Vgl. hierzu: Matzerath: Adelsprobe an der Moderne, wie Teil II, Anm. 116, S. 118–122. Ein frühes Votum gegen eine weltanschauliche Fraktionierung im sächsischen Landtag gab auch Minister Bernhard von Lindenau in der Debatte ab, ob der Präsident der Zweiten Kammer auf die Thronrede des Königs mit einem Forderungskatalog antworten sollte. Vgl. hierzu MVL 1836/37, S. 31. Allgemein hierzu vgl. auch Hoffmann: Parteigänger, wie Teil II, Anm. 332, S. 100 f.
32 Vgl. Pastewka: Koalitionen statt Klassenkampf, wie Einleitung, Anm. 4, S. 62–65.
33 Vgl. ebd., S. 113 f.
34 Vgl. ebd., S. 114–120. Das herausragendste Produkt der Öffentlichkeitsarbeit des sächsischen Landtags in der Weimarer Republik war ein Artikel des Landtagsdirektors: Rudolph, Arthur:

Die Arbeit des Landtags. In: Jahrbuch Sachsen 1930, S. 15–22. Zur Pressepolitik der sächsischen Regierungen vgl. Lau, Matthias: Pressepolitik als Chance. Staatliche Öffentlichkeitsarbeit in den Ländern der Weimarer Republik, Wiesbaden 2003, S. 67–77, 154–159, 196–202 und 284–288.
35 Vgl. Pastewka: Koalitionen statt Klassenkampf, wie Einleitung, Anm. 4, S. 122. Für den Reichstag vgl. Mergel: Parlamentarische Kultur in der Weimarer Republik, wie oben, Anm. 29, S. 83 und 92–92.
36 Vgl. Pastewka: Koalitionen statt Klassenkampf, wie Einleitung, Anm. 4, S. 122.
37 Vgl. Peukert, Detlef: Die Weimarer Republik. Krisenjahre der klassischen Moderne, Frankfurt a. M. 1987, S. 25–31 und 91–100. Im Vergleich zur Generationenzugehörigkeit spielten der geringe Frauenanteil im Landtag, die Herkunft der Abgeordneten inner- und außerhalb Sachsens oder die Zunahme des Arbeiteranteils im Parlament keine nachweisbar relevante Rolle für die politische Funktionsfähigkeit des Sächsischen Landtags der Weimarer Republik.
38 Vgl. Pastewka: Koalitionen statt Klassenkampf, wie Einleitung, Anm. 4, S. 126–131.
39 Zur politischen Karriere von Oscar Günther, Richard Seyfert und Bernhard Blüher vgl. ebd., S. 141–149.
40 Vgl. ebd., S. 172–179.
41 Vgl. Frackowiak, Johannes: Verfassungsdiskussionen in Sachsen nach 1918 und 1945, Köln 2005, S. 145–149.
42 Vgl. Pastewka: Koalitionen statt Klassenkampf, wie Einleitung, Anm. 4, S. 192–195.
43 Vgl. ebd., S. 330 f.
44 Vgl. ebd., S. 196 f. und 202–207.
45 Vgl. ebd., S. 330 f.
46 Vgl. ebd., S. 208–214.
47 Vgl. ebd., S. 215–220.
48 Vgl. ebd., S. 224–230 und 330 f.
49 Vgl. Szejnmann, Claus-Christian W.: Vom Traum zum Alptraum. Sachsen in der Weimarer Republik, Leipzig 2000, S. 61–63.
50 Vgl. ebd., S. 51.
51 Vgl. Pastewka: Koalitionen statt Klassenkampf, wie Einleitung, Anm. 4, S. 330 f.
52 Vgl. ebd., S. 247–250.
53 Vgl. ebd., S. 250 f.
54 Vgl. ebd., S. 254–264.
55 Vgl. ebd., S. 330 f.
56 Vgl. ebd., S. 271 f. und 277–281.
57 Zum Überfall der SA auf den sächsischen Landtag vgl. Pastewka, Janosch: „Ein erschütternder Anblick". Der Überfall auf den sächsischen Landtag am 9. März 1933. In: Landtagskurier Freistaat Sachsen 5/2015, S. 22 f.; ders.: Koalitionen statt Klassenkampf, wie Einleitung, Anm. 4, S. 284; Groß, Reiner: Frühjahr 1933 – die letzten Wochen des Sächsischen Landtags. In: Jahresspiegel 1993, S. 22–31.
58 Vgl. Pastewka: Koalitionen statt Klassenkampf, wie Einleitung, Anm. 4, S. 285 f.
59 Vgl. Schriefl: Parlamentskonzepte, wie Einleitung, Anm. 4, S. 25–30.
60 Vgl. ebd., S. 30–36; mit Fokus auf die KPD/SED und mit dem Konzept der Diktaturdurchsetzung vgl. auch Schmeitzner, Mike/Donth, Stefan: Die Partei der Diktaturdurchsetzung. KPD/SED in Sachsen 1945–1952, Köln 2002, S. 141–161.
61 Vgl. Schriefl: Parlamentskonzepte, wie Einleitung, Anm. 4, S. 36–38; allgemein zu den Beratenden Versammlungen in der SBZ vgl. Creuzberger, Stefan: Die sowjetische Besatzungsmacht und das politische System in der SBZ, Köln u. a. 1996, S. 111; Koch, Manfred: Beratende Versammlungen. In: Brozszat, Martin/Weber, Hermann (Hg.): SBZ-Handbuch. Staatliche Verwaltungen, Parteien, gesellschaftliche Organisationen und ihre Führungskräfte in der Sowjetischen Besatzungszone Deutschlands 1945–1949, München 1993², S. 321–328.

62 Vgl. Schriefl: Parlamentskonzepte, wie Einleitung, Anm. 4, S. 39–41. Zur Vereinigung von KPD und SED vgl. Schmeitzner/Donth: Partei der Diktaturdurchsetzung, wie oben, Anm. 60, S. 215–244.
63 Vgl. Schriefl: Parlamentskonzepte, wie Einleitung, Anm. 4, S. 41–53.
64 Vgl. ebd., S. 55–60.
65 Vgl. ebd., S. 60–72.
66 Vgl. Protokoll der Sitzung des SED-Landessekretariats Sachsen am 13.11.1946. In: SächsHStA Dresden, 11856 SEDLL, Nr. A/778, Bl. 263 ff. Originalzitat Bl. 264.
67 Vgl. Schriefl: Parlamentskonzepte, wie Einleitung, Anm. 4, S. 73–78.
68 Vgl. ebd., S. 78–85.
69 Vgl. ebd., S. 86–97.
70 Vgl. ebd., S. 99–113.
71 SächsHStA Dresden, 11376, Ministerpräsident, Nr. 673, unpaginiert: Landtagspräsident Otto Buchwitz an Ministerpräsident Max Seydewitz, 16.3.1949.
72 Vgl. Schriefl: Parlamentskonzepte, wie Einleitung, Anm. 4, S. 106–113.
73 Zur sächsischen Verfassung von 1947 vgl. Drehwald/Jestaedt: Sachsen als Verfassungsstaat, wie oben, Anm. 4, S. 58–63.
74 Vgl. Schriefl: Parlamentskonzepte, wie Einleitung, Anm. 4, S. 113–126.
75 Vgl. ebd., S. 126–139.
76 Vgl. etwa Bienert, Michael: Zwischen Opposition und Blockpolitik. Die „bürgerlichen" Parteien und die SED in den Landtagen von Brandenburg und Thüringen 1946–1952, Düsseldorf 2016, S. 237; Brunner, Detlev: Der Schein der Souveränität. Landesregierung und Besatzungspolitik in Mecklenburg-Vorpommern 1945–1949, Köln/Weimar/Wien 2006, S. 176–178, 182, 336 und 383; Creuzberger, Stefan: Die sowjetische Besatzungsmacht, wie oben, Anm. 61, S. 142, 154, 180 und 185.
77 Vgl. Schriefl: Parlamentskonzepte, wie Einleitung, Anm. 4, S. 139–143.
78 Vgl. ebd., S. 145–152.
79 Vgl. ebd., S. 152–158. Vgl. auch Glaser, Gerhard: Das Haus und seine Geschichte. In: Staatliches Vermögens- und Hochbauamt Dresden (Hg.): Ständehaus, Dresden 2001, S. 17.
80 Vgl. Schriefl: Parlamentskonzepte, wie Einleitung, Anm. 4, S. 158–164.
81 Vgl. ebd., S. 166–180.
82 Vgl. ebd., S. 180–193. Vgl. auch Klemperer, Victor: So sitze ich denn zwischen allen Stühlen. Tagebücher 1950–1959, hg. von Walter Nowojski unter Mitarbeit von Christian Loser, Berlin 1999, S. 100 f.: Eintrag vom 8.11.1950.
83 Vgl. Schriefl: Parlamentskonzepte, wie Einleitung, Anm. 4, S. 185–215. Ohne die Handlungslogik zu reflektieren, hat die bisherige Forschung eher die Funktion des Blocks, alles gleichförmig aussehen zu lassen, als nivellierend begriffen. Vgl. Suckut, Siegfried: Block-Ausschüsse. In: Broszat/Weber: SBZ-Handbuch, wie oben, Anm. 61 S. 607; Schmeitzner /Donth: Partei der Diktaturdurchsetzung, wie oben, Anm. 60, S. 51; Koch: Beratende Versammlungen, wie oben, Anm. 61, S. 333.
84 Vgl. Scherstjanoi, Elke: Die deutschlandpolitischen Absichten der UdSSR 1948. Erkenntnisstand und forschungsbegleitende Problematisierungen. In: Hoffmann, Dierk/Wentker, Hermann (Hg.): Das letzte Jahr der SBZ. Politische Weichenstellungen und Kontinuitäten im Prozeß der Gründung der DDR, München 2000, S. 39–54; Foitzik, Jan: Zum Verhältnis zwischen SED und Besatzungsmacht. Konkordanz und Dissens. In: Ebd., S. 55–64; Steiner, André: Die Deutsche Wirtschaftskommission – ein ordnungspolitisches Machtinstrument? In: Ebd., S. 85–105; Malycha, Andreas: Die SED. Geschichte ihrer Stalinisierung 1946–1953, Paderborn 2000, S. 278–299; Schmeitzner/Donth: Partei der Diktaturdurchsetzung, wie oben, Anm. 60, S. 349–414.
85 Vgl. Schriefl: Parlamentskonzepte, wie Einleitung, Anm. 4, S. 218–222.
86 Vgl. ebd., S. 222–228.
87 Vgl. ebd., S. 228–235.

88 Vgl. ebd., S. 235–246. Zur Kampagne gegen Hickmann vgl. auch Schmeitzner/Donth: Partei der Diktaturdurchsetzung, wie oben, Anm. 60, S. 418–426.
89 Vgl. Schriefl: Parlamentskonzepte, wie Einleitung, Anm. 4, S. 246–255.
90 Vgl. ebd., S. 257–268.
91 Vgl. ebd., S. 268–271.
92 Vgl. Förster, Caroline: Beamte, Politiker, Journalisten. Akteure und Erinnerung. Der Sächsische Landtag 1990–1994, Ostfildern 2017, S. 95; Rätsch, Anke: Der Sächsische Landtag in den ersten beiden Wahlperioden (1990 – 1999): Tätigkeit, Professionalisierung und Selbstbild seiner Abgeordneten, 2008, S. 55–66: www.qucosa.de/fileadmin/data/qucosa/documents/5597/data/Dissertation_Anke_Raetsch.pdf . Eine konzise Analyse der Wahl findet sich bei Schubert, Thomas: Wahlen und politische Kultur in Sachsen seit 1990. In: Demuth, Christian/Lempp, Jakob (Hg.): Parteien in Sachsen, Dresden/Berlin 2006, S. 61 f.; detaillierter Brümmer, Ulrich H.: Parteiensystem und Wahlen in Sachsen. Kontinuität und Wandel von 1990–2005 unter besonderer Berücksichtigung der Landtagswahlen, Wiesbaden 2006, S. 77–107.
93 Zur Entstehung des Freistaates Sachsen vgl. Richter, Michael: Die friedliche Revolution: Aufbruch zur Demokratie in Sachsen 1989/90 (Bd. 1), Göttingen 2009; ders.: Die Bildung des Freistaates Sachsen. Friedliche Revolution, Föderalisierung, deutsche Einheit 1989/90, Göttingen 2004; Heidenreich, Walter/Richter, Michael: Parolen und Ereignisse der friedlichen Revolution in Sachsen. Eine quantitative Auswertung, Dresden 2009; Jesse, Eckhard/Schubert, Thomas (Hg.): Zwischen Konfrontation und Konzession. Friedliche Revolution und deutsche Einheit in Sachsen, Berlin 2010; Jesse, Eckhard (Hg.): Friedliche Revolution und deutsche Einheit. Sächsische Bürgerrechtler ziehen Bilanz, Berlin 2006; Fischer, Alexander/Heydemann, Günter (Hg.): Die politische „Wende" 1989/90 in Sachsen. Rückblick und Zwischenbilanz, Bd. 1, Weimar 1995; Richter, Sebastian: Die Neugründung Sachsens 1989/90. Regionale Identität und politischer Prozess. In: Vorländer, Hans (Hg.): Revolution und demokratische Neugründung, Dresden 2011, S. 71–88; Rätsch: Der Sächsische Landtag, wie oben, Anm. 92, S. 22–35.
94 Sächsischer Landtag, Runder Tisch, Dokument B11: Statut Runder Tisch des Bezirkes Dresden, beschlossen am 11.1.1990.
95 Vgl. Förster: Beamte, Politiker, Journalisten, wie oben, Anm. 92, S. 71–73.
96 Vgl. ebd., S. 76.
97 Vgl. ebd., S. 81–91.
98 Vgl. Richter, Michael: Die Entstehung des Freistaates Sachsen 1990. In: Hermann, Konstantin (Hg.): Sachsen seit der Friedlichen Revolution. Tradition, Wandel, Perspektiven, Dresden/Beucha/Markkleeberg 2010, S. 74 f. Am 1. Juni 1990 legte Chemnitz den Namen Karl-Marx-Stadt ab.
99 Vgl. ebd., S. 76.
100 Vgl. Förster: Beamte, Politiker, Journalisten, wie oben, Anm. 92, S. 91–94; Rätsch: Der Sächsische Landtag, wie oben, Anm. 92, S. 85–88.
101 Vgl. Sächsischer Landtag: Volkshandbuch, Jg. 1, 1990/94, Dresden 1991.
102 Vgl. Rätsch: Der Sächsische Landtag, wie oben, Anm. 92, S. 260, 270 f. und 301–303.
103 Vgl. ebd., S. 243.
104 Vgl. Förster: Beamte, Politiker, Journalisten, wie oben, Anm. 92, S. 95–100.
105 Vgl. ebd., S. 113; Rätsch: Der Sächsische Landtag, wie oben, Anm. 92, S. 196–198; Mende, Susann: Kompetenzverlust der Landesparlamente im Bereich der Gesetzgebung. Eine empirische Analyse am Beispiel des Sächsischen Landtages, Baden-Baden 2010, S. 133 f.
106 Zum Landtagsneubau siehe unten. Zu den sinnstiftenden Aktivitäten des Landtags gehört seit 1997 die Verleihung der Sächsischen Verfassungsmedaille, die aus „Anlass des fünften Jahrestages der Schlussabstimmung über die Verfassung des Freistaates Sachsen und zur Erinnerung an die friedliche Revolution vom Oktober 1989" an „Frauen und Männer ohne Ansehen der Staatsangehörigkeit als Zeichen der Anerkennung und Würdigung besonderer Verdienste um die freiheitliche demokratische Entwicklung im Freistaat Sachsen" verliehen wird. Vgl. Die Sächsische Verfassungsmedaille www.landtag.sachsen.de/de/landtag/praesident-vizepraesidenten/verfassungsmedaille-92, Zugriff: 15.6.2018.

107 Effizient wurde die Arbeit der Stasi erst durch die Kooperation von Schul- und Werksleitern, Funktionären, Journalisten, Richtern etc. Zu den Auswirkungen, die Verstrickungen in DDR-Unrecht auf den Sächsischen Landtag hatten, vgl. Förster: Beamte, Politiker, Journalisten, wie oben, Anm. 92, S. 114–118, 193–202 und 251.
108 Vgl. ebd., S. 109–112.
109 Zur verfassungsrechtlichen Stellung des Sächsischen Landtags vgl. Drehwald, Suzanne: Die Verfassung des Freistaates Sachsen vom 27. Mai 1992. In: Dies./Jestaedt: Sachsen als Verfassungsstaat, wie oben, Anm. 4, S. 113–121 und 165–167. Zum Landtagswahlrecht der DDR-Volkskammer vgl. Gesetzblatt der Deutschen Demokratischen Republik, Teil I, S. 1419 ff.: Gesetz zur Änderung des Gesetzes über die Wahlen zu Landtagen in der Deutschen Demokratischen Republik vom 22. Juli 1990.
110 Vgl. Verfassung des Freistaates Sachsen vom 27. Mai 1992. In: SächsGVBl., S. 247, Artikel 44.
111 Vgl. ebd., S. 247, Artikel 39 und 41, sowie Gesetz über die Wahlen zum Sächsischen Landtag vom 5. August 1993. In: SächsGVBl., S. 918 f., §§ 1, 5 und 6.
112 Vgl. Verfassung des Freistaates Sachsen vom 27. Mai 1992. In: SächsGVBl., S. 247, Artikel 39; Drehwald: Die Verfassung des Freistaates Sachsen, wie oben, Anm. 109, S. 114.
113 Vgl. Verfassung des Freistaates Sachsen vom 27. Mai 1992. In: SächsGVBl., S. 247, Artikel 46.
114 Zum Typus des Parteienparlamentariers vgl. auch Denk/Matzerath: Dresdner Parlamente, wie Einleitung, Anm. 5, S. 170–173.
115 Vgl. Verfassung des Freistaates Sachsen vom 27. Mai 1992. In: SächsGVBl., S. 247, Artikel 39.
116 Zu den Aufgaben und Kontrollrechten vgl. Drehwald: Die Verfassung des Freistaates Sachsen, wie oben, Anm. 109, S. 116–121.
117 Vgl. Mende: Kompetenzverlust der Landesparlamente, wie oben, Anm. 105, S. 356–365 und 369–372.
118 Zur Geschäftsordnung und zum Tagungsmodus des Sächsischen Landtags und dessen Symbolik vgl. Denk/Matzerath: Dresdner Parlamente, wie Einleitung, Anm. 5, S. 160–165.
119 Vorläufige Geschäftsordnung des Sächsischen Landtages vom 23. Oktober 1990. In: Sächsischer Landtag, 1. Wahlperiode, Volkshandbuch 1992, (wie Anm. 531), S. 140, § 91.
120 Vgl. Denk/Matzerath: Dresdner Parlamente, wie Einleitung, Anm. 5, S. 160 und 166–170.
121 Vgl. ebd., S. 174–195.
122 Vgl. Förster: Beamte, Politiker, Journalisten, wie oben, Anm. 92, S. 135 und 143.
123 Vgl. ebd., S. 211–213.
124 Vgl. ebd., S. 244.
125 Vgl. ebd., S. 249–252. Vgl. auch Mende: Kompetenzverlust der Landesparlamente, wie oben, Anm. 105, S. 133 und 368, die konstatiert, dass den ostdeutschen Abgeordneten der Länderparlamente die Grenzen ihrer Regelungskompetenz in der ersten Wahlperiode kaum bewusst werden konnte, da sie einer „enormen gesetzgeberischen Herausforderung" gegenüberstanden.
126 Vgl. Denk/Matzerath: Dresdner Parlamente, wie Einleitung, Anm. 5. Zum internationalen Vergleich von Parlamentsbauten vgl. Minta, Anna/Nicolai, Bernd (Hg.): Parlamentarische Repräsentationen. Das Bundeshaus in Bern im Kontext internationaler Parlamentsbauten und nationaler Strategien, Bern 2014.
127 Vgl. Denk/Matzerath: Dresdner Parlamente, wie Einleitung, Anm. 5, S. 52–83; Meinert, Günther: Zur Baugeschichte des Dresdner Landhauses. In: Sächsische Heimatblätter, 12. Jg., Heft 2/1966, S. 149 ff.; Schumann, Paul Theodor: Der Dresdner Baumeister Friedrich August Krubsacius, Leipzig 1885; Glaser, Gerhard: Die Wirkungsstätten der Sächsischen Landtage. In: Iltgen, Erich (Hg.): Der neue Sächsische Landtag, [Dresden 1994], S. 61 f.
128 Vgl. Denk/Matzerath: Dresdner Parlamente, wie Einleitung, Anm. 5, S. 127–151; Winzeler, Marius: Das Ständehaus in Dresden von Paul Wallot. Die Baugeschichte eines deutschen Parlamentsgebäudes. In: Denkmalpflege Sachsen. Mitteilungen des Landesamtes für Denkmalpflege, 2001, S. 5–24; Glaser, Gerhard: Die Wirkungsstätten der Sächsischen Landtage. In: Iltgen (Hg.): Der neue Sächsische Landtag, wie oben, Anm. 126, S. 62–66.

129 Vgl. Denk/Matzerath: Dresdner Parlamente, wie Einleitung, Anm. 5, S. 174–195; Iltgen (Hg.): Der neue Sächsische Landtag, wie oben, Anm. 126; Fleischmann, Gerd (Hg.): Sächsischer Landtag. Rekonstruktion, Umbau und Erweiterung, [Dresden] 1997.

130 Zu den Parlamentsbauten in Bonn vgl.: Denk, Andreas/Flagge, Ingeborg: Architekturführer Bonn / Architectural guide to Bonn, Berlin 1997; Wefing, Heinrich: Parlamentsarchitektur – Zur Selbstdarstellung der Demokratie in ihren Bauwerken. Eine Untersuchung am Beispiel des Bonner Bundeshauses, Berlin 1995; Breuer, Gerda: Hans Schwippert. Bonner Bundeshaus. Parlament der jungen BRD. Mit einer Auswahl aus dem Briefwechsel mit Konrad Adenauer, Tübingen/Berlin 2009; Buslei-Wuppermann, Agatha/Zeising, Andreas: Das Bundeshaus von Hans Schwippert in Bonn. Architektonische Moderne und demokratischer Geist, Düsseldorf 2009; Zybok, Oliver/Abbis, Ikhlas/Boucherie, David/Baier, Alexander/ Damm, Jörg/Eßer, Karin (Hg.): Kurskorrektur – Architektur und Wandel in Bonn. [Erschienen anlässlich des zehnjährigen Bestehens des Parlamentsgebäudes von Günter Behnisch in Bonn], Ostfildern-Ruit 2002.
Zu Berlin vgl.: Buddensieg, Tilmann: Paul Wallots Reichstag. Rätsel und Antworten seiner Formensprache. In: Berliner Labyrinth, neu besichtigt. Von Schinkels Unter den Linden bis Fosters Reichstagskuppel, veränderte und erweiterte Neuausgabe, Berlin 1999; Wefing, Heinrich (Hg.): „Dem Deutschen Volke". Der Bundestag im Berliner Reichstagsgebäude, Bonn 1999; Cullen, Michael S.: Der Reichstag. Parlament. Denkmal. Symbol, zweite vollständig überarbeitete und erweiterte Auflage, Berlin/Brandenburg 1999; Dauss, Markus: Identitätsarchitekturen. Öffentliche Bauten des Historismus in Paris und Berlin (1871–1918), Dresden 2007, S. 343–443; Reiche, Jürgen: Das Berliner Reichstagsgebäude: Dokumentation und ikonographische Untersuchung einer politischen Architektur, Diss. Berlin 1988; Raack, Heinz: Das Reichstagsgebäude in Berlin, Berlin 1978; Biefang, Andreas: Bismarcks Reichstag. Das Parlament in der Leipziger Straße. Fotografiert von Julius Braatz, Düsseldorf 2002.

131 Rehberg: Institutionen als symbolische Ordnungen, wie Einleitung, Anm. 6, S. 47–84; Dauss, Markus/Rehberg, Karl-Siegbert: Gebaute Raumsymbolik. Die „Architektur der Gesellschaft" aus Sicht der Institutionentheorie, Teil 1 (Karl-Siegbert Rehberg), Bielefeld 2009, S. 109–118; Cullen, Michael S.: Parlamentsbauten zwischen Zweckmäßigkeit, Repräsentationsanspruch und Denkmalpflege. In: Parlamentsrecht und Parlamentspraxis in der Bundesrepublik Deutschland. Ein Handbuch hg. von Hans-Peter Schneider u. Wolfgang Zeh, Berlin 1989, S. 1845 ff.

132 Vgl. Denk/Matzerath: Dresdner Parlamente, wie Einleitung, Anm. 5, S. 75–79.

133 Vgl. ebd., S. 133 und 144 f.; Matzerath, Josef: Zwei Fassaden im Dienste der Reichsidee. Das Dresdner Ständehaus und der Berliner Reichstag. In: Ders.: Varianten der Moderne 1868–1952, wie Teil III, Anm. 299, S. 29–35; Winzeler: Das Ständehaus in Dresden von Paul Wallot, wie oben, Anm. 128, S. 16 f.

134 Vgl. Denk/Matzerath: Dresdner Parlamente, wie Einleitung, Anm. 5, S. 144 f.; Winzeler: Das Ständehaus in Dresden von Paul Wallot, wie oben, Anm. 128, S. 16.

135 Vgl. Denk/Matzerath: Dresdner Parlamente, wie Einleitung, Anm. 5, S. 144 f.; Winzeler: Das Ständehaus in Dresden von Paul Wallot, wie oben, Anm. 128, S. 17.

136 Vgl. Matzerath: Zwei Fassaden im Dienste der Reichsidee, wie oben, Anm. 133, S. 29–35.

137 Zur Repräsentativität der Raumausstattungen der beiden Kammern vgl. Denk, Andreas: Eine Frage des nationalen Ausdrucks. Raumdisposition und Innenausstattung von Paul Wallots Dresdner Ständehaus. In: Matzerath: Varianten der Moderne 1868–1952, wie Teil III, Anm. 299, S. 36–43; Denk/Matzerath: Dresdner Parlamente, wie Einleitung, Anm. 5, S. 139–144.

138 Vgl. ebd., S. 179–195.

139 Vgl. ebd., S. 200 f.

140 Vgl. ebd., S. 196–201.

141 Vgl. ebd., S. 46 f., 121 und 165.

Anhang

Auswahlbibliografie zur Geschichte der sächsischen Landtage

100 Jahre sächsische Verfassung. Ein Führer durch die Verfassungs-Ausstellung im Landtagsgebäude, Sept. 1931, Dresden 1931

Algasinger, Karin/Gey, Thomas/Schöne, Helmar: So arbeitet der Sächsische Landtag, Rheinbreitbach 2002

Anders, Franz Julius: Die liberale Partei in Sachsen, Leipzig 1846

Aspekte sächsischer Landtagsgeschichte. Die Mitglieder der (kur-)sächsischen Landstände 1694 bis 1749, Dresden 2015

Aspekte sächsischer Landtagsgeschichte. Die Mitglieder der kursächsischen Landstände 1763–1831, Dresden 2009

Aspekte sächsischer Landtagsgeschichte. Die Mitglieder und Wahlbezirke der sächsischen Landtage (1833 bis 1952), Teil I: 1833–1918, Dresden 2011

Aspekte sächsischer Landtagsgeschichte. Die Mitglieder und Wahlbezirke der sächsischen Landtage (1833 bis 1952), Teil II: 1919–1952, Dresden 2011

Aspekte sächsischer Landtagsgeschichte. Die Mitglieder und Wahlbezirke der sächsischen Landtage (1833 bis 1952), Teil III: Wahlbezirke und Raumbezüge, Dresden 2011

Aspekte sächsischer Landtagsgeschichte. Die Spätzeit der sächsischen Ständeversammlung (1763–1831), Dresden 2006

Aspekte sächsischer Landtagsgeschichte. Die Ständeversammlungen des 17. und frühen 18. Jahrhunderts, Dresden 2013

Aspekte sächsischer Landtagsgeschichte. Formierungen und Brüche des Zweikammerparlaments (1833–1868), Dresden 2007

Aspekte sächsischer Landtagsgeschichte. Varianten der Moderne (1868–1952), Dresden 2003

August, Ursula: Magdalena Kupfer, Glaube und Zivilcourage. In: Pithan, Annebelle (Hg.): Religionspädagoginnen des 20. Jahrhunderts, Göttingen 1997, S. 177–193

Bahlcke, Joachim (Hg.): Geschichte der Oberlausitz. Herrschaft, Gesellschaft und Kultur vom Mittelalter bis zum Ende des 20. Jahrhunderts, Leipzig 2004

Barth, Thomas: „Fürstenlieb und Volkestreue" oder „Andacht überstanden"? Das Gedenken an die Übergabe der Verfassung von 1831 im Königreich Sachsen. In: Müller, Winfried (Hg.): Das historische Jubiläum. Genese, Ordnungsleistung und Inszenierungsgeschichte eines institutionellen Mechanismus, Münster 2004, S. 245–268

Baudisch, Susanne/Bonte, Achim: Historische Landtagsprotokolle digital. Ein Gemeinschaftsprojekt des Sächsischen Landtages und der Sächsischen Landesbibliothek – Staats- und Universitätsbibliothek Dresden (SLUB). In: BIS 3, 2008, S. 145–147

Baus, Ralf: Die Christlich-Demokratische Union Deutschlands in der sowjetisch besetzten Zone 1945 bis 1948. Gründung – Programm – Politik, Düsseldorf 2001

Baus, Ralf: Die Gründung der Christlich-Demokratischen-Union in Sachsen 1945. In: Historisch-politische Mitteilungen. Archiv für Christlich-Demokratische Politik 2, 1995, S. 83–117

Behrendts, Wilhelm: Reformbestrebungen in Kursachsen im Zeitalter der französischen Revolution, Leipzig 1914

Behring, Rainer/Schmeitzner, Mike (Hg.): Diktaturdurchsetzung in Sachsen. Studien zur Genese der kommunistischen Herrschaft 1945–1952, Köln/Weimar/Wien 2003

Bergmann, Jan: „anstellung eines Landtags". Eine erste sächsische Landtagsordnung aus der zweiten Hälfte des 16. Jahrhunderts. In: Landtagskurier. Freistaat Sachsen 10/2014, S. 22 f.

Bergmann, Jan: „mit zimlichen harten worten". Der wohl erste überlieferte Ordnungsruf auf einem sächsischen Landtag. In: Landtagskurier. Freistaat Sachsen 3/2015, S. 22 f.

Bergmann, Jan: Landtag in der Stadt. Torgau als Schauplatz der kursächsischen Ständeversammlungen 1550–1628. Eine kulturhistorische Studie zur Etablierung eines ersten dauerhaften Tagungsortes in Kursachsen am Beginn der Frühen Neuzeit, Ostfildern [voraussichtlich 2019]

Bergmann, Jan: Melanchthon als Berater des Landtags. Vom kulturhistorischen Wert einer einfachen Quittung. In: Landtagskurier. Freistaat Sachsen 5/2017, S. 22 f.

Bergmann, Jan: Orakel über einen Landtag. Kurfürst Augusts Punktierkunst, ein flüchtiger Staatsschatz und der Landtag im Jahr 1576. In: Landtagskurier. Freistaat Sachsen 2/2016, S. 22 f.

Biedermann, Carl: Conservative und Liberale im sächsischen Landtag während der letzten 50 Jahre. In: Leipziger Tagblatt 1900, Nr. 220, S. 3615, Nr. 222, S. 3645

[Biedermann, Carl]: Die reaktivierten Stände und das verfassungsmäßige Wahlgesetz in Sachsen, Leipzig 1866

Biedermann, Carl: Die Repräsentativ-Verfassungen mit Volkswahlen, dargestellt und geschichtlich entwickelt, Leipzig 1864

Biedermann, Carl: Die Wiedereinberufung der alten Stände in Sachsen aus dem Gesichtspunkt des Rechts und der Politik betrachtet, Leipzig 1850

Biedermann, Carl: Sachsens Landtag 1845/46, Leipzig 1846

Biedermann, Carl: Zur Charakteristik der I. Kammer der vierten sächsischen Ständeversammlung. In: Ders. (Hg.): Deutsche Monatsschrift für Literatur und öffentliches Leben, 2. Bd., Leipzig 1844, S. 40–54

Blaschke, Karlheinz (Hg.): 700 Jahre politische Mitbestimmung in Sachsen, Dresden 1994

Blaschke, Karlheinz (Hg.): Der Sächsische Landtag. Geschichte und Gegenwart, Dresden 1990

Blaschke, Karlheinz: Zwischen Rechtsstaat und Sowjetsystem. Der Sächsische Landtag 1946 bis 1952. In: Symposium anläßlich der Konstituierung eines sächsischen Landtages am 22. November 1946, Veranstaltungen des Sächsischen Landtages, Heft 13, Dresden 1996, S. 24–34

Block, Hans: Die sächsischen Landtagswahlen. In: Die Neue Zeit XXIV, 1905/06, 1. Bd., S. 102

Blümner, Heinrich: Land= und Ausschußtags=Ordnung des Königreichs Sachsen vom Jahre 1728 und allgemeine Kreistags=Ordnung vom Jahre 1821, Leipzig 1822

Böckstiegel, Elke: Volksrepräsentation in Sachsen. Zur Entwicklung der Repräsentation des sächsischen Volkes von 1789–1850, München 1998

Bode, Paul: Die Mitwirkung der Landtage an der Erledigung staatlicher Aufgaben. Nach dem Staatsrecht der sechs deutschen Einzelstaaten mit Zweikammersystem, Diss. Heidelberg 1910

Böhmert, Victor: Der sächsische Wahlgesetzentwurf und seine Gefahren, Dresden 1896

Botzenhart, Manfred: Deutscher Parlamentarismus in der Revolutionszeit 1848–1850. Düsseldorf 1977

Bozenhard, Hans/Marschner, Wolfgang: Hoffnung auf parlamentarische Demokratie. Zur Geschichte des Sächsischen Landtages in der Zeit von 1946 bis 1952. In: Sächsischer Landtag Jahresspiegel 1992, S. 22–24

Bramke, Werner: Erich Zeigner. 1886–1949. Vom bürgerlichen Demokraten zum proletarischen Politiker. In: Piazza, Hans/Fläschendräger, Werner/Katsch, Günter/Schwendler, Gerhild (Hg.): Berühmte Leipziger Studenten, Leipzig 1984, S. 157–164

Buchheim, Karl: Eine sächsische Lebensgeschichte. Erinnerungen 1889–1972, Berlin 1996

Bünz, Enno: Das Land als Bezugsrahmen von Herrschaft, Rechtsordnung und Identitätsbildung. Überlegungen zum spätmittelalterlichen Landesbegriff. In: Werner, Matthias (Hg.): Spätmittelalterliches Landesbewußtsein in Deutschland, Ostfildern 2005, S. 53–92

Burkhardt, Carl August Hugo: Die Landtage von 1487–1532, Jena 1902

Creuzberger, Stefan: Die sowjetische Besatzungsmacht und das politische System der SBZ, Weimar/Köln/Wien 1996

Creuzberger, Stefan/Görtemaker, Manfred: Das Problem der Gleichschaltung osteuropäischer Parteien im Vergleich. In: Dies. (Hg.): Gleichschaltung unter Stalin? Die Entwicklung der Parteien im östlichen Europa 1944–1949, Paderborn 2002, S. 419–434

Däbritz, Walther: Die Staatsschulden Sachsens in der Zeit von 1763 bis 1837, Diss. Leipzig 1906

Denk, Andreas/Matzerath, Josef: Die drei Dresdner Parlamente. Die sächsischen Landtage und ihre Bauten: Indikatoren für die Entwicklung von der ständischen zur pluralisierten Gesellschaft, Wolfratshausen 2000

Dialog, Heft 4: Dresdner Gesprächskreise im Ständehaus. Fachtagung „Sächsische Landtagsgeschichte im Vergleich" am 28. März 2012, hrsg. vom Sächsischen Landtag, Dresden [2012]

Dialog, Heft 8: Dresdner Gesprächskreise im Ständehaus. Graduiertenkolleg „Geschichte sächsischer Landtage" vom 28. bis 30. Oktober 2015, hrsg. vom Sächsischen Landtag, Dresden [2016]

Diersch, Camillo: Die geschichtliche Entwicklung des Landtagswahlrechts im Königreich Sachsen, Leipzig 1918

Donath, Matthias: Wie Sachsen geteilt wurde. Die „sächsische Frage" auf dem Wiener Kongress. In: Richter, Birgit (Hg.): Der Wiener Kongress 1815 und die Folgen für Sachsen, Halle/Saale 2015, S. 21–31

Donth, Stefan: Die Gründung der SED in Sachsen. In: Historisch-politische Mitteilungen 3, 1996, S. 103–131

Donth, Stefan: Die Sowjetische Militäradministration und die CDU in Sachsen 1945–1952. Eine bürgerliche Partei aus dem Blickwinkel der Besatzungsmacht. In: Historisch-politische Mitteilungen 3, 2000, S. 109–133

Döring, Herbert: Die Sitzordnung des Parlaments als Ausdruck unterschiedlicher Leitprinzipien von Demokratie. In: Dörner, Andreas/Vogt, Ludgera (Hg.): Sprache des Parlaments und Semiotik der Demokratie, Berlin 1995, S. 278-289

Döscher, Elvira/Schröder, Wolfgang: Sächsische Parlamentarier 1869–1918. Die Abgeordneten der II. Kammer des Königreichs Sachsen im Spiegel historischer Photographien. Ein biographisches Handbuch, Düsseldorf 2001

Dowidat, Christel: Zur Entwicklung der politischen und sozialen Strukturen der Mitglieder von Landtagen, Volksrat und Volkskammern in der SBZ/DDR zwischen 1946 und 1950/54, Mannheim, Univ., Diss. masch. 1986

Drehwald, Suzanne: Die Verfassung des Freistaates Sachsen vom 27. Mai 1992. In: Pfeiffer, Thomas (Hg.): Sachsen als Verfassungsstaat, Leipzig 1998, S. 73–140

Falke, Johannes: Die Steuerbewilligung der Landstände im Kurfürstentum Sachsen bis Anfang des 17. Jahrhunderts. In: Zeitschrift für die gesamte Staatswissenschaft 30–31, 1874–75, S. 393–448 und 114–182

Falke, Johannes: Die Steuerverhandlungen des Kurfürsten Johann Georg II. mit den Landständen 1656 bis 1660. In: Mittheilungen des Königlich Sächsischen Alterthums-Vereins 25, 1875, S. 79–129

Falke, Johannes: Zur Geschichte der Landstände. Die Regierungszeit des Herzogs und Kurfürsten Moritz. In: Neues Archiv für sächsische Geschichte und Altertümer 21, 1871, S. 58–115, und 22, 1872, S. 77–132

Falke, Johannes: Zur Geschichte der sächsischen Stände. Die Regierungszeit des Kurfürsten August. In: Mitteilungen des Königlich Sächsischen Alterthums-Vereins 23, 1873, S. 59–113, und 24, 1874, S. 86–134

Falke, Johannes: Zur Geschichte des Steuerwesens im Kurfürstenthum Sachsen während des 17. Jahrhunderts. In: Wissenschaftliche Beilage der Leipziger Zeitung 1876, S. 21–30

Falter, Jürgen/Weins, Cornelia: Die Wahlen in der Sowjetisch Besetzten Zone von 1946. Eine wahlhistorische Analyse. In: Mehringer, Hartmut/Schwartz, Michael/Wentker, Hermann (Hg.): Erobert oder befreit? Deutschland im internationalen Kräftefeld und die Sowjetische Besatzungszone (1945/46), München 1999, S. 215–233

Festakt: Eröffnung der Ausstellung „Akteure im Bild – Der Sächsische Landtag 1990 bis 1994" am 25. November 2010, hrsg. v. Sächsische Landtag (Dokumentation), Dresden 2010, S. 24–34

Festveranstaltung „175 Jahre sächsische Verfassung" am 4. September 2006. In: Veranstaltungen des sächsischen Landtages, Heft 35, [Dresden 2007]

Fischer, Thomas: Max Heldt – Große Koalition und SPD-Spaltung (1924–29). In: Schmeitzner, Mike/Wagner, Andreas (Hg.): Von Macht und Ohnmacht. Sächsische Ministerpräsidenten im Zeitalter der Extreme 1919–1952, Beucha/Dresden 2006, S. 182–219

Flathe, Theodor: Der kursächsische Landtag von 1681/82. In: Mittheilungen des Königlich Sächsischen Alterthums-Vereins 28, 1878, S. 59–90

Flathe, Theodor: Geschichte des Kurstaates und Königreiches Sachsen, 3. Bd. Gotha 1873

Flügel, Axel: Adelige Rittergutsbesitzer in der konstitutionellen Monarchie. Das Königreich Sachsen 1800–1866. In: Schulz, Günther/Denzel, Markus A. (Hg.): Deutscher Adel im 19. und 20. Jahrhundert, St. Katharinen 2004, S. 197–218

Flügel, Axel: Anatomie einer Ritterkurie. Landtagsbesuch und Landtagskarrieren im kursächsischen Landtag in der ersten Hälfte des 18. Jahrhunderts, Ostfildern 2017

Flügel, Axel: Bürgerliche Kritik und Landesrepräsentation. Die Ritterkurie des sächsischen Landtages im Jahre 1793. In: Geschichte und Gesellschaft, 23. Jg., 1997, S. 384–404

Flügel, Axel: Bürgerliche Rittergüter. Sozialer Wandel und politische Reform in Kursachsen (1680–1844), Göttingen 2000

Flügel, Axel: Sozialer Wandel und politische Reform in Sachsen. Rittergüter und Gutsbesitzer im Übergang von der Landeshoheit zum Konstitutionalismus 1763–1843. In: Tenfelde, Klaus/Wehler, Hans-Ulrich (Hg.): Wege zur Geschichte des Bürgertums. Vierzehn Beiträge, Göttingen 1994, S. 36–56

Förster, Caroline: Beamte, Politiker, Journalisten. Akteure und Erinnerung – Der Sächsische Landtag 1990–1994, Ostfildern 2017

Förster, Caroline/Matzerath, Josef: Akteure im Bild – eine Ausstellung zum Sächsischen Landtag 1990 bis 1994. In: Landtagskurier. Freistaat Sachsen 10/2010, S. 14–17

Förster, Caroline/Matzerath, Josef: Einführung in die Ausstellung durch Caroline Förster M.A. und Prof. Dr. Josef Matzerath. In: Festakt: Eröffnung der Ausstellung „Akteure im Bild – Der Sächsische Landtag 1990 bis 1994" am 25. November 2010, hrsg. v. Sächsische Landtag (Dokumentation), Dresden 2010, S. 24–34

Förster, Caroline/Matzerath, Josef: Wiederentstehung des Sächsischen Landtags 1990. In: Landtagskurier. Freistaat Sachsen 1/2010, S. 14 f.

Förster, Caroline/Pastewka, Janosch: „Sachsens ‚große' Männer digital". Eine Karikaturenserie in der Dresdner Volkszeitung von 1926. In: Landtagskurier. Freistaat Sachsen 5/2016, S. 22 f.

Frackowiak, Johannes: Soziale Demokratie als Ideal. Verfassungsdiskussionen in Sachsen nach 1918 und 1945, Köln 2005

Fraktionsfeier im Jahre 1926. In: Landtagskurier. Freistaat Sachsen 4/2017, S. 22 f.

Georgi, Otto: Der Staatshaushalt des Königreichs Sachsen seit dem Jahr 1880. Ein Beitrag zur Beurteilung der gegenwärtigen Finanzlage, Leipzig 1903

Geyer, Kurt: Politische Parteien und öffentliche Meinung, in Sachsen von der März-Revolution bis zum Mai-Aufstand 1849, Diss. Leipzig 1914

Goerlitz, Woldemar: Staat und Stände unter den Herzögen Albrecht und Georg 1485–1539, Leipzig 1928

Goldt, Christoph: Parlamentarisierung im Königreich Sachsen. Zur Geschichte des Sächsischen Landtages 1871–1918, Münster 1996

Göppner, Johannes: Der sächsische Landtag von 1830–1840, Leipzig/Meißen 1913

Göse, Frank: Zwischen „Ständestaat" und „Absolutismus". Zur Geschichte des kursächsischen Adels im 17. Jahrhundert unter besonderer Berücksichtigung des Verhältnisses zwischen Ständetum und Landesherrschaft. In: Keller, Katrin/Matzerath, Josef (Hg.): Geschichte des sächsischen Adels in der Frühen Neuzeit, Köln/Weimar 1997, S. 139–160

Gössel, Heinrich: Die Kursächsische Landtagsordnung von 1728, Weida 1911

Groß, Reiner/Günther, Britta/Krüger, Nina/Wißuwa, Renate (Hg.): Landtage in Sachsen 1438–1831, Chemnitz 2000

Grothe, Ewald: Die deutschen Staaten der zweiten Konstitutionalisierungswelle. In: Daum, Werner/Brandt, Peter/Kirsch, Martin/Schlegelmilch, Arthur (Hg.): Handbuch der europäischen Verfassungsgeschichte im 19. Jahrhundert. Institutionen und Rechtspraxis im gesellschaftlichen Wandel, Bd. 2: 1815–1847, Bonn 2012, S. 879–926

Gruša, Jiří: Mitteleuropa: Ein Ort des Geistes in einer Welt im Umbruch (2011). In: Rößler, Matthias (Hg.): Mitteleuropa: Ansichten, Einsichten, Aussichten, Leipzig 2019, S. 45–52 (das Zitat aus dem Geleitwort findet sich auf S. 48)

Günther, Britta: Der Weg zur Landtagsordnung von 1728. In: Wißuwa, Renate/Viertel, Gabriele/Krüger, Nina (Hg.): Landesgeschichte und Archivwesen. Festschrift für Reiner Groß zum 65. Geburtstag, Dresden 2003, S. 317–326

Günther, Britta: Zur archivalischen Überlieferung der Landtage in Sachsen. In: Groß, Reiner/Günther, Britta/Krüger, Nina/Wißuwa, Renate: Landtage in Sachsen 1438–1831, Chemnitz 2000, S. 26 f.

Günther, Britta: Zur archivalischen Überlieferung der Landtage in Sachsen. In: Sächsische Heimatblätter 1, 2001, S. 47–50

Günther, Britta/Krüger, Nina: Landtage, Ausschußtage und freiwillige Zusammenkünfte in Sachsen 1438–1831. In: Groß, Reiner/Günther, Britta/Krüger, Nina/Wißuwa, Renate (Hg.): Landtage in Sachsen 1438–1831, Chemnitz 2000, S. 85–90

Gurlitt, Cornelius: Das Ständehaus und Paul Wallot. In: Hundert Jahre Sächsischer Kunstverein. Jubiläums-Festschrift, Dresden 1928, S. 121–126

Gütersloh, Birgit: Die Vertretung sächsischer Interessen auf internationalem Gebiet gegenüber Reichsorganen von 1919 bis 1933. In: Bramke, Werner/Heß, Ulrich (Hg.): Sachsen und Mitteldeutschland. Politische, wirtschaftliche und soziale Wandlungen im 20. Jahrhundert, Weimar 1995, S. 197–213

Gütersloh, Brigitte: Der sächsische Landtag und die Ausländerpolitik in der Sowjetunion der 20er und 30er Jahre. In: Historische Blätter aus Politik und Geschichte, 1992, Heft 2, S. 5–9

Hackenberg, Gerd R.: Wirtschaftlicher Wiederaufbau in Sachsen 1945–1949/50, Köln 2000

Hajna, Karl-Heinz: Die Landtagswahlen 1946 in der SBZ – eine Untersuchung der Begleitumstände, Frankfurt a. M. 2000

Hammer, Michael: Volksbewegung und Obrigkeit. Revolution in Sachsen 1830/31, Köln/Weimar/Wien 1997

Haug-Moritz, Gabriele: Reichstag, schmalkaldische Bundestage, ernestinische Land- und Ausschußtage der 1530er Jahre als ständische Institutionen. Eine vergleichende Betrachtung. In: Neu, Tim/Sikora, Michael/Weller, Thomas (Hg.): Zelebrieren und Verhandeln. Zur Praxis ständischer Institutionen im frühneuzeitlichen Europa, 2009, S. 37–60

Haug, Heinrich: Das sächsische Obersteuerkollegium. In: Neues Archiv für Sächsische Geschichte 21, 1900, S. 224–240

Häupel, Beate/Seidel, Mathias: Der Konflikt der Weimarer Sozialdemokratie aus sächsischer und thüringischer Perspektive. In: Bramke, Werner/Heß, Ulrich (Hg.): Sachsen und Mitteldeutschland. Politische, wirtschaftliche und soziale Wandlungen im 20. Jahrhundert, Weimar 1995, S. 415–433

Hausmann, Friedrich Karl: Beiträge zur Kenntniß der Kursächsischen Landesversammlungen, 3 Bde., Leipzig 1798–1800

Hausmann, Karl Friedrich (Hg.): Kursächsische Landtagsordnung nebst Beilagen, Bemerkungen und einem Anhang, Leipzig 1799

Helbig, Axel/Groß, Reiner: Der Sächsische Landtag. Geschichte und Gegenwart, Dresden 1990

Helbig, Herbert: Der wettinische Ständestaat. Untersuchungen zur Geschichte des Ständewesens und der landständischen Verfassung in Mitteldeutschland bis 1485, 2., unveränd. Aufl. Köln 1980 (zuerst 1955)

Held, Wieland: Der Adel und August der Starke. Konflikt und Konfliktaustragung zwischen 1694 und 1707 in Kursachsen, Köln/Wien/Weimar 1999

Hermann, Konstantin/Schmeitzner, Mike/Steinberg, Swen (Hg.): Der gespaltene Freistaat: Neue Perspektiven auf die sächsische Geschichte 1918 bis 1933, Dresden 2019

Hesse, Christian: Rat und Landtag. Institutionalisierung von Kommunikation in den Fürstentümern des Reiches. In: Schneider, Joachim (Hg.): Kommunikationsnetze des Ritteradels im Reich um 1500, Stuttgart 2012, S. 15–34

Hettner, Franz: Die Wahlgesetze für den Landtag im Königreiche Sachsen nebst den Ausführungsverordnungen und den Bestimmungen über den Betrieb des Landtags, Leipzig 1909

Hilger, Andreas/Schmeitzner, Mike/Schmidt, Ute (Hg.): Diktaturdurchsetzung. Instrumente und Methoden der kommunistischen Machtsicherung in der SBZ/DDR 1945–1955, Dresden 2001

Hirschel, Bernhard: Sachsens Regierung, Stände und Volk, Mannheim 1846

Hoffmann, Andreas: „Der Sitzungssaal der zweiten Kammer war […] als Saal zur Eröffnung bestimmt". In: Landtagskurier. Freistaat Sachsen 1/2016, S. 22 f.

Hoffmann, Andreas: „Emma geht als Herr verkleidet mit Treitschken auf die Tribüne". In: Landtagskurier. Freistaat Sachsen 5/2014, S. 18 f.

Hoffmann, Andreas: Parteigänger im Vormärz. Weltanschauungsparteien im sächsischen Landtag 1833–1848, Ostfildern 2019

Hoffmann, Andreas: Von Spucknäpfen und Nachttöpfen. Inventare des Landtags von 1844. In: Landtagskurier. Freistaat Sachsen 5/2016, S. 22 f.

Hofmann, Hugo: Die Entwicklung des Wahlrechts zur sächsischen Zweiten Kammer unter Berücksichtigung der politischen Zustände, Borna/Leipzig 1912

Holldack, Heinz Georg: Untersuchungen zur Geschichte der Reaktion 1848–1855, Berlin 1931

Hoyer, Siegfried: Die sächsischen Stände unter Christian I. In: Um die Vormacht im Reich. Christian I., Sächsischer Kurfürst 1586–1591, Dresdner Hefte 29, 10. Jg., 1992, S. 14–21

Hoyer, Siegfried: Staat und Stände und Konfession in Kursachsen Ende des 16. Jahrhunderts – Das Experiment Christians I. In: Die Bildung des frühmodernen Staates – Stände und Konfessionen, Saarbrücken-Scheidt 1989, S. 175–192

Hüttig, Oskar: Der kursächsische Landtag von 1766, Diss. Leipzig 1902

Iltgen, Erich: Demokratische Neugründung in Sachsen. Runder Tisch, Koordinierungsausschuss, Sächsisches Forum. In: Vorländer, Hans (Hg.): Revolution und demokratische Neugründung, Dresden 2011, S. 89–101

Iltgen, Erich u. a. (Hg.): Der neue Sächsische Landtag, [Dresden 1994]

Israel, Uwe: Die mittelalterlichen Anfänge der sächsischen Landtage. In: Landtag, Sächsischer (Hg.): Sächsische Landtagsgeschichte im Vergleich, Dresden 2012, S. 34–37

Jansen, Christian: Die bürgerliche Linke in Sachsen vom Scheitern des Maiaufstandes bis zur Gründung des Norddeutschen Bundes (1849–1867). In: Schattkowsky, Martina (Hg.): Dresdner Maiaufstand und Reichsverfassung 1849. Revolutionäres Nachbeben oder demokratische Kultur?, Leipzig 2000, S. 191–209

Jesse, Eckhard: Sachsen als Vorreiter. In: Ders. (Hg.): Friedliche Revolution und deutsche Einheit. Sächsische Bürgerrechtler ziehen Bilanz, Berlin 2006, S. 281–297

Jesse, Martina/Michalka, Wolfgang (Hg.): „Für Freiheit und Fortschritt gab ich alles hin." Robert Blum (1807–1848). Visionär, Demokrat, Revolutionär, Berlin 2006

Jestaedt, Christoph: Die Sächsischen Verfassungen von 1831 – 1920 – 1947. In: Pfeiffer, Thomas (Hg.): Sachsen als Verfassungsstaat, Leipzig 1998, S. 11–72

Jordan, Herbert: Die öffentliche Meinung in Sachsen 1864–66, Kamenz 1918

Kaphahn, Fritz: Kurfürst und kursächsische Stände im 17. und beginnenden 18. Jahrhundert. In: Neues Archiv für Sächsische Geschichte und Altertumskunde, 1922, Bd. 43, S. 62–79

Klein, Thomas: Verpaßte Staatsbildung? Die Wettinischen Landesteilungen in Spätmittelalter und früher Neuzeit. In: Kunisch, Johannes: Der dynastische Fürstenstaat. Zur Bedeutung von Sukzessionsordnungen für die Entstehung des frühmodernen Staates, Berlin 1982, S. 89–114

Kobuch, Agatha: Der Sächsische Landtag 1946 bis 1952. In: 700 Jahre politische Mitbestimmung in Sachsen, Dresden 1994, S. 63–70

Kobuch, Agatha: Ständische Opposition in Kursachsen im Jahre 1749 und Gedanken über Veränderungen hauptsächlich im Finanz- und Steuerwesen. Neue Erkenntnisse zur Vorgeschichte des Rétablissements. In: Jahrbuch für Regionalgeschichte und Landeskunde 18, 1991/92, S. 77–105

Koch, Manfred: Landtage. In: Broszat, Manfred/Weber, Hermann (Hg.): SBZ-Handbuch. Staatliche Verwaltungen, Parteien, gesellschaftliche Organisationen und ihre Führungskräfte in der Sowjetischen Besatzungszone Deutschlands 1945–1949, München 1990, S. 329–348

Koch, Manfred: Vertretungskörperschaften in der SBZ: Die Beratende Versammlungen (1946) zwischen Repräsentation und Massenmobilisierung. In: Zeitschrift für Parlamentsfragen 1984/1, S. 57–71

Kollende, Evelyn: Zur Entwicklung des antifaschistisch-demokratischen Volksvertretungssystems als Bestandteil der politischen Organisation der Gesellschaft antifaschistisch-demokratischen Charakters 1945–1949 auf dem Boden der ehemaligen sowjetischen Besatzungszone, Diss. phil., Potsdam 1979

Könneritz, Julius Traugott Jacob: Weigerung der Leipziger Ritterschaft, gegen Magdeburg zu ziehen, und das hierauf von Kurfürst Moritz gegen deren Führer, den Oberhauptmann von Könneritz eingeleitete Verfahren 1550 ff. In: Archiv für die Sächsische Geschichte, 4. Bd., 1865/66, S. 123–160

Kopietz, Matthias: „Wider die Feinde der Christenheit". Ein Landtag im Sommer 1501. In: Landtagskurier. Freistaat Sachsen 8/2017, S. 22 f.

Kopietz, Matthias: Bericht des Dresdner Bürgermeisters Biener über die Geschehnisse auf dem Landtag in Leipzig am 11. und 12. Mai 1534. In: Marburg, Silke/Schriefl, Edith (Hg.): Die politische Versammlung als Ökonomie der Offenheiten. Kommentierte Quellen zur Geschichte der sächsischen Landtage vom Mittelalter bis in die Gegenwart, Ostfildern 2019

Kopietz, Matthias: Das Zehrungsbuch des Leipziger „Landtages" von 1538. In: Landtagskurier. Freistaat Sachsen 4/2015, S. 22 f.

Kopietz, Matthias: Die Beschlüsse des ersten Sächsischen Landtags 1438. In: Landtagskurier. Freistaat Sachsen 3/2014, S. 18 f.

Kopietz, Matthias: Konfliktlösung durch Variabilität? Ständeversammlungen im wettinischen Herrschaftsbereich 1438–1539. In: Landtag, Sächsischer (Hg.): Graduiertenkolleg „Geschichte sächsischer Landtage" vom 28. bis 30. Oktober 2015, Dresden 2016, S. 23–28

Kopietz, Matthias: Ordnung, Land und Leute. Politische Versammlungen im wettinischen Herrschaftsbereich von 1438 bis 1547, Ostfildern 2019

Kretzschmar, Hellmut: Zur Geschichte der sächsischen Sekundogeniturfürstentümer. In: Sachsen und Anhalt 1925/27, S. 141–203

Kröber, Günter: Parlamentarismus im Nachkriegsdeutschland – Erinnerungen eines Zeitzeugen. In: Symposium anläßlich der Konstituierung eines sächsischen Landtages am 22. November 1946, Veranstaltungen des Sächsischen Landtages, Heft 13, Dresden 1996, S. 35–44

Krug, [Wilhelm Traugott]: Ueber meine Teilnahme am jetzigen Landtag in Dresden. In: Minerva. Ein Journal historischen und politischen Inhalts, hrsg. von Friedrich Alexander Bran, 1. Bd., Jena 1821, S. 553–564

Krüger, Kersten: Die landständische Verfassung, München 2003

Krüger, Nina: Der Ausschusstag von 1658 – typische Ständeversammlung oder Sonderfall in der sächsischen Geschichte der zweiten Hälfte des 17. Jahrhunderts? In: Wißuwa, Renate/Viertel, Gabriele/Krüger, Nina (Hg.): Landesgeschichte und Archivwesen, Dresden 2003, S. 267–280

Krüger, Nina: Landesherr und Landstände in Kursachsen auf den Ständeversammlungen der zweiten Hälfte des 17. Jahrhunderts. „… die zwischen Haupt und Gliedern eingeführte Harmonie unverrückt bewahren", Frankfurt a. M. 2006

Krüger, Nina: Ständeversammlungen in Kursachsen in der zweiten Hälfte des 17. Jahrhunderts. In: Sächsische Heimatblätter 1, 2001, S. 51–56

Kühn, Helga-Maria: Die Einziehung des geistlichen Gutes im Albertinischen Sachsen 1539–1553, Köln/Graz 1966

Künzel, Werner: Die Landtage in der antifaschistisch-demokratischen Revolution bis zur Gründung der Deutschen Demokratischen Republik, Diss. Potsdam 1972

Land= und Ausschuß=Tags=Ordnung, Welchergestalt es bey allgemeinen Land= und Ausschuß=Tägen in dem Churfürstenthum Sachsen zu halten. In: Fortgesetzter Codex Augusteus, Erste Abtheilung, Leipzig 1772, Sp. 31–44

Land= und Ausschußtags=Ordnung de Anno 1728. Mit Beylagen, Dresden 1799

Landtagsblatt. Mittheilungen über die ständischen Verhandlungen im Königreich Sachsen, hrsg. v. Advokat W.E. Krause, Arnoldsche Buchhandlung (Verleger Christoph Arnold) [1833]

Landtagsverhandlungen über die zu Zeit der Kirchenreformation verledigten geistlichen Güther. In: Sammlung vermischter Nachrichten zur Sächsischen Geschichte, 6. Bd., Chemnitz 1771, S. 105–168

Lässig, Simone: Wahlrechtskämpfe im Kaiserreich, Reformimpulse, Modernisierungsfaktoren: Das Beispiel Sachsen., In: NASG, 65. Bd., 1994, S. 137–168

Lässig, Simone: Wahlrechtskämpfe und Wahlreformen in Sachsen (1895–1909), Weimar/Köln/Wien 1996

Lässig, Simone: Wahlrechtsreformen in den deutschen Einzelstaaten. Indikatoren für Modernisierungstendenzen und Reformfähigkeit im Kaiserreich? In: Dies./Pohl, Karl Heinrich/Retallack James (Hg.): Modernisierung und Region im wilhelminischen Deutschland, Bielefeld 1995, S. 127–169

Luther, Martin: Die Entwicklung der landständischen Verfassung in den Wettinischen Landen (ausgeschlossen Thüringen) bis zum Jahre 1485, Diss. Leipzig 1895

Malycha, Andreas: Die SED. Geschichte ihrer Stalinisierung 1946–1953, Paderborn 2000

Marburg, Silke: „Die Thronrede war diesmal keine leichte Aufgabe." König Johann spricht zur Landtagseröffnung am 15. November 1866 und zum Landtagsschluss am 30. Mai 1868. In: Matzerath, Josef: Aspekte sächsischer Landtagsgeschichte. Varianten der Moderne 1868–1952, Dresden 2004, S. 9–12

Marburg, Silke: Drei sächsische Verfassungen: 1831 – 1920 – 1947. In: Sächsischer Landtagskurier. Freistaat Sachsen 2/2002, S. 12–14

Marburg, Silke/Schriefl, Edith (Hg.): Die politische Versammlung als Ökonomie der Offenheiten. Kommentierte Quellen zur Geschichte der sächsischen Landtage vom Mittelalter bis in die Gegenwart, hg. unter Mitarbeit von Christian Ranacher, Ostfildern 2019

Marburg, Silke/Schriefl, Edith: Die politische Versammlung als Ökonomie der Offenheiten. In: Dies. (Hg.): Die politische Versammlung als Ökonomie der Offenheiten, Kommentierte Quellen zur Geschichte der sächsischen Landtage vom Mittelalter bis in die Gegenwart, Ostfildern 2019

Marschner, Wolfgang: Die Gleichschaltung des sächsischen Landesverbandes der CDU um 1950. In: Dresdner Hefte, 28, 1991, S. 84–95

Matzerath, Josef: „Enthusiasmus für Wahrheit, Freiheit, Recht". Oppositionelle Kammermitglieder aus dem Adel im Dritten Deutschland. In: Velek, Luboš/Tönsmeyer, Tatjana (Hg.): Adel und Politik in der Habsburgermonarchie und den Nachbarländern zwischen Absolutismus und Demokratie, München 2011, S. 151–165

Matzerath, Josef: „Pflicht ohne Eigennutz". Das kursächsische Rétablissement: Restauration einer Ständegesellschaft. In: NASG, 66. Bd., 1996, S. 157–182

Matzerath, Josef: „… dass ich Zeit meines Lebens nicht mehr Confusion und Disordre gesehen". Eröffnungszeremonien des sächsischen Landtages und des englischen Parlaments am Beginn des 18. Jahrhunderts. In: Neu, Tim/Sikora, Michael/Weller, Thomas (Hg.): Zelebrieren und Verhandeln. Zur Praxis ständischer Institutionen im Frühneuzeitlichen Europa, Münster 2009, S. 107–118

Matzerath, Josef: „Wenn sie auch nicht mehr ferner proprio jure hier sein konnten". Kontinuitäten ständischer Repräsentation im konstitutionellen Parlament am Beispiel des sächsischen Landtages, In: Gehrke, Roland (Hg.): Aufbrüche in die Moderne. Frühparlamentarismus zwischen altständischer Ordnung und modernem Konstitutionalismus. Schlesien – Deutschland – Mitteleuropa 1750–1850, Köln/Weimar/Wien 2005, S. 119–139

Matzerath, Josef: Adel in Amt und Landtag. Zur Kontinuität und Diskontinuität der Mitherrschaft des niederen sächsischen Adels nach der Teilung Sachsens 1815. In: Geschichte und Gesellschaft 25, 1999, S. 429–454

Matzerath, Josef: Adelsprobe an der Moderne. Sächsischer Adel 1763 bis 1866. Entkonkretisierung einer traditionalen Sozialformation, Stuttgart 2006

Matzerath, Josef: August der Starke empfängt den sächsischen Landtag. In: Unter einer Krone. Kunst und Kultur der sächsisch-polnischen Union, Leipzig 1997, S. 169 f.

Matzerath, Josef: Der erste Landtag in Sachsen. In: Ders. (Hg.): Aspekte Sächsischer Landtagsgeschichte, Dresden 1998, S. 8–14

Matzerath, Josef: Die Einführung der Ahnenprobe in der kursächsischen Ritterschaft. In: Harding, Elizabeth/Hecht, Michael (Hg.): Die Ahnenprobe in der Vormoderne. Selektion – Initiation – Repräsentation, Münster 2011, S. 233–245

Matzerath, Josef: Die Eingliederung der Oberlausitz in die sächsische Ständeversammlung. In: Schmidt, Martin (Hg.): Sammeln – Forschen – Bewahren. Zur Geschichte der Oberlausitz. Neues Lausitzisches Magazin Sonderheft Ernst-Heinz Lemper zum 75. Geburtstag, Hoyerswerda/Görlitz 1999, S. 293–302

Matzerath, Josef: Ein Landtagsabgeordneter ist ein Landtagsabgeordneter und kein Agent seiner Herkunftsgruppe. Der sächsische Landtag als Arena der Elitenvergesellschaftung. In: Holste, Karsten/Hüchtker Dietlind/Müller, Michael G. (Hg.): Aufsteigen und Obenbleiben in europäischen Gesellschaften des 19. Jahrhunderts. Akteure – Arenen – Aushandlungsprozesse, Berlin 2009, S. 163–176

Matzerath, Josef: Hof und Landtag 1848–1854, In: Ders. (Hg.): Der sächsische König und der Dresdner Maiaufstand. Tagebücher und Aufzeichnungen aus der Revolutionszeit 1848/49, Köln/Wien/Weimar 1999, S. 247–268

Matzerath, Josef: Kursachsen. In: Buchholz, Werner (Hg.): Das Ende der Frühen Neuzeit im „Dritten Deutschland". Bayern, Hannover, Mecklenburg, Pommern, das Rheinland und Sachsen im Vergleich, München 2003, S. 135–165

Matzerath, Josef: Landstände und Landtage in Sachsen 1438 bis 1831. Zur Entstehung, Gewichtung und Tagungsweise der sächsischen Ständeversammlungen in vorkonstitutioneller Zeit. In: Blaschke, Karlheinz (Hg.): 700 Jahre politische Mitbestimmung in Sachsen. Begleitheft zur Ausstellung, Dresden 1994, S. 17–34

Matzerath, Josef: Landtage als gesellschaftliche Zentralorte. In: Landtag, Sächsischer (Hg.): Graduiertenkolleg „Geschichte sächsischer Landtage" vom 28. bis 30. Oktober 2015, Dresden 2016, S. 12–17

Matzerath, Josef: Parlamentseröffnungen im Reich und in den Bundesstaaten. In: Biefang, Andreas/Epkenhans, Michael/Tenfelde, Klaus (Hg.): Das politische Zeremoniell im Deutschen Kaiserreich 1871–1918, Düsseldorf 2008, S. 207–232

Matzerath, Josef: Thüringer auf dem kursächsischen Landtag. In: Mittelsdorf, Harald (Hg.): Landstände in Thüringen. Vorparlamentarische Strukturen und politische Kultur im Alten Reich, Weimar 2008, S. 139–156

Mende, Susann: Kompetenzverlust der Landesparlamente im Bereich der Gesetzgebung. Eine empirische Analyse am Beispiel des Sächsischen Landtages, Baden-Baden 2010

Metasch, Frank: Auf dem Weg in den Bankrott. Die sächsischen Staatsschulden unter Heinrich Graf von Brühl. In: Koch, Ute C./Ruggero, Cristina (Hg.): Heinrich Graf von Brühl. Ein sächsischer Mäzen in Europa – Akten der internationalen Tagung zum 250. Todesjahr, Dresden 2017, S. 35–50

Mey, Josephine: Die Landdinge der Mark Meißen als ein gesellschaftlicher Zentralort. In: Landtagskurier. Freistaat Sachsen 3/2016, S. 22 f.

Mey, Josephine/Kopietz, Matthias: Making Constitutions in Saxony. Präsentation sächsischer Verfassungen in London. In: Landtagskurier. Freistaat Sachsen 7/2015, S. 22 f.

Meyer, Rudolf: Der sächsische Landtag von 1811, Leipzig 1912

Mitglieder der Ständeversammlung des Königreiches Sachsen, 1848–1850, Dresden o. J.

Molzahn, Ulf: Adel und frühmoderne Staatlichkeit in Kursachsen. Eine prosopographische Untersuchung zum politischen Wirken einer territorialen Führungsschicht in der Frühen Neuzeit (1539–1622), masch. Diss. Leipzig 2005

Molzahn, Ulf: Das Wirken des landsässigen Adels in den frühneuzeitlichen ständischen Vertretungen Sachsens. Ein Forschungsbericht. In: Keller, Katrin/Matzerath, Josef (Hg.): Geschichte des sächsischen Adels in der Frühen Neuzeit, Köln/Weimar 1997, S. 127–138

Müller, Gerhard: Die thüringische Landesordnung vom 9. Januar 1446. In: Zeitschrift des Vereins für Thüringische Geschichte 50, 1996, S. 9–35

Naumann, Rolf: Die politische Bedeutung der ersten Landtage des Kurfürsten August. In: Meißnisch Sächsische Forschungen 1929, S. 124–141

Neemann, Andreas: Kontinuitäten und Brüche aus einzelstaatlicher Perspektive. Politische Milieus in Sachsen 1848 bis 1850. In: Jansen, Christian/Mergel, Thomas (Hg.): Die Revolution von 1848/49. Erfahrung – Verarbeitung – Deutung, Göttingen 1998, S. 172–189

Neemann, Andreas: Landtag und Politik in der Reaktionszeit. Sachsen 1849/50 bis 1866, Düsseldorf 2000

Nitzsche, Emil: Sächsische Politik. Ein Handbuch für sächsische Wähler. Mit einer historischen Einleitung. Mit einem Geleitwort von August Bebel, Dresden 1903

Nösner, Uwe: Neubau feierlich eingeweiht – Tausende Besucher kamen. Offizielle Eröffnung der Neubauten des Sächsischen Landtags am 12. Februar 1994/Erster Parlamentsbau in den neuen Ländern von der Bevölkerung angenommen. In: Landtagskurier. Freistaat Sachsen, 1 und 2/1994, S. 1–6

Oppe, Erich: Die Reform des Wahlrechts für die II. Kammer der Ständeversammlung im Königreich Sachsen. In: Jahrbuch des öffentlichen Rechts 4, 1910, S. 374–409

Pache, Alfred: Geschichte des sächsischen Landtagswahlrechts von 1831–1907 und Beurteilung des Entwurfs der Regierung von 1903 in der Zweiten Kammer am 3. Februar 1904, sowie der Entwurf der Regierung zur Reform des Wahlgesetzes vom 7. Juli 1907 und dessen Beurteilung durch die Presse. Auf Grund amtlicher Unterlagen m. Abb., Dresden 1907

Parlamentarischer Almanach für das Königreich Sachsen, hrsg. von Max Dittrich, Dresden/Leipzig 1878

Pastewka, Janosch: „Mit Schriften und mit Zungen den Wagen aus dem Dreck zu ziehn". Eine Fraktionsfeier im Jahre 1926. In: Landtagskurier. Freistaat Sachsen 4/17, S. 22 f.

Pastewka, Janosch: „Ein erschütternder Anblick". Der Überfall auf den sächsischen Landtag am 9. März 1933. In: Landtagskurier. Freistaat Sachsen 5/2015, S. 22–23

Pastewka, Janosch: Koalitionen statt Klassenkampf. Der sächsische Landtag in der Weimarer Republik (1918–1923), Ostfildern 2018

Pastewka, Janosch: Pressefotografien aus der Weimarer Republik. In: Landtagskurier. Freistaat Sachsen 4/2014, S. 18 f.

Pfeiffer, Karl Johannes: Die sächsischen Landtage von 1842/43 und 1845/46, Diss. Leipzig 1920 (Handschrift)

Pohl, Karl Heinrich: Die Nationalliberalen in Sachsen vor 1914. Eine Partei der konservativen Honoratioren auf dem Weg zur Partei der Industrie, In: Gall, Lothar/Langewiesche, Dieter (Hg.): Deutscher Liberalismus im 19. Jahrhundert im regionalen Vergleich, München 1994, S. 195–215

Pohl, Karl Heinrich: Ein zweiter politischer Emanzipationsprozeß des liberalen Unternehmertums? Zur Sozialstruktur und Politik der Liberalen in Sachsen zu Beginn des 20. Jahrhunderts, In: Tennfelde, Klaus/Wehler, Hans-Ulrich (Hg.): Wege zur Geschichte des Bürgertums, Göttingen 1994, S. 231–248

Pohl, Karl Heinrich: Sachsen, Stresemann und die Nationalliberale Partei. Anmerkungen zur politischen Entwicklung, zum Aufstieg des industriellen Bürgertums und zur frühen Tätigkeit Stresemanns im Königreich Sachsen vor 1914. In: Jahrbuch zur Liberalismusforschung 1992, S. 197–216

Reckzeh, Wolf-Hartmut: Sachsen im Bild der Zeit – Ein verfassungsgeschichtlicher Überblick, In: Duppler, Jörg/Popp, Peter (Hg.): Wege zur Freundschaft – Ausgewählte Zeugnisse der deutsch-amerikanischen Beziehungen 1507–1995, Potsdam 1996, S. 110-124

Reden-Dohna, Armgard von: Landständische Verfassungen. In: Handwörterbuch zur deutschen Rechtsgeschichte 2, 1978, Sp. 1578–1585

Reichel, Maik: Das Testament des Kurfürsten Johann Georg I. aus dem Jahre 1652 und der Weg zum „Freundbrüderlichen Hauptvergleich" 1657. Die Entstehung der Sekundogenituren Sachsen-Weißenfels, Sachsen-Merseburg und Sachsen-Zeitz. In: Die sächsischen Wurzeln des Landes Sachsen-Anhalt und die Rolle der Sekundogenitur Sachsen-Zeitz, Halle 1997, S. 19–41

Retallack, James (Hg.): Sachsen in Deutschland. Politik, Kultur und Gesellschaft 1830–1918, Dresden 2000

Reuschel, Arthur: Die Einführung der Generalkonsumtionsakzise in Kursachsen und ihre wirtschaftspolitische Bedeutung, Leipzig 1930

Richter, Gregor: Die Ernestinischen Landesordnungen und ihre Vorläufer von 1446 und 1482, Köln 1964

Richter, Michael: Die Bildung des Freistaates Sachsen. Friedliche Revolution, Föderalisierung, deutsche Einheit 1989/90, Göttingen 2004

Richter, Michael: Die Entstehung des Freistaates Sachsen 1990. In: Hermann, Konstantin (Hg.): Sachsen seit der Friedlichen Revolution. Tradition, Wandel, Perspektiven, Beucha/Markleeberg 2010, S. 71–77 (das Zitat aus dem Geleitwort findet sich auf S. 75)

Richter, Michael: Die Friedliche Revolution. Aufbruch zur Demokratie in Sachsen 1989/90, 2. Bde., Göttingen 2009
Richter, Michael: Die Gemeinde-, Kreis- und Landtagswahlen 1946 im Kreis Kamenz. In: Lětopis. Zeitschrift für sorbische Sprache, Geschichte und Kultur 1/2014, S. 61–68
Richter, Michael: Die Ost-CDU 1948–1952. Zwischen Widerstand und Gleichschaltung, Düsseldorf 1990
Rink, Roberto: Die Landdinge. In: Marburg, Silke/Schriefl, Edith (Hg.): Die politische Versammlung als Ökonomie der Offenheiten. Kommentierte Quellen zur Geschichte der sächsischen Landtage vom Mittelalter bis in die Gegenwart, Ostfildern 2019
Rink, Roberto: Politische Partizipation im obersächsisch-meißnischen Raum vom 12. bis zum Beginn des 15. Jahrhunderts, Dresden, Univ., Diss. phil., masch. (vorauss. 2019)
Rink, Roberto: Zu Rat und Hilfe verpflichtet. Die erste Bedeverhandlung der Stände der gesamten Markgrafschaft Meißen im Jahre 1385. In: Landtagskurier. Freistaat Sachsen 7/2017, S. 22 f.
Ritter, Gerhard A.: Das Wahlrecht und die Wählerschaft der Sozialdemokratie im Königreich Sachsen 1867–1914. In: Ders. (Hg.): Der Aufstieg der deutschen Arbeiterbewegung. Sozialdemokratie und Freie Gewerkschaften im Parteiensystem und Sozialmilieu des Kaiserreiches, München 1990, S. 49–102
Ritter, Gerhard A.: Wahlgeschichtliches Arbeitsbuch. Materialien zur Statistik des Kaiserreichs 1871–1918, München 1980
Rößler, Matthias: „Wir wollten keine andere DDR". In: Jesse, Eckhard (Hg.): Friedliche Revolution und deutsche Einheit. Sächsische Bürgerrechtler ziehen Bilanz, Berlin 2006, S. 196–209
Rudloff, Michael: Die Strukturpolitik in den Debatten des sächsischen Landtages zur Zeit der Weltwirtschaftskrise. In: Bramke, Werner/Heß, Ulrich (Hg.): Sachsen und Mitteldeutschland. Politische, wirtschaftliche und soziale Wandlungen im 20. Jahrhundert, Weimar 1995, S. 241–260.
Rudloff, Michael/Schmeitzner, Mike (Hg.): „Solche Schädlinge gibt es auch in Leipzig". Sozialdemokraten und die SED, Frankfurt a. M. 1997
Rudolph, Karsten: Die sächsische Sozialdemokratie vom Kaiserreich zur Republik 1871–1923, Weimar/Köln/Wien 1995
Sacher, Siegfried: Demokratischer Block und Landtag des Landes Sachsen in der antifaschistisch-demokratischen Revolution. In: Staat und Recht, 19/1970, H. 5, S. 715–725
Sacher, Siegfried: Demokratischer Block und Landtag des Landes Sachsen im Prozeß der Herausbildung der sozialistischen Staatlichkeit. In: Staat und Recht, 21/1972, H. 5, S. 745–755
Sacher, Siegfried: Der Sächsische Landtag – ein revolutionär=demokratisches Machtorgan. In: Sächsische Heimatblätter, 19. Jg., Heft 5, 1973, S. 217–222
Sacher, Siegfried: Zur Entwicklung des Sächsischen Landtages unter dem Einfluß der Blockpolitik. In: Wissenschaftliche Zeitschrift der Karl-Marx-Universität Leipzig 14/1965, S. 659–668
Sächsische Akademie der Wissenschaften (Leipzig) Philologisch-Historische Klasse (Hg.): Atlas zur Geschichte und Landeskunde von Sachsen, Dresden 1997–2012

Sack, Manfred: Hereinspaziert! Peter Kulkas Haus für den neuen Sächsischen Landtag in Dresden: ein wohlgeratener Bau von feiner Einfachheit. In: DIE ZEIT Nr. 43, 22. Oktober 1993, S. 64

Schattkowsky, Martina/Wilde, Manfred (Hg.): Sachsen und seine Sekundogenituren. Die Nebenlinien Weißenfels, Merseburg und Zeitz (1657–1746), Leipzig 2010

Schermaul, Sebastian: Der Prozess gegen die Leipziger Burschenschaft 1835–38: Adolf Ernst Hensel, Hermann Joseph, Wilhelm Michael Schaffrath und ihr politisches Wirken, Frankfurt a. M. 2015

Schimmel, Otto E.: Die Entwicklung des Wahlrechts zur Zweiten Kammer und die Zusammensetzung derselben in parteipolitischer und sozialer Hinsicht, Nossen 1912

Schirmer, Uwe: Adliges Selbstbewusstsein und landständische Herrschaft (Die Einung der meißnischen und osterländischen Stände vom November 1445). In: Schattkowsky, Martina (Hg.): Adlige Lebenswelten in Sachsen. Kommentierte Bild- und Schriftquellen, Köln 2013, S. 233–239

Schirmer, Uwe: Der landständische Einfluß auf die Politik der Herzöge und Kurfürsten von Sachsen (1541–1586). Fürstengewalt und Ständerecht. In: Junghans, Helmar (Hg.): Die sächsischen Kurfürsten während des Religionsfriedens von 1555 bis 1618, Leipzig 2007, S. 263–278

Schirmer, Uwe: Die ernestinischen Stände von 1485–1572. In: Landstände in Thüringen. Vorparlamentarische Strukturen und politische Kultur im Alten Reich, Weimar 2008, S. 23–50

Schirmer, Uwe: Grundriß der kursächsischen Steuerverfassung (15.–17. Jahrhundert). In: Ders. (Hg.): Sachsen im 17. Jahrhundert. Krise, Krieg und Neubeginn, Beucha 1998, S. 161–207

Schirmer, Uwe: Kursächsische Staatsfinanzen (1456–1656). Strukturen – Verfassung – Funktionseliten, Stuttgart 2006

Schirmer, Uwe: Landstände und Reformation. Das Beispiel Kursachsen (1523–1543). In: Bünz, Enno/Heimann, Heinz-Dieter/Neitmann, Klaus (Hg.): Reformation vor Ort. Christlicher Glaube und konfessionelle Kultur in Brandenburg und Sachsen im 16. Jahrhundert, Berlin 2017, S. 55–77

Schirmer, Uwe: Mitbestimmung der Untertanen oder Alleinherrschaft der Funktionseliten? Zur politischen Paritzpation und landständischen Verfassung in den Lausitzen, Kursachsen, Brandenburg und Schlesien (1500–1650). In: Bahlcke, Joachim (Hg.): Die Oberlausitz im frühneuzeitlichen Mitteleuropa. Beziehungen – Strukturen – Prozesse, Stuttgart 2007, S. 59–91

Schirmer, Uwe: Wirtschaftspolitik und Bevölkerungswachstum in Kursachsen (1648–1756). In: NASG, Bd. 68, 1997, S. 125–155

Schirmer, Uwe: Zwischen Fürstentestament und Freundbrüderlichem Hauptvergleich: die politische Wirkkraft der kursächsischen Stände auf dem Landtag von 1657. In: Schattkowsky, Martina/Wilde, Manfred (Hg.): Sachsen und seine Sekundogenituren. Die Nebenlinien Weißenfels, Merseburg und Zeitz (1657–1746), Leipzig 2010, S. 97–111

Schlechte, Horst: Die Staatsreform in Kursachsen 1762–1763. Quellen zum Kursächsischen Rétablissement nach dem Siebenjährigen Kriege, Berlin (Ost) 1958

Schlesinger, Walter: Die Landesherrschaft der Herren von Schönburg, München/Köln 1952

Schmeitzner, Mike: Einheitsfront oder Große Koalition? Der sächsische Landtag 1923/24. In: Aspekte sächsischer Landtagsgeschichte. Varianten der Moderne 1868–1952, Dresden 2003, S. 60–66

Schmeitzner, Mike: Freistaat – Gau – Bezirke. Sachsen im Spannungsfeld von Demokratie und Diktatur 1919–1989. In: Hermann, Konstantin (Hg.): Sachsen seit der Friedlichen Revolution. Tradition, Wandel, Perspektiven, Beucha/Markleeberg 2010, S. 46–58 (das Zitat aus dem Geleitwort findet sich auf S. 46)

Schmeitzner, Mike/Donth, Stefan: Die Partei der Diktaturdurchsetzung. KPD/SED in Sachsen 1945–1952, Köln 2002

Schmeitzner, Mike/Rudloff, Michael: Geschichte der Sozialdemokratie im Sächsischen Landtag. Darstellung und Dokumentation 1877–1997, Dresden 1997

Schmidt, Gerhard: Der sächsische Landtag 1833–1918. Sein Wahlrecht und seine soziale Zusammensetzung. In: Der Sächsische Landtag. Geschichte und Gegenwart, hrsg. vom Arbeitsstab Landtag, Dresden 1990, S. 35–47

Schmidt, Gerhard: Die Staatsreform in Sachsen in der ersten Hälfte des 19. Jahrhunderts. Eine Parallele zu den Steinschen Reformen in Preußen, Weimar 1966

Schmidt, Siegfried: Die Entwicklung der politischen Opposition im Königreich Sachsen zwischen 1830 und 1848, Diss. Jena 1953

Schmidt, Ute: „Vollständige Isolierung erforderlich …" SMT-Verurteilungen im Kontext der Gleichschaltung der Blockparteien CDU und LDP 1946–1953. In: Hilger, Andreas/Schmeitzner, Mike/Schmidt, Ute (Hg.): Sowjetische Militärtribunale, Bd. 2: Die Verurteilung deutscher Zivilisten, Köln/Weimar/Wien 2003, S. 345–396

Schneider, Joachim: Schriftsassen und Amtssassen. In: Schattkowsky, Martina (Hg.): Adlige Lebenswelten in Sachsen. Kommentierte Bild- und Schriftquellen, Köln 2013, S. 181–208

Schötz, Susanne: Politische Partizipation und Frauenwahlrecht bei Louise Otto-Peters. In: Richter, Hedwig/Wolff, Kerstin (Hg.): Demokratisierung der Demokratie in Deutschland und Europa, Hamburg 2018, S. 187–220

Schreber, Daniel Gottfried: Ausführliche Nachricht von den Churfürstlich-Sächsischen Land- und Ausschußtägen von 1185–1787, 3. Auflage Dresden 1793

Schriefl, Edith: „wir wollen ja auch nicht immer hier in Trübsinn verkommen" – Humor im Landtag. In: Landtagskurier. Freistaat Sachsen 8/2016, S. 22 f.

Schriefl, Edith: Das Rationen-Parlament. In: Landtagskurier. Freistaat Sachsen 4/2016, S. 22 f.

Schriefl, Edith: Parlamentskonzepte nach dem Zweiten Weltkrieg. Der sächsische Landtag 1946 bis 1952, Ostfildern [voraussichtlich 2019]

Schröder, Wolfgang: Unternehmer im Sächsischen Landesparlament 1866–1909. In: Unternehmer in Sachsen. Aufstieg – Krise – Untergang – Neubeginn, Leipzig 1998, S. 119–144

Schröder, Wolfgang: Wahlkämpfe und Parteientwicklung. Zur Bedeutung der Reichstagswahlen für die Formierung der Sozialdemokratie zur politischen Massenpartei (Sachsen 1867–1881). In: Mitteilungsblatt des Instituts zur Erforschung europäischer Arbeiterbewegung 20/1998, S. 1–66

Schröder, Wolfgang: Wahlrecht und Wahlen im Königreich Sachsen 1866–1896. In: Ritter, Gerhard A. (Hg.): Wahlen und Wahlkämpfe in Deutschland, Düsseldorf 1997, S. 79–130

Schröder, Wolfgang: Zur Struktur der II. Kammer des sächsischen Landtages 1869–1918. In: Küttler, Wolfgang (Hg.): Das lange 19. Jahrhundert, Personen – Ereignisse – Ideen – Umwälzungen. Ernst Engelberg zum 90. Geburtstag, Berlin 1999, S. 149–183

Schubert, Ernst: Der rätselhafte Begriff „Land" im späten Mittelalter und in der frühen Neuzeit. In: Concilium medii aevi 1, 1998 (zuerst 1995), S. 15–28

Schwerdfeger, Otto: König Johann von Sachsen als Vorkämpfer für Wahrheit und Recht. Reden und Sprüche aus 20 Jahren seines parlamentarischen Wirkens, Dresden 1884

Souveräne Kurven. Innenausbauten im neuen Sächsischen Landtag. In: db 2/94, S. 116 ff.

Ständehaus. Präsident des Sächsischen Landtages, Oberlandesgericht, Landesamt für Denkmalpflege, hrsg. vom Staatlichen Vermögens- und Hochbauamt Dresden, Dresden 2001

Starke, Ursula: Veränderung der kursächsischen Stände durch Kriegsereignisse im 17. Jahrhundert, Diss. Göttingen 1957

Stollberg-Rilinger, Barbara: Ständische Repräsentation – Kontinuität oder Kontinuitätsfiktion? In: Zeitschrift für Neuere Rechtsgeschichte 28, 2006, S. 279–298

Streich, Brigitte: Die Bistümer Merseburg, Naumburg und Meißen zwischen Reichsstandschaft und Landsässigkeit. In: Schmidt, Roderich (Hg.): Mitteldeutsche Bistümer im Spätmittelalter, Lüneburg 1988, S. 53–72

Symposium anläßlich der Konstituierung eines sächsischen Landtages am 22. November 1946, Veranstaltungen des Sächsischen Landtages, Heft 13, Dresden 1996

Szejnmann, Claus-Christian W.: Vom Traum zum Alptraum. Sachsen in der Weimarer Republik, Dresden 2000

Thümmler, Gerhard: Der Sächsische Landtag in der Zeit der Reichseinigung 1864 bis 1875. In: Blaschke, Karlheinz (Hg.): 700 Jahre politische Mitbestimmung in Sachsen. Begleitheft zur Ausstellung, Dresden 1994, S. 53

Thüsing, Andreas: Landesverwaltung und Landesregierung in Sachsen 1945–1952, Frankfurt a. M. 2000

Tonndorf, Thorsten: Die sächsischen Abgeordneten der Frankfurter Vor- und Nationalversammlung, Diss. Dresden 1993

Tonndorf, Torsten: Die wahl- und sozialpolitische Zusammensetzung der sächsischen Paulskirchenvertreter. In: Zeitschrift für Geschichtswissenschaft 42, 1994, S. 773–794

Vogel, Lutz: „… so bin ich da als Mutter wohl besser sachverständig als der Minister …". Das parlamentarische Wirken der ersten weiblichen Abgeordneten im Sächsischen Landtag 1919–1933. In: Landtagskurier. Freistaat Sachsen 17/2007, Heft 4, S. 23, und Heft 5, S. 14 f.

Vogel, Lutz: Parlamentsarbeit einer „Novizin". Julie Salinger im Sächsischen Landtag 1919–1922. In: Medaon. Das Magazin für jüdisches Leben in Forschung und Bildung, 1/2007, http://medaon.de/pdf/M-Vogel-1-2007.pdf

Vogel, Lutz: Weitgehend chancenlos. Landtagskandidatinnen in Sachsen 1919–1933. In: Richter, Hedwig/Wolff, Kerstin (Hg.): Demokratisierung der Demokratie in Deutschland und Europa, Hamburg 2018, S. 249–269

Volkmar, Christoph: Territoriale Funktionseliten, Ständebildung und politische Partizipation im Machtbereich der Wettiner. In: Auge, Oliver/Büsing, Burkhard (Hg.): Der Vertrag von Ripen 1460 und die Anfänge der politischen Partizipation in Schleswig-Holstein, im Reich und in Nordeuropa, Ostfildern 2012, S. 373–385

Von der Vormundschafft über Churfürst Christiani I. zu Sachsen Söhne. In: Müller, Johann Joachim: Entdecktes Staats-Cabinet, Jena 1717, S. 308–313

von Mangoldt, Hans: Zur Rechtsstellung des Sächsischen Landtages in der Nachkriegsordnung der Sowjetischen Besatzungszone Deutschlands. In: Symposium anläßlich der Konstituierung eines sächsischen Landtages am 22. November 1946, Veranstaltungen des Sächsischen Landtages, Heft 13, Dresden 1996, S. 8–23

von Watzdorf, Otto: Petiton an die Ständeversammlung des Königreiches Sachsen, den Gesetzentwurf über die provisorische Feststellung der Angelegenheiten der Presse betreffend, Dresden 1833

von Watzdorf, Otto: Rechenschaftsbericht über seine Theilnahme an den Verhandlungen des sächsischen Landtags von 1839/40 in einem offenen Sendschreiben an seine Committenten, Dresden o. J.

von Watzdorf, Otto: Über die Nothwendigkeit einer Veränderung der im Königreiche Sachsen dermalen bestehenden ständischen Verfassung, Hof 1830

von Witzleben, Cäsar Dietrich: Die Entstehung der constitutionellen Verfassung des Königreichs Sachsen. Zur Feier des fünfzigjährigen Bestehens der Verfassungsurkunde vom 4. September 1831, Leipzig 1881

Wagner, Georg: Die Beziehungen August des Starken zu seinen Ständen während der ersten Jahre seiner Regierung, Diss. Leipzig [1902]

Walter, Philipp: Die Universität Leipzig als kursächsischer Landstand des 16. und 17. Jahrhunderts. In: Döring, Detlef (Hg.): Leipzigs Bedeutung für die Geschichte Sachsens. Politik, Wirtschaft und Kultur in sechs Jahrhunderten, Leipzig 2014, S. 125–156

Walter, Philipp: Universität und Landtag (1500–1700). Akademische Landstandschaft im Spannungsfeld von reformatorischer Lehre, landesherrlicher Instrumentalisierung und ständischer Solidarität, Wien/Köln/Weimar 2018

Weber, Rolf: Die Revolution in Sachsen 1848/49, Berlin 1970

Wehmann, Christoph: Petitionen auf den Landtagen 1866–1910. In: Landtagskurier. Freistaat Sachsen 7/2016, S. 22 f.

Weiler, Heinrich: Die Reichsexekution gegen den Freistaat Sachsen unter Reichskanzler Stresemann im Oktober 1923. Historisch-politischer Hintergrund, Verlauf und staatsrechtliche Beurteilung, Frankfurt a. M. 1987

Weiße, Christian Ernst: Dipolomatische Beiträge zur Sächsischen Geschichte und Staatskunde, Leipzig 1799: S. 205–282: Chursächische Landtagsverhandlungen 1550. 1552. 1557. und 1561.

Weiße, Christian Ernst: Geschichte der Chursächsischen Staaten, 4 Bde., Leipzig 1802–1806

Westerkamp, Dominik: Pressefreiheit und Zensur im Sachsen des Vormärz, Baden-Baden 1999

Wieczorek, Roswitha: Sächsische Landtagsordnungen im 19. Jahrhundert. In: Sächsischer Landtag. Jahresspiegel 1992, S. 19–21

Winzeler, Marius: Das Ständehaus in Dresden von Paul Wallot. Die Baugeschichte eines deutschen Parlamentsgebäudes. In: Landesamt für Denkmalpflege Sachsen (Hg.): Denkmalpflege in Sachsen. Mitteilungen des Landesamtes für Denkmalpflege 2001, Beucha 2001, S. 5–24

Winzeler, Marius: Das Ständehaus in Dresden. Baugeschichte / Beschreibung / Denkmalpflegerische Zielsetzung (Manuskript der Landesdenkmalpflege Dresden, Dresden 1992)

Würzberger, Eugen: Die Wahlen für die Zweite Kammer der Ständeversammlung von 1869 bis 1896. In: Zeitschrift des K[öniglich] Sächsischen Statistischen Landesamtes 1905, 1. Heft, S. 11

Würzberger, Eugen: Die Wahlen für die Zweite Kammer der Ständeversammlung vom Oktober und November 1909. In: Zeitschrift des Sächsischen Statistischen Landesamtes, 55 Jg., 1909, S. 222 f.

Würzberger, Eugen: Die Wahlen zum Deutschen Reichstag im Königreich Sachsen von 1874 bis 1907. In: Zeitschrift des K. Sächsischen Statistischen Landesamtes, 54. Jg., 1908, S. 173 ff.

Wuttke, Robert: Die Einführung der Landakzise und Generalkonsumtionsakzise, Leipzig 1890

Wuttke, Robert: Gesindeordnungen und Gesindezwangsdienst in Sachsen bis zum Jahre 1835, Leipzig 1893

Wyduckel, Dieter: Die Thronreden König Johanns und die politisch-rechltiche Praxis der Gesetzgebung. In: Müller, Winfried/Schattkowsky, Martina (Hg.): Zwischen Tradition und Modernität. König Johann von Sachsen 1801–1873, Leipzig 2004, S. 69–88

Wyduckel, Dieter: Prinz Johann als Jurist und Mitglied der Ersten Kammer des Sächsischen Landtages. In: König Johann von Sachsen. Zwischen zwei Welten, Halle a.d., S. 125–129

Zachariä, Karl Salomo: Gegen das ausschliessende Sitz- und Stimmrecht des alten Adels auf den Chursächsischen Landes-Versammlungen, Leipzig 1805

Abkürzungsverzeichnis

Bf.	Bischof
Bgf.	Burggraf
Lgf.	Landgraf
CDS	Codex Diplomaticus Saxoniae (http://codex.isgv.de)
Ebf.	Erzbischof
Ehzg.	Erzherzog
GVBl Sachs	Gesetz- und Verordnungsblatt für das Königreich Sachsen, [1835–1918]
GS Sachs	Gesetzsammlung für das Königreich Sachsen, Dresden [1818–1834]
Hzg.	Herzog
Kf.	Kurfürst
Kg.	König
LA	Verhandlungen des ordentlichen/außerordentlichen Landtags im Königreich Sachsen: Landtagsakten; 1. Abtheilung: Die königlichen Mittheilungen an die Stände und die Eingaben der letzteren an den König enthaltend; 4. Abtheilung: Die als Handschriften für die Mitglieder der Kammern gedruckten Schriften enthaltend
HZ	Historische Zeitschrift
Mgf.	Markgraf
MVL	Mittheilungen über die Verhandlungen des ordentlichen/außerordentlichen Landtags im Königreiche Sachsen
NASG	Neues Archiv für sächsische Geschichte
OHMA	Oberhofmarschallamt
röm.-dt.	römisch-deutsch
SächsHStA Dresden	Sächsisches Hauptstaatsarchiv Dresden
sc.	scilicet – das heißt, nämlich
StA Leipzig	Staatsarchiv Leipzig
Staatshandbücher	Die sächsischen Staatshandbücher erschienen von 1765 bis 1806 unter dem Namen: „Churfürstlicher Sächsischer Hof= und Staats=Calender auf das Jahr 1765" bzw. „Churfürstlich=Sächsischer Hof= und Staats=Calender auf das Jahr 1806". Ab 1807 und bis 1813 hießen sie: „Königlich=Sächsischer Hof= und Staats=Calender auf das Jahr 1807". Seit 1819 bis einschließlich 1828 firmieren sie unter: „Königlich Sächsischer Hof=, Civil= und Militär Staat". Im Jahre 1832 wurden sie: „Uebersicht der Königl. Sächs. Hof=Staats und Militair=Behörden" betitelt und von 1837 bis 1914 nannten sie sich: „Staatshandbuch für das Königreich Sachsen".
s.v.	sub voce (unter dem entsprechenden Stichwort)
VdSL	Verhandlungen des Sächsischen Landtags 1920–1933
VSV	Verhandlungen der Sächsischen Volkskammer 1919/20

Namensindex
von Ronny Steinicke

A
Ackermann, Anton 281
Adolf von Nassau, röm.-dt. König 72
Agnes, Hzgin. v. Schweidnitz-Jauer 42
Albert, Ebf. v. Magdeburg 35
Albert, Kg. v. Sachsen 235 f., 308–310
Albrecht I. (der Stolze), Mgf. v. Meißen 73, 75
Albrecht II., Mgf. v. Brandenburg-Kulmbach 97
Albrecht II. (der Entartete), Mgf. v. Meißen 34, 72
Albrecht III. (der Beherzte), Hzg. v. Sachsen 51 f., 54
Anna, Lgfin. v. Hessen 45
Anna von Sachsen 97
August, Kf. v. Sachsen 23, 92, 94, 97 f., 101, 107 f., 155

B
Ballschuh, Siegfried 296
Balthasar, Mgf. v. Meißen, Lgf. v. Thüringen 40, 42, 77
Bandmann, Otto 277
Baumann, Friedrich Tuiskon 235, 238, 240, 257 f.
Bebel, August 226, 228
Behr, Johann Heinrich August von 250
Beust, Friedrich Ferdinand Freiherr von 24, 207–211, 214, 220–222, 250, 253
Biedenkopf, Kurt 298
Biedermann, Carl 192, 211 f., 250
Biener, Peter 57–59
Bismarck, Otto Fürst von 308, 310
Blaschke, Karlheinz 20–22
Blüher, Bernhard 272, 314
Blümer, Heinrich 172
Blum, Robert 192 f., 196, 206, 245
Böchel, Karl 277

Bose, August Karl Graf 257
Bose, Hans Balthasar von 130, 166
Bothmer, Gisela Erdmuthe Gräfin von 129
Böttrich, Heinz 298
Braun, Alexander Karl Hermann 193, 196
Brockhaus, Heinrich 193, 213
Brühl, Heinrich Graf von 147 f.
Buchwitz, Otto 282 f., 293
Buck, Johann Wilhelm 274 f.
Bünau, Günther Graf von 154
Bünau, Heinrich von 71, 130 f.
Bünger, Wilhelm 276 f.

C
Carlowitz, Albert von 154, 173
Carlowitz, Hans Georg von 243
Carola, Kgin. v. Sachsen 236
Christian I., Kf. v. Sachsen 21, 98, 100–102, 157
Christian II., Kf. v. Sachsen 94, 98 f.
Christian III., Kg. v. Dänemark 97
Christian August, Prinz v. Sachsen-Zeitz 129

D
Dambowsky, Erich 283
Dieskau, Otto von 71
Dietrich (der Bedrängte), Mgf. v. Meißen 35
Diezmann (Dietrich III.), Mgf. d. Niederlausitz 34, 72

E
Eberhard II., Hzg. v. Württemberg 80
Eck, Johannes 61
Eckstädt, Friedrich Graf Vitzthum von 239
Ehrenstein, Carl Wolf von 207, 210

Eiben, Georg 257
Eike von Repgow 74
Einsiedel, Anna Sophia von 129
Einsiedel, Detlev Graf von 153 f.
Einsiedel, Johann Georg Graf von 239
Eisenstuck, Bernhard 222
Ekkehard, Bf. v. Merseburg 35
Erdmannsdorf, Wolf Dietrich von 130, 131
Ernst, Kf. v. Sachsen 51
Evans, Eli 213

F
Fellisch, Alfred 275
Ferdinand II., röm.-dt. Kaiser 99, 104, 116
Ferdinand, röm.-dt. Kaiser 59
Fischer, Emil 277
Flemming, Jacob Heinrich Graf von 164
Fräßdorf, Karl Julius 261
Freytag, Otto Emil 226, 228
Friedrich (der Blöde), Erbprinz v. Sachsen 57, 62, 70
Friedrich I., Kf. v. d. Pfalz 79
Friedrich I. (der Streitbare), Kf. v. Sachsen 44
Friedrich II., Mgf. v. Brandenburg 49
Friedrich II. (der Sanftmütige), Kf. v. Sachsen 44 f., 48-50, 81
Friedrich III., Ebf. v. Magdeburg 49
Friedrich III. (der Strenge), Mgf. v. Meißen 40 f.
Friedrich III. (der Weise), Kf. v. Sachsen 56, 60, 67 f.
Friedrich IV. (der Friedfertige), Mgf. v. Meißen, Lgf. v. Thüringen 46
Friedrich V., Bgf. v. Nürnberg 42
Friedrich August I. (August II., der Starke), Kf. v. Sachsen, Kg. v. Polen 21, 23, 93, 113, 115, 121-126, 129, 131 f., 135, 139, 142, 146 f., 150, 152, 162-165, 168
Friedrich August II. (August III.), Kf. v. Sachsen, Kg. v. Polen 122, 142, 146-148, 165

Friedrich August II., Kg. v. Sachsen 195 f., 203, 206 f., 210-213, 246, 249
Friedrich August III., Kg. v. Sachsen 265, 312
Friedrich August III./I., Kf. u. Kg. v. Sachsen 150, 152
Friedrich Christian, Kf. v. Sachsen 21
Friedrich Wilhelm I., Hzg. v. Sachsen-Weimar 94, 98
Friedrich Wilhelm IV., Kg. v. Preußen 196, 210
Friesen, Friedrich Freiherr von 194, 202 f., 245
Friesen, Richard Freiherr von 212, 214, 216, 250, 253
Fürstenberg-Heiligenberg, Anton Egon von 165

G
Gärtner, Carl Gottlob 171
Georg, Kg. v. Sachsen 236, 309
Georg (der Bärtige), Hzg. v. Sachsen 52 f., 55-59, 61–64, 69–71, 84, 93
Gerlach, Karl 277
Geyer, Anna 268
Geyer, Friedrich August Carl 261
Goldstein, Hermann Friedrich 261
Gottschald, Ernst Wilhelm 202
Gradnauer, Georg 268 f., 273 f., 313
Großmann, Christian Leberecht 223
Groß, Reiner 23 f.
Grotewohl, Otto 281
Grünberg, Carl Friedrich 261
Grunder, Paul 261
Günther, Oscar 272, 314
Gustav II. Adolf, Kg. v. Schweden 117

H
Haase, Karl Heinrich 216
Haberkorn, Ludwig 228
Habermas, Jürgen 153, 241
Hardenberg, Karl August Fürst von 187
Harkort, Gustav 213
Haupt, Moriz 213

Hegel, Georg Wilhelm Friedrich   203
Heinrich (der Fromme), Hzg. v. Sachsen   62, 82
Heinrich V. v. Plauen, Bgf. v. Meißen   91
Heinrich VII., Vogt von Plauen   155
Heinrich (VII.), röm.-dt. Kg.   33
Helbig, Herbert   47
Held, Gustav Friedrich   207 f., 210
Heldt, Max   275 f.
Hermann II., Lgf. v. Hessen   42, 77
Heubner, Otto Leonhard   211, 250
Hickmann, Hugo   292, 316
Hirschel, Bernhard   192
Hitler, Adolf   276
Hofmann, Franz   261
Hohenthal, Alfred Graf von   194
Holtzendorff, Albrecht Graf von   197
Horn, Georg   261
Horn, Karl Paul   261
Hünerbein, Johann Carl Baron von   114

I
Iltgen, Erich   295 f., 298

J
Jahn, Otto   213
Jakob II., Kg. v. England   164
Johann, Ehzg. von Österreich   246
Johann, Erbprinz v. Sachsen   57
Johann, Kg. v. Sachsen   24, 193, 199, 212, 216, 221 f., 246, 250
Johann (der Beständige), Kf. v. Sachsen   53, 60 f., 67
Johann Friedrich I. (der Großmütige), Kf. v. Sachsen   57, 62, 68
Johann Georg I., Kf. v. Sachsen   94, 99, 102, 104–107, 113, 116–120, 159, 234
Johann Georg II., Kf. v. Sachsen   114 f., 119, 120–122, 163
Johann Georg III., Kf. v. Sachsen   23, 121
Jordan, Ernst Albert   254

K
Kaden, Wilhelm August   261
Karl V., röm.-dt. Kaiser   52, 57, 97
Karl XII., Kg. v. Schweden   23, 114
Keller, Katrin   22
Kitzscher, Hans von   71
Klemperer, Viktor   289
Koch, Heinrich Theodor   254
Köchly, Hermann   208 f.
Koch, Otto   213
Koenen, Wilhelm   282
Könneritz, Erasmus von   102
Könneritz, Julius Traugott Jakob von   194, 197, 243, 245
Könneritz, Rudolf von   206, 208 f., 248
Konrad II., Bf. v. Hildesheim   35, 74
Krell, Nikolaus   98, 100–102, 158
Kroll, Frank-Lothar   24
Krubsacius, Friedrich August   306, 308
Kulka, Peter   311
Kunkel, Karl-Heinz   302

L
Liebknecht, Wilhelm   226, 228
Lindenau, Bernhard von   154, 187, 192, 194, 243, 245, 313
Lipinski, Richard Robert   275
List, Friedrich   195
Löser, Hans Graf von   123 f., 130 f.
Löser, von (Adelsgeschlecht)   169
Ludwig I., Lgf. v. Hessen   49
Luhmann, Niklas   18
Luther, Martin   61
Lüttichau, Wolfgang   71

M
Maizière, Lothar de   295 f.
Malortie, Ernst von   239, 260
Mansfeld, Grafen von (Adelsgeschlecht)   114
Mansfeld, Hoyer Graf von   71
Marx, Karl   17
Matern, Hermann   281
Mathilde, Prinzessin v. Sachsen   236
Matthias, röm.-dt. Kaiser   103
Maximilian I., röm.-dt. Kaiser   54

Mehnert, Paul   229
Mergenthal, Johann   50
Metzsch, Karl Georg Levin von   229
Metzsch, von (Adelsgeschlecht)   167
Molzahn, Ulf   93
Mommsen, Theodor   213
Mönch, Hans   66
Moritz, Kf. v. Sachsen   21, 57, 62, 91 f., 94, 96 f., 102, 107
Müller, Alfred   275
Müller, Christian Gottlieb   243
Müller, Karl Otto   254

N
Neemann, Andreas   220
Nikolaus I., Bf. v. Meißen   42
Nostitz und Jänkendorf, Gottlob Adolph Ernst von   154

O
Oberländer, Martin   204–206
Otto (der Reiche), Mgf. v. Meißen   37–39, 73, 75
Otto-Peters, Louise   199

P
Pastewka, Janosch   277
Peukert, Detlev   272
Pfordten, Ludwig Freiherr von der   197, 201, 248
Pinkau, Johann Karl   261
Pistoris, Simon   70
Posern, Curt Ernst von   180 f., 218 f., 242
Postelt, Reinhold   261
Pötzsch, Ernst Max   259
Puttrich, Ludwig Emil   226, 228

R
Rabenhorst, Bernhard   207, 209, 250, 253
Rayski, Ferdinand von   219
Rehberg, Karl-Siegbert   179
Richter, Hans   288
Richter, Karl Ernst   193
Riedel, Christian Gottlieb   214

Rittner, Karl August   253
Rudolf, meiß.-mgfl. Kaplan   75
Rudolph, Arthur   283

S
Salinger, Julie   268
Schieck, Walther   277
Schönberg, Hans von   71
Schönburg, Grafen bzw. Herren von (Adelsgeschlecht)   182
Schreck, Hermann   221
Schriefl, Edith   290, 293
Schulz, Ernst Ferdinand   261
Seifert, Heinrich Julius   261
Semper, Gottfried   226
Senfft von Pilsach, Adam Ernst   133
Senfft von Pilsach, geb. Raue von Holtzhausen, Sophie Maria Helena   133
Seydewitz, Max   286, 289
Seyfert, Richard   272, 312, 314
Sigismund, Bf. v. Würzburg   48
Stefan II., Hzg. v. Bayern   42
Stein, Karl Freiherr vom und zum   187
Stolle, Heinrich   227, 261
Stolle, Karl Wilhelm   261
Stresemann, Gustav   275
Stromer von Auerbach, Heinrich   71
Szembeck, Jan   130 f.

T
Taubenheim, Christoph von   62
Theile, Friedrich   211 f.
Todt, Carl Gotthelf   193, 211, 250
Trützschler, Johanna Sophia von   129
Tschirner, Samuel Erdmann   206, 208 f., 211, 248, 250
T'Serclaes von Tilly, Johann   117

U
Ulrich V., Gf. v. Württemberg   79

V
Vaatz, Arnold   296
Vollmar, Georg von   228

Vratislav, Sohn Ottokars I. Přemysl, Kgs. v. Böhmen 75

W
Wagner, Helene 268
Wallenstein, Albrecht von 117
Wallot, Paul 288, 306, 309
Walther, Karl Friedrich August 254
Watzdorf, Christian Friedrich von 128, 134
Watzdorf, Friedrich August von 128–130, 132–134, 165
Watzdorf, geb. Senfft von Pilsach, Eleonore Ernestine Dorothea von 133 f.
Watzdorf, Otto von 154, 173
Weber, Carl von 245, 250, 261
Weber, Max 17
Weck, Anton 35, 40
Weinlig, Christian Albert 207, 210
Welck, Curt Robert Freiherr von 172, 194, 245
Wenzel I., Kf. v. Sachsen-Wittenberg 42
Wilhelm I., Fürst v. Oranien 97
Wilhelm I., Kg. v. Württemberg 234
Wilhelm I. (der Einäugige), Mgf. v. Meißen 40–42
Wilhelm III. (der Tapfere), Hzg. v. Sachsen 43–45, 48 f., 81
Wirsing, Johann Caspar Freiherr von 234
Witlieb, Abt v. Altzelle 37
Witzleben, Cäsar Dietrich von 17

Z
Zehmen, Ludwig von 257
Zeigner, Erich 275
Zeschau, Heinrich Anton von 243
Zobeltitz, Hanns von 238, 259 f.
Zschinsky, Ferdinand 210, 212

Abbildungsverzeichnis

Abb. 1: Urkunde Markgraf Ottos zum Landding von 1185. Sächsisches Staatsarchiv, Hauptstaatsarchiv Dresden, 10001 Ältere Urkunden, Nr. 91 (52,5 x 50,5 cm)

Abb. 2: Revers Markgraf Wilhelms I. zur Bedeforderung von 1385. Sächsisches Staatsarchiv, Hauptstaatsarchiv Dresden, 12856 Domkapitel Meißen (Depositum), Nr. 501

Abb. 3: Revers Kurfürst Friedrichs II. und Herzog Wilhelms III. zum ersten Landtag von 1438. Stadtarchiv Leipzig, O.U. 67,2

Abb. 4: Ausschreiben Herzog Georgs an an die Räte seiner Landstädte von 1501. Stadtarchiv Leipzig, Tit. II A, Nr. 1, Bl. 10v.

Abb. 5: Das Zehrungsbuch Herzog Georgs von 1538. Sächsisches Staatsarchiv, Hauptstaatsarchiv Dresden, 10024, Geheimer Rat (Geheimes Archiv), Loc. 10289/18

Abb. 6: Nikolaus Krell, Ausschnitt aus „Die Einlieferung der Kryptocalvinisten Crell, Gundermann und Pierius in das Gefängnis zu Dresden (mit Porträtmedaillons, Kupferstich, 178x276 cm, Ende 16. Jahrhundert). Kupferstich-Kabinett, Staatliche Kunstsammlungen Dresden

Abb. 7: Adliger Defensionsreiter, Musterzeichnung 1610. SächsHStA Dresden, Bestand 10024, Geheimer Rat (Geheimes Archiv), Loc. 07994/04: Anordnung einer sonderlichen Livree, auf die Ritterdienste gerichtet

Abb. 8: Kurfürst August an der Tafel. In: Jacob von Fouilloux: New Jägerbuch, Straßburg 1580 SLUB Dresden, 1.Fi.485-C1441/C1472,2, Deutsche Fotothek df_dat_0002482

Abb. 9: Hans Graf von Löser (1704–1763) auf Reinharz, kursächsischer Erbmarschall auf den Landtagen 1742 bis 1749, unbekannter Künstler (Foto: Sächsischer Landtag)

Abb. 10: Eintragungen der drei Rittergutsbesitzerinnen (Anna Sophia v. Einsiedel, Johanna Sophia v. Trützschler und Gisela Erdmuthe Gräfin v. Bothmer) in der Liste des Oberhofmarschallamtes und Titel der Akte. SächsHStA Dresden, OHMA, 10006, Lit M. 16, Landtag 1711, Bl. 100–109: Verzeichnis derer anwesenden allgemeinen Ritterschaft, so beym Land=Tage Anno 1711 erschienen

Abb. 11: Planzeichnung der Landtagstafel Augusts des Starken bei der Landtagseröffnung am 6. Februar 1711. SächsHStA Dresden, 10006 OHMA, M, Nr. 16: Landtag 1711, Bl. 118 f.: Taffel-Sitz, auf der Proposition, den 6. Febr: 1711.

Abb. 12: Planzeichnung der Proposition im Dresdner Schloss am 19. August 1731. SächsHStA Dresden, 10006, OHMA M 23 a

Abb. 13: Mitgliederliste des Landtags 1763. SLUB Dresden, Hist Saxon. J 123, 11, Deutsche Fotothek PPN_363981187-17630000_002 und PPN_363981187-17630000_003

Abb. 14: Erste Kammer des sächsischen Landtags 1833/34. Städtische Galerie Dresden – Kunstsammlung, Museen der Stadt Dresden, A. Stissberg, Klein's Kunstsammlung Dresden, Sitzungssaal der Sächsischen Landstände Iter Kammer 1833/1834, um 1850, Inv.-Nr. 1978/k 482

Abb. 15: Zweite Kammer des sächsischen Landtags 1833/34. Städtische Galerie Dresden – Kunstsammlung, Museen der Stadt Dresden, A. Stissberg, Klein's Kunstsammlung Dresden, Sitzungssaal der Sächsischen Landstände IIter Kammer 1833/1834, um 1850, Inv.-Nr. 1978/k 483

Abb. 16: Wahlgesetz vom 15. November 1848. GVBl Sachs, 1848, S. 227, Nr. 84, Sächsischer Landtag

Abb. 17: Auflösungsdekret für den Landtag 1849. SächsHStA Dresden, 10736, Ministerium des Innern, Nr. 5321

Abb. 18: Curt Ernst von Posern in der Landtagsuniform, Ferdinand von Rayski 1851. SKD aus der Schlossbergung in Pulsnitz

Abb. 19: Die Zweite Kammer des Sächsischen Landtags 1903. Deutsches Leben, Heft 1, Jg. 1, 1903, S. 15. SLUB Dresden, Hist.Sax.G.0011k, Deutsche Fotothek, df_dat_0016557

Abb. 20: Bankettsaal im Dresdner Residenzschloss. Repro aus: Das Königliche Residenzschloss zu Dresden, Verlag Römmler und Jonas, Dresden 1896. Landesamt für Denkmalpflege Sachsen

Abb. 21: Menükarte der Landtagstafel vom 14.11.1895. SächsHStA Dresden, OHMA. Bestand 10006, M, Akte 59, S. 230

Abb. 22: Eröffnungssitzung der Sächsischen Volkskammer in Dresden. Illustrierte Zeitung Nr. 3951 (März 1919), S. 295. Bestand Universitätsbibliothek Leipzig. (c) VG Bild-Kunst, Bonn 2018

Abb. 23: Anna Geyer. Ausschnitt aus: Sitzung der sächsischen Volkskammer, 1919. Scherl/Süddeutsche Zeitung Photo

Abb. 24: Julie Salinger. SächsHStA Dresden, 10692 Nr_16170.Bl_42

Abb. 25: Helene Wagner. Stadtarchiv Chemnitz

Abb. 26: Das ausgebombte Dresdner Ständehaus, Zustand 1948. SLUB, Deutsche Fotothek, df_hauptkatalog_0061807

Abb. 27: Tagungsort des sächsischen Landtags 1946–1952. Ehemaliges Soldatenheim an der Königsbrücker Straße in Dresden (heutiges Goethe-Institut Dresden). Deutsche Fotothek, df_hp_0012782_026

Abb. 28: Präsidium des Sächsischen Landtags 1946. Sächsischer Landtag

Abb. 29: Blick vom Präsidium in den Plenarsaal, 1947. Sächsischer Landtag

Abb. 30: 1 Plenum des Sächsischen Landtags in der Dresdner Dreikönigskirche (Foto: Bildermann.de). Sächsischer Landtag

Abb. 31: Rednertribüne und Präsidium des Sächsischen Landtags in der Dresdner Dreikönigskirche (Foto: Bildermann.de). Sächsischer Landtag

Abb. 32: Plenarsaal des Landtagsneubaus (Foto: Bildermann.de). Sächsischer Landtag

Abb. 33: Plenarsaal des Landtagsneubaus, Abgeordnetenbänke und Besuchertribüne (Foto: Bildermann.de). Sächsischer Landtag

Abb. 34: Dresdner Land- und Steuerhaus, Fassade an der Pirnaischen Gasse – Ausführungsentwurf 1771, Friedrich August Krubsacius. Sächsisches Landesamt für Denkmalpflege/Deutsche Fotothek df_dz_0001678

Abb. 35: Dresdner Ständehaus – Schlossplatzfassade, Abnahmeplan 1908, Paul Wallot, Planzeichnung 1908. Sächsisches Landesamt für Denkmalpflege

Abb. 36: Dresdner Landtag, Wettbewerbsbeitrag 1991, Peter Kulka. SächsHStA Dresden

Die Autoren

haben an der Technischen Universität Dresden das Graduiertenkolleg *Geschichte der sächsischen Landtage* geleitet (2013 bis 2018) und sind Herausgeber der *Studien und Schriften zur Geschichte der sächsischen Landtage*.

Professor Dr. Josef Matzerath
lehrt sächsische Landesgeschichte am Institut für Geschichte der TU Dresden. Er hat umfangreich zur Geschichte der sächsischen Landtage publiziert, u. a. gemeinsam mit Prof. Andreas Denk (TH Köln): *Die drei Dresdner Parlamente. Die sächsischen Landtage und ihre Bauten: Indikatoren für die Entwicklung von der ständischen zur pluralisierten Gesellschaft, Wolfratshausen 2000* und zwölf Bände *Aspekte sächsischer Landtagsgeschichte, Dresden 1998–2015*.
Professor Matzerath forscht darüber hinaus zur kulinarisch-ästhetischen Entwicklung der exquisiten Kochkunst und Tafelkultur und hat das Projekt *Kulinarische Tradition. 500 Jahre exquisite Küche in Sachsen* geleitet. Er ist Mitherausgeber dreier Neueditionen von Rezeptsammlungen und Kochbüchern Dresdner Hofköche sowie eines Sammelbandes zur Tafelkultur um 1900. Zudem hat er vielfach zur Geschichte des Adels in der Frühen Neuzeit und Moderne publiziert.

Professor Dr. Uwe Israel
lehrt mittelalterliche Geschichte am Institut für Geschichte der TU Dresden. Im Tagungsband *Landtagsgeschichte im Vergleich, Dresden 2013* verfasste er den Beitrag *Die mittelalterlichen Anfänge der sächsischen Landtage*.
Professor Israel forscht darüber hinaus zu Venedig in der Renaissance und zur transalpinen Migration im späten Mittelalter. Er leitet derzeit ein Projekt zum deutschen und italienischen Humanismus im Rahmen des Dresdner Sonderforschungsbereichs *Invektivität. Konstellationen und Dynamiken der Herabsetzung*. In seiner Zeit als Direktor des Deutschen Studienzentrums in Venedig gab er zahlreiche Schriften zur Geschichte der Lagunenstadt heraus. Zudem hat er wiederholt über agonale Praktiken im Übergang von Mittelalter zur Frühen Neuzeit veröffentlicht.